學術筆記叢刊

丹鉛總録校證

上

〔明〕楊　慎　撰
豐家驊　校證

中華書局

圖書在版編目(CIP)數據

丹鉛總録校證/(明)楊慎撰;豐家驊校證. —北京:中華書局,2019.8
(學術筆記叢刊)
ISBN 978-7-101-13939-6

Ⅰ.丹… Ⅱ.①楊…②豐… Ⅲ.筆記-中國-明代
Ⅳ.Z429.48

中國版本圖書館 CIP 數據核字(2019)第 131171 號

責任編輯:許慶江

學術筆記叢刊
丹鉛總録校證
(全三册)
〔明〕楊 慎 撰
豐家驊 校證
*
中 華 書 局 出 版 發 行
(北京市豐臺區太平橋西里 38 號 100073)
http://www.zhbc.com.cn
E-mail:zhbc@zhbc.com.cn
北京市白帆印務有限公司印刷
*
850×1168 毫米 1/32 · 44¾印張 · 7 插頁 · 900 千字
2019 年 8 月北京第 1 版 2019 年 8 月北京第 1 次印刷
印數:1-3000 册 定價:148.00 元

ISBN 978-7-101-13939-6

楊升庵畫像（現存雲南省博物館）

丹鉛總錄卷之二

成都楊　慎用脩著集
江都陸　弼無從校訂

地理類

方城本萬城

左傳方城以爲城古本方本萬字古字萬亦作万故訛爾唐勒奏土論曰我是楚也世伯南土自越以至葉垂弘境萬里故曰萬城也

鹽澤醋溝

唐岑參詩鴈塞通鹽澤龍堆接醋溝方回云鹽澤人

上海圖書館藏丹鉛總録

前言

丹鉛總録是明代學者楊慎的一部讀書筆記，在當時享有盛名，產生過很大影響，也有過很大争議，是明人學術筆記中的一部名著。

（一）

楊慎，字用修，號升庵，四川新都人。明孝宗弘治元年（一四八八），生於一個官宦書香之家。祖父楊春，成化十七年（一四八一）進士，官至湖廣提學僉事。父楊廷和，成化十四年（一四七八）進士，武宗朝首輔。武宗暴卒，廷和迎立世宗，繼任宰輔，首相兩朝。三叔楊廷儀，弘治十二年（一四九九）進士，官兵部左侍郎。父祖兩輩中多飽學之士，對楊慎的學術成長起了很好的影響。

楊慎自幼聰穎。八歲就傅，年十一祖父親授以易，兩旬而洽。年十四偶作黄葉詩，李文正公見而進之門下。年二十應四川鄉試，擢易魁。年二十四舉正德六年進士，殿試第一，授翰林修撰，任經筵展書官。館閣無事，嘗得縱觀中秘藏書，以博洽聞於當世。朝野上下咸稱可大用，前程可謂不可限量。

但嘉靖初的「大禮議」改變了楊慎後半生的命運。世宗繼位後，欲追尊亡父爲皇帝，生母爲皇太后。楊廷和爲首的朝臣以爲不合宗法，堅執不可。年幼的世宗十分執拗，不理羣臣的諫阻，於嘉靖三年（一五二四）召見羣臣於左順門，下詔尊亡父爲「恭穆皇帝」，生母爲「聖母太后」，一時朝臣羣情激憤。楊慎率衆撼門哭諫，兩遭廷杖，謫戍雲南永昌衛（今保山），凡三十六年，至死亦未赦還。

邊防衛所是明代罪犯充軍服役的地方。雲南的地方官多同情楊慎，在邊境服役時間不長，就把他遷往昆明附近的安寧州，在那裏住了近二十年[一]。其間或讀書講學，或訪友出遊，四十六歲至五十歲，曾遊覽了點蒼山、阿密、建水、喜州、石寶山等名勝。四川歷任巡撫也善待楊慎，屢以調赴兵役的名義，給他回鄉的機會，自五十二歲，曾幾次「暫以奉戎役，趨過桑梓旁」。六十歲後，從安寧移居高嶢，謀求按軍政條例，以子替役還鄉。但世宗「惡其父子特甚」，有司多推諉拖延。嘉靖三十二年（一五五三），復領戎役僑寓瀘州時，有人告密[二]，爲四指揮使械回。嘉靖三十八年（一五五九）病逝於昆明高嶢寓舍，年七十二。

楊慎是個通才，對經史百家、文學藝術、文字音韻等許多方面，都有所成就，在不少領域且有獨創性的開拓。明史楊慎傳説：「明世記誦之博，著作之富，推慎第一〔二〕」，「詩文外，雜著至一百餘種，並行於世」，是明代著名的學者。

（二）

丹鉛總録是楊慎雜著中重要的一種。楊慎一生愛讀書，少年時就讀盡家中藏書，新都縣令劉友徵至其家，「觀其書，朱黄手澤」，皆識以年月〔三〕。任職翰林時，「中秘所有書，慎無不該覽」〔四〕。流放雲南後，投荒多暇，更是無書不讀。晚年寓居瀘州，年老多病，仍不廢讀書，「夜亦篝燈，欠伸昏眵乃止」〔五〕，十分勤奮。他讀書習慣抄書，「自束髮以來，手所抄集，帙成逾百，卷計越千」〔六〕。凡讀書有所得，皆一一隨筆録之，積累了大量的讀書筆記。

丹鉛諸録就是根據他的讀書筆記整理而成。嘉靖九年（一五三〇）刊行了丹鉛餘録，嘉靖十六年（一五三七）刊行了丹鉛續録，嘉靖二十六年，復删訂刊印了丹鉛摘録。嘉靖二十七年（一五四八），門人梁佐奉使歸省，去拜謁老師。楊慎「乃盡出丹鉛三録、四録、别録、附録、閏録諸稿授之」〔七〕。梁佐返任後，乃「删同校異，析之以類」，裒合諸録爲一編，名之曰丹鉛總録，凡二十七卷，分天文、地理、時序、花木、鳥獸、宫室、冠服、物用、人事、史籍、訂訛等二十六類，瑣語類外，凡一千四百七十四條。刻之於福建上杭，使丹鉛諸録匯爲一編傳世。

楊慎讀書力主大膽懷疑，獨立思考。他説：「信信，信也；疑疑，亦信也。」〔八〕在丹鉛諸録中，常見到「可疑也」、「余嘗疑之」、「余每疑之」之語。他讀書善疑，「凡六經三史、諸子百家中，有疑於辭、悖於理者，皆精察而明辨之」〔九〕。詳爲剖析，發明其義。他讀書多，「博學積久，待徵乃決」。故考訂辨證，多獲新解。比如：

解經方面，詩大雅緜：「民之初生，自土沮漆。」土，毛傳云「居也」；朱熹詩集傳云「地也」。而楊慎則以爲「土」當作「杜」，水名，言公劉避狄從杜水來到漆水之地。（卷二自土漆沮）清王引之經義述聞之説與此合，人皆以爲創見。又：易繫辭：「冶容誨淫。」太平廣記引作「蠱容誨淫」。楊慎引左傳、國語、南都賦、廣成賦、舞賦等爲例，證明「蠱」、「冶」二字古書可通用，並申述云：「女惑男曰蠱」，「冶，銷也。……女之艷媚，亦令人銷神流志。」（卷十四蠱冶通用）其説精當，而爲治易經者采用。他如詩玄鳥銜卵、町疃、易枯楊生稊等，都多有創獲，續修四庫全書總目提要譽爲「明人説經之翹楚」。

考史方面：左傳「夷於九縣。」孔穎達正義云：「息、鄧、弦、黄、夔、江、六、蓼、庸、權、申，凡十一國，不知何以言九？」（卷二九縣）公羊傳「叛者九國」，宋儒趙鵬飛云：「葵丘之會，惟六國；會鹹、牡丘，皆七國；會淮八國，寧有九國乎？」（卷二十六九國）「九縣」、「九國」的「九」字，自漢以來積疑已久，一直不得其解，楊慎據大量的例證，指出先儒「不曉古人虚用九字之義」，「如數求之」，故而滯礙難通。他發明其義云：「竊意九爲陽數之極，故書傳凡言九者，皆指其極也。」「九國謂叛者多耳，非實有九國也。」世人多以爲汪中釋三九發明斯説，其實早於汪氏二百多年前，楊慎就已創此説了。又，世傳西施隨范蠡浮江而去，不知所終。楊慎據墨子「西施之沈，其美也」，以爲越滅吴後「即沉西施於江」，因伍子胥死時「盛以鴟夷」浮於江，沉西施亦「盛以鴟夷」，「以報子胥之忠」，而非隨范蠡（號鴟夷子）而去。（卷十三西施）解開了千百年來的一個疑案，實爲發前人之未發。他如周后稷世、八士考、筮短龜長等，也都對舊説有所是正。

典章制度名物方面，考訂泮宫、辟雍非學宫，（卷二十五辟雍泮宫、卷二十六辟雍非太學）提出新説，確鑿有據，爲清方玉潤詩經原始、方中履古今釋疑所采用。論證百姓係有爵命者，非同於黎民（卷二十五百姓），清閻若璩掩其名而竊爲己説。又如搗衣，廣引字書、繪畫、詩賦以證古代搗衣，非如今日在石上捶衣（卷二十搗衣）。列舉志書、筆記、唐宋詩文等十一種文獻資料，以證步即浦，亦即今之埠頭（卷二浦即步考）。皆廣徵博引，令人信服。

他如文字音韻方面，提出「字有古今，音有楚夏」（卷十一上林賦聯綿字），「凡觀一代書，須曉一代語；觀一方書，須通一方之言。」（卷七阿堵）開啓了陳第「時有古今，地有南北」的音學理論等等。

丹鉛諸録相繼刊行時，升庵以其學識之廣博，見解之新穎，震撼了當時的學界。明代士人學術空疏，望而駭嘆，好評如潮。「始先生著餘録、摘録，藝苑如獲珍珠船。」〔一〇〕總録刊行後，風行一時，索書者「日翰盈几」，都争相欲一讀升庵之書。

（三）

但丹鉛諸録，原是讀書筆記，隨筆録之，往往疏於點檢，加上「垂老滇雲，文籍不具，所引證者多憑胸臆」〔一一〕，編刻時又缺少有學力的人爲之勘正，因而書中存在不少疏誤。

楊慎逝後十年，即隆慶三年（一五六九），以博洽稱的陳耀文，讀丹鉛諸録發現書中有許多訛錯，便「分疏其下，得一百五十條」，「間爲是正」，名曰正楊，揭開了明代這場學術辯論的序幕。與正楊同年刻印的四友齋叢説，作者何良俊愛讀升庵書，也發現丹鉛諸録的疏誤。「於丹鉛總録中皆標出」〔一二〕。但他對陳耀文的一些批評，認爲「升庵未必訛舛如此」，而是陳耀文「太鑿」。萬曆年間，文壇盟主王世貞在宛委餘談、藝苑卮言中，對楊慎也有許多批評，如對灰釘、羃羅條評曰：「亦何舛也」，「尤可笑也」。但對侍中執虎子等條，則認爲「陳晦伯辨之更不明」。陳復反唇相譏，喧同詬詈。楊門忠臣胡應麟特著專書爲之是正，糾丹鉛之誤者，名丹鉛新録；糾藝林伐山之誤者，名藝林學山。他稱贊楊慎「其功甚偉」，但亦「不掩其失」。他的批評多引據確鑿，辨析詳明。萬曆二十七年（一五九九）張萱刊行了疑耀；三十四年（一六〇六），焦竑刊行了焦氏筆乘，相繼謝肇淛刊行了五雜組；四十二年（一六一四），張燧刊行了千百年眼等，書中都大量全録、摘抄丹鉛諸録，或與之辯難。至崇禎十六年（一六四三），閩人周嬰著巵林，對楊、陳、胡諸人各辟專章，稱爲「明楊」、「廣陳」、「諗胡」，對前賢的謬誤，博引典籍，破疑解惑，解決了許多久争不決的問題。明末周亮工回顧這場學術討論時説：「楊用修先生丹鉛諸録出，而陳晦伯正楊繼之，胡元瑞筆叢又繼之，時人顔曰正正楊。當時如周方叔（嬰）、謝在杭（肇淛）、畢湖目（拱辰）諸君子集中與用修爲難者，不止一人。……予已匯爲一書，顔曰『翼楊』。」〔一三〕「不管『正楊』也罷，『翼楊』也罷，總而言之，以升庵爲中心，在當時學術界激起很大波動，這是極明顯的。升庵和許多其他開風氣的人一樣，雖不免謬誤百出，遭後人攻擊，然而他提出許多過去學者所没有注意到的問題，在許多方面爲後來考證家開其先路」〔一四〕。由丹鉛録引發的這場學術大討論，對明後期的學風「由虛返實」及催生新學科之興起等方面，都産生了重大影響。如古音學和考據學，今人多推尊顧亭林爲開山。但錢穆在中國近三百年學術史中引焦里堂的話説：「南宋空衍理學，而漢儒訓詁之學幾即於廢。明末以來，稍復古學，在前若楊升庵，在後若毛大可。」認爲清代古音學和考據學都是「沿明中葉楊慎諸人而來」〔二五〕。它上承宋洪邁容齋隨筆、王應麟困學紀聞等考據筆記之遺風，下啓明末清初顧亭林日知録、閻若璩潛邱劄記諸作之繼起，在明代學術史上應占有重要地位。

（四）

丹鉛總録現存板本，主要有以下幾種：

一、明嘉靖三十三年梁佐刻於福建上杭的原刊本。書前有楊慎、梁佐的序，書後有上杭知縣趙文同的後序。

二、明隆慶年間凌雲翼的重刻本，書前有湖廣按察副使楊一魁的序。鄭堂讀書記卷五十五著録稱楚刻本。

三、明萬曆年間，張士佩刻本，前有萬曆戊子（十六年）汪道昆的序。

四、清乾隆三十年楊昶據家藏善本重鍥之巾箱本，前有楊慎、梁佐的序，後有楊昶的跋。

五、清乾隆三十年，文淵閣四庫全書本等。

諸本中，上杭本最早，但校讎草率，「訛字如落葉，脱失處尤多」。四庫本删改過多，且有脱漏，僅卷十四即漏録了二十七條。萬曆本訂正了上杭本許多訛誤，還補加了條目，是三個本子中最好的一種。此次校點，即以陸弼、汪仲尼校訂的萬曆本爲底本，與原刻本、四庫本對勘，遇有疑似難定的地方，復參以三録及譚苑醍醐、楊子巵言等書以正之，有些條目還參閲了升庵集和升庵遺集，擇善而從，都一一作了校記。

丹鉛總録是一部「考證諸書異同」之作，涉及的書遍及經、史、子、集，徵引賅博爲近世罕有。但古人引證與今人不同，有正例、有變例（見本書卷十二引詩引書法），正例忠實原文，一字不易；變例則「不純用其言」，或省字、或用意、或摘其要等。丹鉛總録中多數引文與原作一字不差，只因出于腹笥，偶有錯漏。而變例的引文則與原文出入很大，不合現代規范。如卷二「九縣」條引左傳音義大量省略，只取十一國國名。「秦淮海易解」條，引黄帝内經删節後還變動了原文先後次序。卷二十五「鼎顛趾」條，引夢溪筆談，邊引邊述，難以分辨等等。引文的篇名、書名、作者、年代等，因多憑記憶，失誤也不少。此次校點，大部分引文都核對了原文，作了注釋；凡無出處的引文，儘可能注明出處；凡因記憶失誤的篇名、書名、人名、年代等均作了訂正，期望能整理出一個較好的本子。

書中的疏誤，影響了丹鉛總録的學術價值。此次整理的重點之一即爲正誤。清人錢大昕説：「學問乃千秋事，訂譌規過，非以訾毁前人，實嘉惠後學」。但學術問題比較複雜，明末清初學者方以智對時人的糾謬評曰：「以今論之，當駁者多不能駁，駁之又不盡當。」經過多年的争論，大致可分爲三類：一、確爲升庵之誤；二、升庵不誤而曰誤；三、數説并存，各執一端。爲使訛誤不再轉誤後人，據正楊以來前賢之研究，凡確爲升庵之誤者，徑直在注中訂正，共二百八十多處；凡有争議者，則摘引諸家之説，附録于「辨」中，以見異同，計約一百多條，爲免文字冗長，「辨」中的引文有些作了删節，有些只列篇名。

原書分二十六類，類下分條，條皆有目。前二十一卷，萬曆本原皆有條目，但每卷皆有脱漏，計有一百九十一條無目。卷二十二至二十七卷「瑣語類」，原無條目。瑣語類最初只有一百六十多條，即卷二十二、二十三（一部分）。匯編時因工作粗疏，編者把丹鉛餘録卷九至卷十四未經分類、全劃入瑣語，又增加了二百六十八條無目。此次整理都補加了小標題，以便讀者查檢。

升庵學博才雄，著述多，引據廣，整理他的書，常感學有不逮，不妥之處，定所難免，歡迎讀者批評指正。

最後，我要衷心感謝中華書局編輯部及李天飛、許慶江二同志對本書提出了實貴意見，尤其是許慶江同志爲本書花了大量時間，做了許多工作，感謝老友俞潤生編審通讀了校樣，減少了失誤。若無他們的支持和幫助，本書是難以順利面世的。

二〇一四年八月於金陵石頭城畔寓所

二〇一七年八月改定

〔一〕升庵遺集卷十八送劉霞峰之官安寧：「雲峰精舍學宫連，我住中間二十年。」

〔二〕升庵集卷二十九六月十四日病中感懷：「七十餘生已白頭，明明律例許歸休。歸休已作巴江叟，重到翻爲滇海囚。遷謫本非明主意，網羅巧中細人謀。故園先隴癡兒女，泉下傷心也泪流。」

〔三〕談遷國榷世宗三十八年七月乙亥。

〔四〕尹守衡明史竊卷九十五楊慎傳。

〔五〕楊慎墐户録序。

〔六〕楊慎丹鉛别録序。

〔七〕梁佐丹鉛總録序。

〔八〕楊慎丹鉛續録序。

〔九〕張素丹鉛餘録序。

〔一〇〕楊袒丹鉛總録跋。

〔一〕楊慎重訂轉注古音略序。

〔二〕何良俊四友齋叢説卷三十六考文。

〔三〕周亮工因樹屋書影卷十二。

〔四〕嵇文甫晚明思想史論第七章古學復興的曙光。

〔五〕錢穆中國近三百年學術史第四章顧亭林。

目録

上册

丹鉛總録卷之二

地理類

丹鉛總録卷之三

時序類

丹鉛總録卷之四

花木類

丹鉛總録卷之五

鳥獸類

丹鉛總録卷之六

宮室類

丹鉛總録卷之七

冠服類

珍寶類

丹鉛總録卷之八
物用類

丹鉛總録卷之九

人事類

丹鉛總録卷之十

人品類

中　册

丹鉛總録卷之十一

史籍類

丹鉛總録卷之十二

史籍類

丹鉛總録卷之十三

訂訛類

丹鉛總録卷之十四

訂訛類

丹鉛總録卷之十五

字學類

丹鉛總録卷之十六

官爵類

博物類

丹鉛總録卷之十七

丹鉛總録卷之十八

下　册

丹鉛總録卷之二十

詩話類

丹鉛總録卷之二十一

詩話類

丹鉛總録卷之二十四

璅語類

丹鉛總録卷之二十五

璅語類

丹鉛總録卷之二十六

瓅語類

丹鉛録序①

葛稚川云：「余抄掇衆書，撮其精要，用功少而所收多，思不煩而所見博。或謂予曰：『流無源則乾，條離株則悴，吾恐玉屑盈車，不如全璧。』洪答曰：『泳圓流者，採珠而捐蚌；登荆山者，拾玉而棄石。余之抄略，譬猶摘孔翠之藻羽，脱犀象之角牙矣。』」王融云：「余少好抄書，老而彌篤，雖遇見瞥觀，皆即疏記，後重覽省，歡情益深，習與性成，不覺筆倦。」〔一〕慎執鞭古昔，頗合軌葛、王。自束髪以來，手所抄集，帙成逾百，卷計越千。其有意見，偶所發明，聊擇其菁華百分②，以爲丹鉛四録③。亨敝帚以千金，緘燕石以十襲，雖取大方之笑，且爲小道之觀，知不可乎！

嘉靖壬寅閏夏五金伏之初　楊慎序

【校】

① 丹鉛録序　原爲丹鉛别録序，嘉靖中梁佐輯丹鉛諸録爲丹鉛總録，改題爲丹鉛録序置於卷首。

② 聊擇其菁華百分　升庵全集萬曆三刊本改「百」字爲「者」，「分」字屬下句。

③ 以爲丹鉛四録　四録，原作「别録」。

【注】

〔二〕胡應麟丹鉛新録卷一丹鉛録序云：「余始讀用修序，每疑融早年盛氣功名，旋爲鬱林誅，僅二十七，安得言老？然猶未敢以用修爲誤。及讀王筠傳自序云：『余少好鈔書，老而彌篤，雖遇見瞥觀，皆即疏記，後重省覽，歡興彌深，習與性成，不覺筆倦。自年十三、四，建武二年乙亥至梁大同六年，四十六載矣。』……王融，字元長；王筠，字元禮。見南史。乃知楊以元禮爲元長。此丹鉛開卷錯處，非記憶之訛，則傳録之舛，第或致誤後學，故謹識之。」王融，當爲王筠，升庵記誤。

丹鉛總録序

古之君子，宏搜遍挹，達觀拓於無垠；研賾綜微，睿炳極於無内。故其學浩邈而不苑，宥密而能疏，始於博，終於約，融會貫通，斯足以立言翊道，爲貴耳賤目者一滌矇瞶。此固有待於學力之精專，而尤有賴於天賦之獨粹。否則貴五車十乘之富者，博之未周而或限於知；宗去注離經之玄者，約之無物而竟無所得。夫孰能兼之？吾師升庵楊先生，峻發川嶽不世之奇氣，復益以家學正傳，自童子時擬過秦一論，人已預知其不凡，其所業一目可爲終身誦。及登殿撰，直史館，聞見溢而考索真，人莫能窺其際，信兼學力天賦，而獨領其全者也。自流寓吾滇，好學無厭，著書自怡。托江湖之逸思，喻巖廊之宿忠；翕功業之耿輝，繼微言之絶響。暇日著丹鉛餘録、摘録，流有刻本，藝苑珍之，惜其不多見。戊申秋，佐自司馬部奉使歸省，度金碧之關，摳衣於高嶢圃中。先生以佐受教有年，且慨後晤之難，乃盡出丹鉛三録、四録、别録、附録、閏録諸稿授之佐。噫，先生是録豈輕授哉！亦豈易見哉！授之於佐，固有深意，而見之於世，若待厥期。一披閲之間，凡天地造化，古今世運，人物制度，文章俗好，方言，以及於鳥獸草木之煩細，盡乎變矣。其中爲先生所闡明者，又象緯諸編所未載，山水經志所未採，子史説文禮樂遺經所未具，博雅志士訓詁諸家所共由而未之察者。先生直指其源，而考據悉備，引證互明，持獨斷以定羣嚚，固非鑿之以臆見，附之以口耳者也，是何其博且精哉！譬諸星海浚源，由崑崙之墟，放之東下，大而江淮河漢，小而澮壑溪洫，紆回萬折，汪洋不涸，隨其所足，皆可適於海，非大而有本若是乎？蓋先生所發者，皆世之聰明所未發者也；其所考者，皆世之學力所可考者也。發其所未發，則見之者爭快；考其所可考，則從之者不疑，是録其可以無傳乎？佐乃删同校異，析之以類，合而名之曰總録，捐俸以梓。時上杭尹趙子一重，夙慕先生之學，率師生有識者，督刻而成之，廣其傳於海内，奚直爲丹鋋之校勘，鉛槧之爭麗哉！先生在滇，手著不止此，有轉注古音略、古音餘、篆韻索隱、奇字韻、古雋韻、六書博證、詩林振秀、譚苑醍醐、古今詩選、皇明詩抄、四書表傳、風雅逸編、選詩外編、拾遺、墨池瑣録、古文韻語、五言律祖、唐絶爭奇、赤牘清裁、詞林萬選、水經碑考、異魚圖贊、禪藻集、滇載記、滇程記諸書，不盡梓於世。佐因存其名，以俟博學大方，搜而廣之，與兹録並傳可也。

嘉靖三十三年甲寅五月五日吉，賜進士出身奉政大夫福建按察司僉事奉敕整飭兵備前兵部員外郎滇南門人梁佐應臺拜書序

丹鉛總録序

昔左史倚相重楚，公孫僑重鄭，季子札重吴，何以重之？重多聞也。孔子信而好古，大哉博乎！顔孟具得其宗，要皆由博而約。後之曲士，不務畜德，而務矜能，聞雖多猶耳食也。且也，由秦以前，廑存煨燼，由漢以後，糅以糠秕。迨宋則苑積絲棼，支離滋甚，藉令日與耳媾，不可入於靈臺。明初溺於舊聞，孳孳涉獵，丘文莊亦以多勝，首事補遺，頒之學宫，世儒以爲口實，概諸作述，大有逕庭。其後蜀楊用修、楚何子元、越豐存禮，比肩而起，鼎立三分，絜其短長，厥有雄距。楚嫺於史，越嫺於經，博矣！顧鉤深者察不急，弔詭者藉無稽，方駕瓊山，轂擊相及抑末也。用修相門冑子，首舉公車，太上右文，資適逢世。召入文淵閣，令發中秘書遍讀之，固當百倍下帷，庶幾早服重積。及抗直言忤旨，編伍終身，即楚、越以忠孝聞，將避三舍。丹鉛總録則其博古之緒餘，幽討冥搜，不遺餘力。直將探蝌蚪，譯侏㒧，凡諸柱下所未藏，象罔所未獲，微言奇字，莫不表而出之。總之無慮數千萬言，分類二十有六，分卷二十有七，則自金齒梓行矣。子山北面金齒，無由執鞭，得其遺書，授之剞劂。既卒業，將決筴於謝生，數仞高門，誰爲懸簿，生言作者惟左司馬，具在父母之邦。弇州決二酉，覆五車，於書無所不讀，其閎廓足當金齒，其才軼而過之。太函持論與濟南同，非先秦兩漢不讀，既與夫□異矣，必有正言，且公家子雲，無用旁求爲也。不佞聞而避席，里婦何足以理丹鉛，兩君子同歸而殊途，其言各有合也。弇州之稱物也博，其博物也精説部，衡石丹鉛，足爲國色增重。濟南嚼然者也，嘐嘐修古，自鳴彼己，剿説游談，曾未得其一眄。客有自滇至，因問金齒起居，客曰：『楊用修繡口錦心，孰若陳公甫光風霽月？』濟南目攝客，遂拂衣行，此其左袒用修，登儒林而上之矣。不佞斗筲器也，即擔石莫能容，方之吠月疑冰，則閡於地篤於時者也。幸而波流首善，世際文明，天運地宜，兼得之矣。竊以三垣列宿，足以經天，五嶽四瀆，足以紀地。浸假舉一廢百，其如管窺蠡測何？顧必鏡兩儀，囊萬有，羲和畢御，神禹周行，保章殫精，章亥窮步。夫然後懸者、著者、流者、峙者、高者、朗者、峻者、深者，重黎可爲役，宇宙在吾心矣。矧畬譽之爲星也，崑崙之爲山也，沃焦之爲澤也，是非有目者所習睹，有趾者所習登，有力者所習涉也，將惡乎知哉！善乎莊生之言曰：『足之於地也踐，雖踐必恃其所不蹍而後善；人之於知也少，且少必恃其所不知而後知。』夫以不知爲知，猶之乎以無用爲用也。聞道不能以百，不佞主臣，弇州則大方家，幸從而正之耳。謝生又言，文莊即世，其後百年而北地興，三户迭爲名高，瞠乎其後。用修人傑也，胡然衆雌無雄。嗟乎，若無求多於用修，用修蓋有足多者矣。禮耕學耨，仁聚樂安，獲而食，食而肥，優而柔之，使自化之，此上農事也。次則深耕易耨，不失爲良農。借曰顰不必工，容不必冶，安事丹鉛，斯其鹵莽滅裂者之爲則惰農也。由良可以幾化，與其惰也寧良，用修良矣！

萬曆戊子鶉火中，左司馬汪道昆撰

丹鉛總録卷之一

天文類

密雲不雨

易曰：「密雲不雨，自我西郊。」〔一〕天地之氣，東北陽也，西南陰也。雲起東北，陽倡陰必和，故有雨；雲起西南，陰倡陽不和，故無雨。俗諺云：「雲往東，一場空。雲往西，馬濺泥。雲往南，水潭潭。雲往北，好曬麥。」是其驗也。又驗之風雹亦然①。或問：「東爲陽方，西爲陰方，是矣。南本陽而屬陰，北幽陰而屬陽，何也？」曰：「一陽生於子仲，天之氣所始也。卦又當坎，北非陽而何？一陰生於午仲，地之氣所始也。卦又當離，南非陰而何？」

【校】

① 又驗之風雹亦然　又驗之，萬曆本無。據丹鉛餘録卷一、丹鉛總録上杭本、升庵經説卷一補。

【注】

〔一〕見易小畜、小過。

駿狼

郭璞客傲云：「青陽之翠秀，龍豹之委穎，駿狼之長暉，玄陸之短景。」〔一〕言著生於微，盛生於衰也。駿狼長暉，謂冬至之日也。淮南子冬至日在駿狼山〔二〕。龍豹之義，又不可曉。

【注】

〔一〕見郭弘農集卷二、晉書卷七十二郭璞傳。

〔二〕見淮南子天文訓。駿狼山，駿，原作「峻」。

黑雲壓城

唐李賀雁門太守行首句云：「黑雲壓城城欲摧，甲光向日金鱗開。」摭言謂：「賀以詩卷謁韓退之，韓暑卧欲辭之。開其詩卷，首乃雁門太守行。讀而奇之，束帶出見。」〔一〕宋王介甫云：「此兒誤矣。方黑雲壓城，豈有向日之甲光也？」〔二〕或問：「此詩韓、王二公去取不同，誰是？」予曰：「宋老頭巾不知詩。凡兵圍城，必有怪雲變氣，昔人賦鴻門有『東龍白日西龍雨』之句，此意也。予在滇，值安、鳳之變，居圍城中，見日暈兩重，黑雲如蛟在其側，始信賀之詩善狀物也。」

【注】

〔一〕李賀以詩卷謁韓愈故事，見王讜唐語林卷三賞譽。王定保唐摭言卷十乃記韓愈訪李賀，賀作高軒過。升庵記誤。

〔二〕王介甫評賀詩事，見王得臣麈史卷中詩話。慶曆間，宋景文諸公在館，嘗評唐人之詩，「王安石曰：『是兒言不相副也。方黑雲如此，安得向日之甲光乎？』」

山帶

張野廬山記：「天將雨，則有白雲，或冠峰巖，或亘中嶺，俗謂之山帶，不出三日必雨。」①

【校】

① 句末，丹鉛餘録卷十四及上杭本，原有雙行小字：「唐詩：風吹山帶遥知雨。」乃唐韓翃送客歸江州詩中句。

如日夜出

漢書武帝紀：建元二年，「有如日夜出」〔一〕。諸家無注。予解之曰：「曷言乎『如日』？

光如日也。曷不言『日夜出』，日不夜出，夜出非日也。『有』，不宜有也。曷爲書？紀異也。」晉書書有「日夜出，高三丈」〔二〕遂日之矣。班氏書法，春秋復起亦不能易矣。班之叙傳，自目爲春秋考紀，有意於續獲麟乎！讀者愛傳、志之宏博，而忘考紀之簡嚴，何哉？

【注】

〔一〕見漢書武帝紀：建元二年「夏四月戊申，有如日夜出」。

〔二〕見晉書元帝紀：太興元年「十一月乙卯，日夜出，高三丈」。

孟婆

俗謂風曰孟婆。蔣捷詞云：「春雨如絲，繡出花枝紅裊。怎禁他孟婆合皂。」〔一〕宋徽宗詞云：「孟婆好做些方便，吹箇船兒倒轉。」〔二〕江南七月間有大風，甚於舶棹，野人相傳以爲孟婆發怒。按北齊李騊駼聘陳，問陸士秀：「江南有孟婆，是何神也？」士秀曰：「山海經：帝之女遊於江中，出入必以風雨自隨。以帝女，故曰孟婆。猶郊祀志以地神爲泰媪。」此言雖鄙俗，亦自有來矣。

【注】

〔一〕此爲蔣捷詞解佩令春中句。

〔二〕宋徽宗詞月上海棠末句作「孟婆，且與我做些方便」，無「吹箇船兒倒轉」。雪舟脞語引宋徽宗詞作「孟婆，孟婆，你做些方便，吹箇船兒倒轉」。甕牖閒評卷五引無名氏詞作「孟婆且告你，與我做些方便。風色轉，吹箇船兒倒轉」。

【辨】孟婆，宋時俗語，或謂風，或謂神。明陳耀文正楊卷四「孟婆」條辨之曰：「徽宗既内禪，尋幸淮浙，嘗作小詞，名月上海棠，末句云：『孟婆，且與我做些方便。』隆祐保祐之功，蓋讖於此。諺語謂風爲孟婆，非也。段公路北户録云：『南方祀船神，呼爲孟姥、孟公。』雲麓漫鈔

「齊使李騊駼至江南，問陸士秀曰：『江南有孟婆，是何神也？』士秀曰：『山海經：帝之二女游於江。』郭璞注：『天帝二女，尊之爲神。』由此言之，則孟婆也。以天女，尊之爲孟，猶郊祀志以地神爲泰媪也。陶騊駼曰：『僑南之辨，無以加焉。』談藪，見蘇州舊志。

「按：此云『尊之爲神』，不云『風雨自隨』也，引之而遷就以證風，誤。漢書『媪神蕃釐』，陸云『泰媪』，亦誤。」（景印文淵閣四庫全書八五六册　臺灣商務印書館）

林疑獨注天籟①

風生於無而歸於無，惟竅之所受不同，在人之所聞亦異。比於萬物，禀受亦然。衆竅爲風所鳴，萬形爲化所役。風不能鳴，則萬竅虚；化不能役，則萬竅息。林疑獨注莊子天籟一節②

【校】

①原無目，據升庵外集卷四十六補。

②林疑獨注莊子天籟一節 林，萬曆本誤作「休」。

七政〔一〕

日、月、木、火、土、金、水，謂之七政，亦曰七曜。今術家增入月孛、紫炁、羅睺、計都四餘星，爲十一曜。計生於天尾，羅生於天首，孛生於月，炁生於閏。蓋日月行道如兩環，兩環相交，一處曰天首，一處曰天尾。天尾爲計，天首爲羅。月之行，遲速有常度，遲之處即孛也。炁生於閏，二十八年十閏，而炁行一周天。炁、孛皆有度數，無光象，故與羅、計同謂之四餘。今七政曆，亦有四餘躔度。

【注】

〔一〕升庵經説卷三「七政」，内容與此不同。

丘處機論日不入地

易曰：「日入地中，明夷。」〔二〕邵子曰：「日入地中，搆精之象。」後人遂謂日晝行天上，夜入地中。丘長春曰：「輕清者上騰爲天，重濁者下凝爲地。萬物有形，重濁皆附於地；三光輕清，悉上於天。既上於天，如何却沉於地乎？且星隕於地而化爲石，古今有之。星墜於地猶化爲石，況地下乎？夫二十八宿，周天均布，太陽逐日會合，逐月遷移，一歲之終①，經歷周徧。且如日在箕斗，箕斗在天河，日入地時，星河皆入地耶？日獨入地，而星河只在天耶？若道星河皆入地，則七八月間，河漢尤顯，日正東西出没。初夜則河漢東北西南，向曉則東南西北，是知河漢不入地，而隨天運行。若日入地時與箕斗坼破，箕斗行天上，而日轉地中，天上空虛而行疾，地中結實而行遲，天地懸隔，如何向曉東方出時，却得恰好與箕斗相會而同行天上乎？天上日月常無出没，人間常有出没。此間東方日出時，西向千里之外猶未，萬里之外猶昏。北斗直西，半夜北斗之北初没。子丑寅卯，周天輪次，迤邐而去，未嘗暫止。北斗斡運，昭然可見，而强稱入地，有何義旨？」〔二〕明夷之卦，文王拘於羑里，失勢之象，何足爲據？右丘長春所論如此。愚按：明夷「日入地中」，乃是假象明理，如天在山中之類。邵子「搆精」之説，元儒已譏其褻天。由此觀之，長春之識卓矣②。

【校】

① 一歲之終　終，升庵經説卷二、升庵外集卷二十五作「中」。升庵摘録卷四、升庵集卷七十四

作「終」。

②「長春之識卓矣」後，升庵經説卷二尚有一節：○「明夷夷於左股」。王肅、馬融皆作「般」。般，旋也。日隨天左旋，明夷「日入地中」之象也。

【注】

〔一〕日入地中，易明夷作「明入地中」。

〔二〕此丘長春語，亦見升庵友人顧應祥静虚齋惜陰録卷八「曆算」。上騰爲天，作「上騰於天」。如何却沉於地乎，作「如何却沉於地下乎」。若道星河皆入地，原無「道」。若日入地時與箕斗坼破，原無「日」。

長短星

寰宇記云：瓊州潮候不同。凡江、浙、欽、廉之潮，皆有定候。「瓊海之潮，半月東流，半月西流，潮之大小，隨長短星，不繫月之盛衰。」〔一〕此又不可曉也。然則曆家之著長短星，蓋海中占潮候也。繆者乃以爲交易、裁衣之用，可笑！

【注】

〔一〕見宋周去非嶺外代答卷一「潮」。今本太平寰宇記未見。

易卦納甲

納甲之説，京房易傳有之。魏伯陽參同契曰：「三日出爲爽，震受庚西方。八日兑受丁，上弦平如繩。十五乾體就，盛滿甲方東。」「十六轉受統，巽辛見平明。艮直於丙南，下弦二十三。坤乙三十日，東方喪其明①。節盡相禪與，繼體復生龍。壬癸配甲乙，乾坤括始終。」其疏云：「震象三日，月出於庚。兑象上弦，月見於丁。乾象望日，月滿於甲。巽象十六日，月虧於辛。艮象下弦，月消於丙。坤象晦日，月没於乙。」〔一〕此指二、八月晝夜均平之時。若以曆法言，則晝夜有長短。若晝短，日没於申，則月合於申、望於寅矣。若晝長，日没於戌，則月合於戌、望於辰矣。十二月之中，三日之月，未必盡見庚，十五日之月，未必盡見甲。合朔有先後，則上下弦未必盡在八日、二十三日，望晦未必盡在十五、三十日也。又虞翻易傳曰：「日月懸天，成八卦象。三日暮震象月出庚。八日兑象月見丁。十五日乾象月盈甲、壬。十六日旦巽象月退辛。二十三日艮象月消丙。三十日坤象月滅乙、癸。晦夕朔旦，則坎象水流戊。日中，則離象火就巳。成戊巳土位，而象見於申②。」納甲之説，虞氏比參同契爲備，而坎離戊已，始有歸著，故詳記之。

【校】

①東方喪其明　明，萬曆本誤作「朋」，據魏伯陽參同契改。

②而象見於申　申，萬曆本、升庵經説卷一作「中」，據四庫本改。

【注】

〔一〕見宋俞琰周易參同契發揮卷上，引文删去☳、☱等卦象。

睨日

余嘗登眺山寺，見雨霽，虹霓下飲澗水，明若刻畫，近如咫尺，日射其傍如眄睞①，得句云：「渴虹下飲玉池水，斜日横分蒼嶺霞。」自謂切景。張愈光云：「斜字猶未稱渴字。」後一年，偶閲莊子「日方中方睨」〔一〕，衍義云：「日斜如人睨目。」遂改作「睨日」，對「渴虹」，字始稱。愈光曰：「渴虹、睨日，古今奇句也。」

【校】

①日射其傍如眄睞　眄，丹鉛摘録卷四、升庵集卷四十七作「盼」。

【注】

〔一〕見莊子天下篇：「日方中方睨，物方生方死。」

旁羅

史記：黄帝「順天地之紀」，「旁羅日月星辰」〔一〕。文選陸佐公新刻漏銘：「俯察旁羅，登臺升庫。」尚書考靈曜曰：「冬至日，月在牽牛一度，求昏中者，取六項加三，旁蠡順餘之①。」鄭玄注曰：「盡行十二項中，正而分之，左右各六項也。蠡，猶羅也。昏中在日前，故言順數也；明中在日後，故言却也。據此，則旁羅乃測天度之器，如今之日晷、地羅也。十二項者，十二時分爲十二方也。此可補史記注之遺。」〔二〕

【校】

① 旁蠡順餘之　餘，上杭本、萬曆本作「餘」，四庫本作「數」。據明孫㲄古微書卷二尚書考靈曜，作「餘」是。

【注】

〔一〕見史記五帝本紀。

〔二〕見孫㲄古微書卷二。尚書考靈曜全書已佚。

【辨】

明陳耀文正楊卷一「旁羅」條仍以史記注爲正，辨之曰：「黄帝紀云：『迎日推策以治民，順天地之紀，時播百谷草木，淳化鳥獸蟲蛾，旁羅日月星辰水波土石金玉。』索隱曰『旁』，非一方；羅，廣布也。今案：大戴禮作『歷離』。離即羅也。言帝德旁羅日月星辰水波，及至土石金玉。謂日月揚光，海水不波，山不藏珍，皆是帝德廣布也。前已云『迎日推策』矣，又用蠡何爲？大戴之『離』，亦可改作『蠡』乎？水波土石金玉，亦當用旁羅測之乎？且鄭以蠡爲羅，豈以蠡爲器乎？」（景印文淵閣四庫全書八五六册正楊 臺灣商務印書館）

金虎

甘石星經云：「昴，西方白虎之宿。太白，金之精。太白入大昴，金虎相薄，主有兵亂。」〔一〕文選張平子賦：「始於宫鄰，卒於金虎。」〔二〕注不知引此，而謬自爲説。

【注】

〔一〕甘氏星經、石氏星經，爲我國最早的天文著作，合稱甘石星經，今已佚。此則取自宋姚寬西溪叢語卷下金虎多用條，文字不同。

〔二〕張平子賦，指張衡東京賦「始於宫鄰，卒於金虎」，五臣注云：「幽、厲用小人，與君子爲鄰，堅若金，惡若虎，卒以此亡。」

繩河

江淹文：「瑶離降映繩河低。」又表：「麗彩繩河，映萼璿圃。」〔一〕指宗室也。唐陸魯望詩：「繩河裏，扇月旁。」〔二〕讖緯書：「王者德至雲漢，則天河直如繩。」

【注】

〔一〕江淹文指爲始安王拜征虜將軍丹陽尹章，表指建平王慶安城王拜封表，見江文通集卷二。

〔二〕繩河裏扇月旁，非唐陸魯望詩，見樂府詩集卷五十一陳謝燮方諸曲，升庵記誤。

冬至夏至

周髀云：「冬至晝極短，日出辰而入申，照三不覆九；夏至晝極長，日出寅而入戌，照九不覆三。」〔一〕照三者，南三方巳、午、未也；不覆三者，北三方亥、子、丑也。王充曰：「五月之時，晝十一分，夜五分；六月，晝十分，夜六分。從六月至十一月，減一分：日行天十六道。」〔二〕

【注】

〔一〕見周髀算經卷下之三。照三、照九之前，原各有一「陽」字。注：「陽，日也。」

〔二〕見王充論衡卷十一説日篇。從六月至十一月，作「從六月往至十一月」。減一分，作「月減一分」，「月減一分」下脱「此則日行月從一分道也歲」十一字。

晚見朝日

謝靈運詩：「曉聞夕飆急，晚見朝日暾。」〔一〕此語殊有變互。凡風起必以夕，此云「曉聞夕飆」，即杜子美之「喬木易高風」也〔二〕。「晚見朝日」，倒景反照也。孟郊詩：「南山塞天地，日月石上生。高峰夕駐景，深谷夜先明。」〔三〕皆自謝詩翻出。

【注】

〔一〕此謝靈運石門新營所住四面高山迴溪石瀨茂林修竹詩中句，見文選卷三十。「曉」，作「早」。

〔二〕此爲杜甫向夕詩中句，見杜少陵集卷二十。

〔三〕此孟郊游終南山詩首四句，見孟東野詩集卷四。三、四句「高峰夕駐景，深谷夜先明」，作「高峰夜留景，深谷晝未明」。「景」字下有注云：「太白峰西，黄昏後見餘日。」文字略異。

虹霓

諺云：「日出雨落，公姥相撲。」謂陰陽不和也。蔡邕曰：「陰陽不和，則氣爲虹。虹見有青赤之色，常依陰雲，而晝見於日衝。無雲不見，太陰亦不見，輒與日相互，朝陽射之則在西，夕陽射之則在東。」〔一〕諺云「東鱟日頭西鱟雨」，信然！大率與霞相映，「朝霞不出市，暮霞走千里」是也。莊子曰：「陽炙陰成虹。」〔二〕禮疏云：「日照雨滴則虹生。」蓋雲心漏日，日脚射雲，則虹特明耀異常。或能吸水，或能吸酒。人家有此，或爲妖，或爲祥。朱子云：「既能吸水，亦必有形質。」〔三〕詩謂之「蝃蝀」〔四〕，其字從虫，俗謂之「鱟」，其字從魚。俗又謂之「旱龍」，依其形質而名之也。

【注】

〔一〕見藝文類聚卷二虹：蔡邕月令章句：「陰陽交接之氣，著於形色者也，雄曰虹，雌曰蜺。」文字不同。

〔二〕今本莊子未見，引見藝文類聚卷二虹，作「陽炙陰爲虹」。

〔三〕見朱子語類卷三，作「既能啜水，亦必有腸肚」。

〔四〕見詩鄘風蝃蝀。蝃蝀，虹也。

宋儒論天外

邵康節曰：「天何依？曰：依乎地。地何附？曰：附乎天。天地何所依附？曰：自相依附。」自斯言一出，宋儒標榜而互贊之，附聲而妄衍之①，朱子遂云：「天外更須有軀殼，甚厚，所以固，此氣也。」〔一〕天豈有軀殼乎？誰曾見之乎？既自撰爲此説，他日遂因而實之曰：「北海只挨著天殼邊過。」似曾親見天殼矣。自古論天文者，宣夜、周髀、渾天之書，甘、石、洛下閎之流，皆未嘗言。非不言也，實所不知也。若邵子、朱子之言，人所不言，亦不必言也；人所不知，亦不必知也；人所不問，亦不必問也。莊子曰：「六合之外，聖人存而不論。」〔二〕此乃切要之言，孰謂莊子爲虛無異端乎！元人趙緣督始稍正邵子之誕，而今之俗儒已交口議之。又丘長春，世之所謂神仙也，其言曰：「世間之事尚不能究，況天外之事乎！」由是言之，則莊子、長春乃異端之正論，而康節、晦翁之言，則吾儒之異端矣②！本朝劉伯温亦古甘、石、洛下之流，其言曰：「天有極乎？極之外又何物也？天無極乎，凡有形必有極，理也，勢也。」「是聖人所不能知耳，非不言也。故天之行，聖人以曆紀之；天之象，聖人以器驗之；天之數，聖人以筭窮之；天之理，聖人以易究之。」「天之所閟，人無術以知之者，豈惟此耳。今不曰『不知』，而曰『不言』，是何好勝之甚也。」〔三〕嗚呼！伯温此言，其確論乎？其曰『好勝』者，蓋指宋儒之論天者。予嘗言：「東坡詩『不識廬山真面目，只緣身在此山中』，蓋處於物之外，方見物之真也。」吾人固不出天地之外，何以知天地之真面目歟！且聖賢之學，切問近思，亦何必求知天外之事耶！

【校】

①附聲而妄衍之　附，上杭本、四庫本、楊子卮言卷四作「隨」。

②「莊子長春乃異端之正論」至「則吾儒之異端矣」　楊子巵言卷四作「莊子、長春固爲正論，而康節、晦翁之言似不足取矣」。

【注】
〔一〕邵康節、朱子語，見朱子語類卷一百「邵子之書」。前二「曰」字，萬曆本無，據朱子語類補。天外，作「氣外」。
〔二〕見莊子齊物論。
〔三〕劉伯温語，見誠意伯文集卷十八天道。非不言也，作「而奚以不言也」。

好風好雨星

尚書：「星有好風，星有好雨。」〔一〕古注云：「箕星，東方宿也。東木克北土，以土爲妻。雨，土也，土好雨，故箕星從妻所好而多雨也。畢，西方宿也。西金克東木，以木爲妻。風，木也①，木好風，故畢星從妻所好而多風也。由此推之，則北宫好燠，南宫好暘，中央四季好寒，皆以所克爲妻，而從妻所好也。」〔二〕予一日偶述此義，座有善謔者，應聲曰：「天上星宿亦怕老婆乎！」滿堂爲哄然一笑②。又曰：「雷電在室南，霹靂在雷電南，雲雨在霹靂南，土工吏在壁西南。蓋雷公電姥，雲將雨師，與夫霹靂斧吏，皆北方水府之精，而娵訾爲天門，故其神棲焉，室不得而司之也。」③

【校】

①風木也　丹鉛餘録卷四作「木，風也」。

②滿堂爲哄然一笑　丹鉛餘録卷四作「滿堂哄然，真可笑也」。四庫本作「滿堂真可笑也」。

③「又曰」一節　升庵餘録卷四、升庵經説卷三俱無。

【注】

〔一〕見尚書周書洪範。

〔二〕見尚書注疏卷十一「庶民惟星，星有好風，星有好雨」孔穎達疏。疏文與古注文字不同。

石氏星經

石氏云：「東宫青帝，其精蒼龍，爲七宿，其象有角、有亢、有氐、有房、有心、有尾、有箕。氐胸、房腹，箕所糞也。司春，司木，司東嶽，司東方，司鱗蟲三百六十①。」「北方黑帝，其精玄武，爲七宿，斗有龍蛇蟠結之象，牛蛇象，女龜象，虚危室壁皆龜蛇蟠虬之象。司冬，司水，司北嶽，司北方，司介蟲三百六十。」「西方白帝②，其精白虎，爲七宿，奎象白虎，婁、胃、昴，虎三子也，畢象虎，觜、參象麟，與璘同，斑文也。觜首參身也。司秋，司金，司西嶽，司西海，司西方，司毛蟲三百六十③。」「南方赤帝，其精朱鳥，爲七宿，井首，鬼目，柳喙，星頸，張嗉，翼翮，軫尾。司夏，司火，司南嶽，司南海，司南方，司羽蟲三百六十。」〔一〕○左傳、史記天官書：「喙」作「咮」，「咮張」即「柳張」，兩星之間也。隋志：「喙」作「注」，又有「注張」之文，或訛爲「汪張」，皆本於石氏柳爲鳥喙之説。○王奕曰：「朱鳥，其以羽蟲之長稱乎，而曰鶉首、鶉尾，何也？師曠禽經：『青鳳謂之鶡，赤鳳謂之鶉，白鳳謂之鷫，紫鳳謂之鷟。』蓋鳳生於丹穴，鶉又鳳之赤者，故南方取象焉。考之月令，夏，其蟲羽；鳳，羽蟲之長，故南方之宿爲朱鳥。吴興沈氏以朱鳥爲丹鶉，豈知四獸皆蟲之長也，鶉之微何預？」

【校】

①司鱗蟲三百六十　鱗，萬曆本作「麟」，據楊子巵言卷五改。

②西方白帝　白，上杭本、萬曆本皆誤作「北」，據楊子巵言卷五改。

③司毛蟲三百六十　司，萬曆本脱，據楊子巵言卷五補。

【注】

〔一〕見文獻通考卷二七九象緯二宋中興天文志所引石氏文。龍蛇蟠結，作「龜蛇蟠結」。

中宫宿

余嘗疑天有五行，星有五緯，地有五嶽，人有五事，而二十八宿何獨無中央之宿也。後觀石氏星經云：「中宫黄帝，其精黄龍，爲軒轅，首枕星張，尾掛柳井，體映三台，司四季，司中嶽，司中土，司河①、江、漢、淮、濟之水，司黄帝之子孫，司倮蟲三百六十。」〔一〕則固有所謂中宿矣。又按張衡靈憲：「蒼龍連蜷於左，白虎猛據於右，朱雀奮翼於前，靈龜圈脊於後，軒轅黄龍於中。則是軒轅一星，與蒼龍、白虎、朱雀、玄武四獸爲五矣。世之言星者，惟知四獸，而不知黄龍，是求之未盡也。」亦猶民俗惟知四時，而不知夏之後有土位，素問所謂長夏，月令所謂中央，五時取火，季夏取槐檀之火也〔二〕。軒轅本天市垣之星②，在張宿之分野，分爲土德，寄王鶉火，亦猶是也。張衡又云：「軒轅爲龍之體，主雷雨之神，後宫之象焉。陰陽交合，盛爲雷，激爲電，和爲雨，怒爲風，亂爲霧，凝爲霜，散爲露，聚爲雲，立爲虹蜺，離爲背矞，分爲抱珥，此十四變，皆軒轅主之。」亦猶土之無定位，而金、木、水、火賴以成與。

【校】

① 司河，上杭本、四庫本作「司黄河」。

② 軒轅本天市垣之星 天，萬曆本脱，據《楊子巵言》卷五補。

【注】

〔一〕見文獻通考卷二七九象緯二「首枕星張」。下引張衡文，同。

〔二〕季夏取槐檀之火，周禮夏官司爟：「令四時變國火，以救時疾。」鄭玄注云：「季夏取桑柘之火。」「槐檀」，升庵記誤，升庵經説卷十三改火不誤。

甘氏星經論日月黄道

甘氏曰①：「日一星在房之西，氐之東。日者，陽宗之精也。爲鷄二足，爲烏三足，鷄在日中，而烏之精爲星，以司太陽之行度。日生於東，故於是在焉②。」「月一星在昴畢間③，故昴畢之間爲天街，黄道之所經也。月者，陰宗之精也，爲兔四足，爲蟾蜍三足，兔在月中，而蟾蜍之精爲星，以司太陰之行度。月生於西，故於是在焉。日精在氐房，月精在畢昴，自司其行度。而氐房畢昴乃黄道之所經，不得而司之。」〔一〕范育曰④：「日出於卯，卯之屬爲兔，而兔之宅乃在月中；月出於西，西之屬爲鷄，而鷄之宅乃在日中。」是謂陰陽之精互藏其宅。

【校】

① 甘氏曰　楊子巵言卷五作「甘氏星經云」。

② 故於是在焉　在，上杭本、四庫本作「位」。

③ 在昴畢間　楊子巵言卷五作「在昴之南、畢之北」。

④ 范育曰　楊子卮言、升庵集作「又曰」，其後文字不同。

【注】

〔一〕見文獻通考卷二七九象緯二。陽宗之精，作「陽精之宗」。陰宗之精，作「陰精之宗」。

五行

洪範五行兆於龍馬之圖，列於命箕之書。「其見象於天也爲五星，分位於地也爲五方，行於四時也爲五德，禀於人也爲五常，播於律吕爲五音，發於文章爲五色。」〔一〕易曰「五位」，史曰「五材」，志曰「五物」，醫曰「五運」，其該曷既哉。「羯朝據中土，黄冠譸愚氓」，乃臆撰陰符，厚誣軒帝，名之曰「五賊」。噫，經以符名，既已異矣，符以陰名，抑增異矣。天其可以名賊乎？人其可以見賊乎？見賊其可以昌乎？非寇謙之孽徒妖黨〔二〕，其孰爲此言乎？有聖王出，曷不以造言亂民之刑誅之，而世號傳統繼聖之儒，乃取而注之。噫，考亭之門，何其無忠臣矣乎！

【注】

〔一〕語見新唐書卷三十四五行志。律吕，作「音律」。五音，作「五聲」。「爲五色」後尚有「而總其精氣之用，謂之五行」。

〔三〕寇謙之，北魏時嵩山道士。唐李筌稱陰符經出自寇謙之。

【辨】陰符一書，作者、時代，多有異説。升庵集卷四十六「陰符經」云：「陰符經非黄帝書，蓋出後漢末。唐人文章引用者，惟吴武陵上韓舍人行軍書有『禽之制在氣』一語，梁肅受命寶賦有『天人合發區宇樂推』一語，馮用之機論、權論兩引之，此外絶無及之者。」本書卷十七「五勝」條云：「陰符經之文，李筌僞作，或信以爲黄帝者，無目者也。」同卷「五行」條又云：「羯朝據中土，黄冠譸愚氓，乃臆撰陰符，厚誣軒帝」云云，遂引起時人紛紛與之辯。

明王世貞宛委餘編卷三云：「陰符經是秦漢人贋作，李筌爲之釋，乃托辭於驪山老姥以神其説。楊用修遂謂爲筌作，非也。筌，開元時人。永徽中，褚河南遂良嘗奉旨寫一百卷。今養生家尚尊之，以比於素問、參同。」（景印文淵閣四庫全書一二八一册弇州四部稿説部　臺灣商務印書館）

明陳耀文正楊卷一「陰符經」云：「李筌郎中爲荆南節度判官，集閫外春秋十卷，既成，自鄙之曰『常文也』，乃註黄帝陰符經兼成大義，至『禽獸之制在氣』，經年懵然不解，忽夢烏衣人引理而教之，其書遂行於世，僉謂鬼谷、留侯復生也。」雲溪友議

「李筌，號達觀子，好神仙之道，常歷名山，博採方術，至嵩山虎口巖石室中，得黄帝陰符，本絹素書，緘之甚密，題云『大魏真君二年七月七日，道士寇謙之藏之名山，用傳同好』。其本糜爛，筌抄讀

數千遍，竟不曉其義。因入秦，至驪山下逢一老母，神狀甚異，路傍見遺火燒樹，因自語曰：『火生於木，禍發必克。』筌聞之問曰：『此黄帝陰符秘文，母何得而言之？』母曰：『吾受此符已三元六周甲子矣。少年從何而知？』筌具告其故，母命坐，爲説陰符之義曰：『非奇人不可妄傳。』……筌有將略，作太白陰符十卷，有相業，著中台志十卷，時爲李林甫所排，位不顯，竟入名山訪道，不知所終。」神仙感遇傳、集仙傳。

復引陸龜蒙讀陰符經……皮日休讀陰符經詩……而後曰：「以上三書及二詩，皆唐人也，乃云此外絶無及之者，談何容易耶！其『區宇樂推』亦非陰符中語。」（景印文淵閣四庫全書八五六册正楊　臺灣商務印書館）

明胡應麟丹鉛新録卷一「五行」條云：「陰符已見國策，蘇秦讀之以説諸侯、取相印，其文固非秦漢以後，唐褚遂良嘗奉敕寫一百本，至李筌始贋托軒后以欺人。謂傳謙之者，筌叙云爾，六代前固未聞也。考亭語録曰：『陰符經稱黄帝聖賢，文自平正，却無蹊蹺如許。』噫！斯言也，可以蔽陰符之得失矣。取而注之者誰耶？蓋考亭嘗注參同，用修誤憶爲陰符，故因黄氏日鈔而有斯説，匪實録也。列有説符、莊有德充符、班志有泰階六符、柳子厚有貞符。符者合也，豈道家符水之符耶？

「黄東發云：『經以符言既異矣，符以陰言愈異矣。』……右見黄氏日鈔，用修全襲其語。黄以『近世大儒亦加品題』，未嘗謂注解也。凡先秦文字名目，如聖賢、仁義之類，皆與儒書不同，無論異端，即史、子居然可見，今欲以儒家概之，彼其能輸服哉？

「此書過韜、略遠甚，以擬素問、汲冢，則奇險有加，而淳質稍異。大概戰國、先秦之作，非周非漢。高似孫執以爲黄帝，楊用修執以爲李筌，皆髫鬌之見，不必深辯。

「噫！一陰符耳，俄以爲六代，俄以爲唐人，又俄以爲後漢，何無定見如此。蓋既心喜日鈔之説則曰謙之，又得五勝之説則曰李筌，又得吳武陵輩之文則曰東京，惟博好奇，故隨所見筆之不忍舍，然使後人何所適從哉！

「東京末諸書今行世者，如吳越春秋、論衡、桓譚、應劭等作，其文皆弱猥繁冗，與西京氣骨絶殊，用修顧以陰符出其時，胡大弗類也？或以陰符不見藝文志，似非先秦。此則有説，素問、靈樞皆漢志所無，而王冰以即内經，迄今無復異論者，信其文非先秦弗能也。漢藝文志兵書稱黄帝風后不下十餘種，安知非先秦遺制，後世易名以爲陰符乎？余嘗謂鬼谷即儀、秦，越絶即子胥，陰符蓋亦當爾，惜戰國不知何名耳。」詳九流緒論、四部正譌二書。（見少室山房筆叢卷五　中華書局）

霄雪

霄霄兩字①，音義皆異。霄字從肙，音屑，説文「雨霓爲霄」。徐鉉注訂説文，誤以「肙」爲「肖」，遂爲臆説云：「霄雪着物則消。」此説可笑，雪豈有著物不消者乎？霰雪與片雪，同一性也。霓即霰也。爾雅「雨霓爲霄」注〔二〕：「冰雪雜下，謂之霄雪。」説文：「霰，稷雪也。」陸佃云：「閩俗謂之冰雪，今名灖雪，與霄音相近也。」〔二〕詩補傳曰「粒雪」，郭璞爾雅注謂「雨雜下」也。雪初作，未成花，圓如稷粒，撒而下。杜子美詩所云「帶雨不成花」，俗諺云「夾雨夾雪」也。春秋緯曰：「盛陽之氣，温暖爲雨，陰氣薄而脅之，則合而爲雹；盛陰之氣，凝滯爲雪，陽氣薄而脅之，則散而爲霰。」韓詩：「相彼雨雪，先集維霰。」〔三〕薛君曰：「霰，霙也。」夏侯孝若寒雪賦曰：「集洪霰之淅瀝，焕摧磊之霍索。」謝希逸雪賦曰：「霰淅瀝而先集，雪紛糅而遂多。」〔四〕古詩詠霰云「雪花遣汝作先鋒」是也〔五〕。以此證之，「霄」與「霄」迥不同矣。「霄」從肖，近天氣也。揚雄賦：「騰清霄而軼浮景」〔六〕，陶潛詩：「川滌餘靄，宇霾微霄」〔七〕，道書所稱「九霄」、「青霄」、「赤霄」、「紫霄」、「絳霄」之屬，與「霰」、「霄」字音義，何啻千里！

【校】

① 霄霄二字　霄，萬曆本作「雪」，四庫本作「霄」。據文義當作「霄」。

【注】

〔一〕雨霓爲霄，爾雅作「雨霓爲霄雪」，升庵脱「雪」字。

〔二〕見陸佃埤雅：「説文曰：『霰，稷雪也。』閩俗謂之米雪，言其霰粒如米。」冰雪，當爲「米雪」之誤。

〔三〕見詩小雅頍弁。相彼，作「如彼」。
〔四〕此爲謝惠連雪賦中句，見文選卷十三。升庵云「謝希逸」，記誤。
〔五〕此爲楊萬里霰詩中句，見誠齋集卷一。汝，作「霰」。
〔六〕此爲揚雄甘泉賦中句，見文選卷七。
〔七〕此爲陶潛時運四首第一首中句，見陶淵明集卷一。川滌，原作「山滌」。

風行水上

楊誠齋文有云：「風與水相遭也，爲卷爲舒，爲疾爲徐，爲織文，爲立雪，爲湧山。細則激激焉，大則汹汹輈輈焉，不制於水而制於風，惟風之聽而水無拒焉。」〔一〕本於蘇老泉文云云，凡二百四十三字。變化奇偉，類莊子。其實本於毛公詩傳云「漣，風行水成文」一句。漢人五字一句①，便可衍爲後人數百言。古注疏良不可輕也。○蘇老泉文云：「且兄嘗見夫水之與風乎？油然而行，淵然而留，渟洄汪洋，滿而上浮，是水也，而風實起之，蓬蓬然而發乎太空，不終日而行乎四方，蕩乎其無形，飄乎其遠來，既往而不知迹之所存，是風也，而水實行之。今夫風水相遭乎大澤之陂也，紆徐委蛇，蜿蜒淪漣，安而相推，怒而相凌，舒而如雲，蹙而如鱗②，疾而如馳，徐而如徊，揖讓旋辟，相顧而不前。其繁如縠，其亂如霧，紛紛鬱擾，百里若一，汩乎順流，至乎滄海之濱。滂薄洶湧，號怒相軋，交横綢繆，放乎空虚，掉乎無垠，横流逆折，濆旋傾側，宛轉膠戾，回者如輪，縈者如帶，直者如燧，奔者如焰，跳者如鷺，投者如鯉，殊狀異態，而風水之極觀備矣！故曰『風行水上涣』，此亦天下之至文也。」〔二〕愚謂老泉之文奇矣，而細檢點，猶有重複可删。如云「交横綢繆」，即前之「紆徐委蛇」也；「號怒相軋」，即前之「怒而相凌」也。故文字必簡而後潔。

【校】

① 漢人五字一句 字，上杭本、萬曆本作「句」，據四庫本改。

② 蹙而如鱗 鱗，上杭本、萬曆本作「麟」，據四庫本改。

【注】

〔一〕見誠齋集卷八十八治原下。細則激激焉，原作「細則激激滌滌焉」。

〔二〕此爲蘇洵仲兄字文甫説中句，見蘇洵嘉祐集卷十五。滿而上浮，作「滿而上浮者」。即往而不知迹之所存，作「既往而不知迹之所存者」。

興雲祁祁

漢無極山碑：「興雲祁祁，雨我公田。」按顔氏家訓引詩，亦作：「有渰凄凄，興雲祁祁。」〔一〕

毛傳云：「渰，陰雲貌。萋萋，雲行貌。祁祁，徐也。」此銘亦云「興雲祁祁」。古經本「雲」字，後世作「雨」，乃或改耳。王介甫有「雲之祁祁」詩，語本古經。

【注】

〔一〕見顔氏家訓卷十七書證，詩句出詩小雅大田。顔之推案云：「『渰』已是陰雲，何勞復云『興雲祁祁』耶？雲當爲雨，俗寫誤耳。」後世學者多有異議。漢以前本，皆作「興雲」。

星變

魏明帝問黄權：「三國孰爲正統？」權對曰：「以天文則魏爲正。」然考之史：「黄初四年三月癸卯，月犯大心星。曰：心爲天王，王者惡之。」〔一〕四月癸巳，蜀先主殂於永安宮，而二國自如，天道豈易言哉！晉天文志云：「二石雖僭號，其强弱常占昴宿，不關紫宫太微。」然以載記考之，流星入紫宫而劉聰殞，彗尾掃太微而苻堅敗，熒惑守帝座而吕隆破，抑又何哉！梁武帝時星變，占曰：「熒惑入南斗，天子下殿走。」武帝被髮跣足下殿以禳之，未幾，北朝有孝静帝之變。武帝曰：「虜亦應天象耶？」晉庾翼與兄冰書曰：「歲星犯天關，江東無故。而季龍頻年閉關，此復是天公憒憒，無皂白之證也。」〔二〕噫！人之責天，亦太詳矣。爲天者不亦難哉！世説云：「月犯少微，隱士當之。戴顒自以爲憂，既而無恙，當時戲謂顒求死不得。」〔三〕此尤可笑也。

【注】

〔一〕見晉書卷三天文志下。大心星，爲「心大星」。曰，作「占曰」。心爲天王，作「心爲天王位」。王應麟困學紀聞卷十三考史云：「若可以魏爲正矣，月犯心大星。」心大星，升庵集、升庵外集作「天心星」、「砍心星」。

〔二〕見晉書卷三天文志下。「歲星犯天關」後，删去「占云：關梁當分。比來江東無他故，江道亦不艱難，而石季龍頻年再閉關，不通信使」諸語。

〔三〕此引世説，見藝文類聚卷三十六引續晉陽秋。戴顒，作「戴逵」。晉書所載亦作「戴逵」，升庵記誤。

丹鉛總録卷之二

地理類

方城本萬城

左傳:「方城以爲城。」〔一〕古本「方」本「萬」字,古字「萬」亦作「万」,故訛爾。唐勒奏土論曰:「我是楚也,世伯南土,自越以至葉垂,弘境萬里,故曰萬城也。」〔二〕

【注】

〔一〕見左傳僖公四年:「楚國方城以爲城,漢水以爲池。」

〔二〕見水經注卷二十一汝水注。故曰萬城也,唐勒奏土論作「故號曰萬城也」。

【辨】

陳耀文正楊卷二方城本萬城條引左傳定公四年「我悉方城外」杜預注:「方城,山名也,在葉南。」服虔注:「方城山,在漢南」等駁之云:「杜注之稱山名,尚云可據;酈氏之持兩端,猶爲慎密也。」指責升庵「勦舊籍以自奓,假古本以欺人」。(見景印文淵四庫全書卷八五六册　臺灣商務印書館)

王世貞宛委餘編卷八亦譏升庵説：「用修以方城爲萬城，其可笑不待言。晦伯引史記『阻之以鄧林，緣之以方城』，又『我悉方城外』，及服虔、杜預之説以辟之，似矣！然不如盛弘之荆州記之明切也。其云：『葉東界有故城，始犨縣，東至瀙水，達泚陽界，南北聯聯數百里，號爲方城，一謂之長城。南北雖無基築，皆連山相接，而漢水流其南。』云云，何其易曉也。郡國志：『葉縣有方城。』郭仲産曰：『苦菜、于東俱有方城。』又『楚狂接輿耕於方城之南』。蓋皆傍此長山方城而名者也。」（見景印文淵閣四庫全書一二八一册弇州四部稿卷一五六　臺灣商務印書館）

周嬰巵林卷八萬城條對前人諸説評曰：「楊、王二先生之説，皆本酈善長。用修所論，略舉一隅；陳、王爭之，則欲掇揚所短，而反掩其所長耳。」周引證水經注潕水注，以爲「元美所稱本此」。復引水經注汝水注曰：「春秋昭公十五年，許遷於葉者也。楚盛周衰，控霸南土，爭强中國，多築列城於北方，以逼華夏，故號此城爲萬城，或作方城。」唐勒奏土論曰：「我是楚也，世霸南土，自越以至葉垂，弘境萬里，故號曰萬城也。」……「用修所執又在此條，元美以爲可笑，是未知用修之言更有據也。」以「方城」作「萬城」，不可謂無據。（見景印文淵閣四庫全書八五八册　臺灣商務印書館）

鹽澤醋溝

唐岑參詩：「雁塞通鹽澤，龍堆接醋溝。」〔一〕方回云：「鹽澤，人皆知之；醋溝，人所未知也。」〔二〕非惟人所未知①，方回蓋亦不知，爲此言以掩後人耳。考闞駰十三州志：「山氏城北爲高踰淵，又東北，醋溝水出焉。水在中牟。」鹽澤，見漢書〔三〕。郭緣生述征記：「醬魁城至醋溝，凡十里。」

【校】

① 非惟人所未知　所，萬曆本脱，據丹鉛餘録卷二補。

【注】

〔一〕此爲岑參北庭作詩中句，見岑嘉州集卷二。

〔二〕見方回瀛奎律髓卷三十，作「鹽澤人所共知，醋溝則未之知也」。

〔三〕見漢書西域傳：于闐國「于闐之西，水皆西流，注西海；其東，水東流，注鹽澤」。

【辨】

胡應麟丹鉛新録卷二鹽澤醋溝條云：「鹽澤，見穆天子傳：『戊子，天子至於鹽。』注云：『鹽，鹽池也，今在河東解縣。』及竹書紀年：『王觀於鹽澤』是也。漢書遠出其後，且醋溝，方但言未知，未嘗自以爲知也。用修逆探譏之，得無以己度人乎？」（見胡應麟少室山房筆叢卷六　中華書局）

周嬰卮林卷八鹽澤醋溝條云：「岑參天寶中充安西節度判官。其北庭詩：『雁塞通鹽澤，龍堆接醋溝。孤城天北畔，絶域海西頭。』北庭地近輪臺，在龜兹、烏壘之間矣。漢書：『葱嶺河東注蒲昌海。』蒲昌海，一名鹽澤，去玉門、陽關三百餘里。水經注：『泑澤即蒲昌海，亦有鹽澤之稱。』地理志：『朔方縣有金連鹽澤、青鹽澤。雁門郡沃陽縣，鹽澤在東北。』然則鹽澤有五，一在中國，嘉州所詠，以地道尋之，當是蒲昌河也。……然鹽澤之説，則用修得之，而元瑞謬言也。又西域傳：『徐普欲開道避白龍堆之險，揚雄亦言：康居、烏孫豈能踰白龍堆寇西邊？』地理志：『敦煌郡正西關外，有白龍堆沙，有蒲昌海。』孟康曰：『龍堆形如土龍，高大者二三丈，在西域中。』據此則醋溝必在涼州之外。考水經注：『高踰淵東北爲酢溝。』韻會云：『酢，今作醋。』闞駰十三州志：『山氏城北爲高踰淵，又東北，醋溝水出焉，水在中牟。』……緣酢溝而引岑參詩爲證，此黄直翁之誤，用修全述之也。按郡國志，『雒陽與中牟比縣』。河東在雒陽西北五百里；敦煌在雒陽西五千里，若雁塞越四千五百里而内與河東之澤連，龍堆越五千里而東與中牟之水接，作詩者無乃太憒憒乎！黄、楊、胡徒執於形似之間，而不究道里之不可至，恐嘉州爲之大噱也。」（見景印文淵閣四庫全書八五八册臺灣商務印書館）

鬼方

高宗伐鬼方之事，惟見於易〔一〕。鬼方，極遠之國，即莫靡之屬也。蒼頡篇曰：「鬼之爲言遠也。」世本：「黄帝娶於鬼方氏。」漢匡衡疏云：「成湯化異俗而懷鬼方。」〔二〕意者湯時鬼方已内屬於式圍之中，而復叛於中衰之日，故高宗伐之，以中興殷道也。又西羌傳曰：

「殷室中衰，諸侯皆叛〔三〕。至於武丁，征西戎鬼方，三年乃克。故其詩曰：『自彼氐羌，莫敢不來王。』〔四〕是其證也。」竹書紀年：「周王伐西落鬼戎」〔五〕。按：今貴州有羅鬼夷，俗又呼貴州爲鬼州。楚辭得人肉而祀，以其骨爲醢。紂醢脯九侯，亦效其虐也①。

【校】

①亦效其虐也　其，萬曆本脱，據丹鉛餘録卷三補。另「亦效其虐也」後，丹鉛餘録卷三尚有小字：「今貴州以牛馬骨漬之，經年俟其柔脆如筍，其氣逆於人鼻，以爲上品供客，謂之賈鬼，亦此類也。」

【注】

〔一〕見易既濟：「高宗伐鬼方，三年克之。」

〔二〕見漢書卷八十一匡衡傳，作「此成湯所以建至治，保子孫，化異俗而懷鬼方也」。鬼方，應劭曰：「遠方也。」

〔三〕見後漢書西羌傳，作「諸夷皆叛」。

〔四〕見詩經商頌殷武。

〔五〕見竹書紀年卷上。周王，作「周公季歷」。

【辨】

本條採自王應麟困學紀聞卷一易：「『高宗伐鬼方』。後漢西羌傳：『武丁征西羌鬼方，三年乃克。』竹書紀年：『武丁三十五年，周王季伐西落鬼戎。』然則鬼方即鬼戎與？詩殷武『奮發荆楚』，朱子集傳云：『易曰：「高宗伐鬼方，三年克之。」蓋謂此。』愚按大戴禮帝繫篇『陸終氏娶於鬼方氏』，楚世家：『陸終生子六人，六曰季連，芈姓，楚其後也。』可以證集傳之説。」（見困學紀聞卷一易）

胡應麟丹鉛新録卷二鬼方條云：「鬼方事見竹書：高宗三十四年，伐鬼方，次於荆。三十四年，王師克鬼方，氐羌來賓，甚明。鬼戎之語，絶無所出。史稱陸終氏娶於鬼方，生六子，即昆吾、大彭，五霸迭王者。見鄭氏通志略所引。楊云『黄帝』，未知何所據也。鬼方，前輩有以爲楚者，以楚俗尚巫，故謂鬼方。竹書『伐鬼方』之上，有『次荆』之文，則此説宜可證。楊云『極遠』，恐未然。又一説以『即貴州黔中』，然秦始置黔中，周世何能至此。蓋當時楚地亦極爲蠻落，春秋始會盟中國耳。以鬼方爲楚，見蔡介夫蒙引。」（見胡應麟少室山房筆叢卷六　中華書局）

周嬰卮言卷八鬼方條云：「大戴禮帝繫曰：『陸終氏娶於鬼方氏之妹，謂之女嬇氏，産六子，一曰昆吾，二曰參胡，三爲彭祖，四曰萊言，五曰安，六曰季連。』風俗通曰：『陸終娶於鬼方氏，是謂女清。』索隱引繫本亦同。楊云『黄帝』，良誤。詩大雅：『覃及鬼方。』毛傳曰：『鬼方，遠方也。』孔穎達曰：『鬼方，遠方，未知何方也。』匡衡傳應劭注亦曰『遠方』。楊言『極遠』，蓋非臆説。西羌傳曰：『武乙暴虐，犬戎寇邊，古公踰梁山而邑於岐下，及子季歷，遂伐西落鬼戎。』太子賢注引竹書紀年：『武乙三十五年，周王季伐西落鬼戎，俘二十翟王。』今竹書但云『周公季歷伐西落鬼戎』，無『俘二十翟王』語。胡謂『絶無所出』，謬矣！此與王會解『湯時正西有鬼親國』，揚雄作趙充國頌：『遂克西戎，還師於京。鬼方賓服，罔有不庭。』師古曰：『鬼方，言其幽昧也。』李善引世本注曰：『鬼方，於漢則先零戎是也。』章帝紀：『有司言，孝明皇帝克伐鬼方，開道西域。』用修稱『靡莫之屬』，似鬼方西戎也。」周嬰復引鬼方爲北方國或黔楚之説，以爲：「文王未嘗南征，則謂在楚之陽者，或未然也。」（見景印文淵閣四庫全書八五八册　臺灣商務印書館）

九縣

左傳「鄭伯肉袒牽羊以逆」，楚子曰云云，「使改事君，夷於九縣。」〔一〕注：「楚滅九國以爲縣，願得比之。」正義謂息、鄧、弦、黄、夔、江、六、蓼、庸、權、申、息，凡十一國〔二〕，不知何以言九？沈重謂：「權是小國，庸先屬楚，自外爲九也。」〔三〕皆曲説不通。竊意「九」爲陽數之極，故書傳凡言「九」者，皆指其極也。桓公九合諸侯，今考之亦不止九也。楚辭九歌乃十一篇，亦止言九也。如九陵、九淵、九攻、九守，皆可以此例推之〔四〕。後漢書云「九縣飆回」，正用此語，使孔穎達、沈重注漢書，又指何地爲九縣乎？

【注】

〔一〕見左傳宣公十二年。

〔二〕正義，當作音義，升庵記誤。陸德明春秋左傳音義云：「九縣：莊十四年滅息，十六年滅鄧，僖五年滅弦，十二年滅黄，二十六年滅夔，文四年滅江，五年滅六，滅蓼，十六年滅庸，傳稱楚武王克權，使鬬緡尹之。又稱文王縣申、息。此十一國，不知何以言九？」升庵緊縮原文而多一「息」字。

〔三〕見孔穎達春秋左傳正義：僖二十八年傳曰：「漢陽諸姬楚實盡之，則楚是滅國多矣。言九縣者，申、息定是其二，餘不知所謂。沈氏以權是小國，庸先屬楚，自外爲九也。」正義所言沈氏，名文阿，字國衛，吴興武康人，任陳文帝通直散騎常侍兼國子博士，著有春秋左氏經傳義略。升庵所云沈重，字子厚，爲梁武帝露門博士，著毛詩沈氏義疏、禮記沈氏義疏，非正義所言「沈氏」。

〔四〕「夷於九縣」、「叛者九國」，自漢及宋，於「九」之義，以實數求之，往往不得其解，積疑已久。王應麟困學紀聞卷六云：「齊桓之霸，自盟於幽，至會於淮，凡十有二會。而孔子稱『九合諸侯』，……其説不同。朱文公謂：『九，春秋傳作「糾」，展喜犒師之詞云爾。』」升庵以爲：「古人言數之多，止於九。」（見本書卷二十六九國）凡言九者，指其多耳。「九國，謂叛者多耳，非實有九國也」，此爲「古人虚用九字之義」，前人不曉，即其數而求之，自然難以破解。這是升庵解經的創獲之一。汪中釋三九云：「一奇，二偶，一、二不可以爲數，二乘一則爲三。故三者，數之成也。積而至十，則復歸於一。十不可以爲數，故九者，數之終也。於是先王之制禮，凡一、二之所不能盡者，則以三爲之節，『三加』、『三推』之屬是也。三之所不能盡者，則以九爲之節，

『九章』、『九命』之屬是也。此制度之實數也。因而生人之措辭，凡一、二所不能盡者，則約之三，以見其多；三之所不能盡者，則約之九，以見其極多。此言語之虚數也。」（汪中述學内編卷一）世人皆言汪氏發明斯説，殊不知升庵之發明早於汪氏數百年矣。

熒臺火井

水經注：「火山似火從地中出，名曰熒臺。」〔一〕今南中往往有之。火井在蜀之臨邛，今嘉定犍爲有之，其泉皆油，爇之然，人取爲燈燭，正德中方出。古人博物亦未及此也。積陽之氣所産，固非怪異。

【注】

〔一〕見水經注卷十三㶟水。火山似火，作「其山以火」。似，當作「以」。

度索尋橦

西域傳有度索尋橦之國〔一〕，後漢書「跋涉懸度」注〔二〕：「溪谷不通，以繩索相引而度。」唐獨孤及招北客辭：「笮復引一索，其名爲笮，人懸半空，度彼絶壑。」〔三〕予按：今蜀松茂之地，皆有此橋。其河水險惡，既不可舟楫，乃施植兩柱於兩岸，以繩絙其中，繩上有一木筒，所謂橦也。欲渡者，則以繩縛人於橦上，人自以手緣索而進，行達彼岸，復有人解之，所謂尋橦也〔四〕。非目見其制，不知其解。獨孤及之文，以十七字形容之，西域傳只四字盡之，可謂工妙矣！

【注】

〔一〕此言漢書西域傳上「谿谷不通，以繩索相引而度」之縣度，後漢書西域傳中「海水曲環」、「三面路絶」、行者「臨峥嶸不測之深，行者騎步相持，繩索相引」。

〔二〕見後漢書章帝紀「跋涉縣度」注：「西域傳曰：『懸度者，石山也。溪谷不通，以繩索相引而度。』」

〔三〕見唐文粹卷三十三上，作獨孤及招北客文。

〔四〕升庵有詠繩橋詩云：「度索尋橦國，升猱飲狖形。俯窺愁净緑，仰睇失空青。雨過苔組濕，風來箐霧腥。天將限夷夏，何用罪坤靈。」（升庵集卷十八）今謂之溜索。

附庸①

附庸之國，庸，古墉，通城也。尚書大傳：「天子賁庸，諸侯疏杼，大夫有石材，庶人有石承。」注：庸，牆也；杼，亦牆也。

【校】

① 附庸　一作庸字解，見升庵集卷六十四。

漢水有二①

祝穆曰：「天下之大川，以漢名者二，班固謂之東漢、西漢。而黎州之漢水，源於飛越嶺者不與焉。固之所謂東漢，則禹貢之導漾自嶓冢山，徑梁、洋、金、房、均、襄、郢，復至漢陽入江者也。西漢，則蘇代所謂漢中之甲，輕舟出於巴，乘夏水下漢，四日而至五渚者，其源出於西和州徼外，徑階、沔與嘉陵水合，俗謂之西漢。又徑大安、利、劍、果、合，與涪水合，入於江。」〔一〕

【校】

① 漢水有二　一作東漢西漢，見升庵集卷七十七。

【注】

〔一〕見祝穆方輿勝覽卷六十四兩漢水。禹貢之導漾自嶓冢山，作「禹貢之漾漢，其源出於今興元之西縣嶓冢山」。大安，原作「大安軍」。入於江，原作「至重慶府入江」。

被池〔一〕

左太冲詩：「衣被皆重池。」〔二〕池，被之心如池也。李太白詩亦有「緑池障泥錦」之句〔三〕。又裝潢家以卷縫罅處爲玉池也。

【注】

〔一〕升庵此説採自唐顔師古匡謬正俗及宋趙令畤侯鯖録。匡謬正俗卷七「池氊」：「或問云：今之臥氈著裏施緣者，何以呼爲池氈？答曰：『禮云魚躍拂池。』池者，緣飾之名，謂其形象水池也。左太冲嬌女詩云『衣被皆重池』，即其證也。今人被頭别施帛爲緣者，猶謂之被池。此氈亦有緣，故得池名耳。俗間不知根本，競爲異説，或作褫持字，皆非也。」侯鯖録卷一「被池」云：「當時已少有知者，況比來士大夫耶！獨宋子京博學，嘗用作詩云：『曉日侵簾壓，春寒到被池。』余得一古被，是唐物，四幅紅錦外，緣以青花錦，與此説正合。」

〔二〕見玉臺新詠卷二左思嬌女詩。池，作「地」。

〔三〕此爲李白白鼻騧詩中句。見李太白文集卷六。緑池，作「緑地」。

温泉

東坡詩記所經温泉，天下七處，以驪山爲最。予在南中所見，又不止七處也。寧州、白崖、德勝關、浪穹、宜良、鄧川、三泊，凡數十處，而安寧爲最。凡温湯所在，下必有硫黄，其水猶有其味。獨安寧清澈見底，垢自浮去不積，且無硫氣，不知何理也。舊有人見其竅出丹砂數粒，乃知其下有丹砂，傳聞徽州黄山温泉亦類此。後周王褒温湯銘云：「白礬上澈，丹砂下沉。華清駐老，飛流瑩心。」〔一〕乃知温泉所在，必白礬、丹砂、硫黄三物爲之根，乃蒸爲暖流耳。

【注】

〔一〕見藝文類聚卷九「泉」。

地志①

地志諸家，予獨愛常璩華陽國志，次之則盛弘之荆州記。荆州記載鹿門事云：「龐德公居漢之陰，司馬德操宅洲之陽，望衡對宇，歡情自接；泛舟褰裳，率爾休暢。」〔一〕記沮水幽勝云：「稠木旁生，凌空交合；危樓傾嶽，恒有落勢。風泉傳響於青林之下，巖猿流聲於白雲之上，遊者常苦目不周玩，情不給賞。」〔二〕若此二段，讀之使人神遊八極，信奇筆也。記三峽水急云：「朝發白帝，暮宿江陵，凡一千二百餘里，雖飛雲迅鳥，不能過也。」〔三〕李太白詩：「朝辭白帝彩雲間，千里江陵一日還。」杜子美云：「朝發白帝暮江陵」〔四〕，皆用盛弘之語也。然二公詩語，亦自有優劣，試與詩流辨之。

【校】

① 地志　一作諸家地理，見升庵集卷五二。另有地志一則，與此則文字不同。

【注】

〔一〕盛弘之荆州記，已佚。其文散見於水經注等書。此則見水經注卷二十八沔水。洲之陽，指沔水中之魚梁洲之陽。洲，萬曆本作「州」。

〔二〕見水經注卷三十二沮水。

〔三〕見水經注卷三十四江水。文字小異。

〔四〕此爲杜甫最能行詩中句，見杜少陵集卷十五。

石墨①

文選東京賦「黑丹石緇」，注引孝經援神契曰：「德至於山陵，則出黑丹。」魏都賦「墨井鹽池，玄滋素液②」，注：「鄴西高陵西伯陽城西，有墨井。」今在彰德府南郭村，井産石墨，可以書。陸士龍與兄書云：「三臺上有曹公石墨數十斤，燒此復消可用，然鄴中人不知，兄頗見之否？今送二螺。」〔一〕即此物也。水經注：「商州黄水北有墨山，山石悉黑，繢彩奮發，黝焉若墨。」又宜陽縣有石墨山，汧陽縣有石墨洞，贛州興國縣上洛山，皆産石墨。廣東始興縣小溪中亦産石墨，婦女取以畫眉，名畫眉石。按：古者漆書之後，皆用石墨以書。大戴禮所謂「石墨相著」則黑是也③。漢以後，松烟、桐煤既盛，故石墨遂湮廢，并其名，人亦罕知之。

【校】

① 一作黑丹，見升庵集卷七十二。

② 玄滋素液　萬曆本作「玄掖素滋」，丹鉛餘録卷十六、文選魏都賦作「玄滋素液」，據改。

③ 石墨相著則黑是也　則黑，萬曆本作「則墨」，升庵集卷七十二作『則黑』。藝文類聚卷五十八硯引太公金匱硯之書曰：「石墨相著，邪心讒言，無得污白。」大戴禮未見此語。

【注】

〔一〕陸士龍與平原書：「一日三上臺（指銅雀臺），曹公藏石墨數十萬片，云燒此消復可用，然烟中人不知，兄頗見之否？今送二螺。」見陸士龍集卷八，文字多異。如三臺上，作「三上臺」。鄴中，作「烟中」。

禹碑

徐靈期衡山記云：「夏禹導水通瀆，刻石書名山之高。」劉禹錫寄呂衡州詩云：「傳聞祝融峰，上有神禹銘。古石琅玕姿，秘文龍虎形。」〔二〕崔融云：「於鑠大禹，顯允天德。龍畫傍分，螺書匾刻。」〔三〕韓退之詩：「岣嶁山尖神禹碑，字青石赤形模奇。」又云：「千搜萬索何處有？森森緑樹猿猱悲。」〔三〕古今文士稱述禹碑者不一，然劉禹錫蓋徒聞其名矣，未至其地也；韓退之至其地矣，未見其碑也；崔融所云，則似見之。蓋所謂「螺書匾刻」，非目睹之，不能道耳。宋朱晦翁、張南軒遊南嶽尋訪不獲。其後晦翁作韓文考異〔四〕，遂謂退之詩爲傳聞之誤，蓋以耳目所限爲斷也。王象之輿地紀勝云：「禹碑在岣嶁峰，又傳在衡山縣雲密峰，昔樵人曾見之，自後無有見者。宋嘉定中，蜀士因樵夫引至其所，以紙打其碑七十二字，刻於夔門觀中，後俱亡。」近張季文僉憲自長沙得之，云是宋嘉定中何政子一模刻於嶽麓書院者。斯文顯晦，信有神物護持哉！韓公及朱、張求一見而不可見①。余生又後三公，乃得見三公所未見，亦奇矣。禹碑凡七十七字，輿地紀勝云「七十二字」，誤也。其文云：「承帝曰嗟，翼輔佐卿。洲渚與登，鳥獸之門。參身洪流，而明發爾興②。久旅忘家，宿嶽麓庭。智營形折，心罔弗辰。往求平定，華岳泰衡。宗疏事裒，勞餘伸禋。鬱塞昏徙，南瀆衍亨。衣制食備③，萬國其寧，竄舞永奔。」

【校】

① 韓公及朱張求一見而不可見　不可見，上杭本、萬曆本等均作「不可得」。丹鉛餘録卷十七、丹鉛摘録卷二作「不可見」。

② 而明發爾興　升庵集、升庵外集作「明發爾興」，只七十六字，萬曆本作「而明發爾興」恰七十

七字。

③衣制食備　衣，萬曆本作「永」，丹鉛餘録卷十七、上杭本原作「衣」，據改。

【注】

〔一〕劉禹錫寄呂衡州，詩題原作送李策秀才還湖南因寄幕中親故兼簡衡州呂八郎中，見劉賓客文集卷二十八。傳聞，作「嘗聞」。

〔二〕此爲崔融嵩山啓母廟碑中語，見唐文粹卷三十五。

〔三〕此爲韓愈岣嶁山詩中句，模，一作「摹」，見韓愈全集卷三。

〔四〕朱熹韓文考異卷三：「今衡山實無此碑，此詩所記，蓋當時傳聞之誤，故其卒章自爲疑詞以見微意。」

【辨】升庵好友顧應祥靜虚齋惜陰録卷十二雜論云：「衡嶽岣嶁山相傳有禹碑，韓昌黎詩曰：『岣嶁山尖神禹碑，字青石赤形摹奇。科斗拳身薤倒披，鸞飄鳳泊拏虎螭。事嚴跡秘鬼莫窺，道人獨上偶見之，我來咨嗟涕漣洏。千搜萬索何處有？森森緑樹猿猱悲。』楊用修殿撰又刻於雲南寧州，譯出其文，又有沈鑑亦譯出其文而句解之，皆以爲真禹刻也。予按山海經郭注云：『衡山即南嶽，俗謂之岣嶁山。』非別有岣嶁山也。吴越春秋云：『禹傷父功不成，乃巡衡山，血馬以祭之，仰天而嘯，忽夢男子自稱玄夷蒼水使者，謂禹曰：「欲得我山神書者，齋焉。」禹乃退齋三日，遂獲金簡玉字之書，得治水之要，刻石山之高處。』觀此則禹所刻者，疑即金簡之字，或祭告紀功之文。今之譯出者，不類三代以前文字，且何政以宋嘉定壬申游南嶽得是刻於石壁，乃宋寧宗時也，去禹已數千年矣！而衡山之石刻尚在，自何政翻刻於嶽麓之後，迄今四、五百年，而遂無跡何耶？故予未敢深信。」（見續修四庫全書一一二三册　上海古籍出版社影印本）

王世貞衡山禹碑云：「禹碑在祝融峰，重刻者有二本，而隸釋亦微有不同，大抵多以意會耳，非必盡能識之也。」按昌黎歌：「科斗拳身薤倒披，鸞飄鳳泊拏虎螭。」是書形勢亦誠有之。及讀盛弘之荆州記、劉禹錫寄吕衡州詩，此碑流跡已久，不當參以蜉蝣之足。但銘辭雖古，未諧聖經，極類汲冢周書、穆天子傳中語，豈三代之季好事者托大禹刻之石耶？然宣王石鼓文亦多類是，似更有不可曉者。予直以爲即秦以前文，猶勝作西京後人語，而用修所謂「龍畫傍分，螺書匾刻」，不啻倍蓰嶧山琅琊也。留此以冠諸刻。（見景印文淵閣四庫全書一二八一册弇州四部稿卷一百三十四文部墨刻跋四十五首　臺灣商務印書館）

周亮工禹碑云：「世傳禹碑七十七字，韓文公詩云：『千搜萬索何處有？森森緑樹猿猱悲。』亦未之見也。宋張世南云：『嘉定中，賢良何政見於南嶽岣嶁峰上，遂摹刻於嶽麓書院。』嘉定甲午，長沙太守潘鑑得於書院後小山草莽中，即宋人摹刻者也。夫古文之傳遠者，多銘刻於鐘鼎，至周宣王始刻於石鼓，歐陽已疑其非真，則岣嶁之刻，後人妄作，明矣！後楚沈鑑夢神禹授以古瓴，下有篆文類碑字，及早起誦若素識，不勞深索。楊用修好奇士也。遂信之，乃作禹碑歌，抑亦英雄欺人耳，何可據以爲實。董郡丞廷欽觀禹碑詩云：『晨望衡嶽山，悠悠恣登陟。霞彩散崇岡，垂蘿挂蒼壁。路逢樵者言，岣嶁有奇蹟。飛翥若鸞龍，云是禹碑石，累累七十字，字字不可識。古異蝌蚪文，怪匪斯籀筆。用修好奇士，今文手親譯。緬想治水功，天授非人力。得非宛委藏，神符今散逸。我觀五嶽圖，真形甚奇僻。恐是山川形，亦與五嶽匹。闕文安可尋？郢調詎堪釋。爲語夜郎翁，支離太無益。』」（見續修四庫全書一一三四册書影卷八　上海古籍出版社影印本）

此碑原刻於衡山雲密峰，無年月，傳爲夏禹書。原石及拓本久已不傳，宋嘉定中，何政曾摹刻，亦無傳本。明代所傳覆刻本高廣行字不等，字數亦不同。凡七十七字，或七十二字。嘉靖中楊慎摹刻於雲南安寧，四川石泉縣亦有刻本；萬曆中楊時喬再刻於江蘇棲霞山，安如山依楊慎本刻於紹興。清人錢大昕潛研堂金石文跋尾卷一辨此碑之僞云：「歷元至明初，罕聞於世。自楊用修、楊時喬、安如山輩展轉翻刻，流布海内，真以爲古文復出矣。予嘗見嘯堂集古録模漢滕公石室銘文，與此絶似，皆宋人僞作。」

翠微

爾雅：「山未及上曰翠微。」〔一〕詩曰：「陟彼崔嵬。」崔嵬，即翠微〔二〕。詩傳授字各不同爾。然「崔嵬」字不及「翠微」之工。凡山遠望則翠，近之則翠漸微，故曰翠微也。左思蜀都賦「鬱葐蒕以翠微」，注：「翠微，山氣之輕縹也。」〔三〕孟郊詩：「山明翠微淺。」又：「山近漸無青。」〔四〕東坡詩：「來看南山冷翠微。」〔五〕皆有意態，足以發詩人及爾雅之妙詮。杜牧之云「與客攜壺上翠微」，則直致不及孟、蘇矣。

【注】

〔一〕見爾雅釋山，作「山脊岡，未及上，翠微」。

〔二〕陳耀文正楊卷二云：「陸佐公石闕銘云：『旁映重疊，上連翠微。』濟曰：『翠微，天邊氣也。』爾雅云：『石山戴土，謂之崔嵬。』使『崔嵬』即『翠微』，爾雅何爲重出耶？二者同言山高，『翠微』，言山高遠青縹色；『崔嵬』，言山高而不平，又不同也。」

〔三〕見文選卷四蜀都賦注。

〔四〕山明翠微淺，爲孟浩然登鹿門山懷古詩中句，見孟浩然集卷一；山近漸無青，乃顧非熊題馬儒乂石門山居詩中句，見全唐詩卷五〇九，非孟郊詩。

〔五〕此爲蘇軾壬寅重九不預會獨游普門寺僧閣有懷子由詩中句，見蘇軾詩集卷四。

風裳水佩

水經注：「垂隴，鄭地，有沙城，左佩濟瀆。」〔一〕又云：鮑丘水「北佩謙澤，眇望無垠」〔二〕。又云：「藺渠川水出自北山，帶佩皋溪，南流注於渭。」〔三〕水縈紆謂之佩，自「被山帶河」字翻出而益奇。唐李長吉詩：「風爲裳，水爲佩。」〔四〕又自水經注拈出，語增奇矣。

【注】

〔一〕水經注卷七濟水作「垂隴，鄭地。……瀆際又有沙城，城左佩濟瀆」。

〔二〕水經注卷十四鮑丘水作「鮑丘水又東南入夏澤。澤南紆曲渚十餘里，北佩謙澤，眇望無垠也」。

〔三〕見水經注卷十七渭水。

〔四〕爲李賀蘇小小墓詩中句，見李長吉歌詩集卷一。

九有〔一〕

左傳：「九丘八索。」九丘，即九州也；八索，即八澤也。見淮南子〔二〕。或以八索爲八卦〔三〕，謬矣。通鑑外紀云：「人皇氏依山川土地之勢，財度爲九州，謂之九囿，各居其一而爲之長。人皇居中州，以制八輔。」此引春秋命歷敘文也。九囿，取育草木爲義，即後世所謂九州也。中州，則人皇之都，石鼓文所謂「寓逢中囿」也。八輔，則餘八囿也。「囿」亦作「有」，古字省文。書：書「以有九有之師」①。詩「九有有截」，又「奄有九有」〔四〕，作「九囿」解之，義尤明暢。左傳謂之九藪，陽紆、雲夢之屬〔五〕。總而言之，九有也，九囿也，九州也，九藪也，一也。「有」與「囿」，以字相近；「藪」、「州」，以音相近，其實一義爾。

【校】

①「以有九有之師」語見尚書商書咸有一德。兩「書」字，後一書字當爲衍文。升庵集卷四十三九丘八索條删去。

【注】

〔一〕一作九丘八索，見升庵集卷四十三。

〔二〕八澤，升庵據淮南子卷四地形訓中之大澤、大渚、元澤、浩澤、丹澤、泉澤、海澤、寒澤，概而言之。

〔三〕見孔安國尚書序：「八索乃八卦之説，九丘爲九州之志。」

〔四〕見詩商頌長發、玄鳥。

〔五〕九藪，九州的湖泊。九藪的名稱與所在，説法不一。陽紆、雲夢，爲其中之二地。

都鄙

都，何以訓美？都者，鄙之對也。左傳曰：「都鄙有章。」〔一〕淮南子云：「始乎都者，常卒乎鄙。」〔三〕蓋天子所居，輦轂之下，聲名文物之所聚，故其士女，雍容閑雅之態生，今諺云「京樣」，即古之所謂都。相如傳「車從甚都」，是也。邊氓所居，蕞爾之邑，狐狸豺狼之所嗥，故其閭閻各嗇，村陋之狀出，今諺云「野樣」，即古之所謂鄙。老子云：「衆人皆有以，我獨頑似鄙」〔三〕，是也。

【注】

〔一〕見左傳襄公三十年「子産使都鄙有章」，杜注云：「國都及邊鄙，車服尊卑，各有分部。」

〔二〕見淮南子詮言訓。卒，作「大」。王先謙云，「大」字乃「卒」字之誤。

〔三〕見老子二十章。

穴井

易井卦朱子解云：「井者，穴地出水之處。」不曰「鑿井」，而曰「穴地」，何也？按：中山經云：「帝囷山有井焉，名天井。」〔一〕孫子兵法云：「地陷曰天井。」〔二〕穴地出水，蓋此類耳。穴地之井，天所爲也。鑿地之井，人所爲也。先天上古穴井，後天中古鑿井也。

【注】

〔一〕見山海經卷五中山經：「帝囷之山……又東南五十里，曰視山，其上多韭。有井焉，名曰天井。

夏有水，冬竭。」升庵有删改。

〔三〕今本孫子兵法行軍篇作「凡地有絶澗、天井」。

禹生石紐

易林：「舜升大禹石夷之野。」後漢戴叔鸞傳云：「大禹生西羌。」〔一〕水經注：「禹生於蜀之廣柔縣石紐村」〔二〕，今之石泉縣也。石紐村，今之石鼓山，其山朝暮二時有五色霞氣。又有大禹採藥亭，在大業山，其地藥氣觸人，往往不可到。地志不載，聞之土人云。

【注】

〔一〕生，後漢書戴良傳原作「出」。

〔二〕水經注卷三十六沫水作「縣有石紐鄉，禹所生也」。

五嶺考

裴氏廣州記云：「五嶺：大庾、始安、臨賀、桂陽、揭陽。」鄧德明南康紀云：「五嶺者，臺嶺之嶠，五嶺之第一嶺也，在大庾；騎田之嶠，五嶺之第二嶺也，在桂陽；都龐之嶠，五嶺之第三嶺也，在九真；萌渚之嶠，五嶺之第四嶺也，在臨賀；越城之嶠，五嶺之第五嶺也，在始安。」〔一〕都龐，水經注作「部龍」。萌渚，輿地志作「明諸」。徐廣曰：「五十萬人守五嶺」〔二〕。淮南子曰：「始皇利越之犀角、象齒、翡翠、珠璣，乃使尉屠睢，發卒五十萬爲五軍：一軍塞鐔城之嶺，一軍守九嶷之塞，一軍處番禺之都，一軍守南野之界，一軍結餘干之水。」注：「鐔城，在武陵西，南接鬱林。九嶷，在零陵。番禺，在南海。南野、餘干，在豫章。」〔三〕其説五嶺又不同，并志之於此。

【注】

〔一〕裴氏廣州記作「大庾、始安、臨賀、桂陽、揭陽，是爲五領」。鄧德明南康記作「大庾領一也，桂陽騎田領二也，九真都龐領三也，臨賀萌渚領四也，始安越城領五也」。名稱不同。引文見漢書張耳陳餘傳「南有五嶺」顔師古注。

〔二〕見史記秦始皇本紀：「爲桂林、象郡、南海，以適遣戍。」裴駰集解云：「徐廣曰：『五十萬人守五嶺。』廣州記云：『一曰臺嶺，亦名塞上，今名大庾；二曰騎田；三曰都龐；四曰萌諸；五曰越嶺。』」

〔三〕見淮南子卷十八人間世。

浦即步考①

韓文「步有新船」，不知者改爲「涉」②。朱子考異已著其謬。蓋南方謂水際曰「步」，音義與「浦」通。孔戣墓志：「蕃舶至步，有下碇之税」〔一〕。即以韓文證韓文可也。柳子厚鐵鑪步志云：「江之滸，凡舟可縻而上下曰步。」〔二〕水經：「贛水西岸有盤石③，曰石頭津，步之處也。」又云：「東北逕王步，蓋齊王之渚步也。」〔三〕又云：「鸚鵡洲對岸有炭步〔四〕，今湖南有縣名城步。」青箱雜記：「嶺南謂村市曰墟，水津曰步。罾步，即漁人施罾處也。」〔五〕張勃吴録：「地名有龜步、魚步，揚州有瓜步。羅含湘中記有靈妃步。」〔六〕金陵圖志有邀笛步，王徽之邀桓伊吹笛處。温庭筠詩：「妾住金陵步，門前朱雀航。」〔七〕樹萱録載唐臺城故伎詩云④：「那堪回首處，江步野棠飛。」東坡詩：「蕭然三家步，横此萬斛舟。」〔八〕元成原常有寄紫步劉子彬詩云：「紫步於今無士馬，滄溟何處有神仙。」〔九〕字又作「埠」，今人呼船儈曰埠頭，律文：「私充牙行埠頭」⑤。

【校】

① 浦即步考　一作步有新船。爲韓愈柳州羅池廟碑中語：「宅有新屋，步有新船。」

② 不知者改爲涉　丹鉛餘録卷四作「不知者改步爲涉」。

③ 贛水西岸有盤石　盤，四庫本作「磐」。

④ 樹萱録載唐臺城故伎詩云　唐，萬曆本無，據丹鉛餘録卷四補。

⑤ 「元成原常有寄紫步劉子彬詩」至「私充牙行埠頭」　丹鉛餘録卷四無，當爲後增補。

【注】

〔一〕見韓愈唐故正議大夫尚書左丞孔公墓志銘，蕃舶至步，作「蕃舶至泊步」。

〔二〕見柳河東集卷二十八，作「凡舟可縻而上下者曰步」，下尚有「永州北郭有步，曰鐵爐步」。

〔三〕見水經注卷三十九贛水，作「贛水又東北逕王步，步側有城，云是孫奮爲齊王鎮此，城之。今謂之王步，蓋齊王之渚步也」。

〔四〕見水經注卷三十五江水，作「江水又東逕嘆父山，南對嘆州，亦曰嘆步矣」。升庵緊縮爲一句，又改「嘆」爲「炭」。

〔五〕見青箱雜記卷三，作「嶺南謂水津爲步，言步之所及，故有罾步，即漁者施罾處；有船步，即人渡船處。然今亦謂之步，故揚州有瓜步，洪州有觀步。閩中謂水涯爲溪步」。升庵只取其一爲例。

〔六〕張勃吳録，升庵記誤。下文出自任昉述異記。揚州有瓜步，述異記原爲「瓜步在吳中」，升庵改「吳中」爲「揚州」。原「湘中有靈妃步」，升庵則誤作「羅含湘中記有靈妃步」。

〔七〕此爲温庭筠江南曲詩中句，見温飛卿詩集卷二。

〔八〕此爲蘇軾聞正輔表兄將至以詩迎之，見蘇東坡集後集卷五。

〔九〕元成原常寄紫步劉子彬，即成廷圭吾欲卜居海上未有定止先作詩寄紫步劉子彬：「紫步於今無士馬，滄溟何處有神仙。」

拂林圖

宣和畫譜中載有拂林圖，或作「佛林」，又作「拂菻」，不知所謂。後考杜環經行記：「拂林在苫國西〔一〕，一名犁靬。其人顔色白，婦人皆服珠錦，善織，絡琉璃，妙天下。」菻，音力甚切。董北苑畫跋云：「拂林圖自唐有之，其人類中國，婦人皆衣胡綾，紺文雜錦，戴金花步摇，綴以木難青珠。」盧肇雙柘枝舞賦云：「拂菻妖姿，西河别部。」蓋如唐人之胡旋女，元末之天魔隊耳。

【注】

〔一〕見太平寰宇記卷一八四大秦國條引。苫國，杜環經行記作「姑國」。

黄河九曲①

黄河九曲，其説出河圖絳象，今録於此：「河導昆侖山，名地首，上爲權勢星，一曲也。東流千里，至規其山，名地契，上爲距樓星，二曲也。邠南千里，至精石山②，名地肩，上爲别符星，三曲也。邠南千里，入隴首間，抵龍門首，名地根，上爲營室星，四曲也。南流千里，抵龍首，至卷重山，名地咽，上爲卷舌星，五曲也。東流貫砥柱，觸閼流山，名地喉，上爲樞星，以運七政，六曲也。西距卷重山，千里東至雒會，名地神，上爲紀星，七曲也。東流至太岯山，名地肱，上爲輔星，八曲也。東流過絳水，千里至大陸，名地腹，上爲虚星，九曲也。」元學士潘昂霄河源志：「黄河九折，胡地有二折，蓋乞兒馬出、反必赤里也。」禹貢：「導河自積石。」以此参考之，河圖象緯及河源志與禹貢一一皆合。

【校】

① 楊子巵言卷五九曲黄河，文字不同。

② 至精石山　精，萬曆本、四庫本作「精」，上杭本作「積」。古微書卷三十二作「邠南千里，至精石山」，尚書禹貢「導河積石」作「積」。

陰火①

易：「澤中有火。」〔一〕素問云：「澤中有陽焰。」〔二〕注：「陽燄，如火烟騰起水面者是也②。」蓋澤有陽焰乃山氣通澤；山有陰靄，乃澤氣通山。文選海賦「陰火潛然」、唐顧況使新羅詩「陰火暝潛燒」〔三〕是也。東坡游金山寺詩云：「是時江月初生魄，二更月落天深黑。江心似有炬火明，飛焰照山棲鳥驚。悵然歸卧心莫識，非鬼非仙竟何物。」注引物類相感志：「山林藪澤，晦明之夜，則野火生焉，散布如人秉燭，其色青，異乎人火。」劉須溪批云「龍也」，非是。坡公西湖詩又有「湖光非鬼亦非仙」之句〔四〕，與此可互證。

【校】

① 亦見升庵集卷七十八：「海中漉出魚蜃，置陰處有光，初見以爲怪。嘗推其義，蓋鹹水所生。凡海中水遇陰晦，波如然火滿海，以物擊之，迸散如星，有月即不復見。木玄虚所云：『陰火潛然，豈謂是乎！』」文字不同。

② 如火烟騰起水面　丹鉛續録卷六「陽燄」作「如火烟騰騰而起於水面」。

【注】

〔一〕見易革卦。

〔二〕見黄帝内經素問六元正紀大論，作「澤無陽燄，則火發待時」。

〔三〕此爲顧況送從兄使新羅中句，見全唐詩卷二六六。

〔四〕此爲蘇軾夜泛西湖五絶之五詩中句，見蘇東坡集卷三。

水鬬河僵

國語曰：「穀、洛鬬，將毁王宫。」〔一〕注不言其鬬之狀。宋紹興十四年，樂平水鬬，有司奏言，河衝里田水中，「類爲物所吸，聚爲一直行，高平地數尺，不假堤防而水自行。里南程氏家井水溢，亦高數尺，夭矯如長虹，聲如雷，穿牆毁樓。二水鬬於杉墩，且前且却，約十餘刻乃解」〔二〕。以後印前，穀、洛二水之鬭，應亦如此也。正德中，文安縣水忽僵立，是日天大寒，遂凍爲冰柱，高五丈，四圍亦如之，中空而傍有穴。後數日，流賊過文安，鄉民入冰穴中避之，賴以全者頗多。土人謂之河僵，亦前史罕見也，慎嘗書之實録中〔三〕。

【注】

〔一〕見國語周語下靈王二十二年。

〔二〕見宋史五行志下「水」。

〔三〕嘉靖二年，升庵受命纂修武廟實録，事必直書。明王世貞於史乘考誤中辨之曰：「楊用修丹鉛餘録載河僵事，且於實録書之，云正德中文安縣水忽僵立，是日天大寒，遂凍爲冰柱，高五丈，四圍亦如之，中空而傍有穴。後數日，流賊過文安鄉，鄉民入穴中避之，頗賴以全。土人謂之河僵，此固災異也。不知五丈之冰穴藏得幾許人，又不知不爲照見否？不凍死否？我能往寇亦能往，避兵之説，恐未可信也。」

九宮與十三卷九宮七色互觀①

曆中九宮：天蓬星，太一坎水白；天内星，攝提坤土黑；天衡星，軒轅震木碧；天輔星，招揺巽木緑；天禽星，天符中土黄；天心星，青龍乾金白；天柱星，咸池兑金赤；天任星，太陰艮土白；天英星，天乙離火紫。見唐會要〔一〕。

【校】

①與十三卷九宫七色互觀　十三，萬曆本誤作「十二」。

【注】

〔一〕見唐會要卷十一。文字不同。

丘處機論海潮

海潮，人皆言因月，唐盧肇獨言因日〔一〕。「余嘗游海上，詢其故老，甚見分明。月初出，則潮初上；月卓午，則潮滿；月西轉，則潮漸退；月没，則潮退盡。北方月出，則潮復上斗北；月中，則潮滿；月東轉，則潮漸退；月没，則潮退盡。」〔二〕盧肇言：「日是太陽，水是純陰。日西入地時，陰避太陽，東海潮上；日出時，水乃西流，東海潮下。」「且箭之急疾，晝夜不能行萬里，如河海之深闊，洪波蕩漾，日夜能行數萬里乎？」又肇之所言，「晝夜方是一潮」，知肇不曾海上行。其文經進，朝臣無有詰難者，蓋世間之事，强辯者爲勝。自非聖達，誰能窮理盡性哉！「余又曾較勘東萊與膠西陸地，相去二百里許，水行迂曲，則千里許，潮信不同：萊北潮上，即膠西潮下；膠西潮上，即萊北潮下。北到南海①，約去萬里②。據大體北海潮上，則江淮以北皆潮滿；南海潮上，江淮以北皆潮下。即是如何登萊、即墨盈縮不同？」〔三〕又見四方大海，潮流各異耳。世間之事尚不能究，況天外之事乎！大抵海水盈縮，譬乾象縱横耳，於理則無有邊際，隨風飄蕩，莫能定準。何乃晝夜循環，不差度數，亦聖功道力不可思議耳。丘長春之説如此，可與盧肇、余靖及天原發微之説相參互〔四〕，故備録之。然潮亦有不可知者，如錢鏐射潮而潮退西陵。元兵駐錢塘沙上，三日而潮不至③，似有神司之，不可以常理推也。

【校】

①北到南海　廣志繹作「北海南海」。北，上杭本作「比」。

②約去萬里　去，上杭本作「近」。

③三日而潮不至　三日，萬曆本無，據上杭本補。

【注】

〔一〕盧肇海潮賦曰：「夫潮之生，因乎日也。」見唐文粹卷五。

〔二〕此爲丘處機駁盧肇語，見王士性廣志繹卷一「方輿崖略」。余嘗游海上，作「余行海上，分明月初出則潮上」。千里許，作「千里」。即是，作「方是」。「詢其故老，甚見分明」，原無此句。

〔三〕此爲丘處機駁盧肇語，見王士性廣志繹卷一。下文亦爲邱處機語，有刪改。

〔四〕余靖海潮閣序，見武溪集卷三。天原發微，宋鮑雲龍作。

溝瀆

易：「坎爲水。」又：「爲溝瀆」〔一〕。欲行水者用溝，所以爲澇之備；欲停水者用瀆，所以爲旱之備。溝之一字，從冓，冓之爲言搬也，去水之害，如搬棄也；瀆之爲字，從賣，賣之爲言櫝也，鍾水之利，如韞櫝也。矯揉水之性而爲溝瀆，亦猶矯揉木之性而爲弓輪，聖人所以範圍五行，而曲成萬物也。周禮考工記：「凡溝逆地防，謂之不行。」音注：「水屬不理遜，謂之不行。」又曰：「梢溝三十里而廣倍。」又曰：「凡行奠水，磬折以參伍。」〔二〕所謂水屬者，屬溝洫也；所謂梢溝者，溝末也。溝遠而不倍，不足以容水；水行不磬折，不足以殺其勢。觀黄河千里一大曲，百里一小曲，則溝洫之磬折可知矣，是雖矯揉，亦出自然。反是，則漢之鴻隙陂，梁之浮山堰矣。孟子所言「過顙」、「在山」非止爲喻〔三〕。蓋桔槔、斛斗，古有爲之者，漢陰丈人所以目之爲機事也〔四〕。

【注】

〔一〕見易説卦。

〔二〕見周禮考工記。防，萬曆本誤作「防」。磬，誤作「罄」。

〔三〕見孟子告子：「夫水，搏而躍之，可使過顙；激而行之，可使在山。」

〔四〕見莊子天地。

熱海

岑參熱海行云：「蒸沙爍石然虜云，沸浪炎波煎漢月。」〔一〕此循名想説之誤。參雖仕從邊幕，亦未曾親到熱海也。按：玄奘西域記云：「凌山，葱嶺北隅，坎雪積凌，春夏不解，懸釜而炊，席冰而寢，七日出山，有一清池，亦曰熱海。」〔二〕以其對凌山不凍，故得此名，其水未必温也。玄奘蓋躬至目見，非參想像之詞耳。

【注】

〔一〕熱海行，即熱海行送崔侍御還京，見全唐詩卷一九九。

〔二〕玄奘大唐西域記卷一跋禄迦國：「國西北行三百餘里，度石磧，至凌山。……山行四百餘里，至大清池（或名熱海，又謂咸海）。周千餘里，東西長，南北狹，四面負山，衆流交湊，色帶青黑，味兼鹹苦，洪濤浩瀚，驚波汩淴。」大慈恩寺三藏法師傳卷二：「清池亦云熱海，見其對凌山不凍，故得此名，其水未必温也。」熱海，即今吉爾吉斯之伊塞克湖。

嚚字音義①

唐詩：「春云生嶺上，積雪在嚚間。」〔一〕山凹之地，堪爲墟市者曰嚚。尚書序：「仲丁居於囂。〔二〕其地在陳留、浚儀之間，秦之敖倉也。敖即囂也。三川爲天下之朝市，故名曰敖云。左傳有囂氏之隧。史記注：「青陽在青之陽，玄囂在玄之囂。」梁宣帝七山寺賦：「神囂嵒嵒而特立，仙的皎皎以孤臨。」〔三〕皆以囂爲地名也。周禮司市之文云：「禁其鬭囂。」〔四〕注：「鬭以力争，囂以口争。交市之地必多争，故禁之。」此益可證囂之爲市，其義所從來遠矣！後世市謂之墟，歸市曰趁墟。言有人則囂，無人則虚也。蜀謂之場，滇謂之街，嶺南謂之務，河北謂之集。再考説文：「囂，聲也，氣出頭上，故從㗊頁。頁，頭也。」左傳：「晏子之居近市，湫隘囂塵。」〔五〕杜預注：「囂，聲也。」此尤可證囂之爲市無疑。

【校】

①囂字音義　升庵集卷六十三作囂字訓，文字稍異。

【注】

〔一〕此爲宋人梅堯臣白鷴詩中句，非唐詩，升庵記誤。

〔二〕此爲尚書商書仲丁篇中語，作「仲丁遷于囂」。升庵云「尚書序」，誤。

〔三〕正楊卷一引梁宣帝七山寺賦作「神簣巖巖而獨立，仙的皎皎而孤臨」。梁宣帝，指後梁宣帝蕭詧，賦名游七山寺賦。

〔四〕見周禮地官司虣：「禁其鬭囂者與虣亂者。」司市，作「司虣」。

〔五〕明陳耀文正楊卷一玄囂條駁升庵云：「左昭三年初，景公欲更晏子之宅曰：『子之宅近市，湫隘囂塵，不可以居，請更諸爽塏者。』夫既曰『近市』矣，復云『湫隘囂塵』，乃以囂爲市，何也？若囂可爲市，則湫也、隘也、塵也，皆可爲市矣。」

三江

禹貢曰：「三江既入。」諸注家三江之説極多。國語子胥曰：「三江環之，民無所移。」韋昭注曰：「三江，松江也，錢塘也，浦陽也。」秦語云〔一〕：「越王擒之於三江之浦。」范蠡曰：「與我爭三江五湖之利者，非吴與？」吴越春秋曰：「范蠡乘舟出三江之口。」越絶書云：「出三江之口，入五湖之中。」蔡沈書傳主庾仲初吴都賦注〔二〕：「松江下七十里分流，東北入海爲婁江，東南流者爲東江，并松江爲三江。」張守節史記正義曰：「三江者，在蘇州東南三十里名三江口，一江西南上七十里至太湖，名曰松江，古笠澤江；一江東南上七十里至白蜆湖，名曰上江，亦曰東江；一江東北下三百餘里入海，名曰下江，亦曰婁江，於其分處，號曰三江口。顧夷吴地記云：『松江東北行七十里，得三江口，東北入海爲婁江，東南入海爲東江，并松江爲三江』是也。言理三江入海，非入震澤也。按：太湖西南湖州諸溪，從天目山下，西北宣州諸山有溪，并下太湖，太湖東北流，各至三江口入海，其湖無通彭蠡湖及太湖處，并阻山陸。諸儒及地志等解『三江既入』，皆非也。」〔三〕周禮職方氏云：

「揚州，藪曰具區，川曰三江。」〔四〕按：五湖、三江者，韋昭注非也，其源俱不通太湖，引解「三江既入」，失之遠矣！鄮山黄氏曰：「世之説三江者甚衆，率與地理不合。至税安禮禹貢指掌圖一出，指豫章江出彭蠡者爲南江①，以足經文中江、北江之數，其論始定。」然審如其説，於震澤何關耶！其曰歷丹陽、毗陵，入今大江者爲北江；首受蕪湖，東至陽羨者爲中江；分於石城，過宛陵，入具區者爲南江。三江在震澤上下而皆入海。其説似矣。然丹陽、毗陵之入江者，特港脉一二，詎應影附大江而謂之江，而首蕪湖、分石城之二水，皆在震澤上流，又可以江之入海言耶②？以今所見，受震澤水東入於海者，惟吴松一江，不見其二也。舊有安亭一江，由青龍鎮入海，罔利者慮其走商税塞之。又有白蜆一江，以通青龍，今亦塞而耕稼之。王半山送裴如晦宰吴江詩曰：「當知耕牧地，往往茭蒲青。三江斷其二，洪水何由寧？」〔五〕豈禹三江之舊迹在是，有可訪而復之者耶？抑水之爲水，有源有委，舊説具區三萬六千頃，積之既多，泄之已難矣。熙寧八年旱，太湖淺露，見丘墓街井，是昔爲高原，今爲汙澤也。湖之浸淫，又不知其比舊增多幾千頃，非源委之不究而致然耶？慎按：蔡沈、黄震之説，皆於下流求之，名以地訛，號隨世改，恐非禹貢三江之説也。曷於上流發源求之。徐鉉注説文云：「江出岷山，至楚都名南江」，「至潯陽爲九道，名中江」，「至南徐州，名北江，入海。」〔六〕郭璞山海經注：「岷山，大江所出也；崍山，南江水所自出也；岷山，北江水所自出也。」〔七〕三江皆發源於蜀，而注震澤。禹貢紀其源而及其委耳，豈區區爲吴地，記其瑣瑣改易不常之名乎！觀禹貢三江之説，當以此意求之，則余之言，雖大禹復出，不能易矣！

【校】

① 指豫章江出彭蠡者爲南江　豫章江出，萬曆本作「豫章九出」。據四庫本改。

② 又可以江之入海言耶　可，升庵外集等作「何」，四庫本作「可」。

【注】

〔一〕秦語，當爲秦策。引文見戰國策秦策四。此條據宋黄震黄氏日抄卷五，日抄即作秦語。承黄氏之誤。

〔二〕見蔡沈書經集傳卷二「三江既入」注。庚，萬曆本誤作「唐」，據「三江既入」注改。

〔三〕見史記夏本紀「三江既入」正義。至，萬曆本脱，據補。

〔四〕周禮夏官職方氏：「東南曰揚州，其山鎮曰會稽，其澤藪曰具區，其川三江，其浸五湖。」升庵有改動。

〔五〕此爲王安石送裴如晦宰吴江詩中句，見王文公文集卷四十二。洪水，作「洚水」。

〔六〕見徐鍇説文解字繫傳。楚都，原作「楚江」，文字有删改。徐鉉與弟鍇齊名，號「大小二徐」，故誤作「鉉」。

〔七〕見山海經中山經郭璞注。

五湖

五湖之説有二：周禮揚州「其浸五湖」。國語「與我争三江五湖之利者，非吴耶」。史河渠書「於吴，則通渠三江五湖」。貨殖傳曰：「夫吴有三江五湖之利。」太史公自敘曰：「登姑蘇，望五湖。」〔一〕此五湖者，即具區也，其派有五，故曰五湖。一名震澤，一名笠澤。張勃吴録云：「五湖者，太湖之别名，以其周行五百里，三萬六千頃，故以五湖名。」〔二〕義興記：「太湖、射湖、貴湖、陽湖、洮湖爲五湖。」酈道元水經謂「長塘湖、射貴湖、上湖、滆湖、太湖爲五湖」〔三〕。張守節史記正義云：「茭湖、游湖、漠湖、貢湖、胥湖〔四〕，皆太湖東岸五灣，爲五湖。」虞翻云：「太湖有五道，東通長洲松江，南通安吉雪溪，西通宜興荆溪，北通晉陵滆湖，西南通嘉興韭溪。」〔五〕陸魯望云：「太湖上稟咸池之氣，一水而五名。」其名大同小異，皆禹貢之所謂震澤也。王勃文「襟三江而帶五湖」〔六〕，則總言南方之湖，洞庭一也，青草二也，鄱陽三也，彭蠡一名宫亭湖，即禹貢雁澤，四也，太湖五也。吴越春秋五湖：貢湖、游湖、胥湖、梅梁湖、金鼎湖也。韋昭曰：「胥湖、蠡湖、洮湖、滆湖，就太湖而五。」虞翻曰：「太湖水通五道，謂之五湖。」陸龜蒙曰：「太湖上稟咸池五車之氣，故一水五名。」〔七〕又楊全五湖賦止爲太湖而作。周禮：『揚州之浸曰五湖』①。

【校】

①「吴越春秋五湖」至「揚州之浸曰五湖」 上杭本無。

【注】

〔一〕登姑蘇，史記作「上姑蘇」，見河渠書「太史公曰」。非太史公自序中語，升庵轉引正義而誤。

〔二〕初學記卷七引吴録，無「三萬六千頃」五字。藝文類聚引越絶書曰：「太湖周三萬六千頃。」

〔三〕水經注卷二十九沔水：「五湖，謂長蕩湖、太湖、射湖、貴湖、滆湖也。」無上湖。射貴湖，分爲射湖、貴湖。

〔四〕史記夏本紀張守節正義，茭湖，爲菱湖；漠湖，爲莫湖。

〔五〕虞翻語原作「東連嘉興，非一溪水，凡五通，謂之五湖」。見太平寰宇記卷九十四引。

〔六〕見王勃滕王閣詩序：「襟三江而帶五湖，控蠻荆而引甌越。物華天寶，龍光射斗牛之墟；人傑地靈，徐孺下陳蕃之榻。」

〔七〕此爲陸龜蒙奉和太湖詩二十首之初入太湖注語，見甫里集卷二。

大江

「江出岷山，其源實自西戎萬山來，至嘉州，而沫水自嶲州合大渡河，穿夷界十山以會之；

至叙州，而馬湖江會之；又十五里而南，廣江會之；至瀘州，而内江又自資、簡會之；至重慶，而嘉陵江自利、閬、果、合等州會之；至涪州，而黔江合南夷諸水會之；至萬縣，而開江水自開、達等州會之，夫然後總而入峽。是江自峽而西，受大水凡八，及出峽而下岳陽，則會之者洞庭湖所受湖南北諸水也；又自是而下鄂渚，則會之者漢口所受興元諸水也；又自是而下黄州東四十里，則會之者巴河也；又自是而下九江，則會之者彭蠡，今名鄱陽湖所受江東西諸郡水也；又自是而下，則會之者皖水所受淮西諸水也。夫然後總而入海。是以自峽而東，又受大水凡五。略計天下之水會於江者，居天下之半，其名稱之大而可考者，凡十有三，故曰江源其出如甕，而能滔滔萬里達海，所受者衆也。嗚呼，問學者可以觀矣！」〔一〕

【注】

〔一〕見明王樵尚書日記卷五「禹貢」引宋范氏致能（成大）語。其中馬湖江會之，原作「馬湖江出自夷中以會之」。重慶作「恭州」，萬縣作「萬州」，九江作「江州」，南北諸水作「南北諸郡水」，居天下之半作「居天地間之半」等，文字稍有改動。

南夢北夢

左傳注：「雲夢跨江南北」〔二〕，故有南夢、北夢。孫光憲號北夢，取此。浯水有南浯、北浯。北浯在琅琊靈門，南浯在九疑零陵。冀州之浸曰潞，有東潞、西潞。東潞，今之張家灣潞河驛；西潞，山西之上黨也。東陽，今之金華；西陽，今之黄州。山海經注：「東甌，今之永嘉，在岐海中；西甌，即閩越，今之建安，亦在岐海中。」〔二〕山有東吴、西吴，西鎮吴山在隴州。水有東漢水、西漢水，見蜀志。蜀有上雒、下雒，上雒新都，下雒中江。庸有上庸、下庸。上雍金州，下雍夔州。

【注】

〔一〕左傳昭公四年「王以田江南之夢」杜注：「楚之雲夢跨江南北。」升庵集卷七十七南夢北夢開頭一句作「子産相楚，楚子享之，賦吉日。王以田江南之夢」。注：「楚之雲夢跨江南北地。」

〔二〕見山海經海内南經「甌居海中」郭璞注，文字有改動。

善防水淫

周禮考工記曰：「溝必因水勢，防必因地勢。善溝者水漱之，善防者水淫之。」注家衆矣，惟王昭禹妙得其旨。其説曰：「溝所以導水，不因水勢，則其流易壅；防所以止水，不因地勢，則其土易崩。故爲溝者必因水勢之曲直，則其流斯無壅矣；爲防者必因地勢之高下，則其土斯無崩矣〔一〕。是故善溝者〔二〕，水必漱齧之而無所壅，以其因水勢故也；善防者，水必淫液之而無所決，以其因地勢故也。」又按：説文：「淫，浸淫隨理也。」徐氏曰：

「隨其脉理而浸漬也。」此尤可補「善防水淫」之義。

【注】

〔一〕見王昭禹周禮詳解卷三十九。其中「易崩」、「無崩」，「崩」作「壞」。

〔二〕是故，作「蓋因其勢而順之，則易爲力；違其勢而逆之，則難爲功，其理固然也」。

四道三谷

何仲默三秦志曰：「自秦入蜀，有三谷四道。」三谷者，其西南曰褒谷，南曰駱谷，從洋入；東南曰斜谷，從郿入，其所從皆殊。舊志謂駱谷、儻谷同一谷，褒谷、斜谷同一谷①，非是。其棧道有四出：從成和階文出者，爲沓中陰平道，鄧艾伐蜀由之；從兩當出者爲故道，漢高帝攻陳留由之；從褒鳳出者，爲今連雲棧道，漢王之南鄭由之；從城固、洋縣出者，爲斜駱道，武侯屯渭上由之。此四道三谷者，關南之險阨，攻取所從來，固矣！

【校】

①駱谷儻谷同一谷褒谷斜谷同一谷　四庫本作「舊志謂首尾一谷」。

華不注

左傳成公二年：「晉郤克戰於鞌，齊師敗績，逐之，三周華不注。」相傳讀「不」字，俱作卜音。伏琛齊記引摯虞畿服經：「不，跗，如詩『蕚不韡韡』之『不』，謂花蒂也，言此山孤秀，如華跗之注於水。」其説甚異而有徵。又按水經注云：「華不注山，單椒秀澤，孤峰刺天。青崖翠發，望同點黛。」〔一〕九域志云：「大明湖望華不注，山如在水中。」李太白詩：「昔我游齊都，登華不注峰。茲山何峻秀，採翠如芙蓉。」〔二〕比之芙蓉，蓋因「華不」之名也。以數説互證之，伏氏音「不」爲跗，信矣！

【注】

〔一〕見水經注卷八濟水。「華不住山，單椒秀澤」下删十一字。孤峰刺天，原作「孤峰特拔以刺天」，删爲四字，文字更佳。

〔二〕見李太白集卷二古風五十九首第二十首。

行潦

孟子「河海之於行潦」〔一〕。行，音杭。潦，音澇。謂水澇之年，大道上積水也。淮南子所謂「牛蹄之涔，無尺之鯉」是也。又曰「丘阜不能生雲雨，涔水不能生魚鱉」也〔二〕。

【注】

〔一〕見孟子公孫丑上。

〔二〕「牛蹄之涔」句，見淮南子俶真訓。「涔水不能生魚鱉」句，見淮南子泰族訓。涔水，原作「滎水」。

五管 補前五嶺考

嶺南之地曰「五管」，乃統治之名①，猶南中之「六詔」也。曰廣管、曰桂管、曰容管、曰邕管、曰瓊管。白玉蟾，瓊州人，其文集在瓊曰瓊管集，在閩曰武夷集。今作「瓊琯」，非也。

【校】

①丹鉛續録卷八「五管」下作「管，乃統治之名」。

沙田①

水邊地可耕曰沙。金陵有白沙，徽州有錦沙，楚有長風沙，秦塞有穆護沙，佛經有毗沙、瓶沙。

【校】

①沙田　一作沙。見升庵集卷七十七、升庵外集卷六。

郭璞墓

郭璞善地理，凡遇吉地，必剪爪髮以瘞之，故郭璞墓所在有之。

右軍帖

王右軍之與謝安書云①：「蜀中山川，如岷山，夏含霜雹。校之所聞，崑崙之仲也。」見輿地志。

【校】

① 王右軍之與謝安書云　之，丹鉛續録卷十二無。

墉務

栢人城東北有一孤山，闞駰十三州志以爲舜納於大麓，即此山①。栢人城西有碑，漢桓帝時徐整所立，銘曰：「上有墉務山，王喬所仙。」〔一〕墉，音權。務，即旄丘之旄也。魏收爲趙州莊嚴寺碑「墉務之精」②，即用此事。

【校】

① 即此山　山，萬曆本脱，據丹鉛續録卷十二補。四庫本作「即此山」。

② 魏收爲趙州莊嚴寺碑墉務之精　魏收，萬曆本無「魏」字，脱「爲」字，據丹鉛續録卷十二補。

【注】

〔一〕此則采自顔氏家訓書證篇。大麓，萬曆本原作「麓」。銘文作「山有墉嵍，王喬所仙」，云：「嵍字依諸字書，即旄丘之旄也。旄字，字林一音亡付反。」

夜郎

漢夜郎縣，屬牂牁郡。唐屬珍州。牂牁郡本且蘭國，在今播州界。珍州在今施州歌羅寨，夜郎在桐梓，驛西二十里有夜郎城①，其古碑字已漫滅②。

【校】

①驛西二十里有夜郎城　郎，萬曆本脱，據升庵外集卷三補。

②其古碑字已漫滅　其古碑，丹鉛續録卷十二、上杭本作「尚有古碑」，升庵外集作「碑尚在」。

壞植散羣

「壞植散羣」，説者不一。范無隱云：「植者，邊境植木以爲界，如榆關、柳塞之類。壞植散羣，則撤戍罷兵，鄰封混一，此尚同之俗也。」〔一〕樂毅書曰〔二〕：「薊丘之植，植於汶篁。」徐廣注謂：「燕之疆界，移於齊之汶水。」按此范説爲長。「解其天弢，墮其天帙。」〔三〕林疑獨云：「人生束縛於親愛，如弓之在弢，如書之在帙。」呂惠卿曰：「解弢則弛張莫拘，墮帙則卷舒無礙。」

【注】

〔一〕壞植散羣，莊子外篇田子方。范無隱語，見宋褚伯秀南華真經義海纂微卷六十五「田子方」。

〔二〕樂毅書，即戰國策燕策樂毅報燕王書。

〔三〕見莊子外篇知北游。

杜詩左擔之句

杜少陵愁坐詩云：「葭萌氏種迥，左擔犬羊屯。」〔一〕葭萌、左擔，皆地名。葭萌，人皆知之；左擔，人罕曉也。太平御覽引李充蜀記①：「蜀山自綿谷、葭萌，道徑險窄，北來擔負者，不容易肩，謂之左擔道。」解者數十家，無一知者，又妄易「左」作「立」，可笑！又益州記：「陰平縣有左擔道，其路至險，自北來者，擔在左肩，不得度右肩也。」〔二〕

【校】

① 太平御覽引李充蜀記　記，萬曆本脱，據譚苑醍醐卷五補。

【注】

〔一〕見杜少陵集卷十二。犬羊，作「犬戎」。

〔二〕升庵詩話補遺卷二亦載此條，云「左擔道有三」，蜀記後有：「又李公胤益州記云：『陰平縣有左擔道，其路至險，自北來者，擔在左肩，不得度右肩。』常璩南中志：『自僰道至朱提，有水步九道：水道，有黑水及羊官水，至險難行。步道，度三津，亦艱阻。故行者謡曰：『楢溪赤水，盤蛇七曲。盤羊烏櫳，氣與天通。庲降賈子，左擔七里。又有牛叩頭阪、馬搏頰坂，其險如此。』據此三書，左擔道有三：綿谷，一也；陰平，二也；朱提，三也。義則一而已。朱提，今之烏撒，雲貴往來之西路也。」

秦淮海易解

内經曰：「南方熱，熱生火」；「北方寒，寒生水」；「西方燥，燥生金」；「東方温，温生木」；「中央濕，濕生土」〔一〕。是知水者寒之形，濕者土之氣。水之於土，妻道也。夫從妻所好，故水流濕。火者熱之形，燥者金之氣。火之於金，夫道也。妻從夫之令，故火就燥。或以陰求陽，或以陽求陰也。管輅曰：「龍者陽精而居於淵，故能興雲；虎者陰精而居於山，故能運風。是則龍陽中之陰也，惟陽中之陰能召陰，故雲從龍；虎陰中之陽也，惟陰中之陽能召陽，故風從虎。」〔二〕

【注】

〔一〕見内經素問卷二陰陽應象大論。作「東方生風，風生木」；「南方生熱，熱生火」；「中央生濕，濕生土」；「西方生燥，燥生金」；「北方生寒，寒生水」。升庵删「生」字，摘録重組。

〔二〕見元郝經郝氏續後漢書管輅傳，云：「龍動則景雲起，虎嘯則谷風生……此乃陰陽之感化，非龍虎之所致也。」

汶即岷

蜀山之大者曰岷山，其川曰岷江。岷字，説文作「𡶒」，省作「岷」。漢人隸書作「汶」，多與「汶上」之「汶」相混。列子「貉不逾汶」〔一〕，謂川江也，非汶上也。殷敬順已辨之。史記冉駹爲汶山郡，司馬温公類篇曰：「汶音岷。」據史記引禹貢「岷嶓既藝」，及「岷山之陽」，及「岷山導江」，皆作「汶」，蓋古字通用也。三國志：「蜀後主至湔，登觀坂，觀汶水之流。」〔二〕王右軍與周益州撫書曰：「要欲一游目汶嶺。」五代史「蜀主王建貶衛尉少卿李鋼爲汶川尉」。徐無黨注：「汶讀作岷。」而今汶川縣誤呼作問音，蜀焉得齊南魯北之水乎？叙州驛名汶川，考古志作浸川。

【注】

〔一〕列子湯問作「鸜鵒不踰濟，貉踰汶則死」。亦見周禮考工記，升庵取其語意而言之。

〔二〕見三國志蜀書後主傳。觀汶水，作「看汶水」。四庫本改作「看」。

崑崙九州

鄒衍言「九州之外，復有九州」，載於史記〔一〕。按其説曰：「東南神州，曰旦土；旦，音與晨同。正南邛州，隋書作迎。曰深土；西南戎州，曰滔土；正西弇州，隋書作拾州。曰開土；正中冀州，曰白土；西南柱州，曰肥土；西北玄州，隋書作營州。曰成土；東北咸州，曰隱土；尸子作㥯土。正東陽州，曰信土。」〔二〕其言本荒唐，漢人作河圖括地象，全祖其説，隋代郊天，遂以其名入從祀之位。史炤通鑑釋文曰：「此九州，其崑崙統四方之九州乎？或曰：神農地過日月之表，蓋神農之九州也。」柱州，一本作桂州。營州①，一本作宮州，近是。宮與玄相近，未知孰正？

【校】

① 營州　營，丹鉛摘録卷九及萬曆本均作「營」。升庵外集卷三改「營」作「玄」，并言：「『宮』與『玄』篆書相近，未知孰正？」

【注】

〔一〕見史記孟子荀卿列傳。

〔二〕見淮南子地形訓。旦土，作「農土」。邛州，作「次州」。深土，作「沃土」。開土，作「并土」。白土，作「中土」。柱州，作「台州」。玄州，作「泲州」。咸州，作「薄州」。信土，作「申土」。

海外五嶽

道經曰：「海外蓬萊閬苑有五嶽靈山：一曰廣乘之山，天之東嶽也，在東海之中，爲發生之首，上有碧霞之闕，瓊樹之林，紫雀翠鸞，碧藕白橘，主歲星之精，居九氣青天之内矣。二曰長離之山，天之南嶽也，在南海之中，上有朱宫絳闕，赤室丹房，紫草紅芝，霞膏金醴，主熒惑之精，居一氣丹天之内矣①。三曰麗農之山，天之西嶽也，在西海之中，上有白華之闕，三素之城，玉泉之宫，瑶林瑞獸，主太白之精，居七氣素天之内矣。四曰廣野之山，天之北嶽也，在北海弱水之中，上多瓊樓寶闕，金液龍芝，主辰生之精，居五氣玄天之内矣②。五曰崑崙之山，天之中嶽也，在八海之間，上當天心，形如偃蓋，東曰樊桐，西曰玄圃，南曰積石，北曰閬苑，上有瓊華之闕，光碧之堂，瑶池翠水，金井玉梁③，主鎮星之精，居於中元一氣天中焉。」〔一〕

【校】

① 居一氣丹天之内矣　一氣，説略卷二、譚苑醍醐卷二作「二氣」，四庫本作「三氣」。

② 居五氣玄天之内矣　居五氣，上杭本脱「居」，萬曆本脱「居五」，據説略卷二、譚苑醍醐及四庫本補。

③ 金井玉梁　梁，上杭本、萬曆本作「彭」，據譚苑醍醐卷二改。

【注】

〔一〕語出靈山道經，亦見明王士性廣志繹卷一、顧起元説略卷二「方輿」、焦竑焦氏筆乘卷三「地中」。

漏井匽豬

周禮「爲其井匽」注：「井，漏井；匽，堰豬。」〔一〕按：漏井，今之滲坑。匽豬，今之陰溝也。

【注】

〔一〕見周禮天官宫人。「爲其井匽」注，作「井，漏井」、「匽，路厠也」。鄭玄謂：「匽豬，謂霤下之池，受畜水而流之者。」

東流不溢

楚辭天問：「東流不溢，孰知其故？」柳子之對，朱子之註，大抵以歸墟爲説。余謂水由氣而生，亦由氣而滅。今以氣噓物則得水，又以氣吹水則即乾，由一滴可知其大也。歸墟、尾閭，是水之大窮盡，氣之大升降處。山海經云：「氾天之上，赤水窮焉。」〔一〕「不姜之山，黑水窮焉。」「𣧑塗之山，青水窮焉。」「白水之山，白水窮焉。」「不庭之山，滎水窮焉①。」「成山，甘水窮焉。」則衆流各有窮處，至此即化氣而升，不必至歸墟也。又莊子云：「日之過，河也有損焉；風之過，河也有損焉。」〔二〕風日皆能損水②，但甚微，而人不之覺。若襮衣於日中，摽濕於風際，則立可驗，此隨時而消息也。覆杯水於坳堂，則立而涸，灑激泉於焦原，則立而涸，此隨地而消息也。蓋二氣迭運，五行更勝，一極不俱備，一物不獨息，端指何地爲歸墟邪？

【校】

①滎水窮焉　滎，上杭本、萬曆本作「榮」，四庫本改作「滎」。據山海經大荒南經「滎山、滎水」，當作「滎」。

②風日皆能損水　皆，萬曆本作「既」，據四庫本、升庵集改。

【注】

〔一〕見山海經大荒南經。汜天之上，作「汜天之山」。

〔二〕見莊子徐無鬼。楊慎引文順序與原文不同。

名山異名

崑崙山，一名昆岑。君山，一名媧宮。武當山，一名篸嶺。普陀山，一名梅岑。青城山，一名天谷。大復山，一名胎簪。衡山，一名芝岡。東海，一名岱淵。岱淵，見隨巢子。遁甲開山圖曰：「沙土之堛，雲陽之墟，可以長生，可以隱居。」〔一〕指甘泉谷口也。郭璞注山海經云：「山川或有同名而異實，或同實而異名，或一實而數名，歷代久遠，古今變易，未得詳也。」信哉！

【注】

〔一〕見太平御覽卷七十四引。沙土之塥，遁甲開山圖作「沙土之浦」。

東西二周〔一〕

戰國策注，辨證東西二周詳矣〔二〕。近閱劉忠定元城語及今邵文莊簡端録二條，可以補入，今載於此。劉之説曰：「東西二周，通封畿宗周，鎬京也，地方八百里，八八六十四，爲方百里者六十四也。洛邑，成周也，方六百里，六六三十六，爲方百里者三十六也。二都得方百里者百，爲方千里也，故詩曰『邦畿千里』〔三〕。東西長而南北短，短長相覆爲千里，此周武王時也。至幽王時，宗周滅，所謂方八百里失之矣①。及平王東遷洛邑，則方六百里爾。」〔四〕邵之説曰：「昭公二十六年，天王入於成周。成周，下都也。王既入成周矣，曷不遂入王城也？子朝之餘黨在焉故也。故萇弘之建議城成周也，謂之遷都，蓋其任怨也大矣，非忠之至者，其孰能如此。或者不知王城、成周爲二，遂以入成周爲入於京師，使遷都之説卒無所歸，而弘之忠不白於後世。洛誥曰『我卜澗水東、瀍水西』，是謂王城。又曰

『我又卜瀍水東』，是謂成周。嗚呼，地之不考，乃害義如此哉！」〔五〕

【校】

①所謂方八百里失之矣　八，上杭本、萬曆本俱無，據四庫本補。

【注】

〔一〕本書卷十二有東西二周後辨，可參看。

〔二〕戰國策校注卷一「西周」，鮑彪注：「漢志：河南、洛陽、穀城、平陰、偃師、鞏、緱氏，皆周地也。」元吴師道補正曰：「按大事記，周貞定王二十八年，考王初立，封其弟揭於河南，是爲河南桓公。河南即郟鄏。武王遷九鼎，周公營以爲都，是爲王城洛陽。周公所營下都，以遷頑民，是爲成周。平王東遷，定都王城。王子朝之亂，敬王徙都成周，至是考王以王城故地封桓公焉。平王東遷之後，所謂西周者，豐鎬也；東周者，東都也。威烈王以後，所謂西周者，河南也；東周者，洛陽也。何以稱河南爲西周，自洛陽下都視王城，則在西也；何以稱洛陽爲東周，自河南王城視下都，則在東也。」

〔三〕見詩經商頌玄鳥。

〔四〕見宋馬永卿編劉忠定元城語録解卷下。周武王時也，作「周文王時也」。

〔五〕見邵寶簡端録卷九。其孰能如此，作「其孰能與于此」。

外水内水中水

宋劉裕遣朱齡石伐蜀，寇譙縱衆軍悉從外水取成都，臧熹從中水取廣漢，老弱乘高艦從内水向黄虎。史炤通覽釋文曰：「巴郡今之重慶。正對二水口，右則涪内水，左則蜀外水。自渝上合州至綿州，曰内水；自渝上戎瀘至蜀，謂之外水。」沈約宋書：資江爲中水，涪江爲内水。慎按：外水即岷江，自重慶上叙州、嘉定是也。内水即涪江，自重慶上合州、遂寧、潼、綿是也。中水即沱江，自瀘州上富順、資、簡、金堂、漢州是也①。曰四川者，則取岷江、沱江、黑水、白水四大川以爲名爾〔一〕。

【校】

① 自瀘州上富順資簡金堂漢州是也　漢州，丹鉛摘録卷五作「漢州」。

【注】

〔一〕俗稱四川，因境内有岷、瀘、雒、巴四大川，與此説異。

禹穴

司馬子長自叙云：「上會稽，探禹穴。」此子長自言遍遊萬里之目，「上會稽」，總吴越也；「探禹穴」，言巴蜀也。後人不知其解，遂以爲禹穴在會稽，而作地志者，以禹廟旁小坎如春臼者當之。噫，是有何奇而辱子長之筆耶！按：蜀之石泉，禹生之地，謂之禹穴。其石杳深，人迹不到。頃巡撫儀封劉遠夫修蜀志，搜訪古碑刻，有「禹穴」二字，乃李白所書，始知會稽禹穴之誤。大抵古人作文，言簡而括，若禹穴在會稽，而上云「上會稽」，下又云「探禹穴」，不勝其複矣。如禹貢曰：「雲土夢作乂。」雲在江南，夢在江北，五言而括千餘里。又曰：「蔡、蒙旅平。」蔡山在雅州，蒙山在雲南，今名蒙樂山，上有碑，具列其事，亦四字而括千餘里。鄭玄、孔穎達、蔡沈、夏僎皆所未至，而繆云蒙山亦在雅州，如此則禹貢所紀山川，無乃俗所謂關門閉户掩柴扉乎？古人立言説義理性命，恐其不明，則不厭複，如易曰「明辨晳也」①，詩曰「昭明有融，高朗令終」〔一〕之類；言山川物産，則一言盡之，如鏐、鐵、絲、枲、橘、柚，如微、盧、彭、濮、庸、蜀、羌、髳之類，更不複書，此易之耳。

【校】

① 明辨晳也　晳，上杭本、萬曆本俱誤作「折」，據易大有改。

【注】

〔一〕見詩經大雅既醉。

【辨】

升庵禹穴之説，駁之者甚衆。他的好友顧應祥在靜虚齋惜陰録卷十二雜論三中云：「予未敢以爲然。按史記注，禹生於四川茂州文川縣石紐山。一統志「石紐山在石泉縣南」，是矣。古人云死則同穴，未聞以所生之地爲穴也。史遷文雖簡古，因禹穴在會稽，故帶「探禹穴」三字，亦不謂之重複。李白之書，殆必唐之文人好事者以此呼之耳。陝西通志載，漢中府洵陽縣東一百三十里山穴傍鐫「禹穴」二字，古碑已剥落，亦古之好事者所爲也。」（見續修四庫全書一一三二册　上海古籍出版社影印本）

升庵另一位好友周復俊在涇林雜記卷一中説：「太史公『上會稽、探禹穴』，此二句實一時事，無待辨也。……巡撫劉公掘得禹穴石刻。劉公巡撫，予時寓蜀，數見其舉動顛倒，心神恍惚，此必其下揑爲之欺劉公耳。」（見續修四庫全書一一二四册　上海古籍出版社影印本）

陳耀文正楊卷一引史遷自序：「遷生龍門，耕牧河山之陽，年十歲則誦古文，二十而南遊江淮，上會稽、探禹穴、闚九疑，浮於沅湘，……於是遷仕爲郎中，奉使西征巴蜀。」而後云：「本傳固自明白，未浮湘沅，輒探蜀穴，太史公無乃太闊步乎！」引證載記：「苻堅欲伐晉，謂什道安曰：朕將與公謁虞陵於虞，瞻禹穴於會稽。」而後反問説：「今云李白所書，豈太白在漢晉前耶！」（見景印文淵閣四庫全書八五六册　臺灣商務印書館）

謝肇淛文海披沙卷五云：「楊用修辨禹穴，以爲在巴蜀，其言甚堅。而余未敢以爲然也。宇内山川同名者多矣！豈可以己一時之偶見，而盡排千古之議論乎！……據吕楠遊龍門記，則龍門亦有禹穴。蓋三禹穴矣！蒙山實在雅州，如必以爲在雲南，則山東亦有蒙山，何以知禹貢之蒙山不在此，而必在彼耶？大率用修之議論好奇而輕信，强辨而不顧理。」（見續修四庫全書一一三〇册上海古籍出版社影印本）

灘澤字考

説文：「灘，水濡而乾也。」引詩「灘其乾矣」。今詩『灘』作『暵』〔一〕。集韻云：「本作澤，水中沙出也。」説文有「灘」字，而無「灘」義；集韻有「灘」義，而無「灘」字，今俗假借用之久矣。慎按：説文引詩，『灘』與『暵』互文，則當作他案切，與爾雅「太歲在申曰涒灘」同音，是「灘」有二音也。爾雅「汶水曰瀾①」，黄河有中澤城。燕肅潮汐説：「浙江之口，起自纂風〔二〕，北望嘉興，夾以沙澤，隔礙洪波，海舶怖於上澤。」皆作昌善切，與闡同音，則「澤」乃「瀾」之省文。而漕船志：「黄河退澤，田地肥沃。」此澤字又作平聲，是澤亦有二音也。再考他字書，石瀨水奔曰灘，楚辭所謂「石瀨兮淺淺」是也。是灘之爲字，主於石也。聲類曰：「水衍沙出曰澤。」易曰：「需於沙，衍在中」也。選詩「潦收沙衍出」〔三〕，

「衍」之與「潭」字異而義相發，蓋潭之爲字，主於沙也。在河爲磧，在江爲灘，義取於石；在汝曰濆，在汶曰瀾，義多取於沙，而音則或平或仄無定耳。

【校】

①汶水曰瀾　瀾，上杭本作「汶水爲瀾」，爾雅釋水作「汶爲瀾」，當作「瀾」。

【注】

〔一〕見詩王風中谷有蓷：「中谷有蓷，暵其乾矣。」

〔二〕纂風，即纂風亭。見姚寬西溪叢語卷上「會稽論海潮碑」，作「今觀浙江之口，起自纂風亭」。下文「海舶」作「海商舶船」。

〔三〕此爲唐張九齡詩，見曲江集卷三秋晚登樓望南江入始興郡路，非出自文選。

封堠壇埒①

王子年云②：「禹治水所穿鑿處，皆有泥封記，使玄熊升其上，此封堠之始。」〔一〕按：北堂書抄引山海經〔二〕：「黄帝游幸天下，有記里鼓，道路有記里堆。」則堠起黄帝，非始於禹。崔豹古今注：「畫界者，封土爲臺，以表識疆境也。」馬縞曰：「爲壇埒以畫界分程也〔三〕。十里雙堠，五里隻堠。」

【校】

①封堠壇埒　一作封堠之始，見升庵集卷七十二。

②王子年云　升庵集作「拾遺記曰」。

【注】

〔一〕見拾遺記。玄熊，作「玄龜」。

〔二〕宋高承事物紀原卷二「記里」云出自黄帝内傳，今本北堂書鈔未見。

〔三〕見中華古今注。分程，作「分域」。

苜蓿烽

岑參詩：「苜蓿峰邊逢立春，瓠蘆河上淚沾巾。」〔一〕皆紀塞上之地也。唐三藏西域志：「塞上無驛亭，又無山嶺，止以烽火爲識。玉門關外有五烽，苜蓿烽其一也。」「葫蘆河上狹下廣，洄波甚急，不可渡。上置玉門關，即西域之襟喉也。」〔二〕

【注】

〔一〕此爲岑參題苜蓿峰寄家人詩中句，見全唐詩卷二百一。

〔二〕升庵外集卷四苜蓿烽，詩後有小字注「塞外無州郡城驛，沙漠無際，望中惟有烽堠，故以烽計程，五烽而當一驛。如苜蓿烽、白龍烽、狼居烽是也。三藏西域記。葫蘆河上狹下寬，以形名之。亦見西域記。」今本大唐西域記未見。

渡瀘辨

孔明出師表「五月渡瀘」，今以爲瀘州，非也。瀘州，古之江陽，而瀘水乃今之金沙江，即黑水也。其水色黑，故以瀘名之耳①。沉黎古志：「孔明南征，由今黎州路黎州，四百餘里至兩林蠻。自兩林南琵琶部，三程至嶲州，十程至瀘水。瀘水四程至弄棟，即姚州也。」今之金沙江在滇蜀之交，一在武定府元江驛，一在姚安之左却。據沉黎志，孔明所渡當是今之左却也。琵琶，一作風琶。兩林，今之邛部長官司也。

【校】

① 故以瀘名之耳 瀘，上杭本作「盧」。

月窟日域

揚子雲長楊賦：「西壓月䶗古窟字。東震日域。」服虔注以爲「月所生」〔一〕，恐非。李太白詩：「天馬來出月氏窟。」〔二〕月窟，即指月氏之國。日域，指日逐單于也。蓋借日月字以形容威服四夷之遠耳。太白妙得其解矣。月氏，一作月氏，又作月支。唐人僑置羈縻曰

氏州。氏音支。樂府有氏州第一、氏州第二，即此地也，并附著之。〔三〕

【注】

〔一〕見漢書揚雄傳下，注引服虔曰：「䯊，音窟，穴。月䯊，月所生也。」顏師古曰：「日域，日初出之處也。」

〔二〕此爲李白天馬歌詩中句，見李太白集卷三。

〔三〕明陳耀文正楊卷三月窟日域云：「顏延年詩：『月竁來賓，日際奉土。』注：『竁，窟也。』陶弘景水仙賦：『東卷長桑日窟，西幹龍築月阿。』南齊禮志：『月域來賓，日際奉土。』隋樂志北齊皇夏詞：『月軌咸梯岫，日域盡浮川。』唐祭神樂章云：『包含日域，牢籠月竁。』昭明大法頌：『西踰月窟，東漸扶桑。』據此則月窟自明。李白天馬歌：『天馬來出月氏窟，背爲虎文龍翼骨。』非用此月窟也。又云『日逐單于』，單于豈居東方耶？」

黑水之源

禹貢曰：「華陽黑水惟梁州。」又曰：「導黑水至於三危，入於南海。」鄭玄云：「三危在鳥鼠之西，而南當岷山。又在積石之西，南當黑水祠，黑水出其南脇。」又按漢書地理：「益州郡：滇池有黑水祠。」〔一〕酈道元注水經①，銳意尋討，亦不能知黑水所經之處。馬端臨輿地考云：「孔、鄭通儒，亦莫知其處，是年代久遠，遂至堙涸，無以詳焉。」今按杜氏通典曰：「吐蕃有可跋海，去赤嶺百里，方圓七十里，東南流入西洱河，合流而東，號曰漾濞水。又東南出會川，爲瀘水焉。」〔二〕瀘水，即黑水也。長寧周文安公云：「三危山在雲南麗江，其源委既詳，足以補禹貢之註矣。」濞水今在大理之西百里，土俗訛作樣備。唐書：姚嶲道討擊使唐九徵，率兵擊吐蕃，虜以鐵絙梁漾、濞二水，通西洱，築城城之。九徵毁絙夷城，破之，建鐵柱於滇池以勒功，即此水也〔三〕。黑水祠在雲南昆明縣之官渡，今名黑殺天神土主俗祠，禱之者極衆。馬端臨生於宋季，土宇分裂，紙上之言，難以考據。今三危、黑水祠、漾濞，皆在中國。余寓雲南二十餘年，目擊耳聞，是以得其真，並書以諗四方之好古者。

【校】

①酈道元注水經　注，萬曆本脱，據上杭本補。

【注】

〔一〕見漢書地理志下：「滇池，大澤在西，滇池澤在西北。有黑水祠。」

〔二〕見通典卷一百九十「吐蕃」：「可跋海，去赤嶺百里，方圓七十里，東南流入蠻，與蠻西二河合流而東，號爲漾鼻水。又東南出會川，爲瀘水焉。」

〔三〕見新唐書卷二一六吐蕃傳上。築城城之，作「築城戍之」。

【辨】黑水之源，衆説紛紜，迄無定論。清陳澧東塾讀書記卷五「尚書」條云：「昔人黑水之説不一，惟以爲今之怒江者爲是，其上源曰哈喇烏蘇，蒙古謂『黑』曰哈喇，謂『水』曰烏蘇，出西藏喀薩北境，東流至喀木。蓋禹貢『雍、梁二州之界』，三危當在其地。自此屈南流爲梁州西界，至雲南曰怒江，亦曰潞江，又南出雲南徼外，入南海也。」（見續修四庫全書第一一六〇册　上海古籍出版社影印本）

清趙一清水經注釋卷四十「補黑水」云：「禹貢山水澤地所在篇有合黎山，則弱水所經也；三危山，則黑水所經也。二水爲雍、梁之大川，水經不應遺之，史記索隱、尚書正義俱引其書，則是二篇亦在失亡之列，致使言禹貢者莫能詳二水之源流，惜哉！」「合黎」即黑之意。（見景印文淵閣四庫全書第五七五册　臺灣商務印書館）

清顧祖禹讀史方輿紀要卷六十一「榆林鎮奢延水」條云：「黑水，在鎮西北，水經注：黑水出奢延縣之黑澗，東南流注奢延水。赫連勃勃築統萬城於黑水南是也。後魏主燾，始光三年襲統萬軍於黑水，去城三十餘里，即此。一云黑水出朔方縣契吴山之麓，今城南有黑山，出黑水，與紅山之水合流爲大川河，繞城鎮，又西流入於奢延水。」（見續修四庫全書第六一一册　上海古籍出版社影印本）

清俞正燮癸巳類稿卷一「黑水解」條云：「禹貢三言黑水，雍州及導川之黑水，一也。梁州黑水又一也。如荆岐既旅，荆及衡陽惟荆州，非一荆也。至雲南之蘭倉江，出察木多西北瓊希三土司北鄂穆楚河，亦曰瀾滄江，經麗江、大理、永昌、順寧而合大理之墨會江，又經景東、鎮沅、普洱、車里，經緬甸以入南海者，亦爲黑水。……黑水甚多，然非禹貢黑水也。禹貢雍州黑水，當在雍西；梁州黑水，當在梁南。雍州黑水，必不入南海，梁州黑水，必不至三危，經文不能强通（可强合）。」

清王鳴盛蛾術編卷三十九「説地」三黑水條云：「黑水，禹貢凡三見，梁州云『華陽、黑水惟梁州』，雍州云『黑水、西河惟雍州』，則梁、雍二州皆以黑水爲界也。導水云『導黑水，至於三危，入南海』，三危在西裔，則黑水從西徼外流至極南而入海不入江者也。要之，三黑水是一。古黑水見於記載者，惟漢志益州郡滇池縣有黑水祠，但言有祠，不言水所在，則已茫昧久矣，闕疑可也。」（蛾術編上海書店出版社）

此外唐樊綽、宋沈括、程大昌、明李元陽、清李紱、黄以周、阮元、王鳴盛、近代陶澍等都著有黑水考辨之文，升庵「瀘水即黑水」説，可備一説耳。

墊江之源

蔡松年補南北史志載：吐谷渾酋長阿豺登其國西彊山，「觀墊江源，問其羣臣曰：『此水流更有何名？由何郡國入何水也？』其長史曾和曰：『此水經仇池，過晉壽，出宕渠，始號墊江，至巴郡入江，渡廣陵，會於海。』阿豺曰：『水尚知歸，吾獨無所歸乎！』乃遣使南通於劉宋，貢方物，宋少帝封爲澆河公」〔一〕。按：此事甚奇。阿豺，夷狄之君，能知問學，而其臣曾和考據如流，何愧於中國之桑欽、酈道元乎①！然此所云墊江，非今忠州之墊江也。古之墊江，即今合州也。合州，置於西魏，隋煬帝改合州爲涪陵，而移墊江之名於忠州之桂溪。今之墊江，則古之桂溪也。近日一統志亦殊草草混淆，聊因書墊江源，併及之。按：墊江之源，乃在吐谷渾之西疆山，今其地不在中國，不可考究。

【校】

①「此事甚奇」至「酈道元乎」　升庵集卷七十六、升庵外集卷五均無，疑原非正文。

【注】

〔一〕見魏書卷一〇一吐谷渾傳。登其國西疆山，作「田于西彊山」。

兩碣石

禹貢：「夾右碣石，入於河。」右碣石，即河赴海處，在北平郡南二十里①。左碣石，在高麗。唐書云：「碣山，在漢樂浪郡遂城縣，長城起於此山。」〔二〕

【校】

① 在北平郡南二十里　北，上杭本、萬曆本均誤作「壯」，據四庫本改。

【注】

〔一〕見漢書地理志下「右北平郡」：驪成「大揭石山在縣西南」。驪成，今河北樂亭。新舊唐書未見。引文見通典一八六高句麗。

天方國

杜環經行記云：「大食國，其仕女魁偉壯大，衣裳鮮潔，容止閑麗。女子出門，必擁蔽其面。一日五時必禮天，堂容數萬人。市閧之中，天地所生，無物不有，四方輻湊，萬貨豐賤。」〔一〕大約與永樂中三寶太監鄭和下西洋所説天方國同，豈即大食國耶？苻堅時，新羅王遣使衛頭朝貢，堅曰：「卿言海東之事，與古不同，何也？」答曰：「亦猶中國，時代變革，名號改移，今焉得同？」〔二〕由此推之，歷代史志所載海外諸國，可以此例觀之矣！

【注】

〔一〕見鄭樵通志卷一九六西戎大秦。魁偉，作「偉」。堂，作「禮堂」。

〔二〕同上書卷一九四東夷新羅。

吴泉①

余舊在京見河圖緯象一書，緯候之流也，專言日月星辰，而圖象則缺。其文作古字，如云：「邠之隘，上爲扶桑，日所升。宣陸之祖，上爲吴泉，月所登。」吴泉，即虞淵②。吴，古虞字。唐人諱淵字作泉，亦有本矣③。又營室星，一名結蝓之宿，月暈謂之逡巡。他書亦不見，并識於此。

【校】

① 升庵集卷七十四吴泉，文字與此條不同。

② 吴泉即虞淵　上杭本作「即虞淵也」，下無小字「吴，古虞字」。

③ 亦有本矣　萬曆本脱，據上杭本、四庫本補。

蜀士夫多不居本鄉

先君嘗言，自古蜀之士夫多卜居别鄉：李太白寓江陵、山東、池州、廬山，而終於采石。老蘇欲卜居嵩山，東坡欲買田陽羨。魏野之居陜州，蘇易簡之居吴門，孫光憲之居荆南，陳堯佐之居嵩縣，許奕、許將之居閬，張孝祥之居于湖，姚勉之居筠州，陳去非之居葉縣，毋廷瑞之居大冶，虞允文之居臨州，鄧文原之居湖州，楊孟載之居姑蘇，袁可潛之居笠澤，豈以其險遠厭跋涉耶？

地名用天字

地名、山名、郡名，用天字者：天台、天目、天池、在廬山有天池寺。天漢、在漢中①。天谷、青城山志書誤作「天國」，音之訛也。天彭、天社、新津。天隮、在成都，今訛爲「天回」。天水、天堦、山名，在將樂。天鏡、天門、天牙、在成都。天漿、谿名，在向城。天竺、西方國名。天山。在匈奴中。

【校】

① 在漢中　在，萬曆本無，據升庵外集卷一補。

蓋天輿地

世言輿地圖始於漢光武「披輿地圖」〔一〕，而不知前漢淮南王傳已有「按輿地圖」之語〔二〕。地以輿名，取易「坤爲輿」之義〔三〕，猶天如張蓋也，張衡作蓋天圖義取此。「蓋天」、「輿地」，正可作對。

【注】

〔一〕見後漢書鄧禹傳：「光武舍城樓上，披輿地圖。」

〔二〕見史記淮南衡山列傳：「王日夜與伍被、左吳案輿地圖，部署兵所從入。」

〔三〕見易説卦。

五靈配五方

漢世先儒説左氏皆以五靈配五方：龍，木也；鳳，火也；麟，土也；白虎，金也；神龜，水也。其五行之序，則木爇生火，火炧生土，土丱生金，金瀏生水，水液生木①，五者修其母則致其子。水官修龍至，木官修鳳至，火官修麟至，土官修白虎至，金官修神龜至。故曰：視明禮修，麒麟來游；思睿信立，白虎馴擾②。言從文成，而神龜在沼；聽聰正知，而名川出龍；貌恭體仁，鳳凰鳴桐。

【校】

① 水液生木　木，楊子巵言卷五作「冰」。

② 白虎馴擾　擾，上杭本、萬曆本作「擾」，四庫本作「優」。

巽乎木而上水

易：井之彖曰：「巽乎木而上水①。」象曰：「木上有水。」井，坎，水也。巽，木，桔槔也〔一〕。北方井制如此。四聖皆北方人，取象繫辭，必據其物。朱子生南方，又兵戈隔絶，不見北方井制。縱云書中考見之，終不如目睹之真也，故其解支離不通②，亦何怪乎！

【校】

① 巽乎木而上水　木而上水，萬曆本作「水而上水」，升庵經説卷三作「木而上水」，據改。

② 故其解支離不通　支離不通，升庵經説作「庸多支離」。

【注】

〔一〕見易説卦。

胡苑

張良對高祖言長安形勝曰：「南有巴蜀之饒，北有胡苑之利。」〔一〕史記、漢書皆不解胡苑之義，後人或改「苑」作「戎」，非也。按：漢官儀引郎中侯應之言曰：「陰山東西千餘里，單于之苑囿也。」〔二〕又胡人歌曰：「失我燕支山，令我婦女無顔色。失我祁連山，令我六畜不蕃息。」〔三〕所謂胡苑之利，當是此義〔四〕。

【注】

〔一〕見史記留侯世家、漢書張陳王周傳。

〔二〕見漢書匈奴傳：「郎中侯應曰。」漢官儀，漢應劭撰，已佚。

〔三〕原題匈奴歌，見樂府詩集卷八十四。「令我六畜不蕃息」，令，作「使」。

〔四〕陳耀文正楊卷二胡苑云：「史記註索隱云：『苑馬牧外接胡地，馬生於胡，故云胡苑之利。』正義：『博物志云：北有胡苑之塞。』按：上郡北地之北與胡接，可以牧養禽獸，又多致胡馬，故謂『胡苑之利』也。今云無解，誤。其歌引西河故事之誤，姑勿及也。」

東陵西陵

禹貢：導江「過九江，至於東陵」。今巴陵有道士洑，地志：即古之東陵。莊子：「盜跖死利於東陵之上。」〔一〕蓋據波馮濤以濟其姦凶，其地至今猶爲盜巢云。夷陵爲西陵，則巴陵爲東陵，可知九江不在潯陽，明矣。

【注】

〔一〕見莊子駢拇。傳説東陵山上有跖冢。

冢中枯骨

陶謙疾篤，曰：「非劉玄德不能安此州也。」謙卒，糜竺迎備，備曰：「袁公路近在壽春，此公四世五公，君可以州與之。」〔一〕孔融曰：「公路豈憂國忘家者耶？冢中枯骨，何足介意。」融云「冢中枯骨」，正謂「四世五公」。今綱目删去「此公四世五公」六字〔二〕，遂不曉「冢中枯骨」爲何語。

【注】

〔一〕見三國志卷三十二蜀書先主傳。「此君四世五公」後脱「海内所歸」。

〔二〕見通鑑卷六十一。

冰泮冰合

漢光武渡呼沱河，俄頃冰合，真有神助矣。其後帝命其處爲危渡口，示天幸不可恃，以戒子孫。此其大度何如也。石勒擊劉曜，濟自大碣，以河水泮爲神靈助，號爲靈昌津。此其去光武遠矣！石勒自謂遇光武，當并驅中原。未論胡漢仁暴，只兹一事，絶塵莫攀，胡羯何其大言無忌耶！其後代王什翼犍擊劉辰〔一〕，河冰未合，乃以葦絚約流澌，俄而冰合，復恐未堅，又散葦於上，冰草相結，有如浮梁，出其不意，遂大破之。此則以人力迎天者也。

【注】

〔一〕劉辰，當作「魏辰」。見魏書卷一昭成帝（什翼犍）三十年冬十月：「帝征衛辰……衛辰與宗族西走。」

盧山祁連寘顏天山

匈奴中有天山，又名盧山，又名寘顏，又名祁連，非有二也。揚雄疏：「運府庫之財，填盧山之壑。」〔一〕史衛青傳「起冢象盧山」，漢書作「象天山」。史記青傳「攻祁連山」，小顏曰：「即天山也。匈奴謂天曰『祁連』。」〔二〕史炤通鑑釋文曰：「青嘗絶幕，至寘顏山。」寘，音顛，即盧山也。「寘」與「天」聲相近。

【注】

〔一〕此爲漢書匈奴傳下「揚雄上書諫」中語，非「揚雄疏」。盧山，師古曰：「匈奴中山也。」

〔二〕見史記衛將軍驃騎列傳索隱引「西河舊事，謂白山，天山。祁連恐非即天山也」。

八功德水

佛經：「大仙彼界有池，隨月增減，其水有八功德：一清、二冷、三香、四柔、五甘、六净、七不噎、八除病。」西山有寺名功德，正取此義，作記者以神功聖德敷衍，可笑。

指掌圖

地理指掌圖，蜀人税安禮撰，元符中欲上之朝，未及而卒，書肆所刻，皆不著名氏，蜀本有涪右任燋序，言之極詳。宇内辯，臨江吴瀣著，今本亦失其姓名，故表出之。

地下而黄曰干①

韓詩「考槃在干」注②：「地下而黄曰干。」江南江有吴干〔一〕，平涼有隴干，今之静寧州也。樂府有長干曲。顔延之祭屈原文曰：「身絶郢闕，迹偏湘干。」〔二〕

【校】

① 地下而黄曰干　一作考槃在澗，見升庵經説卷四。

② 注　經説卷四作「薛君注」。

【注】

〔一〕干，文選卷五吴都賦「長干延屬」劉淵林注云：「江東謂山岡間爲干。建鄴之南有山，其間平地，吏民居之，故號爲干。中有大長干、小長干，皆相屬。」

〔二〕祭屈原文，亦題爲湘州祭屈原文，「迹偏」，亦作「迹遍」。

無定河

陳陶詩：「可憐無定河邊骨，猶是春閨夢里人。」〔一〕按：無定河，在今青澗縣東六十里，南入黄河，一名奢延水，又名銀水。輿地記：「唐立銀州，東北有無定河，即圁水也。」①後人

因潰沙急流，深淺無定，故更今名。又唐陳祐詩：「無定河邊暮笛聲，赫連臺畔旅人情。函關歸路千餘里，一夕秋風白髮生。」〔三〕

【校】

① 輿地記　升庵集、升庵外集，作『輿地廣記』。此語出自宋歐陽忞輿地廣記卷十四。

【注】

〔二〕此陳陶隴西行之二詩中句，見全唐詩卷七四六。

〔三〕陳祐詩，即唐代無名氏雜詩二首之一無定河邊暮角聲。笛，作「角」。

朐忍辨

漢地理志有朐忍縣，顔師古注音劬，誤也。按説文：「朐，脯脡也①，其俱反。」字既從句，與地名何干。通典作「朐䏰」。朐，音如順切；䏰，如尹切，讀如閏蠢。通典之音得之矣，而字作「朐」，則因漢志而誤也，當從「朐」②，乃叶閏字之音。朐忍，蟲名，夔州地多此蟲，遂以爲名。又謂朐忍屬漢中③，亦誤。檢地志，漢中實無此縣。雲安之西三十里，萬户驛下横石灘上土人云，驛之左右，朐䏰故地也，辨文字與辨職方者宜知之。右李巽巖朐忍辨④，可謂互證練考訂千古之謬矣⑤！夫以二字之微，以師古、許慎、杜佑三家，尚有誤舛，今之不悦學者，乃以漫浪視之，幾何不爲伏獵侍郎乎！

【校】

①朐脯脡也　脯脡，上杭本、萬曆本作「腊脡」，四庫本作「脯脡」，據説文當作「脯脡」。

②當從朐　朐，萬曆本作「朐」，據四庫本改。

③又謂朐䏰屬漢中　謂，萬曆本作「爲」，據四庫本改。

④右李巽巖朐忍辨　右，自丹鉛摘録誤作「古」，諸本皆誤。

⑤可謂互證練考訂千古之謬　訂，升庵集、升庵外集皆删去。

【辨】　朐忍之辨，并非始於楊慎。早在宋代，吴曾即辨之曰：「韓退之作韋處厚盛山十二詩序曰：『不知其出於巴東，以屬朐䏰也。』洪慶善辨曰：『地理志云：山南西道開州盛山郡，本萬世郡。義寧二年，析巴東之盛山、新浦、通川郡之萬世、西流置。天寶元年，更名朐䏰。音潤蠢。地下濕，多朐䏰蟲。』劉禹錫嘉話云：『朐䏰，蚯蚓也。常至夜，江畔出其身，半跳於空中而鳴。上音屈，下音忍。』集韻云：『朐䏰，在漢中，俗作朐，非是。』以上皆洪説。予按，西漢地理志：『巴郡有朐忍縣。』顔師古曰：『朐音劬。』後漢郡國志：『巴郡朐忍縣。』亦只作此『忍』字，蓋古文借用也。又按，杜佑通典：『開州，大唐置。或爲盛山郡盛山縣。漢朐䏰縣地。』以三書考之，蓋開州在唐爲盛山，在漢爲朐䏰也。漢書不著其意。惟劉禹錫以其地出朐䏰之蟲，因以得名。禹錫之説，亦本許慎。説文云：『朐䏰，蟲名。漢中有朐䏰縣，地下多此蟲，因以爲名。從肉句聲。』黃朝英云：『考其意，當作潤蠢。朐，如順切。䏰，尺允切。』與洪氏、禹錫所音不同。然朝英、禹錫、慶善三人，偶忘考西漢地理志耳。蓋師古以朐音劬，此不可不辨。」（見能改齋漫録卷九地理辨朐䏰　中華書局）

清人段玉裁注説文亦有訂正，其經韻樓集卷五中有朐忍考云：「漢書地理志、後漢書郡國志皆載巴郡有朐忍縣，後漢書吴漢傳注引十三州曰：『其地下濕，多朐忍蟲，因以名縣。』玉裁按：蚯螾，高誘曰：『一名朐忍。』古今注曰：『一名曲蟺。』朐即句之假借。句，古音鉤，曲也。蚯、朐、曲，一音之轉。一名歾蟺，歾與曲爲轉注也。一名寒蚓，一名寒蟪，今江東人曰回蟪。爾雅曰：『螼蚓堅蠶。』蚓，即螾之或體。螾、堅、螼、忍、蟺，一音之轉也。朐忍，漢屬巴郡，獻帝初平元年，分朐忍至魚腹爲固陵郡，劉璋、劉備皆以朐忍屬巴東郡。郡國志作朐忍，而吴漢傳、劉焉傳作朐䏰者，因朐從肉而誤增也。漢曹全碑作中平二年，曰『巴郡朐忍令』，其文甚明畫。晉常璩華陽國志、北魏酈道元水經注亦皆作朐忍。朐，顔師古注地理志音劬，章懷太子注吴漢傳音劬。䏰，音忍。唐初本無異説。而吴漢傳注引十三州志：『朐，音春；䏰，音閏。』闞駰在唐以前不宜有誤，蓋注十三州志者，見忍既譌䏰，朐又譌朐，不知改正，妄爲此音，而章懷引之。自後杜佑通典上字如順切，下字如尹切，讀如閏蠢，又誤以爲地屬漢中。宋徐鉉等校説文肉部增朐䏰二字，而仍其音，且仍屬漢中之誤。至廣韻則上字音蠢，下字音閏，總之承譌襲謬，上字形聲俱舛，下字聲近似而形實舛也。李燾作朐忍辨，以通典之音爲是，謂『朐音劬』爲誤，博雅如楊升庵且謂其互證練考訂千古之謬。六書不明，論古之難非一日矣！章懷云：『朐忍故城在今夔州雲安縣西萬户故城是也。』巽巖云：『雲安之西三十里，萬户驛下横石灘上土人云，驛之左右，朐忍故地也。』此則考訂至確，今雲陽縣西萬户壩是也。劉焉傳注曰『朐忍屬巴郡』，今俗本譌屬蜀郡。」（見續修四庫全書一四三五册　上海古籍出版社影印本）

此外清黄生義府有朐忍，張澍養素堂文集有朐䏰釋，陳漢章綴學堂初稿有朐忍朐䏰辨，均可供參考。

帛仲理

水經注：「灈水西有真人帛仲理墓〔一〕，墓前碑題曰：仲理名護，益州巴郡人。」

【注】

〔一〕西，水經注卷十五灈水原作「西南」。

丁水①

杜牧睦州詩：「叠嶂巧分丁字水。」〔一〕按水經，丁溪水在泗水東，泗水冬春淺澀，常排沙通道。陸機賦所謂『乘丁水之捷岸，排泗川之積沙』是也〔二〕。

【校】

①丁水　一作丁字水，見升庵集、升庵外集。

【注】

〔一〕此爲杜牧正初奉酬歙州刺史邢群詩中句，見樊川文集卷四。迭嶂巧分，作「越嶂遠分」。

〔二〕見陸機行思賦。泗川，作「泗水」。

沛沈①

風俗通山澤篇有沈有沛〔一〕。沛引「公羊傳：『齊景公循海而東，師大陷沛澤之中。』左氏傳：『齊景田於沛，招虞人以弓。』傳曰：『送逸禽之超大沛。』孟子：『沛澤多而禽獸至。』〔二〕管子注：『草木兼處曰沛。』〔三〕」沈引「傳云：『沈者，莽也。言其平望莽莽，無涯際也。沈，澤之無水，斥鹵之類也。』莊子『沈有漏』注〔四〕：『沈，水污也。』説文：『沈，濁默也。』漢書：『沈斥。』〔五〕又左傳：『祭仲殺雍糾，尸諸周氏之汪。』注：『汪，池也。』②」「沈」與「汪」皆希詁者，特著之。

【校】

①一作「沉沛」，見升庵外集卷六。譚苑醍醐卷四另有久湫大沈條，可參。

②汪池也　池，上杭本、萬曆本俱作「地」，丹鉛餘録卷二作「池」。左傳桓公十五年「尸諸周氏之汪」注：「汪，池也。」僖公三十三年「瑕覆於周氏之汪」注：「汪，池之汙濁者。」據改。

【注】

〔一〕見風俗通卷十山澤篇，有沈、沛各一篇。沛篇「送逸禽之超大沛」後脱「沛者草木之蔽茂、禽獸之所蔽匿也」。

〔二〕見孟子滕文公下。

〔三〕見管子揆度「焚沛澤」注。管子注「草木兼處曰沛」，丹鉛餘録卷二、四庫本脱。

〔四〕沈有漏，莊子達生篇作「沈有履」。注引釋文，司馬本一作「沈有漏」。郭象注：「沈，水污也；漏，神名。」

〔五〕見漢書刑罰志「山川沈斥」，臣瓚注曰：「沈斥，水田舄鹵也。」

太行山

山海經：「太行山，一名五行山。」列子作「大形」，則「行」本音也。河圖括地象云：「太行，天下之脊。」郭緣生述征記：「太行首始河内，自河内至幽州，凡有八陘。」崔伯陽感山賦①：「上正樞星，下開冀方」；「起爲名丘，妥爲平岡。巍乎甚尊，其名太行。」〔一〕蓋趁韻之誤耳②。

【校】①崔伯陽，宋崔公度字，宋史多作「伯易」，宋王應麟通鑑地理通釋卷四引作「伯陽」。萬曆本作「昜」，丹鉛餘録卷二作「昜」，升庵集、升庵外集作「陽」。

②蓋趁韻之誤耳　趁，丹鉛餘録、丹鉛總録作「赶」，據升庵集卷七十六改。

【注】

〔一〕見呂祖謙編宋文鑑卷六崔伯易感山賦。巍，作「巋」。

御梨

文選魏都賦：「中山郡出御梨。」〔一〕王昌齡詩：「霜飛天苑御梨秋。」〔二〕

【注】

〔一〕見左思魏都賦「真定之梨」李善注：「真定屬中山郡，出御梨。」

〔二〕此王昌齡九日登高詩中句，見全唐詩卷一百四十二。胡應麟藝林學山卷一云：「此李頎七言律詩，非昌齡詩，詳其聲調自得之。今李集有此而王集無可考也。」

陰火①

拾遺記：「西海之西，有浮玉山，山下有穴，穴中有火，其色如水②，波濤灌湯而火不滅③，名曰陰火。」木玄虚海賦所云「陰火潛然」者也，然李善及五臣注皆不引之。唐詩：「陰火雨中然。」〔一〕顧況詩：「颶風晴汩起，陰火暝潛燒。」〔二〕戴叔倫詩：「古戍陰傳火，寒蕪曉帶霜。」〔三〕

【校】

①陰火　一作浮玉山陰火，見升庵集卷七十六。本卷前陰火條，可互參。

②穴中有火其色如水　升庵集、升庵外集作「穴中有火，其色如水」。拾遺記作「穴中有水，其色若火」。

③波濤灌湯而火不滅　湯，上杭本誤作「陽」，萬曆本作「湯」，即蕩。

【注】

〔一〕然，王建南中詩作「生」，見全唐詩卷二九九。升庵改作「然」。

〔二〕此爲顧況送從兄使新羅詩，見全唐詩卷二六六。

〔三〕此戴叔倫和河南羅主簿送校書兄歸江南詩中句，見全唐詩卷三百二十九。

濮地①

牧誓：「微、盧、彭、濮。」〔一〕伊尹爲四方獻令，正南百濮。鄭語：「楚蚡冒始啓濮。」〔二〕劉伯莊曰：「濮在楚西南。」〔三〕左傳：「麇人率百濮伐楚②。」〔四〕通典有尾濮、木綿濮、文面濮、折腰濮、赤口濮、黑僰濮。爾雅：「南至於濮鈆。」周書王會篇〔五〕「卜人以丹砂」，注云「西南之蠻」，蓋濮人也。諸濮地與哀牢相接。今按：哀牢，即永昌。濮人，今名蒲蠻，其色黑，折腰、文面，是其飾也。濮與蒲，字音相近而訛爾。

【校】

① 濮地　一作「濮人」，見升庵經説卷三。

② 麇人率百濮伐楚　麇，萬曆本作「麋」，丹鉛餘録卷三作「麇」，據改。

【注】

〔一〕見尚書周書。

〔二〕見國語卷十六鄭語：「楚蚡冒於是乎始啓濮。」

〔三〕見史記楚世家「避難於濮」集解引劉伯莊語。劉伯莊，唐貞觀時人，作史記音義二十卷。

〔四〕見左傳文公十六年：「麇人率百濮聚於選，將伐楚。」

〔五〕周書，當作逸周書。王會篇，爲王會解。

粘天

庾闡揚都賦：「濤聲動地，浪勢粘天。」本自奇語。昌黎祖之曰：「洞庭漫汗，粘天無壁。」〔一〕張祜詩：「草色粘天鶗鴂恨。」〔二〕黃山谷：「遠山粘天吞釣舟。」〔三〕秦少游小詞：

「山抹微云，天粘衰草。」〔四〕正用此字爲奇，今俗本作「天連」，非矣。

【注】

〔一〕此爲韓愈祭河南張員外文中句，見韓愈全集卷五。

〔二〕此爲宋范成大詩中句，見石湖居士詩集卷一代聖集贈别。升庵誤作張祜詩。

〔三〕此黄山谷四月末天氣陡然如秋遂禦裌衣遊北沙亭觀江漲詩中句。遠山，作「遠水」，見山谷集别集卷一。

〔四〕此秦觀滿庭芳詞中句，見淮海詞。升庵詞品卷三天粘衰草條云：「秦少游滿庭芳：『山抹微云，天粘衰草。』今本改『粘』作『連』，非也。韓文：『洞庭汗漫，粘天無壁。』張祜詩：『草色粘天鶗鴂恨。』山谷詩：『遠山粘天吞釣舟。』邵博詩：『老灘聲殷地，平浪勢粘天。』趙文鼎詞：『玉關芳草粘天碧。』嚴次山詞：『粘雲江影傷千古。』葉夢得詞：『浪粘天，蒲桃漲緑。』劉行簡詞：『山翠欲粘天。』劉叔安詞：『暮烟細草粘天遠。』粘字極工，且有出處。又見避暑録話可證。若作『連天』，是小兒之語也。」

少陽少陰老陽老陰①

東方南方，生長之方，故七爲少陽，八爲少陰；西方北方，成熟之方，故九爲老陽，六爲老陰也。皆本於河圖也。

【校】

①一作「四方」，見升庵經説卷一。

自土漆沮

詩曰：「民之初生，自土漆沮。」〔一〕齊作「自杜漆沮」，言公劉避狄而來，居杜與漆沮之地。杜，水名，即杜陽也。據文義，作「杜」爲長。

【注】

〔一〕見詩大雅緜。自土漆沮，今本作「自土沮漆」，沮，徂的借字。土，齊詩作「杜」，水名。

舜妻①

漢地理志：「陳倉，有上公明星黄帝孫舜妻盲冢祠②。」〔一〕即堯之二女乎？别一人乎？古事茫昧，傳疑可也。

【校】

①舜妻　萬曆本無目，據升庵外集卷七補。

②盲冢祠　祠，萬曆本誤作「詞」，據漢書卷二十八地理志改。

【注】

〔一〕見漢書地理志上「右扶風」作：「陳倉，有上公、明星、黄帝孫、舜妻肓冢祠。」

秦雜官名

工官、鹽官、鐵官、銅官、錦官、服官、羞官、尊官、湯官〔一〕、林官、疇官、湖官、陂官、樓船官、發弩官、均輸官、橘官在魚復。菀官〔二〕、洭浦官，在南海。皆秦官名而漢因之，雜見於諸傳。百官表不悉載者，微乎微者也。

【注】

〔一〕見容齋續筆卷一漢郡國諸官條云：「湯官主餅餌。」湯，丹鉛餘録卷十五、萬曆本誤作「湯」。

〔二〕見漢書地理志北地郡「有牧師菀官」。菀，萬曆本誤作「苑」。

仍字訓

老子曰：「攘臂而仍之。」又：「仍無敵，攘無臂。」〔一〕漢藝文志：「據行事，仍人道。」〔二〕仍，訓因也。古文中亦鮮用仍字。

【注】

〔一〕老子三十八章「攘臂而扔之」；六十九章「扔無敵」，仍，作「扔」。

〔二〕見漢書藝文志六藝略，師古注：「仍，亦因也。」

甽田

漢食貨志云：「后稷始甽田，以二耜爲耦，廣尺深尺曰甽。」顔籀云：「甽者，田中溝也。田溝之法：耜廣五寸，二耜相耦。一耦之伐，廣尺深尺謂之甽，六甽而爲一畝。甽，即畎也。」〔一〕吕覽引后稷書曰：「能使吾土靖而甽浴土乎？」又曰：「上田棄畝，下田棄甽。」又：「耜博八寸，所以成甽也。」又曰：「畝欲廣以平，甽欲小以深。」〔二〕以此證之，則漢志言甽田始於后稷有徵。齊民要術又載伊尹甽田法制，大抵從后稷。其稱伊尹者，豈尹嘗用后稷之法以訓民乎？

【注】

〔一〕見漢書卷三十六楚元王傳「念忠臣雖在甽畝」顔師古注。顔籀，師古名。田中溝也，作「田中之溝也」。甽即畎也，作「甽音古犬反，字或作畎，其音同耳」。

〔二〕見吕氏春秋任地篇及辯土篇。耜博八寸，作「其博八寸」。

瓜州南陽平陸新都

今之瓜州，非允戎之瓜州。今之南陽，非晉啓之南陽。今之鎬，非來歸之鎬。今之平陸，非孟子之平陸。唐天寶中，鑿月河得古鐵，上有平陸二字。明皇改河北縣爲平陸縣。今之新都，非王莽所封之新都。王莽新都在南陽。見後漢書志注。

鬟剔釃字

賈誼新書：大禹「鬟河而導之九牧」。〔一〕吕氏春秋：「禹身執虆臿，臿即插字。以爲民先，剔河而導九岐，鑿江而通九路。」〔二〕説苑：「禹釃五湖而定東海。」〔三〕鬟本髮名，義取環曲；剔本梳剔，義取疏通；釃本漉酒，義取澄清。古人用字如此，亦甚工矣。

【注】

〔一〕見賈誼新書卷九修政語上。

〔二〕見淮南子卷二十一要略，非吕氏春秋，升庵記誤。

〔三〕見説苑卷一。

羊苴咩城

唐地理志：安南通天竺道，「自羊苴咩城〔一〕，西至永昌故郡三百里。又西渡怒江，至諸葛亮城二百里」〔二〕。羊苴咩，今在大理；怒江，今在騰越。怒江，江波洶涌如怒也。或作露江。非。

【注】

〔一〕羊苴咩城，一作「怒江」，見升庵集卷七十六、升庵外集卷五。

〔二〕見新唐書地理志七下。

禹碑

予又考述異記云：「空同山有堯碑禹碣，皆科斗書〔一〕。」淳化閣帖首有禹篆十二字。輿地志：「江西廬山紫霄峰下有石室，室中有禹刻篆文，有好事者縋入模之，凡七十餘字，止有『鴻荒漾余乃權』六字可辨，餘叵識。後復追尋之，已迷其處矣。」福建莆田縣陳崑山有自然仙篆，以紙模之，形類禹刻。方翥詩：「鳥書蟲文不可識，如讀岣嶁神禹碑。」〔二〕禹之遺迹，靈閟如此，號曰神禹，抑有由矣。

【注】

〔一〕皆科斗書，述異記卷下作「皆籀文焉」。

〔二〕見王象之輿地碑記目卷四「興化軍碑記」下「仙篆石」：「在莆田縣北十里陳崖山，巨石坦平，文跡縱橫若篆。方翥陳巖詩作『蟲文鳥篆不可識，如讀岣嶁神禹碑』。」萬曆本誤作「何翥」。

水經注

水經注所載事，多他書傳未有者，其叙山水奇勝，文藻駢麗①，比之宋人卧游録，今之玉壺冰，豈不天淵！予嘗欲抄出其山水佳勝爲一帙，以洗宋人卧游録之陋，未暇也。又其中載古歌謡，如三峽歌云：「巴東三峽巫峽長，猿啼三聲淚沾裳。」又云：「朝見黄牛，暮見黄牛。三朝三暮，黄牛如故。」〔一〕又云：「灘頭白勃堅相持，倏忽淪没别無期。」記僰道謡云：「楢溪赤木，盤蛇七曲。盤羊烏櫳，勢與天通。」〔二〕皆可以入詩材，勝俗子看韻府羣玉，搜出酸餡惡料，令人嘔噦也。

【校】

① 文藻駢麗　駢，上杭本作「辨」，萬曆本作「辯」，據升庵集改。

【注】

〔一〕朝見、暮見，水經注卷三十四江水作「朝發」、「暮宿」。

〔二〕見水經注卷三十六若水。赤木，作「赤水」；勢，作「氣」。

食頡冢

食頡冢，方輿勝覽有數處，當以關中馮翊，今耀州者爲是。按皇覽云：「有倉頡冢，在利陽

亭南，高六丈。」〔一〕又聞人牟準作衛覬碑文云：「倉頡冢碑，大篆書，在左馮翊利陽亭南道旁。」「覬金針八分書也。」〔二〕

【注】

〔一〕見藝文類聚卷四十「冢墓」：皇覽曰：「蒼頡冢在馮翊縣衙利陽亭南，道旁墳高六尺，學書者皆祭之不絶。」六丈、作「六尺」。

〔二〕衛覬碑文，又名魏敬侯碑陰文，見古文苑卷十七。覬金針八分書，作「覬并金針八分書也」。因有三碑，故云「并」。

五津

大江自湔堰至犍爲，有五津，曰白華津、萬里津、江首津、涉頭津①、江南津。出華陽國志。王勃詩：「風烟望五津。」盧照鄰文：「予自江陽，言歸五津。」皆指此也。

【校】

① 涉頭津　萬曆本作「涉海津」。升庵外集卷五五津注云：「劉璋時，召東州民居此，改曰東州頭。」當作「涉頭津」。華陽國志卷三作「涉頭津」。

丹鉛總録卷之三

時序類

鑽燧改火

鑽燧改火，四時而五物焉。朱子謂夏火太盛，故再取。此意料之言耳。先王取火，法五行也。春行爲木，榆柳色青，以象木也，木生火。夏行爲火，棗杏色赤，以象火也，火生土。季夏行爲土，桑柘色黄，以象土也，土生金。秋行爲金，槐檀色白，以象金也，金生水。冬行爲水，柞楢色玄〔一〕，以象水也①。四時平分，而夏乃有二焉，何也？土位在中宮，而寄王于四時，季夏者，土之中位，故月令于仲夏之後，列中央土，素問謂之「長夏」〔二〕，是其説也。統之則爲四時，分之則爲五行。五行各七十二日，土分王于四時之末各分十八日，合之亦七十二日。總五行之七十二日，合三百六十而成一歲也。慎十四五時，先祖留耕公教説如此，且云：「見宋儒某書。」今不能記其爲何書何人也。

【校】

①以象水也　以，萬曆本無，據四庫本補。

【注】

〔一〕論語集解義疏卷九，皇侃義疏云：「改火之木，隨五行之色而變也。榆柳色青，春是木，木色青，故春用榆柳也。棗杏色赤，夏是火，火色赤，故夏用棗杏也。桑柘色黄，季夏是土，土色黄，故季夏用桑柘也。柞楢色白，秋是金，金色白，故秋用柞楢也。槐檀色黑，冬是水，水色黑，故冬用槐檀也。」升庵云「柞楢色玄」、「槐檀色白」，疑爲記憶之誤。

〔二〕黄帝内經素問六節臟象論「長夏」王冰注曰：「四時之中，加之長夏，故謂得五行時之勝也。所謂長夏者，六月也。」

懸炭

後漢律曆志：「古者天子以日至御前殿，合八能之士，陳八音，聽樂均，度晷景，候鍾律，權土炭，放陰陽。日冬至，陽氣至，則樂均清，景長極，黄鍾通，土炭輕而衡仰。日夏至，陰氣應，則樂均濁，景短極，蕤賓通，土炭重而衡低。」〔一〕淮南子曰：「水勝故夏至濕，火勝故冬至燥。燥故炭輕，濕故炭重。」〔二〕蕭子雲歲暮賦：「衡輕炭燥，權重泉涸。」〔三〕李騫詩：「流火時將末，懸炭漸云輕。」〔四〕梁簡文帝詩：「月暈蘆灰缺，秋還懸炭枯。」〔五〕懸炭，古候氣法也，今絶其法，而人亦罕知其事，文人引用，亦僅此三條耳〔六〕。

【注】

〔一〕見後漢書律曆志。天子以日至御前殿，作「天子常以日冬夏至御前殿」。土炭，作「土灰」。放陰陽，作「效陰陽」。陽氣至，作「陽氣應」。

〔二〕見淮南子天文訓。

〔三〕蕭子雲歲暮賦、譚苑醍醐卷八「懸炭」作「歲暮直廬賦」。見藝文類聚卷三「冬」，作「歲暮直廬賦」。

〔四〕李騫詩，譚苑醍醐作「李騫贈魏收詩」。魏書卷三十六李順傳，作「贈親友盧元明魏收詩」。

〔五〕梁簡文帝詩，譚苑醍醐作「梁簡文江南思詩」，見樂府詩集卷二十六「相和歌辭」。

〔六〕譚苑醍醐另載説林一條云：「懸羽與炭，而知燥濕之氣。」

湛涔同字

論衡云：「旱，火變也；湛，水異也。」〔一〕又引天官書「正月朝，占四方之風。風從南方來者旱，從北方來者湛」〔二〕。又曰：「一湛一旱，時氣也。」又曰：「日月之行，出入三道，出北則湛，出南則旱。」〔三〕淮南子：「旱雲烟火，涔雲波水。」〔四〕又曰：「國有九年之畜，雖涔旱災害之殃，免窮困流亡也①。」〔五〕又曰：「涔水不能生魚鱉。」〔六〕涔水，行潦也。湛、涔音義同，皆古字借用。

【校】

①免窮困流亡也　免，丹鉛雜録卷五、淮南子主術訓作「民莫」，當據改。

【注】

〔一〕見論衡感虚篇。

〔二〕見論衡變動篇。天官書，作「天官之書」。

〔三〕見論衡明雩篇。

〔四〕見淮南子覽冥訓。

〔五〕見淮南子主術訓。九年之畜，作「九年之儲」。

〔六〕見淮南子泰族訓。涔水，原作「滎水」。

禊有春秋

禊，水上祓除也，然有春禊、秋禊。論語「浴乎沂」注：「上巳祓除。」王右軍蘭亭「暮春修禊」，此春禊也。馬融西第頌云：「西北戌亥，玄石承輸。蝦蟇吐瀉，庚辛之域。」〔一〕劉楨魯都賦曰：「素秋二七，天漢指隅。人胥祓禳，國子水嬉。」〔二〕此用七月十四日，指秋禊也。

【注】

〔一〕見南齊書卷九禮志上。西第頌，作「梁冀西第賦」。瀉，作「寫」。

〔二〕見藝文類聚卷六十一。人胥祓禳，作「民胥祓禊」。

養花天

花木譜云：「越中牡丹開時，賞者不問踈親，謂之看花局，澤國此月多有輕陰微雨，謂之養花天。」詩云：「野水短蕪調馬地，淡雲微雨養花天。」〔一〕又云：「中酒情懷因小會，養花天氣爲輕陰。」〔二〕

【注】

〔一〕此宋大名進士耿仙芝詩，見歷代詩話上温公續詩話。

〔二〕此邵雍暮春寄李審言龍圖詩中句，見伊川擊壤集卷六。中酒，作「傷酒」。

耗磨日

正月十六日，謂之耗磨日。張説耗日飲詩云：「耗磨傳茲日，縱横道未宜。但令不忌醉，翻是樂無爲。」又曰：「上月今朝減，流傳耗磨辰。但令不事事，同醉俗中人。」〔一〕此日必飲酒，官司不令開庫而已。

【注】

〔一〕此張説耗磨日飲二首，見張燕公集卷九，但令，作「還將」。

三澣

俗以上澣、中澣、下澣爲上旬、中旬、下旬。蓋本唐制：十日一休沐。故韋應物詩曰：「九日驅馳一日閑。」〔一〕白樂天詩：「公假月三旬。」〔二〕然此乃唐制，而今猶襲用之，則無謂矣。

【注】

〔一〕此韋應物休暇日訪王侍御不遇詩中句，見韋蘇州集卷五。

〔二〕此白居易郡齋旬假始命宴呈座客示郡寮詩中句，見白居易集卷二十一。

八蠶之綿

文選吴都賦：「國税再熟之稻，鄉貢八蠶之綿。」注引劉欣期交州記云：「一歲八蠶繭，出日南也。」〔一〕慎按：漢俞益期牋云：「日南蠶八熟，繭軟而薄。」又永嘉記云：「永嘉有八輩蠶，一曰蚖珍蠶，三月績；二曰柘蠶，四月初績；三曰蚖蠶，四月績；四曰愛珍，五月績；五曰愛蠶，六月末績；六曰寒珍，七月績①；七曰四出蠶，九月初績；八曰寒蠶，十月績。凡蠶再熟者皆謂之珍，此則八蠶之寶也②。」〔二〕李賀詩「將餧吴王八繭蠶」〔三〕，則直謂一蠶之收當八繭耳。一歲八績，恐誇者之過也〔四〕。

【校】

① 七月績　譚苑醍醐卷五、齊民要術卷五作「七月末績」。

② 此則八蠶之寶也　寶，上杭本、萬曆本作「實」，據譚苑醍醐卷五改。

【注】

〔一〕左思吴都賦及注，見文選卷五。

〔二〕見齊民要術卷五「種桑柘」。

〔三〕此李賀南園十三首其二詩中句。見李長吉歌詩集卷一。注引宋王楙野客叢書卷八「種田養蠶」條云：「僕按廣記：日南一歲八蠶，以其地暖故爾。」餧，亦作「喂」。

〔四〕宋高似孫緯略卷六「八蠶」引海物異名記云：「八蠶綿者，八蠶共一大繭。」

古詩可考春秋改月之證

文選古詩十九首，非一人之作，亦非一時也。其曰「玉衡指孟冬」，而上云「促織」，下云「秋蟬」。蓋漢之孟冬，非夏之孟冬矣。漢襲秦制，以十月爲歲首。漢之孟冬，夏之七月也〔一〕。其曰「孟冬寒氣至，北風何慘慄」，則漢武帝已改秦朔、用夏正以後詩也。三代改朔不改月，古人辨證，博引經傳多矣，獨未引此耳。又唐儲光羲詩：「夏王紀冬令，殷人乃正月。」〔二〕此亦一證。

【注】

〔一〕古詩十九首「玉衡指孟冬」李善注：「春秋運斗樞曰：『北斗七星第五曰玉衡。』淮南子曰：『孟秋之月，招摇指申。』然上云『促織』，下云『秋蟬』，明是漢之孟冬，非夏之孟冬矣。漢書曰『高祖十月至霸上』，故以十月爲歲首。漢之孟冬，今之七月矣。」見文選卷二十九。

〔二〕此儲光羲鞏城東莊道中作詩中句，見儲光羲詩集卷三。

寒食火禁

容齋隨筆謂寒食禁火不由介推，其言似矣。近觀十六國春秋，石勒下令寒食不許禁火，後有冰雹之異。徐光曰①：「介推，帝鄉之神也，歷代所尊，未宜替也。」「縱不能令天下同爾，介山左右，晉文之所封也，宜令百姓奉之。」勒又令尚書定議以聞，韋謏曰②：「子推忠賢，令緜、介之間奉之，於天下則不通矣。」〔一〕勒從之，令并州復寒食如初。容齋豈未見此耶？然勒禁天下寒食，而至隋唐已復禁火，觀隋李崇嗣「普天皆滅燄，匝地盡藏煙」之句，及元稹連昌宮詞自注：「唐時京城寒食火禁極嚴，以雞羽入灰有焦者皆罪之。」〔三〕則其禁亦不久也。火禁迨今則絶不知，而四時亦不改火。自胡元入中國，鹵莽之政也。然寒食不必復，改火乃先聖節宣天道者，而可因元人而廢之乎？

【校】

① 徐光曰 光，四庫本改作「先」，據十六國春秋，作「光」是。

② 韋諛曰 諛，萬曆本作「謏」，四庫本作「叟」，據十六國春秋，當作「諛」。

【注】

〔二〕見十六國春秋卷十三。

〔三〕元稹連昌宮詞有「初過寒食一百六，店舍無煙宮樹緑」之句，見元氏長慶集卷二十四，自注未見。

五運六氣

醫家五運皆起於月初天氣之先，至乾知大始也。六氣皆起於月中地氣之後，應坤作成物也。

更點

今之更點擊鉦，唐六典皆擊鍾也。太史門有典鍾二百八十人掌鍾漏。唐詩：「促漏遥鍾動靜聞」〔二〕。

【注】

〔一〕此李商隱促漏詩中句，見李義山詩集卷上。

見生樹生

吕氏春秋：「五時見生而樹生，見死而穫死。」〔一〕言農候也。見生樹生，謂「望杏敦耕，瞻蒲勸穡」也〔二〕；見死穫死，謂「靡草死而麥秋至」〔三〕，草木黄落禾乃登也。

【注】

〔一〕見吕氏春秋卷二十六任地篇。高誘注：「五時，五行生殺之時也。見生，謂春夏種稼而生也。見死，謂秋冬穫刈收死者也。」

〔二〕見藝文類聚卷五十二「善政」引徐陵徐州刺史侯安都德政碑。

〔三〕見禮記月令。

粉荔

湯東澗賀正啓：「瑞霙餞臘，粉荔迎年。」〔一〕按金門歲節云①：「洛陽人家，正旦造絲鷄、蠟燕、粉荔枝。」

【校】

①金門歲節　升庵集卷七十五作「玉燭寶典」，均誤，實出自唐馮贄雲仙雜記卷一「洛陽歲節」條。

【注】

〔一〕湯東澗賀正啓，當爲湯息庵賀瑞州游知府，見宋佚名撰翰苑新書别集卷二。升庵記誤。

靡草〔一〕

月令「靡草死」，注云：「薺苨、葶藶之屬。」董仲舒曰：「葶藶，枯於仲夏；欵冬，華於嚴霜。」淮南子注云：「薺，水菜，冬水而生，夏土而死。」〔二〕又：「其枝葉細碎，謂之靡草。」

【注】

〔二〕升庵集卷七十九靡草條，文字與此則不同：「月令：『靡草死。』呂氏春秋云：『孟夏之昔，殺三葉而穫大麥。』注：『昔，終也。三葉：薺苨、葶藶、菥蓂也。』見三葉死，則大麥可穫矣。月令本出自呂氏，即以其書解之爲宜。董仲舒云：『葶藶，枯于仲夏；款冬，華于嚴霜。』」呂氏春秋卷二十六任地篇，薺苨，作「薺」。

〔三〕見淮南子卷四地形訓，作「薺冬生，中夏死」。注曰：「薺，水也，水王而生，土王而死也。」「水」下脱「菜」。

子容嘉祐詩①

張子容詩：「海氣朝成雨，江天晚作霞。」〔一〕李嘉祐詩：「朝霞晴作雨，濕氣晚生寒。」〔二〕二詩語極相似，然盛唐、中唐分焉，試辨之。

【校】

① 子容嘉祐詩　升庵詩話一作「張李詩」。

【注】

〔一〕此張子容永嘉即事寄贛縣袁少府瓘詩中句，見全唐詩卷一一六。

〔二〕此李嘉祐仲夏江陰官舍寄裴明府詩中句，見全唐詩卷二〇六。

明月

左傳：「齊、燕平之月，注：「此年正月。」公孫段卒，國人愈懼。其明月，注：「此年二月。」子産立公孫洩。」〔一〕古書傳及俗稱謂曰「明年」、「明日」，則有之矣。「明月」，僅見此耳。

【注】

〔一〕見左傳昭公七年。注：此年二月，原無。當爲升庵據前文「鑄刑書之歲二月」注「去年二月」所加，指段死之第二月。

雁馬

月令：春，候雁北；秋，鴻雁來。又鴻雁來賓，冬雁北鄉〔一〕。七十二候，而雁居其四。周易「乾爲馬」，「坤爲牝馬」。説卦：震、坎，皆有馬象〔二〕。八卦而馬象其四，何也？雁知時識序，德禽也；馬引重致遠，德獸也，聖人遠取諸物之義也。物有德且取之，況人乎哉！

【注】

〔一〕見禮記月令。原作孟春之月，「鴻雁來」；仲秋之月，「鴻雁來」；季秋之月，「鴻雁來賓」；季冬之月，「雁北鄉」。

〔二〕見周易坤卦、説卦乾卦。

景雲改元①

孫之翰唐論，中宗景龍四年，睿宗即位，未踰年而改元景雲。之翰書去其「元」字而書「景雲年」。愼謂前若書「景龍四年正月至五月」，自五月後止書「景雲六月至十二月」，庶得其實，而貶亦在其中矣。之翰之論曰：「古之人君即位，必踰年而改元者。先君之年不可不終也，後君繼位，不可無始也，一年不可二君也。不終則忘孝矣，不始則無本矣。一年二君則民聽惑矣。故書景雲年，戒無禮而正不典也。」〔一〕噫，凜凜乎春秋之筆也。之翰名甫，吾蜀人，所著唐論，筆力在范祖禹之上，與青神王當所編春秋名臣傳，皆有史遷之風，今罕傳于世，惜哉！〔二〕

【校】

①景雲改年　一作景雲年，見升庵集卷四十七、升庵外集卷四十三。

【注】

〔一〕見宋孫甫唐史論斷卷中景雲年。「後君繼位」後文字，不是原文。

〔二〕升庵外集「惜哉」後尚有一節：「古者天子諸侯繼立，踰年而始稱元年，終一主爲一元，未有一主而再稱元者也。漢文帝信新垣平之言再稱後元，自後武帝更十數紀元，歷代皆然，俗諺有『亂主年年改號，窮士日日更名』之譏。然予觀長曆云，秦惠王十四年更爲元年，則其謬不始於漢文矣。又晉惠大安二年，長沙王乂事敗，成都王穎改年爲永興，是一歲而二號。齊鬱林王改元隆昌，海陵王改元延興，明帝改元建武，是一歲而三號。史册書法混淆，俗諺云亂，誠是也。然則本朝之制，豈不度越漢唐哉！」

夜漏

夜漏五五相遞，爲二十五。唐李郢詩「二十五聲秋點長」〔一〕，韓退之詩「鷄三號，更五點」〔二〕是也。至宋世①，國祚長短，讖有「寒在五更頭」之忌，宫掖及州縣更漏，皆去五更後二點，又并初更去其二以配之，首尾止二十一點，非古也，至今不改焉。

【校】

① 至宋世　世，上杭本、萬曆本作「時」，丹鉛餘録卷十四作「世」。

【注】

〔一〕此李郢宿杭州虚白堂詩末句，見全唐詩卷五百九十。

〔二〕此韓愈東方半月詩中句，見昌黎詩集卷二。

織女昴星

洪邁老圃賦云：「織女耀而瓜薦，大昴中而芋食。」〔一〕春秋元命包云：「織女星，主瓜果。」〔二〕孝經援神契云：「仲冬昴星中，收芋莒。」正用此二事，人罕知其所出。

【注】

〔一〕此爲晏殊中園賦中句，見宋吕祖謙編宋文鑑卷二，升庵記誤。

〔三〕見古微書卷七。

郭象莊子注

郭象莊子注多俊語。如云：「煖焉若春陽之自和，故澤榮者不謝；淒乎如秋霜之自降，故凋落者不怨。」〔一〕李白用其語爲詩：「草不謝榮於春風，木不怨落於秋天。」〔二〕又云：「舍之悲者，操之不能不慄。」又云：「寄去不樂者，寄來則荒矣。」〔三〕蘇東坡用其意爲詩曰：「君看厭事人，無事乃更悲。」〔四〕晉人語本自拔俗，況子玄之韻致乎！宜爲李、蘇兩公之欣賞也。

【注】

〔一〕見莊子大宗師「利澤施乎萬世，不爲愛人」注。故澤榮者不謝，作「故蒙澤者不謝」。

〔二〕此爲李白日出入行詩中句，見李太白集卷三樂府三十首。

〔三〕見莊子天運「操之則慄，舍之則悲」注、繕性「雖樂未嘗不荒也」注。

〔四〕此爲蘇軾秀州僧本瑩靜照堂詩中句，見蘇東坡集卷二。

丹鉛總録卷之四

花木類

長卿萵子

予往歲在大理，與姜孟賓讀蕭子雲賦，有「長卿晚翠，萵子秋紅」之句〔一〕。孟賓，吴人，博學，予舉以問曰：「長卿，則草中徐長卿，藥名是也；萵子，亦必草木名。出何書耶？」孟賓亦不能知，呼取本草徧檢之，無有也。近觀齊民要術云：「萵子藤生，緣樹木。」「實如梨，赤如雞冠，核如魚鱗，取生食之，淡泊甘苦。」〔二〕乃知子雲引用，必此物也，聊筆于此。王應麟嘗言：「得一異事，如獲一真珠船。」恨不與孟賓散帙共欣賞耳。

【注】

〔一〕此爲蕭子雲玄圃園講賦中句，見御定歷代賦彙卷一〇六。晚翠，作「寒翠」。

〔二〕見賈思勰齊民要術卷十。鷄冠，作「雄鷄冠」。甘苦，作「無甘苦」。

合浦葉①

劉欣期交州記云：「合浦東百里，有一杉樹，葉落隨風入洛陽城内。漢時有善相者説：『此休徵，當出王者。』特遣人伐樹。」〔一〕庾信詩：「傳聞合浦葉，遠向洛陽飛。」〔二〕吴均詩：「三秋合浦葉，九月洞庭枝。」〔三〕薛道衡吴趨行：「杉葉朝飛向京洛，文魚夜過歷吴州。」〔四〕皇甫冉詩：「心隨合浦葉，命寄首陽薇。」〔五〕楊盈川文：「合浦杉葉，飛向洛陽；始興鼓木，徙於臨武。」〔六〕事皆本此，「始興鼓木」②，見水經注。

【校】

① 合浦葉　一作「合浦杉」，見升庵集卷七十四。

② 徙於臨武事皆本此始興鼓木　萬曆本脱，據丹鉛餘録卷二補。

【注】

〔一〕見太平御覽卷九五七引交州記。百里，作「二百里」。特遣人伐樹，作「故遣千人伐樹，役夫多死者」。

〔二〕此爲江總遇長安使寄裴尚書詩中句，見藝文類聚卷三十一。非庾信詩，升庵記誤。

〔三〕此爲梁簡文帝贈張纘詩中句，見藝文類聚卷三十一贈答。非吴均詩，升庵記誤。三秋合浦葉，原作「三春澧浦葉」。

〔四〕薛道衡詩題原作豫章行，見樂府詩集卷三十四。杉葉，原作「楓葉」。

〔五〕此皇甫冉太常魏博士遠出賊庭江外相逢因叙其事詩中句，見二皇甫集卷四。心隨，作「心同」。

〔六〕金樓子卷五志怪篇作「合浦桐葉，飛至洛陽；始興鼓木，奔至臨武」。引作楊盈川文，疑誤。

側生①

左思蜀都賦：「旁挺龍目，側生荔支。」故張九齡賦荔支云：「雖觀上國之光，而被側生之誚。」杜子美絶句云：「側生野岸及江蒲，不熟丹宮滿玉壺。」〔一〕諱荔支爲側生，雖本之左思、張九齡，然以時事，不欲直道也。黄山谷題楊妃病齒云：「多食側生，損其左車」〔二〕，則特好奇爾。

【校】

①側生　一作「旁挺側生」，見升庵集卷七十九。

【注】

〔一〕此爲杜子美絶句詩解悶十二首中句。升庵另有杜工部荔枝詩、曾子固荔枝狀、沐繼軒荔枝詩可參看。

〔二〕見山谷别集卷十跋楊妃病齒圖，文作：「余觀玉環病良苦，豈非坐多食側生，遂動摇其左車乎！」

薜荔

楚辭：「披薜荔兮帶女蘿。」注：「薜荔無根，緣物而生。」〔一〕不明言爲何物也。據本草，絡石也。在石曰石鱗，在地曰地錦，繞叢木曰長春藤。又曰龍鱗薜荔，又曰扶芳藤，今京師人家假山上種巴山虎是也。又云：凡木蔓皆曰薜荔。

【注】

〔一〕見楚辭九歌山鬼王逸注。

后稷樹藝法

后稷教民樹藝之法曰：「五時見生而樹生，見死而穫死。」又曰：「五穀生于五木。」〔一〕氾勝之曰：「黍生于榆，大豆生于槐，小豆生于李，麻生于楊，大麥生于杏，小麥生于桃，稻生于柳。」〔二〕五木自天生，五穀待人生，故五穀候于五木也，故曰「見生而樹生」也。靡草死而麥秋至，草木黄落禾乃登，故曰「見死而穫死」也〔三〕。

【注】

〔一〕齊民要術卷一引師曠占術曰：「五木者，五穀之先。欲知五穀，但視五木。擇其木盛者，來年多種之，萬不失一也。」

〔二〕見氾勝之書。漢書藝文志載：氾勝之，成帝時爲議郎，有書十八篇。通志氏族略稱「漢有氾勝之，爲黄門侍郎，撰農書十二篇」。今已佚，馬國翰有氾勝之書輯佚三卷。

〔三〕参看本書卷三「見生樹生」條。

護門草

王筠寓直詩：「霜被守宫槐，風驚護門草。」〔一〕物類志曰：「護門草，出常山，取置户下，或有過其門者，草必叱之。一名百靈草。」〔二〕

【注】

〔一〕見藝文類聚卷三十一「贈答」。寓直詩，作「寓直中庶坊贈蕭洗馬詩」。

〔二〕見宋似孫緯略卷九。引王筠詩後云：「按贊寧物類志曰：『護門草，出常山北有之。彼處人取之置于門户上，夜或有過其門，其草必叱之；有盜者，皆驚奔矣。』」户下，作「門户上」。

苦菜

月令：四月「苦菜秀」。今人多不識其的爲何物也。考神農本草：「一名荼草，一名游冬，凌冬不死。」〔一〕詩云：「誰謂荼苦。」又：「堇荼如飴」〔二〕。爾雅云：「荼，苦菜」是也。又顔氏家訓引易通卦驗玄圖云〔三〕：「苦菜生于寒秋，經冬歷春乃成。」「一名游冬，葉似苦苣而細，斷之有白汁，花黄似菊。」〔四〕又按唐王冰注素問引古月令「四月，吴葵華」，而無「苦菜秀」一句。本草吴葵、龍葵析爲二條，其形與性，所説不殊。孫真人千金方治手腫，亦用吴葵。唐本草注吴葵云：「即關河間謂之苦菜者。」亦既曉了矣，乃復分苦菜、龍葵二條，何耶？俗作鷰兒菜，又名野苦蕒。

【注】

〔一〕見陸羽茶經引本草菜部：「苦茶，一名茶，一名選，一名游冬，生益州川谷山陵道傍，凌冬不死，三月三日採乾。」

〔二〕見詩邶風谷風：「誰謂荼苦，其甘如薺。」詩大雅緜：「周原膴膴，堇荼如飴。」

〔三〕易通卦驗玄圖，顔氏家訓卷六書證篇作易統通卦驗玄圖。

〔四〕見顔氏家訓卷六書證篇。經冬歷春乃成，作「更冬歷春，得夏乃成」。斷之，作「摘斷」。

錦竹

杜子美有從韋明府續處覓錦竹兩三叢詩，黄鶴注云：「考竹譜、竹紀，無錦竹，意以其文如錦名之。竹紀有蒸竹、䈄墮竹，其皮類繡，豈即此乎？」〔一〕余觀錦竹他無見，惟杜詩有之。劉會孟批杜錦樹行云：「題曰錦樹，使人刮目。錦竹亦新，惜無拈出者耳。」近閲梅宛陵集錦竹詩曰：「雖作湘竹紋，還非楚筠質。化龍徒有期，待鳳曾無實。本與凡草俱，偶親君子室。」〔二〕又注其下云：「此草也，似竹而斑。」始知黄鶴有金注之昏耳〔三〕。

【注】

〔一〕杜子美有從韋明府續處覓錦竹兩三叢詩，杜少陵集卷九作從韋二明府續處覓錦竹，下黄鶴注作「錦竹，即竹譜之篃篁竹，其皮似繡者」。文字小異。

〔二〕見梅聖俞宛陵集卷一。

〔三〕指黄鶴改錦竹爲「綿竹」，注云「無錦竹，以俟博聞者」。

四果

元雲嶠居士徐士英作金剛經口義，多以儒書證佛言，其解「一相無相分四果」之義，以杜詩證之，亦甚可喜。其説曰：「第一果云：不入色聲香味觸法，則是知欲境當避。此果之初生，如『山梨結小紅』之始也〔一〕。第二果云：一往來，則是蹈欲境不再。此果之方碩，如『紅綻雨肥梅』之時也〔二〕。第三果云：不來，則是棄欲境如遺。此果之已熟，如『四月熟黄梅』之際也〔三〕。第四果云：離欲，則是去欲境已遠。此果之既收，如『掛壁移筐果』之日也〔四〕。以果字説經，又一一證以杜詩，亦可爲詩禪也已。」

【注】

〔一〕此爲杜甫雨晴詩中句，見杜少陵集卷七。

〔二〕此爲杜甫陪鄭廣文游將軍山林詩中句，見杜少陵集卷二。

〔三〕此爲杜甫梅雨詩中句，見杜少陵集卷九。

〔四〕此爲杜甫過客相尋詩中句，見杜少陵集卷十九。

竹實　竹譜：「根幹枯朽，花簑乃懸①。」陸龜蒙詩：「青簑未成孤鳳餓。」唐詩：「老屋笋生菌，飢年竹有花。」〔一〕

李畋該聞集云：「舊稱竹實爲鸞鳳所食，今近道竹間時見花開如棗，結實如麥，江淮號爲竹米，以爲荒年之兆，其竹即死，信非鸞鳳之食也。近有餘干人來言：彼有竹實，大如鷄子，竹葉層層包裹，味甘勝蜜，食之令人心肺清涼，生深竹茂林密處，頃因得之，雖日久枯乾，而味常存②，乃知鸞鳳所食，必非常物也。」〔二〕

【校】

①花簑乃懸　簑，萬曆本誤作「蕧」，據晉戴凱之竹譜改。簑，竹實。

②雖日久枯乾而味常存　常，四庫本作「尚」。

【注】

〔一〕題下小字，諸本無，據四庫本補。

〔二〕本條出宋陳承本草别説，升庵作「李畋該聞集」，誤。證類本草卷十三笋條，該聞集後標作「别説」，因近而誤。

扶竹

武林山西，舊有雙竹院，中所産修篁嫩篠，皆對抽並胤①，王子敬竹譜所謂扶竹，譬猶海上之桑兩兩相比，謂之扶桑也。扶竹之筍，名曰合歡。按，律書注：「伶倫取嶰谷之竹，陽律六，取雄竹吹之；陰吕六，取雌竹吹之。」〔一〕蜀涪州有相思崖，昔有童子丱女相悦交贈，今竹有桃釵之形，筍亦有柔麗之異，崖名相思崖，竹曰相思竹。孟郊詩云：「竹嬋娟，籠曉煙。」〔二〕指此竹也。

【校】

① 皆對抽並胤　胤，丹鉛續録卷七作「徹」，上杭本作「衜」，萬曆本作「偂」。升庵外集卷一〇〇「植物」作「胤」，據改。

【注】

〔一〕見後漢書律曆志上「律術」注：「黄帝使伶倫自大夏之西，崑崙之陰，取竹之嶰谷生，其竅厚均者，斷兩節間而吹之。……其雄鳴亦六，雌鳴亦六，比黄鍾之音。」文字不同。

〔三〕此爲孟郊嬋娟篇詩中句，見孟東野詩集卷一。嬋娟，一作「嬋嬋」。

扶茘宫

漢武帝元鼎六年，破南越，建扶茘宫，以茘枝得名也。此茘駢生，若十八娘之類。曰扶茘者，亦若扶竹、扶桑云。漢書地名，亦有扶柳〔一〕。

【注】

〔一〕見漢書地理志下「扶柳」師古注：「闞駰云其地有扶澤，澤中多柳，故曰扶柳。」

香澤

史記淳于髡傳：「羅襦襟解，微聞香澤。」禮所謂「容臭」〔一〕。荀子云：「側載睪芷以養鼻。」〔二〕注：「睪，澤蘭也，傳寫遺其水也。」賈誼新書：「從容澤燕，夕時開北房，從薰服之藥。」①即此。崔寔四民月令有合香澤法：「清酒浸鷄舌、藿香、苜蓿、蘭香四種，以新綿裹浸胡麻油，和豬脂，納銅鐺中，沸定，下少許青蒿以發〔三〕，綿羃鐺觜瓶口瀉之。」梁簡文樂府「八月香油好煎澤」〔四〕，元魏孝文帝詔煎御香澤〔五〕，須錢萬貫，帝以軍旅在外停之。

【校】

①從薰服之藥　藥，當作「樂」。見賈誼新書卷八官人篇。譚苑醍醐卷三薰服澤燕，楊子卮言卷二罣芷均作「樂」，不誤。

【注】

〔一〕見禮記内則：「男女未冠笄者，皆佩容臭，」注：「容臭，香物也。」

〔二〕見荀子禮論篇。以養鼻，作「所以養鼻也」。

〔三〕齊民要術卷五引合香澤法，作「下少許青蒿以發色」。「發」後脱「色」字。

〔四〕此梁元帝别詩二首中句，見玉臺新詠卷九。升庵作「梁簡文帝」，記誤。

〔五〕此西魏文帝（元寶炬）事，見北史魏本紀五：「有司奏煎御香澤，順錢萬貫。」作魏孝文帝，升庵記誤。

末利

茉莉花，見於嵇含南方草木狀，稱其芳香酷烈。此花嶺外海濱物①，自宣和中，名著艮嶽，列芳草八，此居一焉。八芳者，金蛾、玉蟬、虎耳、鳳尾、素馨、渠那、茉莉、含笑也〔一〕。洛陽名園記云：「遠芳奇卉，如紫蘭、抹厲。」王梅溪集作「没利」，又作「抹利」。陳止齋集亦作「没利」，朱文公集作「末利」，洪景盧集作「末麗」。佛書翻譯名義云：「末利，曰鬘華，堪以飾鬘。」北土云「奈」〔二〕，晉書都人簪奈花，云爲「織女帶孝」是也〔三〕。則此花入中國久矣。

【校】

①此花嶺外海濱物　海濱物，升庵全集卷七十九作「海濱恒多」。

【注】

〔一〕見徽宗御製艮嶽記略。玉蟬，「艮嶽八芳」作「玉羞」。

〔二〕茉莉，自西國移植于我國南方，其名爲音譯，故用字不一，西域記譯爲「奈」。

〔三〕見晉書卷三十三后妃下：「三吴女子相與簪白花，望之如素奈，傳言天公織女死，爲之著服。」

翠菅

水葱，生水中，如葱而中空，又名翠菅。王維詩「水驚波兮翠菅靡」是也〔一〕。此草可爲席，唐六典：「東牟郡，歲貢水葱席六領。」

【注】

〔一〕此王維送友人歸山歌二首詩中句，見王右丞集卷一。清趙殿成注云：「檢群書無有名水葱爲翠菅者。說文曰：菅，茅也。翠菅即是青茅。」

虞道園題蘭詩

虞道園題畫蘭詩：「手攬華鬘結，化爲樓閣雲。」〔一〕初讀不知其解，後覽華嚴經，有華雲、鬘雲、樓閣雲，乃知其出處。其餘又有貝雲、衣雲、帳雲、蓋雲、幡雲、冠雲、輪雲、海潮雲、寶鬘雲、瓔珞雲、寶燈雲、寶燄雲。易通卦驗説四時八方之雲，吕氏春秋、淮南子、史記天官書，説雲之變態名狀尤奇，不悉載云。

【注】

〔一〕此爲元虞集道園遺稿卷二題黄思謙所藏雪窗蘭二首之二詩中句。

花九錫

羅虬作花九錫云：「一曰重頂幄障風，二曰金錯刀剪折，三曰甘泉浸，四曰玉缸貯，五曰雕文臺座安置，六曰畫圖寫，七曰豔曲翻，八曰美醑賞，九曰新詩詠。」〔一〕且曰：「亦須蘭、蕙、梅、蓮，乃可披襟；若芙蓉、躑躅、水仙、石榴之類，何錫之有？」〔二〕

【注】

〔一〕見宋陶穀清異録卷上「百花門·花九錫」。重頂幄，作「重頂帷」。畫圖寫，作「畫圖」。豔曲翻，作「曲翻」。

〔三〕「若芙蓉」句，作：「若夫容、躑躅、望仙、山木野草，直惟阿耳，尚錫之云乎？」

君遷樹

文選蜀都賦〔一〕：平仲、君遷，皆木名，注缺〔二〕。按司馬温公名苑云：「君遷子如馬奶，俗云牛奶柹是也。今之造扇，用此柹油。」可補文選注。

【注】

〔一〕平仲君遷，出文選吴都賦。升庵作「蜀都賦」，記誤。

〔二〕升庵云文選「注缺」，陳耀文正楊（卷四）駁之曰：「吴都賦：『平仲、君遷，松梓、古度』注，劉成云：『平仲之木，實白如銀，君遷之樹，子如瓠形。』云注缺，誤。」

蘘荷子

丘文莊公羣書抄方載：「中蠱毒用白蘘荷。」引柳子厚詩云云〔一〕，且曰：「子厚在柳州種之，其地必有此種。仕于兹土者，其物色之。」蓋亦不知爲何物也〔二〕。余謂丘公之博洽而不識，世之識者亦罕矣。按：松江志引急就章注曰：「白蘘荷，即今甘露。」考之本草，其形性正同。

【注】

〔一〕見柳河東集卷四十三種白蘘荷。白蘘荷，主治中蠱及瘧。

〔二〕陳耀文正楊（卷四）曰：「急就章云：『老青蘘荷，冬日藏。』顔師古注：『蘘荷，一名蓴葙，莖葉似薑，其根香而脆，可以爲菹，又辟蠱毒。』本草云：『葉似初生甘蕉，根似薑芽，性好陰，在木下生者尤美。』中蠱者服其汁，卧其葉，即呼蠱主姓名。周禮庶氏以嘉草除蠱毒，宗懔謂嘉草即此也。柳（子厚）種白蘘荷詩：『庶氏（民）有嘉草，攻襘事久泯。』注引本草、説文，一名蓴葙。古今注：『紫者曰蓴葙，白者曰蘘荷。解毒用白蘘荷。』陶隱居蓴作覆。……文莊抄方，余未及見，或疑殆意也。松志謂俗呼甘露子，根如蠶蛹，莖葉如薄荷云云，乃引急就章，亦誤。」

紅姑娘

徐一夔元故宫記云：「金殿前有野果①，名紅姑娘，外垂絳囊，中含赤子如珠②，味酸甜可食，盈盈繞砌，與翠草同芳，亦自可愛。」○慎按：此果京師尤多，市人鬻之爲閨人小兒之玩，紅姑娘之名不改也③。

【校】

① 金殿前有野果　金殿 楊子巵言卷六、升庵集卷七十九作「椶毛殿」。

② 中含赤子如珠　四庫本作「中空有子如丹珠」。

③ 「紅姑娘之名不改也」後，楊子巵言卷六升庵按語尚有：「此本名紅瓜囊，古者瓜、姑同音，本草瓜蔞一名『澤姑』是其證也。囊、娘音相近而訛爾。本草：『龍珠味苦寒無毒，子主丁腫，葉變白髮。生道傍，子熟時赤。又名燈籠草，又名洛神珠，又名王母珠，皆以形似名之。又與龍葵、落葵、苦菜、苦眈苗形性相混。其云子作角，如撮口袋；又云有實形如皮弁，子赤如珠，一云皮弁草，未知的是何物。』恐一物，增修本草者非一人，重複不暇删改爾。」

燕檀

嵇含南方草木狀云：「葯緣子浸以蜂蜜，點以燕檀。」〔一〕所謂燕檀者，蓋以燕脂合檀水也。紫檀木出交趾，性堅，新者色紅，以水濕浸之，色能染物。又畫家合色，有檀子用銀朱淺入，老黑燕脂合之，故曰燕檀。俗曰紫檀色，訛爲紫棠也。

【注】

〔一〕見南方草木狀卷下，作「枸緣子，形如瓜……漬以蜂蜜，點燕檀，巧麗妙絶，無與爲比」。

柃楮①

爾雅注引諺云：「上山斫檀，榽橀先殫。」② 榽字一作柃。三輔黄圖有柃楮殿。柃楮，木名，即榽也③。

【校】

①柃指　指，萬曆本誤作「詣」，丹鉛續録卷八作「栺」，據改。爾雅釋木作「榽橀」。

②榽橀先殫　榽橀，上杭本、萬曆本作「搕椽」；殫，上杭本誤作「彈」，據爾雅引齊人諺改。

③即榽也　榽，上杭本、萬曆本誤作「橀」。

鬣葵

椶櫚，一名鬣葵①，又名蒲葵。

【校】

①一名鬣葵　鬣，疑爲「鬉」之形訛。宋戴侗六書故卷二十一：「栟櫚，木高者一二丈，葉如蒲扇，實如魚子，葉下有毛，彙如鬉，故亦謂鬉櫚。亦作㚇、椶。」椶，一作「椶」。

苞茅

左傳：「爾貢包茅不入。」〔一〕苞茅山，在麻陽，茅生脊①。孟康曰「靈茅」，揚雄曰「璚茅」〔二〕，三脊也。爾雅謂之「藐」②，廣雅謂之「茈莀」。本草云：「生楚地，三月採，陰乾。」

傜人以社前者爲佳③，名鴉銜草。谿蠻叢笑。

【校】

①茅生脊　生，或作三。經説卷七作「茅三脊」。管子輕重篇：「江、淮之間，一茅三脊，名曰菁茅。」菁茅産于荆州，爲楚納貢之物。宋朱輔谿蠻叢笑作「三脊茅：麻陽苞茅山，茅生三脊」。

②爾雅謂之藐　之，萬曆本脱，據上杭本補。

③傜人以社前者爲佳　傜，丹鉛續録卷十一作「猺」。

【注】

〔一〕見左傳僖公四年。

〔二〕見揚雄反離騷：「費椒稰以要神兮，又勤索彼瓊茅。」璚，同瓊。

莙猥字義

顔氏家訓曰：「或問：東宫舊事書名，南齊張敞注。云『六色罽緹』，是何等物？當作何音？答曰：『按：説文云：莙，牛藻也，音威。』即陸機所謂『聚藻葉如蓬』者也。郭璞注三蒼亦云：『緼，藻之類也。』緼，細葉蓬茸，水中有此物，一節長數寸，細茸如絲，員繞可愛，長者二、三十節，猶呼爲莙。又寸斷五色絲，横著綫股間，繩之以象莙草，用以飾物，即名爲莙。

於時當紺六色罽，作此䋻以飾緄帶。張敞因造絲旁畏耳，宜音隈①。」〔一〕按此即今之百索也。䋻，爾雅注「其隕切」，而此乃平音。張敞又作「緭」，以音叶，當音隈，未知孰是？

【校】

① 宜音隈　音，萬曆本作「昔」，四庫本作「音」，顔氏家訓原作「作」，據四庫本改。

【注】

〔一〕見顔氏家訓書證篇，文字有删改。於時當紺六色罽，萬曆本脱「時」，當，萬曆本誤作「尚」。

藙即艾子

藙，魚即切。説文、玉篇俱云「煎茱萸也」。漢令會稽郡歲貢藙子一斗，字一作艾。揚雄蜀都賦：「木艾椒蘺。」本草：「蜀州食茱萸甚高大，有長及百尺者，蜀人呼其子爲艾子。」宋景文公艾子贊曰：「緑實若萸，味辛香苾。投粒羮臛，椒桂之匹。」范石湖成都古今記云：「艾子，茱萸類也。實正緑，味辛，蜀人每酒①，輒以一粒投之，少頃，香滿盂醆。或曰：作膏尤良。」周文安公云②：「食茱萸高者尋丈餘，與吴茱萸相似。但吴茱萸粒小，久則色青；蜀茱萸粒大，久則色黄。其所謂艾子者，非茱萸也，木高竦，葉小花黄，其子類茱萸，八月土人採而糜之，濾其滓，名曰艾油。以葅筍蕨〔一〕，味辛香，今渝瀘皆有之。是艾不甚辛，可以爲油；而茱萸則大辛，採之其氣即薰目，不可糜而爲油也。今土人林園并種之，茱萸則乾之以烹茶，艾子則取其油以烹蔬，彼此異形殊用，本草合而爲一，誤矣！」又謂「閉目者名欓子③，不堪食。按禮記云：『三牲用藙。』通志云：『欓子曰食茱萸，又曰椴。』博雅云：『欓、椴、吴茱萸，俱名藙。』爾雅翼云：『三香：椒、欓、薑也。』所謂藙與艾者，聲訛耳。」慎按：公之説是也。但藙與艾非聲訛，二字可互呼，如刈草之刈，采艾之艾，字皆從乂，是其例④。本草云「食茱萸」，本自不誤⑤。蓋一物相似，有食茱萸、藥茱萸之分，如川芎，有茶芎、藥芎之別也。

【校】

① 蜀人每酒　每酒，丹鉛續録卷十二、四庫本作「每進」，升庵集八十作「每進酒」。

② 周文安　萬曆本作「文安」、四庫本作「周文安」，丹鉛續録作「周文安公」，據補。

③ 閉目者名欓子　閉，萬曆本作「閑」，據丹鉛續録十二改。

④ 是其例　是，諸本皆脱，據丹鉛續録補。

⑤ 本自不誤　自，萬曆本作「字」，據丹鉛續録改。

【注】

〔一〕萱，疑爲「烹」字之誤。曹學佺蜀中廣記卷六十四引戎州志：「土人以艾子爲油，……烹蔬笋，味辛香。」

紫藟

荀子：「東海有紫紶、魚鹽。」〔一〕紫紶，即石蛣也。一名紫藟，蚌蛤類也，春而發華，文選所謂「石蛣應節而揚葩」是也〔二〕。王維送元中丞詩：「去問珠官俗，來經石蛣春。」〔三〕藟，或作「藟」，非。

【注】

〔一〕見荀子王制。

〔二〕此爲郭璞江賦中句，見文選卷十二。注：「蛣，音劫。」

〔三〕此爲王維送元中丞轉運江淮詩中句，見全唐詩卷一二六。

九枸

山海經：「建木，百仞無枝，有九欘，下有九枸。」〔一〕注：「欘，枝回曲也。枸，根盤錯也。欘，音斸。枸，音劬。」枸之爲言曲也。楚辭「靡萍九衢」之草字〔二〕，一作「瞿」，釋文引韓詩傳云：「直曰車前，瞿曰芣苢」〔三〕。又作「欋」，淮南子：「木大則根欋。」〔四〕又山海經：「少室之山有木焉，其名曰帝休，葉狀如楊，其枝五衢。」注：「言樹枝交錯，相重五出，有象衢路也。」〔五〕

【注】

〔一〕見山海經海内經及郭璞注。

〔二〕此楚辭天問中句。萍，作「蓱」。

〔三〕見經典釋文卷五「芣苢」條注。

〔四〕見淮南子説林訓。

〔五〕見山海經中山經及郭璞注。

松柏丸丸

馬融長笛賦「丸挻雕琢」，注引「韓詩『松柏丸丸』，薛君章句曰：『丸，取也。』」〔一〕。蓋取而伐斲之，使其圓且澤，故曰丸丸。山海經「鳳卵」作「鳳丸」〔二〕。又建木，「其葉如羅，其實如欒」。欒，即卵也〔三〕。古字丸、卵、欒皆通。何也？彈丸之形如雞之卵，故「卵」可借「丸」。梓人伐材謂之欒削，其刻木爲鳥獸形者曰雕欒匠，謂欒削其木丸如卵也。薛君解韓詩，義當出此。馬融兼治四家詩，故云云，注義引而不發，今特衍之。然非深究六書假借之義，如鄭樵、楊桓、朱子，未易信此語也。

【注】

〔一〕見文選卷十八長笛賦「丸梴雕琢，刻鏤鑽笮」李善注。薛君章句曰，作「薛君：『取松與柏。』然則丸，取也。」丸，取也，當爲李善語。

〔二〕鳳丸，語出呂氏春秋本味篇：「流沙之西，丹山之南，有鳳之丸，沃民所食。」高誘注：「丸，古卵字。」升庵云山海經，記誤。

〔三〕見山海經海内南經及郭璞注。升庵山海經補注云：「欒，借作丸，謂圓如鳥彈也。」楊子巵言卷一「松柏丸丸」云：丸丸，言「樹之團圞如車蓋也」。

茶子

傅巽七誨：「峘陽黃梨，巫山朱橘，南中茶子，西極石蜜。」茶子，觸處有之，而永昌産者味佳，乃知古人已入文字品題矣。

菱芰辨

武陵記：「四角、三角曰芰，兩角曰菱。」其字不一，説文作「蔆」，注曰：「楚謂之芰，秦謂之薢茩。」芰，菱也，果也；薢茩，芵明也，菜也，殊已混淆。相如賦「外發芙蓉蔆華」，則芡實也。又相如凡將篇云：「蔆從遴，字作藺。」爾雅：「蔆，蕨蘼。」〔一〕即厥明也。爾雅疏作「芵光」〔二〕。馬大年嬾真子録誤作「英光」，史繩祖已辯之。黃公紹云：「許慎所注全是菜也。」又國語「屈到嗜芰」，蓋英明之菜，非水中芰也，審矣。爾雅既以水中之芰釋菜，説文又以菜釋水中之芰，由蔆名不一，所以致惑。今按：菱，乃今之菱角；芰，今之鷄頭。楚辭「緝芰荷以爲衣」，若是菱葉，不可爲衣也。緣楚人名菱爲芰，所以致後世解二物不分，又以英明參之，愈益淆亂。又考楚人名菱爲芰，見爾雅疏，得此一解，可破前數説之紛紛矣①。

【校】

①可破前數説之紛紛矣　數，萬曆本脱，據上杭本補。

【注】

〔一〕蕨藋，爾雅釋草作「蕨攈」。

〔二〕爾雅疏，萬曆本作「爾雅注」，四庫本作「爾雅疏」，據改。爾雅釋草：「薢茩英茪」注：「英明也。」

【辨】

菱芰之辯，早見於宋。宋史繩祖於學齋佔畢中駁馬永卿嬾真子之説云：「前輩筆記小説固有字誤，或刊本之誤，因而後生末學，不稽考本出處，承襲謬誤甚多，今略舉其一端。如馬大年永卿著嬾真子録，辨王逸注楚辭以芰爲蔆，秦人曰薢茩之誤，當矣！惜其字有差誤，義遂不明。永卿謂爾雅薢茩、英光注云：『英明也，或云蔆也，關西謂之薢茩。字音皆。』又云：『蔆，厥攈。』注：『今水中芰。』此皆馬所記也。今余考爾雅正本，則云：『薢茩，英光。注：英明也。』即今決明也，或曰蔆也。及至菱、蕨攈，然後從蔆。注『水中芰也』，則是蔆與蔆，其爲二物不同。王逸誤引陸生之蔆曰薢茩，而『蔆，芰也』。賈疏曰：『屈到嗜芰，即蔆角也。』又吕忱字林『楚人名蔆曰芰』，謂此也。許氏説文：『蔆，芰也。楚曰芰，秦曰薢茩。』王氏彙苑「後漢昆明池有菱名薢茩」，此蓋秦人之方言，呼菱爲薢茩也。爾雅『薢茩，茪光』，郭注：『英明也，葉黄鋭，赤花，實如山茱萸。』此英明之菜，别名薢茩，非秦人所謂菱芰者也。楊氏以屈到嗜芰爲決明之菜，非水中之芰，蓋誤以爾雅薢茩即秦人呼芰之薢茩也。又江淹蓮賦『著縹芰兮出波，挐緗蓮兮映渚』。今江南呼荷葉之桀出者曰芰荷。芰荷之下，藕之所在，餘即否，此所以有縹芰之稱也。楚辭『製芰荷以爲衣』，魏都賦『緑芰江濤而浸潭』，芰即荷葉之高者。王逸注楚辭曰：『芰，蔆也，爲水中之蔆，其失明甚。而馬又並以從水兩蔆字交證，且誤以英光、英明爲英光、英明。此馬大年之誤，尤可哂也。』」（見景印文淵閣四庫全書八五四册學齋占畢）清徐文靖管城碩記卷二十八讀楊升庵集，解「芰荷」以駁升庵似可釋疑：「楊氏曰：武陵記：四角、三角曰芰，兩角曰菱。按菱乃今之菱角，芰乃今之鷄頭。楚辭『緝芰荷以爲衣』，若是菱葉，何可爲衣乎？按：爾雅『蔆，蕨攈』，郭注：『蔆，今水中芰。』周禮加籩之實有蔆，鄭注：『秦人作薢茩。』此蓋逸注之謬。楊氏疑菱葉不可爲衣，以爲即今之鷄頭，何所據也？」（管城碩記　中華書局）

西瓜

余嘗疑本草瓜類中不載西瓜，後讀五代郃陽令胡嶠陷虜記云：「嶠於回紇得瓜，種以牛糞，結實大如斗，味甘，名曰西瓜。」〔一〕是西瓜至五代始入中國也。文選「浮甘瓜於清泉」〔二〕，蓋指王瓜、甜瓜耳。

【注】

〔一〕陷虜記，一名陷北記。記云：「遂入平川，多草木，始食西瓜，云契丹破回紇得此種，以牛糞覆棚而種，大如中國冬瓜而味甘。」見新五代史四夷附録第二。

〔二〕此曹丕與朝歌令吴質書中句，見文選卷四十二。

三樹相似

爾雅注引諺云：「採檀不諦得繫迷，得可得駁馬。」〔一〕言三樹相似也。駁馬，今北方名報馬，生輝縣山中，見救荒本草〔二〕。

【注】

〔一〕見陸璣毛詩草木鳥獸蟲魚疏爰有樹檀，作「斫檀不諦得繫迷，繫迷尚可得駁馬」。繫迷，一名挈榼。今本作繄迷。

〔三〕救荒本草卷五："報馬樹，生輝縣太行山山谷間。"

杜工部荔枝詩

杜子美詩："側生野岸及江蒲，不熟丹宮滿玉壺。雲壑布衣鮐背死，勞生害馬翠眉須。"〔一〕杜公此詩，蓋紀明皇爲貴妃取荔枝事也。其用"側生"字，蓋爲廋文隱語，以避時忌。春秋"定、哀多微辭"之意，非如西崑用僻事也。末二句蓋昌黎感二鳥之意〔二〕，言布衣抱道，有老死雲壑而不徵者，乃勞生害馬以給翠眉之須，何爲者耶？其旨可謂隱而彰矣。山谷謂"雲壑布衣"，指後漢臨武長唐羌諫止荔枝貢者，此俗所謂厚皮饅頭、夾紙燈籠矣。山谷尚如此，又何以責黄鶴、蔡夢弼輩乎？

【注】

〔一〕此杜甫解悶十二首之第十二首。勞生，一作"勞人"，見杜少陵集卷十七。

〔二〕韓愈感二鳥賦，見昌黎文集卷一。

羅隱紅梅詩

羅隱詠紅梅詩云："天賜臙脂一抹腮，盤中風味笛中哀。雖然未得和羹用，曾與將軍止渴來。」〔二〕此却似軍官宿娼謎也。

【注】

〔一〕見全唐詩卷六五六。風味，一作「磊落」。用，一作「便」。

負苞

潛夫論曰：「中堂生負苞，山野生蘭芷。」〔一〕負苞，朽木菌也，此言譬人材在朝市山林。諺云「深山出俊鶻，十字街頭出餓莩」，亦此意。

【注】

〔一〕見王符潛夫論論榮。

蔓華鬘嬌

末利花，一名蔓華，見佛經。錦帶花，一作鬘嬌，見成都古今記。

七里香

七里香，一名山礬石〔一〕，以其葉燒灰，染紫以爲黝，見者皆駭觀〔二〕。

【注】

〔二〕七里香，一名山礬。石，疑爲衍文。

〔三〕見宋王楙燕翼貽謀録卷五：「仁宋時，有染工自南方來，以山礬葉燒灰染紫以爲黝，獻之宦者。洎諸王，無不愛之，乃用爲朝袍，乍見者皆駭觀。」

蜜蒙花紙

「蜜香紙，以蜜香樹皮葉作之，微褐色，有紋如魚子，極香而堅韌，水漬之不潰爛。晉太康五年，大秦國獻三萬幅，帝以萬幅賜杜預，令寫春秋釋例。」〔二〕疑今之蜜蒙花也，其皮可作紙〔三〕。

【注】

〔二〕見嵇含南方草木狀卷中。帝以，作「嘗以」。「杜預」前删「鎮南大將軍當陽侯」。

〔三〕見宋唐慎微證類本草卷十三「蜜蒙花」：蜜蒙花，「木高丈餘，葉似冬青葉而厚，背白色，有細毛，又似橘葉」。未言有香，與蜜香樹非一種。蜜香紙，非蜜蒙花紙。

越爲布名

荀子王制篇：「棲遲薛越之中野。」「薛、越①，注不解。按：説文：「薛，草也。」六韜「莎薛簦笠」，謂以莎草爲雨衣也。相如賦：「薛莎青薠」〔一〕。越，亦草名，蒲屬，可緝爲布。文選「葛越」注：「草布也。」後漢馬后傳：「白越三千端。」潛夫論：「葛子升越，筒中女布。」盛弘之荆州記：「秭歸縣室多幽閒，其女盡織布，至數十升，謂之升越。」吴都賦：「蕉葛升越，弱於羅紈。」②

【校】

① 薛越 越，萬曆本原脱，據譚苑醍醐卷三、楊子卮言卷二補。

② 吴都賦二句，萬曆本無，據楊子卮言卷二補。

【注】

〔一〕見司馬相如子虛賦。薠，萬曆本誤作「籟」。

苞桑

易曰：「其亡其亡，繫于苞桑。」〔一〕今之解者，以苞桑爲固結之喻，非也。苞桑豈固結之物乎！蓋古人朽索六馬、虎尾春冰之類也〔二〕。陸宣公收復河北後請罷兵狀有云：「邦國之杌隉，綿綿聯聯，若苞桑綴旒，幸而不殊者屢矣。」〔三〕此得其解①。

【校】

① 升庵經説卷一篇末有：「今按：庾開府致仕狀：逾時每乖于勿藥，永日尤繫于苞桑。」可補。致

仕狀，全後周文作代人乞致仕狀。

【注】

〔一〕見易否卦。

〔二〕語出尚書五子之歌「若朽索之馭六馬」；尚書君牙「若蹈虎尾，涉于春冰」。

〔三〕見陸贄翰苑集卷十六。杌隉，作「杌膭臲卼」。縷，作「屨」。

蓋與茾同

茾，蕒莢實也①，字一作蓋。江淹去故鄉賦：「北風折兮絳花落，流水散兮翠蓋疏。」〔一〕蓋字，諸韻不載，只見于江淹集。

【校】

① 蕒莢實也　實，萬曆本誤作「賓」，據升庵集卷八十改。

【注】

〔一〕見江文通集卷一。翠蓋，作「翠莖」，藝文類聚卷三十載江淹去故鄉賦作「翠葉」。升庵外集卷九十八翠茿條作「翠茿，草名，蕒莢實也。茿當作茾」。

旌節花

太平廣記引黎州圖經云：「黎州漢源縣琉璃城有旌節花，去地二、三尺，行行皆如旌節。」〔二〕蘇子由詩：「緑竹琅玕色，紅葵旌節花。」〔三〕借喻葵形，非謂旌節即葵也。

【注】

〔二〕太平廣記卷四〇九引黎州圖經，無「琉璃城」三字。

〔三〕此蘇轍開窗詩中句，見欒城集後集卷四。

尃即華

易説卦「震爲尃」，尃之爲言布也。震於東方爲春，草木之萌始布也。古文作「尃」，今文作「華」，蓋花之蒂也。詩凡華字皆叶音尃，是其證。陸機文賦「彼瓊敷與玉藻」，瓊華與玉藻相對，尤可證也〔一〕。

【注】

〔一〕升庵經説卷二尃即華作「瓊敷即瓊華，華與藻相對，尤可證也」。

烏昧草

范文正公安撫江淮，進民間所食烏昧草，乞宣示六宮，傳諸戚里，以抑奢侈。烏昧草，即今野燕麥，淮南謂麥曰昧，故史從音爲文。

【辨】升庵以烏昧草爲燕麥，明方以智駁之曰：「燕麥，草似麥，亦曰雀麥。升庵不知爲何物，又引范文正所進江淮烏昧草當之。烏昧，乃蕨也。又以烏麥爲燕麥，而烏麥乃蕎麥也。」（見景印文淵閣四庫全書八五七册通雅卷四十四　臺灣商務印書館）

明謝肇淛滇略卷三云：「唐昭宗時，南詔大旱，二蕎不收，餓民食烏昧不給，至取草根木葉啖之。烏昧者，野燕麥也，滇中沾益一路有之，土人亦皆採食，謂之鬼麥，黔中尤多。諸葛元聲曰：古樂府『田中燕麥，何嘗可獲？』不知燕麥實有麥，豈當時滇未通中國，徒聞其名耶？」（見景印文淵閣四庫全書四九册　臺灣商務印書館）

宋戴侗六書故卷二十四：「蕨，俱越切，紫萁也，生山中。萁有二，有蕨萁，有狼萁。蕨萁初出土，紫色，拳如小兒手，可食。其根掘而擣之，取粉可食，凶年以禦饑，謂之烏昧。」（見景印文淵閣四庫全書二二六　臺灣商務印書館）

簜

禹貢「瑶琨篠簜」〔二〕，疏曰：「竹闊節曰簜。」周禮掌節：「凡邦國之使節，山國用虎節，土國用人節，澤國用龍節，皆金也。以英簜輔之。」〔二〕注云：「簜當爲帑，謂之函器盛此節。或曰英簜，畫函也。」①干寶曰：「英，刻書也；簜，竹箭也。刻而書其所使之事，以助三節之信。則漢中之百使符者，亦取則於故事也。」〔三〕郭知玄集韻序：「銀鈎乍閲，簜櫛行披。」〔四〕

【校】

① 注云　升庵經説卷十一作「杜子春云」。　謂之　作「謂以」。畫函也，作「若畫函也」。

【注】

〔一〕見尚書禹貢：「厥貢惟金三品，瑶、琨、篠、簜、齒、革、羽、毛惟木。」

〔二〕見周禮掌節。皆金也，丹鉛諸本脱，據補。

〔三〕見後漢書百官志三「竹符之半者」注引干寶語。漢中，作「漢」。百使符，作「竹使符」。

〔四〕楊子巵言卷五「盪櫛」，升庵經説卷十二「英盪」、本書卷八「簜櫛」，可參看。

楟花

孝子傳：「尹伯奇採楟花以爲食。」注：「楟花，山梨也。」山梨，今名棠梨，其花春開，採之日乾，瀹之可充蔬。

茄即荷

玄中記：「黃帝之臣有荆茄豐。」左傳注：「楚有茄人城。」茄，張楫音荷①。古樂府：「鷺何食，食茄下。」〔一〕西京賦：「蒂倒茄於藻井，披紅葩之狎獵。」注：「茄，藕莖也。」〔二〕

【校】

① 茄張楫音荷　茄，萬曆本無，據升庵外集卷九十八補。

【注】

〔一〕此漢樂府朱鷺詩中句，見樂府詩集第十六漢鐃歌十八曲。

〔二〕見文選卷二張衡西京賦及注。

榿木

姑蘇守溪王公濟之在閣日，論杜詩「聞知榿木三年大」〔一〕，因問先父：「榿木蜀産，榿字何音？」先父曰：「音欹。」守溪曰：「當依韻書音楷。」先父曰：「音欹，則鄉人農夫皆識之；若作楷音，不知何木矣。」因舉王荆公榿木詩曰：「濯錦江邊木有榿，野園封植佇華滋。地偏幸免桓魋伐，歲晚還同庾信移。」〔二〕王乃悦服。蓋王公平昔極愛荆公詩文，而此詩王公亦偶不記憶耳〔三〕。

【注】

〔一〕此爲杜甫憑何十一少府邕覓榿木詩中句。聞知，作「飽聞」，見杜少陵集卷九。

〔二〕王荆公榿木詩題作償薛肇明秀才榿木，幸免，作「或免」；還同，作「聊同」。見臨川文集卷二十八。

〔三〕榿字，音欹，抑音楷？宋人周密齊東野語卷十一「榿木」條云：「杜詩乞榿木詩無音，或讀作豈，而韻書亦無此字。集中又有『榿林礙日吟風葉』，鄭氏注曰：『五來反。』若然，當作獃字。余嘗見陳體仁端明云：『見前輩讀若欹韻。』頗以爲疑。後見劍南詩有『著書增木品，搜句覓榿栽』。又荆公詩云：『濯錦江邊木有榿，小園封植佇華滋。』益信欹音爲然。榿，惟蜀有之，不才木也，或謂即榕云。」

薊字解

薊，草名。復古篇云：「芺也。」字林：「蘮蘩也，似芹。」説文無薊字，止有蘮，即薊也〔一〕。韻會、廣韻亦無之。按：本草有小薊、有大薊。陶隱居云：「小薊是貓薊，大薊似虎薊①，葉多刺，俗名青刺。」薊又曰千針草，又曰老虎刺。地名薊門，即今薊州。陳藏器云：「薊門多薊，故以名地。葉皺莖芒，有似罽布②，故字從之作蘮，隸作薊，蓋從罽魚之罽而省也。」又姓，後漢書有薊子訓。又古傳薊作鄚。

【校】

①大薊似虎薊 「虎」下萬曆本脱一「薊」字，據證類本草大小薊補。似虎薊，作「是虎薊」。

②葉皺莖芒似罽布 莖，萬曆本、四庫本脱。據上杭本、升庵外集卷九十八補。

【注】

〔一〕説文：「薊，芙也。從艸，魝聲。」「芙，艸也。味苦，江南食以下氣。從艸，夭聲。」「蕨，艸之小者，從艸㓹聲。㓹，古文鋭字，讀若芮，居延切。」升庵云「説文無薊字」，誤。

五加皮

五加皮，蜀中名白刺顛。陶隱居云：「釀酒，主益人。道家用此作灰，亦以煮石，與地榆并無别法〔一〕。」東華真人煮石經曰：「舜常登蒼梧之山曰：『厥金玉之香草，朕用偃息。』正道此五加也。又異名曰金鹽，王屋山人王常曰：『何以得長久？何不食石蓄金鹽母！』又曰：『寧得一把五加，不用金玉滿車。』」〔二〕譙周巴蜀異物志文章草贊曰：「文章作酒，能成其味。以金買草，不言其貴。」文章草，即五加皮也。

【注】

〔一〕見證類本草卷十二「五加皮」條。并無别法，作「並有祕法」。

〔三〕見證類本草卷十二「五加皮」條引東華真人煮石經。文有删改。

蘆荻蒹葭之分①

點蒼董生西羽，一日閒坐問予曰：「晉謡云，『官家養蘆化成荻』〔一〕，蘆與荻亦有分乎？」予未應。因問：「蘆荻、蒹葭、菼薍、萑葦、芀虇，皆荻之類，何以別之？」予因操觚録一紙，集古訓詁以答之。今偶於舊書中得此紙，因漫記之于左：

說文云：「葦之未秀者曰蘆。」〔二〕徐鉉曰：「未秀，言尚小也。」又曰：「葦之未秀者曰葭。」又曰：「荻，萑也。」古篆作「藡」。淮南子作「蔏」。易說卦「萑、葦」注：「藡也。」今文作「荻」。又曰：「葦，大葭也。」爾雅：「葦，醜芀。」言其華皆有芀秀〔三〕，遇風則吹揚如雪，其聚地如絮。詩行葦注：「葦，初生名葭，稍大爲蘆，長成乃名爲葦。」說文解「菼」字云：「萑之初生，一曰薍，一曰鵻。草色如鵻，在青白之間。」詩大車注：「菼，鵻也。」「八月萑葦」注：「初生爲菼，長大爲薍，成則名萑，又名鵻，一物四名。」郭云：「菼似葦而小。」又云：「蒹似萑而細」，是蒹小於萑，萑小於葦。字說曰：「蘆謂之葭，其小曰萑；荻謂之蒹，其小曰葦，其始生白曰菼，又謂之薍。荻强而葭弱，荻高而葭下。菼中赤，始生末黑，黑已而赤，故曰菼；其根旁行，牽揉盤互，故曰薍。」陳承之本草圖經曰：「蘆，葦也，葦即蘆之成者。蒹似萑而細長，江東人呼爲蒹薖者。謂菼爲薍，似葦而小中實，江東人呼爲烏蓲音丘者，或謂之荻，至秋而成，即謂之萑，其花皆名芀，其萌筍皆名虇。」若然，所謂蘆葦，通一物也。所謂蒹，今作蒹者是也；所謂菼，人以當薪爨者也。今人罕能別蒹菼與蘆葦。又北人以葦與蘆爲二物，水傍下濕所生者爲葦；其細不及指，人家池圃間所植者爲蘆，其幹差大，深碧色者謂之碧蘆，亦難得。

【校】

① 蘆荻蒹葭之分　蒹，上杭本、萬曆本誤作「薰」，據四庫本改。

【注】

〔一〕見晉書五行志中義熙初童謡：「官家養蘆化成荻。」化，萬曆本作「花」。

〔二〕説文作「葭，葦之未秀者，從艸，叚聲」。未見「葦之未秀者曰蘆」。

〔三〕爾雅釋草「葦醜芀」注，作「其類皆有芀秀」。

兔絲燕麥

古樂府云：「道旁兔絲，何嘗可絡；田中燕麥，何嘗可穫。」〔一〕言虚名無用也。蓋兔絲非絲而有絲之名。劉禹錫文作「兔葵燕麥」〔二〕，非也。今按：兔絲，虚名是也。燕麥，滇南霑益一路有之，土人以爲朝夕常食，非虚名也。或者古昔雲南未通中國，但有燕麥之名，未見其實乎〔三〕！

【注】

〔一〕古樂府，一作「古歌」。歌辭作：「田中菟絲，如何可絡；道邊燕麥，何嘗可穫。」見容齋三筆卷三「兔葵燕麥」條。

〔二〕見劉禹錫再游玄都觀詩序：「唯兔葵燕麥，動摇春風耳。」

〔三〕參見本卷「烏昧草」。

蒲柳

世説：「蒲柳之質，望秋先零。」〔一〕蒲，水楊也。三齊地記：「無棣縣，有秦王繫馬蟠蒲，堪爲箭。」〔二〕非菖蒲之蒲也。若然，豈堪繫馬，又中爲箭乎？爾雅：「楊，蒲柳。」〔三〕其言可證矣。

【注】

〔一〕世説新語卷上言語作「蒲柳之姿，望秋而落」。

〔二〕見水經注卷五河水。三齊地記，作「三齊略記」；秦王作「秦始皇」；堪爲箭，作「似水楊，可以爲箭」。

〔三〕見爾雅釋木：「楊，蒲柳」郭璞注：「可以爲箭。左傳所謂董澤之蒲。」

榮木

爾雅注：「榮木，梧桐也，槖鄂皆五。」〔一〕陶詩「冉冉榮木，結根于兹」是也〔二〕。或以爲榮華，失之。

【注】

〔一〕見爾雅釋木：「榮，桐木」注：「即梧桐。」

〔二〕此陶潛榮木詩中句，見陶淵明集卷一。

苛藐蓋字義

「苛，小草也」〔一〕，今但知爲苛刻之「苛」。「藐，紫草也」〔二〕，今但知爲藐然之「藐」。「蓋，染草也」〔三〕，今但知爲忠藎之「藎」。

【注】

〔一〕見説文艸草部。

〔二〕見爾雅釋草：「藐，茈草」注：「可以染紫。一名茈莨。」

〔三〕見急救篇卷四蓋注：「可以染黄而作金色。」

青史子

青史子載古禮：男子生而射天地四方。其文云：「東方之弧以梧，梧者東方之草，春木也；南方之弧以柳，柳者南方之草，夏木也；中央之弧以桑，桑者中央之木也；西方之弧以棘，棘者西方之草，秋木也；北方之弧以棗，棗者北方之草，冬木也。」〔一〕是木亦可稱草也。青史子，漢志五十三篇〔二〕。今存者胎教一篇而已，其首曰：「古者胎教之道，王后有身瑞，七月而就蔞室，太師持銅而御户左，太宰持升而御户右。此三月者，王后所求音聲非禮樂，則太師撫樂緼瑟而稱不習；所求滋味非正味，則太宰荷斗倚升而不敢煎調云云。」〔三〕其文義古雅。嗚呼！古書之不傳者何限，惜哉！

【注】

〔一〕見賈誼新書卷十胎教「青史氏之記」。

〔二〕五十三篇，漢書藝文志作「五十七篇」。青史子久佚。

〔三〕見賈誼新書卷十胎教「青史子之記」。此三月者，此，作「比」。丹鉛餘録卷五原作「比」，不誤。

萬年枝

謝朓詩：「風動萬年枝。」〔一〕唐詩：「青松忽似萬年枝。」〔二〕三體詩注以爲冬青，非也。草木疏云〔三〕：「檍木，枝葉可愛，二月花白，子似杏，今官園種之，取億萬之義，改名萬年樹①。」即此也。

【校】

① 改名萬年樹　年，丹鉛餘録卷十五作「歲」。

【注】

〔一〕此謝朓直中書省詩中句，見謝宣城集卷三。

〔二〕此唐司空曙酬崔峒見寄詩中句，見全唐詩卷二百九十三。青松，作「青楓」。

〔三〕見陸璣毛詩草木鳥獸蟲魚疏卷上「北山有杻」：「杻，檍也。葉似杏而尖，白色，皮正赤，爲木多曲少直，枝葉茂好。二月中，葉疏，華如楝而細，蕊正白。蓋此樹今官園種之，正名曰萬歲。既取名于億萬，其葉又好，故種共汲山下。人或謂之牛筋，或謂之檍材，可爲弓弩幹也。」

山谷太白詩①

黄山谷詩「蕨牙初長小兒拳」〔一〕，以爲奇句。然太白詩已有「不知行徑下，初拳幾枝蕨」之句〔三〕，已落第二義矣。

【校】

①山谷太白詩　一作「小兒拳」，見升庵詩話卷十二。

【注】

〔二〕此黄山谷觀化十五首之十一詩中句，見山谷集外集卷十三。

〔三〕此李白憶秋浦桃花舊游時竄夜郎詩中句，見李太白文集卷二十三。行徑下，作「舊行徑」。

蒟醬

嵇含南方草木狀云：「蒟醬，蓽茇也。大而紫曰蓽茇，小而青曰蒟醬，可以調食，故曰醬。」〔一〕今永昌人猶以蓽茇爲豆豉，是可證也。自本草注，以蒟醬爲檳榔蔞子，非也。按：檳榔蔞子①，自名扶留藤，見蜀都賦〔二〕。草木狀②，亦具列檳榔條下，與蒟醬全不同。

【校】

①按檳榔蔞子　按，丹鉛總録、丹鉛餘録諸本誤作「佐」，據升庵集卷七十九、升庵外集卷二十三改。

②草木狀　丹鉛總録諸本作「草狀」，據丹鉛餘録卷十五補。即南方草木狀簡稱。

【注】

〔一〕見南方草木狀卷上。「大而紫」前，删「生於蕃國者」；「小而青」前，删「生於番禺者」。

〔二〕見左思吴都賦「檳榔無柯」注。升庵云蜀都賦，記誤。檳榔蔞子自名扶留藤，吴都賦作「得扶留藤與古賁灰合食之，則柔滑而美」。

梧桐本虚①

東坡云：「凡木本實而末虚，惟桐反之。試取其小枝削之，皆堅實如蠟，而其本皆虚。故世所以貴孫枝者，貴其實也。」〔一〕

【校】

① 梧桐本虚　一作「桐」，見升庵集卷八十一；又作「桐一作孫枝」，見升庵外集卷九十八。

【注】

〔一〕此爲蘇軾雜書琴事「琴貴桐孫」，見説郛卷一百。

丹鉛總録卷之五

鳥獸類

鵙

月令：「鵙始鳴。」鵙，即伯勞也。左傳謂之伯趙〔一〕，樂府謂之百勞〔二〕，今不識爲何鳥。按禽經注云：「伯勞飛，不能翱翔，直刺而已。形似鸜鵒。但鸜鵒喙黄①，伯勞喙黑，以此别之。」易林曰：「鵙必單栖，鶖必匹飛。此鳥好隻飛，未嘗雙。」〔三〕性亦能擊搏，鷹集于林，則盤旋鳴聒，俟鷹飛輒擊之，俗呼爲鳳凰皂隸，言百鳥畏之也。蜀中名駕鶖，滇中名鐵鸚哥，又名榨油郎。五更輒鳴不止，至曙乃息。

【校】

① 但鸜鵒喙黄 但，萬曆本脱，據丹鉛餘録卷一補。

【注】

〔一〕伯趙，升庵經説卷八：「官名伯趙氏，伯趙，即伯勞也。一作『博勞』。又豳風：『七月鳴鵙。』」

左傳昭公十七年：「伯趙氏，司至者也。」注：「伯趙，伯勞也。以夏至鳴，冬至止。」

〔二〕見樂府詩集卷六十八雜曲歌辭東飛伯勞歌古辭：「東飛伯勞，西飛鷰黄。」卷七十二雜曲歌辭西洲曲古辭：「日暮伯勞飛，風吹烏臼樹。」

〔三〕今本焦氏易林未見。爾雅翼卷十四「倉庚」：「一名黄鸝留，此鳥之性好雙飛。」

鶡鴠

「鶡鴠不鳴」，禮月令文也。禮引詩又作「盍旦」〔一〕。注：「鶡旦鳥，夜鳴求旦也①。」郭璞方言注：「鳥似鷄，冬無毛，晝夜鳴。」〔二〕今北方有鳥名寒號蟲，即此也。説文作「鶾鴠」，又作「鳱鴠」。蓋自「旱」省爲「干」，故「鶾」或作「鳱」也。猶禽經鴻鴈之「鴈」作「鳫」，「厈」省爲「干」，故「鳫」或爲「鳱」，皆古鴈字也。然則「鶡鴠」字正當作「鶾」，省作「鳱」，作「鶡」非。鶡乃鬬鳥，古以其羽爲勇士冠者，非此同也。盍旦、渴旦，皆以義借用耳。唐詩：「暗蟲啼渴旦，涼葉墜相思。」〔三〕

【校】

① 夜鳴求旦也　求，升庵經説卷九作「急」。

【注】

〔一〕見禮記月令仲冬之月：「冰益壯、地始坼，鶡旦不鳴。」禮記坊記引詩云：「相彼盍旦，尚猶患之。」注：「盍旦，夜鳴求旦之鳥也。」

〔二〕見方言卷八「鶡鴠」注：「鳥似鷄，五色，冬無毛，赤倮，晝夜鳴。」

〔三〕此白居易代書詩一百韻寄微之詩中句，見白居易集卷十三。暗蟲，作「闇雞」。

舞馬

杜詩：「鬬鷄初賜錦，舞馬使登牀。」〔一〕馬舞，古有之。山海經述海外「大樂之野，夏后啓於此舞九代之馬」①。杜氏通典：「鳳花厩有蹀馬，俯仰騰躍，皆合節奏，明皇嘗令教舞馬百駟。又施三層板牀，乘馬而上，抃轉如飛。或命壯士舉榻，馬舞其上。」〔二〕觀此説，則杜詩「登牀」之語，蓋記實也。南史：「河南國進赤龍駒，能拜伏，善舞。」〔三〕

【校】

①夏后啓于此舞九代之馬　九代，萬曆本作「九伐」。丹鉛餘録卷九作「九代」。山海經海外西經作「夏后啓于此儛九代之馬」。郭璞注：「九代，馬名。儛謂盤作之令舞。」郝懿行云：「九代，疑樂名也。」

【注】

〔一〕此杜甫鬬鷄詩中句，見杜少陵集卷十七。使，原作「既」。

〔二〕見杜佑通典卷一百四十五。鳳花厩，原作「鳳苑厩」。

〔三〕見南史卷三十一張率傳。進，作「獻」。

五花馬

唐詩：「朝騎五花馬。」又：「五花馬，千金裘。」〔一〕杜詩：「蕭蕭千里馬，箇箇五花文。」〔二〕隋丹元子步天歌：「五箇花文王良星。」〔三〕馬鬣剪爲五花或三花，皆象天文王良星義也①。白樂天詩：「馬鬣剪三花。」〔四〕唐六典云：「外牧歲進良馬，印以『三花飛鳳』之字。」〔五〕

【校】

① 皆象天文王良星義也　升庵集卷八十一、升庵外集卷九十七作「皆象天文也」。

【注】

〔一〕此爲李白相逢行、將進酒詩中句，分别見李太白文集卷四、卷三。

〔二〕此爲杜甫題柏大兄弟山居屋壁二首詩中句，見杜少陵集卷二十一。千里馬，作「千里足」。

〔三〕花文，步天歌作「吐花」，見通志卷三十八引。

〔四〕此爲白居易和春深二十首詩中句，見白居易集卷二十六。

〔五〕見唐六典卷十一。飛鳳，作「飛風」。

羊祜鴈賦①

「排雲墟以頡頏，汰溺波以容與。進凌厲乎太清，退嬉遊於玄渚。鳴則相和，行則接武。前不絶貫，後不越序。齊力不期而並至，同趣不要而自聚。當其赴節，則萬里不能足其路；苟泛一壑，則衆物不能易其所。臨空不能頓其翼，揚波不能濺其羽。浮若漂舟乎江之濤，色若委雪乎巖之阿。邕邕兮悲鳴雲間，因飛凌虚厲清和，眇眇兮瞥入清塵，拂日拊翼景光羅。」〔一〕此賦諸類書不載②。

【校】

① 羊祜鴈賦　一作「鴈賦」，見升庵集卷五十三。此賦前，升庵集尚有「劉安賦鴈云：順風而飛以助氣力，銜蘆而翔以避繒繳」。賦後有「辭旨超遠，出於詞人一等矣」。劉安賦雁，丹鉛餘録卷十二作「劉向賦鴈」。

② 此賦諸類書不載　丹鉛餘録、升庵集無此語。

【注】

〔一〕見藝文類聚卷九十一「鳥部」羊祜鴈賦。同趣，萬曆本誤作「四趣」。

蠔山

韓文公詩：「蠔相粘爲山，十百各自生。」〔一〕按本草衍義云：「牡蠣附石而生，魂礧相連如房，故名蠣房，讀如阿房之房。音傍。見史記。一名蠔山。初生海畔，才如拳石，四面漸長，有一二丈者，一房内有蠔肉一塊，肉之大小，隨房所生。每潮來則諸房皆開，有小蟲入，則合之以充腹。」宋翟忠惠焦山詩：「僧居蠔山迷向背，佛宇蜃氣成吹噓。」〔二〕

【注】

〔一〕此爲韓愈初南食貽元十八協律詩中句，見韓愈全集卷十一。十百，作「百十」。

〔二〕此爲宋李呂題焦山寺詩中句，見澹軒集卷一。此云「翟忠惠焦山詩」，升庵記誤。

信天翁

信天翁，鳥名，滇中有之。其鳥食魚而不能捕，俟魚鷹所得偶墜者拾食之。蘭廷瑞詩云：「荷錢荇帶緑江空，唼鯉含鯊淺草中。波上魚鷹貪未飽，何曾餓死信天翁。」亦可以爲諷也。廷瑞，滇之楊林人〔一〕。

【注】

〔一〕蘭廷瑞，有詩名。升庵戍滇時，其人已死，曾過其家訪其詩。升庵詩話補遺卷二有「蘭廷瑞詩」。

阿濫堆①

張祜詩：「紅樹蕭蕭閣半開，玉皇曾幸此宫來。至今風俗驪山下，村笛猶吹阿濫堆。」〔一〕宋賀方回曲子云：「待月上潮平波灔，塞管孤吹新阿濫。」〔二〕中朝故事云：「驪山多飛鳥，名阿濫堆，明皇採其聲爲曲子②。」又作鷃爛堆。酉陽雜俎云：「鷃爛堆，（雄）黄，一變之鴘，色如鶩氅，鴘轉之後，乃至累變，横理細，臆前漸漸微白。」〔三〕

【校】

① 阿濫堆　一作鷃濫堆，見升庵外集卷九十七。

② 明皇採其聲爲曲子　升庵集卷八十一作「明皇御玉笛，采其聲，翻爲曲子名焉，左右皆傳唱之」。注：「尉遲偓中朝故事。」

【注】

〔一〕此爲張祜華清宫四首之三，見全唐詩卷五一一。

〔二〕此爲賀方回天門謡詞中句，見全宋詞賀鑄詞。波灔，作「波灔灔」。孤吹，作「輕吹」。

〔三〕見酉陽雜俎卷二十。鶩氅，原作「鶩氅」。横理細，作「横理轉細」。

翠碧

唐韻：「鴗音立，水狗也。」爾雅謂之「天狗」。注：「小鳥，青似翠，食魚，江東謂之水狗。」陸魯望翠碧詩云：「紅襟翠翰兩參差，徑拂煙華上細枝。春水漸生魚易得，不辭風雨坐多時。」〔一〕張碧詩：「一條碧緑輕拖水，金毛泣怕春江死。」〔二〕石林詩話云：「江淮有水禽，號魚虎，翠羽而紅首，顔色可愛〔三〕。崔德符通羊驛詩云：『翠裘錦帽初相識，魚虎彎環掠岸飛。』〔四〕」

【注】

〔一〕見陸龜蒙甫里集卷十二。不辭，作「莫辭」。

〔二〕此爲張碧游春引三首之二詩中句，見全唐詩卷四百六十九。一條，作「千條」。

〔三〕見宋周紫芝竹坡詩話。江淮，原作「江淮間」。「顔色可愛」後，脱「人罕識之」。通羊驛，原作「通羊道中」。升庵記誤。

〔四〕通羊驛詩，全宋詩作「崔鶠殘句」，竹坡詩話作通羊道中。

怪魚

李淳風感應經云：「河有怪魚，乃名爲鰐，其身已朽，其齒三作。」此即鱷魚也。南州志云：「斬去其首而乾之，椓去其齒而更復生。」〔一〕

【注】

〔一〕見説郛卷一〇九陳櫟感應經。其身已朽，作「其身若豹」。文字有删改。

熊館

山民云：「熊于山中行數千里，悉有跧伏之所①，必在石巖枯木中，山民謂之熊館。惟虎出百里外，則迷道路。」〔一〕

【校】

①悉有跧伏之所　跧，萬曆本作「跈」，丹鉛續録卷十一作「跧」，據改。

【注】

〔一〕見宋邵博聞見後録卷二九。數千里，作「數十里」。跧伏，作「藏伏」。虎，作「虎豹」。迷道路，作「迷失故道」，文字有改動。

鶖鶬

鶖鶬，海鳥，今俗名秃鶖是也。出景焕小説〔一〕。

【注】

〔一〕景焕野人閑話，見説郛卷二十八。

集雥異音

篆文二鳥曰雔，三鳥曰雥，音戢。三鳥相聚，其羽戢戢也。集字從此，其音與積同，下從木，鳥集于木也，音義皆殊。元趙古則、周伯温輩妄作解事，便以「雥」爲「集」，非也〔一〕。按：隋許善心神雀頌曰：「景福氤氳，嘉貺雥集。」〔二〕可砭趙、周之謬。「雥」之與「集」，猶「氤」於「氳」，以「雥」即爲「集」，謂「氤」即是「氳」，可乎？

【注】

〔一〕方以智通雅卷五「釋詁」曰：「雥，音雜。」

〔二〕見文苑英華卷七百七十八。

鸞鳥

漢涼州有縣名鸞鳥，鸞音雚，鳥音雀。漢馬賢追先零到鸞鳥〔一〕；後魏紀功碑：「蕩龍荒，遊鸞朔。」以鸞鳥爲雚雀，義不可解，以雀爲朔，義或近之。或云北荒以鸛雀爲鸞鳥，隋高德儒指野鳥爲鸞，亦有其因乎？

【注】

〔一〕見後漢書卷八十七西羌傳「賢追到鸞鳥」注：「鸞鳥，縣名，屬武威郡。（鸞）〔鳥〕音爵。」

水螢草螢

螢火有二種：有草螢，有水螢。梁蕭和賦云：「聊披書以娱性，悦草螢之夜翔。」〔一〕此草螢也。唐李子卿有水螢賦云：「水螢爲蟲，惟蟲能天。彼何爲而化草，此何事而居泉。腹可自持，故無取於蟹；足能自運，亦曷憐於蚿。」「色動波間，狀珠還合浦；影懸潭下，若星聚於潁川。」〔二〕此水螢也。月令：「腐草化螢。」説文作「蠲」，解云：「馬蠲也。」淮南子作「蚈」，皆水螢之名①。狀亦猶蝶有草蝶、水蝶二種云②。

【校】

① 皆水螢之名　皆，萬曆本脱，據升庵集八十一、升庵外集卷九十五補。

② 狀亦猶蝶有草蝶水蝶二種云　狀，萬曆本無，據升庵集、升庵外集補。

【注】

〔一〕見王志慶古儷府卷十二蕭和螢火賦。

〔二〕見全唐文卷四五四。取，誤作「耿」，升庵集作「羡」。曷，誤作「自」。「亦曷憐於玄」下脱「其形也蠢爾，其光也炯然」二句。

雀鷇熊蹯

杜弼移檄梁武云：「徒探雀鷇，無救府藏之虚；空請熊蹯，詎延晷刻之命。」〔一〕雀鷇，趙王主父爲故太子章所逼餓死事〔二〕；熊蹯，楚成王爲太子商臣所弒事〔三〕。梁武之子正德事蓋類之。其後臺城之禍，索蜜不得，何以異此？庾信哀江南賦亦云：「探雀鷇而未飽，待熊蹯而詎熟？」〔四〕弼言之於未形之先，信述之於已形之後，其偶合耶，抑有意耶？

【注】

〔一〕此爲東魏使軍司杜弼檄移梁朝文中句，見通鑑卷一百六十。

〔二〕見史記趙世家：公子成與李兑圍主父，「主父欲出不得，又不得食，探爵鷇而食之，三月餘而餓死沙丘宫」。并非爲「故太子章所逼餓死」。

〔三〕見史記楚世家：「冬十月，商臣以宫衛兵圍成王，成王請食熊蹯而死，不聽。丁未，成王自絞殺。」非「爲商臣所弒」。

〔四〕見庾子山集卷二。

文貍

楚辭九歌：「乘赤豹兮從文貍。」〔一〕王逸注云「神貍」而不言其狀。按山海經：「亶爰之山有獸焉，狀如貍而有髦，其名曰類，自爲牝牡。」〔二〕余在大理嘗見之，其狀如貍，其文如豹，土人名曰香髦，疑即此物也。星家衍心星爲狐，二十八宿真形圖心星有牝牡兩體，其王逸所謂神貍之説乎？

【注】

〔一〕見楚辭九歌山鬼。

〔二〕見山海經卷一南山經。

吐金鳥

酉陽雜俎云：「魏明帝時，昆明國貢辟寒鳥，常吐金屑如粟。」〔一〕昆明，今爲雲南腹裏之縣①，不聞此鳥；其遠至夷徼亦不聞也。段式之好張大虛無之言②，其著酉陽雜俎亦似郭子横洞冥記、唐人杜陽雜編，全構虚誑，殊無一實也。或者遠夷多詐，以金屑飼鳥，以欺侮中國，爲秦蜀金牛之事乎③？

【校】

① 今爲雲南腹裏之縣　腹，嘉靖本、萬曆本誤作「服」，據升庵集卷八十一、升庵外集卷九十七改。

② 段式之好張大虚無之言　段式之，升庵集、升庵外集作「段成式」。

③ 如秦蜀金牛之事乎　乎，升庵集，升庵外集無，作「未可知也」。

【注】

〔一〕見酉陽雜俎卷十六「嗽金鳥」。

橐魚

石鼓文：「其魚維何？維鱮維鯉。何以橐之？維楊及柳。」橐，包也。今之漁者多以木楊或箬葉作包，覆魚入市，易曰「包有魚」是也。東坡石鼓歌：「其魚維魴貫之柳。」〔一〕蓋以橐爲貫也。貫魚、包魚，别是一義，不可混而爲一。鄭漁仲石鼓文作「何以欄之」〔二〕，欄字，含貫、包兩義。但石鼓文無欄字，不知漁仲何所據也？

【注】

〔一〕此爲蘇軾鳳翔八詠之一石鼓詩中句，見蘇東坡集卷一。維魴，作「維鱮」。

〔二〕見宋程大昌雍録卷九「岐陽石鼓文二」。

高齋無白鳥

水經注：「江陵古岸，有李姥浦，浦中偏無蚊蚋之患。」〔一〕梁元帝金樓子云：「荆州高齋，夏月無白鳥，余亟寢處其中。及移他齋，則蚊聲如雷。數丈之間，如此之異。」〔二〕劉孟熙霏雪録云：「會稽徑山，夏無蚊蚋。」湖州志載：「馬自然每賒酒于白塔巷，得仙之日，化酒家鐵器皆爲紫金，其橋遂名望仙。江子匯舊多蚊，馬仙泊舟之後，至今不生，夏月人多聚舟宿焉。」輿地志：「潼川護聖寺夏無蚊，靈應泉無蝦。」楊天惠詩：「蟲蝦敢污芳池地①，蚊蚋難禁寶地寒。」余以右所記數條參之②，余所見信有此理。滇中環湖苦多蚊，而寶珠寺絶無影響，其故有不可曉者③。

【校】

①楊天惠詩蟲蝦敢污芳池地　楊天惠，丹鉛續録作「祝天惠」。芳池地，作「芳地潔」。

②余以右所記數條參之　右，萬曆本作「古」，于義改之。

③其故有不可曉者　升庵集卷八十一作「其理不可曉也」。

【注】

〔一〕見水經注卷三十五江水。江陵古岸，作「江之右岸」。

〔二〕高齋無白鳥一則，丹鉛總録與丹鉛續録、升庵集繁簡不一。據丹鉛續録卷七「如此之異」後尚有：「何子元云：北京某街蚊多，某坊蚊少，其無蚊處，雖帳幕可無。顧士廉云：松江亦然。又某門外城河中，可里餘，絶無一蚊。郡人暑月嘗移舟避宿其間。余以何、顧兩公之言，參之水經注紀李姥浦、金樓子記高齋二事，信有此理。」

龜文具八卦

車頻秦書云：「苻堅建元十二年，高陵縣民穿井得大龜，三尺六寸，背文負八卦古字，堅以石鑿池養之①。」〔一〕按：此則龜有卦文，不獨上古一見也。河圖洛書，歐陽公何疑焉？

【校】

① 堅以石鑿池養之　鑿，丹鉛摘録卷八作「作」。水經注卷十九渭水原作「堅以石爲池養之」。

【注】

〔一〕此節文字引自水經注卷十九渭水。建元十二年，作「十四年」；高陵縣，作「高陸縣」；三尺六寸，作「二尺六寸」。升庵記誤。

以龍紀官

伏羲氏以龍紀官。今考於雜傳記，如潛龍氏作甲曆，飛龍氏制字音。莊子有老龍氏，姓譜有古龍氏，史記有豢龍氏，此其證也。

鹿食九草

山谷有一帖云：「胡居士嘗言：鹿性驚烈，多别良草，恒食九物，餘則不嘗。」「九草者，一曰葛葉及花、鹿葱、鹿藥、白蒿、水芹、甘草、齊頭蒿、山耳、薺苨也。」「享神用其肉者，以其性烈清淨故也。此餌藥者①，勿食鹿肉，必不得力，以鹿常啖解毒之草，能散諸藥性也。」〔一〕此可補本草及齊民要術之遺。

【校】

① 此餌藥者　此，丹鉛摘録卷八作「比」，升庵集卷八十一作「凡」，據山谷帖，當作「凡」。

【注】

〔一〕見山谷集外集卷九論鹿性。原文次序有變動。良草，丹鉛摘録卷八、萬曆本作「糧草」。

叱撥

唐詩：「紫陌亂嘶紅叱撥。」〔一〕叱撥，馬名。宋韋牧判官王明上韋牧故事六卷〔二〕，中載九龍十驥之名稱，西河東門之胥法，無不具焉。其説馬之毛色九十一種，又曰叱撥之别有八：曰紅耳叱撥、曰鴛鴦叱撥、曰桃花叱撥、曰丁香叱撥、曰青叱撥、曰騮叱撥、曰榆叱撥、曰紫騮叱撥。又曰：北方馬以叱撥及青白紫純色緑鬃騮爲上驄，赤驃騧白赤色爲中荏，騟、驄、駱、駮、騗爲下①。

【校】

① 騟驄駱駮騗爲下　騗，升庵集卷九十一作「驢」，升庵外集卷九十七作「䴇」。

【注】

〔一〕此爲韋莊長安清明詩中句，見全唐詩卷七百。

〔二〕見宋史卷二八六王曙傳。王明，當爲「王曙」。

蠬蝓①

蝸，蠬蝓也。陸佃埤雅云：「蠬蝓入三十六種禽，是四種角之類，營室之精。」〔一〕慎按：此説出詩緯推灾度，所謂「鄁國蠬蝓之宿，營室之精」是也②。與今術士星禽不同，姑著之。

【校】

① 蠬蝓　蠬，萬曆本作「蚝」，據爾雅釋魚改。

② 所謂鄁國蠬蝓之宿營室之精是也　鄁，丹鉛摘録卷二、萬曆本作「鄁」，四庫本作「鄁」。鄁，即北。「鄁」當爲「鄁」之誤。明孫穀古微書卷二十四輯詩推灾度作「鄁國爲結蝓之宿，營室之精也」。

【注】

〔一〕陸佃埤雅未見此段文字。清徐文靖管城碩記卷二十八楊升庵集「螔蝓」條辨之曰：「楊氏曰：李淳風引詩緯十五國星野云：邶國當螔蝓之宿。注：螔蝓，蝸牛也。玉篇蠕與蜾同，而解爲蠮螉、細腰蜂，又不可曉，名物之難辨如此。按：爾雅：『蚹蠃，螔蝓。』螔，音移。注云：『即蝸牛也。』開元占經引地軸占曰：『營室，一名鮧鯩，或作蛦蝓，即螔蝓也。』營室，東壁爲娵訾，衛之分野，故邶國當螔蝓之宿也。說文引詩曰『蠕蠃負之』，玉篇『蠕與蜾』同，埤雅曰：『蜾蠃即今細腰蜂也。一名蒲盧，一名蠮螉。』……山堂肆考、正字通皆云『蠕與融同』，其謬舛甚矣。」

禽之制在氣

陰符經云：「禽之制在氣。」王起云：「玄龜食蟒，飛鼠斷猿，狼蝨噛鶴，青要食虎，皆以小制大，言在氣不在形也。」〔二〕王起，唐貞觀時人，博學有聲，太宗嘗撰字試之，起曰：「臣於世間字，所不識者，惟八駿圖中數字耳。」按：八駿諸名，具列子①：「華騮作服駠，白義作白㶅，泰丙作离𠛸。」〔三〕注引石經，又怪不可詰。起謂之不識者，蓋謂不合六書之義，疑不了了耳。

【校】

① 具列子　升庵集卷八十二「八駿」作「八駿之名，見於列子」。具，疑原爲「見于」。

【注】

〔一〕見唐范攄雲谿友議卷上南陽録，作「玄龜食蟒，黄腰服虎，飛鼠斷猿，狼狁嚙鶴，以小服大」。爲李筌注陰符語，非王起之言。

〔二〕見列子卷三周穆王：「命駕八駿之乘，右服驑騮而左緑耳，右驂赤驥而左白藻，主車則造父爲御，𢏹𢏹爲右。」服驑，當作「驑騮」。驑，古驊字。

燈蛾

俗傳燈蛾，螢火所化，故慕光。

蛙鳴給廩

中州記載：惠帝聞蛙鳴，問之侍臣賈胤，對曰：「在官爲官蛙，在私爲私蛙。」帝曰：「若是官蛙，可給廩。」〔一〕比北史所載爲詳①。蛙給廩已自異矣，文中子作元經又曰「帝問蛙鳴」，尤可笑也。然元經非出文中子，蓋阮逸贋作耳。

【校】

①比北史所載爲詳　比，萬曆本作「此」，據四庫本改。

【注】

〔一〕晉書卷四孝惠帝紀云：「及天下荒亂，百姓餓死，帝曰：『何不食肉糜？』其蒙蔽皆此類也。」楊子巵言卷三「晉惠帝」條云：「由此言之，愚昧甚矣。及蕩陰之敗，兵人引嵇紹斫之，帝曰：『忠臣也，勿殺。』紹血濺帝衣，左右欲浣衣，帝曰：『嵇侍中血，勿浣也。』由此言之，英明甚矣。一愚帝也，相去數年，何其乍明乍愚如此？史之言或虛或實，必居一於此矣。」

鸑鷟

劉欣期交州記①：「鸑鷟，水鳥，黄喙，長尺餘，南人以爲酒器。」蓋即今之鶴頂也。

【校】

① 劉欣期交州記　交州記，萬曆本作「益州記」，升庵記誤。原作「鸑鷟，黄喙，二尺餘，南人以爲酒爵」。見説郛卷六十一。

石鱛

揚雄蜀都賦：「石鱛水螭。」石鱛，石魚也，如石燕、石蟹之類。

唐太宗十驥贊

唐太宗回鶻十驥贊：「殊毛共櫪，狀花蕊之交林；異色同羣，似雲霞之間彩。」亦奇俊語也。

馬贊

馬之爲物最神駿，故古之詩人畫工，皆借之以寄其精工。若杜工部、蘇東坡諸詩，極其形容，殆無餘巧。余又愛杜公作九馬贊云：「姚宋廟堂，李郭治兵。帝下毛龍，以馭羣英。」〔一〕何其雄偉也。李燾長編載元祐西域貢馬云：「龍顱而鳳膺，虎脊而豹章，振鬣長鳴，萬馬皆瘖。」〔二〕句亦奇矣。

【注】

〔一〕此爲蘇軾九馬圖贊并引文中句，見蘇東坡集後集卷八贊。

〔二〕此爲蘇軾三馬圖贊并引文中句，見蘇東坡集後集卷八贊，非杜甫作，升庵記誤。李燾續資治通鑑長編未見此文。

馬政

乾、坤、震、坎，則具其象；屯、隨、晉、涣，則擬之辭，此馬之見于易也〔一〕。遠則作牧于萊夷①，近則納秸于甸服，此馬政已見于書矣〔二〕。騋牝衛風，才臧魯頌，詩則詳哉其言之也〔三〕。春秋謹嚴，而書「新延廐」、「作丘甲」〔四〕。若周官之法〔五〕：「養之以皂、乘、厩、校，視之以圉、牧、廋、巫。設祖、牧、社、步之祭，以謹其本；時出入游靡之節，以宣其性；分庌、棧、牝、牡之别，以一其種；嚴攻講刻剔之策，以就其才，又爲之禁原驅雈，綱惡去害。」〔六〕後世馬政有能出其右乎？

【校】

① 遠則作牧于萊夷　萊，萬曆本作「羌」，丹鉛餘録卷十六、四庫本作「萊」。尚書禹貢「萊夷作牧」，作「羌」誤。

【注】

〔一〕乾、坤、坎、屯、隨卦，見周易上經，震、晉、涣卦，見周易下經。

〔二〕見尚書禹貢「萊夷作牧」、「三百里納秸服」。

〔三〕見詩鄘風定之方中：「騋牝三千。」詩魯頌駉：「思馬斯臧」、「思馬斯才。」鄘風，萬曆本作「衛風」，升庵記誤。

〔四〕見春秋莊公二十九年春「新延廄」，成公元年三月「作丘甲」。

〔五〕見周禮夏官「校人：掌王馬之政」。

〔六〕見玉海卷一四八「兵制·馬政」。以宣其性，作「以宣其性情」。

丹鉛總録卷之六

宮室類

屠蘇

蕭子雲雪賦曰：「韜罘罳之飛棟，没屠蘇之高影，始飄舞於圓池，終停華於方井。」〔一〕杜工部泠淘詩曰：「願憑金騕褭，走置錦屠蘇。」〔二〕屠蘇，庵也。廣雅云：「屠蘇，平屋也。」通俗文曰：「屋平曰屠蘇。」魏略云：「李勝爲河南太守，郡廳事前屠蘇壞。」〔三〕唐孫思邈有屠蘇酒方，蓋取庵名以名酒，後人遂以屠蘇爲酒名矣。何遜詩：「郊郭勤二頃，形體憩一蘇。」〔四〕又：大冠亦曰屠蘇。禮曰：「童子幘無屋。」凡冠有屋者曰屠蘇。晉志：「元康中，商人皆著大鄣，諺曰：『屠蘇鄣日覆兩耳，會見喝兒作天子①。』」〔五〕

【校】

①屠蘇鄣日覆兩耳會見喝兒作天子　鄣日，日，丹鉛餘録卷三作「目」。喝兒，上杭本、升庵集卷七十二作「羯兒」。晉志作「瞎兒」。

【注】

〔一〕見藝文類聚卷三歲時。雪賦，作「歲暮直廬賦」。

〔二〕見杜少陵集卷十九。冷淘詩，作「槐葉冷淘」。願憑，作「願隨」。金騕，作「金腰」。

〔三〕廣雅、通俗文、魏略之文，均引自太平御覽一八一。廣雅云：「屠蘇，平屋也。」作「屠蘇，庵也。」

〔四〕此爲何遜秋夕歎白髮詩中句，見何水部集。蘇，作「廡」。

〔五〕晉書五行志中：「元康中，天下商農通著大鄣日。時童謠曰：『屠蘇鄣日覆兩耳，當見瞎兒作天子。』及趙王倫篡位，其目實眇焉。」大彰，作「大鄣日」。

反坫

反坫，鄭注謂：①「坫在兩楹之間，反爵其上。」「坫字從土，而云在兩楹之間，豈常設與？」按郊特牲：「旅樹反坫。」内則曰：「士於坫一②。」明堂位曰：「反坫出尊，崇坫康圭。」〔一〕士虞禮：「饌於西坫上。」則累土而爲之，皆可名坫，而坫亦有高卑東西之不同，非必反爵之處也。鄭氏以坫之反，異於經文矣。汲冢書曰：「四阿反坫。」〔二〕注曰：「外向室也。反主坫言，非主爵言也。」據禮記反坫與臺門相連，汲冢書反坫與四阿相連，論語反坫與樹塞門相連〔三〕，恐均爲宫室僭侈之事。右黄東發之説如此〔四〕。按説文無店字，坫即店也。

今外向之室，若宋時行在所之騏驥院、牛羊司也。

【校】

① 鄭注謂，謂，萬曆本作「爲」，此則引自黄氏日抄，據改。

② 士於坫一 一，上杭本、萬曆本脱，丹鉛餘録卷九、四庫本有「一」，據禮記内則補。

【注】

〔一〕見禮記明堂位：「反坫出尊，崇坫康圭，疏屏，天子之廟飾也。」宋程大昌演繁露卷二「坫」云：「論語反坫也者，乃是藉爵之器，兩邦君酬酢飲，已而反置爵其上，是名反坫也。沈存中記國初人有用反坫爲屏者，沈以爲誤，爲其下文又有塞門屏也，不應重以屏出也。案許氏説文云：坫，屏也，不知許氏别有據否？亦恐許誤。」

〔二〕見汲冢周書：「乃立五宫，咸有四阿反坫。」四，萬曆本誤作「回」。

〔三〕見論語八佾。

〔四〕見宋黄震黄氏日鈔卷二讀論語反坫。引文有删節，反致費解，升庵經説卷十三坫謂之坫較明晰，可参看。

二庭

唐詩：「二庭歸望斷，萬里客心愁。」〔一〕二庭者，沙鉢羅可汗建庭於睢合水，謂之南庭；

吐陸建牙於鏃曷山，謂之北庭。二庭以伊列水爲界，所謂南單于、北單于也。近有注唐音云：「二庭，未詳。」明顯如此者尚昧焉，何以注爲？

【注】

〔一〕此爲駱賓王夕次蒲類津（一作晚泊蒲類津）詩中句，見全唐詩卷七十九。

漢畫

王應麟云：「曾子固跋西狹頌，謂所畫龍、鹿、承露人、嘉禾、連理之木，漢畫始見于今。邵公濟謂漢李翕、王稚子、高貫方墓碑刻山林人物，乃知顧愷之、陸探微、宗處士輩，尚有其遺法。至吴道玄絶藝入神，始用巧思，而古意稍減矣。今於盤洲所集隸圖見之」〔一〕。」愼又按，王象之輿地紀勝碑目載：「夔州臨江市丁房雙闕，高二丈餘，上爲層觀飛簷，車馬人物。又刻雙扉，其一扉微啓，有美人出半面而立，巧妙動人。」〔二〕又：雲陽縣「漢處士金延廣母子碑，初無文字，但有人物」〔三〕。漢畫之在碑刻者，不止如應麟所云而已。

【注】

〔一〕見王應麟困學記聞卷二十雜識。隸圖，謂洪适之隸釋中有圖五卷。洪适，字景伯，號盤洲，著有隸釋、盤洲文集。

〔二〕見宋王象之輿地碑紀目卷四忠州碑記。

〔三〕見宋王象之輿地碑記目卷四「雲安軍碑記」。金延廣，作「金廣延」。

申明亭

趙明誠金石録跋〔一〕：昆陽城中漢街彈碑，不知「街彈」爲何語也。按周禮大司徒里宰〔二〕：「以歲時合耦于鋤。」鄭玄注曰：「鋤者，里宰治處也，若今街彈之室。」蓋周名「鋤」，漢名「街彈之室」，今之申明亭也。

【注】

〔一〕見金石録卷十八漢都鄉正街彈碑跋。

〔二〕大司徒，周禮作「地官司徒」。

紫濛

宋人送中國使臣使契丹詩，以「青瑣」對「紫濛」〔一〕，人多不知其出處。按晉書慕容氏自云：「有熊氏之裔，邑于紫濛之野。」〔二〕蓋以慕容比遼。是時宋遼方結好，故雖使臣送別紀行之詩①，略不涉譏刺之言。此用「紫濛」字，亦隱而妙矣。方虛谷注云：「紫濛，虜中館名。」蓋隔壁妄猜之言爾〔三〕。

【校】

①故雖使臣送别紀行之詩　使臣，萬曆本脱「使」，上杭本無此二字，據四庫本補。

【注】

〔一〕疑指鄭獬送程公闢給事出守會稽兼集賢殿修撰詩：「雪急紫濛催玉勒，月長青瑣聽熏弦。」方回注：「紫濛，北中館名。」

〔二〕見晉書卷一〇八載記慕容廆。作「其先有熊氏之苗裔，世居北夷，邑于紫蒙之野」。

〔三〕見元方回瀛奎律髓卷五。新唐書張守珪傳：「契丹别帥李過折以衆降。守珪次紫蒙川，大閱軍實，賞將士。」又新唐書地理志三：「平州北平郡有温溝、白望、西狹石、東狹石、緑疇、米磚、長楊、黄花、紫蒙、昌黎、遼東等十二戍。」紫濛正契丹地名。徐文靖管城碩記卷二十六按：「宋使章頻使契丹，至紫濛館，卒。契丹遣内史就館奠祭。」紫濛爲館名，非妄猜也。

延鷺堠畫烏亭

余舊有紀行詩：「山遮延鷺堠，江繞畫烏亭。」上句用元魏改官制，以候望官爲白鷺，取其延望之意，其時亭堠多刻鷺像也。下句用漢明帝起居注：「明帝巡狩過亭障，有烏鳴。亭長引弓射中之，奏曰：『烏烏啞啞，引弓射，洞左腋。陛下壽萬年，臣爲二千石。』帝悦，令天下亭障皆畫烏焉。』二事頗僻，故須詮詁。

唐之朝制

唐之朝制，宣政，前殿也，謂之衙，衙有仗，杜詩所謂「春旗簇仗齊」〔一〕；紫宸，便殿也，謂之閤，朔望不御前殿而御紫宸，謂之入閤①，杜詩所謂「還家初散紫宸朝」〔二〕，蓋朔或望也。宋歐陽公去唐未遠，入閤之制已不明，問於劉貢父而後知，然其大略，不過如此〔三〕。

【校】

① 謂之入閣　閣，以文意度之，當作「閤」。宋程大昌雍録、高似孫緯略等書均有所述。

【注】

〔一〕此爲杜甫晚出左掖詩中句，見杜少陵集卷六。

〔二〕此爲杜甫臘日詩中句，見杜少陵集卷五。

〔三〕閤閣之别，宋司馬光涑水記聞卷八云：「上問宰相唐世入閤之儀，參知政事宋庠退而講求以進曰：『唐有大内，有大明宫，大内謂之西内，大明宫謂之東内。高宗以後，多居東内。其正南門曰丹鳳，丹鳳之内曰含元殿，正至大朝會則御之。次曰宣政殿，謂之正衙，朔望大册拜則御之。次北紫宸殿，謂之上閤，亦曰内衙，奇日視朝則御之。唐制，天子日視朝，則必立仗於正衙，或乘輿止於紫宸，則呼仗自東西閤門入，故唐世謂奇日視朝爲入閤。』」明鎦績霏雪録卷上亦云：「唐故事，天子日御殿見羣臣，曰『常參』。朔望薦食諸陵寢，有思慕之心，不能臨前殿，則御便殿見羣臣，曰『入閤』。宣政，前殿也，謂之衙，衙有仗。紫宸，便殿也，謂之閤。其不御前殿而御紫宸也，乃自正衙唤仗，由閤門而入，百官俟朝於衙者，因隨以入見，故謂之『入閤』。」

寮爲小窗

左傳「同官爲寮」。文選注：「寮，小窗也。」〔一〕宋王聖求號初寮，高似孫號踈寮，謝伋號靈石山藥寮，唐詩「綺寮河漢在斜樓」〔二〕，皆指窗也。古人謂同官爲寮，指其齋署同窗爲義。今士子同業曰同窗，官先事，士先志，官之同寮，亦士之同窗也。

【注】

〔一〕見文選西京賦「交綺豁以疏寮」注。

〔二〕此爲温庭筠池塘七夕詩中句，見温飛卿詩集卷四，作「綺羅河漢在斜溝」。

大學分齋

胡翼之在安定學宫，以經義、治事、水利分齋。按周禮「頒學合聲」注〔一〕：「周建五學，至秋則分而處之，宜學禮者，處之瞽宗；宜學書者，處之上庠；宜學干戈者，處之東序①；宜學言語者，處之成均②，則其所由來亦古矣，不始于胡也。」

【校】

① 宜學干戈者處之東序　者，萬曆本無，據上杭本、升庵外集卷八補。

② 宜學語言者處之成均　者，萬曆本無，據上杭本、升庵外集卷八補。

【注】

〔一〕見周禮春宫大胥：「春，入學，舍采合舞。秋，頒學合聲。」

知北遊①

「豨韋氏之囿，黄帝之圃，有虞氏之宫，湯武之室。」吕惠卿曰：「囿而圃，宫而室，言世益衰，居益狹矣。」知北遊

【校】

① 知北遊　萬曆本無題，據升庵外集卷四十六補。

巖郎

漢書百官志：羽林郎以「六郡良家補，本武帝以便馬從獵，還宿殿陛巖下室中，故號巖

郎」〔一〕。巖，廡下宮牆疊澁也。巖郎，或作「廊」，非。與前書「游于巖廊之上」〔二〕，義各不同。

【注】

〔一〕見後漢書百官志二。

〔二〕見漢書董仲舒傳。廊，原作「郎」，注曰：「巖廊，殿下小屋也。」廊，古作「郎」。升庵外集卷五十三「巖郎」條云：「漢書『游於巖郎』，魏鍾繇表『廟郎』，郎，當作廊，而皆省作郎者，上廕下、下承上也。」

驛馹畊耕字訓

今之俗書以「馹」爲「驛」，以「畊」爲「耕」，徒取其省，畢竟皆非是①。説文云：「馹，驛傳也。」「驛，置騎也。」殊爲混淆。孟子疏云：「置，騎也。郵，馹也。」〔一〕詩云：「驛驛其達。」〔二〕書云：「雨、霽、蒙、驛、克。」〔三〕左傳：「楚子伐吴，以馹至于羅汭。」〔四〕唐書鄭元璹傳：「使馹銜箠于道。」〔五〕則驛與馹音義固有别矣。唐六典説府兵之制云：「居無事時畊于耕。」〔六〕讀如更，則畊、耕固不可混用也。

【校】

①徒取其省，畢竟皆非是　畢，丹鉛摘録卷二作「筆」，斷句爲「徒取其省筆，竟皆非是」，作「筆」是。

【注】

〔一〕見孟子公孫丑上「置郵而傳命」注，原作「置，驛也。郵，馹也」。古代驛站以馬傳遞稱置，以人傳遞稱郵。參看本卷「置郵」條。

〔二〕見詩周頌載芟。

〔三〕見尚書周書洪範：「乃命卜筮，曰雨，曰霽，曰蒙，曰驛，曰克，曰貞，曰悔。」

〔四〕見左傳昭公五年。

〔五〕見新唐書鄭元璹傳。

〔六〕見新唐書兵志「居無事時耕於野」，升庵云唐六典，記誤。畊于耕，作「耕於野」。

里區謁舍

王莽傳有「里區謁舍」之語〔一〕，蓋不宿客之舍爲里區①，宿客之舍爲謁舍。補注。

【校】

①蓋不宿客之舍爲里區　蓋，萬曆本無，據升庵外集卷八補。

【注】

〔一〕見漢書食貨志下。「里區謁舍」，如淳注：「居處所在爲區。謁舍，今之客舍也。」非出自王莽傳。當爲「王莽時」之誤。

袁準駁蔡邕明堂論

蔡邕明堂論云：太廟、太室、明堂、太學、辟雍，「名異而實同」〔一〕。袁準正論：「明堂、宗廟、太學，禮之本物也，事義不同，各有所爲，而世之論者合以爲一體，取詩書放逸之文，經典相似之語，推而致之，考之人情，失遠矣。宗廟之中，人所致敬，幽隱清淨，鬼神所居，而使衆學處焉，饗射其中①。人鬼慢瀆，死生交錯，俘囚截耳以干鬼神，非其理也。」〔二〕袁子之論卓矣，蔡邕名儒，不知何以臆撰如此。果如其言，則先王之明堂，殆北虜之穹廬、南夷之碉房，先王豈爲之乎？

【校】

① 饗射其中　饗，上杭本、萬曆本作「響」，據升庵外集卷八、四庫本改。

【注】

〔一〕明堂論，即蔡邕明堂月令章句，見文獻通考卷七十三郊社考六明堂：「明堂者，天子太廟，所以崇禮其祖以配上帝者也。夏后氏曰世室，殷人曰重屋，周人曰明堂，饗功養老，教學選士，皆在其中，故言取尊崇之貌，則曰太廟；取其正室，則曰太室；取其堂，則曰明堂；取其四時之學，則曰太學；取其圜水，則曰辟雍。雖名別而實同。」引文有删改。名異，作「名別」。

〔三〕見文獻通考卷七十三「郊社考」六「明堂」引袁淮語。

編民

古者民曰編民，書所謂「彰善癉惡，表厥宅里」〔一〕，今之坊牌綽楔①，排門粉壁是也。古者卒字從衣，卒衣有題識，三代之畫衣冠，秦之赭衣也〔二〕。古樂府雁門太守行有云：「移惡子姓，篇著里端。」又云：「財用錢三千，買繩禮竿。」〔三〕即書其惡跡以標示戒，即莊子所謂「竿牘」也〔四〕。

【校】

①今之坊牌綽楔　楔，萬曆本作「揳」，據升庵外集卷十一、四庫本改。

【注】

〔一〕見尚書周書畢命。癉，萬曆本誤作「闡」。

〔二〕見荀子正論篇：「治古無肉刑，而有象刑。」唐楊倞注云：「象刑，異章服耻辱其形象，故謂之象刑也。」如犯黥者皂其巾，犯劓者丹其服。

〔三〕見樂府詩集卷三十九雁門太守行八解。財，萬曆本誤作「則」。

〔四〕見莊子列禦寇：「小夫之知，不離苞苴竿牘。」

玉門夕陽亭

玉門地在成皋，戰國策武王有玉門之難，比文王有羑里之厄，其後漢高帝滎陽之敗，亦獨與滕公逃出成皋玉門。此一玉門也，聖賢之君兩危矣。董卓舉兵犯闕，脅詔使种邵之於夕陽亭，而晉之亂亦由荀勗教賈充夕陽亭餞席之一言①。此一夕陽亭也，而漢、晉兩凶渠相襲跡惡②，地固應爾耶〔一〕？

【校】

① 而晉之亂亦由荀勗教賈充夕陽亭餞席之一言　而，萬曆本無，據升庵集卷七十八、四庫本補。

② 而漢晉兩凶渠相襲跡惡　相襲，升庵集、升庵外集卷九作「相踵」。

【注】

〔一〕玉門有多處，陳耀文正楊卷一玉門條引尸子「武王羈於玉門」，韓非子「文王見詈於玉門」，吕氏春秋首時篇「武王不忘玉門之辱」，竹書紀年「受辛九年作瓊室、立玉門」，賈誼新書「紂死，其官衛相與糾紂之軀，棄之玉門之外」。後復引高帝紀云：「項王圍成皋，漢王跳獨與滕公共車出成皋玉門。」徐廣曰：「北門，名玉門。」漢書張宴注：「同今云地在成皋，與武王同一玉門，恐誤。」

仁祠

後漢楚王元英傳："遠黄老之微言，尚浮屠之仁祠。"〔一〕仁祠，指佛寺，唐時多以寺爲仁祠。權載之詩"逸氣凌顥清，仁祠訪金碧"〔二〕是也。温公通鑑及綱目以"祠"爲"慈"，并非〔三〕。

【注】

〔一〕見後漢書卷四十二光武十王列傳。"遠黄老之微言"，作"誦黄老之微言"。

〔二〕此爲權德輿酬陸四十楚源春夜宿虎丘山對月寄梁四敬之兼見貽之作五首之三詩中句，見全唐詩三二二。

〔三〕升庵集卷七十三另有"仁祠"一則，文字稍異："漢書明帝紀：『以助仁祠伊蒲之供。』仁祠，僧寺也。伊蒲，供齋食也。皎然詩：『仁祠當絶境，明牧躡靈蹤。』又：『陳世凋亡後，仁祠識舊山。』"

西弄

南史東昏侯遇弑於西弄〔一〕，宫中别道，如永巷之類也。楚辭"五子用失乎家衖"〔二〕，衖，音閧。所云弄者，蓋衖之轉音耳。元經世大典所云「火衖」，注即音弄。

【注】

〔一〕見南史卷五齊本紀下廢帝鬱林王紀：「出西弄，遇弑，年二十二。」鬱林王蕭昭業，升庵誤記爲東昏侯蕭寶卷。本書卷二十六「衚衕」條不誤。

〔二〕見朱熹楚辭集注離騷經：「衖，一作巷，與巷同，葉乎貢反；一作居，非是。」

置郵

孟子曰：「速於置郵而傳命。」注①：「置，驛也。郵，馹也。」〔一〕驛與馹何別乎？按：説文：「驛，置騎也，从馬睪聲。」「馹，驛傳也，从馬日聲。」合而觀之，驛，主于騎，言馬也；馹，主于傳，言車也。馹字經典罕見，惟左傳文公十六年，有「楚子乘馹會師于臨品」之文。書云：「雨、霽、蒙、馹、克」②，言龜文直達如驛路也。許白雲曰：「字書馬遞曰置，步遞曰郵，漢謂之乘傳。」高祖五年，令田横乘傳詣洛陽。如淳曰：「漢律：四馬高足爲置傳，四馬中足爲馳傳，四馬下足爲乘傳，一馬二馬爲軺傳。」〔二〕又謂之遽，説文：「傳也，一曰窘也③。」徐鉉曰：「傳，馹車也。」周禮行夫：「掌邦國傳遽之小事。」傳車尚速，故又爲窘迫也。莊子：「仁義，先王之蘧廬，可以一宿。」〔三〕是蘧廬即傳舍也。風俗通曰：「漢改郵曰置。」此説非，孟子已有置郵之説矣！

【校】

① 注　升庵經説卷十四作「古注」。

② 書云雨霽蒙馹克　馹，尚書周書洪範作「驛」。升庵經説卷十四「置郵傳命」云：「驛與馹二字，於文義爲小，然混而不分，則解經皆謬矣。」

③ 一曰窘也　窘，萬曆本作「窨」，四庫本作「窘」，據説文改。下「故又爲窘迫也」，同。

【注】

〔一〕見孟子公孫丑章上。

〔二〕見漢書高帝紀「乘傳詣雒陽」如淳注。

〔三〕見莊子天運。可以一宿，作「止可以一宿而不可久處」。

星橋

揚雄蜀記云：「星橋，上應七星。」〔一〕李膺益州記云：「一、長星橋今名萬里橋。二、員星橋今名安樂。三、機星橋今名建昌〔二〕。四、夷星橋今名笮橋①。五、尾星橋今名禪尼。六、冲星橋今名永平。七、曲星橋今名升仙。」水經注云：「兩江有七橋：直西門郫江冲里橋，西南石牛門曰市橋，大城南門曰江橋，橋南萬里橋，西上曰夷橋，北折曰長升橋，十里曰升仙橋，李冰沿水造橋②，上應七宿。故世祖謂吴漢曰：『安軍宜在七橋連星間』是也。」〔三〕蜀記與水經注所載小異，并録之以補地制之缺云。

【校】

① 今名笮橋　笮，萬曆本作「雀」，四庫本作「窄」，益州記作「笮」。

② 李冰沿水造橋　沿，萬曆本誤作「浴」，據水經注江水改。

【注】

〔一〕星橋，蜀記作「七星橋」。

〔二〕機，益州記作「璣」。

〔三〕見水經注卷三十三江水，文字小異。冲里橋，作「冲治橋」；夷橋，作「夷里橋」。十里，作「城北十里」。

姚璹諂曲

武后時，明堂災。姚璹云：「成周宣榭火，卜世愈隆；漢武建章災，盛德彌永。」〔一〕其諂而曲如此。史乃以之與狄仁傑、王方慶同傳，異哉！張唐英云：「求璹其侶，乃與洛水進赤石者，可爲同等，豈可污狄、王二公之傳哉！」按唐語林，武后時爭獻祥瑞，洛濱居民有得石而剖之中赤者，獻于后曰：「是石有赤心。」后欲賞之，李日知曰：「此石固有赤心，其餘豈皆謀反耶？」[二]唐英所引蓋此事。語林罕傳，人亦鮮知此語所出，誠可爲史中笑柄耳。宋汪彦章爲張邦昌雪罪表云：「孔子從佛肹之召，本爲尊周；紀信乘漢王之車，盖將誑楚。」[三]其顛倒是非，助佑姦逆，與姚璹對武后正相類①，其能免斧鉞之誅於君子之論哉！

【校】

① 與姚璹對武后正相類　正，萬曆本無，據丹鉛餘録卷五補。

【注】

〔一〕見舊唐書卷八十九姚璹傳，作「成周宣榭，卜代愈隆，漢武建章，盛德彌永」。

〔二〕見唐語林卷三方正。李日知，爲「李昭德」，升庵記誤。正楊卷六云：「新唐書同語林亦非異書也，云日知，誤。」

〔三〕宋胡寅斐然集卷十六爲張邦昌作請罪表者顏博文，而非汪彦昌。

户門字義

左傳：「屈蕩户之。」[一]漢書：「王嘉坐户殿門失闌，免。」顏師古注：「户，止也。」[二]

又左傳「門于陽州」〔三〕、公羊傳「無人門」〔四〕，其義相同，「止户」曰「户」，「禦門」曰「門」。

【注】

〔一〕見左傳宣公十二年「屈蕩户之」杜注：「户，止也。」

〔二〕見漢書卷八六王嘉傳「坐户殿門失闌免」顔師古注：「户，止也。嘉掌守殿門，止不當入者，而失闌入之，故坐免也。」

〔三〕見左傳定公八年：「公侵齊，門于陽州。」「門，杜注：「攻其門。」非御門之義。

〔四〕見公羊傳宣公六年「無人門」注云：「是無人於閨門守視者也。」

天府

戰國策蘇秦稱天府之國，府，府庫也，謂富饒也。又淮南子注：「神農明堂曰天府。」天府字本此，謂可以建都之地也。

産城

左傳注引司馬法曰：「産城者，攻其所産。」産城，諸侯之僭侈也。取名於産，若生子而漸長大之義〔一〕。

【注】

〔一〕明人何良俊以爲升庵之説「亦未爲得」，于四友齋叢説卷三十六「考文」中駁之曰：「丹鉛餘録：『左傳注引司馬法曰：産城者攻其所産，訓産城爲諸侯之僭越。取名于産，若生子而漸長大之義。余謂此義亦未爲得。蓋本文云：攻其所産，如其城以稻粱爲利，則刈其稻粱；以麻枲爲利，則殘其麻枲；以水澤爲利，則竭其澤；以山木爲利，則童其山之類，此皆敵國所利，故攻之也。其義甚明，何必過爲穿鑿哉！升庵如此類尚多，余於丹鉛總録皆標出，後失去此書，今不復能省憶矣。」

丹鉛總録卷之七

冠服類

羃羅考

古者女子出門，必擁蔽其面。後世宮人騎馬，多著羃羅，全身障之，猶是古意。又首有圍帽，謂之席帽，垂絲網之，施以珠翠。至煬帝淫侈，欲見女子之容，詔去席帽，戴皂羅巾幗，而以席帽油禦雨云。唐永徽中皆用帷帽，施裙至頸，漸爲淺露。開元初，宮人馬上著胡帽，靚妝露面，古制蕩盡矣！今山西蒲州婦人，出以錦帕覆面，至老猶然。雲南鄉中婦人①，戴次工大帽，亦古意之遺焉〔一〕。

【校】

① 雲南鄉中婦人　鄉中，譚苑醍醐卷三作「大理」。

【注】

〔一〕此則取自馬縞中華古今注卷中「羅」、「席帽」二條。明人王世貞在宛委餘編卷五中譏之曰：

「然則男女皆有席帽，而羃羅之制又自小異。唐人男子不去席帽，而婦人去席帽，尤可笑也。」

玄的

史記五宗世家：「程姬有所避，不願進。」注引釋名云：「天子諸侯羣妾以次進御，有月事者更不口説，故以丹注面的爲識，令女史見之。」王粲神女賦：「脱袿裳，免簪笄，施玄旳，結羽釵。」即釋名所云也。〔一〕玄的，藝文類聚作「華的」。又繁欽弭愁賦：「點圜的之熒熒，暎雙輔而相望。」潘岳芙蓉賦：「飛須垂的，丹輝拂紅。」〔二〕皆指此。又馬之當額亦曰的，易説卦「爲的顙」，三國志有「的盧」，陳琳武庫賦駁龍、紫鹿、文的、蹢魚，并是馬名也〔三〕。又烏脰亦曰的。南史侯景陷臺城，童謡云：「的脰烏，拂朱雀。還與吴。」〔四〕字一𪐶，博雅云：「龍須謂之𪐶。」婦人面飾亦曰龍𪐶，蓋以龍女况之。又曰星的，陸雲詩：「棄置北辰星，問此玄龍焕。」〔五〕

【注】

〔一〕見史記五宗世家：「景帝召程姬，程姬有所辟，不願進。」索隱引釋名曰：「天子諸侯群妾以次進御，有月事者止不御，更不口説，故以丹注面目旳旳爲識，令女史見之。」王粲神女賦以爲：「脱袿裳、免簪笄、施玄旳，結羽釵。旳即釋名所云也。」旳，「的」之古字。今本釋名卷四作「以丹注面曰勺。勺，灼也」。灼然爲識也。

〔二〕弭愁賦文，見藝文聚類卷三十五。芙蓉賦文，見藝文聚類卷八十二。

〔三〕武庫賦文，見藝文聚類卷五十九。

〔四〕見南史卷八十侯景傳。

〔五〕此陸雲爲顧彦先贈婦往返詩四首詩中句，見陸士龍集卷四。

【辨】本卷中另有「丹的」一條。玄的、丹的，均言「的子」，爲黑紅色。明陳耀文正楊卷二「玄的」條，則以「的爲白色」，駁升庵云：「易『爲的顙』，解曰：『的，白也。』升庵本經詎忘之耶？三國志注：先主馬名『的盧』。爾雅『的顙白顛』，今之戴馬星也。額有白毛謂之的。相馬經曰：『馬白額，入口至齒者，名曰榆雁，一名的盧。』三國典略曰：『侯景令飾朱雀門，其日有白頭烏萬計集門樓，童謡曰：白頭烏，拂朱雀，還與吴。』南史作『的脰』。今以馬額『烏脰』爲的，誤。若如其説，則幽明録云：『華隆犬，號的尾。』是『的』又可爲犬尾矣！」（見影印文淵閣四庫全書八五六册正楊　臺灣商務印書館）

紫檽

南史義陽王昶傳：「六軍戒嚴，應須紫檽。」①弘明集玄光辨惑論：「張魯絳帶，盧循紫幖。」〔二〕南宋晉安王子勛傳：「子勛初檄，欲攻子業，聞其己隕，即解甲下幖。」〔三〕讀者多不知紫幖爲何物。按：晉書職官志云：「袴褶之制，未詳所起。」「冠黑帽，綴紫幖。幖以繒爲之，長四尺，廣一寸，腰有絡帶以代鞶。中官紫幖，外官絳幖。」〔三〕盖戰裙之絡繫也。今畫門神將軍有之，俗曰飄帶。又梁褚緭使魏，元日作詩曰：「帽上著籠冠，袴上著朱衣。」〔四〕即指此也。幖，音標。集韻又音表。北史「幖其門閭」。

【校】

①丹鉛續録卷十二「應須紫幖」後尚有：「左右欲營辨，王琨曰：『元嘉初征，謝晦有紫幖在匣中，不須更作。』檢取果得。紫幖，不知爲何物？」見南史卷二十三王華傳附王琨傳。升庵言王袛傳，誤。

【注】

〔一〕弘明集卷八辨惑論原作「張角黄符，子魯戴絳。盧悚紫幖，孫思孤虚」。升庵有删改。

〔二〕見宋書卷八十四鄧琬傳。解甲下幖，作「解甲下標」。宋書晉安王子勛傳，未見。

〔三〕見晉書輿服志。長四尺，作「長四寸」。升庵言「職官志」，誤。

〔四〕見南史卷六十一陳伯之傳附褚緭傳。

【辨】

此則升庵引文出處多誤，陳耀文正楊辨之曰：「南史宋書隶及子勛本傳并無幖字。」「宋景和中討義陽王昶，六軍戒嚴，須應紫幖，左右欲營辦。王琨曰：『元嘉初征謝晦，有紫幖在匣中，不須作。』

檢取果得焉。南史王琨傳。

「廢帝子業爲壽寂之所弑，鄧琬爲子勛傳檄京師。明帝遣邵宰還荆州，經過襄陽，袁顗馳書報琬，忽（勸勿）解甲，并奉表勸子勛即位。郢州及聞明帝定大事，即解甲下摽。繼聞襄陽不息，而顗又響應。宋書琬傳。

「玄光論：張角黄符，子魯戴絳，盧悚紫幱，孫恩孤虚。

「晉輿服志『袴褶之制，未詳云云』，曰職官志，誤。藝林伐山又以紫幱出梁書職官志。梁書有志否耶？」（影印文淵閣四庫全書八五六正楊　臺灣商務印書館）

焦竑升庵外集卷十五「紫幱」條引李本寧語，對引文出處有所考辨，云：「子勛初檄欲攻子業，事見宋書鄧琬傳。琬奉表勸子勛即位，及聞太宗定大事，即解甲下標。字作標。

「綴紫幱，見晉書輿服志。字作摽，長四寸，不言四尺也。又有纂嚴戎服不綴摽，宋書禮儀志亦載之，亦云長四寸，字又作褾。南齊書輿服志亦有之，不言尺寸，字亦作褾。

「玄光辨惑論云：『昔時軍標，張角黄符，子魯戴絳，盧悚紫標，孫恩孤虚。』與所引不同。晉書職官志：『陳勰受諸葛亮用兵之法，甲乙校摽幟之制。』字亦從扌，南史魯爽傳：『衆戴黄摽。』又梁臨川王宏傳：『宏性愛錢，百萬一聚，黄榜標之；千萬一庫，懸一紫標，如此三十餘間。』本作『標』。弇州宛委餘編作『幱』。隋書禮儀志：『天子衣以升龍爲領褾，皇后衣十二等，以翬雉爲領褾，其下以褔雉、鷩雉、鳪雉、翞雉爲之。以上數則推之，晉書蓋兩紫褾：一綴于冒，一綴于帶；隋書之褾，又綴于領者也；錢屋之標與陳勰之標，皆是旗類，蓋即晉書之綴冒者，但長短大小不同。今武弁兜鍪尚有此制，若飄帶則腰間雙垂也。玄光所載似皆首戴手批非著身者。隋書袴褶不言標，或晉書所云不綴標者也，赤罽、絳紋二帶，則所云飄帶也。

「褚緭詩，袴則袴褶也；朱衣則飄帶也。

「周禮注：故事『表』爲『剽』，徽幟也。集韻或作『檦』，韻會：『褾，俾小切，从衣袖端也。』亦作『表』。又卷：表，飾也。表識，亦作幖幟。以上數則推之，檦字當从木从寸爲正，標、幖、褾亦可通用，从手者不可用。」（見升庵外集卷十五　臺灣「中央」圖書館藏　明萬曆四年顧起元校刊本）

輕容

齊東野語云：「紗之至輕者，曰輕容。唐類苑云：『輕容，無花薄紗也。』」〔一〕蓋今俗云銀條紗之類。王建宮詞：「嫌羅不著愛輕容。」李賀詩：「蜀烟飛重錦，峽雨濺輕容。」〔二〕元微之①有寄白樂天白輕容詩是也〔三〕。又方言：「襜褕曰童容。」〔四〕而字或作「褣」。

【校】

①元微之　微，萬曆本作「徽」，四庫本作「微」。

【注】

〔一〕見宋周密齊東野語卷十輕容方空條，文字有改動。

〔二〕此爲李賀惱公詩中句，見李長吉歌詩卷二。

〔三〕此指元稹酬樂天得所寄紵絲布白輕容製成衣服以詩報之，見元稹集卷二十。白詩作「白輕褣」。

〔四〕見方言卷四：「襜褕，江淮南楚謂之褈褣。」

菩薩鬘蘇幕遮

西域諸國婦女編髮垂髻，飾以雜華，如中國塑佛像瓔珞之飾，曰菩薩鬘，曲名取此。唐書吕元濟上書〔一〕：「比見坊邑，相率爲渾脱隊，駿馬胡服，名曰蘇莫遮。」曲名亦取此。李太白詩「公孫大娘渾脱舞」〔二〕，即用此事也①。

【校】

① 即用此事也　楊慎詞品卷一、四庫本作「即此際之事也」。

【注】

〔一〕吕元濟，當爲「吕元泰」，見新唐書宋務光傳附吕元泰言時政書，升庵記誤。

〔二〕見李太白集卷八草書歌行：「古來萬事貴天生，何必要公孫大娘渾脱舞。」

偏髾髻

北齊後宮之服制：「女官八品，偏髾髻①。」注云：「髾，所交切。髮覆目也。」蓋夷中少女之飾，其四垂短髮，僅覆眉目，而頂心長髮繞爲卧髻，宋詞所謂「鬟鞸偏荷葉」也〔一〕。今世猶有之。髾字，玉篇不收，而獨出此。佛書亦有之，玄應、贊寧不識，而强以爲「鬘」字之省，非也。

【校】

①偏髾髻　髾，升庵外集卷十六注云：「所交切，當作髾。」隋書禮儀志六：宫人女官服制，「七品青紗公服，俱大首髻。八品、九品俱青紗公服，偏髾髻」。髾，當作「髾」。

【注】

〔一〕此爲宋韓玉生查子詞中句，見全宋詞三。

服妖

晉傅咸奏議云：「妹喜冠男子之冠，桀亡天下；何晏服婦人之服，亦亡其身。内外不殊，王制失序，此服妖也。」〔二〕又按史，謝尚好著刺文袴，周弘正少日，錦髻紅裩〔三〕，蓋東晉南朝之人痾，不特服妖而已。王儉作解散髻，斜插簪，亦服妖。

【注】

〔一〕見宋書五行志。亡其身，作「亡其家」；失序，作「失敘」。

〔二〕指晉書謝尚傳、南史周朗傳附周弘正傳。

鵫鴩字

後周皇后服制：「受繭則服鷩衣；聽女教則服鵫衣音罩；歸寧則服翐衣音秩〔一〕。」鵫、鴩字惟見此，蓋蘇綽所制也。

【注】

〔一〕升庵外集卷十六「鴩衣」注云：「一本有其色玄，音秩。」明周祈名義考卷十「鵫鴩」條云：「用修其未讀爾雅耶？爾雅：『秩秩，海雉。雗雉，鵫雉。』郭璞云：『秩秩似雉而黑。鵫雉，今白鵫也。』是鵫、鴩已見爾雅。但鴩作秩，古字通用。廣韻：『鴩，讀若益，鋪豉鳥。』未知即『秩秩』否？而云『鵫鴩』惟見此已非是，又云蘇綽所制，尤非。」

朱腕繩

王符潛夫論：「或紡綵絲而縻，斷截以繞臂。」〔一〕此蓋綵絲之類。樂府雙行纏云：「朱絲

係腕繩，真如白雪凝。」〔二〕梁昭明烏栖曲：「江南稚女朱腕繩。」〔三〕

【注】

〔一〕見王符潛夫論浮侈。原注：「而，當作爲。」

〔二〕此無名氏雙行纏中句，見樂府詩集卷四十九。

〔三〕此梁武帝採菱曲詩中句，見樂府詩集卷五十。作梁昭明烏棲曲，升庵記誤。

狄香

張衡同聲歌：「洒掃清枕席，鞮芬以狄香。」〔一〕鞮，履也。狄香，外國之香也，謂之香薫鞋也。近刻玉臺新詠及樂府詩集，改「狄香」作「秋香」，大謬！吴中近日刻古書，妄改例如此，不能一一盡彈正之。

【注】

〔一〕見玉臺新詠卷一、樂府詩集卷七十六。

薄借

周禮「玉璂」注：「璂，讀如『薄借綦之』之『綦』〔一〕。綦，結也。皮弁之縫，每貫結五采玉十二以爲飾，謂之綦。」詩云：「其弁伊綦。」〔二〕賈公彦疏云：「薄借之語未聞。」按：古今

注云：「草履名不借。漢文帝履不借以臨朝。」唐詩：「遊山雙不借，取水一軍持。」〔三〕

【注】

〔一〕周禮「五彩玉璂」鄭玄注：「璂，讀如『薄借綦』之綦。」賈公彦疏云：「綦結也者，漢時有『薄借綦』之語。」此衍一「之」字。

〔二〕詩曹風鳲鳩作「其弁伊騏」。騏，今作「綦」。

〔三〕本書卷八有「不借軍持」條，可參看。「遊山雙不借，取水一軍持」，爲陸游巢山詩中句，見劍南詩稿卷三十二。遊山，作「穿林」。升庵云「唐詩」，誤。

贉即玉池①

古裝裱卷軸，引首後以綾帖褚曰贉，有樓臺錦贉、毬路錦贉、䌷紙贉、樗蒲錦贉，唐人謂之玉池。其引首有二色者，曰雙引首；標外加竹界，曰打攔。

【校】

①贉即玉池　一作「錦贉」，見升庵集卷七十二。卷八另有「金題玉躞」，可參看。

丹的①

釋名曰：「以丹注面曰的子②。本天子諸侯有羣妾，以次進御，有月事者止不御，難于口陳，故注此於面，灼然而識也③。」王粲神女賦曰：「施玄的，結羽釵。」〔一〕傅玄鏡賦曰：「珥明璫之雙照，點隻的以發姿。」〔二〕張景陽扇賦：「皎質皦鮮，玄的點絳。」〔三〕漢律：「姅變，亦謂月事也。」〔四〕

【校】

① 本卷前有「玄的」條，卷二十一另有「丹的」條，可參看。

② 以丹注面曰的子　丹鉛餘録卷十五、萬曆本俱作「的子」。劉熙釋名釋首飾作：「以丹注面曰勺。勺，灼也。……注此于面，灼然爲識也。」吳棫韻補卷五「的」下注音云「子藥切」，下引潘岳芙蓉賦：「丹輝拂紅，飛鬚垂的。斐披艴赫，散焕燿爚。」的、爚叶韻爲證。

③ 灼然而識　灼，萬曆本作「的」，丹鉛餘録卷十五、四庫本作「灼」，據改。

【注】

〔一〕王粲神女賦作「施華的兮結羽釵」。

〔二〕此爲傅咸鏡賦中語，作「珥明璫之迢迢，點雙的以發姿」見全晉文卷五十一。升庵誤記爲傅玄。

〔三〕此乃張載羽扇賦中句，見藝文類聚卷六十九。張載，字孟陽。景陽，當是「孟陽」之誤。

〔四〕見説文解字卷十二下：「姅，婦人污也，從女半聲。漢律曰：見姅變，不得侍祠。」

流蘇

倦遊録述流蘇之制，但云「五綵同心而下垂者」，莫能言其始。黄公紹書林亦止引晉書「割流蘇爲馬帴」，皆後世幃帳間所懸耳。古者流蘇，蓋樂器之飾①。前漢書禮樂志薛瓚注作「流遡」，周禮「金鐲節鼓」，鄭玄注云：「後世合宫懸用之。」〔一〕而有流蘇之飾樂器，而用以爲幃帳之懸，則自晉以後始也。

【校】

① 蓋樂器之飾　飾，丹鉛餘録卷十五、丹鉛總録卷七、升庵集卷七十二皆作「節」。升庵外集卷二十一作「飾」，觀下文作「飾」是。

【注】

〔一〕釋名：「宫懸用之，飾以流蘇。」

珍寶類

金膏水碧

唐世詩人多用金膏水碧字，但知爲奇寶之屬，莫究其出也。穆天子傳：「示汝黄金之膏。」〔一〕束晳曰：「金膏可以續骨。」崔寔政論：「呼吸吐納，非續骨之膏。」〔二〕水碧，水玉也。山海經：「耿山多水碧。」〔三〕墨子：「大藥有水脂碧。」〔四〕唐詩：「絶頂水底花，開謝向淵腹。」「攬之不可得，滴瀝空在掬。」〔五〕又「採碧時逢婺女船。」〔六〕

【注】

〔一〕此條出自宋姚寬西溪叢語卷上，有删改。示汝黄金之膏，作「河伯示汝黄金之膏」。

〔二〕後漢書崔駰傳附崔寔傳作「呼吸吐納，雖度紀之道，非續骨之膏」。

〔三〕山海經東山經作「耿山，無草木，多水碧」。

〔四〕西溪叢語卷上原作「余嘗見墨子、道書，大藥中有水脂碧者當是」。

〔五〕此宋梅聖俞聽潘歙州話廬山詩中句，見宛陵集集四十二。西溪叢語云「梅聖俞」，不誤。升庵云「唐詩」，記誤。

〔六〕此爲陳陶上建溪詩中句，見全唐詩卷七四六。

阿堵

晉書云：「王衍口不言錢，晨起見錢堆床前，曰阿堵。」〔一〕近世不解此，遂謂錢曰阿堵，可笑。晉人云「阿堵」，猶唐人曰「若箇」，今曰「這箇」也。故殷浩看佛經曰：「理亦應在阿堵中」〔二〕，顧長康傳神曰①：「精神妙處②，正在阿堵中」〔三〕，謝安謂桓温曰：「明公何用壁後置阿堵輩」〔四〕，是也。凡觀一代書，須曉一代語；觀一方書，須通一方之言，不爾不得也。〔五〕

【校】①顧長康傳神曰　顧長康，萬曆本簡作「長康」，譚苑醍醐卷六、上杭本作「顧長」，今據四庫本改。

②精神妙處　丹鉛續録卷三作「晉書顧長康傳曰：『傳神正在阿堵中。』」四庫本作「傳神寫照」。

【注】

〔一〕晉書王戎傳附王衍傳云：王衍疾妻郭氏貪鄙，「故口未嘗言錢，郭欲試之，令婢以錢繞床，使不得行。衍晨起見錢，謂婢曰：『舉阿堵物却！』」升庵述其意。

〔二〕見世說新語卷上文學。

〔三〕見晉書顧愷之傳。顧愷之，字長康，尤善丹青，「每畫人成，或數年不點目睛。人問其故，答曰：『四體妍蚩，本無關於妙處，傳神寫照，正在阿堵中。』」

〔四〕見世說新語卷中雅量注引宋明帝文章志云：「桓温止新亭，大陳兵衛，呼安及坦之，欲於座害之。……安舉目徧歷温左右衛士，謂温曰：『安聞諸侯有道，守在四鄰，明公何有壁間著阿堵輩？』」

〔五〕「阿堵」一詞爲六朝語，宋人釋者甚衆，如容齋隨筆卷四、靖康緗素雜記卷四、蘆浦筆記卷一等，今録其二：嬾真子録卷三曰：

「古今之語，大都相同，但其字各别耳。古所謂阿堵者，乃今所謂兀底也。王衍口不言錢，家人欲試之。以錢遶床不能行，因曰『去阿堵物』，謂口不言『去却錢』，但云『去却兀底』爾，如『傳神寫照，正在阿堵中』。蓋當時以手指眼，謂『在兀底中』爾。後人遂以錢爲阿堵物，眼爲阿堵中，皆非是，蓋此兩阿堵同一意也。」

野客叢書卷八曰：「今人稱錢爲阿堵，蓋祖王衍之言也。阿堵，晉人方言，猶言這個耳。王衍當時指錢而爲是言，非真以錢爲阿堵也。今直稱錢爲阿堵，不知阿堵果何物邪？且顧長康曰：『傳神寫照，正在阿堵中。』謝安曰：『明公何須壁間著阿堵輩。』殷中軍曰：『理應在阿堵上。』此皆言阿堵，豈必錢邪？此與王子猷以竹爲此君之意同，裴迪詩曰『竹君』者是也。」

錢神論

晉惠帝之時，賄賂公行，魯褒所爲作錢神論也。余觀類文，同時綦毋民、成公綏，皆有錢神論各一篇。民之論略曰：「黄金爲父，白銀爲母，鉛爲長男，錫爲少婦。庚辛分土，諸國皆有。長沙越巂，僕之所守。伊我初生，周末時也。景王君世，大鑄兹也。貪人見我，如病得醫。飢享太牢，未足爲飴。」綏之論略曰：「路中紛紛，行人悠悠。載馳載驅，惟錢是求。朱衣素帶，當塗之士。執我之手，門常如市。諺曰：錢無耳，鬼可使，豈虚也哉！」幽求子云：「可以使鬼者，錢也；可以使人者，權也。」蓋亦同時之語〔一〕。

【注】

〔一〕晉書卷九四、初學記卷二三、藝文類聚卷六六、太平御覽卷八三六均有節録，異文頗多。

太極泉

宋孝武帝大明七年赦，詔文曰：「思散太極之泉，以福無方之外。」太極之泉，不知何語？後閱酉陽雜俎，仙藥有太極泉〔一〕，蓋神瀵、盎漿之類也。宋齊六代文人，每好用僻事，例如此。

【注】

〔一〕太極泉，段成式酉陽雜俎卷二作「太極井泉」。

【辨】

明陳耀文正楊卷三「太極泉」條引酉陽雜俎『仙藥有太極井泉』後云：「此唐段柯古所著也。南（朝）宋安得預讀其書耶？既誚其虚誕，又取以爲證，何耶？」（見景印文淵閣四庫全書八五六册　臺灣商務印書館）

明胡應麟藝林學山卷七爲楊慎辨曰：「楊引證此類却無妨。蓋雜俎雖唐人采摭，然所記大率本諸前代遺書，如任昉述異記二卷，皆雜録古書奇事，非作者自撰也。酉陽所摭書近率不存，故讀者以爲成式自撰。今考其所引道、釋二典及山海經、博物志者，往往本書具存，即其他可見。楊所引太極泉，或成式雜録往事，焉知非出於六代之書乎？惟唐事多段自紀，熟玩雜俎，自當得之。」（見少室山房筆叢卷二十五　中華書局）

鈿金

張懷瓘書録云①：「往翰林，見古鐘二枚，高二尺許，有古文三百餘字，記夏禹功績，皆紫金鈿，似大篆，神彩驚人。」〔一〕蓋三代鈿金爲篆，其精類如此。又李伯時得彫戈，蟲鳥書黄金文銘六字，曰「主用父作彫戈」。鈿金法，今亦不傳。唐六典有十四種金：曰銷金、曰拍金、曰鍍金、曰織金、曰砑金、曰披金、曰泥金、曰鏤金、曰撚金、曰戧金、曰圈金、曰貼金、曰嵌金、曰裹金，而鈿金不在其中，今併其名亦不知矣。

【校】

①張懷瓘書録云　云，萬曆本無，據四庫本補。

【注】

〔一〕見張彦遠法書要録卷四「唐張懷瓘二王等書録」，有删改。往翰林，作「往在翰林中」。

古錢

漢有厭勝錢、藕心錢，狀如干盾，長且方，不圓①，蓋古刀布之變也。與近世花蕊夫人封綬及穿鑰錢相似。見封演及李孝美錢譜。

【校】

① 長且方不圓　丹鉛續録卷十一作「長且方而不圓」。

宋時官燭

趙寶文以紅羅命匠作燭心，匠以絹易之，召詰之，伏罪。羅燒則灰飛，絹則餘燼而已。出博聞録。宋代官燭以龍涎香貫其中，而以紅羅纏炷，燒燭則灰飛而香散。又有令香煙成五彩樓閣、龍鳳文者，不知何藥物也〔一〕。

【注】

〔一〕唐蘇鶚杜陽雜編卷下：「公主始有疾，召術士米竇爲燈法，乃以香爓燭遺之。米氏之隣人覺香氣異常，或詣門詰故。竇具以事對。其燭方二寸，上被五色文卷，而爇之竟夕不盡，郁烈之氣可聞於百步。餘烟出其上，即成樓閣臺殿之狀，或云蠟中有蜃脂故也。」

磨鉛

南宋孔覬鑄錢議曰：「五銖錢，周郭其上下，令不可摩取鋊。」〔一〕鋊音裕。五音譜：「磨礱漸銷曰鋊。」今俗謂磨光曰磨鋊是也。往年中官問于外庭曰：「牙牌磨鋊，鋊字何如寫？」予舉此答之。

【注】

〔一〕此語出史記平準書：「諸郡國鑄五銖錢，周郭其下，令不可得摩取鋊焉。」南宋孔覬鑄錢議，見南齊書卷三十七劉悛傳，作「鑄錢均貨議」。

銀鶻

舊唐書吐蕃傳：「吐蕃舉兵，以七寸金箭爲契，百里一驛。有急兵，驛人臆前加銀鶻；甚急，鶻益多。」〔二〕韃靼亦然。元樂府有「玉兔鶻牢拴，懷揣著帝宣」〔二〕，是其證也。鶻有兔鶻、鴉鶻，故云云。今雲南邊夷有兵馬聲息，文書上插鷄毛、火炭，亦古羽書之遺意。火炭，則示火急之意。

【注】

〔一〕見新唐書吐蕃傳，舊唐書只云「徵兵用金箭」。

〔二〕此爲關漢卿〔雙調〕新水令中曲辭，見全元散曲，作「玉兔鶻牌懸」。

玉璽考

元朝元貞三十一年，木華黎曾孫碩德卒，其妻出古玉印貨之。中丞崔彧、祕書丞楊桓辯其爲傳國璽，上之。慎按：秦始皇之璽，一曰「皇帝壽昌」，一曰「既壽永昌」，已傳疑有二矣。至朱梁亡，入于後唐，又唐主存勗謀即位，魏州僧以傳國璽獻，遂即位，則後唐之璽，蓋有二也。璽既有二，則必有一贋矣。是以今日既曰與潞王從珂同焚于洛陽之玄武樓矣，而他日段義又得之以爲宋哲宗獻；今日既曰入金，與金哀宗同焚于蔡州之幽蘭軒矣，而翟朝宗又得之以爲宋寧宗獻。若果贋而酷肖，則宋徽宗正衒名受欺者，又何疑其檢無螭、角無缺，却之不用，而别制定命寶耶！贋跡在宋屢露矣，而元之崔彧、楊桓又何由得之寡婦貨物而獻之？余意以爲楊桓素工篆書，即著六書統者。必桓私刻之，謀于崔彧，而託名于碩德之妻無疑。崔彧之意欲迎合皇太妃，以翊戴成宗，而爲此眩耀俗目，而定其位耶？按：通典云：「秦得藍田白玉爲璽，曰：『受天之命，皇帝壽昌。』」又按：「北齊制傳國璽，鳥篆書文曰：『受天之命，皇帝壽昌。』」漢書注：「衛宏曰：秦璽題是李斯書，其文曰：『受命于天，既壽永昌。』」十國紀年：「晉開運末，北戎犯闕，少帝重貴遣其子延煦，獻傳國璽于遼，遼主訝其非真。」宋哲宗元符元年五月，咸陽民段義劚地得玉璽，蔡京及講議玉璽官十三員奏曰：「『皇帝壽昌』者，晉璽也；『受命于天』者，後魏璽也；『有德者昌』者，唐璽也；『惟德允昌』者①，石晉璽也，則『既受永昌』者，秦璽可知。」蔡京輩小人媚上，不憚誣天，而況于欺人乎！縱使真是秦璽，亦無道之物、亡國之器，豈舜之五瑞、禹之玄圭乎！噫，宋之君臣，可謂迷惑無識矣！

【校】

① 惟德允昌　允，升庵外集卷十七作「元」。

玉導

南齊高祖性清儉，「主衣中有玉導，上曰留此，正是興長弊源。即命擊碎之」〔一〕。玉導，未知何物。又按晉書：馮遷追及桓玄，「玄拔頭上玉導與之，曰：汝何敢殺天子！」〔二〕以此例之，則玉導者，玉簪或冠篦之類耳。導，擇也，義取擇髮，然自唐以後，不聞其名。

【注】

〔一〕見南齊書高帝紀下：「主衣中似有玉介導，此制創自大明末，後泰始尤增其麗。留此置主衣，政是興長疾源，可即時打碎。」玉導，作「玉介導」。

〔三〕見晉書桓玄傳：「玄拔頭上玉導與之，仍曰：是何人邪？敢殺天子！」文字略異。

音律類

舜七始詠

漢書律曆志引古文尚書：「予欲聞六律、五聲、八音、七始詠，以出納五言。」今文「七始詠」作「在治忽」。史繩祖據漢郊祀歌「七始華始，肅倡和聲」〔一〕，而以今文「在治忽」近於傅會。以予考之，此言聲律音韻是一類事，但漢書注不注「七始」之義。今之切韻，宮、商、角、徵、羽之外，又有半商、半徵，蓋牙、齒、舌、喉、脣之外，有深喉、淺喉二音，此即所謂七始詠。詠，即韻也。汗簡隸古「七始詠夾始」〔二〕。蓋古文「七」作「桼」，「桼」與「夾」相近而誤。猶可驗史氏之説爲是。由此言之，切韻之法，自舜世已然，不起于西域胡僧又可知。予特表出之。孟康云：「七始者，天、地、四時、人也。」〔三〕此説乃意料之言〔四〕。

【注】

〔一〕「七始華始，肅倡和聲」出漢書禮樂志安世房中歌，作漢郊祀歌，誤。楊子卮言卷一作房中歌，不誤。

〔二〕句中疑有脱漏，爲「七始詠作夾始詠」或「七始作夾始」之誤。

〔三〕見史記禮樂志「七始華始，肅倡和聲」孟康注：「七始，天地四時人之始。華始，萬物英華之始也。以爲樂名，如六英也。」

〔四〕此則録自丹鉛摘録卷二。楊子卮言卷三另有「七始」二則、「七始詠」一則，與此不同，録以備考。「七始」云：「前漢律曆志引書曰：『予欲聞六律、五聲、八音、七始詠，以出納五言，汝聽。』注：七始，天地四時人之始也。又房中歌曰：『七始華始，肅倡和聲。』孟康注云樂名，則知漢初尚存此詠，施之祠廟。今文『七始詠』作『在治忽』，疏家因誤隨文解之，後儒因以治疏爲治亂，終覺牽强傅會。又按汗簡古文作『夾始滑』。夾，古文『泰』字之誤。始，今誤作『治』。忽，古文作回，與『滑』字相混。而今韻切有七音縱横圖，非七始之遺説乎！或曰：聖經何可擅改？余曰：子以今之書，親受於唐虞之手跡乎？自蝌蚪而大篆，大篆而小篆，小篆而八分，八分而草隸，不知其千萬變矣，能保其無誤乎？余每作文，令人謄寫之，一番一誤，再番再誤。辛未制策云：敵至不懼，敵去不舞。本柳宗元文，而中書寫刻登科録，改舞作侮。余語儀制易之，則曰刻已成矣。侮字亦通，至今不改。王充云：『字經三寫，烏焉成馬。』信哉！」○七始詠一則云：「七始詠之文，始於益稷，既訛爲『在治忽』，數千年矣。宋史繩祖始據漢書禮樂志而正之，然未究七始詠何解也。余按五代王朴論樂云：『十二律旋相爲宫，以生七調，爲一均，即詠也。古無韻，而歌詠之詠與音韻何殊乎。朴又謂此法久絶，出臣獨見。』而張昭上表言七始之音復振，四厢之韻皆調，信乎七始之義至此始明。」

惜乎王朴、張昭不引古文尚書爲證，而史繩祖又不引王朴、張昭之説也。余深思博考而得之，亦自謂千載獨見也。」

【辨】明焦竑不同意升庵「舜七始詠」之説云：「史繩祖據漢房中歌『七始華始，肅倡和聲』，而以今文『在治忽』爲傅會，是矣。用修乃謂：『今之切韻，宫、商、角、徵、羽之外，又有半商、半徵，蓋牙、齒、舌、脣、喉之外，有深喉、淺喉二音，此謂七始詠，詠即韻也。』此説甚非。『七始』，本志自有定説，乃云漢書注不著七始之義，而別自爲解，豈未見漢書邪，且切韻起於近世，而謂舜時有之，尤舛。」（見焦氏筆乘卷一　中華書局）

尺八

「簫管之制，六孔，旁一孔加竹膜焉，足黄鍾一均聲，或謂之尺八管。」〔一〕容齋隨筆引逸史及孫夷中仙隱傳吕才傳，皆有尺八事。又醉鄉日月唐人酒令云：「遠望漁舟，不闊尺八。」「凭欄一吐，已覺空喉。」〔二〕

【注】

〔一〕見宋陳暘樂書卷一四八。

〔二〕見宋洪邁容齋續筆卷十六「唐人酒令」及容齋四筆卷十五「尺八」。

丹鉛總録卷之八

物用類

義嘴笛

容齋四筆載〔一〕，人物以義爲名，如義士、義帝之類，甚多。器物「在首曰義髻，在衣曰義襴①、義領」，奇矣。予觀樂書，有義嘴笛，謂笛外更安笛也，抑又奇矣。

【校】

① 義襴　襴，萬曆本、四庫本誤作「欄」，據上杭本改。

【注】

〔一〕見容齋隨筆卷八「人物以義爲名」。四筆，當爲隨筆。

不借軍持

陸放翁詩：「遊山雙不借，取水一軍持。」〔一〕不借，草鞋也，言其價賤不須借也。古今注：

「漢文帝履不借以臨朝」〔二〕，漢時已有此名矣。軍持，淨瓶也，出佛經。賈島送僧詩云：「我有軍持憑弟子，岳陽江裏汲寒流。」〔三〕

【注】

〔一〕此爲陸游巢山二首之二詩中句，見劍南詩稿卷三十二。遊山，作「穿林」。

〔二〕見古今注上「輿服」，作「漢文履不借以視朝」。

〔三〕此爲賈島訪鑒玄師姪詩中句，見全唐詩卷五七四。是訪僧，非送僧。岳陽江，作「岳陽溪」。

蜀牋川筆川墨

蜀牋自唐已名天下，予修蜀藝文〔一〕，有蜀牋譜一篇。近觀龍川集，陳同甫與朱元晦書云：「川筆十枝，川墨一挺，蜀人以爲絶品。」〔二〕則蜀人之筆墨在宋以爲絶品，不知何時降爲眉州大邑之濫惡耳。

【注】

〔一〕嘉靖二十年，四川巡撫劉大謨聘楊慎纂修全蜀藝文志。

〔二〕見陳亮龍川集卷二十乙巳秋書。

自相矛盾

今人謂言不相副曰自相矛盾，然用之不差，而問之不知也。按尸子云：「楚人有鬻矛與盾者，譽之曰：『吾盾之堅，莫能陷也。』又譽其矛曰：『吾矛之利，於物無不陷也。』或曰：『以子之矛，陷子之盾，何如？』其人弗能應也。」今之稱自相矛盾本此〔一〕。

【注】

〔一〕見韓非子難一。尸子作者戰國尸佼，二十二篇，早佚。輯本，查未見。

殷輅

論語：「乘殷之輅。」〔一〕其後秦始皇閱三代之車①，獨取殷制。按南史齊志〔二〕：殷有瑞車②，因乘鈎而制車〔三〕，因桑根而爲色，古所謂器車也。一曰桑根車，一曰金根車。

【校】

① 其後秦始皇閱三代之車　閱，上杭本、萬曆本、升庵經説卷三均誤作「闕」，據丹鉛餘録卷十六、四庫本改。

② 殷有瑞車　車，萬曆本脱，據丹鉛餘録卷十六補。

【注】

〔一〕見論語衛靈公上。

〔二〕南史無志，此當爲南齊書輿服志。

〔三〕南齊書輿服志作「殷有瑞車，山車垂句是也」。

先路次路

楚辭：「來吾導夫先路。」先路，車名。郊特牲：「先路三就。」〔一〕左傳：「鄭賜子展先路，子産次路。」〔二〕

【注】

〔一〕見郊特牲：「大路，繁纓一就，先路三就，次路五就。」

〔二〕見左傳襄公二十六年：「鄭伯賞入陳之功，享子展，賜之先路。」音義：「路本亦作輅，音路。」

鼓舞木熙

淮南子云：「鼓舞者，繞身若環，曾撓摩地，扶旋猗那，動容轉曲，便娟擬神①，身若秋葯被風，髮若結旌，馳騖若鶩。木熙者，舉梧檟，據勾柱，授豐條，舞扶疎，龍從鳥集，搏援攫肆，蔑蒙踴躍。觀者莫不爲之損心酸足，彼乃始徐行微笑，被衣修擢。夫鼓舞者非柔縱，木熙者非眇勁，淹漬漸靡使之然也。」〔一〕此文寫得入神。文選舞賦遠不及也。鼓舞，今之盤鼓者；木熙，今之上高竿者。如此下字，後之文人亦罕及。

【校】

①便娟擬神　便娟，萬曆本、四庫本作「便婿」，上杭本作「便媚」，丹鉛摘録卷二、升庵外集卷二十一作「便娟」。楚辭大招：「豐肉微骨，體便娟只。」王逸注：「便娟，好貌也。」作「便娟」是。

【注】

〔一〕見淮南子修務訓，引文多誤。如：馳騁若鶩，原作「騁馳若鶩」。據勾柱，作「據勾枉」。勾枉，高誘注：「曲枝也。」授豐條，原作「援豐條」。淹漬漸靡，原作「淹積漸摩」。

朱鷺

古樂府有朱鷺曲，解云：「因飾鼓以鷺而名曲焉。」又云：「朱鷺咒鼓，飛於雲末。」〔一〕徐陵詩有「鼂鐘鷺鼓」之句，宋之問詩：「稍看朱鷺轉，尚識紫騮驕。」〔二〕皆用此事。蓋鷺色本白，漢初有朱鷺之瑞，故以鷺形飾鼓，又以朱鷺名鼓吹曲也。梁元帝放生池碑云〔三〕：「玄龜夜夢，終見取於宋王；朱鷺晨飛，尚張羅於漢后。」與「朱鷺飛雲末」事相叶，可以互證，補樂府解題之缺。

【注】

〔一〕樂府詩集卷十六朱鷺解題，無「朱鷺咒鼓」二句，見於宋陳暘樂書卷一三八：「有雙鷺呪鼓而飛於雲末。」

〔二〕此爲宋之問魯忠王輓詞三首之一詩中句，見全唐詩卷五十二。

〔三〕放生池，藝文類聚卷七十七寺碑作「放生亭」。

重較説

詩衛風淇澳篇曰：「猗重較兮。」毛萇曰：「重較，卿士之車。」〔一〕孔穎達曰：「倚此重較之車，實稱其德也。周禮輿人注云①：『較，兩輢上出軾者。』今之平隔也。」〔二〕詩詁云②：「車廣六尺四寸，深四尺。軾去輿高三尺三寸；較去式又高二尺二寸，較式通高五尺五寸。」蓋古人乘車立乘，非如今人之坐也。論語曰：「升車必正立。」〔三〕列女傳曰：「立輜無軿。」〔四〕是其明證。故乘車平常則憑較。若應爲敬，則落手憑下式，而頭得俯。較在式上，若兩較然，故曰「重較」。輢是兩邊植木，較横輢上，輢兩而較一。説文：「車輢上曲鉤也〔五〕。」蓋較在軾上，恐其墜，故以曲鉤闌之。古謂較爲車耳。古諺云：「仕宦不止車生耳。」三國志吴童謡云：「黄金車，班蘭耳，闓閶門，見天子。」〔六〕符曲鉤之説矣。後漢輿服志：「金薄繆龍爲輿倚較。」徐廣曰：「繆，交錯之形。」崔豹古今注文武車耳：「古重較也，文官青耳，武官赤耳。」又曰：「重較在車藩上，重起如牛角，故曰重較。」〔七〕考工記曰：「三分式圍去一以爲較圍，三分較圍去一以爲軹圍。」〔八〕林希逸曰：「較小於式，軹又小於較。」説文：「較本作較，從車爻聲。」古車制與今不同，重較之義故晦，兹不厭詳引耳。

【校】

①周禮輿人注云　注云，上杭本作「注」，萬曆本作「云」，據周禮孔穎達疏改。

②詩詁云　詁，萬曆本誤作「話」，據楊慎譚苑醍醐卷三改。

【注】

〔一〕此爲毛亨傳，作毛萇誤。

〔二〕平隔，孔疏作「較」。賈公彦疏云：「今人謂之平鬲也。」

〔三〕見論語鄉黨。

〔四〕見列女傳，作「立車無軿」。

〔五〕曲鉤，萬曆本作「曲銅」。説文「較」字段注云：「較，車畸上曲鉤也。」各本作「車畸上曲銅」，今依李善西京賦、七啓二注改正。下文「故以曲銅關之」、「符曲銅之説」，并據改。

〔六〕見三國志孫權傳。丹鉛摘録卷六作「斑斕」、「閶闔」。

〔七〕見唐馬縞中華古今注卷上「文武車耳」條。

〔八〕見周禮考工記輿人。

簠簋豆鋪

博古圖：簠、簋、豆、鋪，同爲一類。簠盛加膳，簋盛常膳，豆盛水土之品，實濡物之器也。禮必從豆以禮之，不可廢也；豐必從豆以時之，不可緩也；戲必從豆以交際之，不可忘也。鋪亦古器名，有公劉鋪，有天君養鋪，形亦如簠。但簠方而鋪圓耳。漢門有鋪首，正象其形，乃鋪陳之義。又按：鋪字從金，宫門銅鐶，所謂金鋪也。其制不始於漢，三代以來有之，或以葦索，或以螺蚌，或以金銅，各隨其所王之德。今俗歲節以葦索懸門①，亦此意也②。佛經：金摩竭魚裝飾門柱，亦金鋪之象。

【校】

①今俗歲節以葦索懸門　以葦索懸門，萬曆本作「以葦索門」，四庫本、升庵外集卷十八增「懸」字，據補。

②亦此意也　此意，四庫本、升庵外集卷十八作「古意」。

茈席

梁崔祖思政事疏曰：「劉備取帳構銅鑄錢，以充國用；魏武遺女皂帳、婢十人；東阿王婦以繡衣賜死。宋武帝節儉過人，張妃房唯碧綃蚊幬、三齊茈席、五盞盤桃花米飯。」〔一〕祖思所引二君事，皆本史所不載者。又，茈席，不知何物？字書亦無「茈」字〔二〕。

【注】

〔一〕見南史崔祖思傳。帳構，作「帳鉤」。遺女，作「遺女」。張妃房，作「張妃房帳」。

〔二〕陳耀文正楊卷四：「字書：茈，音仙，草名，似莞，何云字書無其字？」茈席，即莞席、蒲席。

銀蒜

歐陽六一仿玉臺體詩：「銀蒜鈎簾宛地垂。」〔一〕東坡哨遍詞：「睡起畫堂，銀蒜珠幕雲垂地。」〔二〕蔣捷白苧詞：「早是東風作惡，旋安排一雙銀蒜鎮羅幕。」〔三〕銀蒜，蓋鑄銀爲蒜形，以押簾也。元經世大典：「親王納妃，公主下降，皆有銀蒜簾押幾百雙。」

【注】

〔一〕此爲歐陽修簾詩中句，見文忠集卷五十五。

〔二〕東坡哨遍春詞作「睡起畫堂，銀蒜押簾，珠幕雲垂地」，見東坡詞。

〔三〕蔣捷白苧詞，見竹山詞。

芨紙

謝康樂山居賦「剥芨巖椒」，自注言芨皮可以爲紙〔一〕。顧文薦負暄雜録云：「扶桑國出芨皮紙。」

【注】

〔一〕見宋書卷八十七謝靈運傳山居賦「剥芨巖椒」注：「芨，音及，採以爲紙。」

隱囊

晉以後士大夫尚清談，喜宴佚，始作麈尾、隱囊之制，今不可見，而其名後學亦罕知。顏氏家訓云：「梁朝全盛之時，貴游子弟駕長簷車，跟高齒屐，坐棋子方褥，憑斑絲隱囊。」〔一〕王右丞詩：「不學城東遊俠兒，隱囊紗帽坐彈棊。」〔二〕

【注】

〔一〕見顏氏家訓勉學篇：「梁朝全盛之時，貴游子弟，多無學術，……駕長簷車，躡高齒屐，坐棋子方褥，憑斑絲隱囊。」

〔三〕此爲王維故人張諲工詩善易卜兼能丹青草隸頃以詩見贈聊獲酬之詩中句，見全唐詩卷一二五。不學，作「不逐」。

【辨】

王世貞宛委餘編卷三云：「昔人不知隱囊之制，觀此可以意會矣。古字穩皆作隱，疑此穩囊也。」（影印文淵閣四庫全書二八一、弇州四部稿卷一五八　臺灣商務印書館）

周嬰巵林卷五明楊「隱囊」條云：「隱囊之名，宋、齊尚未見也。王元美以爲昔人未知隱囊之制。宛委餘編曰：『古字穩皆作隱，疑即穩囊也。』予意隱字如隱几之隱，即憑義耳。壬戌夏，予於荻渚與崔孟起泛舟而下，至石硊，密雨連江，輕舟凝滯。翻南史：『陳後主時，百司啓奏，并因宦官蔡臨兒、李善度進請。後主倚隱囊，置張貴妃於膝上，共決之。』予問孟起：『隱囊何義？』答云：『今京師中官坐處，常有裁錦爲褥，形如圓毬，或以抵膝，或以揞脇，蓋是物也。』」（景印文淵閣四庫全書八五八巵林卷五　臺灣商務印書館）

資治通鑑卷一七六：陳至德二年「上倚隱囊」胡三省注云：「隱囊者，爲囊，實以細輭，置諸座側，坐倦，則側身曲肱以隱之。」

飛簴①

簴，虚吕切。飛簴，天上神獸，鹿頭龍身，即勾陳也。説文：「鐘鼓之柎，飾爲猛獸。」〔一〕釋名：「横曰栒，縱曰簴。」

【校】

① 飛虡　丹鉛總録四庫本作「勾陳」。

【注】

〔一〕説文解字：「虡，鐘鼓之柎也。」柎，萬曆本誤作「拊」。

酒帘

韓非子：「宋人有酤酒者，懸幟甚高。」幟謂之帘，帘謂之酒旗。唐韻「帘」字注〔一〕，當云「酒家懸幟」，豈不雅乎？乃云「酒家望子」，俚甚可笑。

【注】

〔一〕唐韵，唐孫愐撰。今有王國維輯本。

鋄壤

鋄，音滅，以鏤金飾馬首。又曰：「鐵質金文曰鋄也。」西京賦：「金鋄鏤錫。」〔一〕馬融廣成頌：「金錽玉瓌。」〔二〕詩云：「鉤膺鏤鍚。」〔三〕國語曰：「懷纓挾瓌。」〔四〕皆指此。今名馬鞍曰「錽銀事件」，當用此。錽字，或作鋄，非。佛經呪亦有「莎怛錽」之語，他書罕用此。婦飾曰「瓌嵌生活」，當用此。瓌字，俗作「廂」，非。

【注】

〔一〕金錽鏤鍚，乃張衡東京賦中語，升庵誤記爲西京賦。

〔二〕金錽玉瓌，廣成頌作「揚金錽而拖玉瓌」，見後漢書卷六十上馬融傳。錽，作「𨪒」。

〔三〕見詩大雅韓奕。

〔四〕見國語晉語二，作「懷挾纓瓌」。

棋鶚

馬融圍棋賦：「横行陣亂兮敵心駭惶，迫兼棋鶚兮頗棄其裝。」鶚，音義與嶽同。棋心并四面各據中一子，謂之五嶽，言不可動摇也。今謂之勢子，而中心一子多不下，蓋古法與今少異。

鳳艒

博雅：「艒，䑿舟也①。艒，音墨。」隋志有「龍舟鳳艒」。

【校】

①艒艏舟也　艏，萬曆本、四庫本作「縮」，丹鉛續録卷十、上杭本作「艏」。方言九：「南楚江湘，凡船大者謂之舸。小舸謂之艖，艖謂之艒艏。」當作「艏」。

鳳盉

唐碑文：「瓦釜之於黄鍾，饕鼎之於鳳盉。」器名，見博古圖。

朱萬初墨①

虞文靖又稱：「朱萬初之墨，沈著而無留蹟，輕新而有餘潤，其品在郭圯父子間。」〔一〕

【校】

①朱萬初墨　丹鉛續録卷十二有二條，丹鉛總録編者録其短而略其長，升庵集卷六十六、升庵外集卷十九則合而爲一。

【注】

〔一〕補丹鉛續録卷十二有「朱萬初墨」一則，附於下：「元有朱萬初善製墨，純用松烟，蓋取三百年摧朽之餘，精英之不可泯者用之，非常松也。天曆乙巳，開奎章閣揀儒臣親侍翰墨，榮公存初、康里公子山皆侍閣下，以朱萬初所製墨進，大稱旨，得禄食藝文館。虞文靖公贈之詩曰：『霜雪摧殘澗壑非，深根千歲斧斤違。寸心不逐飛烟化，還作玄雲繞紫微。』蓋紀兹事也。又跋其後曰：『近世墨以油烟易松烟，姿媚而不深重。萬初既以墨顯，又得真定劉法造墨法於石刻中，以爲劉之精藝深心，盡在於此，必無誤後世，因覃思而得之。余嘗謂松烟墨深重而不姿媚；油烟墨姿媚而不深重，若以松脂爲炬取烟，二者兼之矣。宋徽宗嘗以蘇合油搜烟爲墨，至金章宗購之，一兩墨價黄金一斤，欲仿爲之不能，此謂之墨妖可也。』

古製墨法

古墨法云：「烟細膠新，杵熟蒸勻，色不染手，光可射人。」①造墨惟膠爲難，古之妙工，皆自制膠。膠法取新解牛革及筋全用之，牛革取其厚處，連膚及毛皆割不用，入治成膠②，即以和烟；若冷定重化，則已非新矣。今之膠材皆牛革之棄餘，故雖號廣膠，去古膠法猶遠，無怪乎墨品之下也。徽墨今名第一者，上比潘谷、蔡瑫，中間猶容十許人，况李廷珪乎！

【校】

①「光可射人」後，升庵集卷六十六、升庵外集卷十九尚有：「又曰：虬松取烟，鹿膠相揉。九蒸回澤，萬杵力扣。光可照人，色不染手。」

②入治成膠　治，上杭本、萬曆本作「冶」，據丹鉛續録卷十二改。

籩櫛

郭知玄朱箋集韻序：「銀鈎創閲，亥豕成羣①，籩櫛行披，魯魚盈貫②。」籩，如周禮「籩櫛」之「籩」③，謂竹也。櫛，札也。釋名曰：「札，櫛也，編次如櫛之密也。」其用事頗僻，詳著之④。

【校】

① 銀鈎創閲亥豕成群　楊子巵言卷五：創閲，作「乍閲」。亥豕，作「晉豕」。

② 魯魚盈貫　盈貫，四庫本作「盈隊」。

③ 籩如周禮籩櫛之籩　籩櫛之籩，萬曆本脱，據上杭本補。

④ 楊子巵言卷五無「其用事頗僻、詳著之」，在「如櫛之密」後尚有一節：「古詩：『客從遠方來，遺我一書札。上言長相思，下言久離别。』『札』與『别』叶，是櫛、札同音可知。籩或作簜，从竹，即櫛之義也。宋羅愿謝表：『恩假一州，濫綴銅符之末；使連數道，適當簜節之前。』節與札字亦通用，又可知簜札，今之玉版牋。知玄指此。」

灰釘

李商隱露布：「飛走之期既絶，灰釘之望斯窮。」〔一〕宋人小説謂灰釘用杜篤論都賦：「燔康居，灰珍奇，椎鳴鏑，釘鹿蠡。」〔二〕近燕泉何子元餘冬序録中證其非〔三〕，謂是曹爽在獄中乞棺釘與灰於司馬懿事，其事本不僻也。余又考梁書徐勉上疏請禁喪家速殯云：「屬纊才畢，灰釘已具。」〔四〕陳書陳霸先九錫文：「祅酋震慴①，遽請灰釘。」以二條證之，尤足破宋人之謬説。

【校】

① 祅酋震慴　祅，萬曆本、四庫本作「祆」。譚苑醍醐卷四、上杭本作「祆」。陳書高祖紀上：「祅酋震懾，遽請灰釘。」作「祅」是。

【注】

〔一〕此則采自宋王楙野客叢書卷十二「灰釘事」：「劉錯注李商隱樊南集，有代王元茂檄云：『喪貝蹐陵，飛走之期既絶；投戈散地，灰釘之望斯窮。』恨不知灰釘事。前輩謂杜篤賦：『燔康居，灰珍奇，椎鳴鏑，釘鹿蠡。』商隱彫篆如此。僕謂此二字出於南史。陳高祖紀九錫策曰：『玉斧將揮，金鉦且戒；妖（祅）酋震懾，遽請灰釘。』商隱用此耳。後見藝苑雌黄，亦引此辨，與僕暗合。」

〔二〕杜篤論都賦，見後漢書卷八十上杜篤傳。

〔三〕何孟春，字子元，號燕泉，升庵友人，其餘冬序録之説，見本條「辨」。

〔四〕見梁書徐勉傳。

【辨】灰釘事，宋人小説謂用杜篤賦，升庵引何子元説謂用曹爽獄中事，王世貞、陳耀文則指出升庵亦誤，獄中向司馬懿乞棺釘與灰，當係王凌。王世貞云：「灰釘事，楊用修引餘冬録證其非，謂曹爽求司馬懿事，其事本不僻云云。按王凌既降，未測懿意，故乞棺釘，與之，凌乃仰藥死。曹爽幽處第中，糧盡告急於懿。懿給米肉糗糒，且以書慰之，爽大喜過望，未幾獄具夷三族。今以灰釘事歸曹爽，抑何舛也。」（景印文淵閣四庫全書一二八一弇州四部稿卷一五八宛委餘編卷五　臺灣商務印書館）陳耀文引餘冬序録辨談苑云：「魏略王凌試索棺釘，以覯太傅意，太傅給之，凌遂自殺。陳本紀乃此事，故有請之云。而商隱亦有望窮之云，其以棺爲灰，灰與釘皆闔棺之具，商隱承用之，正凌事耳。若用杜篤賦所云者，何以請以望爲哉？此説自明，楊誤以爲爽耳，乃謂其舛，何耶？」（景印文淵閣四庫全書八五六正楊卷三　臺灣商務印書館）胡應麟丹鉛新録卷一「灰釘」條云：「王凌傳請灰釘於司馬懿，懿即送與之，凌因自殺。此云曹爽，用修之誤。蓋因爽禁獄乞食於懿，懿送醎豉、大豆等物，遂憶爲凌耳。」（少室山房筆叢卷五　中華書局）

寄生

齊高帝紀：「時軍容寡闕，乃編稯皮爲馬具裝，析竹爲寄生。」〔一〕又東昏侯紀：「馬被銀蓮葉具裝，鎧雜羽孔翠寄生。」〔二〕寄生，不知爲何物也〔三〕。

【注】

〔一〕見南齊書卷一高帝紀。

〔二〕見南史卷五齊本紀東昏侯紀。

〔三〕寄生，或作人名，或作木名，或作草名，或作蟲名。明周嬰巵林卷五云：「宛委餘編曰：『蟲名寄生，軍裝亦名寄生。』注曰：南齊書：『宋明帝遣齊太祖討張淹，軍容寡闕，乃編椶皮爲馬具裝，析竹爲寄生。』又東昏紀：『義師至，帝騎馬，被銀蓮葉具裝，鎧雜羽孔翠寄生。』寄生，當是障泥之類。」

左傳正直

左傳解詁「好是正直」云〔一〕：「正直爲正，正曲爲直。正、直，二器名：正，射鵠也，射禮用之；直，曲尺也，梓人用之。二字之形，即象二器。」

【注】

〔一〕見左傳襄公七年。「好是正直」，見詩小雅小明。

積竹

周禮注：「殳以積竹，八觚，建於兵車。」〔一〕説文：「柲，欑也①。」毛詩「竹柲②」，考工記「秦無廬」，史「棘矜」注，皆以積竹釋之。徐鉉説文注曰〔二〕：「積竹，謂削去白，取其青處爲之③，取其有力。」即今之積竹法也④。

【校】

①柲欑也　柲，萬曆本作「秘」，四庫本作「秘」。據説文改。

②毛詩竹柲　柲，萬曆本作「秘」，丹鉛餘録卷十五作「閉」。詩秦風小戎「竹閉緄縢」，閉，通「柲」。

③取其青處爲之　爲之，萬曆本作「合之」，據徐鍇説文繫傳改。

④即今之積竹法也　積，升庵餘録卷十五作「欑」。升庵經説卷十一作「攢」。説文：「欑，積竹杖。」作「積」是。

【注】

〔一〕此語不見於周禮注，見於説文引周禮。説文「殳」字下云：「周禮：殳以積竹，八觚，長丈二尺，建於兵車。」

〔三〕徐鉉與弟鍇齊名，號「大小二徐」：徐鉉曾與句中正等校訂説文解字，徐鍇著有説文解字繫傳。徐鉉，爲徐鍇之誤。

乘石

今之上馬臺，古之乘石也。周禮：「隸僕下士二人」，「王行，洗乘石。」〔一〕鄭司農注云：「王登上車之石也。」①詩：「有扁斯石，履之卑兮。」〔二〕乘車之得履石，惟王爲然。王行，洗乘石，致其潔也。淮南子云：「周公履乘石。」〔三〕尸子：「周公踐東宫，履乘石。」〔四〕唐王起洗乘石賦：「承玉趾以增麗，拂衮衣而更妍②，洗列周經，履合詩雅。」〔五〕

【校】

① 王登上車之石也　王，上杭本作「所」。文選：任昉百辟勸進今上牋李善注引鄭司農語作「王所登」。

② 拂衮衣而更妍　衮，萬曆本、四庫本作「襄」，升庵集卷六十七、王起洗乘石賦作「衮」，據改。

【注】

〔一〕見周禮夏官隸僕。

〔二〕見詩小雅白華。

〔三〕見淮南子齊俗訓，作「周公踐東宫，履乘石」。

〔四〕見文選任昉百辟勸進今上牋李善注引，作「周公且踐東宮，履乘石」。

〔五〕見歷代賦彙卷九十八。洗列周經，履合詩雅，作「乘石之洗也列周經，乘石之履也合周雅」。

鈞金束矢

淮南子氾論訓下篇云：「齊桓公欲征伐，甲兵不足，乃令有重罪者，出犀甲一戟；有輕罪者，贖以金分；訟而不勝者，出一束箭。」〔一〕其後劉歆妄竄入周官，以爲周公之法，朱文公乃誤信之，取以解易「金矢」之象〔二〕，焉有周公之世而預知王莽之法乎！〔三〕

【注】

〔一〕見淮南子氾論訓。「乃令有重罪者」，重，萬曆本脱。

〔二〕見朱熹周易本義卷一「噬乾胏，得金矢」注。

〔三〕鈞金束矢，清杭世駿訂訛類編卷三「入鈞金」云：「周禮大司寇：入束矢，入鈞金。鈞，三十觔也。金，銅也。言訟者使之俱入銅三十斤，以自明其實，不實則没入之；實則還之。訟者必有一曲，理曲必心怯而不敢輸金，息訟之善術也。今改鈞爲鉤，而聯用曰鉤矢，入金者豈一鉤之謂哉。」

絲不如竹竹不如肉

晉孟嘉論樂云：「絲不如竹，竹不如肉。」〔一〕或問其故，曰：「漸近自然。」此語殊有鑒別。

古者登歌下管〔二〕，與簫聲在上①，貴人聲也，謂之登歌；匏竹在下，謂之下管〔三〕，即是此意。晉人清曠高爽，故其語意，暗與古合。

【校】

① 與簫聲在上 四庫本作「歌詩者在上」。簫聲在上，譚苑醍醐卷五作「清聲在上」。

【注】

〔一〕見晉書孟嘉傳。

〔二〕周禮春官大師：「大祭祀：帥瞽登歌，令奏擊拊；下管，播樂器，令奏鼓朄。」鄭司農云：「登歌，歌者在堂也。」

〔三〕周禮郊特牲曰：「歌者在上，匏竹在下，貴人聲也。」

盉字解

盉，盛五味之器也。從禾者，蓋取和之義耳。言其器，則凵其口，以盛物者皆皿也。中而不盈則爲盅，夃而多得則爲盈，合而口斂則爲盒，臼水以溴則爲盥。

古鏡銘

古鏡銘①：「漢有善銅出丹陽，和以鉛錫清如明。左龍右虎尚三光，朱雀玄武順陰陽。」東坡曰：「清如明，如者而也。若左傳『星隕如雨』之例。」又一面云：「尚方作鑑真太巧②，上有仙人不知老。渴飲玉泉飢食棗，壽比金石嘉且好。」又潁民頓氏一鏡銘曰：「鳳凰雙，瓊瑶裝。陰陽合爲配，日月常相對③。」此銘辭古雅，録者多逸字逸句，故不厭重録之④。又六花水浮鏡銘曰：「尚方作鑑宜侯王，左龍右虎掌四旁。朱雀玄武和陰陽，子孫具備屬中央。長保二親樂富昌。」又十二辰鑑銘曰：「名言之始自有紀，鍊冶銅錫去其滓。辟除不祥宜吉永，長保二親利孫子。辟如缺一字衆樂典祀，壽比金方西王母。」又一鏡銘曰：「前朱雀，後玄武，左青龍，右白虎，宜官秩，保子母。」又一鏡銘曰：「尚方作鏡四夷服，多保國家人民息。胡虜殄滅天下復⑤，風雨時節五穀熟。長保二親子孫力，傳及後世樂無極。」又四時鑑：「春夏秋冬作 ，文篆特異，并附見之（一）。

【校】

① 古鏡銘　丹鉛總録原無，據升庵集卷五十三、升庵外集卷十六補。

② 尚方作鑑真大巧　尚，丹鉛續録卷十一作「上」。巧，升庵集卷五十三「鑑銘」作「好」。

③ 潁民頓氏　升庵集作「潁川頓氏」。日月常相對　對，丹鉛續録卷十一作「會」。

④ 「此銘辭古雅」至「不厭重録之」　丹鉛總録無，據升庵集卷五十三「鏡銘」補。

⑤ 胡虜殄滅天下復　復，一作「福」。

【注】

〔一〕丹鉛總録所載鏡銘外，升庵詩話卷三、升庵外集卷十六尚有數則，附録于後：

「我有古時鏡，初自壞陵得。蛟龍猶泥塗，鬼魅幸月蝕。無名氏作，見梁書。」（升庵詩話卷三）

「又一首云：有玉辭夏，惟金去秦。俱隨革故，共集鼎新。儀天寫質，象日開輪。率舞鸞鳳，奔走鬼神。長懸仁壽，天子萬春。又鳳州遁延山穴古鏡銘云：練形神冶，瑩質良工。如珠出匣，似月停空。當眉寫翠，對臉傳紅。綺窗繡幌，俱照秦宫。一本作「俱涵影中」。蓋唐人作也。」（升庵外集卷十六）

刺閨

梁戴暠從軍行云：「長安夜刺閨，胡騎犯銅鞮。」刺閨，夜有急報投刺於宫門也。南史：「陳文帝每夜刺閨，取外事分判者，前後相續，敕鷄人伺漏傳籤於殿中，令投籤於階石上，蹌然有聲。」〔一〕隋煬帝詩：「投籤初報曉。」〔二〕隋時此制猶存也。

【注】

〔一〕見南史陳本紀文帝紀。每夜刺閨，作「一夜内刺閨」。蹌然，作「鎗然」。

〔二〕此隋煬帝效劉孝綽雜憶詩中句，見漢魏六朝百三家集卷一一四隋煬帝集。

扁舟本作鯿舟

或問予：「詩人多用扁舟，何處爲始？」予按南史：「天淵池新制鯿魚舟，形甚狹。」〔一〕故小舟稱扁舟。六朝詩惟王由禮有「扁舟夜向江頭泊」之句，至唐人則多用之。

【注】

〔一〕見南史卷四十八陸澄傳附陸雲公傳，作「時天泉池新製鯿魚舟，形狹而短」。

木夾

唐僖宗乾符六年，嶺南節度使辛讜遣徐雲虔使於南詔〔一〕。南詔驃信待雲虔甚厚，授以木夾遺還。通鑑釋文及綱目、集覽皆不解木夾之義〔二〕。予按宣和書譜云：「章孝規嘗爲路魯瞻書雲南木夾。」「木夾，彼方所謂木契。蠻夷之俗，古禮未廢，故其往復移文，猶馳木夾。其詞略曰：『萬里離南，一朝至北，開緘捧讀，奬飾過多。』蓋其結信邊鄙，使之不敢犯義者，理固如是耳。」〔三〕

【注】

〔一〕辛，萬曆本誤作「率」，據新唐書卷二二二南蠻傳中改。

〔二〕南詔授木夾遣還事，見通鑑唐僖宗六年，胡三省注云：「遞牒以木夾之，故云木夾。范成大桂海虞衡志曰：『紹興元年，安南與廣西帥司及邕通信問，用兩漆板夾繫文書，刻字其上，謂之木夾。』……是中國亦用木夾也。」

〔三〕見宣和書譜卷十八路魯瞻雲南木夾。如是，作「在是」。

角制所始

宋韋禹錫道州鼓角樓記云：「鼓角之制，其來遠矣。肇黄帝之御宇①，戰蚩尤於涿野，克壯乎虎旅，取象乎龍吟。爾後始備于鹵簿，稷嗣定于雅樂。前征烏蠻之國，遂寢于兜勒之曲；後分熊軾之寄，乃限于天驕之奏。故有屹襄湖之峻雉，敞雲構之飛譙，三吹之調切深，七萃之師咸肅，丕顯乎威武，底寧乎邊鄙，則知聖人備物制用，其利博哉！」〔一〕近世胡祭酒儼云：「畫角之曲，曹子建所作，其詞云：『爲君難，爲臣難，難又難。』」〔二〕其説甚新，然不著出處，諸書亦不見其事。按：陳氏樂書、文獻通考、事物紀原最爲博引，亦不載其事。韋禹錫此記，偏徵鼓角前事可謂無遺，曹植名人，豈應遺漏。胡氏此説，似爲無稽，恐出俗口，不載典册，未可據也。如近世傳雙陸爲子建制，予亦疑之。及閲洪邁雙陸譜云：「世傳爲曹植制，非。」乃知典册所不收者，皆俗傳之妄耳〔三〕。

【校】

①肇黄帝之御宇　黄帝，上杭本、萬曆本作「帝」。丹鉛摘録卷五、四庫本作「黄帝」，據改。

【注】

〔一〕見祝穆古今事文類聚續集卷二十三。其來遠矣，作「其自來矣」。帝之御宇，作「帝鴻之御宇」。始備於鹵簿，作「始皇備於鹵簿」。其利博矣，作「其利溥矣」。

〔二〕見明文衡卷五十五胡儼譙樓畫角三弄記作「畫角之曲有三弄，乃曹子建所撰」。

〔三〕升庵集卷四十四、升庵外集卷二十一另有「角制」一則，可互參，附録於後：

「今制吹角，以爲起於曹子建，其説出於近世胡公儼集中，然不知其所引何書也。按：杜氏通典、文獻通考、陳氏樂書，引證極爲博洽且精詳。但引證大司馬桓温屯中堂夜吹角，爲司馬恬所彈。又引陸機爲大都督聞衆軍警角，謂孫極曰：『我聞此殊不如華亭鶴鳴。』衛公兵法：『吹角十二聲一疊。』并不及子建事。三公博極羣書者，豈有遺耶！角事果始自子建，何諸書不言，自胡公始發之耶？恐出臆説，未可據耳。」

金題玉躞

海岳書史云：「隋唐藏書，皆金題玉躞，錦贉繡褫。」金題，押頭也；玉躞，軸心也。贉，卷首帖綾，又謂之玉池，又謂之贉，有毬路錦贉，有樓臺錦贉，有樗蒲錦贉。有引首，一色者曰雙引首，標外加竹界曰打攝①，其覆首曰褾褫。法帖譜系曰：大觀帖「用皂鸞鵲錦褾褫」是也。卷之袠籤曰檢，又曰排。漢書武紀「金泥玉檢」注：「檢，一曰燕尾，今世書帖籤。」後漢公孫瓚傳「皂囊施檢」注：「今俗謂之排。」此皆藏書畫、職裝潢所當知也。

【校】

① 曰打攝　曰，萬曆本、四庫本誤作「而」，據本書卷七「贉即玉池」條改。

方麯

北史楊愔傳：「以方麯障面」〔一〕，讀者不解「方麯」爲何語。按：說文作「笛，蠶薄也」。通作「曲」。禮記曰「薄」，漢書周勃傳：「織薄曲爲業。」方言：「薄，謂之曲。」此云「方麯障面」，蓋竹織方扇也。

【注】

〔一〕見北史卷四十一楊愔傳：「其聰記强識，半面不忘。」「選人魯漫漢自言猥賤，獨不見識。愔曰：『御前在元子思坊騎禿尾草驢，經見我不下，以方麴鄣面，我何不識卿？』漫漢驚服。」

孟光舉案

中丞劉東阜遠夫與予遊浣溪，酒中問予曰：「張平子詩『青玉案』是何物也？」予曰：「宋林少穎云：『案，古椀字也，青玉盌也。』南京人謂傳碗曰案酒，此可以證。又孟光舉案，恒與眉齊，亦言進食舉椀。若是案卓，何能高舉？」東皐深爲首肯，而戲曰：「孟光力能舉臼，案卓舉亦不難，但梁鴻必須踊躍而食矣。」時謝狷齋侍御，王玉壘、楊方洲兩太史在座，皆大笑。無幾時東皐奄遊①，追憶昔遊爲書之②，亦東坡録文與可戲語意也。

【校】

① 無幾時東皐奄遊　遊，升庵外集卷十八作「逝」。

② 追憶昔遊爲書之　爲書之，萬曆本脱，據丹鉛摘録卷二補。

【辨】

升庵言「案」非案卓，而是椀。王世貞駁之曰：「以案作盌尤無據。按：楚漢春秋：淮陰侯謝武涉漢王賜臣玉案之食。以今度之，想是玉盤，而下有足者曰玉案。故説文以爲几屬耳。或於案中别寘器，或徑寘食。」（景印文淵閣四庫全書一二八一弇州四部稿卷一百五十八宛委餘編卷三　臺灣商務印書館）

謝肇淛五雜組卷十二云：「孟光舉案齊眉，解者紛然，亦大可笑事。古人席地而坐，疾則憑几。食及觀書則皆用案几，即今之卓子。案，似食格之類，豈可便以几爲案乎？漢王賜淮陰玉案之食，玉女賜沈羲金案玉杯，石季龍以玉案行文書，古詩『何以報之青玉案』，漢武帝爲雜寶案，貴重如此，必非巨物。楊用修以爲碗，亦非也。且漢時皇后五日一朝皇太后，親奉案上食；高祖過趙，趙王敖自持案，進食甚恭，則古人之舉案爲常事，何獨孟光哉？」（歷代筆記叢刊　上海書店出版社）

案，若今之托盤。升庵集卷五十二「青案緑瓷」條云：「古詩青玉案，即盤也。今以案爲卓，非。孟光舉案即盤也。若今之卓子，豈可舉乎？」（見景印文淵閣四庫全書一二七〇升庵集）是升庵亦未誤。

秦子符子

秦子：「玉壺，必求其所以盛；干將，必求其所以斷。無盛之巵，雖赤瓊碧瓐無貴也；不斷之劍，雖含影承光無取也。」符子曰：「太公涓釣於隱溪，跽而隱崖，不餌而釣，仰咏俯吟，暮則釋竿，其膝所處，石皆若臼，其跗觸崖若路。」〔一〕二子之姓名，人罕知，況見其書乎〔二〕！馬總意林亦不載，今録其二條，亦其一臠也。秦子，名菁，見庾仲容子抄。符子，名朗，東晉人，見隋藝文志。

【注】

〔一〕見太平御覽卷九三五引符子，有刪改。

〔二〕明王世貞宛委餘編卷八云：「用修引符子，云姓名人罕知，『此亦不詳正史之故，符朗不當作符。

按：苻堅載記後有朗傳，堅之從兄子也，秦亂投晉，爲王國寶所搆死，著苻子數十篇，亦老莊之流，此書今收藏經中，余嘗讀之，豈僻人僻書也」。明胡應麟丹鉛新録卷一「秦子苻子」條云：「馬總意林有秦子，用修所引尚存，何云不載也？秦子名菁，其書隋世已亡，苻子名朗，傳見晉史。」又云：「苻子，隋志列道家，稱二十卷，今載藏經，恐非其全，詩家所用孌童承唾即朗事也。楊蓋未讀道藏，其曰意林不載，則今之節本八十家者，非馬氏本書也。」

簪導〔一〕

「簪導，按釋名云：『簪，建也，所以建冠於髮也。一曰笄。笄，繫也，所以拘冠使不墜也。導所以導擽鬢髮，使入巾幘之裹也。』今依周禮，天子以玉笄，而導亦如之。又史記曰：『平原君誇楚，爲玳瑁簪。』班固與弟書曰：『今遺仲升以黑犀簪。』士燮集云：『遺功曹使貢皇太子通天犀導。』故知天子獨得用玉，降此通用玳瑁及犀。今并準是，唯弁用白牙笄導焉。」〔二〕

【注】

〔一〕四庫本題注云：「與餘録一條相出入。」餘録，實爲續録之誤。續録卷八「簪導」云：「簪導，字出隋書。釋名曰：『簪，建也，所以建冠於髮也。導，所以擽鬢髮使入巾櫛之裹也。導，古者男女皆用之。』禮云：『笄揔拂髦。』詩云：『象之揥也。』拂髦、象揥，今之篦子。魏明帝與諸葛恢書云：『今送犀導，小物耳，然是情發於中而寄於物。』」

〔三〕見隋書禮儀志七。鬢髮，萬曆本作「髮」。笄，萬曆本誤作「屏」。

斗斛大小

歷代斗斛，大小不同。左傳疏云：「魏、齊斗秤於古二而爲一，周、隋斗秤於古三而爲一。」〔一〕

【注】

〔一〕見左傳定公八年孔疏。

象經

世傳象棋爲周武帝製。按後周書，天和四年，帝製象經成，殿上集百寮講説〔一〕。隋經籍志：「象經一卷，周武帝撰。」有王褒注、王裕注、何妥注。又有象經發題義。又據小説，周武帝象經有日月星辰之象，意者以兵機孤虚衝破寓於局間，決非今之象戲車馬之類也。若如今之象戲，芸夫牧豎俄頃可解，豈煩文人之注，百寮之講哉。

【注】

〔一〕見周書卷五武帝紀上。作「帝制象經成，集百僚講説」。

【辨】象棋是否始于周武帝時，升庵疑之。明胡應麟丹鉛新録卷二「象經」條云：「象經之製，載太平御覽甚詳，用修似未覩也。今象棋唐世已有之，見廣記『岑順』下，意周武所製不行於時，唐世所行自是今象戲耳。

「周武所造象戲，一曰天文、二曰地理、三曰陰陽、四曰時令、五曰算數、六曰律吕、七曰八卦、八曰忠孝、九曰君臣、十曰文武、十一曰禮儀、十二曰（缺二字）、與俗象戲迥不同，亦無楊所謂孤虚衝破也。

「事物紀原引説苑云：雍門周謂孟嘗君云：『足下燕則鬭象棋。』疑戰國時已有此，御覽不引而以周武所造當之，亦疏略。……

「古所謂象戲者，如易象之象耳。周武天、日、月、星皆取譬之義，玄怪録所言金象將軍，蓋以戲名詭撰，中但有車、馬、卒、將等，絶無象也。今有象，當起於宋世，又因棋名而增設之，非前代命名之意矣。司馬温公七國棋例云：『雖名象戲，而無象及車者，車即將及偏裨所乘，象不可用於中國故也。』温公蓋以當時象戲有象及車，故爲此説，而不知古名象戲，以取象之義，本無象也。宋世棋有象，即温公語可徵，蓋與今大略同矣。晁無咎廣象戲圖序云：『象戲，戲兵也。黄帝之戰，驅猛獸以爲陣。象，獸之友也，故戲兵而以象戲名之。』棋之有象起宋世，此亦可徵。晁序蓋文士筆端，不考事實，且未别命名之義也。温公七國棋雖名象戲，實圍棋局也。……」（見少室山房筆叢卷五　中華書局）

明謝肇淛五雜組卷六云：「象戲，相傳爲武王伐紂時作，即不然，亦戰國兵家者流，蓋時猶重車戰也。兵卒過界，有進無退，正是沉船破釜之意。其機會變幻雖視圍棋稍約，而攻守救應之妙亦有千變萬化不可言者，金鵬變勢略備矣，而尚有未盡者，蓋著書之人原非神手也。……「唐玄怪録載岑順事，可見當時象棋遺制，所謂『天馬斜飛』、『輜車直入』、『步卒横行』者，皆彷佛與今同，但云『上將横行擊四方』者稍異耳。唐不聞有象，而今有之。胡元瑞云：『象不可用於中國。』則局中象不渡河，與士皆衛主將者，不無見也。」（歷代筆記叢刊　上海書店出版社）

大赤

易説卦廣八卦之象，乾「爲大赤」〔一〕。按明堂位：「商之大白，周之大赤」〔二〕，皆旂名也。左傳：「分康叔以少帛，旃爲大赤。」注云：「大赤，通帛。」〔三〕周禮：「象路，建大赤，以朝；木路，建大麾，以田。」〔四〕

【注】

〔一〕易説卦：「乾爲天，……爲大赤」、「坤爲地，……爲大輿。」萬曆本脱「乾」，據升庵經説卷二補。

〔二〕禮記明堂位作「有虞氏之旂，夏后氏之綏，殷之大白，周之大赤」。

〔三〕左傳定公四年作「分康叔以大路少帛綪茷旃旌」，注云：「綪茷，大赤，取染草名也。」有删節。

〔四〕見周禮春官巾車。有删節。

京房沈重衍律

漢京房衍十二律爲六十律，有法滅、執始之名〔一〕。梁沈重又衍六十律爲三百六十，有「阿衡」、「歸仁」之目〔二〕，可謂續鳧之頸，畫蛇之足，二子以之。

【注】

〔一〕見樂書卷一〇二「律吕相生上」：「持隔九相生之説，以中吕上生黄鍾，不滿九寸，謂之執始，下生去滅。」法滅，作「去滅」。

〔二〕見隋書律曆志上：「宋錢樂之衍京房六十律，更增爲三百六十，梁博士沈重，述其名數。」

私礬

榷礬者，唐於晉州，開成三年罷之。宋律〔一〕：白礬出晉汾州、坊州；緑礬出磁州、隰州。各置官典護，户有駄錢①。陳止齋曰：「私礬之禁，爲契丹、北漢設也。」本朝不設礬官，亦無礬禁。大明律私礬一條，當時修者失于删除耳。

【校】

① 户有駄錢　駄，萬曆本作「馱」，上杭本作「駞」。宋史食貨志下作「馱」，文獻通考卷十五作「駞」。

【注】

〔一〕宋律，文獻通考卷十五作「宋朝之制」。下文典護，作「典領」。

朱子玄牝解

牝，只是木孔承筍能受的物事，如今門樻謂之牡，鐶則謂之牝；鎖管便是牝，鎖鬚便是牡，雌雄謂之牝牡。可見玄牝者，謂是至妙之牝，不是那一樣底牝。

簡牘①

莊子曰：「小夫知之，不離苞苴竿牘。」〔二〕注云：「苞苴以遺，竿牘以問。」竿，音干，即簡牘也。以竹曰竿，又曰簡；以木曰牘，又曰札。説文：「牘，書版也。」古者與朋儕往來，以版代書帖，故從片，曰牋曰牒，皆此意也。説文作「箋」，表識書也。後轉作「牋」，亦是用竹爲箋，用木爲牋也。紙亦曰箋紙，不忘其本也。牋，説文曰：「牒，札也。」徐鉉曰：「議政未定，短札諮謀曰牒。」增韻：「官府移文曰牒。」説文：「札，牒也。」釋名：「札，櫛也，編之如櫛齒相比也。」郭知玄集韻序：「銀鈎一啓②，亥豕成羣；簜櫛行披，魯魚盈隊。」蓋以札爲櫛也。其云簜櫛，周禮所謂「英簜輔節」，亦竹簡之謂也。司馬相如傳「令尚書給筆札」注：「木簡之薄小者。」時未用紙，故給札以書。中庸曰：「布在方策。」方，板也，以木爲之；策，簡也，以竹爲之。至秦漢以下，以絹素書字，漢文帝集上書囊以爲帷〔二〕，書囊，如今文書封套。一曰書帶，鄭玄「庭下生草如書帶」是也。又曰書袋，海中有魚，形如書袋，相傳秦始皇吏遺書袋於海所化是也。漢世書札相遺，或以絹素疊成雙魚之形，古詩云：「尺素如霜雪，疊成雙鯉魚。要知心裏事，看取腹中書。」〔三〕是其明證也。故古詩有「客從遠方來遺鯉魚」之句指此〔四〕。昧者不知，即以爲水中鯉魚能寄書，可笑！李太白集有桃竹書筒，元微之以竹爲詩筒寄白樂天〔五〕，亦莊子之所謂「竿」也。

【校】

①簡牘　丹鉛續録卷十一另有「簡牘」一則，文字與此條不同：「古人與朋儕往來者，以漆板代書帖，又苦其露泄，遂作二板相合，以片紙封其際，故曰簡板，或云赤牘。」

②銀鉤一啓　一啓，四庫本作「乍啓」，本書卷四「簜」作「乍閱」。

【注】

〔一〕見莊子列御寇。小夫知之，作「小夫之知」。

〔二〕見漢書東方朔傳。

〔三〕此爲李冶結素魚貽友人詩中句，見全唐詩卷八〇五。霜雪，作「殘雪」。叠成，作「結爲」。要，作「欲」。

〔四〕見樂府詩集卷三十八飲馬長城窟行作「客從遠方來，遺我雙鯉魚」。

〔五〕李太白集卷十九酬宇文少府見贈桃竹書筒：「桃竹書筒綺繡文，良工巧妙稱絶羣。……中藏寶訣峨眉去，千里提携長憶君。」唐語林卷二載：白居易以中書舍人爲杭州刺史，元稹鎮會稽，「每以筒竹盛詩來往」。

車子釣

張志和漁父曲：「車子釣，橛頭船，樂在風波不用仙。」〔一〕唐譚用之詩云：「碧玉蜉蝣迎客酒，黄金轂轆釣魚車。」〔二〕又云：「翩翾鸞檣薰晴浦，轂轆魚車響釣船。」〔三〕是其事也。宋史：洞庭湖賊楊么，四輪激水，船行如飛。今失其制。

【注】

〔一〕此爲張志和漁父歌詩中句，見全唐詩卷三〇八。

〔二〕此譚用之貽費道人詩中句，見全唐詩卷七六四。

〔三〕此譚用之寄左先輩詩中句，見全唐詩卷七六四。釣船，作「夜船」。

罟擭陷穽

罟擭，以罟爲擭而掛之。陷穽，爲阱如井以陷。罟擭，以扃羂禽獸，今之扣網也。陷穽，以陷墜禽獸，今之賺坑也。

車屐

子夏易傳曰：「輹，車下伏兔也。」〔一〕今人謂之車屐，形如伏兔，以繩縛于軸，故車下縛曰輹。

【注】

〔一〕易大畜：「九二：輿説（脱）輹。」左傳僖十五年：「車説其輹。」

閭丘冲

荀綽兖州記曰：「閭丘冲好音樂，侍婢不釋管絃，出入乘四望車。」〔一〕

【注】

〔一〕見世説新語卷中「品藻」劉孝標注。侍婢不釋管弦，作「侍婢在側，不釋弦管」。

王獻之

續晉陽秋曰：「獻之文義非所長①，而能撮其勝會，故擅名一時，爲風流之冠也。」

【校】

① 獻之文義非所長　非所長，非，上杭本、萬曆本誤爲「作」，世説新語卷中「品藻」，劉孝標注引作「並非所長」。

物無非樂

莊子説庖丁解牛處云：「奏刀騞然，莫不中音。」中音者，鼓刀之音節合拍也。刀聲亦合樂府之板眼，俗諺所謂「打出个令兒來」也，乃知天地間物無非樂也，賈人之鐸，諧黄鍾之律；庖丁之刀，中桑林之舞。至于牧童之吹葉，閨婦之鳴砧，無不比於音者，樂何曾亡也哉！

盬字義

孔穎達曰：「盬與蠱，字異義同。」左傳「皿蟲爲蠱」，是亦「不攻牢、不堅緻」之謂也〔一〕。

史記「器不苦窳」〔二〕、儀禮「功沽」〔三〕、荀子「問楛者勿告也」〔四〕，則「苦」、「沽」、「楛」，皆同盬義。

【注】

〔一〕見左傳昭公元年：「趙孟曰：何謂蠱？」「對曰：於文皿蟲爲蠱，穀之飛亦爲蠱。」杜預注：「皿，器也，器受蟲害者爲蠱。穀久積則變爲飛蟲，名曰蠱，是蠱爲不攻牢、不堅緻之意也。」

〔二〕史記五帝本紀作「器皆不苦窳」，正義：「苦讀如盬，音古。盬，麤也。」

〔三〕見儀禮喪服「大功布衰裳牡麻絰」注：「大功布者，其鍛冶之功沽麤也。」

〔四〕見荀子勸學篇「問楛者勿告也」楊倞注：「楛與苦同，惡也。凡器物堅好者謂之功，濫惡者謂之楛。」

墨法①

古墨惟以松烟爲之，曹子建詩：「墨出青松烟，筆出狡兔翰。」〔一〕唐詩：「輕翰染松烟。」〔二〕東坡詩：「徂徠無老松，易水無良工。」〔三〕小説載王方翼燎松丸墨富家。聞見録云：「唐李超，易水人，與子廷珪亡至歙州，其地多松，因留居，以墨名家。」〔四〕仇池筆記：「真松煤遠烟，自有龍麝氣。世之嗜者，如滕達、蘇浩然、吕行甫，暇日晴暖，研墨水數合，弄筆之餘，乃啜飲之。」又云：「三衢蔡瑫，自烟煤膠外，一物不用，特以和劑有法，甚黑而光。」〔五〕近世稱徽墨，率用桐油烟，既非古法，墨成亦用漆爲衣始光。東坡云：「光而不黑，是爲棄墨；黑而不光，索然無神氣，亦復安用？」〔六〕殆此等耶？予得墨法於異人，只用煙膠，成即光如漆，名之曰一品玄霜，殆不虚也。

【校】

① 墨法 一作「松墨」，見升庵集卷六十六、升庵外集卷十九。

【注】

〔一〕此爲曹植樂府詩中句，見丁晏編曹集全評卷五長歌行，作「墨出青松之烟，筆出狡免之翰」。

〔二〕此爲唐楊師道詠硯詩中句，見全唐詩卷三十四。染松烟，作「染烟華」。

〔三〕此爲蘇軾孫莘老寄墨四之一詩中句，見蘇東坡集卷十四。

〔四〕見宋王闢之澠水燕談録卷八事誌。其地多松，作「以其地多美松」。因聞見後録卷二十八有「太祖下南唐得李廷珪父子墨」事，升庵誤記。

〔五〕見蘇軾仇池筆記卷上「看茶啜墨」。滕達，作滕達道。

〔六〕見蘇軾仇池筆記卷下「晉卿墨」。是爲棄墨，萬曆本脱。

筭法

古筭法與今不同，筭器亦不同。筭法之異，見孫子筭經，猶可考見，筭器則不可見矣。漢書律曆志云：「算法用竹，徑一分①，長六寸，二百七十一枚而成六觚，爲一握。」所以爲筭法之用也。三禮圖有六觚筭法，形如六角米箕〔一〕。又有方圓筭法，形圓中方方爲四羃②，餘圓爲四庛。沈存中謂：「筭法用赤籌、黑籌，以别正副之數。」〔二〕詳此亦見其概矣。

【校】

① 筭法用竹徑一分　「一分」，上杭本、萬曆本作「十分」，丹鉛餘録卷十五、四庫本作「一分」，漢書律曆志作「其算法用竹，徑一分」。據改。

② 形圓中方方爲四羃　丹鉛餘録卷十五作「形圓中方爲四羃」。

【注】

〔一〕漢書律曆志上「六觚」蘇林注：「六觚，六角也，度角至角，其度一寸，面容一分，算九枚，相因之數有十，正面之數實九，其表六九五十四，算中積凡得二百七十一枚。」

〔二〕見夢溪筆談卷八「象數二」。正副，作「正負」。

師開師曠

師開鼓琴，以東方西方之聲，而知室之朝夕〔一〕。師曠吹律，以南風北風之聲，而知軍之勝敗〔二〕。藝之精也通乎天人，今之藝師有此乎？師開事，見晏子。

【注】

〔一〕見晏子春秋卷六：「景公新成栢寢之室，使師開鼓琴，師開左撫宮，右彈商，曰：『室夕。』公曰：『何以知之』？ 師開對曰：『東方之聲薄，西方之聲揚。』」

〔二〕見左傳襄公十八年師曠言「南方多死聲，楚必無功」。

三雅

東觀漢記：「今日歲首，謂上雅壽①。」雅，酒問也。魏文帝典論：「荆州牧劉表子弟，以酒器名三爵，上者曰伯雅，中者曰中雅，小者曰季雅。」〔一〕隱窟雜誌：「宋時閬州有三雅池，古有修此池得三銅器，狀如酒杯，各有篆文，曰伯雅、仲雅、季雅。當時雖以名池，而不知爲劉表物也。」廣韻「盄」字注云：「酒器。」「盄」即「雅」字也。吴均詩：「聊傾三雅巵。」今人語曰「雅量」，伎人送酒曰「雅酒」，蓋本此云〔二〕。

【校】

① 謂上雅壽　謂，丹鉛餘録卷十七、丹鉛摘録卷三作「謂」，升庵外集卷十八作「請」。

【注】

〔一〕見唐馬總意林卷五：「典論五卷：荆州牧劉表跨有南土，子弟驕貴，以酒器名三爵，上者曰伯雅，受七勝；中雅，受六勝；季雅，受五勝。」

〔三〕升庵詩話卷三另有「三雅杯」一則，可參看。

淮南太玄法言新書

正部云：「淮南浮僞而多恢，太玄幽虚而少效，法言雜錯而無主，新書繁文而鮮用。」〔一〕亦確論也。

【注】

〔一〕見唐馬總意林卷四「正部十卷」。

琫珌〔一〕

「天子玉琫而珧珌①，諸侯璗琫而璆珌。」此古禮之言，毛萇引之以釋詩也〔二〕。

【校】

① 天子玉琫而珧珌　天子，丹鉛餘録卷十五、丹鉛總録諸本作「王子」；升庵集卷六十六、升庵外集卷二十作「天子」。據詩小雅瞻彼洛矣「鞞琫有珌」傳改。

【注】

〔一〕升庵集卷六十六另有「瑒琫瑒珌」條，可參看：「孟康曰：『瑒，玉名也，音蕩。』爾雅曰：『黄金謂之璗。』説文曰：『璗金之美，與玉同色者也。』按：璗乃白金之有光如鏡，又非銀也。周禮有簜節，以竹之孚得名，言白金之色如竹孚也，字从玉，與玉同色也。郭知玄韻序云：『璗札行披。』則謂紙色如玉也。應瑒之名亦音璗。今音暢，非。佩刀之飾，上曰琫，下曰珌。詩云：『鞞琫有珌。』毛傳曰：『鞞，刀室也。琫，上飾；珌，下飾。天子玉琫而珧珌，諸侯璗琫而璆珌。』瑒，音蕩。琫，布孔切。珌，音必。」

〔二〕見詩小雅瞻彼洛矣「鞞琫有珌」、大雅公劉「鞞琫容刀」。

丹鉛總録卷之九

人事類

孔子沐浴而朝

孔子沐浴而朝，於義盡矣。胡氏乃云「仲尼此舉，先發後聞可也」〔一〕，是病聖人之未盡也。果如胡氏之言，則不告於君而擅興甲兵，是孔子先叛矣，何以討人哉？胡氏釋之於春秋，朱子引之於論語，皆未知此理也。岳飛承金牌之召，或勸之勿班師，飛曰：「此乃飛反，非檜反也。」其從容君臣之義，雖聖人不過是也。

【注】

〔一〕見宋胡安國胡氏春秋傳。朱熹論語集注陳恒弑齊簡公，孔子沐浴而朝，告於哀公曰：「陳恒弑其君，請討之。」禮必上告天子，率與國以討之。而胡氏乃云：「春秋之法，弑君之賊，人得而討之，仲尼此舉，先發後聞可也。」

改元〔一〕

古者天子諸侯繼立，踰年而始稱元年，終一主爲一元，未有一主而再稱元者也。漢文帝信新垣平之言，再稱後元〔二〕，自後武帝更十數紀元，歷代皆然。俗諺有「亂主年年改號，窮士日日更名」之譏。然予觀長曆云〔三〕：秦惠文十四年更爲元年，則其謬不始於漢文矣。又晉惠大安二年，長沙王乂事敗，成都王穎改年爲永興，是一歲而二號。齊鬱林王改元隆昌，海陵王改元延興，明帝改元建武，是一歲而三號。史册書法混淆，俗諺云亂，誠是也。然則本朝之制，豈不度越漢唐哉①！

【校】

① 然則本朝之制豈不度越漢唐哉　丹鉛餘録卷十五「改元」無此句，作「筆陣圖乃羊欣作，李後主續之。今陝西刻石，李後主書也。以爲羲之，誤矣」。當係另一則，今本無。

【注】

〔一〕本書卷三有「景雲改元」，可參看。

〔二〕漢書文帝紀稱「後元年」。

〔三〕長曆，吴徐整撰。

騎兵〔一〕

古者以馬駕車，秦晉韓原之戰，惠公乘小駟〔二〕。昭公元年，晉荀吴敗狄于大鹵①，始毁車崇卒，而單騎自此始，至六國時則盡然矣。蘇秦所謂「車千乘，騎萬匹」是也。鄭玄解周禮大司馬「師帥執提鼓」〔三〕云：「提，謂馬上鼓。」程伊川解易「乘馬班如」爲「人馬異處」，皆謂單騎如今制，非也。文王、周公之世，何嘗有單騎之説乎？或問：六韜有騎戰②，子何言古無單騎？曰：六韜僞文，非太公著，古亦未有無車而乘馬者。易曰：「舍車而徒。」杜牧之注孫子曰：「黄帝險于蚩尤，以中夏車徒，制夷虜騎士，此乃弧矢之利也。」牧之此言必有所據。乃知騎兵出于夷狄，至趙武靈王令國中胡服騎射，其事始入中國耳。

【校】

① 晉荀吴敗狄于大鹵　大鹵，上杭本、萬曆本作「九鹵」；丹鉛餘録卷十七作「大鹵」。春秋昭元年作「大鹵」，據改。

② 或問六韜有騎戰　或問，升庵外集卷十一作「或謂」。

【注】

〔一〕本書卷十一「六經無騎字」，可互參。

〔二〕小駟，馬名。見左傳僖公十五年杜注：「鄭所獻馬名小駟。」

〔三〕周禮夏官大司馬：「師帥執提，旅帥執鼙，卒長執鐃，兩司馬執鐸。」鄭玄注：提，「提鼓，鼓之有柄者，於馬上提之」。「提鼓」之「鼓」當爲衍文。

女樂本于巫覡

女樂之興，本由巫覡。周禮所謂以神仕者，在男曰巫，在女曰覡。巫咸在上古已有之，汲冢周書所謂「神巫用國」。觀楚辭九歌所言「巫以歌舞悦神」，其衣被情態，與今倡優何異。伊尹書云：「敢有恒舞於宫，酣歌於室，時謂巫風。」〔一〕巫山神女之事，流傳至今，蓋有以也。晉夏統傳：「女巫章丹、陳珠二人，并有國色，莊服雅麗。」〔二〕歌舞輕徊，其解佩褫紳，不待低帷昵枕矣。其惑人又豈下於陽阿、北里哉！

【注】

〔一〕見尚書商書伊訓。

〔二〕見晉書卷九十四隱逸傳夏統傳：「女巫章丹、陳珠二人，並有國色，莊服甚麗，善歌儛，又能隱形匿影。」「在中庭輕步佪儛，靈談鬼笑，飛觸挑柈，酬酢翩翻。」「夜與游戲，放傲逸之情，從奢淫之行，亂男女之禮，破貞高之節。」

女史

唐尚書郎入直，供青縑白綾被，或以錦緤爲之，給帷帳通中枕，侍史一人，女侍史二人，皆選端正妖麗，執香爐香囊護衣服。唐詩：「春風侍女護朝衣」〔一〕，又「侍女新添五夜香」〔二〕。韓退之紅桃花詩〔三〕：「應知侍史歸天上，故伴仙郎宿禁中。」皆指此也。

【注】

〔一〕此爲白居易聞楊十二新拜省郎遥以詩賀詩中句，見白居易集卷十七。

〔二〕此爲李頎寄司勳盧員外詩中句，見全唐詩卷一三四。

〔三〕紅桃花詩，韓愈詩集卷九題爲題百葉桃花。

棗昏

宋人書啓自叙云：「性本棗昏，質惟木訥。」按：范曄香序云：「棗膏昏蒙，甲煎淺俗，非惟無助於馨烈，乃當彌增於尤疾也。」〔一〕

【注】

〔一〕見宋書卷六十九范曄傳。香序，作「和香方序」。昏蒙，作「昏鈍」。

漁樵

有瀛海之涉人，晤崑崙之木客①，各陳風土，并其物色。海人曰：「横海有魚，厥大不知其幾何，額若三山之頂，一吸萬頃之波。」山客曰：「鄧林有木，圍三萬尋，直穿星漢而無杪，旁蔭八夤而交陰。」齊諧氏曰：「微爾漁暨樵，邈矣其貎。不見吾國之大人，合山海于一餉②，折木爲策，短不可杖，釣魚爲湆，不足充餔餦。」〔一〕海人俛靡，山客膠頤，齊諧忽而去矣，夷堅聞而志之。余醉中題漁樵問對圖，漫志于此。

【校】

① 晤崑崙之木客　木客，丹鉛摘録卷三作「山客」。

② 合山海于一餉　合，丹鉛續録卷九作「過」。

【注】

〔一〕見法苑珠林卷三十七引孫綽子。文字稍異。

隱居不當談時事

古之耕莘築巖釣渭者，其於天下，非事事而究其利病也，非人人而訪其賢否也。閉門造車，出門合轍，得志行乎天下，舉而措之而已。今有廢居而口談時事，謂之留心世故，不過奔競而已。隨駕隱士，時務道學，由此其選也。

鄉里夫妻

俗語云：「鄉里夫妻，步步相隨。」言鄉不離里，如夫不離妻也。古人稱妻曰鄉里。沈約「山陰柳家女」詩曰：「還家問鄉里，詎堪持作夫。」〔一〕南史張彪傳曰：「我不忍令鄉里落他處。」姚令威曰：「會稽人曰家里，其義同也。」見西溪叢語〔二〕。

【注】

〔一〕此爲沈約少年新婚爲之詠詩中句，見玉臺新詠卷五。山陰柳家女，爲詩之首句。

〔二〕姚寬西溪叢語卷下云：「沈休文『山陰柳家女』詩云：『還家問鄉里，詎堪持作夫。』鄉里，謂妻也。南史張彪傳呼妻爲『鄉里』云：『我不忍令鄉里落佗處。』今會稽人言『家里』，其意同也。」

橘黃

唐李伯珍與醫帖云：「白金一挺奉納，以備橘黃之需。」始不曉所謂，及觀續世説，有「枇杷黃，醫者忙；橘子黃，醫者藏。」乃知時使然耳〔一〕。宋陳郁藏一話腴。

【注】

〔一〕此條采自陳郁藏一話腴。唐李伯珍與醫帖，作「李守大異伯珍回醫生之書」。續世説，作「世説」。

象山

象山云：「涵養是主翁，省察是奴僕。」〔一〕非專主涵養而盡去省察也，但有緩急之别。如程子所云：「志爲元帥，氣爲卒徒。」〔二〕豈專持志而暴氣者。

【注】

〔一〕見陸象山性理大全書卷四十二，作「涵養是主人翁，省察是奴婢」。

〔二〕見吕大臨克己銘：「志以爲帥，氣爲卒徒。」

賕賄

宋之盛時，有位于朝者，以餽遺及門爲辱；受任于外者，以苞苴入京爲羞。及其季代中葉，秕政孽卿，則端揆以賕賂爲論思①，臺諫以珍玩爲獻納；或以金珠而充脯醢②，或以契券而爲詩文，甚者如俔、僎售妹于侂胄而得府，蘇師旦獻妻于侂胄而入閣〔一〕。噫！黑頭宰相，紅鉛夫人，後之視今，亦猶今之視昔也。

【校】

①則端撰以賕賂爲論思　則，萬曆本無，據丹鉛續録卷十補。

②或以金珠而充脯醢　脯醢，丹鉛續録卷十作「餔醢」。

【注】

〔一〕見宋史卷四百五十五華岳傳：「程松之納妾求知，或以售妹入府，或以獻妻入閣。」「侻、僎、倬、杲諸郭之膏粱無用。」侻、僎，爲郭侻、郭僎，南宋將領。

香與墨同關紐

邵庵①又與朱萬初帖云：「深山高居，爐香不可缺。退休之久，佳品乏絶。野人爲取老松柏之根枝葉實，共擣治之，斫楓肪羼和之②，每焚一丸，亦足助清苦。今年大雨時行，土潤溽暑特甚，萬初致石鼎清晝香，空齋蕭寒，遂爲一日之借，良可喜也。」〔二〕萬初本墨妙，又兼香癖，蓋墨之與香同一關紐，亦猶書之與畫，謎之與禪也。

【校】

①邵庵　升庵外集卷十九作「虞邵庵」。元虞集號邵庵，本條采自虞集道園學古録卷二十九贈朱萬初詩後自注。

②斫楓肪羼和之　肪，萬曆本作「昉」，丹鉛續録卷十二作「肪」，據改。

【注】

〔一〕見虞集道園學古録卷二十九。野人，作「人」。一日之借，作「一日之供」。

蠱瘴

周禮土訓：「掌道地圖、道地慝。」〔一〕鄭玄曰：「地慝若瘴蠱。」賈公彦云：「瘴即瘴氣。蠱即蠱毒，人所爲也。」國語：「宵靜女德，以伏蠱慝。」〔二〕

【注】

〔一〕見周禮地官土訓：「掌道地圖，以詔地事。道地慝，以辨地而原其生。」引文有删節。

〔二〕見國語晉語八。

陶淵明語

「癡人前不可説夢，達人前不可言命。」宋人就月録以爲陶淵明之言〔一〕，不知何據。

【注】

〔一〕就月録，乃就日録，宋灌園耐得翁撰，見古今説海。

音辭

顔之推音辭篇略云:「九州之人,言語不同」,「自春秋標齊言之傳,離騷有楚詞之經,蓋其較明之初也。」「南方水土和柔,其音清舉而切實,其失在浮淺;北方山川深厚,其音沈濁而訛鈍,其得在質直。然冠冕君子,南方爲優;閭里小人,北方爲愈。此其大較也,若易服而與之談,南方士庶,數言可辨;隔垣而聽其語,北方朝野,終日難分。蓋南染吴越,北雜夷虜,皆有深弊,不可具論其謬。」又曰:「兄當爲所榮切,今俗不行此音,亦古語之不可用者。」又曰:「北人之音,多以舉、莒爲矩。李季節云:『齊桓公與管仲謀於臺上,謀伐莒。東郭牙望桓公口開而不閉,故知所言者莒也。然則莒、矩必不同呼。』此爲知音矣。」又曰:「焉字,鳥名,又語詞。葛洪要用字苑始分其别,若訓爲何,訓爲安,當音於愆反音鳶,『於焉逍遥』、『於焉嘉客』、『焉用佞』、『焉使不及』是也。若送句及助辭,當音矣愆反音烟,『故稱龍焉』、『故稱血焉』、『有民人焉』、『有社稷焉』,『託始焉爾』、『晉鄭焉依』之類是也。」〔一〕

【注】

〔一〕此條節引自顔氏家訓音辭篇。有楚辭之經,作「目楚辭之經」。今俗不行此音,作「今北俗通行此音」。其音清舉而切實,作「其音清舉而切詣」。齊桓公與管仲謀於臺上,作「齊桓公與管仲于臺上謀伐莒」等。升庵有較大改動。「又語詞」，又，丹鉛續録卷十二作「或云」。

甘寢秉羽

甘寢，如後人之卧護；秉羽，如後世之揮麈，是二事，非一事也〔一〕。或曰楚地炎酷，晝寢而使人揮扇，亦通。

【注】

〔一〕見莊子徐无鬼：「孫叔敖甘寢秉羽而郢人投兵。」

欛柄

張無垢云：「欛柄入手，則開導之際，改頭换面，隨宜説法，使殊途同歸。」今之講理學者悉用此語，而亦自不知其出也〔一〕。

【注】

〔一〕升庵外集卷六十欛柄篇末有胡應麟語云：「宋杲謂張無垢云：門下既得此欛柄，可改頭换面説向儒家。」

酒令手勢

五代史：史弘肇與蘇逢吉飲酒，酒令作手勢〔一〕。按唐人酒令，曰「亞其虎膺」，謂手掌；「曲其私根」，謂指節；「以蹲鴟間虎膺之下」，蹲鴟，大指也；「以鉤戟差玉柱之傍」，鉤戟，頭指；玉柱，中指也。「潛虬闊玉柱三分」，潛虬，無名指也。「奇兵闊潛虬一寸」，奇兵，小指也。「死其三洛」，謂彈其腕也。「生其五峰」，通呼五指也，謂之「招手令」〔二〕。其亦手勢之類與？然以將相大臣而爲此態，甚於側弁起舞矣，二人罹禍，不亦宜乎！

【注】

〔一〕見新五代史史弘肇傳：「酒酣，爲手勢令。」

〔二〕清歐陽躍峰康輶紀行卷十四「手勢酒令」探其源曰：「唐人有手勢酒令曰：『亞其虎膺，曲其私根。以蹲鴟間虎膺之下，以鉤戟差玉柱之傍。潛虬闊玉柱三分，奇兵闊潛虬一寸。死其三洛，生其五峰。』謂之招手令。解之者曰：『虎膺，謂手掌；私根，謂指節；蹲鴟，大指也；鉤戟，頭指；玉柱，中指也；潛虬，無名指；奇兵，小指也；死其三洛，謂彈其腕也；生其五峰，通呼五指也。』此名五指甚奇。余謂：唐代佛書盛行，以五指屈伸作手勢，蓋佛經所謂手訣也。唐人戲效之爲酒令耳。升庵讀五代史史弘肇與蘇逢吉飲酒，酒令作手勢，引唐人酒令，謂其類此。手勢令，見通鑑胡注。」

將牢

晉載記：後秦諸將謂姚萇曰：「若值魏武王，不令苻登至今，陛下將牢太過耳。」〔一〕魏武王乃姚襄，將牢，猶俗言把穩。五代史莊宗紀亦有「持牢」之語〔二〕。

【注】

〔一〕見晉書卷一百十六載記第十六。苻登，作「此賊」。

〔二〕見新五代史卷三十八宦者傳「懼以禍福而把持之」，「而把持者日益牢」。莊宗紀未見。

軍中有女子

容齋隨筆記軍中有女子數事，皆指一人耳。按商子兵守篇云：「壯女爲一軍，使盛食負壘，陳而待令。客至，而作土以爲險阻及耕格阱，發梁撤屋，以從從之，不洽而熯之，使客無得以助攻備。」〔一〕又舊唐書云：「藩鎮相距，用兵年久，女子皆可爲孫吳。」是全隊用女子，不止如孫武之教習殿廷而已。容齋胡不引此邪？

【注】

〔一〕見商君書兵守篇。耕格阱，耕，當爲「柞」。「柞格阱」即陷阱。以從從之，原作「給徙，徙之」。

管商論金粟

管子曰：「野與市爭民，金與粟爭貴。」〔一〕又曰：「狄諸侯，畝鍾之國也，故粟十鍾而錙金。程諸侯，山東之國也，故粟五釜而錙金。」〔二〕商子曰：「金生而粟死，粟死而金生。」「金一兩生於境内，粟十二石死於境外；粟十二石生於境内，金一兩死於境外。國好生金於境内，則金粟兩死，倉府兩虚，國弱；國好生粟於境内①，則金粟兩生，倉府兩實，國强。」〔三〕管、商皆功利之流，故其術先後若合符然，其文亦不易及也。

【校】

①國好生粟於境内　國，萬曆本脱，據上杭本補。

【注】

〔一〕見管子權修篇。

〔二〕見管子輕重乙篇。山東之國，作「山諸侯之國」。

〔三〕見商君書去强。金生而粟死，一作「粟生而金死」。

三農〔一〕

周禮「三農」有兩訓：先鄭云「山農、澤農、平地農也」，後鄭云「原與隰及平地」〔二〕。余謂先鄭之説爲是。山農，南方之刀耕火種，巴蜀之雷鳴田也。澤農，廣東之葑田，雲南之海簰，諺所謂「戽水插秧，乘船割穀」者也。若原隰平地，只可言中原，不可該邊甸也。

【注】

〔一〕升庵集卷四十四另有「三農」一條，可參看：「周禮天官：『以九職任萬民，一曰三農生九穀。』鄭司農衆曰：『三農，平地農、山農、澤農也。』鄭玄曰：『三農，原農、隰農、平地農也。』司農之説，未爲不當，而鄭玄必欲易之，賈公彦乃附會其説曰：『積石曰山，鍾水曰澤，不生九穀，故鄭玄不從之。』可謂康成之佞臣矣。慎觀地官司徒掌葛：『掌以時徵絺綌之材于山農』，『徵草貢之材于澤農』，是山農、澤農，周禮本有，非鄭司農杜撰。而鄭玄原農、隰農，何所本乎？大抵宋以前解經者，專門守陋。作左傳正義，力附杜預，而巧排服虔、劉歆；作周禮疏者，專取鄭玄，而攻擊杜子春與鄭興、鄭衆。宋以後，則學者知有朱子，而漢唐諸儒皆廢。雖朱子所尊之周及程、張，亦不知從矣。是可歎也！」

〔二〕見周禮天官大宰「三農生九穀」鄭氏注。先鄭，指鄭衆，章帝時曾爲大司農，亦稱鄭司農；後鄭，指鄭玄，亦稱鄭君。

嗥歸

史記漢高祖紀：「爲亭長，告歸之田。」〔一〕韋昭音告語之「告」，師古音古篤切，如禮記「出必告」之例〔二〕，服虔音嘷呼之「嘷」。按東觀漢記田邑傳：「邑年三十，歷卿大夫，號罷歸，厭事，少所嗜欲。」〔三〕嘷與號同，古者當有此音。又左傳：「魯人之嘷」〔四〕，説文：「禮，祝曰嘷」〔五〕，皆可互證，書之以廣異聞。

【注】

〔一〕見史記高祖本紀：「高祖爲亭長時，常告歸之田。」

〔二〕見禮記曲禮上「夫爲人子者，出必告」。

〔三〕東觀漢記卷十四田邑傳，查未見。

〔四〕見左傳哀公二十一年。鄭玄注：「嘷，長聲也。」孔疏：「嘷者，緩聲而長引之。」

〔五〕見儀禮士喪禮。

晦庵僻論

東坡與伊川以戲語相失，門人遂分川、洛之黨，非二公意也。朱子學程之學，而黨意猶不忘，故其毀詆東坡，於無過中求其有過，甚至有云：「寧取荆公，不用蘇氏。」吁，可怪哉！予嘗以此事語人，譬如唐高宗王后與蕭氏爭寵，乃進武昭儀以間之。若使荆公獰魂九原尚在，必將貽骨碎之禍於朱矣①，晦庵得無噬臍於地下乎？

【校】① 必將貽骨碎之禍於朱矣　骨碎，萬曆本作「國碎」，據丹鉛摘録卷十二、四庫本改。

儒梟

後漢書董仲綬「智爲儒梟」〔一〕，三國志魏諷「有感衆才」〔二〕，二人其何如人哉？文子所謂「狙學以擬聖①，華誣以脅衆」。莊子云：「使一世之人吞聲而陽服之，然非心服也。」〔三〕然則少正卯之流，何代無之！孟子曰：「七十子之服孔子也，中心悦而誠服也。」〔四〕世固有服而不誠者，蓋儒梟之流耳。

【校】① 狙學以擬聖　狙，升庵集卷七十作「徂」，升庵外集卷六十作「祖」。據文子上禮作「狙」是。

【注】

〔一〕見論衡別通篇：「東城令董仲綬知爲儒梟，海内稱通。」升庵誤記爲「後漢書」。

〔二〕見三國志魏書武帝紀第一「魏諷反免」注引郭頒世語，作「有惑衆才」。

〔三〕見丹鉛續録卷六、譚苑醍醐卷七莊子憤世。「使一世之人吞聲而暗服之」，爲楊慎語，誤作莊子語。

〔四〕見孟子公孫丑下。

宋人議論不公不明

弘治中，餘杭有周德恭，評王安石爲古今第一小人。又曰：「神宗之昏惑，合赧、亥、桓、靈爲一人者也；安石之姦邪，合莽、操、懿、温爲一人者也。」此言最公最明矣。予嘗謂王安石之爲相，大類商鞅。鞅之進，由閹人景監；安石之得君，由宦者藍元震。商鞅設誹謗之禁，而安石置邏卒之察；鞅力排甘龍、杜摯之議，安石力彈言新法之人①。秦之亡由商鞅，宋之亡由安石。安石嘗有詩云：「今人未可非商鞅，商鞅能令政必行。」②是其本相盡露矣③。先姦後姦，其揆一也。朱子以安石爲名臣，與司馬公并列，審如此，商鞅亦當與孟子齊名矣。程子謂「新法之行，吾輩激成之」，此言亦非。譬如醉者酗酒擊人，醒者必羣起力救，不能止醉之酗，而反罪醒之救，可乎？諺云：「無奈冬瓜何，捉著瓠子磨。」其言雖俚，其事實類也。此言一出，遂爲後日調停張本。陸象山作王安石祠堂記，全祖此意。終宋之世，安石父子配享孔廟，而無一人言④，至理宗獨見，乃黜去之，以此等議論，有以入之深也。安石之誤國，生遇孔子，必膺少正卯之誅；而其死也，公享之於廟庭，私祠之於州縣，是宋人之議論不公不明，舉世皆迷且邪矣。宋人迷邪，今世猶聾，可乎？不可因程朱之言，而貰此古今第一小人也。昔季氏富於周公，求也爲之聚斂而附益之。孔子曰：「非吾徒也，小子鳴鼓而攻之，可也。」此聖門之公案，亦可曰冉求聚斂，孔子諸子激成之乎⑤！

【校】

①安石力彈言新法之人 彈，丹鉛摘録卷二、四庫本作「戰」。

②商鞅能令政必行 政，萬曆本作「人」，四庫本作「令」，據王安石商鞅詩改，見王文公文集卷七十三。

③是其本相盡露矣 是其，萬曆本脱，據丹鉛摘録卷二、四庫本補。

④而無一人言 四庫本作「而無人公言」。

⑤「昔季氏富于周公」至末 升庵集卷五十一、升庵外集卷四十四未録，丹鉛摘録卷二另爲一則。

兩癡人

唐鄭璠在嶺南象江得怪石，紺冰去聲而平理，彈之有好聲，輦歸滎陽，費錢六十萬〔一〕。宋滎咨道嘗以錢三百萬，買虞世南夫子廟初刻碑〔二〕。或談此二事，有應聲曰：「這兩箇癡人，好一棒打殺，何不買百弓上水田，九品入流官乎！」

【注】

〔一〕見説郛卷二十六李商隱義山雜記「象山太守」。

〔二〕夫子廟初刻碑，當作「孔子廟堂碑」，見山谷題跋「滎咨道家廟堂碑」條作「孔子廟堂碑」。

不嫁惜娉婷

杜子美詩「不嫁惜娉婷」〔一〕，此句有妙理，讀者忽之耳。陳後山衍之云：「當年不嫁惜娉婷，施朱傅粉學後生①。」「不惜捲簾通一顧，怕君著眼未分明。」〔二〕深得其解矣。蓋士之仕也，猶女之嫁也，士不可輕於從仕，女不可輕於許人也。「著眼未分明」，相知之不深也。古之人有相知之深，審而始出以成其功者，伊尹、孔明是也；有相知不深，確乎不出以全其名者，嚴光、蘇雲卿是也；有相知不深，闖然以出，身名俱失者，劉歆、荀彧是也。白樂天詩：「寄言癡小人家女，慎勿將身輕許人。」〔三〕亦子美之意乎〔四〕。

【校】

① 施朱傅粉學後生　施朱傅粉，升庵詩話卷八、四庫本作「傅粉施朱」，後山居士文集卷四放歌行原作「抹白施朱」。

【注】

〔一〕此爲杜甫秦州見敕目薛三據授司議郎畢四曜除監察與二子有故遠喜遷官兼述索居凡三十韻詩中句，見杜少陵集卷八。

〔二〕此爲陳後山放歌行二首詩中句，見後山居士文集卷四。

〔三〕此爲白居易新樂府井底引銀瓶詩末二句，見白居易集卷四。

〔四〕升庵絶句衍義卷一白苎辭亦述此義，可參看。

漢文帝重農

「農者，天下之本。」文帝二年正月親耕籍田之詔見之；「農，天下之大本。」又於是年九月賜天下今年田租之半見之；「農，天下之本。」又於十三年六月除田之租税見之，可謂三致意於農矣。二年正月，而賜天下田租之半，十二年三月，而賜農民今年半租，十三年六月，而除田之租税。除者，永除之也。始也再賜半租，於是遂除之。非帝之躬儉，國有餘蓄，能若是乎？帝之言曰：「勤身從事而有租税之賦，是爲本末無以異也。」夫其本其重在農，則其末其輕在商賈矣！文帝之致民殷富者，知本末也，三代而後，一人而已。抑「農者天下之本」一言，必古田畯之書、疇官之典有之，故三見於文帝之詔，四見於景帝後三年之詔，五見於武帝元鼎六年之詔。成帝陽朔四年之詔，則曰「劭農」。明帝永平四年之詔，則曰「祈農」。章帝元和元年之詔，則曰「急耕稼，致耒耜」。至昭烈入蜀，倥偬戎馬，而首立督農之官。漢氏重農，彷彿周人，皆文帝之家法也。愚嘗因是論之，漢所用夏人貢法也，如龍子之言〔一〕，貢法信不善矣。然此言論法也，非論人也。以禹啓爲君，皋益爲臣，有使民眄眄然之事乎？漢文帝能賜民田租，禹啓豈在漢文之後乎？宋王安石行新法①，害民極矣！君子在州縣，寬之一分，民受賜一分，皋益豈不若宋州縣之臣乎②？意者，賜租之法，三代之遺，文帝去古未遠，倣而行之，未可知也。孟子引龍子之言，必欲滕君復井田，是時也壞未及半，猶可復焉。至秦開阡陌已久，雖孟子復生，亦必因時立法，不爲此論矣。後之欲復井田者，必迂儒曲士也。有愛民之心，若文帝可也。

【校】

① 宋王安石行新法　行，萬曆本無，據升庵集卷四十八、四庫本補。

② 皋益豈不若宋州縣之臣乎　不若，四庫本作「不如」。宋，四庫本作「宋代」。

【注】

〔一〕見孟子滕文公：「龍子曰：治地莫善於助，莫不善於貢。」龍子，趙岐注：「古賢人也。」

小司馬索引注誤

司馬遷既論商鞅刻薄少恩，又讀鞅開塞書，謂與其行事相類，卒受惡名，有以也。索隱曰：「開謂刑嚴峻則政化開，塞謂布恩賞則政化塞。」〔一〕今考其書，司馬承禎蓋未嘗見之〔二〕，妄爲之説耳。開塞乃其第七篇，謂道塞久矣，今欲開之，必刑九而賞一。刑用於將過，則大邪不生；賞施於告姦，則細過不失。由是觀之，鞅之術無他，獨恃告訐而止耳。故其治不告姦與降敵同罰，告姦者與殺敵同賞，此秦俗所以日壞，至於父子相夷，而鞅不能自脱也。太史之言，信不誣乎？

【注】

〔一〕見史記商君列傳：「余嘗讀商君開塞耕戰書，與其人行事相類。」索隱。恩惠，作「恩賞」。

〔二〕史記索隱爲「司馬貞」撰，非「司馬承禎」。

侍中執虎子

蘇則與吉茂同隱于太白山，後則爲侍中，侍中親省起居，故謂之執虎子。茂見則曰：「仕進不止執虎子。」則笑曰：「誠不能效汝，蹇蹇鹿車驅。」按漢世有諺語云：「仕宦不止車生耳。」謂重較也。吉茂反語以戲蘇則，謂不得坐重較車，而反執虎子也。則亦爲韻語以答茂。驅叶音上聲，與汝爲韻云。

【辨】

陳耀文正楊卷三「侍中執虎子」謂升庵未見原本云：「魏略：舊儀侍中親省起居，故俗謂之執虎子。始，則同郡吉茂者，是時仕甫歷縣令，遷爲冗散，見則嘲之曰：『仕進不止執虎子。』則笑曰：『我誠不能效汝，蹇蹇驅鹿車馳也。』魏志：則先賜爵關内侯，進封都亭侯，徵拜侍中。夫則爲侍中，茂爲

冗散，可戲則無車耶？則語自明，乃云韻語故耶，誤耶，抑未見原本耶？」（景印文淵閣四庫全書八五六册　臺灣商務印書館）

王世貞宛委餘編卷三駁陳耀文反語説云：「正楊辨之更不明。按：虎子，褻器也。漢侍中親省起居，不免奉溺器。漢孔安國以儒者特聽掌御唾壺，朝廷榮之。鹿車，柴車也，中僅容一鹿，故名。漢冗散郎乘鹿車，見趙意傳。茂以則雖貴而褻，故笑之；則謂我雖褻，不若汝之遲滯也。以虎子對鹿車，又借仕宦不止車生耳，意非謂重較反語也。」（景印文淵閣四庫全書一二八一　弇州四部稿卷一百五十八　臺灣商務印書館）

陳耀文正楊復駁王世貞云：「王元美云虎子，褻器也。以虎子對鹿車，意非謂重較反語也。」「余正用修誤云反語耳，元美謂其不明，豈亦未見諸史反語耳。」（景印文淵閣四庫全書八五六　臺灣商務印書館）

宋主禮儒臣

宋之君崇禮儒臣，過於漢唐，正史之所遺者有二事：其一，真宗臨楊礪之喪，降輦步弔，重其清介也；其二，富弼母卒，仁宗爲之罷春宴。二事雖三代令主不過此也。其後徽宗之待蔡京、王黼，南宋之待秦檜、侂胄、似道，恩禮倍此。然前之則如蕩子之交狎客，後之則如弱主之畏豪奴，豈曰榮遇美事乎？書之祇辱。

容頭過身

漢書虞詡疏：「公卿巽懦，容頭過身。」〔一〕蓋以猫犬喻之。凡猫犬鑽穴，頭可容、身即過矣。

【注】

〔一〕公卿巽懦，後漢書西羌傳作「公卿選懦」，注：「選懦，柔怯也。」明方以智通雅卷七云：「選耎，一作巽蠕、巽輭、巽懦。史記『選蠕觀望』，注：『與巽輭同。』漢書西南夷傳『恐議者選耎』，耎正輭字，不知何以用輭？後漢清河王傳『選懦之恩』、西域傳『公卿選懦，容頭過身』，懦音輭。」

隱民

春秋左傳：「隱民皆取食焉。」〔一〕國語：「勤恤民隱而除其害也。」〔二〕隱民，貧民也。詩曰：「如有隱憂。」〔三〕古字殷與隱同。

【注】

〔一〕見左傳昭公二十五年。

〔二〕見國語周語上，韋昭注：「恤，憂也。隱，痛也。」

〔三〕此爲詩邶風柏舟詩中句。

符子

符子曰：「周人有製重裘而好珍羞①，欲爲千金之裘，而與狐謀其皮；欲爲少牢之膳，而與羊謀其羞。言未卒，狐相率逃於重丘之下，羊相呼藏於深林之中。故周人十年不製一裘，五年不具一牢。何則？周人之謀失之矣！」古諺有之：「築舍道傍，三年不成；雖則不成，遲猶有望也。」若夫休官而謀於子，納妾而謀於妻，欲用孔子而謀於晏嬰與子西，欲成其謀，得乎？

【校】

①周人有製重裘而好珍羞　製重裘，楊子卮言卷二作「愛裘」。

齊民要術

九流有農，隋書經籍志所載農書凡十數種，傳於今者惟齊民要術。其所引多古書奇字，今略載其一二。如劉，烏更切。開荒田法，林木大者劉殺之。蕀，無音切。玉篇亦無此字。其云：蕀死不扇，便任耕種，似蔭意。鍽楱，鐵齒杷也。䅖，一感切。秋耕䅖也。耩，故項切。耬耰也。耬，熟耕耬下以爲良。⿱甚虫，胡濫切。瓜蟲也。苯，奔去聲。蠢笨也。缹，方九切。缹豚缹鵝，引食經。⿰飠肙，烏驛切。恣意飽食亦不⿰飠肙。腩，奴感切。腩炙。酵，起麪也。餢⿰飠俞，無音切。糉糦，無音切。⿰米宣粍，上草片切，下蘇革切。⿰曰朩，音伐，字从朩。漤，音覽，鹽漬物也。或不得其音，或不得其義，文士猶囁之，況民間其可用乎？

敗棊有勝着

尹德毅之説蕭譽，龍敏之獻策潞王從珂，魏思温之謀策李敬業，皆奇謀也。諺云：「敗棊有勝著。」惜乎，當局者迷耳。

東坡與佛印戲語

東坡問佛印曰：「鑊湯獄圖，如何不畫和尚？」佛印曰：「人間怕閻羅，閻羅怕和尚。」翁曰①：「怕你甚麽？」對曰：「若使閻羅有犯，亦要和尚懺除。」坡大笑曰：「好説好説！」〔一〕此言雖戲，至理存焉，亦可謂嬉笑之斧鉞矣。

【校】

① 翁曰　升庵集卷四十八作「坡曰」。

【注】

〔一〕見宋方逢辰蛟峰文集卷六題方景説出家疏簿。如何，作「何獨」。甚麽，作「則麽」。

陸長源

韓文公汴州亂詩，白樂天哀二良文，爲宣武軍司馬陸長源作也。及考他史籍，則長源酷刑以威驕兵，御之已失其道矣。又裁軍中厚賞，高在官鹽直，曰：「我不同河北賊，以錢物買健兒旌節。」所委任從事楊儀、孟叔度，浮薄不檢，常戲入軍營，調弄婦女，自稱孟郎，三軍怨怒，遂執長源并楊、孟殺之〔一〕。由是論之，是長源有以取之，何異於雲南之張乾陀〔二〕、揚州之吕用之哉！大雅先人，福之所聚；小智自私，藏怨之府。長源之謂乎？

【注】

〔一〕見舊唐書卷一四五陸長源傳。高在官鹽直，作「高其鹽價而賤爲布直」。我不同河北賊，作「不可使我同河北賊」。楊儀，作「楊凝」。

〔二〕張乾陀，新唐書南蠻傳作「張虔陀」。

慈掌兵義主財

諺曰：「慈不掌兵，義不主財。」君子曰：「惟慈掌兵，惟義主財。」論語曰：「仁者必有勇」〔一〕，非慈何以掌兵？易曰：「理財正辭，禁民爲非曰義」〔二〕，非義何以主財？不慈掌兵，賊也；不義主財，盜也。

【注】

〔一〕見論語憲問。

〔二〕見易繫辭下。

公治長通鳥語

世傳公冶長通鳥語，不見於書。惟唐沈佺期燕詩云：「不如黄雀語，能免冶長災。」〔一〕白樂天鳥鶴贈答詩序云：「余非冶長，不能通其意。」〔二〕似實有其事，或在亡逸書中，如衝波傳、魯定公記之類，今無所考耳。

【注】

〔一〕此爲沈佺期同獄者歎獄中無燕詩中句，見全唐詩卷九十六。能免冶長災，作「能雪冶長猜」。

〔二〕此爲白居易池鶴八絶句詩序中語，見白居易集卷三十六。烏鶴，升庵詩話卷十作「鳥雀」。

【辨】

公冶長解鳥語，升庵謂「不見於書」、「今無所考」。陳耀文正楊卷二「公冶長」條駁之，曰「見於邢昺論語疏」。董斯張吹景集云「閲邢昺書，了無此語」，實出自梁皇侃論語集解義疏卷三公冶長篇。正楊所引鳥雀語：「唶唶嘖嘖，白蓮水邊，有車覆粟。車脚淪泥，犢牛折角。收之不盡，相呼共啄。」即出于皇侃義疏。皇侃疏早亡，清代始復得於日本。故明人宜未見也。此外何孟春餘冬序録、焦竑焦氏筆乘、周嬰卮林等書都有較詳記載。

論語集解義疏卷三公冶長篇云：范寧曰：「公冶行正獲罪，罪非其罪，孔子以女妻之，將以大明衰世用刑之枉濫，勸將來實守正之人也。」別有一書名爲論釋云：「公冶長從衛還魯，行至二界上，聞鳥相呼往清溪食死人肉。須臾，見一老嫗當道而哭。冶長問之，嫗曰：『兒前日出行，於今不返，當是已死亡，不知所在。』冶長曰：『向聞鳥相呼往清溪食肉，恐是嫗兒也。』嫗往看即得其兒也，已死，即嫗告村司。村司問嫗，從何得知之？嫗曰：『見冶長道如此。』村官曰：『冶長不殺人，何緣知之？』因録冶長付獄，主問冶長：『何以殺人？』冶長曰：『解鳥語，不殺人。』主曰：『當試之，若必能解鳥語，便相放也；若不解，當令償死。』駐冶長在獄六十日。卒日，有雀緣獄柵上，相呼嘖嘖唯唯，冶長含笑。吏啓主：『冶長笑雀語，是似解雀語。』主教問冶長：『雀何所道而笑之？』冶長曰：『雀鳴嘖嘖唯唯，白蓮水邊有車翻官黍粟，牡牛折角，收斂不盡，相呼往啄。』獄主不信，遣人往看，果如其言。後又解豬及燕語，屢驗，然後得放。此語乃出雜書，未必可信，而亦古舊相傳云。」

嫁殤

曹操幼子倉舒死，求邴原死女合葬，史以爲譏〔一〕。余觀周禮地官「禁嫁殤者」〔二〕，注謂生時非夫婦，死而葬相從。嫁殤嫁死人，則此俗古已有之。今民間猶有行焉而無禁也。

【注】

〔一〕見三國志魏志邴原傳。正楊卷三「倉舒」條云：「史前後俱無譏辭。」

〔二〕見周禮地官媒氏：「禁遷葬者與嫁殤者。」

屋誅

周禮秋官有「屋誅」之文，鄭玄注曰：「夷三族也。」〔一〕古者罪人不孥，豈有夷三族著之令典？古者屋誅，蓋漢人下蠶室之類耳。鄭玄瞀儒曲見，誤天下而陷人主，得罪名教大矣。

【注】

〔一〕周禮秋官司烜氏：「軍旅修火禁邦，若屋誅則爲明竁焉。」鄭司農云：「屋誅，謂夷三族無親屬收葬者。」鄭玄謂：「屋讀如其刑剭之剭。剭誅，謂所殺不于市。」而誅于屋舍之中。鄭司農爲鄭衆，升庵誤記爲鄭玄。鄭玄實不從司農之説。

丹鉛總録卷之十

人品類

別號〔一〕

戰國策：秦惠王時，有寒泉子，注云：「秦處士之號。」史記索隱云：「甘茂居渭南陰鄉之樗里〔二〕，故號曰樗里子。」又范蠡去越，自號鴟夷子〔三〕。此固後人別號之所昉乎！

【注】

〔一〕升庵集卷五十、升庵外集卷五十九另有「別號」一則，文字不同，可參讀：「幼名冠字，長而伯仲，没則稱謚，古之道也，未聞有所謂別號也。杜甫、李白倡和，互相稱名；張仲、吉甫雅什，但聞舉字。近世士大夫多稱別號，厥名與字，懵然不知；傳刻詩文，但云張子李子，或云某庵某齋，當時尚不諳其誰何？後此安能辨其甲乙？慎所著詩篇，多舉交遊之字，或書其名于下，庶乎觀者俾言與事偕，情景相對，不知者或以爲輕之，異哉！又近日民風澆猾，白衣市井，亦輒稱號。永昌有鍛工戴東坡市，屠宰號一峰子。一善謔者見二人並行，遥謂之曰：『吾讀書甚久，閩人固多，不知蘇學士善鍛鐵，羅狀元能省牲，信多能哉！』相傳以爲笑。」

〔二〕升庵稱甘茂號樗里子，誤。史記樗里子甘茂列傳：「樗里子者，名疾，秦惠王之弟也。」索隱云：「疾居渭南陰鄉之樗里，故號曰樗里子。」

〔三〕自號鴟夷子，史記越王勾踐世家：「范蠡浮海出齊，變姓名，自謂鴟夷子皮。」非「鴟夷子」。

君苗

唐人云：「君苗無姓，吕安無字。」此言何謂也？按文選注：「吕安，字仲悌。」又應瑒有與從弟君苗書，則唐人所云者，止謂史失其傳耳，亦訓人不可不通文選也。

【辨】王世貞宛委餘編卷七云：「吕安，字仲悌。君苗，姓應，瑒從弟。俱見文選注。」周嬰巵林卷五「吕應」條云：「嬰尋元美之言，蓋承用修之論，而其實非也。嵇叔夜與吕長悌絶交書曰：『中間少知阿都志力開悟，每喜足下家復有此弟。』云云。嵇文集録注曰：『阿都，吕仲悌，東平人也。』吕延濟注曰：『阿都，吕仲悌小名。』然則吕安不但有字，即小字亦傳於今矣。若休璉諸從，雖亦得姓，終於無聞，使後代之人徬徨追想，甚無謂也。按陸雲與兄平原書曰：『前登城門，意有懷，作登臺賦，極未能成，而崔君苗作之。』又云：『君苗文，天才中亦少爾。雲見其登臺賦及詩頌，作愁霖賦極佳，頗倣雲。見兄文，輒云欲燒筆硯。曹志，苗之婦公，其婦及兒皆能作文。頃借其釋詢二十七卷，當百餘紙寫之。』又云：『今送君苗登臺賦，爲佳手筆。其人推能兄文，言作文百餘卷，不肯出之。』觀此，則君苗清河族也，爲士龍推服若此，定是佳士。而流風倏泯，遺章闕然，特以『欲焚筆硯』一言附見晉史，乃令後來有述。唐人所稱，蓋謂此人耳。休璉與二陸，相距且百年，其從弟安得猶存，而復修少年鉛槧事也？又按晉書：『曹志卒，太常奏以惡謚。崔褒歎之，而謚爲定。』君苗豈即崔褒字乎？嬰嘗爲君苗作小傳，載崔氏緜史中。」（景印文淵閣四庫全書八五八　巵林卷五　臺灣商務印書館）

王僑王子喬

史記封禪書注引裴秀冀州記云：「緱氏仙人庵者，昔有王僑，犍爲武陽人，爲柏人令，於此登仙〔一〕。非王子喬也。」唐詩：「王子求仙月滿臺。」〔二〕又云：「可憐緱嶺登仙子，猶自吹笙醉碧桃。」〔三〕蓋世以王喬爲王子喬，誤也久矣！

【注】

〔一〕史記封禪書索隱引裴秀冀州記：緱氏，原作「緱山」，仙人庵，原作「仙人廟」。王僑，原作「王喬」。

〔二〕此爲唐許渾緱山廟詩中句，見全唐詩卷五三八。求仙，一作「吹簫」。

〔三〕此爲唐許渾登故洛陽城詩中句，見全唐詩卷五三三。猶，一作「獨」。

【辨】

明胡應麟丹鉛新録卷三「王僑王子僑」條云：「史記封禪書『宋毋忌、正伯僑、充尚、羨門子高』

索隱注：『司馬相如云：正伯僑，古仙人。』下復引裴秀記云：『緱氏仙人廟者，昔有王喬』云云。余案：史記正伯僑，自是一仙人名，注再引王喬已誤，然裴記王喬，『喬』字偏旁無立人，用修作『僑』字從人，蓋因史文『正伯僑』而誤也。」

「藝苑卮言云：『仙人有兩王喬，其一即太子晉，其一柏人令，天降玉棺者也。』此與用修説同，但楊誤加偏傍耳。余意王僑爲太子者，汲冢書『師曠稱晉爲王子』，故樂府稱王子喬，非姓王氏也，喬當是晉別名。惟爲葉縣令而飛舄，與爲柏人令而食芝者，則名姓俱同，又同爲令、同顯迹於令時，最易相亂，非精加考核，未易得之。」（見少室山房筆叢卷七　中華書局）

兩莊蹻①

賈生弔屈原賦曰：「謂跖、蹻廉。」注：「楚之盜曰莊蹻。」〔一〕韓非子曰：「莊王欲伐越」，「杜子諫曰：莊蹻爲盜於境内，而吏不能禁，此政之亂也。」〔二〕蹻，蓋在莊王時，漢西南夷傳：「莊蹻者，楚莊王之裔也，以其衆王滇。」〔三〕去莊王時百年，此又一莊蹻也。

【校】

①兩莊蹻　一作「跖蹻」，見升庵集卷七十三。

【注】

〔一〕史記屈原賈生列傳作「謂盜跖廉」。漢書賈誼傳離騷賦作「謂跖蹻廉」，注云：「跖，秦大盜也。

楚之大盜爲莊蹻。」

〔二〕見韓非子喻老。莊蹻，作「莊蹊蹻」。

〔三〕見漢書西南夷傳。裔，作「苗裔」。

秋胡妻

劉子玄曰：「列女傳載秋胡妻者，尋其始末，了無才行可稱，直以怨懟厥夫，投川而死。輕生同於古冶，徇節異於曹娥，此乃凶險之頑人，强梁之悍婦，輒於貞烈爲伍，有乖其實焉。」〔一〕予按小説載：劉伯玉妻聞其夫誦洛神賦，遂投洛水而死，名妬婦津〔二〕。事與秋胡相類。秋胡妻可爲貞烈，則當祠於妒婦津，以劉伯玉妻配享可也〔三〕。

【注】

〔一〕見劉知幾史通品藻。古冶，即春秋時勇士古冶子。

〔二〕見段成式酉陽雜俎卷十四諾皋記上。

〔三〕胡應麟丹鉛新録卷四「秋胡妻」條云：「子玄之論，義正詞嚴，聖人復起，弗能易矣。用修以劉妻配享，未愜。當名胡妻所投水，曰悍婦川，可也。」

彭祖〔一〕

王逸楚辭注：「彭祖好和滋味，善斟雉羹，以事帝堯。」〔二〕司馬彪莊子注：「彭祖八百，猶悔不壽，恨杖晚而唾遠①。」又曰：「彭祖餌雲母，御女凡數十人，晚娶妻鄭氏，妖淫敗道而死，非壽終也。」〔三〕東坡詩：「空餐雲母連山盡，不見蟠桃結子時。」〔四〕

【校】

① 恨杖晚而唾遠　恨杖晚，四庫本作「恨短晚」。楚辭天問「彭鏗斟雉」王逸注作「恨枕高」。

【注】

〔二〕譚苑醍醐卷八、丹鉛續録卷六另有一則「彭祖」：「宰我問五帝德篇云：『堯舉舜、彭祖而任之。』論語注：『老彭，商賢大夫。』世傳彭祖八百歲，此亦一證也。」

〔三〕見楚辭天問「彭鏗斟雉帝何饗」注。以事帝堯，作「能事帝堯」。

〔三〕見莊子逍遥遊「彭祖乃今以久特聞」注疏及神仙傳。

〔四〕此爲蘇軾彭祖廟詩中句，見蘇東坡集卷二濠州七絶之一。結子，作「著子」。

【辨】

陳耀文正楊卷一「彭祖」條云：「莊子逍遥注：『彭祖至七百歲，猶曰悔不壽。』不云『八百』也，亦無『又曰餌雲母』以下云云也。」又引神仙傳「彭祖善於補導之術，服水桂、雲母粉、鹿角散，常有少容，殷末已七百六十七歲而不衰，自云喪四十九妻，失五十四子，殷王使采女傳其術，試之有驗，乃祕而禁之，欲殺彭祖以絶其術。祖知乃去，不知所之。其後七十餘年，有人於流沙西見之。王不常行彭祖之術，得壽三百歲，氣力丁壯，如五十時。得鄭女妖淫，王失道而殂。此與彭祖何預耶？妖淫

敗道事，實乃殷王之事，升庵引誤。（見景印文淵閣四庫全書八五六　臺灣商務印書館）

太白子厚①

「杜詩語及太白處，無慮十數篇，而太白未嘗假借子美一語，以此知子美傾倒太白至難。晏元獻公嘗言：『韓退之扶導聖教，剗除異端，則誠有功。若其祖述墳典，憲章騷雅，上傳三古②，下籠百世，橫行闊視於綴述之場者，子厚一人而已。』」〔一〕

【校】

① 太白子厚　一作「評李杜韓柳」，見升庵集卷五十八、升庵外集卷五十二。

② 上傳三古　三，升庵外集卷五十二作「千」。捫虱新話卷七「李杜韓柳有優劣」原作「三古」。

【注】

〔一〕升庵此説，見宋陳善捫虱新話李杜韓柳有優劣，有删節。則誠有功，作「是其所長」。

東山李白

杜子美詩：「近來海内爲長句，汝與東山李白好。」〔一〕流俗本妄改作「山東李白」。按樂史序李白集云：「白客游天下，以聲妓自隨，效謝安石風流，自號東山〔二〕，時人遂以『東山李白』稱之。」子美詩句，正因其自號而稱之耳。流俗不知而妄改，近世作大明一統志，遂以李白入山東人物類，而引杜詩爲證。近於郢書燕説矣。噫，寡陋一至此哉！

【注】

〔一〕此爲杜甫蘇端薛復筵簡薛華醉歌詩中句，見杜少陵集卷四。東山，作「山東」。

〔二〕自號東山，見於李陽冰草堂集序、魏顥李翰林集序。升庵言樂史，記誤。

【辨】

陳耀文正楊卷四「東山李白」條云：「樂史序，本集具載，并無慕謝安風流自號東山之事。」復引舊唐書元稹杜甫墓誌：「時山東人李白亦以奇文取稱，時人謂之李杜。」南部新書：「白，山東人，……今任城令廳石記，白之詞也，見存焉」以證。（見景印文淵閣四庫全書八五六　臺灣商務印書館）

王世貞宛委餘編卷八云：「子美所謂『汝與山東李白好』，蓋白自號也。然則白本隴西人，産於蜀，嘗流寓山東。子美從游，時在山東，故稱山東也。此山東乃關東，非今之山東也。一統志固已俗，然用修亦所謂得其一、未得其二者也。」（見景印文淵閣四庫全書一二八一　弇州四部稿卷一百六十三　臺灣商務印書館）

胡震亨唐音癸籤卷二十九云：「李白，蜀人，非今山東人也。山東李白之説，出於杜詩。云山東者，乃當時關東泛稱，意白時正寓關東耳。舊史傳白不書郡望，援杜句直書爲山東人，史例之變，然實非以其嘗家任城而云山東也。齊魯之稱山東，自元始。於唐，此地尚隸河南，未有今山東稱。今東省通志據杜詩徑收白爲山東人，而蜀楊用修起爭之，以白嘗自比謝安，稱『東山李白』，并欲改杜詩之『山東』爲『東山』，用概絶東省借白之疑端，抑知白『東山』、『山東』兩稱，原名不相蒙者乎！」（見唐音癸籤卷二十九　上海古籍出版社）

滕王

杜子美滕王亭子詩：「民到于今歌出牧，來遊此地不知還。」〔一〕後人因子美之詩，注者遂謂滕王賢，而有遺愛于民。今郡志亦以滕王爲名宦。予考新、舊唐書，并云：「元嬰爲金州刺史①，驕佚失度。」太宗崩，「集宦屬燕飲歌舞，狎昵厮養，巡省部内，從民借狗求罝，所過爲害，以丸彈人，觀其走避則樂」。「及遷洪州都督，以貪聞，高宗給麻二車，助爲錢緡」〔二〕。小説又載其召屬宦妻于宫中而淫之。其惡如此，而少陵老子乃稱之，所謂詩史者，蓋亦不足信乎？未有暴于金、洪兩州，而仁于閬州者也〔三〕。

【校】

① 元嬰爲金州刺史　金州，萬曆本作「荆州」，四庫本作「金州」。新唐書滕王元嬰傳作「金州」，據改。

【注】

〔一〕此爲杜甫滕王亭子二首中句，見杜少陵集卷十三。民到于今，作「人到于今」。

〔二〕見新唐書卷七十九高祖諸子。

〔三〕丹鉛續録卷三另有「滕王」一則，其文曰：「杜工部有滕王亭詩，王建詩『搨得滕王蛺蝶圖』，皆稱滕王湛然，非元嬰也。王勃記滕王閣，則是元嬰耳。」滕王亭，即元嬰所建，在玉臺觀。升庵以爲滕王湛然，誤。

大顛書①

韓文公與大顛書，前人論之詳矣。蘇東坡則力言其爲僞，朱晦庵則力辨以爲真，未有折其衷者②。予觀黄東發之説，有云：「韓與大顛書，東坡謂妄撰，而晦翁載其全書以爲真。愚平生讀其書，真見其與韓文同。蘇公學佛，猶辨其爲僞，先生闢佛，而反指以爲真，所不可曉。況據韓文，韓公止因祭神至海上，曾與大顛語，今請之者四，書又亟以道爲望，安有平日謂道其所道，非吾所謂道，而一旦求之亟如此？使其既與習熟而少變其説，尚近人情；今未之曾見，而先欲聞其道，尤不可曉也。」〔一〕愚按：東發，朱子之徒，而其説如此，天下之公言也。又有一證，人未之引。李漢編韓文序，謂收拾遺文，無有失墜，總其目七百篇，今内集是也。外集皆非公作，而此書正在外集，其爲妄撰，尤灼然矣。或曰：「晦翁必欲以大顛書爲韓文之真，何也？」予曰：「此殆難言也，可以意喻。昔歐陽公不以始倡古文許尹師魯，評者謂如善奕者常留一著。歐公之於師魯，留一著也。然則朱子之於韓公，亦猶歐陽之於師魯乎？不然，朱子豈不知大顛書詞非韓公之筆；東坡之言爲可信，又豈不知外集非韓公文，李漢之序可據耶？」③

【校】

① 本書卷二十四另有「大顛書」一則，文字不同。

② 未有折其衷者　此句升庵集卷五十三作「黄東發以真僞不可曉」。

③「李漢之序可據耶」後有闕文，見本書卷二十四「大顛書」。

【注】

〔一〕見黄氏日抄卷三十五。平生，作「平心」。真見其與韓文同，同，作「不同」。其説，作「舊説」。

傅説

武丁以夢相傅説事，著於書矣〔一〕。而世猶疑之，曰：「夢而得賢，可也，或否焉，亦將立相之與？且其旁求以象之肖也。天下之貌相似亦多矣。使外象而内否，亦將寄以鹽梅舟楫之任與？審如是，則叔孫之夢豎牛，漢文之夢鄧通，卒爲身名之累。夢果可憑與？」或曰：「非也。武丁嘗遯於荒野，而後即位，彼在民間，已知説之賢矣，一旦欲舉而加之臣民之上，人未必帖然以聽也，故徵之於夢焉。是聖人之神道設教也。是所謂『民可使由而不可使知』也。且又商之俗質而信鬼，因民之所信而導之，是聖人所以成務之幾也。」劉禹錫之言曰：「在舜之庭，元凱舉焉，曰舜用之，不曰天授。在殷中宗，襲亂而興，心知説賢，乃曰帝賚。堯民知餘，難以神誣，商俗以訛，引天而毆，蓋亦意料之言也。」〔二〕莊子載太公之事云，文王見一丈夫釣，「欲舉而授之政，而恐大臣父兄之弗安也；欲終而釋之，而不忍百姓之無天也。於是旦而屬之大夫曰：『昔者寡人夢見良人，黑色而頓，號曰：寓而政於臧丈人，庶幾乎民有瘳乎！』遂迎臧丈人而授之政」。「顔淵問於仲尼曰：『文王其猶未邪？又何以夢爲乎？』仲尼曰：『默，女無言！夫文王盡之也，而又何論刺焉！彼直以循斯須也。』」〔三〕禹錫之言，蓋本莊子。彼以武丁、文王之用説與望，猶田單之妄用一男子爲軍師，類乎聖人之神道設教，以幾成務，而不使民知，恐不如是也。其所云夢賚者，實帝感其恭默之誠而賚之也。其性情治者，其夢寐不亂，乃可以孔子夢周公同觀，而非叔孫之踐妖、漢文之啓倖矣。鄭人夢鹿而得真鹿，心誠於得鹿也。心誠於得鹿者，非天理之公也，而尚可以得，況誠於求賢而有不得者乎？司馬彪莊子音義謂傅説生無父母；洪氏注楚辭，謂説一旦忽然從天而下便爲成人，無少長之漸。此兒童之言也，固不必辯。

【注】

〔一〕見尚書説命「高宗夢得説，使百工營求諸野，得諸傅巖」，「惟肖，爰立作相」。

〔二〕見劉賓客文集卷五，劉禹錫天論下。一本無「堯民知餘」以下十九字。

〔三〕見莊子田子方，略有删節。

【辨】

傅説事，見尚書説命。升庵以爲商俗信鬼，此乃聖人神道説教，實爲卓見。陳耀文正楊引蔡沈「築居」之説，後歷引孔子、孟子、莊子、屈原、賈誼、班固、張衡等二十餘家之言駁之，曰：「孔、孟、莊、墨，去殷皆未大遠，言必有據，不知蔡氏何所見而不從也。」此不啻隔靴搔痒也。（見景印文淵閣四庫全書八五六正楊卷一 臺灣商務印書館）

八士考①

周有八士，馬融以爲成王時人，劉向以爲宣王時人〔一〕。他無所考。汲冢周書克殷解：「乃命南宫忽振鹿臺之財；乃命南宫伯達、史佚遷九鼎三巫。」疑南宫忽即仲忽，南宫百達即伯達也。尚書有南宫括②，疑即伯适也。則八士者，南宫氏也。以爲成王時人，近之。尚書南宫之姓，與汲冢書南宫之姓合，伯達、伯适與仲忽之名又合，似是無疑，聊筆之以諗博古者。

【校】

① 本卷後有「八士姓名」條，可參看。

② 尚書有南宮括 括，丹鉛續録卷二、四庫本作「适」。

【注】

〔一〕見論語注疏微子：「周有八士，伯達、伯适、仲突、仲忽、叔夜、叔夏、季隨、季騧。」音義：「周有八士，鄭云成王時，劉向、馬融皆以爲宣王時。」

【辨】

明陳士元論語類考卷七「八士」云：「馬融、鄭玄皆以周之八士爲成王時人，劉向以爲宣王時人，朱子集註兩存之，且曰不可考矣。然以爲成王時人者近之。汲冢周書克殷解云：『乃命南宮忽振鹿臺之粟，乃命南宮伯達與史佚遷九鼎。』盖南宮忽即仲忽，南宮伯達即伯達，尚書所謂南宮适即伯适也。又宣和博古圖云：『武王時有南宮仲蓋。』即仲突、仲忽也。是八士者，皆南宮氏也。」（景印文淵閣四庫全書二〇七 論語類考 臺灣商務印書館）

曹操欲用孔明

抱朴子曰：「魏武帝嚴刑峻法，果於殺戮，乃心欲用乎諸葛孔明。孔明自陳，不樂出身，武帝謝遣之，曰：『義不使高世之士辱於污君之朝也。』其鞭撻九有，草創皇基，亦不妄矣。」〔一〕按此，則操嘗徵召孔明矣。事不見於史，當表出之。嗚呼！操之不屈孔明，不殺關侯，真有人君之度，豈止雄于三國邪！

【注】

〔一〕見抱朴子外篇卷二逸民。諸葛孔明，作「孔明」。

岳武穆當稱忠武

宋贈鄂王岳飛謚忠武，文曰：「李將軍口不出辭，聞者流涕；藺相如身雖已死，凛然猶生。」又曰：「易名之典雖行，議禮之言未一。始爲忠愍之號，旋更武穆之稱。獲睹中興之舊章，灼知皇祖之本意。爰取危身奉上之實，仍采戡定禍亂之文。合此兩言，節其一惠。昔孔明之志興漢室，子儀之光復唐都，雖計效以或殊，在秉心而弗異。垂之典册，何嫌今古之同辭，賴及子孫，將與山河而并久。」〔一〕然今天下岳祠皆稱武穆，此未定之謚，當稱忠武爲宜①。

【校】

① 當稱忠武爲宜　宜，萬曆本作「真」，上杭本作「直」，譚苑醍醐卷一、升庵集卷五十作「宜」，據改。

【注】

〔一〕見宋岳珂金佗續編卷十六天定别録卷四賜謚告詞。采勘，作「采克」。子儀之光，作「若子儀之光」。同辭，作「同符」。

張俊張浚二人

張俊，附秦檜而傾岳忠武者。張浚，廣漢人，嘗稱飛忠孝人也。及飛寃死後，高宗納太學生程宏圖之奏，昭雪光復，「浚與參贊陳俊卿悲感歎服」〔一〕。浚爲都督，俊爲樞密，劉豫遣子麟、姪猊，合兵七十萬犯淮西，張浚聞之，以書戒張俊曰：「賊豫之兵，以逆犯順，若不剿除，何以立國？」「今日之事，有進擊無退保也。」此見章穎所著岳飛傳。浚與俊豈可混爲一人哉！今之士夫例以傾岳爲浚之短，不知受誣千載如此。陳白沙詩：「秦傾武穆因張浚，蜀取劉璋病孔明。」〔二〕蓋言二事皆涉厚誣也。舉世懵然，失于不考，余故詳著以見賢者之不可厚誣。考古之不可不精，議論之不可輕立，而益歎今人之不知學也。

【注】

〔一〕見岳珂金佗稡編卷九「昭雪廟謚」：「都督張浚、參贊陳俊卿聞此語，皆悲感歎服。」

〔二〕此爲陳白沙與世卿閑談兼呈李憲副詩中句，見陳白沙集卷八。因張浚，作「凭張俊」。

【辨】明胡應麟丹鉛新録卷二「張俊張浚二人」條按云：「用修沾沾此解，若以辯二張爲獲一真珠船者，可大爲捧腹也。第浚亦有説。」并指出楊慎之誤云：「與秦檜同陷岳飛者，張俊也；浚因酈瓊之軍與岳異同久矣，豈全無關涉者哉？」本傳自明，楊不考。「陳詩『秦傾武穆緣張俊』，非『浚』字，其結句云：『萬古此冤誰洗得，老夫無計挽東瀛。』蓋以武穆、孔明爲被誣，非楊所見也。崔子鍾頗以爲岳爲浚所忌致禍，蓋弘、正間諸公史學率草草也。」（見少室山房筆叢卷六　中華書局）

皋夔讀何書

王安石與公卿爭新法曰：「君輩坐不讀書耳。」趙閲道折之曰：「皋、夔、稷、契所讀何書？」〔一〕此言未足以折安石。皋、夔豈不學者耶？若折之曰：「相公誤矣，共工、驩兜、孔光、張禹豈不讀書耶？」則能折其口而理亦協矣。

【注】

〔一〕見宋王偁東都事略卷七十三趙抃列傳。所讀何書，作「有何書可讀耶？」

化益

世本云：「化益作井。」宋衷曰：「化益，伯益也。」〔一〕荀子成相篇：「傳禹平天下〔二〕，躬親爲民行勞苦，得益、皋陶、横革、直成爲輔。」吕氏春秋云：「得陶、化益、真成、横革、之交，五人佐禹。」〔三〕化益即伯益，真成即直成也。

【注】

〔一〕宋衷，三國時人，著有世本八種。

〔二〕荀子成相篇作「禹傳土，平天下」。傳，原爲「傅」，一作溥，敷的借字。

〔三〕見吕氏春秋求人。真成，作「真窺」，注云：「真窺即直成。」之交，疑爲「支父」之訛，蓋即吕氏春秋貴生、尊師所稱「子州支父」也。莊子讓王陸德明音義：「支父音甫。李云：支父，字也。即支伯也」古賢人。

蜀取劉璋

漢昭烈於十六年冬，從劉璋之迎而擊張魯。是時，孔明留守荆州。至明年，乃自葭萌據涪。出法正計①，昭烈亦强忍從之。若使孔明在，舉措當不如此。今以取劉璋爲孔明病，蓋亦未之考也。

【校】

① 出法正計 譚苑醍醐卷六作「出正之計」，四庫本作「法正之計」。

方望賢于范增

方望爲隗囂軍師，後囂不聽其言，望以書謝之曰：「范蠡收責勾踐①，乘扁舟於五湖；咎犯謝罪文公，亦逡巡于河上。」「望之無勞，固其宜也。望聞烏氏有龍池之山，微徑南通，與漢相屬，其傍時有奇人，聊及閒暇，廣求其真，願將軍勉之。」〔一〕望之見機亂邦，托跡方外，飄然行遁，邈焉莫追，賢於范增遠矣。

【校】

① 范蠡收責勾踐 收，譚苑醍醐卷八作「受」，丹鉛續録卷七作「被」。後漢書隗囂傳作「收」，收責，謂收其罪責也。

【注】

〔一〕此語見後漢書隗囂傳。固其宜也，作「蓋其宜也」。

鍾離權

仙家稱鍾離先生者，唐人鍾離權也，與吕嵒同時。韓澗泉選唐詩絶句，卷末有鍾離一首可證也。近世俗人稱漢鍾離，蓋因杜子美元日詩有「近聞韋氏妹，遠在漢鍾離」〔一〕，流傳之誤，遂附會以鍾離權爲漢將鍾離昧矣，可發一笑也。説神仙者，大率多欺世誑愚，如世傳沁園春及解紅二詞爲吕洞賓作。按沁園春詞，宋駙馬王晉卿初製此腔；解紅兒，則五代和凝歌童，凝爲製解紅一曲，初止五句，見陳氏樂書，後乃衍爲解紅兒慢。焉有吕洞賓在唐，預知其腔而填爲此曲乎？元俞琰又注沁園春，琰雖博學，亦惑于長生之説而隨俗耳。厥後琰子仲温序其父陰符經云：「先君七十而逝。」由此言之，琰之篤好養生，壽止于此。世有村夫，目不識參同契一字，而年踰百歲，又何必勞心于不可知之術哉！達人君子可以意悟。

【注】

〔一〕見杜少陵集卷四。元日詩，作「元日寄韋氏妹」。遠在漢鍾離，作「迎在漢鍾離」。

【辨】

明胡應麟丹鉛新録卷二「鍾離權」條云：「用修所解鍾離大可笑。按宣和書譜：『神仙鍾離先生，不知何時人，自謂生於漢，吕洞賓於先生執弟子禮。其狀虬髯蓬鬢雙髻，自稱天下都散漢。』則漢鍾離之名實出此，而用修以杜陵詩誤之，其可笑有如此者。夫漢鍾離，地名，而以爲神仙，則韋氏妹即何仙姑耶？漫書此，發讀者一大噱。

「神仙通鑑鍾離傳以爲生漢時，仕至諫議大夫，又仕晉爲大將軍，皆附會也。蓋諫議附會鍾離意，大將則附會鍾離昧耳。又有神仙鍾離簡，亦漢人。又元人慶壽詞明稱漢鍾離，豈皆本杜詩耶？」

（見少室山房筆叢卷六　中華書局）

夫娘

南宋蕭齊崇尚佛法，閤内夫娘悉令持戒〔一〕，麾下將士咸使誦經。見法琳辨正論。夫娘之稱，本此。謂夫人娘子，蓋是美稱也。是時，北則胡后却扇于曇獻；南則徐妃贈枕于瑶光。龜兹王女納于鳩摩羅什，反以爲榮；千金公主偶於淫毒丐僧，不以爲耻。後世以夫娘爲惡稱，緣此。東坡戲語有「和尚宿夫娘，相牽正上床」云云，陶九成乃謂爲駡語〔二〕，蓋未多見六朝雜説耳。

【注】

〔一〕見唐法琳辨正論三十代奉佛上：「南宋蕭齊崇尚佛法，閤内夫娘并令修戒，麾下將士咸使誦經。」閤内，當爲「閤内」。

〔二〕見元陶宗儀南村輟耕録卷十四「婦女曰娘」條云：「南方謂婦人之無行者，亦曰夫娘。」

火迫酇侯

唐源休受朱泚僞官①，自比蕭何之功，入長安日，首收圖籍，時人笑之，目曰「火迫酇侯」〔一〕。

宋南渡有郭某爲將，自比諸葛，酒後輒詠「三顧頻煩」②、「兩朝開濟」之句，而屏風、便面，一一皆書此二句。未幾，敗于江上，倉皇涕泣而匿，時謂之「尿汁諸葛」〔二〕，正好作對也。

【校】

① 唐源休受朱泚僞官　源，萬曆本作「原」，四庫本作「源」，據舊唐書姚令言傳當作「源」。

② 三顧頻煩，煩，萬曆本、丹鉛摘録卷十一作「繁」，杜甫蜀相原作「煩」。

【注】

〔一〕見舊唐書卷一二七姚令言傳。

〔二〕見宋岳珂桯史卷十五「郭倪自比諸葛亮」。尿汁諸葛，原作「帶汁諸葛亮」。

舉業之陋

本朝以經學取人，士子自一經之外，罕所通貫。近日稍知務博，以譁名苟進，而不究本原，從事末節。五經諸子，則割其碎語而誦之，謂之「蠡測」；歷代諸史，則抄節其碎事而綴之，謂之「策套」。其割取抄節之人，已不通經涉史，而章句血脉皆失其真，有以漢人爲唐人、唐事爲宋事者，有以一人析爲二人、二事合爲一事者。余曾見考官程文引制氏論樂，而以「制氏」爲「致仕」。又士子墨卷引漢書律曆志「先其算命」作「先算其命」。近日書坊刻布其書，士子珍之，以爲秘寶，轉相差訛，殆同無目人説詞話。噫，士習至此，卑下極矣！

孔明不取文舉

宋書引諸葛孔明之言曰：「來敏亂郡，過于孔文舉。」〔一〕此事不經見，當表出之。蓋孔文舉名過其實，清談廢事，已有晉人之風〔二〕，使遇孔明，必遭李平、廖立之罰〔三〕。後人稱之，只以才學耳。

【注】

〔一〕見宋書王微傳與江湛書：「光武以馮衍才浮其實，故棄而不齒。諸葛孔明曰：『來敏亂郡，過于孔文舉。』況無古人之才概，敢于周、漢之常刑。」

〔二〕升庵另有「孔北海」一則，稱孔「大志直節，東漢名流」，此云其「名過其實」。胡應麟丹鉛新録卷四責其自相矛盾云：「既謂北海大志直節，不當以文章末技掩之；又謂名過其實，後人只以才學稱之。一文舉也，驟以其善，表而出之於前；驟以其過，表而出之於後。與建安七子并稱且不可，而與李平、廖立同罰，其可乎？」

〔三〕見三國志卷四十。李平、廖立，蜀名將，爲諸葛亮「廢爲民」。

國朝登科録

國朝登科録，自洪武四年始，蓋開科之首也，大魁吴伯宗。然考蘇州錢氏世譜云「庚戌，安大全榜」〔一〕，姑蘇志云「金璹榜」，蓋一歲而三開科，三榜取士也。如乙丑之歲，春榜狀元花綸，秋榜狀元丁顯。辛未，春榜盡取南士，狀元許觀；夏榜六月一日殿試。盡取北士，狀元韓克忠，是一歲二開科也。又有狀元張顯、陳郊，不知爲何科，相去未二百年，已不得其詳。

【注】

〔一〕庚戌，爲洪武三年。前云「洪武四年」開科，二者必有一誤。

南宋五賢相

謝疊山作毋制機墓誌云：「宋中興賢相：張德遠、虞仲信、趙景温、游景仁、謝德方，皆蜀人也。」〔一〕按毋昭裔，孟蜀時人，其子毋㬰音英，藏書最富。制機，其後也〔二〕。

【注】

〔一〕見疊山集卷三平山先生毋制機墓銘。宋中興賢相，作「渡江後賢相」。

〔三〕明胡應麟丹鉛新録卷一「毋昭裔」條云：「毋昭裔，孟蜀人，少寒微，借文選不得，發憤曰：『吾他日貴，當鏤板行之。』卒如其言。毋煚，開元時人，與校秘書，有羣書四六行世，見唐藝文志，甚明。今以煚爲昭裔子，豈開元後於五代耶？史無藏書最富之文，蓋以校書誤記耳。」毋煚音英，毋煚音迥，恐非一人。毋煚羣書四録，見新唐書卷五八藝文志四録，胡應麟作「群書四六」，誤。

度轂

韓非子云：「顔回明仁於度轂，程嬰顯義於趙武。」〔一〕上句不知事之所出。度轂，似是人姓名，度姓古有之，宋有度正，蜀之遂寧人。

【注】

〔一〕正楊卷二云：此爲崔駰達旨中語，見後漢書卷五十二崔駰傳。升庵作韓非子，誤。

八士姓名〔一〕

大理董難曾見宋人小説，周有八士姓名，八人而叶四韻。伯達、伯适，一韻也；仲突、仲忽，一韻也；叔夜、叔夏，夜音亞，一韻也；季隨、季騧，隨音馱，騧音窩，一韻也。周人尚文，於命子之間，亦緻密不苟如此。

【注】

〔一〕本卷前有「八士考」，可互參。

蜀士

唐睿宗問蜀士於蘇頲，頲對曰：「李白文章，趙蕤術數。」宋英宗問蜀士於歐陽修，修對曰：「文行蘇洵，經術黎醇。」二事何其相類。

蜀之隱逸

譙定，字天授，其學得於蜀曩氏夷族；袁溉，字道潔，其學得於富順監賣香薛翁〔一〕。程子遇青城箍桶翁，乃知未濟三陽失位爲男窮之義〔二〕。又：渡涪江，舟將危，正襟端坐。人問之，曰：「心存誠敬爾。」有一樵夫同舟，登岸乃問伊川曰：「公是達後如此？舍後如此？」伊川欲與之言，已去不可追矣〔三〕。此皆宋世蜀之隱逸失名者。

【注】

〔一〕見宋王應麟困學紀聞卷十五「考史」。閻若璩按，據宋史隱逸傳：曩氏，上有「郭」；「世家南平」，非夷族。溉，作「滋」，閬人；香，作「醬」。

〔二〕見宋史卷四五九隱逸下譙定傳。曩氏，作「郭曩氏」。郭曩氏者，世家南平，始祖在漢爲嚴君平之師。

〔三〕見宋邵伯温邵氏聞見録卷十九。涪江，作「漢江」。樵夫，作「老父」。正襟端坐，作「正襟安坐」，文字不同。

鴻安丘

鴻安丘，成都人，與嚴君平友善，作君平誄〔一〕云：「無營無欲，澹然淵清。」時又有林間翁孺者，臨卭人〔二〕，亦君平同時友。

【注】

〔一〕君平誄，文選卷十三雪賦文末李善注，作「鴻安丘嚴平頌」。澹然，作「澹爾」。

〔二〕華陽國志：「林間，字公孺，臨卭人，楊雄師之。見方言」。

畫家四祖

畫家以顧、陸、張、吴爲四祖：顧長康、陸探微、張僧繇、吴道玄也。余以爲失評矣。當以顧、陸、張、展爲四祖，展，展子虔也。畫家之顧、陸、張、展，如詩家之曹、劉、沈、謝。閻本立則畫家之李白，吴道玄則杜甫也。必精于繪事品藻者，可以語此。

凋劶

魏書蔣濟疏：「凋劶之民。」〔一〕葛洪字苑：「劶作赩，九僞反。」

【注】

〔一〕三國志魏書蔣濟傳：「弊劶之民，儻有水旱，百萬之衆，不爲國用。」凋劶，作「弊劶」。劶，同「赩」，見顔氏家訓書證。

夫子告顔子教子高

夫子之告葉公者，下顔子一等矣。蘧伯玉告顔闔，又下於夫子教子高一等。惟顔子至命盡神，故足以發夫子心齋坐忘之論。葉公子高則未免以得失利害存懷，故但告以謹傳命、全臣節而已。然子高未至於狗人忘己也，闔則既知蒯聵之不可傳而欲傳之，伯玉見其勢不可止，立此苟全之論，非爲傳之道也。〔一〕

【注】

〔一〕此文摘引自褚伯秀南華真經義海纂微人間世注。

莊子解①

「臨人以德，則未能冥乎道；畫地而趨，則未能藏其迹。」林疑獨〔一〕「萇弘被放歸蜀，刳腸而死，蜀人以匱藏其血，三年而化爲碧玉。」「晉元帝託運糧不至而殺其臣，其血逆柱而上。」「齊殺斛律光，其血在地，去之不滅。」外物〔二〕

【校】

① 此條原無題，係林疑獨莊子口義中語。依例作「莊子解」。

【注】

〔一〕莊子人間世「臨人以德」、「畫地而趨」林疑獨注。「藏其迹」，作「滅其迹」。

〔二〕莊子外物「萇弘死于蜀，藏其血，三年而化爲碧」林疑獨注。

君能容諫

漢靈帝之時，可謂大亂極否矣。然傅燮斥言中官弄權，而帝識其忠；廷折崔烈可斬，而帝從其議〔一〕。又五胡之劉曜，何凶悖也！曜有惡夢，太史令任義極諫〔二〕，何異公孫聖之刺夫差也，而曜竟不罪義。陳宣帝之昏暴，京兆顏運輿櫬陳帝八失〔三〕，帝竟赦之①，且以御食賜焉。嗚呼！三君猶有容諫之賢如此。

【校】

① 帝竟赦之　竟，譚苑醍醐卷五作「親」。

【注】

〔一〕見後漢書卷五十八傅燮傳。

〔二〕見晉書卷一〇三劉曜傳。

〔三〕見周書卷四十顔之儀傳：「運乃輿櫬詣朝堂，陳帝八失。」

古人取字

史記注「仲雍，字熟哉」，哉字取字，僅見此。隋人魏鸞，字雙和；崔挺，字雙根，雙字取字，僅見此。隋宗室楊綸，字斌籀；楊温，字弘籀，籀字取字，僅見此。唐登科記：韓湘，字北渚。此又似今人之號，亦異矣！

四皓姓字

通鑑四皓姓名，王幼學集覽據陳留志及陶潛四八目爲説〔一〕，東園公，一也；綺李季〔二〕，二也；夏黄公，三也；甪里先生，四也。陳濟正誤以綺李、季夏爲一人，黄公爲一人，妄引杜詩「黄綺終辭漢」爲據〔三〕，其説杜撰，可笑。且詩人稱古人姓名多剪截，便於音韻，如稱司馬長卿爲馬卿，稱東方朔爲方朔。唐詩有稱東園公爲園公者，蓋亦此例，豈足爲據乎〔四〕！

【注】

〔一〕四八目，即陶潛聖賢羣輔録别名。

〔二〕綺李季，史記留侯世家「四皓」作「綺里季」。

〔三〕此爲杜甫朝雨詩中句，見杜少陵集卷十。辭漢，一作「投漢」。

〔四〕升庵外集卷三十九「通鑑四皓姓名」前，有「四皓有羽翼太子之功，其没也，惠帝爲之製文立碑」等語。「豈足爲據乎」後，有「四皓晚從太子之招，而風節減于功名」。

儗人失倫

「儗人必於其倫①」。荀子稱仲弓、子弓〔一〕，子弓豈仲尼之倫乎？韓子稱臧孫辰、孟軻〔二〕，臧豈孟之倫乎？二子之言，不倫矣。

【校】

①儗人必於其倫　儗，萬曆本作「擬」，四庫本作「儗」。禮記曲禮下：「儗人必於其倫。」

【注】

〔一〕見荀子非相篇：「帝堯長，帝舜短；文王長，周公短；仲尼長，子弓短。」子弓即仲弓，姓冉名雍，孔丘弟子。

〔二〕見韓愈送孟東野序：「臧孫辰、孟軻、荀卿，以道鳴者也。」臧孫辰，即魯大夫臧義仲。

三蘇不取孔明

宋周公謹癸辛雜識謂「三蘇皆不取孔明」〔一〕，非也。予按東坡謂出師二表，與伊訓、説命相表裏。潁濱上皇帝書云：孔明用兵如神，而以糧道不繼，屢出無功。由是言之，苟無其財，雖聖賢不能以自致于跬步〔二〕。二公以伊、傅神聖爲比，許之亦至矣。老泉謂孔明棄荆州而就巴蜀，吾知其無能爲也。止謂棄荆一事，然不考孔明草廬見先主之言，已云荆州用武之地，棄而不取，乃先主之失。以此病孔明，不亦誤乎？

【注】

〔一〕見宋周密齊東野語卷一，非癸辛雜識，升庵記誤。

〔二〕此爲蘇轍上皇帝書中語意，見欒城集卷二十一，非原文。蘇轍，字子由，號潁濱遺老。

壽過百年

北魏羅結年一百二十歲，唐香山九老有李元爽年一百三十歲。又嶺南楊氏雞窠老翁年二百餘〔一〕。

【注】

〔一〕丹鉛摘録卷三另有「古聖賢壽」一則，羅結、李元爽年歲與此不同：「商伊尹，壽百有五歲，見竹書紀年。周太公，壽百有十歲，見金石録。漢竇公，本魏文侯樂官，至漢文帝時，二百八十歲，見懷瓘書斷。魏羅結壽百三十歲，見北史。唐李元爽一百三十六歲，見白樂天集。蜀范長生先事劉玄德，至李特時一百三十餘年。宋譙定百三十餘歲，猶横經授易，見蜀志。則彭祖之壽，非誣也。」

古文人名與字并用

史記相如傳：「文君已失身于司馬，長卿故倦游。」〔一〕以人姓與字分爲二句，其文法自左傳人之姓氏名字多互用焉。劉越石詩：「宣尼悲獲麟，西狩涕孔丘。」〔二〕沈休文宋書恩倖傳論：「胡廣累世農夫，伯始致位公卿，黄憲牛醫之子，叔度名動京師。」〔三〕

【注】

〔一〕史記相如傳作「文君已失身於司馬長卿，長卿故倦遊」。

〔二〕此爲劉琨重贈盧諶詩中句，見晉書劉琨傳。涕，作「泣」。

〔三〕見宋書卷九十四恩倖傳。伯始，胡廣字。叔度，黄憲字。公卿，作「公相」。名動京師，作「名重京師」。

漢壽亭侯

曹操以關侯爲漢壽亭侯①。漢壽，地名，今稱壽亭侯，非也。漢壽郡在蜀之嚴道，其後先主即位于蜀而侯助之，固有兆于此與。況漢爲代名，而下綴以壽，延炎祚四十餘年，亦非偶然矣。

【校】

①曹操以關侯爲漢壽亭侯　關侯，上杭本、升庵外集卷四十一作「關羽」。

兩鬻熊

漢藝文志：「鬻子二十二篇。」注云：「名熊，爲周師，文王以下問焉。周封之爲楚祖。」此一鬻熊也。唐玄宗天寶六載詔，祀夏禹于安邑，以宗伯鬻熊、秩宗伯夷配，此夏之鬻熊也。然鬻熊事夏禹爲宗伯，經傳無明文，不知何所據也。

傅玄稱孔明

傅子云：「孔明誠一時之異也，入無遺刃，出有餘糧。」〔一〕

【注】

〔一〕見意林卷五：「諸葛亮誠一時之異人也，治國有分，御軍有法，……入無遺刃，出有餘糧。」

尹和靖對宋高宗

宋高宗問尹焞曰：「紂亦君也，孟子何以謂之獨夫？」焞對曰：「此非孟子之言，武王誓師之辭也：『獨夫受洪惟作威。』〔一〕」高宗又問曰：「君視臣如草芥，臣可遽視君如寇仇乎？」焞對曰：「此亦非孟子之言，書云：『撫我則后，虐我則仇。』〔二〕」高宗大喜。嗚呼！儒者對君之言，從容中道若此，所養可知矣。近世名公以道學自負，一趨宣召，對君自稱學生，何以異於野人哉！

【注】

〔一〕見尚書周書泰誓下。

〔二〕見尚書周書泰誓下。

段干

段干，李姓邑也，初封段，後邑干，因邑而氏。魏世家有段干子，田世家有段干朋。而風俗通乃以爲姓段名干木，蓋因吕氏春秋「干木光乎德」、與魏都賦「干木之德」之言而誤也〔一〕。按詩有「出宿于干」〔二〕，今開封有邗溝①。蹇叔處干而干亡，之秦而秦霸。戰國策有段干綸。段干，越人。

【校】

① 今開封有邗溝　邗，萬曆本作「刊」，四庫本作「邗」，據改。

【注】

〔一〕周密齊東野語卷一「段干木」條云：「其後有李宗者，魏封於段，爲干木大夫。按史記，聃之子宗，爲魏將，封于段干。……審此，段干仍邑名耳。」一説段干，複姓。

〔二〕見詩邶風泉水。楊子卮言卷一「邗干同字」條云：「詩：出宿於干。今開封有邗溝。韋氏曆紀云：蹇叔處干而干亡，入秦而秦霸。」

君子不可立黨

宋劉炎邇言云：「天下之士亦多矣，豈獨登龍門與仙舟者皆爲賢，而不在此選者盡不肖耶？更相表題，自立禍梯。」又曰：「韓稚圭忠於所事，天下無間言；范文正勇於自任，而朋黨之議起矣。」〔二〕范公豈立黨者，惟其立意，則黨之召也。

【注】

〔二〕見邇言卷九「今昔」。亦多矣，作「至不少矣」。所事，作「所託」。

王導賊臣①

王導非純臣也，世徒見晉明帝以大義滅親褒之，而實不然。逆機弑械之萌，蓋非一朝一夕之故。導不能先啓元帝潛爲之備，及敦至石頭，導不聞有正言規之，而受其司徒之擢。君臣大義，社稷爲重。李懷光將反，而其子璀言于德宗，君子以爲忠孝兩至。導之于敦，非父子比也，而依違其間，坐觀成敗，得爲純臣乎？敦之凶獰，勢已無可奈何，導又在帝左右，而王氏子弟布滿中外，明帝恐導攜心内應，故舉春秋大義滅親之言，實以安導心而散敦黨也。夫大義滅親，石碏是也，碏子從亂，碏手誅之，謂之滅親可也。導之於敦，親非父子，始也不能如李璀，終也不能如石碏，謂之滅親，是欺天下後世矣！敦之叛也，元帝下詔云：「敢有捨王敦姓名而稱大將軍者，軍法從事。」敦既死，導貽王含書，猶云：「近承大將軍困篤綿綿，或云已有不諱，故違明詔，而特伸私情。」此非敦反，乃導反也。導銜周伯仁，敦既得志，問導曰：「周顗、戴若思當登三司。」而導不答，敦曰：「若不三司，便應令僕。」而導又不答。敦乃曰：「若不爾，正應誅。」②而導又無言，二人竟死〔一〕。夫敦之用周、戴爲三司、令僕，欲使助己爲亂耳。導當正言「爵在朝廷，非臣下所得專賞」；及其言應誅，導當正言「刑在朝廷，非臣下所得專罰」可也。然導豈智不出此哉？假賊手以戕忠臣，其心不止報私怨而已。使敦謀幸成，則導能如朱全昱乎？能如司馬孚乎？吾知其不能也。君尊臣卑，如天高地下，成帝幸導宅，嘗拜導妻曹氏，而導偃然受之不辭。及侍中孔坦密表不宜，導聞之怒曰：「王仲弘駑痾耳！若卞望之巖巖，刁玄亮之察察，戴若思之峰岠，當敢爾耶？」夫濱危亡之中而不失君臣之禮，此趙襄子之所以賞周舍也。導知君臣之義，曾不如周舍乎！其免于春秋無將之誅，幸脱漢代博陸之禍者，由江左之政不綱，而王氏族黨大盛③，後世猥儒曲好議論，雖諸葛孔明、宋岳武穆猶加索瘢，而無片語疵導，誰謂公論百年而定哉？千年猶不定者有如此。又蘇峻之反，導棄帝先出奔，獨劉超一人侍帝。及陶侃平峻，導入城取故節，侃笑曰：「蘇武節似不如是。」導有慚色。郭默斬劉胤以叛④，導大懼，勸帝大赦天下，梟胤之首而以默爲西中郎將，自以爲遵養時晦。陶侃曰：「是乃遵養時賊也。」〔二〕導在江東，當三大難而狼狽如此，才略可知，管夷吾之稱⑤，亦濫美矣，遂併及之〔三〕。

【校】

① 四庫本題下有小字：「唐人云秦之亡由商鞅，左晉之亡由王導。左晉，江左之晉也。」

② 若不爾正應誅　正，丹鉛摘録卷十一作「止」。晉書周顗傳作「若不爾，正當誅爾」。作「正」是。

③ 而王氏族黨大盛　盛，丹鉛摘録卷十一作「衆」。

④ 郭默斬劉胤以叛　胤，丹鉛摘録卷十一、四庫本作「首」。

⑤ 才略可知管夷吾之稱　知，丹鉛摘録卷十一作「如」，斷句爲「才略可如管夷吾之稱」。

【注】

〔一〕見晉書卷六十九周顗傳。

〔二〕見晉書卷六十六陶侃傳。

〔三〕王導之評論，升庵集卷四十九尚有「王導賊臣」，「黄東發評王導」，附録於後：

王導賊臣

余嘗反覆晉書，知王導心事，與王敦一間耳，真賊臣也。元帝永昌元年，敦稱兵向闕，人臣無將，非反而何！而導於敦伏誅之後，猶謂其義同桓文。不知桓文何嘗稱兵伐周，何嘗戮周之大臣乎？敦問周顗於導，三問而三不對，是借劍於敦而殺顗也。非敦反，乃導反也。又與王含書云：「昔年佞臣亂朝，人懷不寧。」其曰佞臣，指刁協、劉隗。協與隗不合於敦而欲誅之者也。導於明帝太寧二年，敦反迹大彰，而猶爲此言，非賊臣而何？晉朝姑息不振，王導族黨太盛。是以一時反以逆賊爲忠貞，千載而下，人猶不悟，世亦易欺哉！余每讀史至此，不勝憤，與余同此見者，安陽之崔子鍾耳。其後明帝崩，成帝即位，而導稱疾不入朝。郗鑒責之曰：「大行在殯，嗣王未立，豈人臣辭疾之時？」又郭默懷逆而不能討，乃曰：「遵養時晦。」陶侃責之曰：「是乃遵養時賊也。」以此觀之，導既無濟世之才，又無人臣之節，不膺誅戮，亦已幸矣。

黄東發評王導

王導在江左，爲一時偷安之謀，無十年生聚之計，陳頵勸抑浮競，不能從也；王敦殺周、戴，不肯救也；卞敦不赴國難，不能戮也；郭默害劉胤，不能問也；庾亮召蘇峻，不能止也；石勒寇襄陽，大疫死大半，弊不能乘也；葛陂淫雨，三月不止，困不能襲也；晉帝拜其妻曹氏，不能辭也。又陰拱中立，以觀王敦之成敗，而胸懷異謀。觀敦與導書，平京師日，當親割温嶠之舌，非素有謀約者，敢爲此言？敦已伏誅，當加戮尸污宫之罪，又請以大將軍禮葬之。敦死後，導與人言，恒稱大將軍，又言大將軍昔日爲桓文之舉，此爲漏網逆臣無疑。徒以子孫貴盛，史家掩惡以欺萬世，謂之「江左夷吾」、「管氏輿臺」，亦羞之矣。近日陽明王公、後渠崔公皆有此論，與愚見不謀而合。因觀黄東發之言，晉人已有此評矣，不厭重著之。

郡姓

姓氏書，以姓配郡望，甚爲無謂。虚高族望，起於江南。侯景求婚王、謝而不允，遂詬曰：「會須以吴兒女配奴。」江東散亂，職此之由①。其後河北亦效尤，以崔、盧爲首，比江東之王、謝。薛宗起不得入郡姓，至碎戟爭於帝前，乃取入郡姓。今之百氏郡望起於元魏胡、盧之事，何足爲據也。是時韓顯宗上疏有云：「門望者，乃其父祖之遺烈，亦何益於皇家？苟有才，雖屠釣可相，奴虜可將；苟非其才，雖三后之胤，墜於皂隸矣！」又曰：「陛下豈可以貴襲貴、賤襲賤？」李冲曰：「不審魯之三卿，孰若四科？」〔二〕真名言哉！

【校】

①「職此之由」下，丹鉛摘録卷五有兩排小字：「事雖不由此一端，而官人以世，其釀禍非一日矣。」

【注】

〔二〕見魏書卷六十韓麒麟傳附韓顯宗傳。引文有删改。「雖屠釣可相」句，作「雖屠釣奴虜之賤，聖王不耻爲臣」。李冲，原作「李彪」。

王嘉

隴西處士王嘉，隱居倒虎山，有異術，苻堅迎之入長安。按：嘉字子年，今世所傳拾遺記，嘉所著也。其書全無憑證，直搆虛空①。首篇謂少昊母有桑中之行，尤爲悖亂。嘉蓋無德而詭隱，無才而强飾，如今之走帳黄冠，遊方羽客，僞藥欺人，假丹誤俗，是其故智，而移於筆札，世猶傳信之，深可怪也哉。嗚呼！子書之奥妙不傳者何限，而今乃傳鬻子、子華子；唐詩之佳而不行者無算，而世乃盛傳許渾、胡曾；小説之可觀者多矣，而天寶遺事、杜詩僞蘇注，至名家亦爲所惑，且引用焉，噫！

【校】

① 直搆虚空　搆，萬曆本、四庫本作「講」，據楊子卮言卷二、升庵集卷四十六改。

人名食其

高祖時有酈食其、審食其，武帝時有趙食其，師古皆讀作異其。「而近代學者，酈則爲異基，審則爲食基，趙則爲食其，誤矣！同是人名，更無别議也。」「荀悦漢紀三者并異基字。」〔一〕

【注】

〔一〕見漢書高帝紀「審食其從太公吕后間行」顔師古注。誤矣，作「非也」。别議，作「别義」。三者并異基字，作「三者並爲異基字」。

四皓廟碑

四皓有羽翼太子之功，其没也，惠帝爲之製文立碑，此乃上世人主賜葬人臣恤典之始，通典、文獻通考皆不之載。而四皓碑目，集古録、金石録、鄭樵金石略皆遺之，獨見於任昉文章緣起，故特表出之〔一〕。

【注】

〔一〕任昉文章緣起載漢惠帝四皓碑云：「惠帝四皓碑，爲與臣下立碑之始。」

章邯未可輕

方萬里云〔一〕：「高祖自漢中東出，司馬欣、董翳望風稽顙，獨章邯堅守廢丘，踰年不下，至於引水灌之然後破，此豈脆敵哉？惜其不知所事，身名俱滅。嚴尤之于王莽，徐道覆之于盧循，皆一律也。」〔二〕

【注】

〔一〕此條引自宋吕祖謙大事記解題卷八「雍王章邯自殺」解題，升庵作「方萬里云」，誤。

〔二〕見宋吕祖謙大事記解題卷八。司馬欣，萬曆本誤作「司馬翳」。董翳，萬曆本誤作「董欣」。「廢丘」後脱「攻之」。

秀才

趙武靈王論胡服云：「俗辟民易，則是吴越無秀才也。」〔一〕秀才之名始此，後再見於賈誼傳〔二〕，六朝遂以此爲取士之科名云。

【注】

〔一〕秀才，史記趙世家趙武靈王十九年作「秀士」。正楊卷二云：「無秀才字。」

〔二〕漢書賈誼傳：「河南守吴公聞其秀材，召置門下。」作「秀材」。漢書儒林傳公孫弘爲學官時云：「即有秀才異等，輒以名聞。」

秦刻石去姓稱名

秦之罘刻石去姓稱名，後世遂多不知姓。而歷代或多效之，惑矣！如晉書云「謝玄北伐苻堅」下，遽云「安與玄圍棊」，「玄」上去一「張」字①，初學觀之，知爲何「玄」耶？漢書注稱「臣瓚」，後人亦迷其姓，何吝書此一字耶？如五代梁唐間有王彦章、謝彦章、彭彦章，使去其姓，知爲王耶？謝耶？彭耶？

【校】

① 玄字上去一張字　張，升庵外集卷八十九作「謝」，誤。晉書謝安傳：「玄不敢復言，乃令張玄重請。安遂命駕出山墅，親朋畢集，方與玄圍棋别墅。」此玄乃張玄，而非謝玄。見本卷之「南北二玄」。

蓋姓有二

蓋姓有二：漢蓋寬饒、蓋勳，音盍。唐蓋文達、蓋蘇文、蓋嘉運，音踏。

衛綰

漢丞相衛綰奏：郡國「所舉賢良，或治申、商、韓非、蘇、張之言，亂國政，請皆罷」〔一〕。武帝可之。綰之相業，他無聞焉，而此一節，加於蕭、曹一等矣。史稱漢帝之美曰：「罷黜百家。」綰之功，可少哉①！

【校】

① 綰之功可少哉　上杭本作「綰之功，不可少」。

【注】

〔一〕見漢書武帝紀。蘇、張，作「蘇秦、張儀」。

河間獻王①

漢之待宗室其嚴乎！河間獻王子禮以恐愒取鷄失侯②，罪亦微矣。獻王，漢之賢維城也。

三子：一以取雞失侯，一以酎金失侯，曷不以其父之賢而原之乎？意者景帝先有意立獻王，而武帝憾之，乃發其子歟？

【校】

① 一作「漢待宗室」，見升庵外集卷四十一。

② 河間獻王子禮以恐愒取鷄失侯　愒，丹鉛餘録卷十五、上杭本作「猲」，四庫本作「喝」。恐愒，即恐嚇，作「愒」是。史記蘇秦傳：「以秦恐愒諸侯，以求割地。」

左氏句法

左傳公若謂圉人曰：「爾欲吳王我乎？」[一]三國志：「欲曹爽我乎？」[二]宋人奏議云：「是欲劉豫我也。」[三]皆祖左氏句法。

【注】

〔一〕見左傳定公十年。

〔二〕見通鑑晉安帝隆安元年，作「將曹爽我乎？」

〔三〕見宋史胡銓傳，胡銓抗疏之語。

劉琨劉栖楚

晉金谷二十四友①，有劉琨；唐八關十六子，有劉栖楚，其「中行獨復」者乎〔一〕？

【校】

① 晉金谷二十四友　晉，上杭本、萬曆本作「留」，四庫本、升庵集卷四十九等作「晉」，據改。

【注】

〔一〕中行獨復，見易復六四：「中行獨復。」象曰：「中行獨復，以從道也。」

南北二玄

續晉陽秋曰：「張玄之，少以學顯。謝玄爲會稽内史，張玄之爲吴興太守，名亞謝玄，亦稱南北二玄。」〔一〕

【注】

〔一〕見世説新語言語「張玄之」劉孝標注，文字有删改。張玄之，丁國鈞晉書校文四：「謝安傳之張玄之，亦即謝道藴傳之張玄，晉人單名多加『之』字。」錢竹汀養新録疑非一人，失之。

王導

晉陽秋曰：「王導接誘應會，少有牾者。雖疎交常賓，一見多輸寫款誠，自謂爲導所遇，同之舊暱。」〔一〕

【注】

〔一〕見世説新語政事「王丞相拜揚州」劉孝標注。

左思賦自注

晉陽秋曰①：「左思造張載，問岷、蜀事，交接亦疎。皇甫謐西州高士，摯仲治宿儒知名，非思倫匹；劉淵林、衛伯輿并蚤終，皆不爲思賦序注也。凡諸注解，皆思自爲，欲重其文，故假借名姓也。」〔一〕

【校】

① 晉陽秋曰　世説新語文學「左太冲作三都賦」劉孝標注作「思别傳」，此作晉陽秋，誤。丹鉛餘録卷一作「左思别傳」。

【注】

〔一〕見世説新語文學「左太冲作三都賦初成」注。假借名姓，作「假時人名姓」。

蘇峻

王隱晉書云：「晉帝詔徵蘇峻，峻曰：『臺下云我反，反豈得活耶？我寧山頭望廷尉，不能廷尉望山頭也。』」〔一〕

【注】

〔一〕見世説新語方正「蘇峻既至石頭」劉孝標注。「不能廷尉望山頭」後原有「乃作亂」。

謝安

續晉陽秋曰：「謝安優游山水，以敷文析理自娱。」〔一〕

【注】

〔一〕見世説新語賞譽「謝太傅爲桓公司馬」劉孝標注。

異姓①

賈誼新書引鬲子曰②：「太平之世，父無死子，兄無死弟。」〔一〕鬲姓，僅見此。漢唐君碑陰有處士閭葵班。閭葵，複姓，僅見此。佛圖澄碑，澄本姓濕，濕姓，僅見此。戰國策衛有緤錯、挐薄。緤、挐姓，僅見此。

【校】

① 異姓　一作「髲子」，見升庵外集卷四十九「雜説」。

② 賈誼新書引髲子　髲，丹鉛餘録卷一誤作「髮」，後萬曆本、四庫皆作「髮」，獨升庵外集卷四作「髲」。

【注】

〔一〕見賈誼新書卷一數寧。太平之世，作「至治之極」。

伊尹太公

竹書紀年：伊尹卒於沃丁之世，蓋百有五歲〔一〕；太公卒於康王六年，壽百有十歲〔二〕。

【注】

〔一〕史記殷本紀「伊尹卒」注引帝王世紀云：「年百歲卒。」

〔二〕史記齊太公世家云：「蓋太公之卒，百有餘年。」

韋孝寬薛仁貴

後周韋孝寬，參麟趾殿學士，考校圖籍。唐薛仁貴著周易新著本義四卷〔一〕。二子皆勇將，而精意經術如此。

【注】

〔一〕見舊唐書藝文志。四卷，原作「十四卷」。

【辨】

世人皆以薛仁貴僅爲武將，升庵云薛亦精經術，文武全才。時人認爲著書者另有其人，以爲升庵之説失之。明胡應麟丹鉛新録卷四「韋孝寬薛仁貴」條云：「唐薛氏文士最衆，周易注見鄭氏藝文略、唐書藝文志，蓋别有其人，非爲將者也。唐書仁貴傳并不言其涉獵經史，即史傳中不盡載著述，然仁貴以武人有此，斷所不遺，今新、舊唐書無及此者，則此書非其撰述無疑也。韋孝寬雖爲名將，未嘗以勇力聞；仁貴雖以勇聞，然將略亦自翹楚。用修説俱失之。宋人墨池編有薛仁貴碑云：『名禮，字仁貴，其人在天寶間。』則非唐初將帥，明矣。」又史書佔畢卷六説：「唐有『兩薛仁貴』，一武將，見唐書；一文人，注周易，見唐書藝文志，次第在王勃前、陸德明後，蓋亦高宗時人，當與征遼建功者相去不遠，而傳絶不言其能文著書。考之唐世，河東之薛，文學最盛，蓋一時名姓相同，决非爲將之仁貴也。楊用修執此以仁貴爲文武兼才，與韋孝寬并稱。按唐書張仁願傳云：『唐初，才兼文武，僅郭元振、唐休璟、裴行儉及仁願。』未嘗一齒仁貴，則注周易者，非其人必矣。藉令史傳中於著述或不盡載，亦當稍稍及其文義大端。而仁貴本傳第稱其『力田起家』，傳末竟不略概好文博雅等語，用修之誤瞭然無疑。續考宋朱長文墨池編第八卷碑刻類有唐薛仁貴碑，注云：『天寶二年。名禮，字仁貴。

河東汾陰人。』按新、舊唐書薛傳并無此文，唯通鑑有之。以僻甚，附記此」。（少室山房筆叢卷八、卷十八　中華書局）

明周嬰巵林卷八諗胡「薛仁貴」條云：「班氏書所列將相儒生之行事，往往不載於本傳而附著之他篇者，蓋作史之法也。且如其人所論撰一一具列傳末，則藝文不必志矣。按新唐書本傳云：『仁貴少貧賤，以田爲業。』而世系云：『仁貴父軌，隋襄城郡贊治。』又云：『仁貴名禮，松漠道大總管。子訥，相玄宗；楚玉，左羽林將軍，汾陽縣伯。』傳不言以字行，亦不言松漠道，蓋皆互見也，何謂唐書無此文！墨池編碑文云云，則所稱薛禮者，正三箭定天山、免胄示突厥之將軍耳。其言天寶二年，必訥若楚玉始爲其父追立之者。觀仁貴討賀魯疏，簡潔而盡事情，又知西方得歲不宜用兵，皆博學有文，豈力田起家者所能諳解乎？……且薛氏望出河東，無别支於他郡者。其世系表有二嵩、二朗、二植、二侃、二温……而獨無二禮、二仁貴，則雋虜、注易，立功、立言者，其爲一人無疑矣。通鑑：『貞觀十九年，龍門人薛仁貴，安都六世孫，名禮，以字行。』元瑞既知通鑑有之，而必守墨池之説，以爲天寶時人，蓋徒見用修之論，輒思所以勝之，不知其自陷於挂漏而乖僻也。」（景印文淵閣四庫全書八五八　巵林卷八　臺灣商務印書館）

魯仲連顔蠋

東坡於戰國之士，取魯仲連、顔蠋，而皆惜其未聞道，亦名言也〔一〕。

【注】

〔一〕見東坡志林卷四:「戰國之士,未有如魯連、顔蠋之賢者也,然而未聞道也。」

諸史遺人

張唐英論王威、高君雅在晉陽謀誅李淵,爲隋之忠臣。胡安國論五代宋令珣死事之跡,歐陽公遺之。予觀郭忠恕,初事湘陰公贇,爲郭威所殺,忠恕佯狂遁去,亦清節之士也。史皆不能表章之〔一〕。噫,若此者亦不幸矣!

【注】

〔一〕宋令珣事,見舊五代史卷六十六;郭忠恕事,見宋史卷四四二文苑傳四;湘陰公贇事,見舊五代史卷八十七,并非「史皆不能表章」。

伐國之女爲妖①

李德裕云:「自古得伐國之女以爲妃后,未嘗不致危亡之患,何也?亡國之餘,焉能無怨氣?其開基之先,皆一時之傑,其瀆鬼嶽祇,授其血食②,忿其滅亡,故能爲厲,必生妖美之色,以蠱惑其君而危亡之。晉之驪姬,楚之夏姬、息嬀,苻堅之清河公主,侯景之溧陽公主，隋文帝之陳夫人，皆是物也。史蘇所謂我以男戎勝彼③，彼亦必以女戎勝我④。故曰：『興門之男，衰門之女⑤。』信矣！〔一〕杜牧集載陳希烈、桂娘事尤異⑥。

【校】

① 伐國之女爲妖　一作「伐國之女」，見升庵集卷六十。

② 授其血食　授，丹鉛餘録卷五作「受」。上杭本、萬曆本、升庵集誤作「愛」。伐國論作「授」，據改。

③ 我以男戎勝彼　彼，萬曆本無，據丹鉛餘録卷五、四庫本補。

④ 彼亦必以女戎勝我　亦，丹鉛餘録卷五無「亦」，作「彼必」。

⑤ 故曰興門之男衰門之女　故曰，丹鉛餘録卷五、四庫本作「隋書曰」。

⑥ 杜牧集載陳希烈桂娘事尤異　尤異，萬曆本作「云云」，據丹鉛餘録卷五、四庫本改。陳希烈，當作「李希烈」，見樊川文集卷三竇烈女傳。

【注】

〔一〕語出李德裕伐國論，見文苑英華卷七四三，文字有删改。如開基之先，作「立基創業之祖宗」；其瀆鬼嶽祇，作「其社稷山川之鬼神」等。

布衣上書爲咎

洛陽布衣韋月將，上言武三思濁亂椒房；浙西布衣崔善正，上言李錡謀爲不軌，身死而無益于事，史且微其名〔一〕。噫，亦可憐矣！易曰：「壯于趾，往，不勝爲咎。」〔二〕二子之謂乎！

【注】

〔一〕韋月將事，見舊唐書宋璟傳；崔善正事，見范祖禹唐鑑卷十六。崔善正，作「崔善貞」。

〔二〕見易夬。壯于趾，作「壯于前趾」。

陽鱎魚

説苑：子賤爲單父宰，初入境，見有冠蓋來迎者。子賤曰：「車驅之，所謂陽喬者至矣。」〔一〕陽喬，魚名，不釣而來，喻士之不招而至者也，其魚之形則未詳。按：荀子曰：「鯈者，浮陽之魚也。」〔二〕唐文粹宓子賤廟碑云：「豈意陽鱎，化而爲魴。」〔三〕喬，從魚爲鱎，字義乃全。

【注】

〔一〕見劉向説苑卷七政理。文字有删改。子賤語作「車驅之，車驅之，夫陽晝之所謂陽橋者至矣」。

〔二〕見荀子榮辱。鯈者，作「儵鯈者，浮陽之魚也」。注：「儵鯈，魚名。浮陽，謂此魚好浮於水上以就陽也。」

〔三〕唐文粹卷二十一宓子賤碑頌作「誰爲陽鱎，革而爲魴」。

學術筆記叢刊

丹鉛總録校證

中

〔明〕楊　慎　撰
豐家驊　校證

中　華　書　局

丹鉛總録卷之十一

史籍類

析里橋碑

歐陽集古録析里橋碑跋云：「醳散關之嶃漯，從朝陽之平燰。刻畫適完，非其訛謬，而莫詳其義，故録之以俟博識君子。」〔一〕慎按：醳，古與「釋」通。史記張儀傳：「杖而醳之。」韓信傳：「醳兵北首燕路。」洪氏釋「醳」，載漢碑文有云「農夫醳耒」，又云「辭榮醳黻」〔二〕。漯，本濟漯之「漯」，漢人或寫「漯」借作「濕」字用。嶃漯，即潮濕也。燰，與「燥」同，分隸小異，如「操」亦作「摻」之例。平燰，謂乾燥，言去濕而就燥也。以此訓之可通。

【注】

〔一〕見宋歐陽修集古録卷三。析里橋碑跋，作「後漢析里橋郙閣頌」。從朝陽，作「徙朝陽」。引文有删改。

〔二〕見宋洪适隸釋卷四析里橋郙閣頌：「醳與釋同，太史公書皆然。」

康節論莊子

邵康節云：「莊子盜跖篇，言事之無可奈何者，雖聖人亦莫如之何①。」「庖人雖不治庖，尸祝不越樽俎而代之，言君子之思不出其位。」〔一〕楊龜山曰：「逍遥遊一篇，子思所謂無入而不自得。養生主一篇，孟子所謂行其所無事。」〔二〕愚謂能以此意讀莊子，則所謂圓機之士，可與之論九流矣。世之病莊子者，皆不善讀莊子者也。

【校】

① 雖聖人亦莫如之何　亦莫如之何，丹鉛餘録卷二、萬曆本作「亦如之何」，升庵集卷四十六、升庵外集卷四十六作「亦無如之何」。邵康節皇極經世書卷十三作「亦莫如之何」。

【注】

〔一〕見邵雍皇極經世書卷十三。

〔二〕見楊時龜山集卷十。

唐詩主情

唐人詩主情，去三百篇近，宋人詩主理，去三百篇却遠矣。匪惟作詩也，其解詩亦然。且舉唐人閨情詩云：「裊裊庭前柳，青青陌上桑。提籠忘采葉，昨夜夢漁陽。」〔一〕即卷耳詩首章之意也。又曰：「鶯啼緑樹深，燕語雕梁晚。不省出門行，沙場知近遠。」〔二〕又曰：「漁陽千里道，近於中門限。中門踰有時，漁陽常在眼。」〔三〕又云：「夢裏分明見關塞，不知何路向金微。」〔四〕又云：「妾夢不離江上水，人傳郎在鳳凰山。」〔五〕即卷耳詩後章之意也。若如今詩傳解爲託言〔六〕，而不以爲寄望之詞，則卷耳之詩，乃不若唐人作閨情詩之正矣。若知其爲思望之詞，則詩之寄興深而唐人淺矣。若使詩人九原可作，必蒙印可此説耳。

【注】

〔一〕此爲唐張仲素春閨思，見全唐詩卷三六七。庭前柳，丹鉛餘録卷三，全唐詩作「城邊柳」。

〔二〕此爲唐王涯閨人贈遠五首之四，見全唐詩卷三四六。「鶯啼」作「啼鶯」，「燕語」作「語燕」。

〔三〕此爲唐孟郊征婦怨之二，見全唐詩卷三百七十二。近於，作「近如」。

〔四〕此爲唐張仲素秋思二首之一詩中句，見全唐詩卷三六七。

〔五〕此爲唐張潮江南行詩中句，見全唐詩卷一一四。

〔六〕詩傳，指朱熹詩集傳，云「託言欲登此崔嵬之山，以望所懷之人而往從之」。

東山詩

東山詩四章：「倉庚于飛，熠燿其羽。」〔一〕言倉庚鳴春，嫁娶之候也。歸士始行之時新昏，今還，故極序其情以樂之。「皇駁其馬」，車服盛也。「親結其縭」，縭，婦人之褘也。邪交絡帶係于體，示繫屬于人也，即所謂纓也。士昏禮：「親脱婦之纓。」纓必有結，脱者解其結也。古語多倒，脱而曰「結」，猶治而曰「亂」也。此於昏禮東席北枕之際，出燭屏媵之後①，又極序其情而戲之也。「九十其儀」，九爲陽，天之成數；十爲陰，地之成數，言男女天下之大道，陰陽之生成也。「其新孔嘉，其舊如之何？」唐人所謂遠將歸，勝未别離時，在家相見熟，新婦歡不足也。舊説以縭爲帨巾，誤。又以親結縭爲母命，雖同是昏禮，而非詩旨，所謂「差之毫釐，繆千里」矣。

【校】

①出燭屏媵之後　媵，上杭本、萬曆本誤作「媵」，丹鉛餘録卷四、四庫本作「媵」，據改。

【注】

〔一〕見詩豳風東山。

古文多倒語〔一〕

古文多倒語，如亂之爲治，擾之爲順，荒之爲定，臭之爲香，潰之爲遂，釁之爲祥，結之爲解，皆美惡相對之字，而反其義以用之。如「亂臣十人」、「亂越我家」、「惟以亂民」、「亂爲四方新辟」、「亂爲四輔」、「厥亂明我新造邦」、「丕乃俾亂」之類〔二〕，以亂訓治也。「安擾邦國」、「擾而毅」、「擾龍」、「六擾」之類，以擾訓順也。「荒度土功」、「遂荒大東」、「大王荒之」、「葛藟荒之」，以荒訓定也。「胡臭亶時」、「其臭羶」、「臭陰達於淵泉」，以臭訓香也。「是用不潰于成」、「草不潰茂」〔三〕以潰訓遂也。「將以釁鐘」，以釁訓祥也。「親結其縭」，以結訓解也。

【注】

〔一〕此則采自宋洪邁容齋三筆卷十二「五經字義相反」，略有增減。

〔二〕「亂爲四方」、「亂爲四輔」，見尚書説命及洛誥。

〔三〕詩大雅召旻：「如彼歲旱，草不潰茂。」容齋隨筆引文不誤，丹鉛餘録卷四、萬曆本誤作「莫不潰茂」。

秦漢人論性〔一〕

莊子曰：「各有儀則之謂性。」〔二〕此即詩烝民之旨也，後人未易可到。賈誼曰：「少成若天性。」又曰：「性者，神氣之所會。性立則神氣曉曉然，發而通行于外矣。與外物之感相應，故曰潤厚而膠謂之性。」〔三〕其所謂「潤厚而膠」者，今人名物之堅者曰有性，不堅者曰無性之謂也。王輔嗣曰：「不性，其情何以久行其正？」〔四〕禮運記曰：「六情所以扶成五性也。」孝經緯曰：「魂者芸也，情以除穢；魄者白也，性以治内。」趙臺卿曰：「性情相與表裏。」〔五〕啖助曰：「情本性中物。」韓嬰曰：「卵之性爲雛，不粥不孚則不成爲雛；繭之性爲絲，不淪不練則不成爲絲。」〔六〕陳摶曰：「情者性之影。」凡此言性皆先于伊洛，其理無異，而辭旨尤淵，宋人乃謂漢唐人説道理如説夢，誣矣！

【注】

〔一〕升庵論性，長文有性情説、廣性情説，見升庵集卷五；札記有性情、性情説、性情先後説等，見升庵外集卷六十，可參看。

〔二〕見莊子天地篇。

〔三〕見賈誼新書卷五「保傅」與卷八「道德説」。少成若天，習慣若自然，前有「孔子曰」。性者神氣之所會，作「性，神氣之所會也」。

〔四〕見王弼周易注疏卷一：「不性，其情何能久行其正。」

〔五〕見孟子章句告子上趙岐注：「性與情相爲表裏，性善勝情，情則從之。」趙岐，字臺卿，東漢經學家。

〔六〕見韓嬰韓詩外傳卷五，作「繭之性爲絲，弗得女工，燔以沸湯，抽其統理，不成爲絲；卵之性爲雛，不得良雞，覆伏孚育，積日累久，則不成爲雛」。

孫明復論太玄①

孫明復曰：「揚子雲太玄，非準易，乃明天人始終之理，君臣上下之分，蓋疾莽而作也。桓譚曰：『是書也，可以大易準②。』班固曰：『經莫大于易，故作太玄。』使子雲被僭經之名，二子之過也。」〔一〕

【校】

①孫明復論太玄　一作「太玄非擬易」，見丹鉛雜録卷一、升庵集卷四十六。

②可以大易準　以，丹鉛雜録卷一、升庵集卷四十六作「與」。

【注】

〔一〕見宋孫復孫明復小集辨揚子，文字乃升庵改述。可以大易準，作「可與大易準」。

孔叢子①

孔叢子載孔子之言曰：「古之聽訟者，惡其意不惡其人，求其所以生之，不得其所以生乃刑之。」歐陽永叔作瀧岡阡表云②：「求其生而不得，則死者與我皆無憾也。」〔一〕世莫有知其言之出于孔叢子也。

【校】

①孔叢子　一作「歐文本孔叢子」，見四庫本。

②歐陽永叔作瀧岡阡表云　瀧，萬曆本作「隴」，四庫本作「瀧」。瀧岡，在江西吉安府永豐縣，當作「瀧」。

【注】

〔一〕見孔叢子卷上。無憾也，作「無恨也」。

古文之奧

孔子出，使子路齎雨具。有頃，果雨。子路問其故，孔子曰：「詩不云乎，月離于畢，俾滂沱矣。昨莫月正離畢也。」他日，月離畢，孔子出，子路請齎雨具。孔子不聽，果無雨。子路問其故，孔子曰：「昔日，月離其陰，故雨；昨莫，月離其陽，故不雨。」〔一〕史記仲尼弟子傳有子事載此文，而删月離陽離陰末節，蓋有深意〔二〕。作傳之旨，本以見有子不如孔子處，故不説盡而文益藴藉。如莊子「九淵」而止説其三〔三〕，又「夔憐蚿，蚿憐風，風憐目，目憐心」〔四〕。止解夔、蚿、風三句，而憐目、憐心之義缺焉。蓋悟者自能知之，若説盡則無味。知此者，知古文之奧矣！

【注】

〔一〕見王充論衡明雩篇，文字有删改。「月離于畢，俾滂沱矣」，爲詩小雅漸漸之石中句。

〔二〕見史記仲尼弟子列傳。月離畢，作「月宿畢」。

〔三〕見莊子應帝王：「淵有九名，此處三焉。」丹鉛雜録卷一云：「若莊子數九淵之目，而止列其三，今子書九淵具陳，説盡則索然無味矣。」

〔四〕見莊子秋水，作「夔憐蚿，蚿憐蛇，蛇憐風，風憐目」。

唐人律賦①

黄滔律賦，如明皇回駕經馬嵬，隔句云：「日慘風悲，到玉顔之死處；花愁露泣，認朱臉之啼痕。」「褒峰萬疊②，斷腸新出於啼猿；秦樹千層，比翼不如於飛鳥。」景陽井云：「理昧納隍，處窮泉而詎得；誠乖馭朽，攀素綆以胡顔。」〔一〕又無名氏作孟嘗君夜度函谷賦：「歎秦關之百二，難騁狼心；笑齊客之三千，不如鷄口。」〔二〕亦可喜也。

【校】

① 唐人律賦　一作「黄滔律賦」，見丹鉛總録卷十、升庵集卷五十三。

② 褒峰萬疊　峰，升庵雜録卷十作「雲」，四庫本作「風」。容齋四筆卷七作「雲」。

【注】

〔一〕見宋洪邁容齋四筆卷七「黄文江賦」，文字有删節。

〔二〕此宋言敦鷄鳴度關賦中句，非無名氏所作。見文苑英華一三八。

古書不知名考

馬總意林引相貝經，不著作者，讀初學記，始知爲嚴助作〔一〕。漢有博物記，非張華博物志也，周公謹云不知誰著。考後漢書注，始知博物記爲唐蒙作〔二〕。水經引南中行紀亦不出姓氏，考嵇含南方草木狀，始知陸賈作南中行紀。乃知前人或略，後或有考焉，未可遽付之不知也。

【注】

〔一〕見藝文類聚卷八十四寶玉部「貝」：「相貝經，朱仲受之於琴高，琴高乘魚，浮于海河，水産必究。仲學仙於高，而得其法，又獻珠於漢武，去不知所之。嚴助爲會稽太守，仲又出，遺助以徑尺之貝，并致此文於助。」升庵誤記爲初學記。初學記無「貝」類。

〔二〕後漢書郡國志五犍爲郡「魚涪津」注：「蜀都賦注曰：『魚符津數百步，在縣北三十里。縣臨大江，岸便山嶺相連，經益州郡，有道廣四五尺，深或百丈，斬鑿之跡今存，昔唐蒙所造。』博物記：『縣西百里有牙門山。』華陽國志曰：『縣西有熊耳峽，南有峨眉山，去縣八十餘里。』」

唐蒙所造者，當指「廣四五尺」之道，而非云博物記爲唐蒙所作。升庵誤讀致誤。

【辨】

明胡應麟丹鉛新録卷一「古書不知名考」條辨之曰：「嚴助、唐蒙、陸賈俱西京人，楊所引之書，班志并無其目，且其體非西京所有，蓋如神異經、十洲記之屬，大抵六朝贋作者。此種自是一家學問，若阮孝緒、馬端臨諸人庶得其要領，用修故未了然，難罄論也。」隋志有張公雜記，注云似博物志，而廣記有魏宮人事，蓋漢注即引此書。

「相貝經乃朱仲上嚴助者，諸書罕載，僅見緯略云。師曠有禽經，浮丘公有鶴經，雖相畜亦有牛經、馬經、狗經，下至蟲魚有龜經、魚經，唯朱仲所傳貝經怪奇，今録于此。朱仲受經於琴高，嚴助爲會稽太守，仲遺之以徑尺之貝，并致貝經曰：黄帝、唐堯、夏禹三代之貞瑞，靈奇之祕寶。……雨則輕，霽則重。」此文奇甚，故録之。楊以爲嚴作，謬矣。

「初學記蟲魚類無貝屬，寶玉類亦無之。考藝文類聚乃有之，不列於蟲魚而列於寶玉，其朱仲一篇正與緯略大同，用修蓋誤記藝文爲初學也。」（見少室山房筆叢卷五丹鉛新録卷一　中華書局）

謝皋羽詩

謝皋羽晞髮集，詩皆精緻奇峭，有唐人風，未可例於宋視之也。予尤愛其鴻門讌一篇：「天雲屬地汙流宇，杯影龍蛇分漢楚。楚人起舞本爲楚，中有楚人爲漢舞。鷴鵴淬光雌不語，楚國孤臣泣俘虜。君看楚舞如楚何，楚舞未終聞楚歌。」〔一〕此詩雖使李賀復生，亦當心服。李賀集中亦有鴻門讌一篇，不及此遠甚，可謂青出於藍矣。元楊廉夫樂府力追李賀，亦有此篇，愈不及皋羽矣。其他如短歌行：「秦淮没日如没鶻，白波摇空濕弦月。舟人倚棹商聲發，洞庭脱木如脱髮。」建業水云：「太白入月魚腦減，武昌城頭鼓紞紞。」海上曲云：「水花生雲起如葑，神龍下宿藕絲孔。」明河篇云：「牽牛夜入明河道，淚滴相思作秋草。婺女城頭玩月華，星君冢上無啼鳥。」俠客吴歌云：「潮動西風吹杜荆，離歌入夜斗西傾。佽飛廟下蛇含草，青拭吴鈎入匣鳴。」〔二〕效孟郊體云：「牽牛秋正中，海白夜疑曙。野風吹空巢，波濤在孤樹。」律詩如：「驛花殘楚水，烽火到交州」、「夜氣浮秋井，陰花冷碧田」、「山鬼下茅屋，野鷄啼苧蘿」、「戍近風鳴柝，江空雨送船」、「鄰逋燈下索，鄉夢戍邊回」、「柴關當太白，藥氣近樵青」、「暗光珠母徙，秋影石花消」、「下方聞夕磬，南斗掛秋河」，雖未足望開元、天寶之蕭牆，而可以據長慶、寶曆之上座矣。集多皋羽手抄，濕字多作「溼」，蓋從古字溼之省。史子堅隸格載漢碑有此字，觀者弗識，或改爲「沄」，非。

【注】

〔一〕見晞髮集卷五。「楚國孤臣泣俘虜」後脱「他年疽背怒發此，硭碭雲歸作風雨」一聯。

〔二〕見晞髮集卷五。佽飛，佽，萬曆本誤作「似」。

孔明寫申韓書

宋儒論孔明爲後主寫申、韓、管子、六韜曰：「孔明不以經術輔導少主，而乃以刑名、兵法，可邪①？」唐子西云：「人君不問撥亂守文，要以制略爲貴。後主寛厚，襟量有餘，而權略智謀不足，當時識者咸以爲憂。六韜述兵權，多奇計；管子責輕重，慎權衡；申子覈名實，韓子攻事情，施之後主，正中其病。藥無高下，要在對病；萬金良藥，與病不對，亦何補哉？」〔一〕此言當矣！予又觀古文苑載先主臨終敕後主曰：「申韓之書，益人意智，可觀誦之。」三國志載孟孝裕問郤正太子情尚，正以「虔恭仁恕」答之。孝裕曰：「如君所道，皆家門所有耳，吾今所問，欲知其權略知調何如耳。」〔二〕然則孝裕之見，蓋與孔明合，而後主之觀申韓書，亦先主遺命也。獨以是病孔明，不惟不成人之美，亦不識時務矣！

【校】

①而以刑名兵法可邪　可邪，上杭本、升庵集卷四十六、升庵外集卷四十一作「何邪」。

【注】

〔一〕見唐庚三國雜事卷上諸葛丞相爲後主寫申韓管子六韜各一道。

〔二〕見三國志卷四十二孟光傳。情尚，作「性情好尚」。家門，作「家户」。

王符自贊

漢王符自叙贊云：「章和二年，罷州家居。年漸七十，時可懸輿。仕路隔絶，志窮無如。年有不然，身有利害。髮白齒落，日月逾邁。儔倫彌索，鮮有恃賴。貧無供養，志不娱快。歷數冉冉，庚辛或際。雖懼終徂，愚猶沛沛。」〔一〕

【注】

〔一〕此爲王充自紀篇中語，非王符自叙贊，升庵記誤。年有不然，作「事有否然」；庚辛或際，作「庚辛域際」。

謝華啓秀

陸機文賦云：「謝朝華於已披，啓夕秀於未振。」韓昌黎云：「惟陳言之務去，戛戛乎其難哉！」〔二〕李文饒曰：「文章如日月，終古常見而光景常新。」〔三〕此古人論文之要也。近世以道學自詭，而掩其寡陋曰：「吾不屑爲文。」其文不過抄節宋人語録；又號於人曰：「吾文，布帛菽粟也。」予嘗戲之曰：「菽粟則誠菽粟矣，但恐陳陳相因，紅腐而不可食耳。」一座大笑。

【注】

〔一〕此爲韓愈答李翊書中語，見韓愈文集卷三。

〔二〕此爲李德裕文章論中語，見文苑英華卷七四二。

楓天棗地

張文成太卜判有「楓天棗地」之語，初不省所出〔一〕。後見唐六典三式云：「六壬卦局，以楓木爲天，棗心爲地。」〔二〕乃知文成用此也。

【注】

〔一〕宋陸佃埤雅卷十三釋木：楓「其材可以爲式（星盤）。」「造栻者以爲蓋」，棗木爲底盤，故曰「楓天棗地」。

〔二〕唐六典卷十四「三式」注：「一曰雷公式；二曰太乙式，並禁私家畜；三曰六壬式，士庶通用之。」

小貞大貞

易：「屯其膏，小貞吉，大貞凶。」〔一〕漢書谷永傳引此文，注云：「膏者所以潤人肌膚，爵禄亦所以養人也。小貞，臣也。大貞，君也。遭屯難饑荒，君當開倉廩，振百姓，而反吝①，則凶；臣吝嗇，則吉也。」〔二〕顔師古云：「六經殘缺，學者異師，文義競馳，各守所見。」「故漢書所引經文，與近代儒家往往乖别。既自成義，即就而通之，庶免守株。」〔三〕朱文公亦言：「顔監無近代專經之陋②。」則此説亦不可廢。但以語人，恐多夏蟲之疑耳。魏了翁又説：「周禮大貞謂大卜，如遷國立君之事，不訓正也。」〔四〕其説又異，并載以俟知者。

【校】

① 而反吝　反，上杭本、萬曆本作「君」，四庫本作「反」。漢書谷永傳孟康注作「反」。

② 顔監無近代專經之陋　專，上杭本作「傳」。語出朱熹楚辭集注卷下楚辭辯證下大招：「顔監又精史學，而不梏於專經之陋。」作「專」是。

【注】

〔一〕見易屯卦。

〔二〕見漢書谷永傳孟康注。

〔三〕見漢書禮樂志二注。故漢書，作「其漢書」。成義，作「成義指」。

〔四〕見魏了翁鶴山集卷一〇八師友雅言上。

謚始①

蘇老泉云：「婦人有謚，自周景王之穆后始；匹夫有謚，自東海漢隱者始；宦官有謚，自東漢之孫程始，蠻夷有謚，自妻妻之莎車始。」②然黔婁之謚，即匹夫之謚也，不始於東漢矣。

【校】

① 謚始　一作「謚號」，見升庵集卷五十八、升庵外集卷五十九。

② 自妻妻之莎車始　妻妻，升庵集卷五十、升庵外集卷五十九作「東漢」。宋王應麟玉海卷五十四嘉祐編定謚法引蘇洵文作「東漢」。

李華文陳陶詩①

漢賈捐之議罷珠崖疏云：「父戰死於前，子鬬傷於後。女子乘亭鄣，孤兒號於道。老母寡婦，飲泣巷哭，遥設虛祭，想魂乎萬里之外。」〔一〕後漢南匈奴傳、唐李華弔古戰場文全用其語意，總不若陳陶詩云：「誓掃匈奴不顧身，五千貂錦喪胡塵。可憐無定河邊骨，猶是春閨夢裏人。」〔二〕一變而妙，真奪胎換骨矣！

【校】

① 李華文陳陶詩　一作「奪胎換骨」，見升庵詩話卷五。升庵詩話另有「詩文奪胎」、「陳陶隴西行」，與此意同。

【注】

〔一〕見漢書賈捐之傳。

〔二〕見陳陶隴西行四首之二，見全唐詩卷七四六。

禹碑歌①

予既得禹碑刻，作禹碑歌，其辭曰：「神禹碑在岣嶁尖，祝融之峰凌朱炎。龍畫傍分結構古②，螺書匾刻戈鋒銛。萬八千丈不可上，仙扃鬼閉幽以潛。昌黎南遷曾一過，紛披芙蓉搴水簾③。天柱夜瞰星斗下④，雪堂朝見陽燀暹。追尋夏載赤石峻，封埋古刻蒼苔黏。拳科倒薤形已近，鸞飄鳳泊辭何纖。墨本流傳世應罕，青字名狀人空瞻。永叔明誠兩好事⑤，集古金石窮該兼。臚列箴銘暨款識⑥，横陳軒轄和釜鬵。胡爲至寶反棄置，捃摭磨蟻損烏蟾。又聞朱張遊岳麓，霽雪天風颭佩襜。搜奇索祕跡欲徧，春倡撞和詩無厭。七日崎嶇信有覿，一字膏馥寧忘拈。非關崉嵲阻登陟，定是藤葛籠窺覘。好古予生嗟太晚，拜嘉君貺情深忺。老眼增明若發覆，尺喙禁齗如施箝。七十七字挐螭虎，三千餘歲叢蛇蚺。憶昔乾坤漏息壤，蕩析蒸庶依苓槮。帝嗟懷襄咨文命，卿佐洚洞分憂惔。洲并渚混没營窟⑦，鳥迹獸迒交門簷。竭來南雲又北夢，直罄西被仍東漸。黄熊三足變鮌服，白狐九尾歌龐衶。後乘包湖按玉牒⑧，前列温洛呈疇䶂。永奔竄舞那辭胝，平成天地猶垂謙。華嶽泰衡祗鎮定，鬱塞昏徙逃喁噞。文章絢爛懸日月，風雷呵護環屏黔。君不見周原石鼓半已泐，秦湫詛楚全皆殲。此碑雖存豈易得？障有嵐靄峰嵁巖。蹬音迥絶柱藜藋⑨，弔影颸瑟森欑柟。湘娥遺佩冷斑竹，山鬼結旗零翠籢⑩。造物精英忌泄露，衹恐羽化難留淹。欲摹拓本鐫巖壁，要使好事傳緗縑。著書重訂琳琅譜，裝帖新耀瓊瑶籤。麝煤輕翰蟬翅搨⑪，煩君再寄西飛鶼。」

【校】

① 禹碑歌　本書卷二「禹碑」條，可參看。

② 龍畫傍分結構古　畫，萬曆本作「書」，升庵集卷二十四作「畫」。

③ 紛披芙蓉搴水簾　搴，萬曆本、四庫本、丹鉛餘録卷十七作「褰」，上杭本、升庵集卷二十四作「搴」，據改。

④ 天柱夜瞰星斗下　星斗，升庵集卷二十四、丹鉛餘録卷十七一作「星辰」。

⑤ 永叔明誠兩好事　兩好事，上杭本、升庵集卷二十四作「及浹滐」。

⑥ 臚列箴銘暨款識　臚，萬曆本作「昭」，丹鉛餘録卷十七作「臚」，據改。

⑦ 洲并渚混没營窟　并，萬曆本脱，據丹鉛餘録卷十七、升庵集卷二十四補。

⑧ 後乘包湖按玉牒　按玉牒，升庵集卷二十四作「授玉籙」。

⑨ 蹬音迥絶柱藜藋　藜藋，升庵集卷二十四作「藜藿」。

⑩ 山鬼結旗零翠籢　籢，丹鉛餘録卷十七作「籢」，升庵集卷二十四作「蘝」。

⑪ 麝煤輕翰蟬翅搨　搨，萬曆本作「榻」，丹鉛餘録卷十七作「搨」，據改。

六經無騎字〔一〕

禮記：「前有車騎，則載飛鴻。」〔二〕魏鶴山云：「六經無騎字，禮記亦漢世書耳。」又左傳昭公二十五年：「左師展將以公乘馬而歸，公徒執之。」注：「展，魯大夫。欲與公俱輕歸。乘如字，騎馬也。輕，遣正反。」正義曰：「古者服牛乘馬，馬以駕車，不單騎也。至六國之時，始有單騎。」漢初猶有車戰，見夏侯嬰傳。高祖之敗彭城，去滎陽，出成皋，皆以數十騎遁去。而鴻門之會，棄車騎，獨騎一馬，樊噲四人步從以免。其非危迫時，往往夏侯嬰中御車，高祖在左，樊噲驂乘爲右，未嘗廢車也。方萬里古今考反覆千餘言，今撮其要附此〔三〕。

【注】

〔一〕本書卷九「騎兵」條，可互參。

〔二〕見禮記曲禮上。

〔三〕此條采自元方回續古今考卷五「收軍中馬騎」。

【辨】

單騎始于何時，歷來説法不一。左傳凡五言乘馬，見隱公元年、昭公元年、六年、二十五年、三十一年，公羊、穀梁亦各言乘馬，俱見隱元年傳。杜注、孔疏及陸德明釋文或言其爲駕車馬，或謂其爲騎馬。宋王應麟困學紀聞卷五云：「古以車戰，春秋時鄭、晉有徒兵，而騎兵蓋始於戰國之初。曲禮『前有車騎』，六韜言『騎戰』，其書當出於周末。然左氏傳『左師展將以昭公乘馬而歸』，昭公二十五年。公羊傳『齊、魯相遇，以鞍爲几』，昭公二十五年。已有騎之漸。」（全校本困學紀聞　上海古籍出版社）

宋程大昌雍録云：「古皆乘車，今古公亶公曰『走馬』，恐此時或以變乘爲騎，蓋避狄之遽，不暇駕車。余嘗戲題其端曰：『當時有姜女同行，豈天立厥配，亦善騎馬耶？』按樂師云：『行以肆夏，趨以采薺，車亦如之。』注：『王行於大寢之中，則奏肆夏詩爲節，趨於朝庭之上，則奏采薺詩爲節。行緩而趨疾，故車之疾徐，亦以二詩爲節也。』釋名：『疾行曰趨，疾趨曰走。』車既可謂之趨，則亦可謂之走。」（景印文淵閣四庫全書五八七册　臺灣商務印書館）

明張萱疑耀卷四「古無騎字」云：「古人畜馬唯以駕車，未有單騎者，故古經典並無騎字。至六國時乃單騎馬，惟曲禮『前有車騎』，蓋禮乃後漢書也。」（見景印文淵閣四庫全書八五六册　臺灣商務印書館）

清宋翔鳳過庭録卷九「乘馬而歸」云：「昭二十五年左傳：『師展將以公乘馬而歸。』案：乘，讀去

聲，言以車一乘歸魯。即後三十一傳：子家子云『君以一乘入於魯師』，同義。」（過庭録　中華書局）

老子述而不作

楊龜山云：「述而不作，信而好古，竊比於我老、彭。」老，老子也。「老子五千言，以自然爲宗，謂之不作可也。」〔一〕朱子曰：「某亦疑此語，只以曾子問中言禮數段證之，即述而不作，信而好古，皆可見。聃，周之史官，掌國之典籍，三皇五帝之書。如五千言，亦或古有是語，而老子傳之，未可知也。蓋列子引黄帝書，即老子『谷神不死』章也。」此説見朱子大全答汪尚書書。慎按：佛經三教論曰：「五千文者，容成所説，老子爲尹談，蓋述而不作也。」又按莊子引容成氏曰：「除日無歲，無外無内。」〔二〕則容成氏固有書矣。老子述而不作，此其明證。

【注】

〔一〕見楊時龜山集卷十四答問，文字稍有删節。所謂老彭，乃老氏與彭籛。

〔二〕見莊子則陽。注云：「容成，老子師也。」

太極兩儀

房氏易傳云①：「『易有太極，是生兩儀，兩儀生四象，四象生八卦』。固非今日有太極，而明日方有兩儀，後日而乃有四象、八卦也。又非今日有兩儀而太極遯，明日有四象而兩儀亡，後日有八卦而四象隱也。太極在天地之先而不爲先，在天地之後而不爲後。」〔一〕此説精明，可以補注疏之遺。

【校】

① 房氏易傳云　房氏易傳，丹鉛續録卷二、升庵經説卷一作「京房易傳」。

【注】

〔一〕此語出羅泌路史論太極，引文次序不同。

繫表

庚子山哀江南賦：「聲超於繫表，道高於河上。」弘明集：「道照機前，思超繫表。」〔一〕又：「言超超而出象，理亹亹而踰繫。」〔二〕繫表二字，人多不解所出。按晉春秋荀粲曰：「立象以盡意，非通乎象外者也；繫辭以盡言，非言乎繫表者也。象外之意，繫表之言，固蘊而不出矣。」晉春秋今亡〔三〕，僅見類書所引耳。

【注】

〔一〕見廣弘明集卷十五王僧孺禮佛唱導發願文。

〔二〕見蕭子雲玄圃園講議。

〔三〕晉春秋有二：撰人一爲庾翼，一爲杜延業。

石經考

漢靈帝光和六年，刻石鏤碑，載五經文於太學講堂前，此初刻也〔一〕。蔡邕以熹平四年，與五官中郎將高堂谿典、禪議郎張訓、韓説、太史令單颺〔二〕，奏求正定六經文字，靈帝許之。邕乃自書丹於碑，使工鐫刻立於太學門外，此再刻也。魏正始中，又立古、篆、隸三體石經：古文用鳥跡科斗體，篆效史籀、李斯、胡毋敬體，隸用程邈體。晉永嘉中，王彌、劉曜入洛，焚燬過半。魏世宗神龜元年，從崔光之請，補石經。唐天寶中，刻九經於長安，禮記以月令爲首，從李林甫請也。五代，孟昶在蜀刻九經，最爲精確。是時僭據之主，惟昶有文學，而蜀不受兵，又饒文士，故其所製獨善。朱子論語注引石經者，謂孟蜀石經也。宋淳化中刻于汴京，今猶有存者。

【注】

〔一〕光和六年（公元一八三年）初刻，熹平四年（公元一七五年）再刻。熹平在前，年代矛盾。

〔二〕見後漢書卷六十蔡邕傳：「熹平四年，乃與五官中郎將堂谿典、光禄大夫楊賜、諫議大夫馬日碑、議郎張馴、韓說、太史令單颺等，奏求正定六經文字。」注云：「堂谿，姓也。典字子度，潁川人。」高，當爲衍文。後有脱文，又誤「碑」爲「禪」，誤「馴」爲「訓」，致佶屈難解。

【辨】

石經考證之文，屢見於筆記。明周嬰巵林卷五明楊「石經」條云：「後漢書：『蔡邕以經籍去聖久遠，文字多謬，熹平四年，與五官中郎將堂谿典、光禄大夫楊賜、諫議大夫馬日磾，議郎盧植、張馴、楊彪、韓說，太史令單颺，求正定六經文字。自書丹於碑，使工鐫刻，立於太學門外。』而水經注云云。尋用修所稱，無他稽究，直因善長遺書寫之，故其訛誤并同。且靈帝熹平七年始爲光和元年。用修過信鄙言，以意傅會，而云初刻、再刻，殆未深思耳。又靈帝光和時無刻石經事，恐善長亦誤。馬日磾，字翁叔，今只存彈字。張馴，字子儁，今作訓，皆承水經注之訛也。」（見景印文淵閣四庫全書八五八册　臺灣商務印書館）

清人孫志祖全祖望、趙一清等曾注巵林，孫注云：「蓋奏求正定在熹平四年，而刻石鏤碑則在光和六年。杜詩『苦縣光和尚骨力』，正指光和石經言。水經注不誤，升庵所云『初刻、再刻』，則誤耳。」

荀悦申鑒述此條，見學者不可膠守一說，而非諸家也。

荀悦申鑒云：「仲尼作經，本一而已，古今文不同，而皆自謂真本經。古今先師，義一而已，異家别説不同，而皆自謂真本説。仲尼邈而靡質，先師歿而無聞，將誰使知之者。秦之滅學也，書藏於屋壁，義絶於朝野。逮至漢興，收摭散滯，固已無全學矣！文有磨滅，言有楚夏，出有先後，或學者先意有所措定，後世相倣，彌以滋蔓，故一源十流，天水違行，而訟者紛如也。勢不俱是，比而論之，必有可參者焉。」〔一〕

【注】

〔一〕見申鑒時事第二。真本説，作「古今」，下有小字注：「此處有誤。」無聞，作「無間」。使知之，作「使折之」。措定，作「借定」。後世相倣，作「後進相倣」。勢不俱是，作「執不俱是」。

劉靜修論學述此條，見學者不可株守宋人，而略漢儒也。

「未知其粗，則其精者豈能知也。邇者未盡，則其遠者豈能盡也。」「六經自火於秦，傳注於漢，疏釋於唐，議論於宋，日起而日變，學者亦當知其先後。」「近世學者往往捨傳注疏釋，便讀宋儒之議論，蓋不知議論之學，自傳注疏釋出，特更作正大高明之論爾。傳注疏釋之於經，十得其六七，宋儒用力之勤，剷僞以真，補其三四而備之也。」〔一〕

【注】

〔一〕見元劉因靜修續集卷三叙學。未知其粗，作「不知其粗者」。便讀宋儒之議論，作「便廢諸儒之議論」。

帝德罔愆

舜之德，冠古今矣，而皋陶之謨，但以「罔愆」言之〔一〕；禹之功，平天地矣，而孔子之語，但以「無間」云之；文、武之謨，烈光日月矣，而君陳之書，但以「罔缺」總之。孟子曰：「事親若曾子可也。」韓子曰：「事君若周公可也。」

【注】

〔一〕見尚書大禹謨：「皋陶曰：帝德罔愆。」

半山文妙

王半山之文，愈短愈妙。如書刺客傳後云：「曹沫將而亡人之城，又劫天下盟主，管仲因勿倍以市信一時可也。予獨怪智伯國士豫讓，豈顧不用其策耶？讓誠國士也，曾不能逆策三晉以存智伯，一死區區，尚足校哉？其亦不欺其意者也。聶政售於嚴仲子，荆軻豢於燕太子丹。此兩人者，污隱困約之時，自貴其身，不妄願知，亦曰有待焉。彼挾道德以待世者，何如哉。」〔二〕味此文，何讓史記乎？與讀孟嘗君傳同關紐矣！

【注】

〔一〕見王文公文集卷三十三書刺客傳後。勿倍，作「勿背」。以存智伯，作「救智伯之亡」。

周禮屨人

周禮屨人：「掌王及后之服屨。」噫，王后之屨而使人造之，不亦褻乎！古之婦工何所用也。夫「爲絺爲綌，服之無斁」〔一〕，周之所以興也；「婦無公事，休其蠶織」〔二〕，周之所以亡也。曾謂周公制禮，而設一官爲婦女作屨乎？曹操猶使妾賣履，周公不如曹操乎？

【注】

〔一〕此爲詩周南葛覃詩中句。

〔二〕此爲詩大雅瞻卬詩中句。

五代史學史記

「嗚呼！自唐失其政，天下乘時，黥髠盜販，衮冕峩巍。吴暨南唐，姦豪竊攘。蜀險而富，漢險而貧。閩陋荆蹙，楚開蠻服。剥剽弗堪，吴越其尤。牢牲視人，嶺蜑遭劉①。百年之間，並起爭雄。山川亦絶，風氣不通。語曰：『清風興，羣陰伏；日月出，爝火息。』故真人作而天下同。」〔一〕右六一公五代十國世家序也。其文豐約中程，精彩溢目，歐文第一篇也。李耆卿謂公之五代史，比順宗實録有出藍之色，似矣！然不知五代史本學史記，非學韓也。古云：「學乎其上，僅得其中。」俗云：「坍高一丈，牆打八尺。」信其然乎！

【校】

①嶺蜑遭劉　蜑，丹鉛雜録卷一作「疍」。蜑，音旦，亦作「疍」。

【注】

〔一〕見新五代史卷六十一十國世家序。「漢險而貧」後脱「貧能自彊，富者先亡」。

易逆數

易，逆數也。大傳云：「闔户之謂坤，闢户之謂乾。」①商易之首卦也。孔子曰：「吾得坤乾焉。」大傳又曰：「陰陽之義配日月」、「陰陽不測之謂神。」不曰「陽陰」，而曰「陰陽」，何也？一陰一陽之謂道，是其解也。猶曆家不曰「朔晦」，而曰「晦朔」。説卦曰②：「物不可窮也，故受之以未濟終焉。」嗚呼！玄矣。

【校】

①闔户之謂坤闔户之謂乾　之謂，升庵經説卷一作「謂之」。

②説卦曰　説卦，升庵經説卷一作「序卦」。「物不可窮也」句，見序卦，升庵記誤。

彈文

元人彈燕帖木兒文：「或納女呈婦於朱温，或售妹獻妻於侂冑。」上句指張全義、敬翔〔一〕，下句指倪僎、蘇師旦也〔二〕。倪、蘇事，宋史不載，見於小説耳。

【注】

〔一〕見舊五代史卷六三張全義傳：梁祖「欲害全義者數四」，賴「妻儲氏入宫委曲伸理」。卷十八敬翔傳：敬翔妻劉氏，太祖平徐得之賜敬翔，「及翔漸貴，劉猶出入太祖卧内」。

〔二〕參看本書卷十二歷代名臣奏議。

宋士子四六

宋處州士子終場者六人，三人與選，謝主司啓云：「同矍圃之觀人，去者半，存者半；類孔門之取友，益者三，損者三。」

王無競大書

金燕都宫殿寺廟及汴京諸榜，古今第一，皆王無競所書。

一卷爲弓一條爲則

道書以一卷爲一弓〔一〕，音周，與軸通，陶九成説郛用之。佛書以一條爲一則，洪景盧容齋隨筆、史繩祖學齋佔畢用之。佛典又云：「多羅樹葉書，凡有二百四十縛。」縛，古絹字，亦借爲卷也。

【注】

〔一〕弓，同卷。錢大昕十駕齋養心録卷四「䀠」條云：「説文：䀠，讀如書卷之卷。道書以一卷爲一弓，盖即艸書䀠字。凡草横目多作フ，文有兩目，故以二代之，非从弓从二也。楊用修以爲糾字之譌，此臆説，不足信。」

梓碧山人

四明梓碧山人許奎作百忍箴，多牽合衍贅，予獨取其危箴云：「圍棋制淝水之勝，單騎入回紇之軍。此宰相之雅量，非將軍之輕身。蓋安危未定，勝負未決，帳中倉皇，則麾下氣懾，正所以觀將相之事業。浮海遇風，色不變於張融；亂兵掠射，容不動於庾公，蓋鯨鯢澎湃，舟楫寄躬，白刃蠭午，節制誰從，正所以試天下之英雄。噫，可不忍

與？」〔一〕

【注】

〔一〕許奎百忍箴，即元許名奎勸忍百箴，其第十七爲危之忍，見四明叢書第六集。鯨鯢，作「鯨濤」。寄躬，作「寄家」。蠭午，作「蜂舞」。

夢英篆

夢英好篆書而無古法〔一〕。其自叙云：「落筆無滯，縱横得宜。大者縮其勢而漏其白①，小者均其勢而伸其畫。」此正其病處，而居之不疑，所以不可救藥，沉痾入骷矣②。夢英篆傳於今者，有篆書偏旁，亦不工緻。郭忠恕答之書云：「見寄偏旁五百三十九字，按説文字源惟有五百四十部。了字合收在子部，今目録妄有更改。又集解中，誤收去部在注中。今檢點偏旁，少晶、惢、至、䶂、弦五字，故知林氏虚誕，誤於後進者，小説見宜焚之。」〔二〕忠恕所稱林氏者林罕。夢英偏旁全依林罕小説，而忠恕謂小説宜焚，深不足于彼也。書末云：「何人知之？英公知之。」正謂其不知耳〔三〕。

【校】

① 大者縮其勢而漏其白　縮，丹鉛續録卷八作「偏」。

②沉痾入骷矣　骷，丹鉛續録卷八、升庵書品作「髓」。

【注】

〔一〕夢英（公元九四八—？），法號宣義，北宋高僧，與六朝陳僧智永、隋僧智果、唐僧懷素齊名，號爲「瀟湘四僧」，多才多藝，能詩能文，工書，尤精篆書。

〔二〕郭忠恕（？—公元九七七）字恕先，宋洛陽人，精小學，工書法，著有佩觿集。小説，書名，作者林罕，簡稱林氏小説，全稱爲字源偏旁小説。

〔三〕「正謂其不知耳」後，升庵書品尚有：「郭忠恕曰：小篆散而八分生，八分破而隸書出，隸書悖而行書出，行書狂而草書聖。○玉篇起，説文棄。楷隸易，籀學廢。」

經卦別卦

周禮：「其經卦皆八，其別皆六十四。」〔一〕古文別字從重八，即今之北字也。重八爲六十四，八八之數也，故曰其別。

【注】

〔一〕周禮春官太卜：「掌三易之法，一曰連山，二曰歸藏，三曰周易。其經卦皆八，其別皆六十有四。」別，升庵經説卷一作「別卦」。

久湫大沈①

秦詛楚文有「久湫大沈」之語〔一〕，「沈」之爲義，世多未解。按：説文曰：「沈，濁黕也②。」莊子「沈有漏」注：「沈，水污也。」漢書刑法志「山川沈斥」，應劭風俗通曰：「沈，莽也，言其平望莽莽，無涯際也。」郭緣生述征記：「鳥當沈中，有九十臺，皆生結蒲，秦王繫馬蟠蒲也。」自注：「齊人謂湖曰沈。」顔師古曰：「沈謂居深水之下，深而又深也。」古云「沈潛」，又云「沈溺」、「沈湎」，又云「默而有深沈之思」〔二〕，皆取深而又深之意。北方謂水皆曰「沈」，不獨齊語爲然。蓋北之言「沈」，南之言「潭」也。故沈亦音譚。史記陳涉世家：「涉之爲王沈沈者。」應劭曰：「沈沈，宮室深邃之貌，長含反，當呼爲潭潭也。」韓退之「潭潭府中居」〔三〕，正用此語。又按管子：「夏人之王，外鑿二十蝱，韘十七湛。」〔四〕注：「湛即沈沛之沈，大澤巨浸也③。」是「潭」與「湛」字雖不同義，可互證，故並引之。

【校】

① 久湫大沈　本書卷二「沈沛」，可參看。

② 沈濁黕也　黕，上杭本、萬曆本誤作「默」，四庫本作「黕」，據説文改。

③ 大澤巨浸也　浸，萬曆本、四庫本誤作「漫」，據上杭本、譚苑醍醐卷四改。

【注】

〔一〕秦詛楚文，載古文苑。

〔二〕見漢書揚雄傳，作「默而好深湛之思」，師古曰：「湛讀曰沈。」

〔三〕此爲韓愈符讀書城南詩中句，見韓愈全集卷九。符，愈之字。

〔四〕見管子輕重戊。外，萬曆本脱；韘，誤作「渫」。

畫記

「東坡不喜韓退之畫記，謂之甲乙帳簿。此老千古卓識，不隨人觀場者也。」

東坡書

王初寮履道評東坡書〔一〕：「世學公書者衆矣①，劍拔弩張，驥奔猊抉，則不能無。至於尺牘狎書，姿態横生，不矜而妍，不束而莊，不軼而豪。蕭散容與，霏如零春之雨；森疏掩斂，熠熠如從月之星；紆徐婉轉，纚纚如抽繭之絲，恐學者所未到也。」

【校】

① 世學公書者衆矣　世學公書，四庫本作「評東坡書」。升庵書品「東坡書」條作「世學公書」。王初寮語，見元陶宗儀説郛卷四十一鞏豐後耳目志，原作「世學公書」。

【注】

〔一〕王安中（一〇七五—一一三四），字履道，中山陽曲（今山西）人，官至左中大夫，宋史有傳。四庫館臣自永樂大典輯初寮集八卷。

上林賦

程泰之論上林賦三條〔一〕，其見超邁，得作者之意。今節其語於此。

其上篇曰：相如之賦上林，曰亡是公者，明無是人也。既本無此人，則凡所賦之語，何往不爲烏有也。知其烏有而以實録之，故所向駁礙。上林本秦故地，始皇陋隘先王之宮庭而大加創治。東既極河，西又抵汧，終南之北，九嵕之陽，數百里間，宮館二百七十。複甬相連，窮年忘返，猶不能徧。而又表南山以爲闕，立石朐山以爲東門。其意若曰：「闕不足爲也，南山吾闕也；門不足立也，朐山吾門也。」此固武帝之所師也。所師在是，苟有諫者，彼有坐睡唾擲而已，無自而入也。故相如始而置辭，包四海而入之苑内，誇張飛動，意若慫恿，故揚雄指之爲勸也。夫既勸之以中帝欲，帝將欣欣樂聽，而後徐徐諷諭，以爲苑囿之樂有極，而宇宙之大無窮，則諷或可入也。夫諷既不爲正諫，凡其所勸，不容不出於寓言，此子虛、烏有、無是所以立也。

其中篇曰：左蒼梧，右西極，日出東沼，入乎西陂，此賦上林所抵也。數百里間，其能出没日月於東西乎？又曰：其南則隆冬躍波，其北則盛夏含凍。信斯言也，必并包夷夏，縮地南北，而始有此。古今讀者偶不致思，故主文譎諫之義晦於不傳耳。其曰八水分流，則長安實有此水，非寓言①。然而上林東境極乎宜春下苑。下苑，即曲江也。曲江僅得分滻爲派，而滻灞會合之地，已在宜春之北，則其地出上林之外矣。然則雖其實有之水，亦復不能真確，況其紫淵、丹水欲傅會而强求乎？

其下篇曰：古惟揚雄能知此意，故其校獵之賦曰：「禦自汧、渭，經營豐、鎬。」此則明命其實矣。至於「出入日月，天與地沓」，則關中豈能辨此也②。又曰：「虎路三嵕，圜經百里。」此則可得而有也。至謂「正南極海，邪界虞淵」，此又豈關境所能包絡哉？雄之此意，正倣相如諷勸相參，不皆執實，兩賦一意也。說者不知出此，乃從地望土毛枚舉細較，是痴人說夢也。班固曰：「亡是公言上林廣大，水泉萬物多過其實，非義理所止，故刪存其要，歸正道而論之。」推此言也，則雖班固亦自不解也。

予觀莊子云：「魏瑩與田侯牟約③，牟背之。瑩怒，將伐之。華子聞而醜之，曰：『善言伐齊者，亂人也；善言勿伐者，亦亂人也；謂伐之與不伐，亂人也者又亂人也。』君曰：『然則若何？』曰：『君求其道而已矣。』『有所謂蝸者，君知之乎？』曰：『然。』『有國於蝸之左角者，曰觸氏，有國於右角者，曰蠻氏。時相與爭地而戰，伏尸數萬，逐北旬有五日而後反。』君曰：『噫！其虛言與？』曰：『臣請爲君實之。君以意在四方上下有窮乎？』君曰：『無窮。』曰：『知遊心於無窮而反在通達之國，若存若亡乎？』君曰：『然。』曰：『通達之中有魏，於魏中有梁，於梁中有王，與蠻氏有辨乎？』君曰：『無辨。』客出，而君惝然若有亡也。」〔二〕蓋自悼其所爭之細也。東坡曰：「淳于髡言一斗亦醉，一石亦醉，至於州閭之會，男女雜坐，幾於勸矣，而何諷之有？」以吾觀之，「蓋有深意，以多方之無常，知飲酒之非我，觀變識妄，而平生之嗜亦少變矣④。是以自托于放蕩之言，而能止荒主長夜之飲，世未有識其趣者」〔三〕。愚謂長卿上林之賦意實若此。能通莊氏之寓言兼戰國之游說，而後可以得其旨也。蓋司馬長卿去戰國之世未遠，故其談端説鋒，與策士辯者相似，然不可謂之非正也。孔子論五諫曰：「吾從其諷。」〔四〕觀説苑及晏子春秋所載，以諷而從者不可勝數。蘇洵作諫論，欲以儀、秦之術而行逢、干之心，是或一道也。故戰國諷諫之妙，惟司馬相如得之。司馬上林之旨，惟揚子校獵得之。予嘗愛王維温泉寓目贈韋五郎詩云〔五〕：「漢主離宮接露臺，秦川一半夕陽開。青山盡是朱旗遶，碧澗翻從玉殿來。新豐樹裏行人度，小苑城邊獵騎迴。聞道甘泉能獻賦，懸知獨有子雲才。」唐至天寶，宮室盛矣。秦川八百里而夕陽一半開，則四百里之内皆離宮矣。此言可謂肆而隱，奢麗若此，而猶以漢文惜露臺之費比之，可謂反而諷。末句欲韋郎效子雲之賦，則其諷諫可知。言之無罪，聞之可戒。得揚雄之旨者，其王維乎！

【校】

① 非寓言　譚苑醍醐卷一、四庫本作「不爲寓言」。

② 則關中豈能辨此　辨，四庫本作「辨」，據改。

③ 魏瑩與田侯牟約　瑩，萬曆本、四庫本作「罃」，莊子則陽作「瑩」。

④ 而平生之嗜亦少變矣　變，譚苑醍醐卷一「上林賦」作「衰」。仇池筆記論淳于髡原爲「衰」。

【注】

〔一〕見宋程大昌雍録苑囿上林疆境。程大昌，字泰之。

〔二〕見莊子則陽，文有删減。

〔三〕見蘇軾仇池筆記卷下論淳于髡，文字稍異。如：深意，作「微意」。多方，作「多少」。止，作「規」。

〔四〕見孔子家語辨政：「孔子曰：忠臣之諫君，有五義焉：一曰譎諫，二曰戇諫，三曰降諫，四曰直諫，五曰諷諫。唯度主而行之，吾從其諷諫乎。」

〔五〕詩題原作和太常韋主簿五郎温湯寓目之作，見全唐詩一二八。

秦得百二齊得十二

漢書：田肯曰：「秦，形勝之國也。帶河阻山，懸隔千里，持戟百萬，秦得百二焉。」「夫齊，東有瑯琊、即墨之饒，南有泰山之固，西有濁河之限，北有渤海之利。地方二千里，持戟百萬，懸隔千里之外，齊得十二焉，此東西秦也。」應劭曰：「言河山之險，與諸侯相懸隔，絶千里也。所以能禽諸侯者，得天下之利百二也。」蘇林曰：「百二，得百中之二，二萬人也。秦地險固，二萬人足當諸侯百萬人也。」顔師古曰：「懸隔千里，應説得之；秦得百二，蘇説是也。」〔一〕又曰：「秦得百二，二萬人當諸侯百萬人也；齊得十二，二十萬人當諸侯十萬人也。所以言懸隔千里之外者，除去秦地，而齊乃與諸侯計利便也。」〔二〕右舊説如此。

近日程泰之云：「田肯之語簡隱，故諸家之説紛然。」「肯謂百二也者，言地據險而人力倍，苟得百矣，則其力可二。是謂百人，則其力倍之如二百人也。」「齊得十二，理亦猶是也。」若定其讀，當以『得百』爲一句，而『二焉』自爲一句也。十二亦然，皆言人力半而必可倍，正一理矣，而必更易其語如此詰屈者，别有理也。秦險之出國境遠矣，自函谷以及潼關近八百里，其右阻河，其左傍山，兩面河山夾險，敵來犯關也，常在千里之外，故能得百而二之以爲二百，其力可常也。若夫齊亦有險矣，然而地遠力分，若未能踰其所恃之險，則十萬人之力亦可倍之以爲二十萬矣。若敵人來犯，已在千里之内，則險阻已自不全，故雖得十亦不能遽爲二十之用也。故秦中得百而二，常在定險之内；齊之得十而二，則在敵未犯險之前，此其分别險要而剖白言之，不一律也。此正古文之出奇者，不可以易言也。〔三〕

愼按：百二、十二之語，後世亦多此例，如云「軍士奮勇，無一不當百①」，如云「一夫當關，萬夫莫開」。又當百錢亦曰「百一錢」，言一可當百也；當十錢曰「百十錢」，言十可當百也，則應、蘇、顔、程之解田肯語，其旨一也。程語自明，不必破前説耳。

【校】

①無一不當百　升庵外集卷三十八作「無不一當百」。

【注】

〔一〕見漢書高帝紀下。師古注，原作：「縣隔千里，李、應得之。秦得百二，蘇説是也。」李斐注，升庵删去。

〔二〕又曰，仍爲顔注：「齊得十二者，二十萬人當諸侯百萬也。」十萬，原作「百萬」。

〔三〕見程大昌雍録卷五「秦得百二齊得十二」，有删改。

紫電清霜

三國典略曰：蕭明與王僧辯書：「凡諸部曲，並使招攜。赴投戎行，前後雲集。霜戈電戟，無非武庫之兵；龍甲犀渠，皆是雲臺之仗。」唐王勃滕王閣序「紫電清霜，王將軍之武庫」，正用此事。以十四歲之童子，胸中萬卷，千載之下，宿儒猶不能知其出處，豈非間世奇才。杜子美、韓退之極其推服，良有以也。使勃與杜、韓並世對毫，恐地上老驥不能追雲中俊鶻。後生之指點流傳①，妄哉！

【校】

①後生之指點流傳　點，萬曆本誤作「默」，據丹鉛雜録卷七、四庫本改。

管子注

管子舊有注，近世翻刻者，謬爲大言，强作解事，盡删去之。然有不可去者，試舉一二於此。「湊漏之流曰瀷，昌力切。」審合篇「流泉踰瀷」注〔一〕。「蘭，即所謂蘭錡，兵架也。軩革，重革當心著之，所以禦矢①。」小匡篇「蘭香、軩革」注。「緷絻，爲古衮冕字。」君臣上篇。「卵菱即芡〔二〕。」五行篇。「疾者，兩手相拱，著而不伸，曰握遞②。」入國篇。「城中無積糧，曰無委。」事語篇：「無委致國，城脆致衡」注〔三〕「鮑，古鴇字。獵而行火曰燒，式照切。」輕重甲篇③。「銶，其休切，鑿也。」輕重乙篇：「一鑿一銶」注。「鉥，時橘反，長針也④。」輕重乙篇：「一鍼一鉥」注。「崢丘，即葵丘。」輕重乙篇。「二升八合曰鏂，烏區切。」輕重丁篇「釜百泉則鏂二十也」注。如此類，去注殆不可知，存之亦何傷乎！

【校】

①所以禦矢　矢，丹鉛續録、摘録作「兵」，管子小匡篇「蘭盾軩革」注作「矢」。

②曰握遞　遞，四庫本作「迎」。
③獵而行火曰燒　行，萬曆本脱，據丹鉛續録卷十一補。輕重甲篇　萬曆本脱，據升庵外集卷四十八補。
④長針也　針，四庫本作「鋭」，升庵外集卷四十八作「鑱」。

【注】
〔一〕流泉踚瀷，管子審合篇作「泉逾瀷而不盡」。
〔二〕卵菱即芡，管子五行篇注作「卵，鳧；菱，芡也」。
〔三〕無委致國，城脆致衝，管子事語篇作「無委致圍，城脆致衝」。圍，丹鉛續録卷十一誤作「圖」。委，委積。衝，衝車。

二唐書

五代劉昫所修唐書，因宋祁、歐陽修重修唐書，遂有新、舊唐書之名。舊唐書，人罕見，故不知其優劣。近南園張公漫録中載其數處〔一〕，以舊書證新書之謬，良快人意。余又觀姚崇十事要説，此其大關鍵，而舊書所傳，問答具備，首尾照映，千年之下，猶如面語。新書所載，則剪裁晦澀，事既失實，文又不通，良可慨也。歐爲宋一代文人，而劉乃五代不以文名者，其所著頓殊科絶懸如此①！宋人徒欲誇當代以誣後世，不知可盡誣乎？今具載二書之文於左。

先天二年十月，皇帝講武於驪山，時元崇爲馮翊太守，車駕幸三百里内合朝覲，遣中官詔元崇赴行在。上方獵于渭濱，而元崇至。上曰：「朕久不見卿，思有故問②，卿可宰相行中行。」元崇猶後。上按轡久之，顧曰：「卿何後？」元崇曰：「臣官踈職卑賤，不合參宰相行。」上曰：「可兵部尚書同中書門下平章事。」元崇不謝。上頗訝之。至頃，上命丞相坐。元崇乃跪奏曰：「臣三奉作弼之詔，未即謝者，臣以十事上獻，有所不行，臣不敢奉詔。」曰：「卿悉數之，朕當量力而行，然定可否。」元崇對曰：「自垂拱以來，朝廷以刑法治天下，臣請政先仁義，可乎？」上曰：「朕深有望於卿也。」又曰：「聖朝自喪師青海，未有牽復之悔。臣請三數十年不求邊功，可乎？」上曰：「可矣。」又曰：「先朝輕狎大臣，或虧君臣之理。臣請陛下接之以禮，可乎？」上曰：「誠當然，有何不可！」又曰：「自武氏諸親猥竊權要之地，繼以韋庶人、安樂、太平用事，班序錯雜。臣請國親不任臺省官，凡有斜封待闕等官，悉請停罷，可乎？」上曰：「是朕素志也。」又曰：「比來近密佞幸之徒冒犯憲綱者，皆以寵免。臣請行朝典，可乎？」上曰：「朕切齒久矣。」又曰：「比因侯家戚里貢獻求媚，近及公卿方鎮亦爲之。臣請除租、庸、賦稅之外，盡杜塞之，可乎？」上曰：「願行之。」又曰：「太宗造福先寺，中宗造聖善寺，上皇造金仙、玉真觀，皆費巨萬，耗蠹生靈③。

凡諸寺觀宮殿請止絶建造④，可乎？」上曰：「朕重觀之即心不安，而況敢爲之者哉？」又曰：「自燕欽融、韋月將獻直得罪，由是諫臣阻絶。臣請凡在官之士，皆得觸龍鱗，犯忌諱，可乎？」上曰：「朕非惟容之，亦能行之。」又曰：「太后臨朝以來，喉舌之任或出于閹人之口，臣請中官不預公事，可乎？」上曰：「懷之久矣。」又曰：「吕氏産、禄幾危西京，馬、鄧、閻、梁交亂東漢，萬古寒心，國朝爲患。臣請書諸史册，永爲商鑒，作萬代師，可乎？」上乃潸然良久，曰：「此事可謂剖肌刻骨者。」元崇再拜曰：「此誠陛下致仁政之初⑤，是臣千載一遇之日，敢當輔弼之任，天下幸甚。」又再拜舞蹈，稱萬歲者三，從官千萬皆出涕。上曰：「坐卿于燕公下。」燕公讓，不敢坐。問之，説曰：「元崇是先朝舊臣，合當首坐。」元崇曰：「張是紫微宫使，臣外宰相，不合首坐。」上曰：「可。」元崇遂居首坐，天下稱賢相焉。右舊唐書文（二）

帝曰：「卿宜遂相朕。」崇知帝大度，鋭於治，乃先設事以堅帝意，即陽不謝。帝怪之。崇因跪奏：「臣願以十事聞陛下，度不可行，臣敢辭。」帝曰：「試爲朕言之。」崇曰：「垂拱以來，以峻法繩下，臣願政先仁恕，可乎？朝廷覆師青海，未有牽復之悔，臣願不倖邊功，可乎？比來壬佞冒觸憲綱，皆得以寵自解，臣願法行自近，可乎？后氏臨朝，喉舌之任出閹人之口，臣願宦豎不與政，可乎？戚里貢獻以自媚於上，公卿方鎮亦爲之，臣願租賦外一絶之，可乎？外戚貴主更相用事，班序荒雜，臣請戚屬不任臺省，可乎？先朝褻狎大臣，虧君臣之嚴，臣願陛下接之以禮，可乎？燕欽融、韋月將以忠被罪，自是諍臣沮折，臣願羣臣皆得批逆鱗、犯忌諱，可乎？武后造福先寺、上皇造金仙、玉真二觀，費鉅百萬，臣請絶道、佛營造，可乎？漢以禄、莽、閻、梁，亂天下國家爲甚，臣願推此鑒戒爲萬代法，可乎？」帝曰：「朕能行之。」崇乃頓首謝。翌日拜兵部尚書同中書門下三品。右新唐書文。

【校】

① 其所著頓殊科絶懸如此　頓殊科絶懸，升庵集卷四十七、升庵外集卷四十三作「所著頓絶如此」。

② 思有故問　升庵集、升庵外集作「思有所問」。

③ 耗蠹生靈　耗，萬曆本脱，據上杭本、四庫本補。

④ 凡諸寺觀宫殿請止絶建造　諸，萬曆本無，據上杭本、四庫本補。

⑤ 此誠陛下致仁政之初　誠，萬曆本脱，據升庵集、升庵外集補。

【注】

〔一〕南園張公漫録，即明張志淳南園漫録。

〔二〕元崇，即姚崇，唐四大名相之一。王鳴盛十七史商榷卷八十七「姚崇十事要説」云：「以爲舊唐書文者，今舊唐紀、傳皆不見，而所指以爲新唐書文者則良是，實爲可怪。繹其詞，新不如舊，誠然，無如其非舊書文，何也？必楊氏偶見他書載之而誤記耳。」

【辨】明陳耀文正楊卷四「二唐書」條云：「新唐書姚宋傳贊曰：『姚崇十事要説天子而後輔政，顧不偉哉，而舊史不傳。觀開元初皆以施行，信不誣已。』」「困學紀聞云：『崇十事，見開元昇平源，通鑑不取。』」「通鑑考異云：『昇平源，人假吴兢所作，故不取云。』」（見景印文淵閣四庫全書八五六册　臺灣商務印書館）

明胡應麟藝林學山卷五「二唐書」條云：「南園漫録，滇人張志淳撰，張含父也。又有續録十卷，家君宦滇俱得之。余遍閲絶無論唐書語，蓋用修戍滇日，或相討覈則有之。余謂二書得失猶齊楚、魯衛，與其爲舊史之猥，亡寧爲新史之僻也。」「十事要説，舊唐書所無，見吴兢昇平源所述，晦伯辯已明。若新唐書乃列傳中語，傳皆宋撰而蔽責於歐陽，何也？」（見少室山房筆叢卷二十三　中華書局）

韻語紀異物

余嘗愛晉、宋人以韻語紀物産。如郭璞爾雅贊、山海經贊，王微藥草贊之類，皆質而工，其原出於逸周書火浣布數語。今彙書于後：「火浣之布，入火不滅，布則火色，垢則布色。

出火而振之，皎然疑乎雪。」(一)周書説火浣布。「日南有野女，羣行不見夫。其狀皛且白，徧體無衣襦。」唐蒙博物記。「三廉大實，實不但三。雖名三廉，其實四五枚。食之多汁，味酸且旨①。藏之尤好，與衆果相參。」陳祁暢異物志。「芊之依水，猶卉植地。靡見其布，漠而鱗被。物有常性，孰知所自②。」郭子玄蘋贊。「曰州留者，其實水牛。蒼毛豕身，角若擔矛。衛護其犢，與虎爲讎。」鬱林異物志。「象之爲獸，形體特詭。身倍數牛，目不逾狶，鼻爲口役③，望頭若尾。馴良拳教，聽言則跽④。素牙玉潔⑤，載籍所美⑥。服重致遠，行如丘徙。」萬震象贊。「烏鰂八足，集足在口。縮喙在腹，形類鞋囊。其名烏鰂，噏波潠墨，迷射水慝。」萬震海物異名記。「瓦瓏鑛殼，建瓴狀如。渾沌錢文，外眉而内渠⑦。」萬震海物異名記瓦瓏贊注：眉爲高爲眉，渠爲疏爲渠，此魅陸海蛤也⑧。「合浦之人，習水善游。俛視層巖，如猿仰株。入如沉鼇，出如輕鳧。蹲泥剖蚌，潛竊明珠。」萬震南州志。「江瑶柱，厥甲美，如瑶玉。玉音裕，三字一句，三句一韻，尤奇。肉柱膚寸，名江瑶柱。」萬震海物異名記。「獸曰玄犀，處自林麓。食惟棘刺，體兼五肉。或有神異，表露以角音録。含精吐烈，望如華燭。置之荒野，禽獸莫觸。」萬震犀贊。「神丘有火穴，光景照千里；崑崙有弱水，鴻毛不能起。」玄中記。「一跳八尺，兩跳丈六。從春至夏，裸袒相逐。」風俗記海蛙。「笮複引一索，飛絙杙閣。其名曰笮(二)。人懸半空，度彼絶壑。」李膺笮橋贊。「高山嵯峨，巖石磊落。傾側縈迴，下臨峭壑。行者扳緣，牽援帶索。」袁崧山川記。

「蚺惟大蛇，既洪且長，采色駁映，其文錦章。食灰吞鹿⑨，腴成養瘡。賓饗嘉食⑩，是豆是觴。」南裔志。「鮫之爲魚，其子既育。驚必歸母，還入其腹。小則如之，大則不復。」楊孚交州異物志。

【校】

①味酸且旨　旨，據譚苑醍醐卷四作「甘」。

②孰知所自　孰，萬曆本作「熟」，據譚苑醍醐卷四改。

③鼻爲口役　役，萬曆本脱，據升庵集卷七十一補。譚苑醍醐卷四作「用鼻爲口」。

④聽言則跽　跽，譚苑醍醐卷四作「跪」，四庫本作「詭」。

⑤素牙玉潔　素，萬曆本作「數」，譚苑醍醐卷四、升庵集卷七十一作「素」，據改。

⑥載籍所美　載，萬曆本作「在」，據譚苑醍醐卷四、升庵集卷七十一改。

⑦外眉而内渠　渠，萬曆本作「集」，據譚苑醍醐卷四、升庵集卷七十一改。

⑧此魅陸海蛤也　蛤，萬曆本誤作「鈴」據上杭本改。

⑨食灰吞鹿　上杭本作「食豕吞鹿」，作「豕」是。

⑩賓饗嘉食　饗，萬曆本作「響」，據譚苑醍醐卷四改。

【注】

〔一〕見列子湯問。

〔三〕李膺笮橋贊「飛絙杙閣」後，無「其名曰笮」。

孔明遺事

水經注引諸葛亮表云：「臣遣虎步監孟琰據武功水東，司馬懿因渭水漲攻琰營，臣作竹橋越水射之。橋成，遂馳去。」〔一〕此亦孔明遺事，本傳不載者。

【注】

〔一〕見水經注卷一八渭水。漲，作「長」。

予欲無言

子曰：「予欲無言。」子貢曰：「子如不言，則小子何述焉？」〔一〕子謂子貢曰：「女與回也孰愈？」子貢曰：「賜也何敢望回？回也聞一以知十，賜也聞一以知二。」〔二〕余讀至此，有感焉，曰：夫子於子貢啓之屢矣。「予欲無言」之意，即「與回孰愈」之問也。夫子嘗云：「回也終日如愚。」又云：「回非助我。」此二言者，蓋得意忘言之筌蹄，而契無言之教，惟回也。獨自回以下，則穎悟莫賜也若矣。故夫子屢以啓之。「予欲無言」之言，即「與回孰愈」之問也。子貢之對乃爾，是以喙之聞①、臆之知、測之少、照之多爲回、賜優劣，非夫子發問之旨矣。子曰：「弗如也，吾與女弗如也。」求其説而不得者，以爲既然之，又許之。夫子然也乎哉？夫子許也乎哉？其言外之意，若曰女以聞知多少而分優劣，此女所以弗如回也。亦猶「天何言哉」之答也。不然，則「殆庶」之稱，「屢空」之稱，「好學」之稱，「未見其止」之稱，聖人權衡久矣。淵也居德行之首，子貢在言語之科，門人評記亦定矣。子貢方人，亦豈不自知而煩夫子之問乎？惜乎！子貢未喻其旨，而靳於再問也。

【校】

① 是以喙之聞　喙，萬曆本作「啄」，據升庵經説卷十三改。

【注】

〔一〕見論語陽貨。

〔二〕見論語公冶長。

尋仲尼顏子樂處

有問予：「『不改其樂』，所樂何事？」予曰：「且問子：『人不堪其憂』〔一〕，所憂者何事？知世人之所憂，則知顏子之所樂矣。」傳云：「古有居巖穴而神不遺，末世有爲萬乘而日憂悲。」〔二〕此我輩文字禪，不須更下一轉語也。

【注】

〔一〕見論語雍也。

〔二〕見淮南子卷一原道訓，作「古之人有居巖穴而神不遺者，末世有勢爲萬乘而日憂悲者」。

境逆樂真

章楓山先生云：「處順境而樂之者易，處逆境而樂之者難。若曾點之浴沂，邵雍之擊壤，皆順境也。惟夫牀琴於浚井之日，絃歌於絶糧之餘，以至捉衿肘見而歌商聲，簞食瓢飲而不改其樂，乃爲境之逆而樂之真耳，豈人所易及哉？」〔一〕

【注】

〔一〕見明章懋楓山集卷二復鄭御史克修。浴沂，作「浴沂詠歸」。擊壤，作「擊壤歌詠」。「以至」以下作「飯蔬飲水，簞瓢陋巷之中，無往而不樂焉」。文字不同。

睿作聖〔一〕

目擊道存之謂睿，故其字從目；聲入心通之謂聖，故其字從耳。故曰：聖人，時人之耳目。

【注】

〔一〕尚書洪範：「明作晰，聰作謀，睿作聖。」

謙亨君子有終

謙之卦辭曰：「君子有終。」言其久也。謙之道，衆人不能久，而君子能終之也。夫少之事長，賤之事貴，不肖之事賢：燭至起，食至起，射則三揖，酒則百拜，罄折匐服，葉拱牆負，誰不知之？誰不行之？一臨利害，巧爲趨避。語有之曰：「女無美惡，入宮見妬；士無賢不肖，入朝見嫉。」又曰：「飢馬在廐，漠然無聲；投芻其旁，爭心乃生。」故曰：「好名之人，能讓千乘之國。苟非其人，簞食豆羹見於色。」由是言之，小人烏能謙哉！古之君子，能謙有終。若禹之不矜不伐，上也；伯夷之遜國而逃，次也。晏子之久而能敬，又其次也。若夫張毅之走懸箔①，王莽之下白屋〔一〕，一則謙之靡②，一則謙之賊也，何終之有？

【校】

①若夫張毅之走懸箔　箔，萬曆本作「泊」，即莊子達生「高門懸薄」之「薄」，據上杭本、升庵經説卷一改。

②一則謙之靡　靡，四庫本作「美」。

【注】

〔一〕見漢書卷九十九王莽傳：「開門延土，下及白屋。」師古曰：「白屋，謂庶人以白茅覆屋者也。」

王安石①

人君之愚暗柔弱，不足以亡其國；亡國者，必剛愎明察之君也。譬之人家，不肖之子不足以破家，其破家必輕俊而無檢者也。在人臣，則真小人不足以亂國，其亂國者，必僞君子也。蓋真小人，其名不美，其肆惡有限。僞君子則既竊美名，而其流惡無窮矣。是故唐之亡，不在僖、昭，而在德宗；宋之亂，不在京、卞，而在王安石。或曰：「子何以恕真小人？」余曰：「子不觀白樂天詩乎？『狐假女妖害猶淺，一朝一夕迷人眼。女爲狐媚害即深，朝朝夕夕迷人心。』〔一〕樂天豈恕狐哉②！」

【校】

① 本書卷九「宋人議論不公不明」，可互參。

② 樂天豈恕狐者　恕，上杭本作「怒」。

【注】

〔一〕此爲白居易古塚狐詩中句，見白居易集卷五新樂府。朝朝夕夕迷人心，作「日長月長溺人心」。

丹鉛總録卷之十二

史籍類

歷代名臣奏議

宋寧宗時，武學生華岳，池州人，上疏極數韓侂胄之惡。其略云：「程松之以納妾求知，倪、僎以售妹入府，蘇師旦以獻妻入閣。」〔一〕「黜陟之權，不出於陛下，而出於侂胄，是吾有二中國也；命又不出於侂胄，而出於蘇師旦、周筠，是吾有三中國也。」「書奏，侂胄大怒，下之大理，貶建寧圜土中。郡守傅伯成憐之，命獄卒使無繫。伯成去郡，岳遂病死獄中。」〔二〕岳之忠節，灼灼如此。近觀歷代名臣奏議及宋諸臣奏議，可謂詳備，而岳之奏不在其中，乃知古忠臣義士湮没不聞者多矣，故表出之。

【注】

〔一〕見宋史卷四百五十五忠義傳華岳傳。售妹，作「售妹」。入閣，作「入閤」。

〔二〕見宋史卷四百五十五忠義傳華岳傳。使無繫，作「使出入毋繫」。華岳死狀，宋史作：「侂胄誅，放還，復入學登第，爲殿前司官屬，鬱不得志。謀去丞相史彌遠，事覺下臨安獄。獄具，坐議大臣當死。寧宗知岳名，欲生之，彌遠曰：『是欲殺臣者。』竟杖死東市。」而非「病死獄中」。

古今文字繁簡

程去華云：「精一執中，無俟皇極之煩言；欽恤兩字，何至吕刑之騰口①。」〔一〕蓋古今世變不同，而文之繁簡因之。孔子曰：「夏道未瀆辭。」推而言之，則殷周之辭已瀆矣。韓退之云：「周公而下，其説長。」〔二〕

【校】

①何至吕刑之騰口　騰口，丹鉛雜録卷六作「滕口」，指張口放言。

【注】

〔一〕此爲程實之答友人論讀尚書書中語，見新安文獻志卷九。程實之，字士華，北宋時歙人，而非「去華」，升庵記誤。

〔二〕此爲韓愈原道中語，作「由周公而下，下而爲臣，故其説長」。見韓愈文集卷一。

君相

管子云：「小白爲人，無小智而有大慮。」〔一〕漢高祖亦明於大而暗於小，光武小敵怯而大敵勇，呂端小事糊塗，大事不糊塗〔二〕，君相之體一也。

【注】

〔一〕見管子卷七大匡：「小白之爲人，無小智，惕而有大慮。」

〔二〕見宋吳曾能改齋漫録卷二「事始」：「呂原明家塾記云：『太宗欲相呂正惠公（端），左右或曰：呂端之爲人糊塗。帝曰：端小事糊塗，大事不糊塗。』」

莊子

莊子内篇之文，繁而美者，齊物論；簡而美者，養生主①。

【校】

① 養生主　上杭本作「養生主論」，四庫本删。

皇帝王伯

前漢書王莽傳：「三皇象春，五帝象夏，三王象秋，五伯象冬。」〔一〕後漢書：「易載羲農而皇德著，書述唐虞而帝道崇。」〔二〕邵堯夫以皇帝王伯配春夏秋冬，而易配皇，書配帝，詩配王，春秋配伯〔三〕，亦有所祖也。

【注】

〔一〕見漢書卷九十九下王莽傳。

〔二〕見後漢書卷十上皇后紀：劉毅上書曰：「臣聞易載羲農而皇德著，書述唐虞而帝道崇。」

〔三〕邵堯夫語，見邵雍皇極經世書卷十二「觀物篇五十九」、卷十一「觀物篇五十四」：「皇帝王伯者，易之體也。虞夏商周者，書之體也。文武周召者，詩之體也。秦晉齊楚者，春秋之體也。」

黄潤玉

四明黄潤玉所著有經書補注，多可取者。又有海涵萬象一卷〔一〕，如云：「易之道，扶陽而抑陰；卦之位，貴中而賤極。陽過乎極，雖剛不吉；陰得其中，雖柔不凶。」又曰：「易動而圓，範方而靜。八卦中虚故圓，九疇中實故方。」又曰：「大學一書，六經之名例也；中庸一書，六經之淵源也。」又解漢書云：「罘字從冈從不。不者，花蒂窻櫺也〔二〕。」殊得古人制字之義及宫室之形。解莊子「游方之外」云：「方，矩也。出于矩之外，所謂離方遁圓也。」又曰：「董仲舒對策一正字，公孫弘對策一和字，便見其人品正譎。」言皆有理。

【注】

〔一〕黄潤玉，字孟清，號南山，明、鄞縣人，著有經書補注、寧波府簡要志等。海涵萬象一卷，當作「海涵萬象録四卷」。

〔二〕不者花蒂廑懦也，「廑懦」上疑脱「网者」。

禪學俗學

「騖於高遠，則有躐等憑虚之憂；專於考察，則有遺本溺心之患。」〔一〕故曰：「君子以尊德性而道問學。」〔二〕故高遠之蔽，其究也，以六經爲注脚，以空索爲一貫，謂形器法度皆芻狗之餘，視聽言動非性命之理。所謂其高過於大學而無實，世之禪學以之。考索之蔽，其究也，涉獵記誦，以雜博相高；割裂裝綴，以華靡相勝。如華藻之繪明星，伎兒之舞訝鼓①，所謂其功倍于小學而無用，世之俗學以之。

【校】

①伎兒之舞訝鼓　訝，楊子巵言卷五作「迓」，升庵集卷七十五作「砑」。

【注】

〔一〕見宋張栻南軒集卷二十六答陸子壽。

〔三〕見禮記中庸，無「以」字。

執其兩端

執其兩端，則抑其過而引其不及；用中於民，則賢者俯而就，不肖者企而及。

誰昔

詩云：「知而不已，誰昔然矣。」〔一〕爾雅釋之曰：「誰昔，昔也。」猶言疇昔也。「疇，亦誰也。」〔二〕然則誰昔也，疇昔也，伊昔也，一也。「誰昔」字，文人罕用，惟司馬温公長公主制詞云：「帝妹中行，周易贊其元吉；王姬下嫁，召南美其肅雍。命服亞正后之尊，主禮用上公之貴。寵光之盛，誰昔而然。」〔三〕此制詞之工緻，前媲二宋，後掩三洪矣，豈不善爲四六者耶！

【注】

〔一〕見詩陳風墓門。

〔二〕見爾雅釋訓：「誰昔，昔也。誰，發語辭。」爾雅釋詁：「疇，孰誰也。」故誰昔猶言疇昔也。

〔三〕見司馬光傳家集卷十六，作「祁國長公主特進封衛國長公主制」。

蕃馬胡兒

宋柳如京塞上詩：「嗚骹直上一千丈，天靜無風聲正乾。碧眼胡兒三百騎，盡提金勒向雲看。」其詩宋人盛稱之，好事者多圖於屏障，今猶有其稿本〔一〕。唐人好畫蕃馬於屏，花間詞云「細草平沙，蕃馬小屏風」是也〔二〕。又曲名伊州、梁州①、氐州，其後卒有禄山、吐蕃之變。宋人愛圖鳴骹胡兒，卒有金、元之禍。元人曲有「入破」、「急煞」之名，未幾而亂。

【校】

① 梁州，升庵詩話卷十二作「涼州」。

【注】

〔一〕宋江少虞宋朝事實類苑卷三十五詩歌賦詠「馮太傅」條云：「馮太傅端，嘗書一絶云：『嗚鶻直上一千尺，天靜無風聲正乾。碧眼胡兒三百騎，盡提金勒向雲看。』顧坐客曰：『此可畫於屏障，乃柳如京(開)塞上之作。』見倦遊雜録。」嗚骹，作「嗚鶻」。正乾，作「更乾」。

〔二〕此爲薛昭蘊相見歡詞中句，見花間集卷三。

二絲五穀

聶夷中詩：「二月賣新絲，五月糶新穀。」〔一〕言唐末征斂之急也。宋李諮奏言新法之弊云：「稻苗未生而和糴，桑葉未吐而和買。」〔二〕抑又甚于唐末矣。

【注】

〔一〕此爲聶夷中詠田家詩中句，見全唐詩卷六三六。

〔二〕此爲鹽鐵判官俞獻卿之語，見宋陳均九朝編年備要卷九。文在「從三司使李諮之請」後，故誤爲李諮語。

崓

李太白有送族弟凝至晏崓詩云：「鳴鷄發晏崓，別鴈驚崍州。」〔一〕晏崓，地名，在單父三十里。崓字，玉篇不載，惟宋史李全傳有「出没島崓」。崓，亦水島之類也。

【注】

〔一〕李白詩題原作送族弟凝至晏堌單父三十里。崓，作「堌」。詩句原作「鷄鳴發晏堌，別雁驚淶溝」。崍州，作「淶溝」。見李太白集卷十六。

太白楊叛兒曲〔一〕

古樂府楊叛兒曲云：「暫出白門前，楊柳可藏烏。歡作沉香水，儂作博山鑪。」李太白擬之，其詞曰：「君歌楊叛兒，妾勸新豐酒。何許最關人，烏啼白門柳。烏啼隱楊花，君醉留妾家。博山爐中沉香火，雙烟一氣凌紫霞。」〔二〕樂府二十字，太白衍之爲四十四字，而樂府之妙思益顯，隱語益彰。其筆力似烏獲扛龍文之鼎，其精明似光弼領子儀之軍矣。書曰「葛伯仇餉」，非孟子解之，後人不知「仇餉」爲何語。沉水、博山之句，非太白以「雙烟一氣」解之，樂府之妙亦隱矣。因識古之詩人用前人語，有翻案法，有伐材法，有奪胎法，有換骨法。翻案者，反其意而用之，東坡特妙此法。伐材者，因其語而新之矣，益加瑩澤。奪胎換骨，則宋人詩話詳之矣。如梁元帝詩「郎今欲渡畏風波」〔三〕，太白衍爲兩句云：「郎今欲渡緣何事，如此風波不可行」〔四〕；鮑照詩「春風復多情」〔五〕，而太白反之曰「春風復無情」是也。又如曹孟德詩云「對酒當歌」，而杜子美云「玉珮仍當歌」〔六〕，非杜子美一闡明之，讀者皆以「當歌」爲當該之「當」矣。杜子美詩「黄門飛鞚不動塵」〔七〕，而東坡云「走馬來看不動塵」〔八〕，而杜之語意益妙。又如杜子美詩「石出倒聽楓葉下」〔九〕，而包佶云「波影倒江楓」①。子美桃花詩云：「影遭碧水相勾引」〔一〇〕，而孟郊云「南浦桃花亞水紅」〔一一〕。江總詩「不悟倡園花，遥同葱嶺雪」〔一二〕，而張説云「欲持梅嶺花，遠競榆關雪」〔一三〕。白樂天詩「人家半在船，野水多於地」〔一四〕，而姚合云「驛路多臨水，人家半在雲」〔一五〕、趙師秀云「野水多於地，春山半是雲」〔一六〕。徐鉉隣舍詩「壁隙透燈光，籬根分井口」，而梅聖俞云「井泉分地脈，砧杵共秋聲」〔一七〕。古樂府云「新人工織縑，舊人工織素。持縑來比素，新人不如故」，而無名氏效之云：「野鷄毛羽好，不如家鷄能報曉；新人雖如花，不如舊人能績麻。」此皆所謂「披朝華而啓夕秀」〔一八〕，有雙美而無兩傷者乎。若夫宋人之生吞義山，元人之活剥李賀，近日之拆洗杜陵者，豈可同日而語。

【校】

①而包佶云波影倒江楓　佶，萬曆本、四庫本誤作「何」。升庵詩話卷九有「杜詩與包佶同意」，當作「佶」。

【注】

〔一〕升庵詩話另有「太白用古樂府」、「奪胎換骨」、「杜詩與包佶同意」可參看。楊叛兒曲爲樂府舊題，屬清商曲辭。楊叛兒本事，新舊唐書樂志有載。

〔二〕見李白文集卷四楊叛兒。

〔三〕此爲梁簡文帝烏棲曲詩中句，見玉臺新詠卷九。升庵作「梁元帝詩」，記誤。

〔四〕此爲李白横江詞六首之五中句。

〔五〕此爲子夜四時歌春歌二十首詩中句，見樂府詩集卷四十四。升庵作「鮑照詩」，記誤。

〔六〕此爲杜甫陪李北海宴歷下亭詩中句。

〔七〕此爲杜甫麗人行中句。

〔八〕此爲蘇軾虢國夫人夜遊圖詩中句。

〔九〕此爲杜甫送李八秘書赴杜相公幕詩中句。

〔一〇〕此爲杜甫風雨看舟落花戲爲新句詩中句。

〔一一〕此爲孟郊南浦篇詩中句。

〔一二〕此爲江總折楊柳詩中句，見文苑英華卷二百八。不悟，作「不誤」。葱嶺雪，作「故里雪」。

〔一三〕此爲張説冬日見牧中人擔青草歸詩中句。

〔一四〕此爲白居易早秋晚望兼呈韋侍郎詩中句。人家，全唐詩作「人烟」。

〔一五〕此爲姚合送宋慎言詩中句，臨水，全唐詩作「連水」；人家，作「州城」。

〔一六〕此宋趙師秀薛氏瓜廬詩中句。

〔一七〕宋胡仔漁隱叢話前集卷三十二「梅聖俞」條云：「隱居詩話云：『梅堯臣贈鄰居詩，有云：壁隙透燈光，籬根分井口。徐鉉亦有喜李少保卜鄰云：井泉分地脈，砧杵共秋聲。此句尤閑遠也。』」升庵所述作者不同。

〔一八〕語本陸機文賦「謝朝華於已披，啓夕秀於未振。」

李涉贈盜詩

唐李涉贈盜詩曰：「相逢不用相迴避，世上如今半是君。」〔一〕可謂婉切。劉伯温詠梁山泊分贓臺詩云：「突兀高臺累土成，人言暴客此分贏。飲泉清節今寥落，何但梁山獨擅名。」元末貪吏，亦唐末之比乎？漢書云吏皆「虎而冠。」史記云此皆「劫盜而不操戈矛者也」〔三〕。二詩之意皆祖此。宋末有俗詩云：「衆人做官都做賊，鄭廣做賊又做官。」〔三〕又解賊一詩云：「解賊一鑼三捧鼓，接官三鼓兩聲鑼。鑼鼓聽來無二樣，官人與賊不差多。」〔四〕近日雲南洱海接官廳與打劫灣相近，有達官命童生作對曰：「接官廳上接官。」一童生應聲對曰：「打劫灣中打劫。」尤可笑也。

【注】

〔一〕宋陳郁藏一話腴内編卷下：「唐李涉過皖口之西，遇大艦遏其征，數十人持兵仗問是何人，從者曰：『李涉博士船也。』其豪首曰：『若是李涉，聞詩名已久，但希一篇，金帛非敢取也。』李乃贈一絶云：『暮雨蕭蕭江上村，緑林豪客夜知聞。他時不用逃名去，世上如今半是君。』」

〔二〕見史記日者列傳：「爲盜不操矛弧者也。」

〔三〕見宋岳珂桯史卷四「鄭廣文武詩」。海寇鄭廣詩作：「鄭廣有詩上衆官，文武看來總一般。衆官做官却做賊，鄭廣做賊却做官。」都、又，均作「却」。

〔四〕見明葉子奇草木子卷四。原詩作：「解賊一金并一鼓，迎官兩鼓一聲鑼。金鼓看來都一樣，官人與賊不爭多。」文字有改動。三捧，疑是「三棒」。

太白懷鄉句

太白渡荆門詩云：「仍連故鄉水，萬里送行舟。」〔一〕送人之羅浮詩：「爾去之羅浮，余還憩峨嵋。」又淮南卧病書懷寄蜀中趙徵君蕤詩云〔二〕：「國門遥天外，鄉路遠山隔。朝憶相如臺，夜夢子雲宅。」皆寓懷鄉之意。趙蕤，梓州人，字雲卿，精於數學，與李白齊名。蘇頲薦西蜀人才疏云：「趙蕤術數，李白文章。」宋人注李詩遺其事，並附見焉。圖經云：「蕤，漢儒趙賓之後，鹽亭人，屢徵不就，所著有長短經。」

【注】

〔一〕荆，萬曆本作「金」，據李太白文集卷十三改。仍連，作「仍憐」。

〔二〕書，萬曆本脱，據李太白文集卷十一補。

法言論屈原相如

文選注引法言曰：「或問屈原、相如之賦孰愈？曰：『原也，過以浮；如也，過以虚。過浮者蹈雲天，過虚者華無根。然原上援稽古，下引鳥獸，其著意於虚，長卿亮不可及。』」〔一〕今法言無此條。

【注】

〔一〕見文選卷五十謝靈運傳論「屈平、宋玉導清源於前，賈誼、相如振芳塵於後」注引法言語。其著意于虛，作「其著意子雲」。

警策

陸機文賦：「立片言以居要，乃一篇之警策。〔一〕」蓋以文喻馬也，言馬因警策而彌駿，以喻文資片言益明也。夫駕之法，以策駕乘，今以一言聚于衆辭，若策驅馳，故云警策。在文謂之警策，在詩謂之佳句也。若水之有波瀾，若兵之有先鋒也。六經亦有警策，詩之「思無邪」，禮之「毋不敬」是也。

鬻子

鬻子，文王時人，著書二十二篇，子書莫先焉。今其存者十四篇，皆無可取，似後人贋本無疑也。按：賈誼新書所引鬻子七條，如云：「和可以守，而嚴可以守，而嚴不若和之固也；和可以攻，而嚴可以攻，而嚴不若和之德也；和可以戰，而嚴可以戰，而嚴不若和之勝也，則惟由和而可也。」〔二〕又云：「治國之道，上忠于主，而中敬其士，而下愛其民。故上忠其主者，非以道義，則無以入忠也。而中敬其士，非以禮節，則無以諭敬也。下愛其民，非以忠信，則無以行愛也。」又曰：「聖人在上位，則天下不死軍兵之事，民免於一死而得一生矣。聖王在上位，則民無凍餒，民免於二死而得二生矣。聖王在上位，民無夭閼之誅，民免於三死而得三生矣。聖王在上位，則民無厲疾，民免於四死而得四生矣。」〔二〕是皆正言確論也。今之所傳有是乎？又文選注引鬻子：「武王率兵車以伐紂，紂虎旅百萬，陣于商郊，起自黃鳥，至于赤斧，三軍之士莫不失色。」〔三〕今本亦無，知其爲僞書矣。曷取賈誼書中七條補之，以冠子書①，亦愈于傳贋售僞也。

【校】

① 曷取賈誼書中七條補之，以冠子書　補，楊子卮言卷二作「傳」。子，楊子卮言卷二作「于」。前云「子書莫先焉」，作「子」是。

【注】

〔一〕見賈誼新書卷九修政語下引鬻子。德，作「得」。

〔二〕見賈誼新書卷九修政語下。「聖人在上位」一節，文字有删節。

〔三〕見文選卷三十六宣德皇后令「白羽一麾，黃鳥底定」注。莫不失色，作「靡不失色」。

子貢多學之對

子曰：「賜也，女以予爲多學而識之者與」〔一〕對曰：「然，非與？」子貢非不知也，蓋辭讓而對，事師之理也。鬻子對文王、武王、成王皆曰：「唯。疑。」〔二〕豈方「唯」而亦「疑」乎？對君之體也。太史公對曰：「唯唯。否否。」蓋古之對友亦如此，又可以證。

【注】

〔一〕見論語衛靈公。女，萬曆本脱，據論語衛靈公補。

〔二〕見賈誼新書卷九修政語下鬻子答文王、武王、成王語。

詔首

晉詔首稱「綱紀」，唐詔首稱「門下」，元詔首稱「指揮」。惟本朝詔首直入事，有三代典謨之體。

葉公顧命

禮記緇衣引葉公之顧命曰：「毋以小謀敗大作，毋以嬖御人疾莊后，毋以嬖御士疾莊士、大夫、卿士。」〔一〕注以葉公爲沈諸梁〔二〕。按汲冢周書此文在祭公解，蓋祭公疾革時，告穆王之言，祭字誤作葉字耳〔三〕。

【注】

〔一〕見禮記緇衣。嬖御人、嬖御士，萬曆本脱「人」、「士」，據補。

〔二〕禮記緇衣注：「葉公，楚大夫沈諸梁也，字子高，爲葉縣令，僭稱公也。」

〔三〕逸周書祭公解：「汝無以嬖御固莊后，汝無以小謀敗大作，汝無以嬖御士疾大夫卿士。」

太白句法

太白詩：「天山三丈雪，豈是遠行時。」〔一〕又云：「水國秋風夜，殊非遠別時。」〔二〕豈是、殊非，變幻二字，愈出愈奇。孟蜀韓琮詩：「晚日低霞綺，晴山遠畫眉。青青河畔草，不是望鄉時。」〔三〕亦祖太白句法。

【注】

〔一〕此爲李白獨不見詩中句，見李太白集卷四。

〔二〕此爲李白送陸判官往琵琶峽詩中句，見李太白集卷十八。

〔三〕此爲韓琮晚春江晴寄友人詩，見全唐詩卷五六五。韓琮，唐穆宗長慶四年進士，非孟蜀時人。

阿嚲迴

太白詩：「羌笛横吹阿嚲迴。」〔一〕番曲名，張祜集有阿濫堆，即此也。番人無字，止以聲傳，故隨中國所書人各不同耳，難以意求也〔二〕。

【注】

〔一〕此爲李白司馬將軍歌（以代隴上健兒陳安）詩中句，見李太白集卷四。

〔二〕升庵藝林伐山卷二十載「阿濫堆」，云是禽聲。阿嚲迴、阿濫堆，乃譯音也。「張祜（華清宫）詩：『紅樹蕭蕭閣半開，玉皇曾幸此宫來。至今風俗驪山下，村笛猶吹阿嚲迴。』賀方回長短句云：『待月上潮平波灩，塞管孤吹新阿濫。』中朝故事云：『驪山多飛禽，名阿濫堆，明皇採其聲爲曲子。』」明胡震亨以爲升庵此説「失之」，在唐音癸籤卷十三中説：「阿嚲迴，本北魏阿那瓌曲。阿那瓌者，蠕蠕國主名，用爲曲，後訛爲阿嚲迴，唐沿之爲名。那，乃可切。嚲，典可切。瓌，即瑰，姑回切。以音相近，故訛。顔真卿詩『莫唱阿嚲迴，應云夜半樂』是也。楊用修以爲即笛曲之阿濫堆，此自明皇時曲，失之遠矣。」

唐宰相多能文

唐開元宰相奏請狀及鄭畋鳳池稿，多用四六，皆宰相自草，五代亦然。至范質始除其煩辭〔一〕，故萊公謂楊文公曰：「予不能爲唐時宰相，蓋爤於命詞也①。」〔二〕然其間應制詞草，比今猶百倍焉。是以唐之詞華遠過於宋，而今之詞華又不及宋之萬一焉，亦由此故也。

【校】

① 蓋爤於命詞也　爤，萬曆本、丹鉛雜録、升庵集、升庵外集均誤作「嫺」。丹鉛摘録卷五、四庫本作「爤」。爤，即「嬾」。嫺，熟練，意適反，據本書卷十三「蔄蘭字」改。

【注】

〔一〕范質，五代時人，從周世宗征淮南，詔令多出其手，辭理優贍，時人稱之，官至宰相。

〔二〕見宋敏求春明退朝録卷下：「今所存有開元宰相奏請狀二卷、鄭畋鳳池稿草内載兩爲相奏擬狀數卷、祕府有擬注制十卷、多用四六，紀其人履歷、性行、論請，皆宰相自草，五代亦然。寇萊公謂楊文公曰：予不能爲唐時宰相，蓋爤於命詞也。」

東坡詆佛

東坡議學校貢舉書〔一〕，斥士大夫主佛老之爲非，又策別云：「天子有七廟，今又飾佛老之宮而爲之祠，固已過矣。又使大臣兼官以領之〔二〕，歲給費以鉅萬計，此何爲者邪？」其言與佛骨表何異？又作勝相院記〔三〕，謂治其學者，大抵「設械以應敵，匿形以逃敗，窘則推墮滉瀁中不可捕捉，如是而已矣」。此數句盡古今禪學自欺欺人之病①。然東坡於禪學深入冥契②，而其言如此，何也？蓋其與世不合，姑以消其不平。莊子云：「因之以曼衍，所以窮年也。」殆東坡之謂乎！又賀坤成節表：「放億萬之羽毛，未若消兵以全赤子；飯無數之緇褐，不如散廩以活飢民。」

【校】

① 盡古今禪學自欺人之病　古今，萬曆本脱，據丹鉛摘録卷五、四庫本補。

② 然東坡於禪學深入冥契　然，四庫本作「果」。

【注】

〔一〕書，蘇東坡集續集卷十二奏議集作「狀」。

〔二〕以領之，蘇東坡集應詔集卷二策别作「以使領之」。

〔三〕勝相院記，蘇東坡集卷四十作「勝相院經藏記」。

陸機太白詩音

陸機招隱詩：「哀音附靈波，頹響赴曾曲。」附，音拊。太白詩：「羌笛横吹阿嚲迴，向月樓中吹落梅。」〔一〕下吹字音去聲，不惟便於讀，亦義宜爾也。

【注】

〔二〕此爲李白司馬將軍歌詩中句，見李太白集卷四。阿䦆迴，原作「阿濫迴」。

古碑有神物護持

唐李邕書雲麾將軍碑已斷裂，在蒲城縣。正德中，劉遠夫御史謫爲蒲城簿，訪出以鐵束錮之，復爲完物。饒州薦福寺碑，爲雷所驚而碎。近日好古者取其碎裂，合而卧樹之，猶可摹印。簡西畍爲予言親見，許予摹寄一本，尚未獲也。以二事占之，古碑似有神物護持。

【辨】

明陳耀文正楊稱薦福寺無碑，駁升庵曰：「金石録云：雲麾將軍李琇碑，李邕撰并行書，天寶元年正月立蒲城，或當有之，不敢强所不知。其薦福寺，則余與姚江張汝宗岳所同游者。訪碑遺址，若罔聞知；稽之郡志，文亦不載，而其説若此。「宋王明清玉照新志云：雷轟薦福寺碑事，見楚僧惠洪冷齋夜話。頃歲婁彦發機自饒州通判歸，詢之，云：薦福寺雖號鄱陽巨刹，元無此碑，乃惠洪僞爲是説也。」」（見景印文淵閣四庫全書八五六册正楊卷四　臺灣商務印書館）

明趙崡石墨鐫華卷三「唐雲麾將軍碑」：「北海書逸而遒，米元章謂其屈强生疏，似爲未當。此碑是其得意者，雖剥蝕過半，而存者其鋩鍛凛然。碑在蒲城，楊用修謂已斷，正德中劉遠夫御史以鐵束之，又謂已亡。朱秉器又謂良鄉亦有此碑，蒲城者爲趙文敏臨書。今蒲城碑尚在、未斷，無有鐵束事。且蒲城，李思訓葬處，北海真蹟，的非文敏所能。良鄉本肥媚，文敏書無疑。楊、朱二公未嘗至蒲城，而朱公尤爲瞽斷。」（見景印文淵閣四庫全書六八三册　臺灣商務印書館）

陳耀文謂惠洪「僞爲是説」，實非王明清本意，玉照新志在「僞爲此説」後云：「然東坡先生已有詩云：『有客打碑來薦福，無人騎鶴上揚州』之句矣。按惠洪，初名德洪。政和元年，張天覺罷相，坐通關節竄海外，又數年回。僧始易名惠洪，字覺範。考此書距坡下世已逾一紀，洪與坡蓋未嘗相接，恐是先有已妄及之者，則非洪之鑿空矣。」（見玉照新志卷三　涵芬樓影印本）

周正改月

商周改正朔之説，張敷言分「史册所書」、「民俗所用」二項爲言，其説極是。蔡九峰、陳定宇偏主一説〔一〕，各有所礙，終不可通。朱子答吕晦叔書有云①：「或是當時二者並行，惟人所用。」張説本此。史伯璿管窺外編及元儒春秋改正辨甚詳，然大意不出此耳②。

【校】

①朱子答吕晦叔書有云　吕，萬曆本作「吾」，據四庫本改。

②「然大意不出此耳」後，升庵外集卷五十一尚有一節：「若以爲改月，則與孟子春秋合，而與詩、書不相合；詩：『一之日。』書：『元祀十有二月。』若以爲不改月，則與詩、書相合，而與孟子春秋不相合。」

【注】

〔一〕蔡沈，稱九峰先生，主不改月，亦不改時。陳櫟，稱定宇先生，主改時改月。

浩然佳句

皮日休稱孟浩然佳句，有「微雲淡河漢，疎雨滴梧桐」。余嘗疑今集中無此首，後見晁公武讀書志「與諸名士集祕省聯句」云云〔一〕，宜其不在集中也。

【注】

〔一〕見郡齋讀書志：「唐孟浩然也，襄陽人，工五言詩，隱鹿門山，年四十乃遊京師。一日，諸名士集祕省聯句，浩然句曰云云，衆皆欽伏。」

唐明皇詔

唐明皇詔曰：「進士以聲韻爲學，多昧古今；明經以帖誦爲功，罕窮旨趣。」斯二言盡唐人取士之病。進士不通古今，如許渾謂宋祖劉裕有三千歌舞〔一〕，至於張打油、胡釘鉸極矣！明經有謂堯、舜爲一人、班固與班孟堅爲兩人者，豈止罕窮旨趣而已。

【注】

〔一〕本書卷十八「三千歌舞」條，可參看。

王欽若

巽巖李氏送湯司農歸朝序〔一〕，載王欽若與毋賓古請赦天下宿逋，自五代至咸平。真宗從之，遣使四出，蠲宿逋一千餘萬，釋繫囚三千餘人。由是遇之甚異，不久入相。仁宗繼立，推廣先志，亟改「追欠司」爲「蠲納司」。欽若此事，史不書，當表出之，亦憎而知其善也。

【注】

〔一〕宋李燾，字仁甫，號巽巖，著名歷史學家，著有續資治通鑑長編、巽巖文集等。

古人僞作外夷文字①

余嘗疑穆天子傳西王母歌詞，出於後人粉飾，且山海經載西王母虎首鳥爪，形既殊異，音亦不同，何其歌詞悉似國風乎？又觀後漢書朱輔上白狼王唐菆歌三篇〔一〕，音韻與漢無異，愈可疑也。唐新羅王獻詩，其句法與中唐人若合契〔二〕。宋大中祥符間，注輦國入貢上表，表辭極偶麗，中有云：「輒傾就日之誠，仰露朝天之款。」「臣賤如芻狗，微類醯雞，虚荷燭幽，曾無執贄。」〔三〕究其文筆，與當時翰苑何差。言語不通之國，未必能集老、莊之玄言，習徐、庾之麗句也。當時天書，尚可人爲，况外夷之貢，志在互市罔利，諭以導之，無不可者，書之史册，不待智者能勘破矣。

【校】

① 古人僞作外夷文字　古人，四庫本作「文人」。

【注】

〔一〕見後漢書南蠻西南夷列傳，歌三篇爲遠夷樂德歌、遠夷慕德歌、遠夷懷德歌。朱輔令與夷習狎，頗曉其言者「譯其辭語」送闕。

〔二〕見舊唐書東夷列傳「新羅」：唐高宗永徽元年，新羅王真德織錦作五言太平頌以獻之，其詞曰：「大唐開洪業，巍巍皇猷昌」云云。

〔三〕見宋史外國列傳「注輦國」：大中祥符八年，羅茶羅乍遣使上表，引文删去二句。

過秦論①

慎弱冠歲，未習舉子業而好古文，每妄擬名賢之作，曾擬弔古戰場文，叔父龍崖先生見而心異之，袖其稿以呈祖父留耕，翁召慎謂曰：「孫孫信敏才②，然場屋何用此也。爾既好古文，何不擬賈誼過秦論乎？」慎退，翌日，呈一篇，旋失其稿。老戍滇中，士夫家有傳録之者，慎取閲之，恍如夢事，亦不知爲己作也。今録于此，以示兒輩。其辭曰：

有問於楊子曰：「孟子有言：不仁而得天下者，未之有也。秦以不仁而得天下矣。孟子之言，其不驗乎？」曰：秦自孝公用商鞅富强之術，而關中之力雄；自惠文用張儀離横之謀，而諸侯之勢弱；自昭襄用范雎遠交近攻之策，而規取天下之計得；至李斯兼并之説用，天下皆秦矣。然爲臣者，功成而身喪；爲君者，業成而國亡。其强也，斯所以爲弱；其智也，斯所以爲愚，嗚呼，悲夫！秦自始皇二十六年庚辰，六王初畢，四海始一，雄圖既溢，武功未畢，方架黿鼉以爲梁，巡海右以送日。俄而祖龍魂斷于沙丘，鮑魚腥聞乎四極矣。胡亥越十七兄而簒立，方欲極耳目，窮心志，而閻樂之戈已及於望夷矣。子嬰討賊方平，肉未及下咽，酒未及濡唇，親賓未及盡相勞，而赤帝真人已翔於霸上矣。計始皇之餘分閏位僅十二年，胡亥僅二年，子嬰僅四十六日，不啻石火之一敲，電光之一瞥，吹劍之一吷，左蝸之一戰，南槐之一夢也。須臾之在億千，稊米之於大塊實似之，是雖得猶不得也。孔子曰：「雖得之，必失之。」秦之謂矣。以孟子之言，合孔子之言觀之，聖賢之論，卓乎不可誣，何嘗不驗乎哉！善乎蘇子由之言曰：「天厭喪亂，假手于秦。秦亦淫虐，無以受之。於是不韋乘隙納妾于秦，以亂其後，六國未亡而嬴氏先亡矣。及至二世，戮諸公子殆盡，而後授首劉、項。老子曰：『天網恢恢，疏而不漏。』不觀其微，孰知其故哉！」〔一〕以此推之，秦初未始得也。

【校】

① 過秦論　一作「擬過秦」，見升庵集卷七十。

② 孫孫信敏　孫孫，升庵集卷七十作「吾孫」。

【注】

〔一〕見宋蘇轍古史卷五十五呂不韋列傳。天厭喪亂，作「天方厭喪亂」。假手于秦，作「欲假手于秦」。納妾于秦，作「納妾于子楚」。

平準書食貨志同異

馬廷鸞曰：「桑大夫均輸之法，大概驅農民以效商賈之爲也。」太史公平準書云：「令遠方各以其物貴時商賈所轉販者爲賦，而相灌輸。」此説未明，班固採其語云：「令遠方各以其物如異時商賈所轉販者爲賦，而相灌輸。」〔一〕此説涣然矣。蓋添「如異時」三字，是謂驅農民以效商之爲也。呂東萊尊遷抑固①，是以取書而不用志語。然紀事之文惟貴明白，是以通鑑取志語也。〔二〕

【校】

①吕東萊尊遷抑固　尊，萬曆本、四庫本作「遵」，據升庵集卷四十七、升庵外集卷三十九改。

【注】

〔一〕見漢書食貨志下。爲賦，萬曆本脱，據漢書，補。

〔二〕馬廷鸞，史學家馬端臨之父。南宋亡後，端臨侍父家居，歷三十餘年，專心撰成文獻通考。本條録自文獻通考卷二十市糴考。

外國書

五代廣順中，高麗進別叙孝經一卷，「記孔子所生及弟子從學事」。又有孝經雌圖，「説日之環暈、星之彗孛」〔一〕。宋乾道中，南詔使者見廣南人，言其國有五經廣注、春秋後語、三史加注、張孟押韻、集聖曆諸書。歐陽公日本刀歌：「徐福行時經未焚，逸書百篇今尚存。令嚴不許傳中國，舉世無人識古文。」〔二〕由此觀之，則尚書全文，日本國尚有之也。

【注】

〔一〕見舊五代史周書恭帝紀：「壬寅，高麗國遣使朝貢。」

〔二〕見歐陽文忠集卷五十四。

揎釀

宋章衡，得象之孫，嘉祐大魁，著編年運曆十五卷，其序曰：「古今運曆十餘家，皆淺陋揎釀。」又陳振孫太常因革禮跋云：「繁簡失中，以揎釀目之。」揎釀，不知爲何語，亦不知所出也〔一〕。

【注】

〔一〕見元李治敬齋古今黈逸文：「内則言事親，則歷數饘酏、酒醴……其事卑鄙煩猥，大類世所傳食纂。而辭費辭贅，則又若上林、子虛之誇，甚非所以闡明禮經之旨也。竊意漢儒雜采周禮燕饗所用，及當時飲食所尚，簉合曲禮、王制，揎釀竹帛，以射時取資耳。」揎，同楦。

退之遺文

孫何稱韓退之擬范蠡與大夫種書，意出千古，理鎮羣疑。今集中無此文〔一〕。

【注】

〔一〕退之遺文，一作「韓退之遺文」，見譚苑醍醐卷九。「今集中無此文」後，尚有「白樂天稱皇甫湜涉江文，而甫集亦無此文。皮日休稱孟浩然『微雲淡河漢，疎雨滴梧桐』，而孟集無此一首也。」

乃知古人詩文之佳者，遺逸多矣」。

文有傍犯

徐陵賦：「陪遊馺娑，騁纖腰於結風；長樂鴛鴦，奏新聲於度曲。」又云：「厭長樂之疏鐘，勞中宫之緩箭。」〔一〕雖兩「長樂」，爲意不同，此類爲傍犯。又劉禹錫律詩，前聯云：「雪裏高山頭早白。」後聯云：「于公必有高門慶。」自注：「高山本高；高門使之高也。」亦傍犯之例。

【注】

〔一〕見徐陵玉臺新詠序。娑，萬曆本誤作「涉」；宫，誤作「營」。

韓子連珠論

北史李先傳：「魏帝召先，讀韓子連珠論二十二篇〔一〕。」韓子，韓非子。韓非書中有連語，先列其目，而後著其解，謂之連珠。據此則連珠之體，兆于韓非。任昉文章緣起謂連珠始於揚雄，非也。

【注】

〔一〕韓子之連珠，當指韓非子内外儲説中詞義連貫的文辭，并非文體。任昉文章緣起云：「連珠，揚雄作。」晉傅玄謂其「辭麗而言約」，「歷歷如貫珠」。今所見仍以漢揚雄之連珠爲最早。

漢詔

漢武帝元朔三年，詔曰：「夫刑罰所以防姦也，内長文所以見愛也，以百姓之未洽于教化云云。其赦天下。」〔一〕「内長文」之語，了不可解。張晏云：「長文，長文德也。」終不了然。許少伊右丞言：「往年見江南舊本，以『内』爲『而』，『長』爲『肆』，『肆文』爲『肆赦』，於下文尤爲貫穿〔二〕。」南窗記談。

【注】

〔一〕見漢書武帝紀。「云云」指省略的「朕嘉與士大夫日新厥業，祗而不解」二句。

〔二〕宋劉昌詩蘆浦筆記卷二「内長文」條云：「漢武帝元朔三年，詔曰：『夫刑罰所以防姦也，内長文所以見愛也。』張宴曰：『長文，長文德也。』師古曰：『詔言有文德者，即親内而崇長之，所以見仁愛之道。』魯氏自備載：章子厚家藏古本漢書，『内長文』，乃『而肆赦』字。蓋『而』訛爲『内』，『肆赦』皆缺偏旁而爲『長文』。詔云『其赦天下』，意甚明白。」魯氏，字子明，自號笑塢老人，著書名自備。

中庸

中庸之存，賴漢儒集於禮記中。至晉戴顒作中庸傳二卷，梁武帝撰中庸講疏一卷，又作制旨中庸義五卷〔一〕，表而出之，不待宋儒矣。

【注】

〔一〕制旨中庸義，升庵經説卷十作「制旨中庸」，隋書經籍志作「私記制旨中庸義」。

恬知安慮誠明

莊子曰：「古之治道者，以恬養知。知生而無以知爲也，謂之以知養恬。知與恬交相養，而和理出其本性也。」〔一〕大學曰：「安而後能慮。」中庸曰：「誠則明矣，明則誠矣。」佛氏之所謂定慧，亦是理也。司馬子微曰：「恬知，則定慧也。和理，則道德也。」〔二〕是知安慮也，誠明也，恬知也，定慧也，一也。理之會族玄通，無古今，無華夷，而符合渾融，謂其竊吾説以文彼，狹夫瑣儒之見也。

【注】

〔一〕見莊子外篇繕性。知生而無以知爲也，前一「知」爲衍文。謂之以知養恬，以，萬曆本脱。

〔二〕此爲司馬子微坐忘論中語，見宋張君房雲笈七籤卷九十四。

董仲舒解春秋

穀梁傳云，「所見異辭」，「所聞異辭」，「所傳聞異辭」〔一〕。董仲舒曰：「春秋分十二世，有見、有聞、有傳聞。有見三世，有聞四世，有傳聞五世。故定、哀、昭，君子之所見也；襄、成、文、宣，君子之所聞也；僖、閔、莊、桓、隱，君子之所傳聞也。所見六十一年，所聞八十五年，所傳聞九十六年。於所見，微其辭；於其聞，痛其禍；於傳聞，殺其恩。逐季氏而言又雩，微其辭也；子赤殺①，弗忍言日，痛其禍也；子般弑，而書乙未，殺其恩也。屈伸之志，詳略之文，皆應之。吾以其近近而遠遠、親親而疏疏也。亦知其貴貴而賤賤、重重而輕輕也。有知其厚厚而薄薄，善善而惡惡也。有知其陽陽而陰陰，白白而黑黑也。百物皆有偶合，偶之合之，匹之仇之，善矣。詩曰：『無怨無惡，率由羣匹。』〔二〕此之謂也。」〔三〕

【校】

①子赤殺　殺，萬曆本作「弑」，楊子卮言卷一、升庵經說卷七作「殺」。據春秋繁露楚莊王改。

【注】

〔一〕見公羊傳隱公元年、昭公三年、哀公十四年。穀梁傳未見。

〔二〕見詩大雅假樂。

〔三〕見春秋繁露楚莊王。

周司寇匜銘

博古圖載周司寇匜銘，五句二十字，其辭曰：「作司寇匜，用造用歸，維之百寮，考之四方，求之祜福。」〔一〕其文極古雅，當表出之。

【注】

〔一〕見宣和博古圖卷二十司寇匜。用造用歸，作「用遣用歸」。考之四方，作「雩之四方」。

井田

孟子曰：「詩云：『雨我公田，遂及我私。』由此觀之，雖周亦助也。」〔一〕孟子，周末人也。公田私田説已不詳，乃引詩而想像之，似隔世事。故曰「此其大略」，又曰「嘗聞其略」〔二〕。蓋諸侯之滅去其籍，已繼覆轍于夏桀之焚黄圖，導宄路於秦政之燒詩、書矣。孟子之略之、疑之、想象言之，蓋慎之也。荀子便謂孟子略法先王，而不知其統；朱子謂孟子言「夏后五十而貢」一節，自五十增爲七十，自七十增爲百畝，田里疆界都合更改①，恐無是理，恐亦難信，豈其然乎？愚嘗私論之，三皇五帝之興，皆在中原，揚子謂「法始乎伏羲，而成乎堯」〔三〕。伏羲畫卦已有井之象矣。劉貺云「井牧始於黄帝」，則左傳所謂「井衍沃牧皋隰」也。韋昭三五曆云：「黄帝八家爲井，井開四道而分八宅，鑿井於井。」則井田始於黄帝矣。井即助法，牧即貢法，夏殷田制，黄帝之世已然矣，至堯遭洪水，使禹别九州、定貢賦，孟子所謂五十而貢矣。然考夏小正，云「農服于公田」，由此觀之，雖夏亦助也。左傳虞思有云：昔夏少康「有田一成，有衆一旅」。司馬法：「十井爲通，十通爲成。」周禮：「四丘爲甸，旁一里爲成。」〔四〕則未知少康之一成，如司馬法之一成乎，抑周禮之一成乎？此姑未論，既分一成一旅，固井田法也。井田，黄帝良法，不應至禹廢之。洪水方割，未遑復舊，姑從民宜，如禹貢所陳，有天下之後，又重定其制，衍沃則井之，皋隰則牧之，未可知也。如禹貢揚州之賦下下〔五〕，其地窪，洪水尤甚，固其宜也。及鑄鼎象物之日，則揚州爲第一，梁州爲第二，而雍在後，此非詳考深思，何以知之。總而論之，自黄帝至周，井牧兼用，貢助通行。井也，助也，于平地；牧也，貢也，于山陵，所謂因地之利。周禮「三農生九穀」，有山農、澤農、平地農是也，豈可執一論耶！

【校】

① 田里疆界都合更改　里，萬曆本作「理」，四庫本作「里」，作「里」是。

【注】

〔一〕見孟子滕文公上。「遂及我私」後，孟子原有「唯助爲有公田」一句。故下云「雖周亦助也」。詩，見小雅大田。

〔三〕見孟子滕文公上：「方里而井，井九百畝，其中爲公田，人家皆私百畝，同養公田。公事畢，然後敢治私事，所以別野人也。此其大略也。」

〔三〕見揚子法言問道篇。
〔四〕見周禮地官。「四丘爲甸」後無「旁一里爲成」。
〔五〕見尚書禹貢，作「厥田惟下下，厥賦下上」。

朱子引用誤字

朱子本義：「鼓萬物而不與聖人同憂。」引程子〔一〕「天地無心而成化，聖人有心而無爲」，據本書乃是「天地不宰而成化」。「不宰」字有理，復見其天地之心，豈可謂天地無心乎？「參伍以變」〔二〕注引韓非子：「參之以比物，伍之以合參。」據本文乃是「伍之以合虚」〔三〕。「比物」、「合虚」皆參互考之，以知物之虚實也。若云「伍之以合參」，則上文當云「參之以比伍」矣。原其誤，乃是荀子注中引此，朱云自荀注而見之，原不自韓非子中采出也〔四〕。豈可謂出於朱子，一仍其誤而不敢改正者乎？

【注】

〔一〕程子，萬曆本、升庵經説等誤作「張子」，據朱熹周易本義卷二十七改。
〔二〕見易繫辭上。
〔三〕見韓非子揚權。
〔四〕參之以比物，伍之以合參，乃是荀子議兵篇楊倞注引韓子語。升庵經説卷一云：「原其誤，乃是荀子注引韓非子，朱又自荀注見之。」

博約

「博學而詳説之，將以反説約也。」或問：「反約之後，博學詳説可廢乎？」曰：「不可。」詩三百，一言以蔽之曰：「思無邪。」禮三千三百，一言以蔽之曰：「毋不敬。」今教人止誦「思無邪」、「毋不敬」六字，詩、禮盡廢，可乎？人之心，神明不測，虚靈不昧，方寸之地，億兆兼照者也。若塗閉其七竅，折墮其四支，曰「我能存心」，有是理乎？

君子立己

「人足所履，不過數寸，然而咫尺之途，必顛蹶於崖岸；拱抱之梁，必沉溺於川淵者，何哉？爲其傍無餘地也。君子之立己，抑亦如之。至誠之言，人未必信，至潔之行，物或至疑，皆由言行聲名無餘地也。若能開方軌之路，廣造舟之航，則仲由之言信，重於登壇之盟；趙喜之降誠，賢於折衝之將矣。」〔二〕此顏之推語，予嘗愛誦之。或問吕居仁：「天下歸仁，如何？」居仁作韻語答之曰：「面前徑路無令窄，徑路窄時無過客。無過客時徑益荒，眼前滿地生荆棘。」〔三〕黄山谷云：「面前徑路常須令寬，路徑窄則無著身處，況能使人行也。」〔三〕以上三言相符，彼立己於峻，及離人而立於獨者，可以警矣。

【注】

〔一〕見顏氏家訓名實篇。拱抱，作「拱把」。川淵，作「川谷」。趙喜，作「趙憙」。「無餘地也」後，删去「吾每爲人所毁，常以此自責」一句。

〔二〕此爲邵雍路徑吟，見邵雍擊壤集卷十六。升庵作吕居仁，記誤。徑路窄時無過客，徑路，萬曆本脱。

〔三〕此亦爲邵雍語，見邵伯温易學辨惑。常須令寬，作「常令寬」。升庵作黄山谷，記誤。

古蜡祝丁令威歌遺句

禮記蜡祝辭云：「土反其宅，水歸其壑，昆蟲毋作，草木歸其澤。」〔一〕而蔡邕獨斷又有：「豐年若土，歲取千百。」〔二〕增此二句，意始足。丁零威歌：「城郭是，人民非，何不學仙冢纍纍？」〔三〕而修文御覽所引云：「何不學仙去？空伴冢纍纍。」增此三字，文義始明。書所以貴乎博考也。

【注】

〔一〕見禮記郊特牲。

〔二〕獨斷增此二句，而無「草木歸其澤」一句。

〔三〕藝文類聚卷九十「鳥部」引續搜神記丁令威歌作「有鳥有鳥丁令威，去家千歲今來歸。城郭如故人民非，空伴冢纍纍」。修文御覽亦載之？

太極無極①

孔子曰：「易有太極，是生兩儀。」極者何？屋柱之名。屋必有極而後成屋。元氣者，天地之極，故曰「太極」，言非尋常之極也。周子恐後人滯於有，故曰「太極本無極」，猶莊子名元氣曰「大塊」。塊，猶極也；大即太也。而郭象解之曰：「大塊者，無物也。夫噫氣者，豈有物哉？」此可以證周子以「無極」解「太極」之義矣。老子曰：「谷神不死，是謂玄牝。」老子之「玄牝」，即易之「太極」也。朱子謂：「玄牝者至妙之牝，非尋常之牝。」然牝亦豈有物哉？合而言之，易之「太極」豈有物，謂之曰「太極本無極」，可也。老之「玄牝」豈有物，謂之曰「玄牝本無牝」，可也。莊之「大塊」豈有物，謂之曰「大塊本無塊」，可也。朱子與陸子論「太極」、「無極」數千言，惜未及此。陸子深於禪老之學，聞此未必不服也。

【校】

① 太極無極　一作「太極」，見升庵經説卷一。

鼓舞

易曰：「鼓之舞之以盡神。」樂記曰：「鼓之聲讙，讙以立動，動以進衆。」〔一〕故兵以鼓進。蓋號令欲其嚴明，而使人在得其心。此湯武所以重誓言，周公所以有煩誥，而吴起吮卒疽，王翦同卒食，田單激齊人之怒，王霸待壯士之勇也。

【注】

〔一〕見禮記樂記。鼓之聲讙，作「鼓鼙之聲讙」。動以進衆，動，萬曆本脱。

義帝〔一〕

樂器圖有義嘴笛，謂笛上别安嘴也。深衣圖有義襴，謂衣外别安襴也。唐人稱假髻曰義髻，又妓女彈箏銀甲曰義甲。項羽立楚王孫心爲帝，以從民望，不曰楚帝，而曰義帝，猶義父義子之稱，其放弑之謀，不待如約之言而後萌矣。

【注】

〔一〕升庵外集卷三十九另有「義帝」一則，文字與此不同。本書卷八有「義嘴笛」，可參看。

晏嬰鄭肅

晏嬰不入崔陳之黨，鄭肅不入牛李之黨。語曰：「君子不黨。」〔一〕易曰：「馬匹亡。」〔二〕二子有焉。

【注】

〔一〕見論語衛靈公。

〔二〕見易中孚。

法立弊生

漢世立均輸平準之法，其名甚美，其意亦善也。當時論其弊曰：「農人重苦，女工再稅，未見輸之均也；富商儲物以待其急，輕賈收賤以取其貴，未見準之平也。」〔一〕善乎！莊子之言曰：「愛民，害民之始也；偃兵，造兵之本也。」〔二〕故周曰舊章，漢曰故事，當時論政不曰「舊章不可忘」①，則曰「故事不可廢」，今之紛紛好異者，安得此語之。

【校】

①不曰舊章不可忘　忘，萬曆本脱，據四庫本補。

【注】

〔一〕見鹽鐵論本議第一。女工，作「女紅」。富商儲物，作「富商積貨儲物」。輕賈收賤，作「輕賈姦吏收賤」。

〔二〕見莊子徐無鬼。

飛鳥遺音

易小過卦辭：「飛鳥遺之音，不宜上，宜下。」蓋卦以「小過」名，取象於鳥，亦鳥之小者也①。斥鷃之搶榆數仞，鷦鷯之巢林一枝，非若九成來儀而音比於律②，九皋一鳴而聲聞于天也〔一〕。

【校】

① 取象於鳥亦鳥之小者也　升庵經説卷二無此二句，直接作「此鳥亦斥鷃」云云。

② 非若九成來儀而音比於律　比，升庵經説卷二作「中」。

【注】

〔一〕升庵經説文末尚有一節：「唐子西詩：『二南廢後魯叟筆，七國横議鄒軻談。』何妨于宜上乎？」

天有十日①

左傳：「天有十日，人有十等。」注：「十日，自甲至癸；十等，自王至臺。」又曰：「日之數十，故有十時，亦當十位。」注曰：「日中當王，食時當公，平旦爲卿，雞鳴爲士，夜半爲皂，人定爲輿，黄昏爲隸，日入爲僚，晡時爲僕，日昳爲臺，禺中也，日出也，闕不在第②，尊王與公，曠其位也。」〔一〕禮記射義亦曰：「以賤事貴，有十等焉。」象天之有十日，自甲至癸也。十等：王也，公也，卿也，士也，皂也，輿也，隸也，僚也，僕也，臺也。君者，積尊而爲之也。苟無等差，民得而犯之。書曰：「王省惟歲，師尹惟日，卿士惟月。」〔二〕賈誼曰：「天子如堂，羣臣如陛，衆庶如地。」〔三〕按：十日十等，古有此説。故左傳、禮記互見之，然不知其所當何義？或曰嚮明而治，宜於日中，故日中當王。鷄鳴而起，故鷄鳴當士。皂主飼馬，以夜半起，故半夜當皂。輿主車，人定則車休，故人定當輿。然其餘多不通，當缺之可也。

【校】

①天有十日　升庵經説卷八、楊子巵言卷一、升庵外集卷三十一，均有此題，文字不同，經説、外集且附有圖，可參看。

②闕不在第　第，上杭本、四庫本作「池」，杜預注作「日出缺，不在第」。

【注】

〔一〕左傳之文，分别見于昭公七年、五年。

〔二〕見尚書周書洪範。

〔三〕見賈誼新書卷二階級。

出人不遠

荀子曰：「其爲人也多暇日，其出人也不遠矣。」〔一〕今本作「出入」，非。言飽食終日而不學，豈能過人乎！「出人」如古言加人一等，後世言出人一頭地云爾。

【注】

〔一〕見荀子修身。出人，作「出入」。郝懿行、王念孫云：出入，疑當作「出人」，言爲學多暇日，則不會超出平常人多遠。升庵已先言之。

荀卿雲賦

荀卿雲賦：「行遠疾速而不可託訊者與？」注：「訊，書問也①。行遠疾速，宜於託訊，今雲者虛無，故不可託訊也。」楚辭九章：「願寄言於浮雲兮，遇豐隆而不將。」亦此意也。荀卿、屈原相去不遠，命辭蓋同。

【校】

①此句萬曆本作「行遠疾速而不可託訊書問也」，脱「訊者與注」四字，據楊子巵言卷二「荀卿雲

賦」補。

項羽學兵法

項羽自少不肯學書與劍，而叔父梁授以兵法。夫兵法之書多矣，孰有加于孫吳、司馬法哉？吳子云：「天下戰國，五勝者禍，四勝者弊，三勝者霸，二勝者王，一勝者帝。是以數勝得天下者稀，以亡者衆。」〔一〕司馬法曰：「國雖大，好戰必亡。」〔二〕嗚呼！項羽可謂好戰矣，可謂數勝矣，是高祖一勝，於法當帝；項羽數勝，於法當亡。此而昧焉，所讀何等兵法也。垓下陰陵，游魂假息，猶云天亡，豈不謬哉！○或問：「數勝者亡，何也？」曰：「荀卿、李克之説備矣。荀卿之言曰：『人之城守，人之出戰，而我以力勝之也，則傷人之民必甚矣。傷人之民甚，則人之民惡我必甚矣。人之民惡我甚，則日欲與我鬬。人之城守，人之出戰，而我以力勝之，則傷吾民必甚矣。傷吾民甚，則吾民之惡我必甚矣。吾民之惡我甚，則日不欲爲我鬬。人之民日欲與我鬬，吾之民日不欲爲我鬬，不亡不止也〔三〕。』李克之言曰：『數戰則民疲，數勝則主驕。以驕主御疲民，未有不亡者也。主驕則上極，民疲則下極。上下俱極，國之亡猶晚。』〔四〕二子之言旨哉！諺云：『殺人一千，自損八百。』此言雖小，可以喻大。故孟子曰：『不嗜殺人者能一之。』」〔五〕

【注】

〔一〕見吴子圖國。

〔二〕見司馬法仁本第一。

〔三〕見荀子王制。吾之民，作「吾民」。「不亡不止也」，作「是彊者之所以反弱也」。

〔四〕見韓詩外傳卷七魏文侯問里克曰。

〔五〕見孟子梁惠王上。

俗儒泥古〔一〕

趙括之兵法，房琯之車戰，劉歆、王安石之周禮①，其法是也，其時非也。澤麋而蒙彫虎之皮，尸鳩而傅鷂明之羽，適足增其累耳。胡致堂必欲復封建，張横渠必欲行井田，幸而不用於時，不幸而試，其敗塗地矣。朱子猶惜其有志未就而卒，亦迂矣哉！

【校】

①劉歆王安石之周禮　劉歆，升庵經説卷二、楊子卮言卷四作「蘇綽」。

【注】

〔一〕升庵經説卷二、楊子卮言卷四，文字與此條不同，文前有「易曰：『窮則變，變則通，通則久。』禮曰：『禮，時爲大，順次之。』文子引老子之言曰：『天下幾有常法哉？或當於世事，得於人理，順於天地，祥於鬼神，即可正治矣。』又曰：『先王之治，不宜即廢之，末世之事，善則著之。故聖人制禮樂而不制于禮樂，制法而不制于法。故曰：道可道，非常道。』嗚呼！斯言也，其識時務、達治體之深者乎！……」文末則有：「甚者謂肉刑可用，民兵當立，不祭墓而止祭祠，不設像而止設主，紛紛之議，皆泥古之過也。近日有謂婦女不宜傅粉弓足，酒器不宜廂銀鍍金，及仕甫通顯，素履蕩然。此又詩禮發金椎之塜，猿狖衣周公之服者，尤可惡哉！」

無爲而治

子曰：「無爲而治者，其舜也與！」〔一〕揚子法言：「或問無爲，曰：『奚爲哉？在昔虞、夏襲堯之爵，行堯之道，法度彰，禮樂著，垂拱而視天下民之阜也，無爲矣。紹桀之後，纂紂之餘，法度廢，禮樂虧，安坐而視天下民之死，無爲乎？』」〔二〕莊子曰：「無爲也，則用天下而有餘；有爲也，則爲天下用而不足。故古之人貴夫無爲也。上無爲也，下亦無爲也，是下與上同德。下與上同德則不臣。下有爲也，上亦有爲也，是上與下同道。上與下同道則不主。上必無爲而用天下，下必有爲而爲天下用，此不易之道也。」〔三〕嗚呼！莊、揚二子之言，可以發夫子未盡之藴矣。使夫子九原可作，亦必以其言爲然矣！當合而觀之。

【注】

〔一〕見論語衛靈公。

〔二〕見揚子法言問道。天下，萬曆本作「天」。

〔三〕見莊子外篇天道。不臣、不主，萬曆本脱「不」作「臣」、「主」。

柳文蘇文

郭象莊子注曰：「工人無爲於刻本，而有爲於運矩；主上無爲於親事，而有爲於用臣。」〔一〕柳子厚演之爲梓人傳一篇，凡數百言。毛萇詩傳曰：「漣，風行水成文也。」〔二〕蘇老泉演之爲蘇文甫字説一篇，亦數百言，得奪胎换骨之三昧矣。

【注】

〔一〕見莊子外篇達生篇：「梓慶削木爲鐻，鐻成，見者驚猶鬼神。」運矩，郭象注作「用斧」。

〔二〕見詩經魏風伐檀：「河水清且漣猗。」

雉噫①

揚子五百篇論孔子因女樂去魯，曰：「不聽政諫，而不用雉噫者。」注：「雉噫，猶歌歎之聲，梁鴻五噫之類也。」〔一〕琴操曰：「季桓子受齊女樂，又不致膰俎於大夫，孔子遂行。師己送之曰：『夫子則非罪也。』孔子曰：『吾歌可乎？』歌曰：『彼婦之口，可以出走。彼婦之謁，可以死敗。優哉游哉，聊以卒歲。』」〔二〕此即雉噫之歌也。衡波傳云：「孔子相魯，齊人懼而欲敗其政，選齊國好女八十人，皆衣文衣而舞容璣。季桓子語魯君，爲周道游館，孔子乃行，覩雉之飛鳴，歎曰：『山梁雌雉，時哉時哉。色斯舉矣，翔而復集。』因爲雉噫之歌曰：『彼婦之叩，可以出奏。彼婦之謁，可以死北。優哉游哉，聊以卒歲。』」揚子所云「雉噫」者指此。唐人學宮碑文云：「聆鳳衰於南楚，歌雉噫於東魯。」②亦用揚子之語也。今本無雉字，故詳具之，以廣異聞。

【校】

① 雉噫　升庵詩話卷一：「雉噫」，與此則文字不同，可參看。

② 聆鳳衰於南楚歌雉噫於東魯　南楚、東魯，升庵詩話卷一：南楚，作「接輿」；東魯，作「桓子」。

【注】

〔一〕見揚子法言卷八五百卷宋吴咸注。

〔二〕琴操，無雉噫篇。

寺人之令

秦風：「有車鄰鄰，有馬白顛。未見君子，寺人之令。」〔一〕此詩之意在後二句。夫爲一國之君，高居深宫，不接羣臣，壅蔽已甚矣。又不使他人，而特使寺人傳令焉，其蔽益甚矣。夫秦，夷狄之國也，其初已如此，姍笑三代，柄用閹宦，不待混一天下已然矣。史記年表書「穆公學於宁人」〔二〕。宁人，守門之人，即寺人也。史書之，醜之也。三代之君，必學於耆德，以爲師保。而穆公乃學於宁人，以刑餘爲周、召，以法律爲詩、書，又不待始皇、胡亥已然矣。則景監得以薦商鞅，趙高得以殺扶蘇，終於亡秦，寺人之禍也。聖人録此以冠秦風，垂戒深矣！史記所書穆公學於宁人，其得聖人之意乎！春秋所以狄秦者，不爲過也。繼序者乃以爲美秦伯始有車馬，蓋因首二句而意度之①。朱子詩傳亦從之。不思美其車馬，兒童之見也，亦何關於政治，而夫子録之乎。華谷嚴氏曰：「秦興而帝王之影響盡矣。車鄰其濫觴也。」〔三〕夫未見而寺人傳令，與三代侍御僕從，罔匪正人，納牖遇巷，略無間隔，氣象何如也？既見而「並坐鼓簧」〔四〕，與三代賡歌喜起，警戒叢脞〔五〕，氣象何如也？秦之爲秦，非一日矣！

【校】

①蓋因首二句而意度之　楊子巵言卷一、升庵經説卷四：首二句，作「首云車馬」。

【注】

〔一〕見詩秦風車鄰。

〔二〕宁，音住，門庭之間謂之宁。宁人，即守門之人。

〔三〕見宋嚴粲詩緝卷十二。

〔四〕秦風車鄰：「既見君子，並坐鼓簧。」

〔五〕尚書益稷：「乃歌曰：『股肱喜哉！元首起哉！百工熙哉！』乃賡載歌曰：『元首明哉，股肱良哉，庶事康哉！』又歌曰：『元首叢脞哉，股肱惰哉，萬事墮哉！』」

古文用之字

莊子：「厲之人，夜半生其子。」〔一〕又以驪姬作「驪之姬」，地名南沛作「南之沛」。呂覽：楚丹姬作「丹之姬」。家語：江津作「江之津」。樂府：桂樹作「桂之樹」，文法皆異。

【注】

〔一〕見莊子外篇天地。

榮字當入東字韻

榮音與融同，楚、越、齊、魯，其音皆同也。按：淮南子云：「聖人之能，固已多矣，而所守又約，故動而必榮。愚人之知，固已少矣，其所事者多，故動而必窮。」〔一〕以「榮」與「窮」

叶。越絶書曰：「種留封侯，不知令終。二賢比得，種獨不榮。」〔二〕以「榮」與「終」叶，古韻已如此，後世入庚字韻，蓋誤以「縈」爲「榮」也。

【注】

〔一〕見淮南子主術訓。聖人之能，作「聖人之智」；動而必榮，作「舉而必榮」。

〔二〕見越絶書越絶外傳紀策考。比得，作「比德」。

孫承節論周子無極〔一〕

孫承節謂周子「無極而太極」一句，爲墨翟言。添此一層，令士子古今懵然而嘵譁無已也。方逢辰曰：「孟子發『性善』一語，反以激荀、楊、韓子之爭端；周茂叔説『無極而太極』，亦以啓陸子靜之排詆，立言之難如此。」〔二〕孔子所以「欲無言」，逆知後人之弊乎？

【注】

〔一〕見升庵經説卷一「無極」。周敦頤作太極圖説，以「無極而太極」，釋天地生成之理。

〔二〕見方逢辰蛟峰文集卷六題薛上舍集。

東西二周後辨①

春秋三傳及戰國策稱東周、西周、王城、成周，高誘注戰國策曰：「西周王城也，今河南；

東周成周也，故洛陽。」今之河南合爲一城，故後之讀者難於分析。今之學者，不惟專經之士昧之，而大儒如胡文定公，博學如鮑彪，注戰國策亦謬以千里。元吴草廬作東西二周辨，正鮑氏之誤，明且晳矣②。而胡文定注春秋之誤，則未之糾正也。春秋昭公二十六年，「天王入于成周」。胡傳曰：「不曰入于京師者，京師，衆大之稱，不可繫之入也。其曰成周云者，黍離而次，不列於雅③，而降爲國風之意。」〔一〕嗚呼，斯言也，何其謬哉！地理不考而妄立議論，何異眯目而道黑白乎④！今特辨析考證之，以洗千古之惑，然非予之臆説也。按：尚書洛誥云：「我乃卜：澗水東、瀍水西，惟洛食。我又卜：瀍水東，亦惟洛食。」孔安國注云：「澗水東、瀍水西，王城也，朝會之地也。瀍水東，下都也，處殷頑民之地。王城在澗、瀍之間，下都在瀍水之外。」所謂下都，即成周也。以此覘之，王城、成周，自是兩處，明矣。先昭公二十二年秋，劉子、單子以王猛入于王城。公羊傳曰：「王城者何？西周也。」此年天王入于成周。公羊傳曰：「成周者何？東周也。」杜預曰：「入于成周，猶未得王都也。」其言豈不明晳乎⑤！東萊吕氏，其學深于史而精于古今地理之沿革者也，其作大事記曰：「漢河南縣，即郟鄏，周武王遷九鼎，周公營以爲都，是爲王城。漢洛陽縣，周公營下都以居殷頑民，是爲成周。平王東遷，定都于王城。子朝之亂，其餘黨多在王城。敬王畏之，徙都成周。」〔二〕汪克寬曰：「成周在王城之東，故公羊以爲東周，萇弘謂敬王爲東王；王城在成周之西，故公羊以爲西周，萇弘謂子朝爲西王。」〔三〕之數説，考證詳練，足訂胡傳之謬。孔子作春秋，亦據事直書，豈有改地名以爲褒貶者乎？雪山王氏詩總聞曰：「王城、下都，皆周公所營也，一則藉平王之遷，一則藉敬王之入，其慮患若預知者。詩云：『大東小東，杼軸其空。』平王自鎬京而遷王城，千里而遥，所謂大東也；敬王自王城而入成周，百里而遥，所謂小東也。東而又東，西方之人遠矣，故詩曰：『誰能西歸？懷之好音。』又曰：『彼美人兮，西方之人兮。』〔四〕皆是一意也。」近時無錫邵尚書國賢曰：「天王入于成周，下都也。既入成周矣，曷不遂入王城？子朝之餘黨在焉故也。故萇弘之建議城成周也，謂之遷都，其任怨也大矣，非忠之至者，其孰能與於此？或者不知王城、成周爲二，遂以入成周爲入于京師，使遷都之説卒無所歸，而弘之忠不白于後世。嗚呼，地之不考乃害於義如此哉！」〔五〕慎按：邵尚書之説，或者正指胡文定，而不欲明言。蓋近日學者之病，寧得罪于孔子，而不敢得罪于宋儒，類如此。虞文靖公云：「今人但見宋儒六經，而不知宋儒以前六經。」有味其言哉！慎故拾先哲遺言，爲東西二周後辨，以補吴草廬之未備，亦有夾谷之奇，若程雪樓賞契者乎〔六〕！

【校】

① 東西二周後辨　本書卷二「東西二周」，可參。

②明且晳矣　晳，萬曆本、四庫本作「哲」，據升庵外集卷三十八改。
③不列於雅　於雅，諸本皆脱，據胡氏春秋傳補。
④何異眯目而道黑白乎　眯，萬曆本作「眛」，據上杭本改。
⑤其言豈不明晳乎　晳，萬曆本、四庫本作「哲」，據升庵外集卷三十八改。

【注】

〔一〕見宋胡安國胡氏春秋傳卷二十六。
〔二〕見宋吕祖謙大事記解題卷一。宋代學者稱吕本中爲東萊先生。吕祖謙則爲東萊之孫。
〔三〕見元汪克寬春秋胡傳附録纂疏卷二十六。
〔四〕引詩分别見詩小雅大東、詩檜風匪風、詩邶風簡兮。
〔五〕見明邵寶簡端集卷九。
〔六〕見元史卷一七四夾谷之奇傳、卷一七二程鉅夫傳。

跳出

魏晉儀注：「寫章表别起行頭者，謂之跳出。」今曰擡頭。左傳疏。

引詩引書法①

凡傳中引古典，必曰書云詩云者，正也。左傳中最多。又有變例，如子産答子皮云：「子於鄭國，棟也，棟折榱崩，僑將厭焉②。」此乃引周易「棟橈凶」之義，而不明言易。魯穆叔論伯有不敬曰：「濟澤之阿，行潦之蘋藻，寘諸宗室，季蘭尸之，敬也。」此乃引「有齊季女」全詩之義〔一〕，而不明言詩，蓋一法也。又引書太誓所謂「商兆民離，周十人同者，衆也」〔二〕。據太誓原文云：「受有億兆夷人，離心離德。予有亂臣十人，同心同德。」省二十字作八字，而語益矯健，此蓋省字，又一法也。郤至聘楚，辭享云：「百官承事，朝而不夕，此公侯所以干城其民也。故詩曰：『赳赳武夫，公侯干城。』及其亂也，諸侯貪冒，侵欲不已，爭尋常以盡其民，略其武夫，以爲己腹心股肱爪牙。故詩曰：『赳赳武夫，公侯腹心。』」〔三〕此先言詩意，而後引詩辭，又一法也。宋陳騤曰③：「古文取詩即云詩，取書即云書，蓋常體也。或以康誥爲先王之令，見國語。周書爲西方之書，見國語。以咸有一德爲尹告，禮記。以大禹謨爲道經。荀子。不曰仲虺之誥，而曰『仲虺之志』，左氏。不曰五子之歌，而曰『夏訓有之』。左氏。直言鄭詩曹詩，國語。止稱『汭曰武曰』。左氏。或稱芮良夫，左氏。或稱周文公。國語。指那頌卒章爲亂辭，國語。摘小宛首章爲篇目。國語。數章之末章，既謂之卒章，一章之末句，亦謂之卒章。並左氏傳。凡此似亦略施雕琢，少變雷同，作者考焉，毋誚無補④。」陳氏之言，予論有契焉，故並載之。

後漢伏湛奏引書「股肱良哉，庶事康哉」，及詩「濟濟多士，文王以寧」，不直引其文，而曰：「唐虞以股肱康，文王以多士寧。是故詩稱『濟濟』，書曰『良哉』。」〔四〕湛之言亦有左氏國語之遺法乎！晉以後不復有此工緻矣〔五〕。

【校】

①引詩引書法　一作「古文引用」，見丹鉛雜録卷九。

②僑將厭焉　厭，丹鉛餘録卷二作「壓」。

③宋陳駿曰　陳駿，升庵集、升庵外集作「陳文簡」。

④毋誚無補　誚，萬曆本作「謂」，丹鉛雜録卷九、四庫本作「誚」，據改。

【注】

〔一〕見詩召南采蘋。

〔二〕見左傳成公二年。臧宣叔曰：「大誓所謂：商兆民離，周十人同者，衆也。」

〔三〕見詩周南兔罝。

〔四〕見後漢書卷二十六伏湛傳。此爲南陽太守杜詩薦伏湛疏中語，非伏湛語。

〔五〕伏湛奏一節，升庵集卷五十二另作「伏湛奏」一條，升庵外集卷五十三另作「伏湛」。丹鉛雜録、丹鉛總録在「古文引用」後合爲一條。

蘇子由

蘇子由云：「商人之書，簡潔而明肅，其詩奮發而嚴厲。」〔一〕非深於文者，不能爲此言。

【注】

〔一〕宋蘇轍欒城應詔集卷一商論作「商人之詩，駿發而嚴厲；其書簡潔而明肅」。

孔子言性與孟荀異

孟子之言性善，興起人之善也，其蔽也或使人驕；荀子之言性惡，懲創人之惡也，其蔽也或使人阻。孔子曰：「性相近也，習相遠也。」「惟上智與下愚不移。」又曰：「有教無類。」〔一〕又曰：「繼之者，善也。成之者，性也。仁者見之謂之仁，知者見之謂之知。百姓日用而不知，故君子之道鮮矣。」〔二〕未嘗曰：「善以驕人之志也」，未嘗曰：「惡以阻人之進也。」此所以爲聖人之言，非賢人之所及也。曰：「若是則混與三品之説，是乎？」曰：「又非也。」知孔子之言性，異乎孟、荀、楊、韓四子，始可與言性也已。

【注】

〔一〕見論語陽貨篇、衛靈公篇。

〔二〕見周易繫辭上，非孔子語。

宋人不文

左傳：「楚辟我衷，奈何效辟？」〔一〕又曰：「尤而效之，罪又甚焉」〔二〕劉更生曰：「既不善，胡足效哉？」〔三〕宋人曰：「既是不是，不可學他不是。」〔四〕理則一也，載事者曷文其辭乎？是街談巷議也，非史也。

【注】

〔一〕見左傳昭公六年叔向語，杜注：「辟，邪也。衷，正也。」

〔二〕見左傳僖公二十四年介子推語。

〔三〕見劉向新序卷四。

〔四〕見楊時龜山集卷四。

王莽詔①

王莽詔曰：「三皇象春，五帝象夏，三王象秋，五霸象冬。」宋邵氏皇極經世之説祖此。

【校】

①王莽詔　萬曆本無此條，據上杭本、四庫本補。丹鉛餘録卷十二作劉歆云：「三皇象春，五帝象夏，三王象秋，五伯象冬。」邵子皇極全用之。孝經緯引孔子曰：「春秋屬商，孝經屬參。」皇極經世以易、書、詩、春秋配春、夏、秋、冬，有所祖述也。

漢書引尚書論語異同

漢書引尚書「放命圮族」，又「無遨逸欲有邦」〔一〕，皆與今文異。又引論語「君子之道，焉可憮也」注：「憮，同也①。」〔二〕

【校】

①焉可憮也注憮同也　兩「憮」字，萬曆本誤作「撫」，據丹鉛餘録卷十五改。

【注】

〔一〕見尚書堯典：「方命圮族。」尚書皋堯謨：「毋教逸欲，有邦兢兢業業。」

〔二〕今本論語子張：「君子之道，焉可誣也。」誣，漢書薛宣傳引作「憮」。蘇林注曰：「憮，同也，兼也。」晉灼曰：「憮音誣。」師古曰：「論語載子夏之言，謂行樂不同，所守各異，唯聖人爲能體備之。」

朱晦庵真西山不識伯夷傳①

朱晦翁謂：「孔子言伯夷求仁得仁又何怨。今觀太史公作伯夷傳，滿身是怨。」〔一〕此言殊不公，今試取伯夷傳讀之，始言天道報應差爽，以世俗共見聞者嘆之也。中言各從所好，決擇生死輕重②，以君子之正論折之也。一篇之中，錯綜震蕩，極文之變，而議論不詭于聖人，可謂良史矣。宋人不達文體，是以不得遷之意，而輕爲立論。真西山文章正宗云：「此傳姑以文取。」其言又謬，若道理有戾，即不成文。文與道豈二事乎？益見其不知文也。本朝又有人補訂伯夷傳者，異哉！

【校】

① 朱晦庵真西山不識伯夷傳　一作伯夷傳，見升庵集卷四十七、升庵外集卷四十。

② 決擇生死輕重　擇，萬曆本誤作「澤」，據四庫本、升庵集改。

【注】

〔一〕語見朱子語類卷一百二十二：「孔子説，伯夷求仁得仁又何怨，他一傳中，首尾皆是怨辭。」

周禮量人

周禮量人：「書天下之涂數而藏之。」〔一〕注：「謂支湊之遠近。」支者支分，湊者輻湊，道途之分合也。書而藏之，如唐人國照圖、皇華四達圖①，國朝之寰宇通衢也。

【校】

① 皇華四達圖　達，上杭本作「逵」，升庵經説卷十一、四庫本作「達」。

【注】

〔一〕見周禮夏官量人，作「邦國之地與天下之涂數，皆書而藏之」。周禮地官遂人：「百夫有洫，洫上有涂。」注：「涂，容乘車一軌。」周禮夏官司險：「設國之五溝五涂。」

關雎之亂

晉司馬彪傳云：「春秋不修，則仲尼理之；關雎既亂，則師摯修之。」此以「亂」爲「錯亂」之「亂」，其說亦異。

丹鉛總録卷之十三

訂訛類

越絶越紐〔一〕

越絶後篇隱語云〔二〕：「以去爲姓，得衣乃成。」又曰：「厥姓有口，承之以天。」乃「袁」與「吴」也。論衡按書篇云：「臨淮袁太伯袁文術，會稽吴君高」〔三〕，豈即其人乎？又曰：「君高之越紐録。」疑「越紐」即「越絶」也，「絶」與「紐」字相近。

【注】

〔一〕升庵集卷十另有跋越絶、楊子巵言卷二有越絶當作越紐，較此爲詳。越絶當作越紐云：「越絶一書，或以爲子貢作，又云子胥，皆妄説也。而『越紐』二字尤非。解者曰：『絶者絶也，謂勾踐時也，内能約已，外能絶人，故曰越絶。』又曰：『聖文絶於此，辯士絶於彼，故曰越絶。』二説似夢魘譫語，不止齊東野人之類而已。」可參看。

〔二〕越絶後篇，指今本越絶書卷十五叙外傳記。因置于全書之末，以隱語叙作者姓名，故名後篇。

〔三〕見漢王充論衡卷二十九。

【辨】

此條辨越絶書之作者及書名，胡應麟稱升庵爲「異代賞音」者，而又責其「不復詳督」。藝林學山卷六論之曰：「越絶書名解，今在篇首，其文字灼然，東漢末人，與著書者相去不遠。蓋其書東漢人本伍子胥而潤色之者也，即所謂『絶』字未暢，不得以爲『紐』字之誤，嗣是隋、唐、宋藝文志，馬、鄭諸家書目，并無作『紐』字者，況『紐』字文義曲迂，又甚於『絶』乎？

「越絶書跋云：『維子胥之述吳越也，因事類以曉後世。……温故知新，述暢子胥，以喻來今』云云。以上俱本書跋語。按：漢書藝文志雜家，有伍子胥八篇。今詳越絶一書，於子胥始末特詳，且稱贊其賢者不容口，而子胥之列雜家者，本書竟不復傳。觀此跋首言子胥之述吳越，終言『述暢子胥，以喻來今』，豈東漢越中文士，因子胥雜家之舊，而附益以勾踐、種、蠡行事，會爲此編，易名越絶乎？不然，此書所載吳越事相半，何得獨云『述暢子胥』？且首言『子胥之述吳越』，又何也？用修據『以去爲姓』等語，而得袁康、吳平名姓，可謂異代賞音，至子胥撰述之繇，明記始末而不復詳督，亦得其一而不知其二者與？余著九流緒論，以越絶本於子胥，是時尚未參此跋也。

「此書以爲子貢作者絶不經，又一無左驗，第據亂齊存魯一章爾。用修以爲妄説，是也。詳味此跋『子胥之述吳越，因事類以曉後世，著善爲誡，譏惡爲誡』，洎後『温故知新，述暢子胥，以論來今』等語，則子胥舊有是書述吳越雜事，而後人温其故典而暢述之，以傳於世，意旨甚明。其云『更始之元』，當是西京之末，而此書文氣，全不類其時。蓋袁康者先述此書於東漢初，而吳平者復爲之屬文定辭於東漢之季，故云『百歲一賢，猶爲比肩』也。其云『禹來東征，死葬其疆』，末又云『覆之以庚，兵絶之也』。豈袁非越人，更始間爲亂兵戕於越地，因而葬與？吳平則自是越人成此書者，故云『文屬辭定，自于邦賢』也。此書閲世數千年，至用修始發作者姓名，而未及究其顛末之悉。余不敏，實首竊窺，豈書之顯晦自有時與？庸録諸此，俟異時博綜之士。漢藝文志兵家亦有子胥。」（見少室山房筆叢卷二十四　中華書局）

譬况①

秦漢以前，書籍之文，言多譬况，當求於意外。如尚書云「説築傅巖之野」〔一〕，築之爲言居也，後世猶有卜築之稱。求其説而不得，遂謂傅説起於板築，雖孟子亦誤矣〔二〕。伊尹負鼎以干湯〔三〕，謂尹有鼎鼐之才也，猶書曰「迓衡」云耳。横議者遂謂伊尹爲庖人，若然，則衡，秤也。尹曰「迓衡」，其亦舞秤權之市魁乎？子貢多學而識，故孔子曰：「賜不受命而貨殖焉。」〔四〕莊子便謂「子貢乘大馬，中紺表素」〔五〕之衣②，太史公立貨殖傳，便首訕子貢，如此則子貢一猗頓耳。聖門四科，子貢善言語。太史公信戰國游士之説，載：「子貢一出，存魯亂齊，破吳强晉而霸越。」〔六〕其文震耀，其辭辯利，人皆信之，雖朱文公亦惑之，獨蘇子由作古史考，而知其妄。「考左傳，齊之伐魯，本於悼公之怒季姬，而非田常；吳之伐齊，本怒悼公之反覆，而非子貢」〔七〕，其事始白。若如太史公之言，則子貢一蘇秦耳。毛詩曰：「漢有游女，不可求思。」韓嬰曲爲之説，曰：「孔子南行，至楚之阿谷，見女子有佩瑱而浣者，使子貢挑之不得。」〔八〕如韓嬰之言，則孔子乃一馬融，而子貢不如盧植遠矣。又論語「爲命裨諶草創之」，左氏遂謂「裨諶謀于野則獲」，蓋因「草」之一字誣之也。「孔父正色而立朝」，左氏遂謂「孔父之妻美而艷」，蓋因色之一字誣之也。例此以往，則國語謂驪姬蝎譖申生，必將如吉甫之掇蜂。禮所云「諸侯漁色于下」〔九〕，即小説家謂西施因網得之類矣乎？姑發此以諗知者。

【校】

①譬況　一作「古人多譬況」，見升庵集卷五十二、升庵外集卷五十三。

②中紺表素之衣　丹鉛雜録卷七作「中紺素表之衣」，莊子讓王作「中紺而表素」，無「之衣」。

【注】

〔一〕見尚書説命上。

〔二〕孟子告子下：「傅説舉於版築之間。」

〔三〕見史記殷本紀：「伊尹名阿衡，阿衡欲干湯而無由，乃爲有莘氏媵臣，負鼎俎以滋味説湯，致于王道。」

〔四〕見論語先進。

〔五〕見莊子雜篇讓王：「子貢乘大馬，中紺而表素，軒車不容巷，往見原憲。」

〔六〕見史記仲尼弟子傳。

〔七〕見蘇轍古史考卷三十二孔子弟子列傳。考左傳，作「予觀春秋左氏傳」。田常，作「陳恒」。

〔八〕見韓詩外傳卷一。

〔九〕見禮記坊記，作「諸侯不下漁色」。

旖旎①

楚辭「紛旖旎乎都房」〔一〕，王逸注引詩曰：「旖旎其華。」今詩作「猗儺」〔二〕。司馬相如賦：「又旖旎以招摇。」〔三〕揚雄賦：「旟旎郅偈之旖旎。」〔四〕王褒洞簫賦：「形旖旎以順吹。」〔五〕其用字皆自詩、楚辭來，當依詩音作「猗儺」，特古今字形有異耳。以「猗儺」爲平音，「旖旎」作仄②，誤矣！

【校】

① 旖旎　一作「猗儺旖旎」，見升庵集卷六十二。

② 丹鉛餘録卷三、丹鉛摘録卷九作「今以猗儺爲平音，旖旎作仄音」。

【注】

〔一〕語出宋玉九辯，見楚辭集注。

〔二〕見詩經檜風隰有萇楚：「猗儺其枝」、「猗儺其華」、「猗儺其實。」

〔三〕語出司馬相如上林賦，見文選卷八。

〔四〕語出揚雄甘泉賦，見文選卷七。

〔五〕語出王褒洞簫賦，見文選卷十七。

萬歲夜

姚寬戰國策注〔一〕，博引諸書以證之，用心亦至矣，然猶有遺也。楚策楚王遊雲夢，謂安陵君曰：「樂矣，今日之遊，寡人千秋萬歲後，誰與樂此矣。」安陵君泣下數行曰：「萬歲夜①，願以身試黄泉、蓐螻蟻。」〔二〕夜，如左傳注「窀穸厚夜」之「夜」〔三〕，最見人臣不敢斥言之意，今本改「夜」作「後」，不見古人立言之妙矣。

【校】

①萬歲夜　四庫本作「千秋萬歲夜」。

【注】

〔一〕四庫全書總目提要：戰國策三十三卷，舊題漢高誘注、漢姚宏續注。姚寬，宋人，西溪叢語作者。升庵記誤。

〔二〕見戰國策楚策。泣下數行曰，作「泣下數行而進曰」。萬歲夜，作「大王萬歲千秋之後」。

〔三〕見左傳襄十三年「唯是春秋窀穸之事」注：「窀，厚也；穸，夜也。厚夜，猶長夜。春秋，謂祭祀；長夜，謂葬埋。」

【辨】陳耀文正楊卷二「萬歲夜」條譏升庵曰：「戰國策云：楚王遊於雲夢，仰天而嘆曰：『樂矣，今日之遊。寡人千秋萬歲後，誰與樂此矣？』安陵君泣下數行而進曰：『臣入則偏席，出則陪乘，大王萬歲千秋之後，願得以身試黄泉、蓐螻蟻，又何如得此樂而樂之。』王大説。」此文自明，夜字如何安置？豈所見又古本耶！（景印文淵閣四庫全書八五六册　臺灣商務印書館）

湘潭雲盡暮烟出①

劉涇巨濟收許渾手書詩：「湘潭雲盡暮烟出」〔一〕，今本「烟」作「山」，細思之，「烟」字爲勝。

【校】

①湘潭雲盡暮烟出　一作「湘烟」，見升庵詩話卷五，較此詳。

【注】

〔一〕此爲許渾凌歊臺詩中句，見全唐詩卷五三三。暮烟出，作「暮山出」。胡應麟藝林學山卷五云：「山字勝，烟字非也。雲盡而山出，語意自然，易以烟，不贅乎？觀下句對『巴蜀雪消春水來』，氣脈可見。即烟字果渾手書，吾弗許也。」

子見南子

「子見南子，子路不悦。」子矢之辭，亦甚昭矣〔一〕。而後世王符、劉子玄猶有異説。雖朱子謂「矢」爲誓，「否」謂不合理、不由道，亦淺之乎觀聖賢矣〔二〕。孔鮒云：「古者大享，夫人與焉，於時猶有行之者。意衛君夫人享夫子，則夫子亦弗獲已矣。」〔三〕欒肇曰：「見南子者，時不獲也，猶文王之居羑里也。天厭之者，言我之否屈乃天命所厭也。」〔四〕合二説而觀之，則「矢」者直告之，非「誓」也。否，音否塞之「否」。古者仕於其國，則見其小君。子路意以孔子既不仕衛矣，而又見其小君，是求仕。「不説」者，不説夫子之仕，非不説夫子之見也。子直告之曰：「予道之不行，其否屈乃天棄絶也。天之所棄，豈南子所能興①，而吾道賴之行哉。見之者，不過答其禮耳。」如此，則聖賢之心始白，而王符之徒亦無所吠其聲矣〔五〕。

【校】

①豈南子所能興　興，丹鉛餘録卷九、上杭本作「興」，升庵經説卷九作「與」。

【注】

〔一〕見論語雍也：「子見南子，子路不説。夫子矢之曰：予所否者，天厭之，天厭之。」

〔二〕見朱子全書卷十四「子見南子章」。

〔三〕見孔叢子儒服。「於時猶有行之者」，作「於時禮儀雖廢，猶有行之者」。

〔四〕見論語注疏邢昺疏引欒肇語。「時不獲也」，作「時不獲已」。欒肇論語釋疑，已佚。

〔五〕王符潛夫論未見「子見南子」事，疑爲王充論衡問孔篇。

微子面縛

史記宋世家：「武王克商，微子肉袒面縛，左牽羊，右把茅。」〔一〕亡弟恒讀史至此，謂予曰：「微子有四手，兄知之乎？」予曰：「書傳未聞。」乃笑曰：「使無四手，何以既面縛，而又有左手牽羊，右手把茅乎？」然究言之，皆必無之事。「肉袒面縛」出於左氏，乃楚人以詆莊王受鄭伯之降①，借名於武王而誣微子也。史云「微子抱祭器而入周」，既入周矣，又豈待周師至而後面縛乎？又究而言之，抱器入周，亦必無之事。劉敞曰：「古者同姓雖危不去國。微子，紂庶兄也，何入周之有？」論語云「去之」者，去紂都也，雖去，不踰國，斯仁矣！

【校】

① 乃楚人以詆莊王受鄭伯之降　鄭伯，四庫本作「許男」。左傳僖公六年：「蔡穆侯將許僖公以見

楚子於武城，許男面縛銜璧。」

前以告。」

【注】

〔一〕見史記宋世家：「武王克殷，微子啓乃持其祭器，造於軍門，肉袒面縛，左牽羊，右把茅，膝行而師而遁于荒野。微子作告，是其事也。武王既克紂，微子乃歸之，非去紂即奔周也。僖六年，左傳云：許僖公見楚子面縛銜璧，大夫衰絰，士輿櫬，楚子問諸逢伯，對曰：『昔武王克殷，微子啓如是。武王親釋其縛，受其璧而釋之；焚其櫬，禮而命之，使復其所。』史記宋世家云：『武王克殷，微子啓乃持其祭器，造于軍門，肉袒面縛，左牽羊，右把茅，膝行而前以告，武王乃釋微子，復其位如故。』是言微子克殷始歸周也。馬遷之書辭多錯謬。面縛，縛手于後，故口銜其璧，又安得左牽羊、右把茅也？要言歸周之事，是其實耳。……史記：楚成王以兵北伐許，許君肉袒謝，乃釋之。左宣十二年，楚子圍鄭，入自皇門，至于逵路。鄭伯肉袒牽羊以迎，曰：『孤不天，不能事君，孤之罪也。』史記：楚王圍鄭，克之。鄭襄公肉袒牽羊以迎。據此則伐許之楚子，乃成王；克鄭者，莊王也。」（景印文淵閣四庫全書八五六正楊卷一，臺灣商務印書館）

【辨】

明陳耀文正楊卷一「微子四手」條正升庵之失云：「尚書注疏正義曰：啓知紂必亡，告父師、少

王臣蹇蹇

易：「王臣蹇蹇」〔一〕。沈存中云：「王，五也；臣，二也。蹇蹇者，五蹇而二亦蹇，是王臣蹇蹇也。」〔二〕此說甚異。

【注】

〔一〕見易蹇卦。

〔二〕見沈括補筆談卷一：「王臣蹇蹇，兩蹇字爲王與臣也。九五、六二，王與臣皆處蹇中。王任蹇者也，臣或爲冥鴻可也。六二所以不去者，以應乎五故也，則六二之蹇，匪躬之故也。」

五行間色①

五行之理，有相生者，有相尅者。相生爲正色，相尅爲間色。正色：青、赤、黄、白、黑也。間色：緑、紅、碧、紫、流黄也。木色青，故青者東方也②。木生火，其色赤，故赤者南方也。火生土，其色黄，故黄者中央也。土生金，其色白，故白者西方也。金生水，其色黑，故黑者北方也。此五行之正色也。甲巳合而爲緑，則緑者青黄之雜，以木尅土故也。乙庚合而爲碧，則碧者青白之雜，以金尅木故也。丙辛合而爲紅，則紅者赤白之雜，以火尅金故也③。丁壬合而爲紫，則紫者赤黑之雜，以水尅火故也。戊癸合而爲流黃，則流黃者黃黑之雜，以水尅土故也。此五行之間色也。流黃，一作騮黃。又漢人經注：間色，作「姦色」；禮記：間聲，作「姦聲」。

【校】

① 五行間色　一作「正色間色」，見升庵集卷六十六。丹鉛續録卷六另有「間色名」，可參看。

② 木色青故青者東方也　萬曆本脱「故青」，作「木色青者東方也」，據丹鉛餘録卷九補。

③ 「丙辛合而爲紅」至「以火尅金故也」　上杭本、萬曆本脱，據丹鉛餘録卷九補。

優孟①

滑稽傳：「優孟爲孫叔敖衣冠，抵掌談語，歲餘像孫叔敖，左右不能别也。莊王置酒，優孟爲壽。王大驚，以爲叔敖復生，欲以爲相。」〔一〕劉子玄譏之曰：「人心不同，有如其面，非由倣效，俾有遷革。又況叔敖之殁，時日已久，豈有一見無疑，遽欲加以寵榮，復其禄位者哉？」〔二〕予按此傳以滑稽名，乃優孟自爲寓言，云欲復以爲相，亦優孟自言，如今人下淨發科打諢之類②，豈可真以爲王欲復相之事乎？

【校】

① 優孟　一作「優孟爲孫叔敖」，見升庵集卷七十二、升庵外集卷四十。

②如今人下淨發科打諢之類　下淨，升庵集作「丑淨」，升庵外集作「爲戲」。

【注】

〔一〕見史記滑稽列傳。左右，作「楚王及左右」。爲壽，作「前爲壽」。

〔二〕見劉知幾史通卷二十暗惑。左右不能别也，作「楚王及左右不能别也」。

貌字音墨

莊子「人貌而天」〔一〕，史記郭解贊「人貌榮名」〔二〕，唐楊妃傳「命工貌妃於别殿」〔三〕，皆作入聲讀。杜詩「畫工如山貌不同」，又「曾貌先帝照夜白」，又「屢貌尋常行路人」〔四〕。梅聖俞詩「妙娥貌玉輕邯鄲」〔五〕，自注音墨。

【注】

〔一〕見莊子田子方，作「人貌而天虚」。

〔二〕見史記游俠列傳太史公曰。

〔三〕見新唐書后妃傳上。舊唐書后妃傳上作「乃令圖其形于别殿」。

〔四〕此爲杜甫丹青引贈曹將軍霸、韋録事宅觀畫馬圖二詩中句，見杜少陵集卷十三。

〔五〕此爲梅聖俞當世家觀畫詩中句，見宛陵集卷四十九。「貌」字下自注：「入聲。」

月中嫦娥

月中嫦娥，其説始於淮南〔一〕及張衡靈憲〔二〕，其實因常儀占月而誤也。古者羲和占日，常儀占月，皆官名也，見於吕氏春秋〔三〕。春秋左傳有常儀靡，即常儀氏之後也，後訛爲嫦娥，以儀俄音同耳。周禮注儀、娥二字，古皆音俄。易小象以「失其儀①」，叶「信如何」也〔四〕。詩以「樂且有儀」，叶「在彼中阿」〔五〕。太玄以「各遵其儀」，叶「不偏不頗」。史記徐廣注，音檥船作「俄」。漢碑凡「蓼莪」皆作「蓼儀」。則嫦娥爲常儀之誤無疑矣。每以語人，或猶未信。予曰小説載杭州有杜拾遺廟，有村學究題爲杜十姨，遂作女像以配劉伶，人皆知笑之，不知常儀之爲嫦娥，即拾遺之爲十姨也。

【校】

① 易小象以失其儀　儀，萬曆本、四庫本作「義」，據上杭本改。

【注】

〔一〕見淮南子覽冥訓：「羿請不死之藥於西王母，姮娥竊以奔月。」

〔二〕見藝文類聚卷一天部引張衡靈憲曰：「姮娥奔月，是爲蟾蜍。」

〔三〕見吕氏春秋勿躬：「羲和作占日，尚儀作占月。」注：「尚儀，即常儀。古讀儀爲何，後世遂有嫦娥之鄙言。」

〔四〕見易鼎卦。失其儀，作「失其義」。儀，升庵所改。

〔五〕見詩小雅菁菁者莪。亦見易漸：「鴻見於阿，其羽可用爲儀。」

【辨】楊慎之説，采自宋史繩祖學齋佔畢和洪适隸什。明陳耀文云：「此學齋佔畢緒論耳。周禮注以下，見洪景伯隸什。席上腐談云，温州有土地杜十姨無夫，五撮鬚相公無婦，州人迎杜十姨以配伍撮鬚合爲一廟。問杜十姨爲誰？曰杜拾遺也；伍撮鬚爲誰？曰伍子胥也。少陵有靈必對子胥笑曰：『爾尚有相公之稱，我乃爲十姨，豈不雌我耶？』

「歸藏云：嫦娥奔月，是爲月精。非始淮南也。淮南注云：『奔月，或作坌肉。藥以爲死，畜之肉，可復生也。』」（見景印文淵閣四庫全書八五六正楊卷四　臺灣商務印書館）

胡應麟藝林學山卷七駁陳耀文云：「史氏之説得之而未盡，山海經云：『常羲，帝俊妻，生月十有二。』月中嫦娥，其誤當始此。山海經之謬則本之常儀，淮南之誤又本之山海。非常儀占月，則常儀生月之説，無由附會也；非常儀爲帝俊妻，則嫦娥爲羿妻，無由附會也。」胡并指出陳耀文之誤云：「晦伯謂歸藏有嫦娥之説，此不足憑。歸藏六朝僞書，蓋又竊淮南之説，因此説又益見歸藏爲僞書也。」（見少室山房筆叢卷二十五　中華書局）

正楊復云：「連山歸藏，據孔安國語，周末已亡，用修所引連山藏于蘭臺，歸藏藏于太卜，乃桓君山眯論，或東漢人僞作者耳，用修何遽信之。考隋志有歸藏二卷，稱子夏傳，或以爲杜鄴子夏，非卜商也。按鄴，西漢末人，與杜欽同時，俱字子夏。君山所謂歸藏，必鄴所撰，東京收合新莽燼餘，誤其字爲卜商也。按歸藏之書，大明迂怪，乃稱羿斃十日，姮娥奔月，殷湯如兹，況諸子乎！梁劉勰文心雕龍。劉非六朝人耶！」

君主妻河

史記年表：秦始以君主妻河〔一〕。君主，秦君之女。其曰君主，猶後世公主也。妻河，沉之河水，如河伯娶妻故事，蓋戎俗也。吕東萊作大事記，不達「君主」之義，改主爲「生」，又改生作「甥」，失之遠矣！是以君子無貴鑿也。

【注】

〔一〕見史記六國年表：周威烈王九年：「初以君主妻河。」索隱：「君主，猶公主也；妻河，謂嫁之河伯。故魏俗猶爲河伯娶婦，蓋其遺風。」

史記差訛

史記近無善本，屢經翻刻，愈益差訛。蓋苦爲不知者妄改耳。如韓信傳：「此特匹夫之勇耳也。」「耳」下元有「也」字。須溪批云：「此耳也字異。」司馬相如傳：「文君已失身於司馬，長卿故倦遊。」須溪云：「已失身於司馬爲一句，長卿故倦遊爲一句。」今俗士不得其讀，於長卿下又添「長卿」二字，失古人之意矣。然俗士以帖括講篚之耳目，而欲窺雄深雅健之心胸，無怪其然，獨可爲一二好古之士道耳。

古書不可妄改

古書不可妄改，聊取二端。如曹子建名都篇：「膾鯉臇胎鰕，寒鱉炙熊膰。」〔一〕此舊本也，五臣妄改作「炰鱉」。蓋「炰鱉膾鯉」，毛詩舊句〔二〕，淺識者孰不以爲「寒」字誤，而從「炰」字邪？不思「寒」與「炰」字形相遠，音呼又別，何得誤至於此？文選李善注云：「今之時餇謂之寒。」蓋韓國饌用此法。鹽鐵論「羊淹鷄寒」，崔駰傳亦有「鷄寒」，曹植文「寒鴿蒸麑」，劉熙釋名「韓鷄」爲正〔三〕。古字「寒」與「韓」通也。王維老將行：「耻令越甲鳴吾君。」此舊本也，近刻本爲不知者改作「吳軍」。蓋「越甲」、「吳軍」，似是連對，不思前韻已有「詔書五道出將軍」。五言古詩有用重韻，未聞七言有重韻也。維豈謬至此邪？按劉向說苑：「越甲至齊，雍門狄請死之，曰：『昔者王田於囿，左轂鳴軍，右請死之，曰吾見其鳴吾君也。今越甲至，其鳴君，豈左轂之下哉！』正其事也。見其事與字之所出，始知改者之妄。」

【注】

〔一〕膰，曹子建名都篇作「蹯」，見曹子建詩集。

〔二〕見詩小雅六月：「飲御諸友，炰鼈膾鯉。」

〔三〕見劉熙釋名卷四：「韓羊、韓兔、韓鷄，本法出韓國所爲也。」寒與韓古字通也。

李泰伯不喜孟子

小説家載李泰伯不喜孟子事〔一〕，非也。泰伯未嘗不喜孟也，何以知之？曰：考其集知之。内始論引「仁政，必自經界始」。明堂制引「明堂，王者之堂」。刑禁論引「瞽瞍殺人，舜竊負而逃」。富國策引「楊氏爲我，墨氏兼愛」。潛書引「萬取千焉，千取百焉」。廣潛書引「男女居室，人之大倫」。損欲論引「文王以民力爲臺爲沼，而民歡樂之」。本仁論引「以至仁伐不仁」。遥平集序以子思、孟軻并稱。送嚴介序稱：「章子得罪於父，出妻屏子，而孟子禮貌之。」常語引孟子「儉於百里」之制，又詳説之〔二〕。由是言之，泰伯蓋深於孟子者也。古詩示兒云：「退當事奇偉，夙駕追雄軻。」〔三〕則尊之亦至矣。今之淺學，舍經、史、子、集而勦小説，以爲無根之游談，故詳辯之。

【注】

〔一〕見宋王偁東都事略：李覯「素不喜孟子，以爲孔子尊王，孟子教諸侯爲王。嘗試制科，六論不得其一，曰吾書未嘗不讀，必孟子注疏也，擲筆而出。人爲檢視之，果然。終不中第」。

〔二〕以上十一條引自宋李覯（泰伯）盱江集，删去「孟子曰」「孟子有言」。其中富國策作：「楊氏爲我，是無君也；墨氏兼愛，是無父也。」損欲論「而民歡樂之」，作「民樂其有麋鹿魚鼈」。遥平集序，作「延平集序」。

〔三〕此詩題爲女色無定美贈卿材，見宋李覯盱江集卷三十五。升庵誤記作「示兒」。

【辨】

明胡應麟丹鉛新録卷二「李泰伯」條以爲泰伯不喜孟子，非無根之談。云升庵「未熟泰伯常語之故，常語非孟子甚詳。宋人所記，李入場屋，出題莫解所謂，曰吾平生書無不讀，必孟子語也。拂袖出。讀盱江集，多引孟語，此語固未盡然。第今世士人，白首論孟，主司出題，尚有憒憒者，李既與軻不合，則場中題面，或有不省，亦奚疑焉。余隱之、朱元晦俱有常語辯，載考亭集中。謂小説無根，三子語亦無根耶？」（見少室山房筆叢卷六　中華書局）

長頸高結

韓文石鼎聯句序：「長頸高結，喉中作楚語。」結字斷句。結音髻，義亦同。西漢書髻皆作

「結」，文公正用此。今多作「結喉」，誤矣〔一〕。且「中作楚語」，成何文理？

【注】

〔一〕「結喉」之誤，出自宋人。曾季貍艇齋詩話云：「韓文石鼎聯句序云：『長頸而高結，喉中又作楚語。』結字斷句。結音髻。西漢髻字，皆作『結』字寫，退之正用此也。今人讀作『結喉』，非也。東坡云『長頸高結喉』，蓋承誤也。」元韋居安梅磵詩話卷上云：「唐子西文録云：東坡隔句對云：『著意尋彌明，長頸高結喉。無心逐定遠，燕頷飛虎頭。』或云：『結』字古『髻』字。……近世劉後村老道士詩云：『老於蒙叟仍黄馘，配以彌明亦結喉。』此又因坡詩而承襲其誤也。」宋袁文甕牖閒評則云：東坡「長頸高結喉」，乃「以文爲戲」：「蘇東坡詩云：『有意尋彌明，長頸高結喉。』若據韓文出處，乃『長頸高結』，下方云『喉中更作楚聲』，今東坡乃借下句一『喉』字押韻，却與誤讀莊子『三緘其口』破句而點者相類。然東坡高材，豈不知此，而故云耳者，以文爲戲也邪？」

黔首

祭義曰：「明命鬼神，以爲黔首則。」〔二〕内經曰：「黔首共飲食，莫知之也。」〔三〕李斯刻石頌秦德曰：「黔首康定。」太史公因此語，遂於秦記謂秦名民曰黔首①。朱子注孟子亦曰：「周言黎民，秦言黔首。」蓋因太史公之語也。然祭義、内經之書，實先秦世，黔首之稱古矣！恐有不因秦也②。不然，則三書所稱，亦後世勦入之説，爲可疑耳。

【校】

①謂秦名民曰黔首　名，升庵外集卷十一作「更」。

②恐有不因秦也　升庵外集卷十一作「恐不自秦始也」。

【注】

〔一〕見禮記祭義。

〔二〕見黄帝内經素問寶命全形論。飲食，作「餘食」。

古詩後人妄改①

古人詩句②，不知其用意用事，妄改一字便不佳。孟蜀牛嶠楊柳枝詞：「吴王宫裏色偏深，一簇烟條萬縷金。不分錢塘蘇小小，引郎松下結同心。」〔一〕按古樂府小小歌有云：「妾乘油壁車，郎乘青驄馬。何處結同心，西陵松柏下。」牛詩用此意，詠柳而貶松，唐人所謂尊題格也。後人改「松下」作「枝下」，語意索然矣〔二〕。

【校】

①古詩後人妄改　一作「松下」，見升庵詩話卷五。

②古人詩句　丹鉛摘録卷七作「詁古人詩句」，萬曆本脱「詁」字。

【注】

〔一〕見花間集卷三。烟條，作「纖條」。不分，作「不憤」，樂府詩集卷八十一作「不忿」。

〔二〕胡應麟丹鉛新録卷二「古詩後人妄改」條評曰：「用修此意自佳，然不如『枝』字本色，一涉『松』字便着議論，知樂府體者可與語。」

焚書起於韓非

秦焚書坑儒，起於李斯乎？斯之先，固有爲此説於秦者矣，韓非是也〔一〕。非之言曰：「世之愚學，皆不知治亂之情，讘誺多誦先古之言，以亂當世之治。」〔二〕又曰：「又妄非有術之士，聽其言者危，用其計者亂。」〔三〕又言：「舍法律而言先王者，上任之以國」。「主以是過予，而臣以此徒取矣。」〔四〕此與斯所言是古非今，若合符節。作俑者，乃韓非，匪斯也。凡爲異説者，一則駭，再則習；始則疑，終則行矣。宋儒有過求者，乃謂斯之學出於荀卿。焚坑之禍，卿有以啓之。卿嘗入秦，見應侯，譏秦之無士矣。舍非而罪卿，所謂洗垢而索瘢者耶！

【注】

〔一〕明陳耀文正楊卷一批評升庵曰：「夫詩、書之燔，韓子明謂商鞅矣，乃摘韓語追咎之，洗垢索瘢，其亦自道也與？」

〔二〕見韓非子奸劫弑臣。先古之言，作「先古之書」。

〔三〕見韓非子亡徵。

〔四〕見韓非子飾邪。

羿射日落九烏

古傳言羿射，日落九烏。烏最難射，一日落九烏，言射之捷也〔一〕。而後世不得其説者，遂以爲射九日矣。流俗謬説而傳怪，文士循名而騁奇，異哉！

【注】

〔一〕明陳耀文正楊卷一云：「羿射日烏，景純山海經注詳辨之矣，存而不論可也。但以日落九烏爲羿射之捷，則大有可笑者。帝王世紀云：帝羿有窮氏與吴賀北遊，賀使羿射雀，曰：『生之乎？殺之乎？』賀曰：『射其左目。』羿引弓射之，誤中右目。羿抑首而愧，終身不忘。故羿之善射，至今稱之。羿事不少，概見即此一節，則日落九烏，詎足以盡其技哉！」

趙李

阮籍詠懷詩：「西遊咸陽市，趙李相經過。」〔一〕顔延年以爲趙飛燕、李夫人；劉會孟謂安知非實有此人，不必求其誰何也。不詳詩意，咸陽趙李，謂遊俠近倖之儔。漢書谷永傳：

「小臣趙李，從微賤尊寵，成帝常與微行者。」〔三〕籍用趙李，字正出此。若如顔延年説，趙飛燕、李夫人，豈可言經過？如劉會孟言，當時實有此人。唐王維詩亦有「日夜經過趙李家」，豈唐時亦實有此人乎？乃知讀書不詳考深思，雖如延年之博學，會孟之精鑒，亦不免失之，況下此者耶？

【注】

〔一〕西遊咸陽市，阮籍詠懷詩作「西游咸陽中」，見文選卷三十一。

〔二〕漢書谷永傳：「成帝數爲微行，多近幸小臣。趙李從微賤專寵，皆皇太后與諸舅夙夜所常憂。」

「小臣」二字當屬上讀。尊寵，作「專寵」。

【辨】

升庵詩話補遺卷二另有「趙李」一則云：「阮籍詩：『西遊咸陽市，趙李相經過。』顔延年注『趙飛燕、李夫人』，非也。按漢書乃成帝時趙季、李款。延之之博，尚有此誤。」（景印文淵閣四庫全書七七四、臺灣商務印書館）

明陳耀文正楊卷三駁之曰：「谷永傳：『成帝久無繼嗣，數爲微行，多近幸小臣。趙、李從微賤專寵，皆皇太后與諸舅夙夜所常憂，至親難數言，故推永等使因天變切諫。』又叙傳：『成帝自大將軍王鳳薨後，富平定陵侯張放、淳于長等始愛幸，出爲微行，行則同輿，執轡入侍禁中，設宴飲之會，及趙李諸侍中，皆引滿舉白，談笑大噱。』據此則子所引者，正趙飛燕也。且『小臣趙李』句讀俱差，何用笑延之乎？」（景印文淵閣四庫全書八五六　臺灣商務印書館）

明胡應麟藝林學山卷八駁陳耀文與楊慎云：「永傳疏云：『許、班之貴，傾動前朝，今之後起，天所不享，十倍於前。』如淳注曰：『謂趙、李從卑賤起也。』絕無『小臣』二語，而晦伯不引，豈以上無『小臣』字耶？如蓋會下文入注耳，疏後稱『成帝數微行，多近幸小臣，趙、李從微賤專寵』，參以如淳說，則小臣從上爲句甚明，用修以即從帝微行者，殊自可笑。第李平、班姬以德進，今與趙氏姊妹等列，何哉？顏注趙飛燕、李夫人固不倫，楊謂趙季、李款則尤舛。二人陽翟亡賴，遠非朱家、郭解輩，步兵何取而稱述之。劉辰翁以實有此人不必泥者，差得之。然余意直并舉交遊氏姓，如杜詩『高岑殊緩步』之類，使常侍、嘉州二集不傳，今亦不知何等人矣。又杜『孟子論文更不疑』，非自注孟雲卿，則孰不以孟軻，況承上李陵、蘇武耶？用修以王右丞『日夜經遊趙李家』駁劉，不知王正引用阮事，豈必唐有此人？」（見少室山房筆叢卷二十六　中華書局）

明王世貞疑不能定，於宛委餘編卷三中云：「阮嗣宗詩：『西遊咸陽中，趙李相經過。』注謂李夫人、趙飛燕，大誤。或云趙飛燕、李平，皆成帝所幸婕妤，然不應與婕妤遊從。班史谷永傳又有爲趙李報德復怨注：『趙、李從微賤專寵。』楊用修又言即趙季、李款，然二人皆陽翟大俠，爲何并所殺？未審孰是？（見景印文淵閣四庫全書一二八一弇州四部稿卷一百五十八　臺灣商務

印書館）

明末顧炎武日知録卷二十七「文選注」云：「阮嗣宗詠懷詩：『西遊咸陽中，趙李相經過。』顔延年注：『趙，漢成帝后趙飛燕也。李，武帝李夫人也。』按：成帝時自有趙、李，漢書谷永傳言『趙、李從微賤專寵』，外戚傳：『班倢伃進侍者李平，平得幸，亦爲倢好。』叙傳：『班倢伃供養東宮，進侍者李平爲倢好，而趙飛燕爲皇后，自大將軍王鳳薨後，富平定陵侯張放、淳于長等始受幸，出爲微行。行則同輿執轡，入侍禁中，設宴飲之，會及趙、李諸侍中，皆引滿舉白，談笑大噱。』史傳明白如此，而以爲武帝之李夫人何哉？」（見日知録集釋）據此可知「從微賤專寵者」二女寵趙飛燕、李平也；「趙、李諸侍中」二女寵之戚屬也；籍詩「趙李相經過」，謂與貴戚相交通也。

盜竽

老子：「服文采，帶利劍，厭飲食，而資貨有餘，此之謂盜竽。」〔一〕韓非解云：「竽也者，五聲之長也，竽唱則衆樂皆和，大姦唱則小盜和，故曰盜竽。」〔二〕今本誤作「盜夸」，與竽字相近而誤也。

【注】

〔一〕見老子五十三章。資貨有餘，作「財貨有餘」。此之謂盜竽，作「是謂盜竽」。

〔二〕見韓非子解老。五聲之長也，作「五聲之長者也」；衆樂，作「諸樂」。

淵明讀書①

晉書云：陶淵明「讀書不求甚解」〔一〕。此語俗士之見，後世不曉也。余思其故，自兩漢來訓詁盛行，説五字之文，至於二三萬言〔二〕，如秦近君之訓堯典「曰稽古」者〔三〕，比比皆是，後進彌以馳逐，漫羨而無所歸。陶心知厭之，故超然真見，獨契古初而晚廢訓詁②。俗士不達，便謂其不求甚解矣。又是時周續之與學士祖企、謝景夷從刺史檀韶聘，講禮城北，加以讎校，所住公廨，近於馬肆，淵明示以詩云：「周生述孔業，祖謝響然臻。」「馬隊非講肆，校書亦以勤。」〔四〕蓋不屑之也。觀其詩云：「先師遺訓，今豈云墜？」又曰：「詩書敦夙好。」又云：「遊好在六經。」又云：「汎覽周王傳，流觀山海圖。」〔五〕其著聖賢羣輔録、三孝傳贊，考索無遺。又跋之云：「書傳所載，故老所傳，盡於此矣。」豈世之鹵莽不到心者耶！予嘗言：人不可不學，但不可爲講師，溺訓詁。見淵明傳語，深有契耳。

【校】

① 淵明讀書　一作「讀書不求甚解」，見升庵集卷四十八。

② 獨契古初而晚廢訓詁　晚，升庵集卷四十八作「脱」。丹鉛餘録卷十五、丹鉛摘録卷二作「晚」。

【注】

〔一〕晉書陶潛傳作「好讀書不求甚解」。

〔二〕語見漢書藝文志六藝略：「後世經傳既已乖離，博學者又不思多聞闕疑之義，而務碎義逃難，便辭巧説，破壞形體，説五字之文，至於二三萬言。」

〔三〕語見桓譚新論：「秦近君能説堯典，篇目兩字之説，至十餘萬言，但説曰『若稽古』，三萬言。」

〔四〕此四句詩，見陶淵明示周續之祖企謝景夷三郎。

〔五〕此爲陶淵明詩讀山海經十三首之一中句。

【辨】讀書不求甚解，常爲人理解爲讀書淺嘗輒止。宋王應麟困學紀聞卷二十雜識則稱此爲「善讀書者」。元李治敬齋先生古今黈發明其意云：「陶淵明讀書不求甚解，又蓄素琴一張，弦索不具，……此二事，正是此老自得處。俗子不知，便謂淵明真不著意，此亦何足與語，……蓋不求甚解者，謂得意忘言，不若老生腐儒爲章句細碎耳，……今觀其平生詩文可概見矣，……使果不求甚解，則何爲自少學之以至于欣然而忘食耶！」（見敬齋古今黈逸文二　中華書局）明朱國楨湧幢小品卷十云：「讀書不求甚解，此語如何？曰：静中看書，大意了然。惟有一等人，穿鑿求解，反致背戾，可笑。故曰：解是不解，不解是解。」（續修四庫全書一一七二册　上海古籍出版社影印本）清初馮班鈍吟雜録卷七云：「陶公讀書，止觀大意，不求甚解。所謂甚解者，如鄭康成之禮、毛公之詩也。世人讀書，正苦大意未通耳。今者朝讀一書，至暮便問其指歸，尚不知所言何事，自云吾師淵明。不惟自在，更以教人。」「得意忘言」、「止觀大意」，指重在會通經文大義，這是對漢儒注經煩瑣穿鑿的揚棄。（景印文淵閣四庫全書八八六册　臺灣商務印書館）

菴字義

今人别號菴字，印章往往不同。緣説文本無菴字，庵彌俗也。予嘗考之，菴字古書所用者，蜀都賦「八方菴藹」〔一〕，王充論衡「桃李梅杏，菴邱蔽野」〔二〕，皆取菴覆之義。至三國及晉，始有菴幔、菴間之語，與今人所用菴字義同。菴字不可謂不古也。但篆籀以説文爲宗，説文不載之字，用於印章，似爲未安。又按：古篆有作弇者，又止借弇者，石鼓文作窨，其字從穴，穴亦人居也。近見温陵古寺一册，有元人止菴印章。庵字作「盦」，詳玉篇皿部有「盦，烏含切，覆蓋也」。考古圖有「伯戔饋盦」、「盦」，器名，而借爲菴舍字①，恐舍形似器，亦猶漢闕之觚稜，其形亦本酒器也。未知是否？以俟知者。

【校】

①盦器名而借爲庵舍字　器名，升庵全集卷六十三作「器皿」。

【注】

〔一〕左思蜀都賦作「八區而菴藹」，見文選卷四。

〔三〕見王充論衡超奇篇。

西施①

世傳西施隨范蠡去，不知所出②，只因杜牧「西子下姑蘇，一舸逐鴟夷」〔一〕之句而附會也。予竊疑之，未有可證以折其是非。一日讀墨子，曰：「吴起之裂，其功也；西施之沉，其美也。」〔二〕喜曰：此吴亡之後西施亦死於水，不從范蠡去之一證。墨子去吴越之世甚近，所書得其真，然猶恐牧之别有見，後檢修文御覽，見引吴越春秋逸篇云：「吴亡後，越浮西施於江，令隨鴟夷以終。」乃嗟曰③：此事正與墨子合，杜牧未精審，一時趁筆之過也。蓋吴既滅，即沈西施於江。浮，沉也，反言耳。隨鴟夷者，子胥之譖死，西施有力焉，胥死盛以鴟夷，今沈西施所以報子胥之忠，故云隨鴟夷以終。范蠡去越，亦號鴟夷子，杜牧遂以子胥鴟夷爲范蠡之鴟夷，乃影撰此事，以墮後人於疑網也。既又自笑曰：「范蠡不幸，遇杜牧受誣千載，又何幸遇予而雪之，亦一快哉！」

【校】

① 西施　一作「范蠡西施」，見升庵集卷六十八。

② 不知所出　知，丹鉛餘録卷十五作「見」。

③ 乃嗟曰　嗟，丹鉛餘録卷十五作「笑」。

【注】

〔一〕此爲杜牧杜秋娘詩中句，見樊川文集卷一。

〔二〕見墨子親士篇：「孟賁之殺，其勇也；西施之沉，其美也；吴起之裂，其事也。」

【辨】

西施隨范蠡泛湖之説，傳之已久，至明盛極一時。升庵據墨子之言，獨主西施死于水。陳耀文正楊復引唐陸廣微吴地記、越絶書等，以證「西施亡吴國後，復歸范蠡，因泛五湖而去」，并批評升庵杜撰古書以欺人云：「按吴地記，其書見存，楊謂逸篇者，出何典記耶？」「觀此則逸篇，寧非影撰耶？」（見景印文淵閣四庫全書八五六册　臺灣商務印書館）

王世貞宛委餘編八云：「楊用修證西施之沉江，與陳晦伯證西施隨范蠡以去，俱各有所出，難以臆斷。第陳引吴（地）記勾踐令范蠡取西施以獻夫差……此大可笑。……晦伯之駁用修，真可謂夢中説夢矣。」（見景印文淵閣四庫全書一二八一册弇州四部稿卷一六三　臺灣商務印書館）

其後胡應麟藝林學山卷七復辨之曰：「長公所駁陳引吴地志，當矣！……蓋吴地志即此事加於范蠡，其訛灼然不待辯，而亦可見西施隨蠡，唐俗已有此談矣。非唐俗元有此談，必不傅會蠡也。「西溪叢語引吴越春秋云：『吴亡，西子被殺。』楊所引逸篇謂出修文御覽，此書齊祖珽撰，通考尚有其目，近絶不見傳，恐楊所引，自是太平御覽。不爾，則晦伯所謂影撰耳。叢語一則并録下方，附以鄙見，俟精識定之。

「吴越春秋云：『吴亡，西施被殺。』杜牧之詩：『西子下姑蘇，一舸逐鴟夷。』東坡詞云：『五湖間道，扁舟歸去，仍携西子。』予問王性之，性之云：『西子自下姑蘇，一舸自逐范蠡。』遂爲兩義，不可云范蠡將西子去也。嘗疑之，别無所據，因觀唐景龍文館記，宋之問分題得浣紗篇云：『越女顔如花，越王聞浣紗。……一朝還舊都，靚妝尋若耶。……』此又云復還會稽，俟詳考之。」

「按：西施事，諸學士紛紛迄無定論，麟謂詞人之言，乘興點筆，自老杜外，罕足據者，况牧之、延清、子瞻三君子用事多誤者耶！……核其可據以考證，當時惟越絶及吴越春秋耳。吴越春秋，東漢趙曄撰，而越絶雜有戰國、西京之辭，其説要爲得之。太史傳：蠡三遷皆致千金，又云：長子偕吾力田起家，則非在越服官日所産明甚。以余億蠡之爲人，匪泊然貨色之外者，亡吴之後，成名畏禍，舍其纍爵阧禄，而載麗冶以適他邦，固其計所必出也。蘇詩又有『他年一舸鴟夷去』，正用杜牧詩，而王銍所解之謬益徵矣。蘇又有『愛憐夫子得西施』之句，今詩家萬口相承，即蠡無此事，難乎免矣。」（見少室山房筆叢卷二十五　中華書局）

胡應麟據范蠡之爲人，以爲必「載麗冶以適他邦」，當世辨者不絶如縷。如明陳絳金罍子卷二「越沉西施于江」、徐應秋玉芝堂談薈卷六「西施隨蠡」、來斯行槎庵小乘卷二八「西施」、張燧千百年眼卷三「西施不隨范蠡」等。至清代，杭世駿訂訛類編卷二「西施無泛湖事」、李慈銘越縵堂讀書記讀升庵集云：西子之沉，爲「升庵議論之可取者」，今多確認并無泛湖之事。

吕梁碑

羅泌云：嘗見漢劉耽所書吕梁碑，字爲小篆，而訛泐者過半，其可讀者僅六十言，碑中序虞舜之世云：「舜祖幕，幕生窮蟬，窮蟬生敬康，敬康生喬牛，喬牛生瞽叟，瞽叟産舜。」〔一〕質之史記蓋同，而「不言出自黄帝」，此可以洗二女同姓，尊卑爲婚之疑矣。又他碑所載，后稷生台璽，台璽生叔均，叔均而下，數世始至不窋，不窋下傳季歷，猶十有七世。而太史公作周紀，拘於國語十有五王之説，乃合二人爲一人，又删縮數人，以合十五之數。不知國語之説十五王，皆指其賢而有聞者，非謂后稷至武王千餘年而止十五世也。太史公亦迂哉！

【注】

〔一〕見羅泌路史卷四十四「餘論」七「吕梁碑」。訛泐者過半，作「間可認者過半」。其可讀者，作「可認者」。

汲冢文誣

汲冢瑣語〔一〕，其文極古，然多誣而不信。如謂舜囚堯，太甲殺伊尹。又謂伊尹與桀妃妹喜交，其誣若此。小人造言，不起自戰國之世，伊尹在相位日，被其黜僇者爲之也。然則何以知之？曰：其文不類戰國。

【注】

〔一〕胡應麟少室山房筆叢卷三六二西綴遺中：「汲冢瑣語十一篇，當在莊列前，束晳傳云：『諸國夢卜妖怪相書。』蓋古今小説之祖，惜今不傳，太平廣記有其目而引用殊寡。」「今瑣語文惟劉氏史通可見，疑古篇引其説云：『舜放堯於平陽，其地有城囚堯。』又云：『益爲啓所誅，太甲殺伊尹、文丁殺季歷。』其説詭誕不根。」

部色

教坊家有部有色，部有部頭，色有色長。元周伯清訛呼部頭爲務頭，可笑也。部如法部、胡部之類，色如雜劇色、觱篥部舞旋色、參軍色之類，諸色以雜劇色爲首①。雜劇用四人或五人，末尼色主張，引戲分付，副淨色發喬，副末色打諢，又或添一人妝孤老②。其吹曲破、斷送者，謂之把色〔一〕。見宋氏灌園古杭夢遊録。

【校】

① 諸色以雜劇色爲首　諸色，萬曆本脱「色」字，據丹鉛續録卷十一補。

② 又或添一人妝孤老　妝，萬曆本誤作「收」，據丹鉛續録卷十一、四庫本改。

【注】

〔一〕見吴自牧夢粱録卷二〇「妓樂」。觱篥部，作「篳篥部」。引戲，作「引戲色」。

均即韻

唐書樂志：「古無韻字，均即韻也。」〔一〕五帝之學曰成均，均亦音韻。書曰：「命汝典樂，教胄子。」〔二〕論語曰：「成於樂。」〔三〕是成均之説也。周人立太學，兼五帝及三代之名：東學爲東序，西學爲瞽宗，北學爲上庠，南學爲成均。宜學言語者，處之成均，則均之爲韻，義亦明矣。潘安仁笙賦：「音均不恒，曲無定制。」〔四〕注：「均，古韻字。」鶡冠子曰：「五聲不同均，然其可喜一也。」唐書李綱傳引周禮：「均工、樂胥不得列於士伍。」〔五〕

【注】

〔一〕見唐書卷一八四楊收傳：「夫旋宫以七聲爲均，均言韻也。古無韻字，猶言一韻聲也。」非出樂志。

〔二〕見尚書舜典。

〔三〕見論語泰伯：「興於詩，立於禮，成於樂。」

〔四〕此爲成公綏嘯賦中語，見文選卷十八，而非潘安仁笙賦，升庵誤記。

〔五〕見舊唐書卷六十二李綱傳，作「均工、樂胥不得預於仕伍」。

偃曝

孟浩然詩：「草堂時偃曝，蘭枻日周旋。」〔一〕偃曝，謂偃臥曝背也，用文選王僧達「寒榮共偃曝」之句〔二〕。今刻孟詩，不知其出處，改作「掩曝」，可笑！而謬者猶曰：「詩刻必去注釋，從容咀嚼，真味自長。」此近日强作解事小兒之通弊也。蓋頤中有物，乃可言咀嚼而出真味，若空腸作雷鳴①，而强爲戛齒之狀，但垂飢涎耳，真味何由嗜哉②！

【校】

① 若空腸作雷鳴　腸，四庫本作「腹」。

② 真味何由嗜哉　嗜，升庵詩話作「出」。

【注】

〔二〕此爲孟浩然冬至後過吴張二子檀溪别業詩中句，見全唐詩卷一八〇。

〔三〕此爲王僧達答顔延年詩中句，見文選卷二十六。

罨畫

畫家有罨畫①，雜彩色畫也。宜興有罨畫溪②。然其字當用「黤」，罨乃魚網，非其訓也。張泌詩：「罨岸春濤打船尾」〔一〕，謂魚網遮岸也。此用字最得字義。左思蜀都賦：「罨翡翠，釣鰋鮋。」

【校】

① 畫家有罨畫　有，丹鉛摘録卷十二、升庵詩話補遺卷二作「稱」。

② 宜興有罨畫溪 宜興，萬曆本作「吴興」，四庫本作「宜興」。宜興圻溪，俗稱罨畫溪，據改。

【注】

〔一〕此張泌春江雨詩中句，見全唐詩卷七四二。

辨妾字從辛非古篆

邵文莊云：「妾之於禮久矣，有媵而妾者，有卜而妾者。卜而妾者，聞命而趨，不待六禮，故謂之奔。傳曰『疲於奔命』，蓋言速也。奔者非必淫，淫而奔者，謂之淫奔。是故女之嫁者有二道焉，有聘而嫁者，有奔而嫁者。」〔一〕慎按：天文有織女，主貴女；須女，主賤女。貴女則嫡也，賤女則諸侯之副宫九媵，大夫之側室三歸也。禮之所謂買妾，奔則爲妾，皆不備禮之謂也。先王制禮，豈不欲六禮皆備而後歸哉，禮不下庶人，勢也。故仲春奔者不禁，恐失時也。荒年殺禮多婚，欲繁育也。許氏説文：妾字從辛，女之有罪者爲人妾。漢緹縈上書，願没爲官婢，以贖父罪，此蓋秦法，周之盛也，決不然也。周禮有女奚之條〔二〕，亦劉歆附會文姦，以欺王莽者，殆不可信。王莽末年，令天下奴婢贖還爲良。朱子綱目亦善之，豈有周公制法不如王莽乎？妾字從辛，蓋亦秦篆，非古篆也。

【注】

〔一〕見邵寶簡端録卷十。不待六禮，作「不待六禮之備」。

〔三〕見周禮天官酒人：「女酒三十人，奚三百人。」

肸蠁

相如上林賦：「郁郁菲菲，衆香發越。肸蠁布寫，晻薆咇茀。」〔一〕司馬彪曰：「肸，過也。芬芳之過，若蠁之布寫也。」説文：「蠁，知聲蟲也。」爾雅「圓貉蟲蠁」〔二〕，郭璞云：「蛹蟲。」廣雅：「土蛹也。」〔三〕毛晃曰：「古蠁字作向，晉大夫羊舌肸，字叔向。」左傳釋文：「香兩切。取肸向布寫之義。」又揚雄羽獵賦：「蠁曶如神。」李善曰：「蠁曶，疾也。蠁與響同，曶與忽同。」又甘泉賦：「薌呹肸以棍枇」〔四〕，則「肸蠁」蓋古語也。響之一字，古只作鄉。漢書天文志「鄉之應聲」是也。又作「嚮」，易繫辭「其受命也如嚮」，荀子「應之如影嚮」，莊子「砉然嚮然」是也。左傳作「向」，揚雄賦作「薌」，漢隸作「嚮」，又作「嚮」，又作「鷨」。凡此等類，韻書亦豈能盡載也。

【注】

〔一〕見文選卷八上林賦。晻薆咇茀，作「晻薆咇茀」。

〔二〕見爾雅釋蟲。圓，作「國」。

〔三〕蛹蟲，爾雅郭注作「蛹蟲爲蠁」。廣雅「土蛹」，作「土蛹蠁蟲」。句中皆脱「蠁」字。

〔四〕見文選卷七甘泉賦。枇，萬曆本誤作「批」。

廞字音義

廞，許金切，與歆同音。爾雅：「廞，興也。」周禮笙師職云：「大喪，廞其樂器。」鄭注：「興也。」又司服：「大喪，供其廞衣服。」〔一〕司裘：「大喪，廞裘。」司干：「大喪，廞舞器。」司樂：「大喪，廞樂器。」〔二〕鄭注皆解爲「興」，蓋襲用爾雅之誤。成周聖世，豈有大喪用笙樂舞器之理乎？按：此「廞」義，蓋謂陳而不作耳。唐崔祐甫獨孤及墓銘：「廞衣楚挽，徘徊墓田。」李華權文公墓銘：「廞隧納書，禮優職襄。」〔三〕宋景文真宗挽歌云：「廞翣浮晨旭，邊簫咽暝霞。」〔四〕周平園皇祐哀書云：「桂輪隱曜，椒掖廞儀。」〔五〕皆得其解矣。○考工記：「善防者水淫之。」鄭氏注：「讀淫作廞，謂水淤泥土而留著之，則助之爲厚也。」唐書：「滄州無棣渠久廞塞，薛大鼎浚之。」此廞塞字義，本鄭氏考工記注，並附於此。

【注】

〔一〕見周禮春官司服，作「共其復衣服、斂衣服、奠衣服、廞衣服」，中有刪節。供，作「共」。

〔二〕見周禮春官大司樂，作「大喪，涖廞樂器」。

〔三〕此爲權德輿唐丞相金紫光禄大夫守太保致仕贈太傅岐國公杜公墓誌銘并序中語，見唐文粹卷六十八。升庵云「李華權文公墓銘」，記誤。

〔四〕此爲宋庠莊獻太后挽詞中句，見古今事文類聚前集卷四十九。升庵作「宋景文」，記誤。宋庠，謚元憲；宋祁，謚景文。

〔五〕此爲周必大慰韓皇后上仙表文中句，見文忠集卷一三三。周必大，字子充，自號平園老叟。

李密陳情表

李密陳情表有「少仕僞朝」之句，責備者謂其篤於孝而妨於忠，嘗見佛書引此文，「僞朝」作「荒朝」，蓋密之初文也。「僞朝」字，蓋晉改之以入史耳。劉靜修詩：「若將文字論心術，恐有無邊受屈人。」〔一〕蓋指此類乎？近日趙弘道作令伯祠記，辨「僞朝」字，惜未見此。

【注】

〔一〕此爲元劉因讀史評詩中句，見靜修集卷五。文字，作「字字」。

出師表缺句

孔明出師表，今世所傳，皆本三國志。按文選所載，「先帝之靈」下，「若無興德之言」六字，他本皆無，於義有缺，當以文選爲正。

辨刻刊字①

說文：「刊，削也，又剟也。」〔一〕揚子雲方言序：「懸諸日月，不刊之書。」謂不可削除也〔二〕。李鼎祚周易集解，宗鄭玄而削王弼，其序曰「刊輔嗣之野文，輔康成之逸象」是也。至宋人轉失其義，乃以爲刻本印書之義。如王氏揮麈録所云：「郡府多刊文籍。」且易以刊爲刻，訛矣！刻，鏤木也。從晉書虞溥傳當作「栞」；從陶隱居茅山碑當作「栔」；從丁度集韻又作「鍥」，皆鏤木印板之義。刊爲俗字，不可從也。

【校】

①辨刻刊字　丹鉛雜録卷四、升庵集卷六十三另有「俗用刊字誤」，可參閱。

【注】

〔一〕説文：「刊，剟也，從刀干聲，苦寒切。」

〔二〕揚子雲方言序，丹鉛雜録卷四作「劉歆答揚雄」。古書刻于簡，有錯就削去，曰刊。不刊，就是無須修改，不可磨滅。丹鉛雜録卷四云：「今俗誤作刻梓之用，是乃削除，非梓行也。此誤雖大方之家，亦然。」

九宮七色與九卷「九宮」同①

九宮七色之説，出於乾鑿度，云：「伏羲時，龍馬出河，戴九履一，左三右七，二四爲肩，六八爲足②。五居其中，謂之九宮。其色則一、六、八爲白，二黑、三緑、四碧、五黄、七赤、九紫。」今大統曆中，每月列於下方，謂之飛九宮。

【校】

① 與九卷「九宮」同　九卷，當作「二卷」。

② 六八爲足　足，升庵集卷七十四、升庵外集卷五十一作「膝」，與一、七叶韻。

明駝使

木蘭辭：「願借明駝千里足，送兒還故鄉。」今本或改「明」作「鳴」，非也。駝卧，腹不貼地，屈足漏明，則走千里，故曰「明駝」。唐制：驛置有明駝使，非邊塞軍機，不得擅發。楊妃私發明駝使，賜安禄山荔枝〔一〕，見小説。

【注】

〔一〕 樂史太真外傳：「上賜妃瑞龍腦十枚，妃私發明駝使，持三枚遺禄山。」楊妃所賜乃龍腦香，而非荔枝。

鍾葵鍾馗終葵

俗傳鍾馗起於唐明皇之夢，非也。蓋唐人戲作鍾馗傳，虚構其事，如毛穎、陶泓之類耳。北史：堯暄本名鍾葵，字辟邪〔一〕。後世畫鍾葵於門，謂之辟邪，由此傅會也。宋宗慤妹名鍾葵。後世畫工作鍾馗嫁妹圖，由此傅會也。但葵、馗二字異耳。又曰：終葵，菜名。

周禮考工記「大圭終葵首」〔二〕，註：「終葵，椎也。」疏：「齊人謂椎爲終葵。」禮記玉藻云「天子搢珽」，註：「挺然無所屈也。」〔三〕或謂之「大圭長三尺，杼上終葵首」，「於杼上又廣其首，方如椎頭，是謂無所屈，後則恒直」①。顏之推曰：「北齊有一士，讀書不過二三百卷，嘗出境聘」。「東萊王韓問曰：『玉珽杼上終葵首，當作何形？』乃答曰：『珽頭曲圓，勢如葵葉耳。』韓乃忍笑。」〔四〕

【校】

① 自「疏」至「後則恒直」　萬曆本與四庫本文字不同。

【注】

〔一〕北史堯暄傳云：「堯暄，字辟邪，上黨長子人也。本名鍾葵，後賜名暄。」

〔二〕周禮考工記：「大圭長三尺，杼上終葵首，天子服之。」

〔三〕見禮記玉藻。「天子搢珽」注：「此亦笏也，謂之珽。珽之言挺然無所屈也。」

〔四〕見顏氏家訓名實篇，文字有删改。士，作「士族」。曲圓，作「曲圜」。

【辨】

楊子巵言卷一另有「鍾馗即終葵」一則，多言鍾馗民俗，與本篇内容不同，其文如下：

考工記曰：「大圭首終葵。」注：「終葵，椎也。齊人名椎曰終葵。」蓋言大圭之首似椎爾。金石録：「晉宋人名，以終葵爲名，其後訛爲鍾馗。」俗畫一神像貼于門，手執椎以擊鬼，好怪者便傳會説鍾馗能啖鬼。畫士又作鍾馗元夕出遊圖，又作鍾馗嫁妹圖，訛之又訛矣。文人又戲作鍾馗傳，言鍾馗爲開元進士，明皇夢見，命工畫之，尤爲無稽。按：孫逖、張説文集有謝賜鍾馗畫表，先于開元久矣。亦如石敢當，本急就章中虚擬人名，本無其人也。俗立石于門，書泰山石敢當，文人亦作石敢當傳，皆虚辭戲説也。昧者相傳久之，便謂真有其人矣。嗚呼！不觀考工記，不知鍾馗之訛；不觀急就章，不知石敢當之誕，亦考古之一事也。

○蘇易簡作文房四譜云：「虢州歲貢鍾馗二十枚，未知鍾馗得號之由也。」慎按：硯以鍾馗名，即考工記終葵大圭之義。蓋硯形如大圭爾。蘇公豈不讀考工記者，蓋亦未之審思精考乎？

明胡應麟藝林學山卷四「鍾馗」條以爲楊説「似無確據」。云：「陳心叔曰：鍾馗，武德中應舉不第，觸堦死。後見夢明皇曰：『臣終山進士鍾馗，願除天下虚耗之孽。』事見逸史，唐書不載。或云北史：堯暄字辟邪，本名鍾葵，馗葵音同，見續博物志。又按：周禮考工記云『大圭首終葵』，注云：『終葵，椎也。』正韻云：『葵，亦作楑。』楊子卮言即以鍾馗之訛本於此，似無確據。」

胡應麟以爲「楊謂鍾馗傳爲文人戲作，最爲卓識」。復對鍾馗之名始于何時，辨之曰：「麟按：鍾馗之名當起於六朝，蓋習俗相傳，鬼神名號固有不可致詰者，必求其人出處以實之，非穿鑿則附會耳。……其謂大圭之首爲終葵者，本以起下文，晉、宋間人名終葵，後因人名而訛爲鍾馗，非即以大圭之首爲鍾馗所本也。名疑謂無確據，而引左傳、爾雅以駁之，似未深會楊意。然楊亦本金石録堯暄字辟邪之説，而堯暄乃北朝元魏人，非晉、宋人也。又暄本名鍾葵，而以辟邪爲字，辟邪固啖鬼之訛所自出，求之鍾葵義了不相關，又安知堯暄本名非出於左傳、爾雅，而出於考工耶？此類俱荒忽誕漶，起自閭閻，匪若本諸史傳記志者，雖瑣屑隱微，有考必得也。用修、心叔俱以鍾馗不始開元時，第據孫逖、張説謝表言。余考鍾馗傳，明皇因得夢而召吳道子圖其形，正與孫、張二子同時，蓋文士因謝表有之而戲作此傳，以爲明皇時也。傳中本稱武德進士，楊以爲開元亦誤。宣和畫譜楊棐傳下稱六朝古碣有鍾馗字，則不但不始開元，亦不始武德矣。余意鍾馗之説，必漢、魏以來有之，如神荼、鬱壘之屬，載記偶亡，無從考訂。後人但見孫、張謝表而戲作此傳，世遂以爲開元人，不必深致辯也。」（見胡應麟少室山房筆叢卷二二　中華書局）

篔簩即澁勒

韻書四豪「簩」字下注云：「篔簩，竹名。」而不詳其説。按異物志：「南方思牢國産竹，可礪指甲。」〔一〕竹譜云「可挫爪」是也。崔鶠詩曰：「時一出輕芒，皚皚落微雪。」又李商隱射魚曲曰：「思牢弩箭磨青石，繡額蠻渠三虎力。」〔二〕是知亦可作箭。今東廣新州有此種，制成琴樣，爲礪甲之具。用之頗久則微滑，當以酸漿漬之，過信宿則澁復初。字又作「澁勒」，東坡詩：「倦看澁勒暗蠻村。」〔三〕

【注】

〔一〕見南方草木狀卷下：「篔簩竹，皮麤澀，以鎊犀象，利勝于鐵，出大秦。」

〔二〕見李商隱詩集卷中。

〔三〕此蘇軾題過所畫枯木竹石之三詩中句，見蘇東坡集後集卷六。

麥含金

梁鴻傳載鴻詩三首，「麥含含兮方秀」〔一〕，刻本皆如此。藝文類聚引之，作「麥含金」爲是。「金」與「含」相似，而衍爲二字也，此當表出之。

【注】

〔一〕見後漢書梁鴻傳。

以蠡測海

東方朔客難云〔一〕：「以管窺天，以蠡測海。」張晏注曰：「蠡，瓠瓢也。」然蠡字从蟲，若與瓢義不協。又按揚子方言云：「𧓍，瓠瓢也。」字從瓜從蠡。劉向九歎云：「瓟𧓍蠹於篋簏。」〔二〕今閩廣之地以鱟魚殼爲瓢，江淮之間或用螺之大者爲瓢，是以蟲殼代瓜匏用也。故𧓍字之取義兼之。暇日與簡西嵒談及此，漫筆之。

【注】

〔一〕客難，文選卷四十五作「答客難」。

〔二〕見洪興祖楚辭補注第十六九歎憂苦。篋簏，作「筐簏」。

蕭暉與倐翬字義

衛覬華山碑：「神樂其靜，倐翬無形。」注：「倐翬與蕭暉通[一]，飛騰迅速之音也。言神人異處，逼近則不敬。」黄庭經：「奼女窈窕翳霄暉。」字雖異，其義一也。

【注】

〔一〕古文苑卷十八華山碑注：「倐翬，飛騰迅疾貌。音蕭暉。言神人異趨，逼近則不敬。」

木匠榫卯字

近峰聞略説木工榫卯字，引伊川語録云：「枘鑿者，榫卯也。榫卯圓則圓，榫卯方則方。」又引文選[一]：「如室新構，而去其鑿契。」注：「鑿契，簨也。」又引金史張中彦制小舟[二]：「不假膠漆，而首尾相鉤帶，謂之鼓子卯。」余按榫卯字，當作「簨牡」。簨字出考工記及文選注。而漢書五行志所謂門牡者，義取牝牡，蓋枘者刻木端以入鑿，有牡之象；鑿者空其竅以受枘，有牝之象。簨、牡二字，蓋亦古矣。榫卯字，蓋亦後人撰借爾。

【注】

〔一〕文選，萬曆本作「文簨」。「如室斯構而去其鑿契」句，見文選卷四十九干寶晉紀總論。文簨，當爲文選，據改。如室新構，作「如室斯構」。

〔三〕張中彦，萬曆本誤作「張中字」。金史張中彦傳：「中彦手制小舟。」作「字」誤，據改。

枘鑿

枘字，從木從内。考工記注：「調其鑿枘而合之。」宋玉九辯：「圓枘而方鑿兮，吾固知其鉏鋙而難入。」今舉子程文，襲用枘鑿不相入，彼此相效，莫知其非也。夫枘鑿本相入之物，惟方枘圓鑿，則不相入。今去方、圓字，而曰枘鑿不相入，字義之不通，文義大謬矣。甚者寫枘字作「柄」字，尤可笑也。

泊薄同字

老子道德經薄作「泊」〔一〕，王充論衡：「酒之泊厚，同一麴糵；人之善惡，同一元氣。」又曰：「人生於陰陽，有渥有泊；玉生於石，有純有駁。」〔二〕泊，薄同一字也。

【注】

〔一〕見老子二十章：「我獨泊兮。」

〔二〕見論衡卷二率性篇與卷三本性篇。同一，作「共一」。人生，作「其生」。

苴有十四音

苴，七間切，麻也。子間切，苴杖也。又子旅切，履中薦也。又布交切，天苴，地名，在益州，見史記注。又天沮，與巴同〔一〕。又子邪切，菜壤也，一曰獵場。又似嗟切，苴咩城，在雲南。又鉏加切，詩傳曰：「木中傳草也。」〔二〕水草曰苴，字一作查，又作浾。今作渣，非。又都賈切，土苴，不精細也。又側不切①，糞草也。又側魚切，説文曰：「酢菜也。」酢，古醋字。又莊俱切，姓也，漢有苴氏。又則吾切，茅藉祭也。又將預切，糟魄也。又子余切，苞苴，囊貨也。

【校】

① 又側不切　不，丹鉛續録卷八作「下」。

【注】

〔一〕史記張儀列傳：「苴蜀相攻擊。」索隱：「苴，音巴，謂巴蜀之夷，自相攻擊也。」

〔二〕見詩大雅召旻「如彼棲苴」傳。木中傳草，作「水中浮草」。

顛冬

山海經：「小陘之山，有草名䔄，赤莖白華，如顛冬也。」〔一〕顛冬，天門冬也。

【注】

〔一〕見山海經中山經：「少陘之山，有草焉，名曰䔄草，葉狀如葵，而赤莖白花，實如蘡薁，食之不愚。」小陘，作「少陘」。無「如顛冬也」。

查字考①

說文：「查，浮木也。」〔一〕今作槎，非。槎音詫，邪斫也。國語「山不槎蘖」是也〔二〕。今世混用，莫知其非，略證數條於此。王子年拾遺記：「堯時巨查浮西海上，十二年一周天，名貫月查，一曰挂星查。」〔三〕道藏歌詩：「扶桑不爲查。」王勃詩：「澁路擁崩查。」〔四〕又送行序云：「夜查之客，猶對仙家；坐菊之賓，尚臨清賞。」〔五〕駱賓王有浮查詩，劉道友有浮查硯賦。水經注：臨海「江邊有查浦」。字并作查，至唐人猶然。任希古詩：「泛查分寫漢。」〔六〕孟浩然詩：「試垂竹竿釣，果得查頭鯿。」又云：「土風無縞紵，鄉味有查頭。」又云：「橋崩卧查擁，路險垂藤接。」〔七〕皆用正字，不從俗體。此公匪惟詩律妙，字學亦超矣。杜工部詩「查上覓張騫」。又「滄海有靈查」。惟七言絶「空愛槎頭縮項鯿」，七言律「奉使虛隨八月槎」〔八〕，古體、近體不應用字頓殊，蓋七言絶與律乃俗夫競玩，遂肆筆妄改；古體則視爲冷局，俗目不擊②，幸存舊文耳。

【校】

① 查字考 楊慎藝林伐山卷十一另有「槎當作查」，引漢貨殖傳、博物志以證，可參看。

② 俗目不擊 不，丹鉛摘録卷十二作「未」。

【注】

〔一〕說文未見。

〔二〕見國語魯語上里革語：「山不槎蘖，澤不伐夭」注：「槎，斫也。」

〔三〕見拾遺記卷一，文字有删節。

〔四〕此駱賓王晚憩田家詩中句，見全唐詩卷七七。作「王勃」，誤。

〔五〕此王勃秋日宴季處士宅序中句，見王子安集卷六。作「送行序」，誤。

〔六〕此爲任希古和東觀羣賢七夕臨泛昆明池詩中句，見全唐詩卷四四。寫，一作「瀉」。

〔七〕此爲孟浩然峴潭作、送王昌齡之嶺南、採樵作詩中句，見全唐詩一五九、一六〇。

〔八〕此爲杜甫有感五首、喜晴、解悶十二首、秋興八首詩中句，見杜少陵集卷十一、卷四、卷十二、卷十七。

蘭蘭字①

古文嬾與懶同，見後漢書〔一〕。嬾，亦借作妍媸之「妍」。論衡云：「形佳骨蘭，皮媚色稱。」又「骨體蘭麗」〔二〕，皆妍之借也。蘭，乃嬾省束，蘭又省女。古人用字，意勝于法，例如此。

【校】

①蕑蘭字　本書卷十二「唐宰相多能文」謂楊文公不能爲唐時宰相，「蓋嫺於命詞也」，「嫺」誤作「嫻」，意則不通，可參看。

【注】

〔一〕後漢書卷二十七王丹傳：「每歲農時，輒載酒肴於田間，候勤者而勞之，其惰嫺者，耻不致丹。」

〔二〕見論衡卷一逢遇篇：「偶以形佳骨嫻，皮媚色稱。」卷二七定賢篇：「或骨體嫻麗，面色稱媚。」嫻，萬曆本作「蘭」。

屾音詵①

文選：「吐錟生風，欱野歕山，日月爲之摇震。」〔一〕震音真。山，所臻切，字一作屾。

【校】

①音詵　萬曆本無音注，據四庫本補。説文：「凡屾之屬皆从山，闕。」此闕謂其音讀，升庵音「所臻切」，待考。

【注】

〔一〕見文選卷一班固東都賦，作「吐燗生風，欱野歕山。日月爲之奪明，丘陵爲之摇震」。

古人避諱

古人避諱改字，自有意義。司馬遷父名談，史記諱趙談爲趙同，以古音談亦音同也。急就章以談叶「桑」，是其證也〔一〕。明帝諱莊，改莊助爲嚴助，莊子陵爲嚴子陵，以莊與嚴古同音，殷武詩叶音〔二〕，是其證也。宣帝諱荀，改荀卿爲孫卿，亦然。

【注】

〔一〕急救篇第四章以「李尹桑」叶「屈宗談」。

〔二〕詩商頌殷武以「下民有嚴」叶「不敢怠遑」。

五子之歌

左傳引書五子之歌：「有此冀方，今失其行。」「今失其行」，今文作「厥道」。按古文「衍」，從行中人，又音道。石鼓文：「我水既靜，我衍即平。」〔一〕五子歌以「衍」叶「方」、「綱」〔二〕，當從平音。道路之行，如景行，字作衍。人之雁行、足行，當作䟫①。見龜策傳〔三〕。

【校】

① 人之雁行足行當作䟫　䟫，萬曆本、四庫本作「䟫」。據丹鉛續録卷九改。

【注】

〔一〕石鼓文作「吾水既靜，吾道既平」。

〔二〕五子之歌其三：「惟彼陶唐，有此冀方。今失其行，亂其紀綱，乃底滅亡。」

〔三〕陳耀文正楊卷二「五子之歌」云：「龜策傳云：『聖人剖其心，壯士斬其胻。』胻，音衡，脚脛也。亦非『骯』字，『胻』可直謂之行乎？」

頤音陽

釋名：「東北隅爲宧①，宧，養也。東北陽氣始生，布生物也。」〔一〕易：「頤者，養也。」頤亦音陽。

【校】

①東北隅爲宧　隅，萬曆本作「偶」，據四庫本改。

【注】

〔一〕見釋名釋宫室：「東北陽氣始出，布養物也。」生，作「出」。生物，作「養物」。

撻打同字

書曰：「撻以記之。」〔一〕撻音入聲，又轉入上聲。俗用打爲撻，非。打字从手从丁，當音丁歷切，見歐陽公集古録云：「打字以音義言之，當爲丁歷切，不知何以轉爲童迴切①？」〔二〕蓋打字从丁爲聲，轉爲上聲②，與鼎同音，又轉爲入聲，與鏑同音，其義皆訓擊也③，義與搷同，故俗借用之。是知虞書搷字轉爲打，韻書音鼎，歐公音鏑，俗打話④、打坐、打乖，作搷上聲，於音和同爲透字母也，古俗皆通。

【校】

① 不知何以轉爲童迴切　童，萬曆本作「莫」，上杭本，丹鉛雜録卷四作「童」，據改。

② 轉爲上聲　此句萬曆本脱，據丹鉛雜録卷四、升庵外集卷九十一補。

③ 其義皆訓擊也　擊，萬曆本誤作「繫」，據丹鉛雜録卷四、升庵外集卷九十一改。

④ 俗打話　丹鉛雜録卷四作「俗話」，四庫本作「俗語」。

【注】

〔一〕見尚書益稷。

〔二〕歐陽脩歸田録卷二：「今世俗言語之訛，而舉世君子小人皆同其繆者，惟打字爾。打，丁雅反。其義本謂考擊，故人相毆，以物相擊，皆謂之打，而工造金銀器，亦謂之打，可矣，蓋有槌一作撾作擊之義也。至於造舟車者曰打船、打車，網魚曰打魚，汲水曰打水，役夫餉飯曰打飯，兵士給衣糧曰打衣糧，從者執傘曰打傘，以糊黏紙曰打黏，以丈尺量地曰打量，舉手試眼之昏明曰打試。至於名儒碩學，語皆如此，觸事皆謂之打。而徧檢字書，了無此字。丁雅反者。其義主考擊之打，自音謫疑當作滴耿。以字學言之，打字從手、從丁，丁又擊物之聲，故音謫耿爲是。不知因何轉爲丁雅也。」升庵云引自「集古録」，書名誤。

觳豰

孟子「吾不忍其觳觫」，言牛將就屠而體縮恐懼也。觳本古文斛字，見周禮〔一〕。其字從殼省，殼而角之，是斛也。殼字義兼聲，角字聲無義，合爲斛字，乃正字，非借也。殼，鼎食也，俗作餗。牛之恐懼，字當作「豰觫」。豰，從豕，尾懼之貌；觫，從角，角懼之貌。漢隸又作豰㾮。㾮，寒戰病也①，借作牛之懼貌，義亦互通。

【校】

① 寒戰病也　病，丹鉛續録卷四作「疾」。

【注】

〔一〕周禮考工記「鬲實五觳」鄭注：「觳音斛。」

吳吴

吳，音華，大口也。字從口從大，與吴不同。後漢戴就傳「鋘斧」注引張揖纂文音華〔一〕，其字從金從吳也。若詩「不吳不敖」〔二〕，吳音娛。張子厚理窟云云〔三〕。當音吴，今多音華，

非。吳自吳，吴自吴，何得混邪！〔四〕

【注】

〔一〕此處脱漏較多，後漢書卷八十一戴就傳「鋘斧」注爲「鋘，從吴，毛詩云：『不吴不敖。』何承天纂文曰：『臿，今之鋘也。』張揖字詁云：『臿，刃也。鋘，音華，其字從吴也。』」此爲何承天纂文，升庵引作「張揖」，相鄰而誤。

〔二〕見詩周頌絲衣：「不吴不敖，胡考之休。」

〔三〕張載經學理窟：「所謂不吴不敖，胡考之休。吴、敖，猶言娱樂也。不娱樂何以成其休考。」見張子全書卷八。

〔四〕升庵「吴吳」條，取于宋王觀國學林卷二「吴吳」，但不及學林詳實，録其按語。觀國按：玉篇、廣韻曰：「吴，胡化切，大聲也。」故史記封禪書曰：「鼎至甘泉，公卿大夫請尊寶鼎。」引詩曰：「鼐鼎及鼒，不吴不驁，胡考之休。」然則本用吴字，或變爲吳耳，吳亦有大聲之義。然既變用吳，則不可音吳爲胡化切，蓋吳字未嘗有胡化切之音故也。史記漢武帝紀引詩曰：「自堂徂基，自羊徂牛；鼐鼎及鼒，不虞不驁，胡考之休。」又變吳爲虞，蓋司馬遷於封禪書用吴字，於武帝紀用虞字，何其相遠如此。按字書，吳字五乎切，虞字麌俱切。二音不相通，雖云假借，其失經意遠矣。後漢戴就傳曰：「燒鋘斧，使就挾於肘腋。」章懷太子注曰：「鋘從吴。毛詩云：『不吴不敖。』」又引何承天纂文曰：「臿，今之鋘也。」又引張揖字詁曰：「鋘音華。」觀國按：字書鋘音華，鍫也。章懷太子注曰「鋘從吴」，蓋吴與吳古人通用之，當爲鋘、鋘二字通用，史借爲鋘耳。

青雲

史記云：「伯夷、叔齊雖賢，得夫子而名益彰；顔淵雖篤學，附驥尾而行益顯。閭巷之人，欲砥行立名者，非附青雲之士，惡能施於後世哉。」〔一〕青雲之士，謂聖賢立言傳世者，孔子是也；附青雲則伯夷、顔淵是也。後世謂登仕路爲青雲，謬矣。試引數條以證之。京房易占：「青雲所覆，其下有賢人隱。」續逸民傳：「嵇康早有青雲之志。」南史：「陶弘景，年十四、五歲，見葛洪方書，便有養生之志，曰：仰青雲，睹白日，不爲遠矣。」〔二〕梁孔稚圭隱居，多構山泉，衡陽王鈞往游之。圭曰：「殿下處朱門，遊紫闥，詎得與山人交耶？」鈞曰：「身處朱門而情遊滄海，形入紫闥而意在青雲。」〔三〕又袁彖贈隱士庾易詩曰：「白日清明，青雲遼亮。昔聞巢許，今覩臺尚。」〔四〕阮籍詩：「抗身青雲中，網羅孰能施？」〔五〕李太白詩：「獵客張兔罝，不能挂龍虎。所以青雲人，高歌在巖户。」〔六〕合而觀之，青雲豈仕進之謂乎？王勃文：「窮且益堅，不墜青雲之志。」〔七〕即論語「視富貴如浮雲」之旨。若窮而常有覬覦富貴之心，則鄙夫而已矣。自宋人用青雲字於登科詩中，遂誤至今不改。

【注】

〔一〕見史記伯夷列傳。中删「巖穴之士」下十九字。

〔二〕見南史陶弘景傳。文字有改動，如十四五，作「至十歲」。方書，作「神仙傳」等。

〔三〕見南史衡陽元王道度傳。文字有删節。

〔四〕見南史庾易傳。

〔五〕此爲阮籍詠懷詩（四十三），見阮步兵集。

〔六〕此爲李白送韓準裴政孔巢父還山詩中句，見李太白集卷十六。

〔七〕此爲王勃滕王閣詩序中句，見王子安集卷五。

【辨】

「青雲」之解，衆説不一。與升庵爭者有以下數家：明何良俊四友齋叢説卷三十六「考文」云：該文「援引精博，其論最當。但所謂青雲者，蓋言人品之高，如所謂志意薄天雲者是也。而謂即論語『富貴如浮雲』之旨，則又失之遠矣。蓋『青雲』言其高，『浮雲』言其薄，何得據以爲證耶？」（四友齋叢説中華書局）

明陳耀文正楊卷二「青雲」條復引史記范睢傳「不意君能自致於青雲之上」、揚雄解嘲「當途者升青雲」、宋書「一蹙直造青雲」、晉書載記「劉元海人傑，必致青雲之上」以證青雲爲貴仕。而後指出衡陽王鈞、會稽孔珪非梁人：「南史齊衡陽王鈞與會稽孔珪問答云云，見衡陽王道度傳，非梁也。」并引「唐僧廣宣寄賀王起放第二榜詩：『便向青雲領貢賓。』」證青雲字用於登科詩，不始於宋。（景印文淵閣四庫全書八五六册　臺灣商務印書館）

明周嬰巵林卷六「廣陳」駁晦伯「以青雲爲貴仕」云：「『青雲』蓋有數解。二公之爭，所謂人知其一耳。」引琴操「許由曰：『吾志在青雲』」等十三例，云「此高逸也」；引八公操「超騰青雲」等十例，云「此遊仙也」。而後復云「有以神襟言者」，舉「陸景典語曰『清氣標於青雲之上』」等十例；「有以氣勢言者」，舉説苑「方乘青雲飄摇於文章之觀」等四例；「有極無意義者」，舉九歌「青雲衣兮白霓裳」等十七例；「又有貴仕之類」，舉東方朔客難「抗之則在青雲之上」等十六例，稱「此皆晦伯所遺也」。

「至於用之登科詩者，蓋亦有説。晉書天文志云：『視四方常有大雲五色具者，其下賢人隱也。青雲潤澤蔽日在西北，爲舉賢良。』隋書京房易飛候占與晉志同。用修所引京房易占，則失其半矣。宋梁顥及第表：『青雲得路，多太公之二年。』當是尋此故實。然左傳：『郯子曰：黄帝氏以雲紀，故爲雲師而雲名。』服虔云：『黄帝以雲名官，春官爲青雲氏。』唐宋登科詩皆用此，以爲赴春官而得雋耳。

「吹景集曰：『琴操載許由曰：吾志在青雲，何乃劣劣爲九州長乎？』嵇康答向秀難養生論云：『練骸易氣，志凌青雲。』孫拯答陸士龍詩：『青雲方乘，芳餌可捐。達觀在一，萬物自賓。』裴松之荀攸傳注云：『張子房青雲之士。』陶貞白云：『仰青雲，睹白日。』俱祖箕山公語。少陵詩乃云：『青雲猶契闊，是羽可爲儀。』直爲進賢冠借用，失之矣。杜贈崔于二學士詩：「青雲猶契闊，凌厲不飛翻。」恐董誤。太白猛虎行：『賢哲栖栖古如此，今時亦棄青雲士。』差中其解。用修録羣書中八則，證宋人誤用登科事，極當。然不知古人語本許由，宋人語本少陵也。陳晦伯駁用修，援引頗博，然亦未引許由語。」（見景印文淵閣四庫全書八五八册　臺灣商務印書館）

清徐文靖管城碩記卷二十八「楊升庵集」「青雲」條云：「楊氏曰：後世謂登仕路爲青雲，謬矣。自宋人用青雲於登科詩中，遂誤至今不改。」按：「史記范雎傳『賈不意君能自致於青雲之上』，揚雄解嘲『當塗者升青雲』，抱朴子『有才有力者，蹊青雲以官躋』，北史魏長賢傳『皆奮於泥滓，自致青雲』，隋書李德林傳贊『君臣體合，自致青雲』，唐張九齡詩『夙昔青雲志，蹉跎白髮年』，孟浩然送友之京詩『子登青雲去，予望青山歸』，劉禹錫送韋道冲赴制舉詩『一鳴從此始，相望青雲端』，錢起詩『遥想青雲丞相府，何時開閤引書生？』唐摭言：『青雲得路，可知異日之心。』何謂宋人爲誤？」（見管城碩記　中華書局）

精鑿醍醐

儒書以精鑿喻學，精、鑿皆言米也。穀一石得米六斗爲糲，一石五斗爲毇①，得四斗爲鑿，得三斗爲精。精之字②，從米爲義，從青爲聲，古文作晶，象三米之形，尤見意義。佛經以醍醐之教喻於佛性，從乳出酪，從酪出酥，從生酥出熟酥，從熟酥出醍醐也。鑿、毇俱作鑿③。

【校】

①一石五斗爲毇　毇，譚苑醍醐卷四作「粺」，丹鉛雜録卷七作「毇」。

②精之字　譚苑醍醐卷四作「精之爲字」。

③鑿毇俱作鑿　萬曆本無，據丹鉛雜録卷七補。

莊子解①

「慰暋沉屯」〔一〕，褚伯秀云：「慰借從鬱，音義始明白。叟叟也，奚稍問也〔二〕。叟音蕭，若隱若顯貌。」南史楚辭鈔：「風颾颾兮木㮴㮴。」罔兩

「藏舟船於海壑，正合其宜；隱山嶽於澤中，謂之得所。然造化之力，擔負而趨；變故日新，驟如逝水。昨我今我，新吾故吾，義亦然也。」成玄英疏〔三〕。

「藏舟於壑，藏山於澤，此藏大也；藏人於室，藏物於器，此藏小也。小大雖異，而藏皆得宜，猶念念遷流，新新移改，是知變化之道無處可逃也。」〔四〕故曰：「藏小大有宜，猶有所遁。」

「大林、丘山之善於人也，亦神者不勝。」〔五〕成玄英曰：「自然之理，有寄物而遁也。」與「托焉而逃」同旨。

「飾羽而畫」〔六〕，羽儀刻畫也。

【校】

① 譚苑醍醐卷一有莊子解二十五條，末五條誤編于此，另二十條編入卷十八詩話類。

【注】

〔一〕見莊子外物。作「慰暋沈屯」。

〔二〕見莊子寓言。作「搜搜也，奚稍問也」。稍，借作「屑」。

〔三〕見莊子大宗師「藏舟於壑，藏山於澤」成玄英疏。「新吾故吾」，爲升庵所加。

〔四〕見莊子大宗師「藏小大有宜，猶有所遯」成玄英疏。

〔五〕見莊子外物篇。

〔六〕見莊子列御寇。

丹鉛總録卷之十四

訂訛類

北曲

南史蔡仲熊曰：「五音本在中土，故氣韻調平。東南土氣偏詖，故不能感動木石。」〔一〕斯誠公言也。近世北曲雖皆鄭衛之音，然猶古者總章北里之韻〔二〕，梨園教坊之調，是可證也。近日多尚海鹽南曲，士夫禀心房之精，從婉孌之習者，風靡如一，甚者北土亦移而耽之，乃其後更數十年①，北曲亦失傳矣。

【校】

① 乃其後更數十年　更數十年，四庫本作「更數十百年」，丹鉛摘録卷六作「更數十世」，詞品卷一作「更數十年」。

【注】

〔一〕見南史卷五十劉瓛傳。「東南」前脱「今既」。

〔三〕見後漢書獻帝紀「總章始復備八佾舞」注：「總章，樂官名。」

書劄甲劄

書簡謂之劄。釋名：「劄，櫛也，編之如櫛齒相比。」〔一〕郭知玄集韻序「銀鈎午閱，盪櫛行披」是也。又甲亦曰劄，養由基「射穿七劄」〔二〕，杜預「射不穿劄」〔三〕。王幼學云：「劄，甲劄也，編之如櫛齒相比。」〔四〕書劄、甲劄雖異用，皆似櫛齒相比，故以爲况耳。

【注】

〔一〕釋名「劄」作「札」。

〔二〕左傳成公十六年：「養由基蹲甲而射之，徹七札焉。」

〔三〕晉書杜預傳：「預身不跨馬，射不穿札。」

〔四〕王幼學，字行卿，元至元間人，躬耕慈湖之阪，與學者講道不輟，人稱慈湖先生，著有通鑑綱目集覽。

空有四音

空字有四音：平聲音枯公切，説文「竅也」。天曰太空，紗名方空①，從平聲。上聲音孔，考工記函人「眂其鑽空」②，舜紀「穿爲匿空旁出」〔二〕，莊子「礨空之在大澤」〔三〕，注：「小穴也。」張騫傳：「樓蘭、姑師小國，當空道。」〔三〕柳子厚祭張舟文「空道北出，式遏蠻陬」。大宛傳曰「張騫鑿空」〔四〕，皆音作上聲。去聲音控，詩「不宜空我師」〔五〕，論語「其庶乎屢空」〔六〕，揚子「酒誥之篇俄空焉」〔七〕，唐詩「潭影空人心」〔八〕，又曰「天空霜無影」，皆音去聲。入聲音窟，古者穴地穿崖而居，謂之土空。司空，官名，居四民時地利也，故曰司空。周禮注司空，主國空地以居民。空地，即窟地也。天上星有土司空，亦映地之土穴，詩曰「陶復陶穴」〔九〕，又曰：「曰爲改歲，入此室處。」〔一〇〕室即土空也。冬時萬物閉藏，故司空之官屬冬。

【校】

① 紗名方空　紗，上杭本、萬曆本作「沙」，丹鉛雜録卷三、四庫本作「紗」，據改。

② 眂其鑽空　眂，丹鉛雜録作「眠」，誤。眂，古「視」字。

【注】

〔一〕見史記五帝本紀。穿爲匿空，作「穿井爲匿空」。

〔二〕見莊子秋水。大澤，萬曆本誤作「天澤」。

〔三〕見漢書張騫傳。「當空道」，師古注：「空，即孔也。」

〔四〕見史記大宛列傳。

〔五〕見詩小雅節南山。

〔六〕見論語先進。

〔七〕見揚子法言問神篇。

〔八〕此爲常建題破山寺後禪院詩中句，見全唐詩卷一四四。

〔九〕見詩大雅緜。

〔一〇〕見詩豳風七月。

湖陰曲題誤

「王敦屯于湖，帝至于湖，陰察營壘而去。」此晉紀本文〔一〕。于湖，今之歷陽也。「帝至于湖」爲一句，「陰察營壘」爲一句。温庭筠作湖陰曲〔二〕，誤以「陰」字屬上句也。張耒作于湖曲以正之①。

【校】

①張耒作于湖曲以正之　耒，上杭本、萬曆本誤作「來」，據四庫本改。

【注】

〔一〕見晉書明帝紀：「敦將舉兵内向，帝密知之，乃乘巴滇駿馬，微行至于湖，陰察敦營壘而出。」

〔三〕見温庭筠湖陰曲序：「晉王敦舉兵至湖陰，明帝微行視其營伍，由是樂府有湖陰曲。後其詞亡，因作而附之。」見温飛卿詩集卷一。

【辨】

明胡應麟丹鉛新録卷三「陽虎」條，駁「遁歸湖陰」説曰：「晉書明帝紀云：『王敦將謀簒，下屯于湖，帝乃乘駿馬微行，至于湖，陰察敦營壘而出。』『陰』字當屬『察』字爲句。以上文『湖』下元無『陰』字，而下句『陰察』與『微行』相應也。自温庭筠作湖陰曲，後人往往承訛，惟王楙叢書得之。……敦既屯兵于湖，帝自湖歸，則歸於石頭耳。」（見少室山房筆叢卷四　中華書局）

明周嬰巵林卷八「諗胡」曰：「此則『湖陰』之解，發自用修矣。元瑞拾用修牙慧，以反譏用修。而又云『自湖遁歸』，又云『遁湖歸』，則以于湖『于』字，爲『于此』、『于彼』之『于』，而不知其爲縣名也。且單舉『湖』字，元瑞抑何所指？晉書地理志：『丹陽郡有于湖、蕪湖、姑熟諸縣，接壤聯疆。』觀王敦傳云：『敦移鎮姑孰。』明帝將討敦，微服至蕪湖，察其營壘。』又世説新語云：『王大將軍頓軍姑孰。明帝以英武之才，著戎服，騎巴賨馬，賫一金馬鞭，陰察軍形勢。』則『湖陰』之訛，『自湖』之謬，已可知矣。然于湖屬丹陽郡，在江南；歷陽屬淮南郡，在江北。楊云『于湖，今之歷陽』，則非也。」（景印文淵閣四庫全書八五八册　臺灣商務印書館）

硐

硐，韻會以爲硯字，非也〔一〕。元次山文：「怪石臨淵，硐硐石顛。」〔二〕自注：「硐，綺競切，音義近瑩。」非硯也。

【注】

〔一〕升庵奇字韻先韻、霰韻均有「硐」字，亦以「硐」與硯同。

〔二〕此爲元結丹崖翁宅銘文中語，見次山集卷六。

何與呵通

賈誼過秦論：「信臣精卒、陳利兵而誰何。」注：「誰何，問之也。」漢書「有誰何卒」，如淳曰：「何謂何官也。」〔一〕按：他注解「誰」與「譙」同，與高帝紀「譙讓羽」之「譙」同〔二〕。「何」與「呵」同。譙，讓之也；何，呵斥之也。何官，如今之盤詰守關者。

【注】

〔一〕見文選卷五一過秦論「誰何」注。

〔二〕羽，萬曆本作「與」。陳耀文正楊卷二「何與呵通」條引作「高帝譙讓項羽」。曰：「漢書：漢王謝羽鴻門，項莊舞劍，樊噲直入，羽壯之，賜以酒，噲因譙讓羽。此謂高帝譙讓羽，誤。」

跗旉華不敷五字同文①

詩曰：「棠棣之華，鄂不韡韡。」〔一〕不，花足也。易曰：「震爲旉。」〔二〕旉，華蒂也，通作敷。鄒潤甫遊仙詩：「紫芝列紅敷，丹泉激陽濆。」字書作「跗」，古詩：「紅萼青跗定滿枝。」〔三〕字又作「荂」，莊子「折楊皇荂」〔四〕，通作「華」。易：「枯楊生華，老婦得其壯夫。」〔五〕「夫」與「華」爲韻，可證也〔六〕。

【校】

①譚苑醍醐卷二「常棣之華」、楊子巵言卷一「旉即華」、升庵經説卷五「鄂不韡韡」，可參看。

【注】

〔一〕見詩小雅常棣。

〔二〕見易説卦。

〔三〕見王文公文集卷五九次御河寄城北會上諸友。滿枝，作「滿林」。

〔四〕見莊子外篇天地：「折楊皇荂。」

〔五〕見易大過：「枯楊生華，老婦得其士夫。」壯夫，作「士夫」。

〔六〕楊子巵言卷一「旉即華」條云：「易説卦：『震爲旉。』旉之爲言布也。震於東方爲春，草木之萌始布也。古文作『㚜』，今文作『華』，蓋花之蔕也。詩凡華字皆叶音敷，是其證。陸機文賦『彼瓊敷與玉藻』，瓊敷即瓊華，華與藻相對，尤可證也。」

晁公武讀書志多誤〔一〕

晁公武讀書志，載人名、地里多誤〔二〕。如云李太白爲山東人，不知樂史所序，謂太白攜妓遊山，慕謝安之風，自稱東山李白。杜工部因有「汝與東山李白好」〔三〕之句，而俗士不知，倒之爲山東也。太白之生則在蜀，本其冑則在隴西，與山東風馬之不相及也①。又以張唐英與張君房合爲一人，尤可笑。張君房，太宗時人，唐英乃商英之兄，字次功，蜀之新津人，何得爲一人乎？其疏略如此〔四〕。

【校】

①與山東風馬之不相及也　風馬之，四庫本、升庵外集卷四十九作「風馬牛」。

【注】

〔一〕本書卷十「李白家世」、「李白墓誌」，卷十四「李白」，可參看。

〔二〕指晁公武郡齋讀書志。

〔三〕此爲杜甫蘇端薛復筵簡薛華醉歌詩中句，見杜少陵集卷四。

〔四〕見郡齋讀書志：「麗情集二十卷，皇朝張君房唐英編，古今情感事。」明胡應麟藝林學山卷五爲其辯之曰：「唐英，君房誠失之。……然即此便謂晁氏多誤，是放飯流歠而譏人齒决也。楊執以太白爲蜀人，故凡謂白非蜀産者，必峻其掊擊，晁不幸適當之。劉向七略、别録，阮孝緒、毋煚書録，近世俱不傳，獨晁全編載文獻通考，所持論甚有可觀。楊似未深考者，博雅士自能識之。」

先其祘命

漢書律曆志：劉歆條奏引書曰：「先其祘命。」師古曰：「逸書也。言王者統業，先立算數以命百事也。」〔一〕祘，古算字。近俗本改「祘」作「算」。而俗士不知算命之義，又顛倒其字，作「先算其命」，成何語言？似星士招牌矣，可笑也，又可惡也！凡古書有古字，不可輕改。若依古作「祘」，則人雖罕識，而識之者必博古士也，未必妄改作「先算其命」也。他如「斠若畫一」〔二〕，通鑑改「斠」作「較」，不知「斠」，勘斗斛也；「較」，車耳也，其義殊遠。「左親戚，去墳墓」，通鑑改「左」作「離」。「運籌帷帳」〔三〕，通鑑改「帳」作「幄」。「陳平雖美，如冠玉耳，其中未必有也」，「冠玉」下去一「耳」字，便失其指，皆是爲拙工廢繩墨。聊舉一二，其餘更僕窮紙不能數也。

【注】

〔一〕漢書律曆志上：「數者，一、十、百、千、萬也，所以算數事物，順性命之理也。書曰：先其算命。」祘，作「算」。

〔二〕史記曹相國世家「顜若畫一」，集解徐廣曰：「顜音古項反，一音較。」漢書蕭何曹參傳作「講若畫一」，文穎曰：「講或作較。」師古曰：「講，和也。」未見有作「斠」者。

〔三〕史記留侯世家：高帝曰：「運籌策帷帳中，決勝千里外。」漢書作「帷幄」。

牛繼馬

晉書云：「初，玄石圖有『牛繼馬後』，故宣帝深忌牛氏，遂爲二榼共一口，以貯酒，帝先飲其佳者，而以毒酒鴆其將牛金。而恭王妃夏侯氏竟通小吏牛氏而生元帝。」〔一〕今通鑑省其文，云「通小吏牛金而生元帝」①。牛金可謂枉著一死，又負穢名，殊可笑也。又按：唐元行冲，元魏之後，著魏典三十卷，引「魏明帝時，西柳谷瑞石，有牛繼馬後之像」〔二〕。舊史謂元帝本出牛氏②，誣辭也。魏道武帝名犍，繼晉受命，此其應也〔三〕。

【校】

① 云通小吏牛金而生元帝　云，楊子巵言卷三作「竟云」。

② 舊史謂元帝本出牛氏　謂，據楊子巵言卷三補。

【注】

〔一〕見晉書元帝紀。「以貯酒」，後脱「焉」字。

〔二〕見新唐書卷二〇〇元行冲傳。西柳谷，作「河西柳谷」。瑞石，作「出石」。

〔三〕明王世貞宛委餘編卷八云：「用修能辨晉元非牛金所生，且知其爲誣辭。而云魏道武名犍，繼受命爲牛繼馬後之像，此又誤也。道武初名涉圭，後名珪犍者，其父什翼犍也，亦遠矣！」

文選嘈囋字

文選陸機文賦：「或奔放以諧合，務嘈囋而妖冶。」注引埤蒼曰：「嘈哢聲皃。哢與囋及囐同，才曷切。」〔一〕今本哢誤作啈，囐作巘〔二〕。余得古本，始正其誤。

【注】

〔一〕文選卷十七文賦注引埤蒼：「嘈啈聲貌。啈與囋及巘同，才曷切。」

〔二〕丹鉛摘録卷六作「今本哢誤作啈，嚍作囋」，疑有誤。

李陽冰

李陽冰，字少温，見於宣和畫譜。吴子行乃云：「陽冰即李潮之字。」亦猶晁公武以張唐英爲張君房也。唐英，字次功①，新津人，張商英之兄，仁宗明道中狀元，見黄東發古今紀要。選舉考誤作唐卿，亦當正之。

【校】

①唐英字次功　功，萬曆本作「公」，據四庫本改，亦見前晁公武讀書志多誤。

鄭玄解經有不通處

孝經：「宗祀文王於明堂。」鄭玄曰：「祭法云：『祖文王而宗武王。』文王稱祖矣。孝經云『宗祀文王』，是文王稱宗。」〔一〕王肅駁之曰：「鄭引孝經以解祭法，而不曉周公本意，殊非仲尼之義旨也。」「祖宗自是不毁之名，非謂配食於明堂也。審如鄭言，則經當言祖祀文王於明堂，不得言宗祀也。宗者尊也。」〔二〕王肅之言，可證鄭玄之謬。而「宗者尊也」四字有根據。慎按：宗與尊，古字通用。左傳「召伯宗」，公羊作「召伯尊」。古帝「尊盧氏」，亦作「宗盧氏」，可以爲證。鄭氏之誤，正坐以「宗」爲祖宗之宗，而不思宗、尊通用之字也。朱子答楊元範書曰：「字書音韻，是經中第一事，先儒多不留意。然不知於此等處不理會，却枉費了無限亂説牽補，而卒不得其本義，亦甚害事也。」〔三〕其此類之謂乎？崔靈恩因鄭氏之説，遂傅會之曰：「文王稱祖亦稱宗，武王稱宗亦稱祖。祖宗通言耳。」嗚呼！信如是説，昭穆可易位，父祖可倒置。解經如此，朱子所謂「亂説害事」，豈不信哉？

【注】

〔一〕見禮記注疏卷二十五「郊特牲」鄭玄注。

〔二〕王肅之言，見册府元龜卷五八六「掌禮部·奏議十四」。審如鄭言，作「審如鄭義」。則經，作「則孝經」。

〔三〕見朱子全書卷六答楊元範。字書，作「字畫」。第一事，作「淺事」。先儒多不留意，作「故先儒得其大者，多不留意」。無限亂説，作「無限辭説」。

太白遊歷出處①

余嘗怪杜少陵有年譜，而太白出處略不著見。因刊定李詩，遂就其集中遊歷，及小説諸家，著其梗概，今書於此。按太白生於蜀之昌明縣青蓮鄉。昌明，今之彰明也。讀書於縣南之匡山，杜子美贈詩所謂「匡山讀書處，頭白好歸來」〔一〕，指此山。今以爲匡廬，非也。太白非九江人，何得言歸來乎？此見晏公類要。又鄭谷送人入蜀詩：「雪下文君沽酒市，雲藏李白讀書山。」〔二〕益可證杜注之誤。

少以才名，爲採訪使蘇許公所知，疏薦於朝，曰：「趙蕤術數，李白文章。」徵召并不就。開元初，自蜀入京，賀知章以謫仙呼之。未久還蜀，見鄉人司馬相如誇楚七澤，遂下荆門，娶于許氏。因久寓巴陵、洞庭之間，故其詩有云：「郢門一爲别，巴月三成弦。」〔三〕可證也。

再入長安，客遊山東。其詩有云「顧余不及仕，學劍來山東」〔四〕是也。在山東與元丹丘輩營石門幽居，攜家與居焉。其送杜子美於石門、訪范山人於蒼耳林，皆此際事。未幾，又入長安應制，賦詩忤貴妃，乃賦秦樓月，以寓戀闕意。乃遊江南池州、會稽，而留家於魯。其詩有云：「我家寄東魯，誰種龜陰田。」〔五〕又送人之魯云：「我家寄在沙丘旁②，三年不歸空斷腸」是也。遂欲卜居池州之藍岑，又未幾去之廬山，遭永王璘亂。永王敗，繫潯陽，謫夜郎，遇赦歸，復至池州。蓋公平生遊歷所卜居，曰荆門、曰石門、曰嵩陽，而心獨樂於秋浦，舊遊可考也。故既返初服，遂就息焉，將有終焉之志，而首丘之懷不忘，故其懷趙徵君蕤詩云：「國門遥天外，鄉路遠山隔。朝憶相如臺，夕夢子雲宅。」〔六〕然竟不果其願也，竟終於采石。病革，猶以詩草託友人。捉月之説，蓋流俗讆言云。唐殷文珪、高蟾皆有過李白墓詩，既有墓葬，流俗之傳不可誣先賢。與子美耒陽之誣同③。

【校】

① 集中另有「東山李白」、「李白」、「李白墓誌」、「李白家世」、「李姓非一」等可參看。

② 我家寄在沙丘旁　丹鉛摘録卷六作「我家寄住沙丘傍」，李白送蕭三十一之魯中兼問稚子伯禽作「我家寄在沙邱旁」。

③ 與子美耒陽之誣同　耒，萬曆本作「來」，據四庫本、丹鉛摘録卷六改。

【注】

〔一〕此爲杜甫不見詩中句。見杜少陵集卷十。

〔二〕此爲鄭谷蜀中三首之一詩中句，見全唐詩卷六七六。

〔三〕此爲李白鄲門秋懷詩中句，見李太白集卷二十二。别，作「客」。

〔四〕此爲李白五月東魯行答汶上君（翁）詩中句，見李太白集卷十九。

〔五〕此爲李白寄東魯二稚子詩中句。見李太白集卷十三。

〔六〕此爲李白淮南卧病書懷寄蜀中趙徵君蕤詩史句。見李太白集卷十三。

【辨】

升庵以太白之詩文證其遊歷出處，以補太白年譜之闕，良有功于太白。陳耀文正楊卷四、王世貞宛委餘編卷八、胡應麟丹鉛新録卷九，復博引唐宋以來碑誌、史傳、筆記等，加以印證、辨難，互有得失，不一一迻録。如東山、山東之辨，已見卷十「東山李白」，「三入長安，未見論及。其難定之出處，胡應麟「李白出處」云：「古今詩人出處，未有如太白之難者，以爲山東者，南部新書也，舊唐書傳也，元微之杜詩序也，晁氏讀書志也。以爲蜀郡人者，范傳正碑也，新唐書也，劉全白墓碣也，魏萬、李陽冰、曾子固太白集序也，唐詩紀事也，彰明逸事也。然余考之魏顥序，言白本隴西，父家於綿，身既生蜀，繼以授籙於齊，育子於魯云。陽冰序則言白本隴西成紀人，中葉非罪謫條支，神龍之始逃歸於蜀，遂指李樹生伯陽，繼亦言授籙於齊紫極宫云云。新書傳則言白係武昭王孫，神龍初潛還廣漢，遂爲郡人。長客任城，與孔巢父等居徂徠山，號爲竹溪六逸云云。曾子固序則言白蜀郡人，出之齊魯，居徂徠山竹溪，遊梁最久，復入齊魯云云。合諸説而訂之，則巵言所謂白本隴西人，産於蜀，流寓山東，其説最完。而紀事末所謂或曰蜀、或曰齊、或曰隴，俱不爲無據也。況白但生於蜀，一出後未嘗返其故居，隴西以其本宗，山東以其流寓，志白奚不宜者？用修欲專太白於其鄉，凡諸方有據者一概没之，非通論也。」（見少室山房筆叢卷九　中華書局）此外新録中尚有「東山李白」、「李白題辭」、「李姓非一」，并可參看。

恁字音

班固典引：「勤恁旅力。」注：「恁，思也，如深切。」〔一〕今轉音作去聲。

【注】

〔一〕見文選卷四十八班固典引，蔡邕注。

寺人即侍人

文選宦者傳論：「寺人，掌女宮之戒。」〔一〕寺音侍，於義始叶，古文多省。

【注】

〔一〕見文選卷五十范蔚宗宦者傳論。

白鎑

儲光羲京口題崇上人山亭詩：「叫叫海鴻聲，軒軒江燕翼。寄言清淨者，閭閻徒白鎑。」〔一〕按字書①：鎑，畢裴切，缶别名，其音與翼韻不叶，或是菩字。菩，唐韻音蒲北反，草也，言閭閻民窮，惟白草而已。

【校】

① 按字書　字，上杭本、四庫本作「子」。

【注】

〔一〕見全唐詩卷一三八。徒白鎑，作「徒自踣」。儲光羲集卷四同。

孟浪之言

孟字當音夢，分韻當與夢同，而今乃與漾同韻，非也。余前録已引淮南子「正月之孟，陽氣始動」爲證〔一〕，以辨其非。近觀莊子「孟浪之言」，古本作「㠵」，字從亡從皿，音莫浪切，則「孟」與「㠵」本二字，不可混爲一也。㠵浪之「㠵」當在漾部，而孟仲之「孟」，自在送韻，何疑焉〔二〕。

【注】

〔一〕前録，指丹鉛餘録卷十一「古韻」。載本書卷二十五。

〔二〕陳耀文正楊卷四「孟浪之言」駁升庵云：莊子注：「孟如字，或武葟反，向云孟浪，音漫瀾，無所取捨之謂。今云古本作衁字，豈莊子手書耶？説文：『衁，血也，從血亡聲。』左傳：『士刲羊，』『亦無衁也。在陽韻，音荒。玉篇、韻會并無仄音。孟出敬韻，謂與夢同，當在送韻與漾韻，俱誤。」

古人不厭複字

左傳：「十年尚猶有臭」〔一〕，正義云：「猶則尚之義，重言之耳。」書云：「弗遑暇食」〔二〕，遑即暇也。漢書：「尚猶頗有存者。」

【注】

〔一〕見左傳僖公四年。

〔二〕見尚書無逸。

公孫龍子〔一〕

史記載公孫龍爲孔子弟子，其論「白馬非馬」，亦自附於仲尼，謂楚人亡弓之説，且云：

「仲尼異楚人於所謂人，而非龍異白馬於所謂馬，悖。」〔二〕可謂曲説矣。其他篇有云：「青驪乎白而白不勝也，白足之勝矣而不勝，是木賊金也。木賊金者碧，碧則非正舉矣。」〔三〕其意以白比君道，青比臣道。驪者色之雜也。青驪於白，謂權臣擅命而雜君道也。金本制木而木賊金，猶君本制臣而臣掩君也。其説類易所謂玄黄①、論語「惡朱奪紫」同，而頗費解説。又曰：「黄其馬也，其與類乎？碧其鷄也，其與暴乎？」〔四〕解云：「黄，中正之色，馬，國用之材，故曰『與類』。碧，不正之色；鷄，不材之禽，故曰『與暴』。」其説類孟子白馬、白人之例，然其淫放頗僻，去孔、孟何啻千里。

【校】

① 其説類易所謂玄黄　類，上杭本、萬曆本作「類」，四庫本作「與」。

【注】

〔二〕明胡應麟丹鉛新録卷二「公孫龍」云：「周有兩公孫龍：一春秋仲尼門人，一戰國平原辯士。」顧炎武日知録卷二十六：「仲尼弟子傳：公孫龍，字子石，少孔子五十三歲。按漢書注：『公孫龍，趙人，爲堅白異同之説者，與平原君同時，去夫子近二百年。』殆非也。且云少孔子五十三歲，則當田常伐魯之年，僅十三四歲爾，而曰『子張、子石請行』，豈甘羅、外黄舍人兒之比乎。」

〔三〕見公孫龍子迹府。

〔三〕見公孫龍子通變論。

〔四〕見公孫龍子通變論。

廣文選〔一〕

近閲廣文選，阮嗣宗碑乃東平太守嵇叔良撰，而妄改「良」作「夜」〔二〕，不知叔夜之死先於阮也。中山王文木賦，乃以文爲中山王名，而題作木賦。宋王微詠賦，乃誤王爲玉，而題云微詠賦，下書宋玉之名。不知王微乃南宋人，史具有姓名。而疏繆如此，殊誤觀者。

【注】

〔一〕廣文選，六十卷，明劉節編。又有廣廣文選，二十四卷，明周應治輯。

〔二〕叔夜是稽康的字，與叔良不是一人。

【辨】

明陳耀文正楊卷四「廣文選」條駁升庵云：「微詠賦，陳子同備文選補遺已載之矣。王微本傳不云有詠賦之作，豈當别有見耶？」（見景印文淵閣四庫全書八五六册　臺灣商務印書館）

胡應麟詩藪又駁晦伯曰：「宋玉賦，昭明選外，古文苑所收六篇，已大半可疑。陳氏文選補遺，乃有微詠賦一篇，題宋玉撰。余驟覩其目，驚喜亟閲之，怪其詞迥不類，又『微詠』名義殊不通。細考乃知宋王微所作詠賦。微有傳，見宋書及南史，不載此賦，蓋見於他選中，首題宋王微詠賦。陳氏不熟其人，遂以意加點作玉，而以微字下屬於詠，謂爲宋玉所撰，可笑也。弘、正間編廣文選亦以此賦爲玉。楊用修大譏之，不知其誤自是承襲前文。噫，一賦耳，作者、選者、考覈者，詿誤糾紛乃爾，可不慎哉？（見詩藪雜編卷一　上海古籍出版社）

藝林學山卷八「廣文選」條曰：「此説則用修爲得，晦伯失之，以陳詞賦非長，故不辯六朝、戰國面目耳。史傳中詞賦之名安能盡載？不可以本傳不録爲疑。惟廣文選之誤是承襲補遺，用修亦未審也。」（見少室山房筆叢卷二六　中華書局）

周嬰巵林卷九「諗胡」則以晦伯之疑不爲無理云：「予始覽文選補遺、廣文選，見宋玉微詠賦，深訝其紕。及閲用修、元瑞二公揚搉，益以爲快，然恨未見所出書也。後讀陸龜蒙自遣詩云：『月淡花開夜已深，宋家微詠若遺音。重思萬古無人賞，露濕清香獨滿襟。』則此賦實三閭弟子作矣，賦蓋出宋玉集中。唐世載籍未殺，魯望當即見之，不應有誤也。元瑞既云宋書、南史傳不載此賦，而駁議復云『史傳中詞賦安能盡載』，則自爲齟齬矣。『微詠』名義，予謂右丞詩『花宫梵梵遠微微』，蓋用其意者。黄若木則云：『即玉賦所謂以微詞相感動者。』亦眇論也。且此賦惟起處稍似六朝體製，中間頗多騷楚遺聲。晦伯之疑，未遽爲失耳，識之以俟博通君子。」（見景印文淵閣四庫全書八五八册　臺

灣商務印書館）

近人錢鍾書管錐編一六六全宋文卷十九王微詠賦云：「南宋末陳仁子文選補遺收宋玉微詠賦，明劉節廣文選沿之；楊慎（楊有仁編太史升庵全集卷四七）、胡應麟（少室山房筆叢卷二六）、錢希言（戲瑕卷一）、周嬰（巵林卷九）、李枝青（西雲札記卷三）、俞樾（茶香室四鈔卷十二）聚訟不已，或謂確是『宋玉微詠賦』，或謂乃『宋王微詠賦』之訛。嚴氏此輯於歷代相傳之篇，雖知其依託附會，仍録存而加按語；本卷及全三代文宋玉卷中却未刺取詠賦或微詠賦，亦隻字不道此公案，何哉？」（管錐編　三聯書店）

夏侯湛樂毅論

夏侯湛作樂毅論〔一〕，以爲毅近王者之師，而王通亦取其說，過矣！齊人伐燕，不能置君而去之，故燕畔。及燕人伐齊，亦不能置君而去之，故齊畔。昔以燕伐燕，今以齊伐齊，何王者師之有？

【注】

〔一〕見隋王通中説王道：「子讀樂毅論曰：仁哉樂毅，善藏其用；知者太初，善發其藴。」自注：「夏侯玄，字太初，著樂毅論。」升庵作「夏侯湛」，記誤。

俊迭

古昆陵志有漢司農劉夫人碑文，許劭所製，存者僅百十字〔一〕，中有「俊迭」二字，不知何音義。又酒官碑有「夂灬」字〔二〕，亦不知識，書以詢知者。

【注】

〔一〕譚苑醍醐卷九有司農劉夫人墓碑碑文，可參看。俊迭，作「俊迭」。

〔二〕丹鉛雜録卷二有「八分書夂灬字」條云：「蜀夾江縣有酒官碑，令狐世弼所書，字畫有漢魏法。其中有云：『南由市入爲闠，北抵湖出爲夂灬。』闠中之館，夂灬字不知何音義。録於此，以俟博洽者問之。唐韻：『夂灬，即亦字。』」

滇字三音

滇字三音：漢書「西南滇池」，音顛。預州滇陽①，音真，其後訛爲慎陽也。杜預傳：「滇淤之田，畝收數種。」〔一〕此滇字又音「填塞」之「填」。

【校】

①預州滇陽　預，四庫本作「豫」。

【注】

〔一〕見資治通鑑卷八十晉紀九。

五音解

宋白曰：「合口通音謂之宫，其音雄雄洪洪然」。「開口吐聲謂之商，其音鏘鏘倉倉然。」「張牙湧脣謂之角，其音喔喔確確然。」「齒合脣開謂之徵，其音倚倚巇巇然。」「齒開脣聚謂之羽，其音詡詡吁吁然。」〔一〕

【注】

〔一〕見宋史律曆志四「崇天曆」「辯音聲」。文字有較大刪改。張牙湧脣，作「聲出齒間」。詡詡吁吁然，作「羽、詡、雨、酗、芋然」。宋白，字太素，學問宏博，宋雍熙中與李昉共纂文苑英華，著有建章集。

夾俠古字通

吴大帝築東興堤，左右結山，俠築兩城。注：「今栅江口有兩山，濡須山在和州界，七寶山在無爲州界，兩山對峙，中有石梁。俠讀作夾，古者俠、夾二字通用。漢隸華山亭碑文有云：『吏卒俠路。』晉宋書有俠轂隊〔一〕，皆以俠爲夾。」

【注】

〔一〕見南齊書卷二十六王敬則傳：「王敬則母爲女巫」，「敬則年二十餘，善拍張。」「敬則跳刀，高與白虎幢等，補俠轂隊主。」

漯㶟二字與濕同

許氏説文：「濕，水名，音榻。」即禹貢之漯水，孟子所謂「瀹濟、漯」也。班史地理志：「右北平浚靡縣，漯水南至無終，東入庚。」〔一〕水經注：「庚水與鮑丘水合浚靡。」〔二〕魏書道武帝如馬邑，觀漯水〔三〕。注：「即紫河也，出雁門陰館縣漯頭山①，一曰治水。」師古曰：「漯，力追切。」丁度集韻：漯、㶟、濕三字，同注曰「水出雁門」。合而證之，則古名濕水，音榻；今名漯水，音累，二音皆通。

【校】

① 出雁門陰館縣漯頭山　漯，上杭本原空白，萬曆本作「補」，丹鉛雜録卷五作「補頭山」。四庫本作「漯」。

【注】

〔一〕見漢書地理志下「右北平郡」：「俊靡，灅水南至無終入庚。」漯，作「灅」。

〔二〕見水經注卷十四。

〔三〕見魏書卷二太祖紀：天興三年，「西幸馬邑，觀灅源」。漯，作「灅」。

甄陣①

晉書：周訪擊杜曾，「使將軍李恒督左甄，許朝督右甄」〔一〕。楊正衡曰：「甄音堅。戰陣有左拒右拒，拒，方陣也。有左甄右甄，甄，左右翼也。左右拒，見於周鄭繻葛之戰〔二〕；左右甄之義，見於楚穆王孟諸之田，『宋公爲右盂，鄭伯爲左盂』〔三〕。杜預注：『將獵張兩甄。』蓋晉以左右翼爲左右甄，預取當時之言，以釋左右盂也。」然左傳他篇有「中甄前茅」，則甄之義亦古矣！

【校】

① 甄陣　一作「兩甄」，見升庵集卷四十三、升庵外集卷三十，文字不同，前引有左傳、世説之語。

【注】

〔一〕見晉書周訪傳。

〔二〕見左傳桓公五年，鄭子元請爲左拒、右拒。拒，通「矩」，方陣。

〔三〕見左傳文公十年。盂，杜注：「盂，田獵陣名。」取盂曲之義，蓋圓陣也。

淫聲

論語「鄭聲淫」，淫者，聲之過也。水溢於平曰淫水①，雨過於節曰淫雨，聲濫於樂曰淫聲，一也。「鄭聲淫」者，鄭國作樂之聲過於淫，非謂鄭詩皆淫也。後世失之，解鄭風皆爲淫詩，謬矣！樂記曰：「流辟邪散、狄成滌濫之音作，而民淫亂。」狄與逖同。逖成，言樂之一終甚長，淫佚之意也。逖成者，若古之曼聲，後世之花字，今俗所謂勞病腔之類耳。考工記「善防者水淫」，左傳「星在歲際而淫於玄枵」。

【校】

① 水溢於平曰淫水　平，四庫本作「平地」。上杭本、萬曆本、丹鉛摘録卷五皆作「平」。

【辨】

明田藝蘅留青日札卷十九「淫聲」條發揮升庵之説云：「鄭聲淫，今考鄭詩非淫，鄭聲則淫。淫者，聲之過也，猶雨之過者曰淫。雨水之過者，曰淫水，故曰溢也。禮曰：『流辟邪散、狄成滌濫之音作，而民淫亂。』即鄭聲類也。魏文侯曰：『聽鄭衛之音，則不知倦。』故子夏曰：「所問者樂也，所好者音也。」又曰：「鄭聲好濫淫志，宋音燕安溺志，衛音趣數煩志，齊音驁辟驕志。」左傳曰：『煩手淫聲，慆堙心耳，乃忘和平，謂之鄭聲。』許慎五經通義曰：『鄭重之音，使人淫過也。』法言曰：『哇則鄭。』李軌曰：『哇，邪也。』史記曰：『鄭衛之曲動而心淫。』蓋鄭衛之音，亂世之音也；桑間濮上之音，亡國之音也。故魏杜夔傳：『自左延年等雖妙于音，咸善鄭聲，其好古存正莫及夔。』隋萬寶常傳：『安馬駒、曹妙達、王長通、郭令樂等，能造曲爲一時之妙，又習鄭聲，而寶常所爲，皆歸于雅。』如今之時曲俚戲，未必皆其辭之鄙悖、褻狎而謂之淫也。至使以弋陽之倡優爲之，則演者其形淫，唱者其聲淫，而人之觀者因而惑其心，蕩其思，則君子不得不禁而絶之矣。故鄭聲在所當放也。何晏有曰：『鄱陽惡戲，難與曹也。』左太冲亦曰：『鄱陽暴謔，中酒而作。』鄱陽，即豫章，其人俗性躁急。今弋陽，即鄱陽地，則其惡戲，有自來矣。」（見田藝蘅留青日札　上海古籍出版社）

明謝肇淛五雜組卷十二云：「夫子謂『鄭聲淫』。淫者，靡也，巧也，樂而過度也，艷而無實也。蓋鄭、衛之風俗，侈靡纖巧，故其聲音亦然，無復大雅之致也。後人以淫爲淫欲，故概以二國之詩皆爲男女會合之作，失之遠矣。夫閭閻里巷之詩，未必書入樂章，而國君郊祀朝會之樂，自胙土之初即已有之，又安得執後代之風謡而傅會爲開國之樂聲乎？聖人以其淫哇，不可用之於朝廷宗廟，故欲放之。要其亡國之本原，不在此也。招之在齊，不能救齊之亡，則鄭聲施之聖明之世，豈能便危亡哉？宋廣平之好羯鼓，寇萊公之舞柘枝，不害其爲剛正，况之於庭乎？但終傷綺靡，如淫詞艷曲，未免擯於聖人之世耳。」（續修四庫全書一一三〇册　上海古籍出版社影印本）

羕與永通

古字羕與永同。韓詩「江之永矣」作「江之羕矣」〔一〕。博古圖「永寶用享」作「羕寶用享」。

【注】

〔一〕見詩周南漢廣。

古歲字作遂

古遂字，即歲時之歲①。今文歲字，从步从戌，年至戌而終，乃秦人以十月爲歲首，故制字从步戌，前此未也。宋姚孝寧已辨之。予觀史記注引陸賈楚漢春秋云：「三老董公八十二遂，封爲成侯。」遂即歲也〔一〕。陸賈著書不用秦篆，而用古文，亦卓士哉！崔希裕略古篇古歲字作亗，未詳其義〔二〕。然亦可證步戌之爲秦制，而非古矣。

【校】

① 古遂字即歲時之歲　萬曆本作「古歲字即歲時之遂」。據丹鉛摘録卷六改。

【注】

〔一〕陳耀文正楊卷二「古歲字作遂」條云：「史記注雖有此句，詳其文義，遂字屬下句，詎可指此遂爲歲耶？」

〔二〕丹鉛續録卷四「歲非古字」云：「説文云：『步戌爲歲』。蓋秦以十月爲歲首，故附會此説。歲字亦秦制也。歲，古作亗，見薛氏款識法帖及崔希裕略古篇。」又「古歲作亗」云：「干寶周禮注：『中氣帀謂之歲，朔氣帀謂之年。』故古歲字作亗，從一帀而倒之，周一遭也。」明焦竑焦氏筆乘卷六「用修誤解歲字」辨之曰：「用修云：『歲，古即遂字。……前此未有也。』按：爾雅『夏曰歲』，取歲星行一次也。歲星行一次而四時之功畢，故年謂之歲。從步者，其躔度可推步也；從戌者，木星之精生於亥，自亥行至戌而周天也。謂其始於秦，蓋誤。」

鄂字从卩

文選笛賦：「不占成節鄂。」〔一〕注：「鄂，直也。從邑者乃地名也，非此所施也。」據此則節鄂連綿字，皆從卩，而今刻本皆誤從阝。

【注】

〔一〕見文選卷十八。笛賦，作長笛賦。「鄂」注：「愕，直也。從邑者乃地名也，非此所施也。字林曰：『鄂，直言也。』謂節操蹇鄂而不怯懦也。」

笨字義

笨字，音奔去聲，粗率也。晉書：豫章太守史疇肥大，時人目爲笨伯〔一〕。宋書王微傳亦有麤笨之語。今俗諺亦然。朱子語録云「諸葛亮只是笨」〔二〕，不是此字，乃書作「坌」，而音發之。噫，諸葛亮豈笨者邪？字尚不能識，而欲譏評諸葛乎？

【注】

〔一〕見晉書卷四十九羊曼傳附羊聃傳：「陳留江泉以能食爲穀伯，豫章太守史疇以大肥爲笨伯，散騎郎高平張嶷以狡妄爲猾伯，而聃以狼戾爲瑣伯。」肥大，原作「大肥」。

〔三〕見朱子語録卷一三六：「孔明雖正然盆，去聲。法孝直輕快必有術以止之。」「諸葛孔明大綱資質好，但病於粗疎。」「諸葛孔明天資甚美，氣象宏大，但所學不盡純，故亦不能盡善。」本書卷二十六「文公著書」，可參看。

甄字音〔一〕

甄徹，字見獨，登進士，時林攄爲樞密，當唱名，讀爲堅音。上以爲真音，攄辯不遜，遂坐貶。後見姓譜云：「舜子商均封虞，周封陳。楚烈王時，有陳通奔周，周以舜居陶甄之職，命爲甄氏。」按説文：「甄，陶也。從瓦垔，居延反。」吴書孫堅入洛，屯軍城南，甄官井上，旦有五色氣，人入井探得傳國璽，以甄與己名音叶，以爲受命之符。則三國以前，未有音爲之人切者矣。孫權即位，尊堅爲帝，江左諸儒爲吴諱，故改音真。説文顛、蹎、瘨、闐以真爲聲，煙、咽以甄爲聲，馴、紃以川爲聲，駪以先爲聲，此皆先真韻中互爲聲也。其後，秦爲苻堅諱，隋爲楊堅諱，皆暫避其音耳。嘉祐中，王陶作甄氏墓銘云：「甄以耳陶，氏出於陳。避吴苻隋，時以爲甄。南北溷訛，姓音莫分，本之於古，乃識其真。」〔二〕

【注】

〔一〕丹鉛雜録卷四，篇首有「宋莊季裕鷄肋編云」八字。見鷄肋編卷中甄姓考，引文有較大删改。

如：甄官井，作「甄宮井」。詵以先爲聲，作「詵侁駪以先爲聲」。甄以耳陶，作「甄以舜陶」。

〔二〕「乃識其真」後丹鉛雜録卷四有：「按：王逸楚辭云：『鹿谿兮躖躖，貒貉兮蟫蟫，鸇鷂兮軒軒，鶉鵪兮甄甄。』甄，以此知古元音堅，又音稽云。」又譚苑醍醐卷六另有「甄音稽」一條云：「佛經『甄明』之『甄』亦音稽。此字集韻不收。吴才老韻補亦遺之。」

佗字兩音

孟子尹公之佗，漢書趙佗，項羽傳項佗、過秦論帶它，後漢華佗，五人名并音徒何切，讀爲駝。左傳賈佗、北宫佗，陽它，毛詩陳它，四人名，又音拖。

古文七作桼

方言：「吴有桼娥之臺。」〔一〕束皙賦：「朝享五鼎之奉，夕宿桼娥之房。」〔二〕桼即七字也。書：「六律、五聲、八音、七始。」而古文作「夾始」、史記作「來始」。「夾」與「來」皆「桼」字之誤。太玄七政亦作「桼」，褚遂良書枯樹賦，七亦作「桼」。

【注】

〔一〕方言卷二作「吴有館娃之宫，秦有桼娥之臺」。

〔二〕晋書卷五十一束皙傳：玄居釋作「夕宿七娥之房，朝享五鼎之食」。

斗音主①

史記：「黃帝合萬靈於明堂。」正義引緯書：「黃帝明堂名曰神斗，黃帝含紐樞之府也。斗者主也，土精澄靜，四神之主也。」〔一〕周禮：「設斗共其釁鬯」〔二〕。注：「斗音主。釁音徽。」禮喪大記：「沃水用斗。」注：「斗一作料。」〔三〕甘氏星經：「帝張四維，運之以斗。月徙一辰，復返其所。」〔四〕漢書：「涇水一石，其泥數斗。以灌以溉，長我禾黍。」〔五〕

【校】

① 斗音主　丹鉛續録卷四、丹鉛雜録卷四另有「斗音主」一則，文字不同：「古文易『日中見斗』，斗作主。鄭玄注：詩『酌以大斗』，斗亦音主。儀禮云：『司宮設罍于洗東，有枓。』釋文：『枓，音主。』注：『枓，斞，水器也。』律曆志：『聚於斗。』溝洫志：『涇水一石，其泥數斗，且溉且糞，長我禾黍。』」

【注】

〔一〕見史記五帝本紀「文祖者堯大祖也」正義引尚書帝命驗注：「周曰明堂。神斗者，黃帝含樞紐之府，名曰神斗。斗，主也。土精澄靜，四行之主，故謂之神斗。」文字有删改。

〔二〕見周禮春官鬯人。

〔三〕見史記張儀傳索隱：「凡方者爲斗，若安長柄，則各爲料、音主。」

〔四〕見淮南子天文訓。升庵記誤。

〔五〕見漢書溝洫志。以灌以溉,作「且溉且糞」。

柔杼二字之分

説文:「柔,栩也。」①今之橡斗。莊子「狙公賦柔」,謂分橡實與衆狙也。杼,機杼也。二字皆從木爲義,從予爲聲。但疊之則爲柔,并之則爲杼,亦猶旱旰、棗棘之分也。莊子作芧從草,亦得〔一〕。

【校】

① 柔栩也 柔,萬曆本誤作「柔」,據升庵外集卷四十六、四庫本改。

【注】

〔一〕莊子齊物論注:「芧音序,橡子也。」升庵外集卷四十六另有「賦芧」一則:「芧栗,木果也。芧,今訛作茅栗。沈存中嘗辨其非矣。杜詩『園收芧栗未全貧』,正指此物。」

齊子豈弟①

詩「齊子豈弟」,與傍章「遊遨」「發夕」之義太相遠〔一〕,初讀疑之,後觀鄭箋,「豈弟」作「闓圛」。闓之訓開也，圛之訓明也。開明之義與「發夕」爲對②。又司馬相如封禪文「昆蟲闓圛」，文穎曰：「闓、澤，皆樂也。闓，音愷；澤，音驛。」〔二〕闓澤之訓樂，又與「遊遨」爲對。鄭玄、文穎二説雖殊，而字義則近之矣。今文作「豈弟」，恐非。淫亂之人，何豈弟之有？

【校】

① 齊子豈弟　譚苑醍醐卷五、升庵經説卷四另有「齊子闓圛」一則，文字不同，可參看。

② 升庵經説卷四「與發夕爲對」後有「發夕，侵夜而行；闓圛，將明而行也」二句。

【注】

〔一〕見詩齊風載驅。全詩四章：首章「齊子發夕」，次章「齊子豈弟」，三章「齊子翺翔」，末章「齊子遊遨」。

〔二〕見文選卷四十八司馬相如封禪文李善注。

席箕

李賀塞上詩：「天遠席箕愁。」〔一〕劉會孟注：「席箕，如箕踞坐。」予按秦韜玉塞上曲云：「席箕風緊馬豩豪。」〔二〕此豈箕踞義哉？席箕，恐是塞上地名，書之以俟知者〔三〕。

【注】

〔一〕見李長吉歌詩卷四，塞上，作塞下曲。天遠，作「沙遠」。席箕，作「席羈」。注云：「一本作『席萁愁』爲是。盖卧沙中，以豆萁爲席也。」

〔二〕見全唐詩卷六七〇，作塞下。席箕，作「麾旗」。馬豩豪，作「馬蹄勞」。

〔三〕席萁，一作席羈、息鷄，北方牧草名。唐段成式酉陽雜俎續集卷十「支植下」云：「席箕，一名塞蘆，生北胡地。古詩云：『千里席箕草。』」宋歐陽修新五代史卷七十三四夷附録第二云：「又東行，至褭潭，始有柳，而水草豐美，有息雞草尤美，而本大，馬食不過十本而飽。」可充馬食，亦可爲簾。

悠字單用①

詩「悠悠蒼天」〔一〕，注：「眇邈無期貌。」後人押韻，罕有單用者，惟莊子有「荒唐謬悠」，後漢書「任重道悠」，張平子東京賦「建辰旒之太常，紛焱悠以容裔」〔二〕，佛經「道性天悠」〔三〕，可以單押。

【校】

①悠字單用　升庵集卷六十三另有「悠字押韻」，可參看。

【注】

〔一〕見詩王風黍離。

〔二〕見文選卷三東京賦。東京賦，萬曆本誤作「西京賦」。旒，誤作「旅」。

〔三〕道性天悠，見廣弘明集卷十九蕭子良與南郡太守劉景蕤書，非佛經。

嗔目待明經

宋人諺云：「焚香禮進士，嗔目待明經。」見東萊文集〔一〕。其徒諱之，改「嗔目」作「徹幕」〔二〕，非也。

【注】

〔一〕見呂祖謙歷代制度詳説卷一。焚香禮進士，作「焚香收進士」。

〔二〕夢溪筆談卷一「試進士與試明經」條引歐陽文忠公詩作「焚香禮進士，徹幕待經生」。

姑息

檀弓曰：「細人之愛人也以姑息。」注：「姑，且也；息，休也。」其義殊晦。按尸子云：「紂棄黎老之言，而用姑息之語。」注：「姑，婦女也；息，小兒也。」〔一〕其義始明白。合表出之〔二〕。

【注】

〔一〕明胡應麟丹鉛新録卷一「姑息」條云：「尸子宋世已不傳，通考可證，乃用修所引皆得之類書者。『君子愛人以德，細人愛人以姑息』，二語相對甚明。如楊説，上言細人，下復言小兒、婦女，何其複也。」

〔二〕「合表出之」後升庵經説卷九尚有「武王曰：紂辟遠其子，愛近姑與息。又姑息二字：姑，姆母也；息，頑童也」。

町疃

詩「町疃鹿場」〔一〕，毛萇云：「鹿跡也。」説文曰：「町疃，禽獸所踐處。」漢儒解經，如此可笑！蓋因「町疃」下有「鹿場」字，遂以鹿跡獸踐附會之。鹿跡獸踐可以解「鹿場」，而不可以解「町疃」也。原詩人之意，謂征夫久不歸家，町疃之地踐爲鹿場，非謂町疃即鹿場也。且説文以町疃字載于田部，曰「凡田之屬皆從田」。若町疃果爲獸踐，則非田之屬也。考之他訓，左傳：「町原防，井衍沃。」〔二〕干寶注：「平川廣澤，可井者則井之；原阜堤防，不可井者則町之。町，小頃也。」張平子西京賦「編町成篁」①，注：「町謂畎畝。」王充論衡：「町町如荆軻之廬。」〔三〕石鼓文：「原隰既垣，疆理疃疃。」毛伯敦銘②：「予既疃商。」莊子「舜舉於童土之地」〔四〕，其疏云：「童土，疃也。」皆説田野，并無鹿跡之説。如豳風以「綢繆牖户」形容鳥巢，遂以綢繆爲鳥巢，可乎？

【校】

①張平子西京賦編町成篁　編，上杭本作「遍」，萬曆本作「徧」。文選西京賦：「篠簜敷衍，編町成篁。」注：「編，連也。」據改。

②毛伯敦銘　毛，升庵經説卷四作「召」。

【注】

〔一〕見詩豳風東山。

〔二〕見左傳襄公二十五年：「町原防，牧隰皋，井衍沃。」

〔三〕論衡語增篇作「町町如荆軻之閭」。

〔四〕見莊子徐無鬼：「堯聞舜之賢，舉之童土之地。」疏曰：「地無草木曰童土。」

蠱冶通用

易「冶容誨淫」，太平廣記引之作「蠱容誨婬」。左傳：「女惑男曰蠱。」〔一〕國語：「蠱女縱欲〔二〕。」張平子西京賦：「妖蠱艷夫夏姬，美聲暢於虞氏。」南都賦：「侍者蠱媚，巾𢄼鮮明。」五臣注作「冶媚」。馬融廣成頌古「冶」字作「蠱」字，可證。傅毅舞賦：「貌嬚妙以妖艷兮，紅顔曄其楊華。」〔三〕注：「妖蠱，淑艷也。」或省作蛊，人姓也①。漢高帝功臣有蛊達，古蠱子之後，見姓氏英賢録②。

【校】

①「人姓也」後升庵經説卷二尚有:「詳希姓録。又三蒼并干寶易注:冶,銷也。遇熱則流,遇冷則合,與冰同志,故冶字從冰。女之艷媚,亦令人銷神流志,故美色曰冶也。」

②見姓氏英賢録 姓,萬曆本脱,據四庫本補。

【注】

〔一〕見左傳昭公元年:「女惑男,風落山,謂之蠱。」

〔二〕見國語晉語八,作「遠男而近女惑以生蠱」,注:「惑於女以生蠱疾。」

〔三〕見文選卷十七。妖艷,作「妖蠱」。楊華,作「揚華」,揚其光華。

【辨】

明陳耀文正楊卷三「蠱冶通用」條指責升庵引太平廣記欺人云:「廣記引易,見第幾卷?何不明言?意謂廣記繁富,人難遍閲,故每借以欺人耳。七修類稿曰:『海觀張天錫,作文敏捷,而用事率杜撰。人有質者,則高應聲曰:出太平廣記。』蓋其書世所罕也。公引廣記,無亦天錫之故智乎?」并云:「『蠱』不可作『冶』。舉例曰:「兩京賦良注曰:『蠱媚,美容也。』并無『冶』字。廣成賦『田開古蠱』,注『音冶』,不云古字。夫一『冶』字也,欲野則野,欲蠱則蠱,爲子字者,不亦難乎?使公冶長有知,又將有用修太横之誚矣。」(見景印文淵閣四庫全書八五六册正楊 臺灣商務印書館)

明周嬰巵林卷六廣陳爲升庵辯之曰：「維摩詰經有『妖蠱』語。唐沙門玄應音義曰：『蠱，周易作冶；「冶容誨淫」。』劉瓛曰：『冶，妖冶，謂姿態之貌也。』據此，蠱、冶通用，蓋一證也。西京賦『妖蠱艷夫夏姬』，注曰：『蠱音野。』傅武仲舞賦『貌嬈妙以妖蠱』，五臣作『妖冶』。張衡思玄賦『咸妖麗以蠱媚』，章懷注亦曰：『蠱音野。』謝惠連詩：『鄽生無文章，西施整妖冶。胡爲空耿介，悲哉君志瑣。』『冶，果鄔切』，則謝又讀『冶』爲『蠱』。至晏子春秋『古冶子』，廣成頌作『古蠱』，章懷注曰：『蠱與冶通。』二字通用，灼然睹矣。又易『冶容』，鄭玄、陸續、虞翻、姚信并作『野容』云。野，言妖野也。且『野葛鉤吻』，論衡作『冶葛』，則『冶』通於『野』，抑有前摹。用修按據歷歷，晦伯空劾無驗。固知文苑之中，忌能者多，虚襟者少。」（見景印文淵閣四庫全書八五八册　臺灣商務印書館）

朱子論吴才老叶韻

吴才老詩經叶韻「下民有嚴」協「不敢怠遑」①，云避漢明帝諱。朱子云：「避諱之説，却無道理。嚴字，當叶作昂，此間鄉音，嚴作户剛切。」愚按：嚴字避漢諱改「莊」，史有明證，莊君平改嚴君平、莊子陵改嚴子陵是也。其説本不誤，不可以閩音證之。且三代之世，閩未入版圖，作詩之人，安得取閩音而入商頌乎〔二〕？

【校】

①下民有嚴協不敢怠遑　不敢怠遑　上杭本、萬曆本脱「敢」字，四庫本改「不」作「下」，均誤。據

詩商頌長發補。

【注】

〔一〕清蔣驥山帶閣註楚辭説韻云：「商頌嚴叶遑，朱子云：『閩音，嚴作户剛切，音昂。』丹鉛録非之，謂莊改嚴，自避漢諱，時閩未入版圖，不宜以閩音爲證。不知改嚴雖係避諱，亦由莊嚴音近故也。方域之廣，豈無同於閩音者乎？」

欸乃

説文：「欸乃，譍也。」①集韻作「唉」，或從口，或從欠。如「嘯」之作「歗」，「歎」之作『嘆』，字雖殊，義一也。史項羽紀：「亞父拔劍擊玉斗而破之曰『唉』」。揚子法言：「始皇方獵六國，而翦牙欸。」〔二〕注：「欸，絶語，歎聲。」楚辭：「欸秋冬之緒風。」楚辭用之於句首，揚子用之於句終，蓋噫嘻、嗚呼之類也。朱子辨證云：「欸乃，棹船相應聲。」元結有欸乃曲。柳宗元詩『欸乃一聲天地緑』〔三〕，注：『欸乃』一本作『襖靄』。按欸音靄，乃音襖，近日倒讀之，誤矣。」〔三〕項氏家説云：「劉蜕文集有湖中靄迺歌②，劉言史瀟湘詩有『閒歌曖迺深峽裏』。靄乃也，曖迺也，欸乃也，皆一事，但用字異爾。欸本音哀，亦轉作上聲，後人因柳集中有注字云『一本作襖靄』，遂欲音欸爲襖，音乃爲靄，不知彼注自謂别本作『襖靄』，非謂『欸乃』當音襖靄也。靄迺、欸乃，不妨兩本并行，何必比而同之乎？』〔四〕慎按：欸乃，歌聲，本無定字。劉蜕、劉言史詩流，惟寫方言；元結、柳宗元通儒，略依字義。唉者應聲，如噫嘻之類。乃者曳詞之難，如詞賦中若乃、乃若之例。此雖字音之微，而「襖靄」當作「靄襖」，自朱子始正世俗倒讀之誤。「靄迺」自「靄迺」，「欸乃」自「欸乃」，自項平庵始正前人混淆之失。古人文理密察如此，後學其可以鹵莽觀之乎！

【校】

① 欸乃譍也　譍，四庫本作「訾」。説文：「欸，訾也。」按訾者，呰之字誤。欸者，呰也，可正訾字之譌。「唉，應也。」方言：「欸，然也。」南楚凡言然者曰欸，或曰譬，蓋唉、欸古通用也。説文原非「欸乃」，升庵之意疑爲「欸，乃譍也」。

② 劉蜕文集有湖中靄迺歌　湖，丹鉛摘録卷六作「瀼」，上杭本作「涓」，萬曆本作「洞」，四庫本作「湖」。

【注】

〔一〕見揚子法言淵騫。

〔二〕此爲柳宗元漁翁詩中句，天地緑，作「山水緑」，見全唐詩三五三。丹鉛摘録卷六不誤。

〔三〕朱子辨證見晦庵集卷八十四跋程沙隨帖：「離騷九章云：『乘鄂渚而反顧兮，欸秋冬之緒風。』説文：『欸，譍也，亞改切，又馬開切。』史記：『范增撞破玉斗曰唉。』説文：『唉，譍也，烏開切。』二字音義并同，如歎與嘆，欬與咳，實一字耳。其聲則皆楚語也，故元次山有欸乃曲，而柳詩亦用此二字，皆湘楚間作。柳文舊本作靄襖，音上字，正協亞改之聲。集韻亦於皆韻收唉字，海韻收欸唉二字爲一，其説蓋與説文不異。但乃字之讀如襖者，未有考耳。近世乃有倒讀之者，又或寫欸爲欵，則其誤益甚矣。」

〔四〕見黄公紹古今韻會舉要卷十三「欵」字條引項氏家説。皆一事，作「三者皆一事」。

施舍

「施舍」二字，左傳、國語、周禮凡屢見焉，而解各有異，今總攝而論之。左傳：晉悼公即位，「施舍、已責」①注：「施恩惠，舍勞役也。」「魏絳請施舍」注同上。楚平王「施舍寬民」，注：「施恩惠，舍逋負。」叔向言齊桓公「施舍不倦」注：「施恩，舍逋。」士會構楚，「旅有施舍」。左傳凡五見〔一〕。國語鑄無射篇云：「布憲施舍於百姓」注：「施恩、舍罪。」〔二〕與左傳注意合。惟單襄公過陳不禮，云「縣無施舍」注②：「施舍，賓客負任之處。」此舍字，如出舍於郊之「舍」，不音「捨」也。與左傳「旅有施舍」正相對。又云：「聖人之施舍也」注：「施，予也；舍，不予也。」此與前後訓注不同，亦不合本文意，未知是否？又晉語云：「施舍分寡」〔三〕注：「施，施德也；舍，舍禁也。」楚語云：「明施舍以道之忠恕。」〔四〕

注：「施己所欲，原心舍過，謂之忠恕。」周禮：「凡征役之施舍」注：「施當爲弛。」〔五〕

【校】

①施舍已責　已責，即已債。見左傳成公十八年「晉悼公即位于朝，始命百官施舍已責」。已責，即免除百姓拖欠。一本作「以德」，誤。

②云縣無施舍注　注，萬曆本脱、誤作「所以」。據升庵經説卷四改。「施舍，賓客負任之處」，爲韋昭注文，依例當作「注」。王引之經義述聞云：「古人言施舍者有二義，一爲免繇役，一爲布德惠。」此爲又一義。

【注】

〔一〕見左傳宣公十二年、襄公五年、昭公十三年、昭公二十五年、成公八年。

〔二〕見國語周語下。

〔三〕見國語晉語四。晉語，萬曆本誤作「齊語」。寡，誤作「寬」。

〔四〕見國語楚語上。道，作「導」。忠恕，作「忠」。

〔五〕見周禮地官小司徒。

徵字音證

論語曰：「足則吾能徵之矣。」〔一〕徵，當音證。左傳「不徵辭」〔二〕注：「徵，音證。言語相違而不明證其辭。」與尚書「明徵保定」〔三〕音義同。莊子：「九徵至，而不肖人得矣。」〔四〕唐貞觀中，有唐九證，其名取莊子「九徵」説，而字作「證」，可以定其音矣。

【注】

〔一〕論語八佾：「宋不足徵也。文獻不足故也。足則吾能徵之矣。」

〔二〕見左傳隱公十一年。

〔三〕見尚書胤征：「聖有謨訓，明徵定保。」保定，作「定保」。

〔四〕見莊子列禦寇。

輕音磬

左傳「輕」字，多作去聲讀，試略舉之。曰：「國君不可以輕，輕則失親。」又曰：「社稷之主不可以輕，輕則失衆。」又曰：「吴王勇而輕。」又云：「左師展將以昭公乘馬而歸。」注：「乘馬輕歸。」輕，去聲，即今諺所謂輕身單馬也。〔一〕又曰：「吴輕而遠，不久歸矣。」又曰：「夷德輕，不忍久也。」又曰：「將爲輕車千乘。」〔二〕注：「皆音磬。」孟子曰：「輕身以先於匹夫。」此尤明白可證之文也。

【注】

〔一〕本書卷十五「輕字義」有云：「此騎馬之漸也。」卷九「騎兵」、卷十一「六經無騎字」并可參看。

〔三〕左傳引文見僖公五年、襄公十八年、二十五年，昭公二十五年、哀公十三、二十五、二十七年。

饔飧

周禮注：「小禮曰飧，大禮曰饔。」〔一〕又曰：「飧，客始至之禮。」「饔，即將幣之禮。」今之通訓曰「朝饔夕飧」。飧，如今驛舍下馬飯；饔，如今下馬宴。客至必夕，夕食未盛，故曰夕飧。享宴必以早爲敬，而享宴必盛，故曰朝饔。然飧字從夕食，今作「飱」，訛矣！

【注】

〔一〕見周禮秋官司儀：「致飧，如致積之禮。」鄭玄注：「小禮曰飱，大禮曰饔餼。」

七十而耡

説文引孟子「七十而耡」。周禮：「以歲合耦于耡，以治稼穡。」〔一〕鄭司農曰：「耡，里宰治處，若今街彈之室。」〔二〕趙明誠金石録街彈碑跋云：「街彈室，今之申明亭也。」耡，音助〔三〕。

【注】

〔一〕見周禮地官里宰。合耦于耕，上杭本、萬曆本誤作「合耦三耕」。

〔二〕此爲鄭玄注語，鄭司農，爲鄭衆，升庵記誤。

〔三〕「耡音助」後，升庵經説卷十四尚有：「又周禮：以興耡利甿，謂起人民令相佐助。又齊民要術引諺云：濕耕澤耡，不如歸去。」

劉孝標世説注①

劉孝標注世説，多引奇篇奥帙，後劉須溪删節之，可惜。孝標全本，予猶及見之，今摘其一二，以廣異聞：鄧粲晉紀曰：「周伯仁應答，精神足以蔭映數人。」〔一〕曹娥碑在會稽，而魏武、楊修未嘗過江〔二〕。以上劉孝標世説注。

【校】

① 劉孝標世説注，丹鉛總録萬曆本僅二條，丹鉛餘録卷一及升庵集、升庵外集均十三四條，見本書卷十。

【注】

〔一〕見世説新語卷上「言語」：「周僕射雍容好儀形」注。

〔二〕見世説新語卷中「捷悟」。

丁真永草

蔡君謨在杭日，坐有客曰：「隋世稱丁真永草，永乃知名，丁何人也？」蔡云：「道護豈其人耶？」法書要録：「丁覘與智永同時，善隸書，世稱丁真永草。」〔一〕非道護也。君謨誤矣。

【注】

〔一〕法書要録，唐張彦遠輯。南朝梁人丁覘善真書（楷書），隋人智永工草書，合稱「丁真永草」。

佳麗

韓子：「佳麗也者，邪道之分也。」〔一〕戰國策：「宫中佳麗好玩。」又云：「趙，天下善爲音，佳麗人之所出也。」〔二〕嚴安疏：「佳麗珍怪順于耳目。」〔三〕謝朓詩：「江南佳麗地。」〔四〕佳麗字非始自謝也，文選注失引之〔五〕。

【注】

〔一〕見韓非子解老。

〔二〕見戰國策楚策三、中山策。

〔三〕見漢書卷六十四下嚴安傳，作「夫佳麗珍怪固順於耳目」。

〔四〕謝朓入朝曲：「江南佳麗地，金陵帝王州。」見謝宣城集樂府。

〔五〕文選卷二十五陸士龍爲顧彦先贈婦二首「佳麗良可美」注引戰國策司馬喜曰：「趙佳麗之所出。」未爲失引。

湯武逆取順守①

漢儒謂湯武逆取而順守〔一〕，此言非也。易曰：「湯武革命，順乎天而應乎人。」〔二〕焉有逆而可以順天應人乎？左傳曰：「以亂取國，奉禮以守，猶懼不終。」〔三〕季文子猶知不終也，而謂湯武爲之乎？然逆取順守之言，實本於左傳②，而又轉失其指矣。

【校】

① 湯武逆取順守　一作「湯武革命」，見升庵外集卷二十五。

② 實本於左傳　左傳，丹鉛餘録卷二作「左氏」。

【注】

〔一〕見史記酈生陸賈列傳陸賈語：「居馬上得之，寧可以馬上治之乎？且湯武逆取而以順守之，文武并用，長久之術也。」

〔二〕見周易革卦。

〔三〕見左傳文公十五年。

鐃歌曲〔一〕

漢鐃歌十八曲，自朱鷺至石留〔二〕，古今樂録謂其「聲辭相雜，不復可分」是也。近世有好奇者擬之，韻取不協，字用難訓，亦好古之弊矣！

【注】

〔一〕升庵詩話卷二「鐃歌曲」，文字與此不同：「漢鐃歌曲多不可句。沈約云：『樂人以音聲相傳，訓詁不可復解。凡古樂録，皆大字是辭，細字是聲，聲辭合寫，故致然爾。』此説卓矣。近日有好古者效之，殆可發笑。」

〔二〕石留，萬曆本作「石溜」，丹鉛餘録卷三作「石留」。據樂府詩集卷十六漢鐃歌改。

【辨】

明胡應麟藝林學山卷二駁升庵云：「此説似是而非，鐃歌聲文相亂處誠有之，然如『妃呼豨』、『收中吾』之類，亦不多見，其他句字嵲屼，自是一時體格如此。觀繆襲、韋昭所擬，其時去漢不遠，其體格大率相同，即漢人本詞可知。詳見詩藪。」（見少室山房筆叢卷二十　中華書局）

胡應麟詩藪卷一評鐃歌曲云：「鐃歌曲句讀多訛，意義難繹，而音響格調，隱中自見。至其可解者，往往工絶。如巵言所稱『駕六飛龍四時和』等句是也。然以擬郊祀，則興象有餘，意致稍淺。

「鐃歌朱鷺、思悲翁、艾如張，語甚難繹，而意尚可尋。惟石流篇名詞義，皆漫無指歸，後人臆度紛紛，終屬訛舛。翁離一章有脱簡，非全首也。

「鐃歌詞句難解，多由脱誤致然，觀其命名，皆雅致之極。如戰城南、將進酒、巫山高、有所思、臨高臺、朱鷺、上陵、芳樹、雉子斑、君馬黄等，後人一以入詩，無不佳者。視他樂府篇目，尤爲過之。意當時製作，工不可言。今所存意義明了僅十二三耳，而皆無完篇，殊可惜也。石流、上耶等篇名，亦當有脱誤字，與諸題不類。」（見詩藪　上海古籍出版社）

范雲詩

古詩：「君亮執高節，賤妾亦何爲？」〔一〕文選范雲古意詩注引之，作「擬何爲」〔二〕，「擬」字勝「亦」字。

【注】

〔一〕此爲古詩冉冉孤生竹中句，見玉臺新詠卷一古詩八首。

〔二〕見文選卷二十六古意贈王中書。「此外亦何爲」句下注作「賤妾擬何爲」。

胥母山①

文選七發：「弭節伍子之山，通厲骨母之場。」骨當作胥。史記：「吴王殺子胥，投之於江，吴人立祠江上，因名胥母山。古字胥作胥，其字似骨，其誤宜矣。今雖善書者，亦不知「胥」之爲胥也〔一〕。

【校】

①丹鉛雜録卷四作「胥胥字」。

【注】

〔一〕梁章鉅文選旁證卷二十九七發「骨母」注：「古『胥』字作『骨』，故因而誤。」

角端步摇

晉書載記贊：「角端掩月，步摇翻霜。」〔一〕按：角端，謂弓也。李陵遺蘇武角端弓，知胡人以角端弓爲貴耳。步摇者，慕容也。初，莫護跋入居遼西，燕代名冠步摇，諸部因目之爲步摇，後訛爲慕容，因以爲氏焉〔二〕。

【注】

〔一〕見晉書載記第十一。

〔二〕晉書載記第八慕容廆傳云：「曾祖莫護跋，魏初率其諸部入居遼西，……時燕代多冠步摇冠，莫護跋見而好之，乃斂髮襲冠，諸部因呼之爲步摇，其音後訛，遂爲慕容焉。」爲升庵之所據。

杜詩用走字

李文正先生嘗與門人論詩曰：「杜子美詩，『北走關山開雨雪』與『胡騎中宵堪北走』〔一〕，兩『北走』字同乎？」慎對曰：「按字書，疾趨曰走，上聲；驅之走曰奏，去聲。『北走關山』，疾走之走也，如漢書『北走邯鄲道』之走；胡騎北走，驅而走之也，如漢書『季布北走胡』之走，是疑不同。」先生曰：「尔言甚辯，然吾初無此意。」盧師邵侍御在側曰：「恐杜公亦未必有此意。」蓋如此解詩，似涉於太鑿耳。

【注】

〔一〕前爲贈韋七贊善詩中句，見杜少陵集卷二十三。後爲吹笛詩中句，見杜少陵集卷十七。

夏屋渠渠

詩「夏屋渠渠」，古注：「屋，俎也。」①字書：「夏屋，大俎也。」今以爲屋居，非矣。禮：「周人房俎。」〔一〕魯頌：「籩豆大房。」注：「大房，玉飾俎也。其制足間有橫，下有跗②，似乎堂後有房然。」故曰「房俎」也。以夏屋爲居，以房俎爲房室，可乎？又禮「童子幘無屋」，亦謂童戴屋而行，可乎？

【校】

① 屋俎也 俎，萬曆本、丹鉛餘録卷三作「具」，升庵經説卷四作「具」。

② 下有跗，丹鉛餘録卷三作「柎」，升庵經説卷四作「跗」。

【注】

〔一〕見禮記明堂位，作「周以房俎」。

鬼臾區

漢書藝文志：「鬼谷區三篇。」〔一〕注：「即鬼臾區也。」郊祀志：「黄帝得寶鼎，冕侯問於鬼臾區」云云，注：「即鬼容區。容、臾聲相近。」今按鬼谷即鬼容者，又字相似而誤也。高似孫子略便謂藝文志無鬼谷子，何其輕於立論乎！

【注】

〔一〕見漢書藝文志。鬼谷區，作「鬼容區」，師古注：「即鬼臾區也。」

【辨】

明陳耀文正楊卷二「鬼谷子」辨之云：「史記注：『鄭玄云：鬼臾區，黄帝佐也。』史記云：『鬼谷先生，蘇秦、張儀之師也。』今以爲容區，豈見鬼耶？儀、秦亦豈黄帝時人耶？拾遺記：鬼谷子云：『吾生於歸谷，亦曰鬼谷，鬼者歸也。』又曰：『歸者，谷名也。古史考云：鬼谷子也。』歸、鬼，相近也。柳子云：『漢劉向、班固録書無鬼谷子。鬼谷子後出，妄言亂世，難信。』今謂子略，柳子亦未見耶？」（見景印文淵閣四庫全書八六五册　臺灣商務印書館）

明胡應麟四部正譌亦辨之曰：「鬼谷，縱横之書也。余讀之，淺而陋矣，即儀、秦之師，其術宜不至猥下如是。柳宗元謂劉氏七略所無，蓋後世僞爲之者，學者宜其不道。而高似孫輩輒取而尊信之，近世之耽好之者又往往而是也。甚矣，邪説之易於入人也。……「案：鬼臾區，黄帝之臣，漢藝文志兵陰陽家有鬼容區三篇，與風后、力牧連類，説者謂即鬼臾區，以臾、容聲相近，是矣。而楊以爲鬼谷，則『區』字安頓何所乎？此其可笑正與『方城』作『萬城』切對。漫筆之以當解頤。按：意林注：「鬼谷者，謂無其人，猶無是公云爾。」斯説得之。「鬼谷子，漢志絶無其書，文體亦不類戰國。晉皇甫謐序傳之。按：隋志縱横家有蘇秦三十一篇、張儀十篇，隋經籍志『已亡』，蓋東漢人本二書之言會萃附益爲此，或即謐手所成而託名鬼谷，若子虚、亡是云耳。隋志占氣家又有鬼谷一卷，今不傳。又關尹傳亦稱鬼谷，見隋志。」（見少室山房筆叢卷三十一　中華書局）

周禮陰事陰令

周禮「掌王之陰事陰令」〔一〕，注：「陰事，羣妃御見之事〔二〕。漢掖庭令，晝漏不盡八刻，白録所記，推當御見者。」今宫中亦有之，名欽録簿，則其來古矣。

【注】

〔一〕見周禮天官内小臣。

〔二〕升庵經説卷十一有「羣妃御見」一則，記御見事甚詳，可參看。

麗字義

麗之爲訓連也，又雙也。周易：「麗澤，兑。」〔一〕周禮：「麗馬一圉八麗」〔二〕。三五曆記：「古者麗皮爲禮。」〔三〕

【注】

〔一〕周易兑：象曰：「麗澤，兑。」王弼云：「麗，猶連也。」

〔二〕見周禮夏官校人：「麗馬一圉八麗一師。」脱「一師」。

〔三〕丹鉛雜録卷三、升庵外集卷九文末尚有「又：音禮。蕭該説：彭蠡，古作彭麗」。

匽鼂

説文：「鼂，匽鼂也。」揚雄訓纂説，匽鼂爲蟲名。按臨海水土志：「鼂似黽，一名匽鼂，又名鼂鼊，一枚有三斛膏。」不知何物也〔一〕。

【注】

〔一〕楊慎異魚圖贊卷四「鼌鼊迷麻」條云：「鼌鼊海航，名曰匽鼂。形大如蘧，出自沙囂。一枚剖之，有三斛膏。説文名匽鼂，江賦名蒡鼊，臨海水土志曰海魧，實一物也。」

步字義①

韓文「步有新船」，不知者改「步」爲「涉」，謬矣。南方謂水際爲「步」，音義與「浦」通。韓退之孔戣墓志：「蕃舶至步，有下碇之税。」柳子厚鐵鑪步志：「江之滸，凡舟可縻而上下曰步。」青箱雜記：「嶺南謂村市爲墟，水津爲步。罾步即漁人施罾處也。」張勃吴録，地名有龜步、魚步。揚州有瓜步。羅含湘中記有靈妃步。金陵圖志有邀笛步，王徽之邀桓伊吹笛處。樹萱録載唐臺城故妓詩云：「那堪回首處，江步野棠飛。」東坡詩：「蕭然三家步，横此萬斛舟。」〔一〕

【校】

① 步字義　一作「浦即步考」，見本書卷二；一作「步有新船」，見升庵集卷五十二。

【注】

〔一〕此則校注見卷二「浦即步考」校注。

李泌逸事

柳玭稱李泌佐肅宗兩京之復，謀居其多，其功大於魯連、范蠡，而取范陽之謀其首也，史多逸其事。惟鄴侯家傳爲詳，司馬公通鑑多載之。至朱子綱目，乃以家傳出其子孫門生，疑非實録。善乎，眉山史炤之言曰：「家傳誠不可盡信，亦豈得盡不信哉！」

玉樹

左思三都賦序譏揚雄賦甘泉，不當言「玉樹青葱」〔一〕，誤矣！揚雄言「玉樹」者，武帝所作，集衆寶爲之以娱神，非謂自然生之，猶下句言「馬犀、金人」也。

【注】

〔一〕見左思三都賦序：「相如賦上林，而引盧橘夏熟；揚雄賦甘泉，而陳玉樹青葱；班固賦西都，而歎以出比目；張衡賦西京，而述以游海若。假稱珍怪，以爲潤色，若斯之類，匪啻於兹。」

【辨】

明陳耀文正楊卷三「玉樹」條批評升庵曰：「漢武帝故事曰：『上起神屋，前庭植玉樹，珊瑚爲枝，碧玉爲葉，璧馬犀。』言作馬及犀爲璧飾也，此已見選注，似無煩贅辭也。」并言玉樹即槐樹云：「王褒雲陽宮記：『甘泉宮北有槐樹，今爲玉槐樹，根幹盤峙，三、二百年木也。耆舊相傳，咸以此樹即揚雄甘泉賦所謂「玉樹青葱」者也。』三輔黄圖亦載。

「國史纂異云：雲陽縣界多漢離宮故地，有似槐而葉細，土人謂之玉樹。揚子雲甘泉賦『玉樹青葱』，後左思以雄爲假珍怪，蓋未詳也。隋唐嘉話、長安記亦載。」（見景印文淵閣四庫全書八五六册 臺

灣商務印書館）

明胡應麟藝林學山卷七爲升庵辯之曰：「晦伯并引諸説，而不頌言玉樹爲何物，然野客叢書之説尤詳，惜陳未及引之。今備録左方而訂以鄙見於後。

「野客叢書云：揚子雲甘泉賦『玉樹青葱』，顔師古注：『玉樹，武帝所作，集衆寶爲之。』向注文選，亦謂武帝植玉樹於此宫，以碧玉爲葉。僕按三輔黄圖云：『甘泉宫北有槐樹，今謂玉樹，根幹盤峙，三、二百年木也。』楊震關輔古語記曰：『耆老相傳，咸以謂此樹即揚甘泉賦「玉樹青葱」者也。』又觀隋唐嘉話、國史纂異、長安記、聞見録等雜書，皆言漢宫以槐爲玉樹，因知晉人所謂『芝蘭玉樹』者，蓋指此物也。又考漢武故事『上起甲帳、乙帳，前庭種玉樹，珊瑚爲枝，碧玉爲葉』，自在神宫中，只非甘泉宫事，知師古與向之注甚謬，而左思之見未審也。古來文士，如曹操、曹植、王粲、摯虞、庾儵、傅選、庾信之徒，皆有槐賦，其述種於宫殿之間，美致曲盡，獨未有以玉樹爲言者，何邪？紀少瑜詩『玉樹起千尋』、曹植詩『緑蘿緣玉樹』，得非即此乎？後漢梁劉七舉亦曰『玉樹青葱』。

「按：此事辯者紛拏，獨叢書最詳核，故録之。但玉樹如楊所引亦可通，而王、陳未有以破之。余謂賦中本言『翠玉樹之青葱』，使果珊瑚衆寶爲之，可言翠及青葱乎？余此辯自謂足破千古之疑，博識者定焉。」（見少室山房筆叢卷二五　中華書局）

劉履注詩論詩

劉履作選詩補注，效朱子注三百篇，其意良勤矣，然曲説强解，殊非作者之意。如郭璞游仙詩，傅會於君臣治道，此何理耶？且所見寡陋，如儲光羲詩「格澤爲君駕」〔一〕，格澤，星名，大人賦「建格澤之長竿」是也。履乃云：「獅子名曰白澤，白與格相近，白澤即格澤也。」〔二〕此何異村學究之欺小童耶①！甘氏星經彼未點目，諸史天文志亦當觸手，臆説若此，何以注爲？又以唐宋詩續選、唐詩選未盡善，宋詩尤駁，如王安石雲山詩：「子今此去來無時，予有不可誰予規？」〔三〕此乃宋之極下者，而履乃取之，且云「宋諸家未有過之者」，此何異背瞳眯目人語乎！

【校】

① 此何異村學究之欺小童耶　究，萬曆本作「老」，據丹鉛餘録卷十五改。

【注】

〔一〕此爲儲光羲雜詩二首之一句，見全唐詩卷一三六。

〔二〕見劉履風雅翼卷十一。劉履，字坦之，元上虞人，入明不仕，自號草澤閒民。

〔三〕此爲王安石雲山詩送正之中句，見王文公文集卷四十二。

檮字音

史記：「上有檮蓍，下有伏龜。」徐廣云：「檮，音稠。」〔一〕左傳：八元八凱有「檮戭」〔二〕，漢書藝文志有「公檮生」〔三〕。師古曰：「檮，直由切，其字從木。」霍去病傳有「檮余山」。獨孟子「檮杌」之「檮」，今音濤。蓋因陸德明九經釋音而誤也〔四〕。左傳杜預注曰①：「檮杌，凶頑無儔匹也②。」以此證之，則檮杌之檮，亦當作稠音耳。

【校】

① 左傳杜預注曰　注，萬曆本作「史」，丹鉛餘録卷十五作「注」，據改。

② 凶頑無儔匹也　儔，萬曆本作「檮」，升庵集卷六十二作「儔」，據改。

【注】

〔一〕見史記龜策列傳褚先生曰：「上有檮蓍，下有神龜。」索隱曰：「檮，古稠字。」

〔二〕見左傳文公十八年。八凱，作「八愷」。

〔三〕見漢書藝文志諸子略：「公檮生終始十四篇。」

〔四〕陸德明經典釋文卷十五：「檮，徒刀反。杌，五忽反。檮杌，四凶之一，杜（預）云：頑凶無儔匹之貌。」九經釋音未見。

汲冢書

薛瓚注漢書引汲郡古文云：「晉武公滅荀，以賜大夫原氏黯，是爲荀叔。」又引：「翟章救鄭，次于南屈。」又引：「梁惠王發逄忌之藪以賜民〔一〕，今浚儀有逄陂、忌澤，是也。」按：此數條今汲冢書不載，則今之汲冢書非發冢所得明矣。汲冢書，古之逸周書也。

【注】

〔一〕見漢書地理志上右扶風栒邑注、河東郡北屈注、河南郡開封宋之逄澤注。逄，漢書地理志作「逢」。

李涪譏陸法言

唐李涪云：「後魏李啓撰聲韻十卷、夏侯詠撰四聲韻略十二卷①。」「至陸法言，採諸家纂述而爲己有，原其著述之初，士人尚多專業，經史精練，罕有不述之文，故切韻未爲時人之所急。後代學問日淺，尤少專經，或捨四聲，則秉筆多礙。自爾遂爲切要之具②。然吴音乖舛③，不亦甚乎！」「今依之以上聲呼恨，去聲呼恐與若④，得不爲有識者所笑乎！」「夫吴民之言，如病瘖風而噤，每啓其口，則語淚喎吶，隨聲下筆，竟不自悟。」〔二〕

涪之言若此，譏之甚矣！然陸氏所著，亦本先儒，觀其注，云「徐邈讀」、「鄭司農讀」、「劉昌宗讀」，示不敢臆説也。如越廣之「越」音活，華而皖之「皖」音滑，隆準之「準」音拙，假借之「假」音嫁，牢愁之「愁」音曹，玉鸞啾啾之「啾」音銚，皆有據證，非盡屬吴音。涪之譏亦過矣。

【校】

①夏侯詠撰四聲韻略十二卷　詠，丹鉛雜録卷二作「諸」，萬曆本、升庵外集卷九十作「該」，據李涪刊誤卷下「切韻」改。

②自爾，李涪刊誤作「自爾已後」。

③然吴音乖舛　舛，萬曆本作「叫」，據丹鉛餘録卷十五、李涪刊誤改。

④去聲呼恐與若　與若，刊誤原無，丹鉛餘録卷十五增。

【注】

〔一〕見李涪刊誤卷下「切韻」，有改動。

古文不厭重複

文選不收蘭亭記，議者謂「絲竹管絃」四言二意，非也。「絲竹管絃」本漢書語〔一〕，古人文辭，故自不厭鄭重。如易曰「明辨晳也」，莊子云「周偏咸」，又云「吾無糧、我無食」〔二〕，詩云「昭明有融，高朗令終」〔三〕，宋玉賦「旦爲朝雲」，古樂府云「暮不夜歸」，左傳云「遠哉遥遥」〔四〕，邯鄲淳碑云「丘墓起墳」，古詩云「被服羅衣裳」，後漢書「食不充糧」〔五〕，在今人則以爲複矣！

【注】

〔一〕見漢書張禹傳：「身居大第，後堂理絲竹管弦。」

〔二〕見莊子知北游：「周遍咸三者，異名同實，其指一也。」莊子山木：「吾無糧，我無食。」

〔三〕見詩經大雅既醉。

〔四〕見左傳昭二十五年：「鸜鵒之巢，遠者遥遥。」

〔五〕見後漢書孝獻帝紀注引劉艾獻帝紀：「時長安中爲之謡曰：頭白皓然，食不充粮。」

楊氏兩族

劉貢父漢書注云：「楊氏有兩族，赤泉氏從木；子雲自叙其受氏從才。而楊修書稱曰修家子雲，又似震族〔一〕。」不知文士聊如此云，其無實然也。

【注】

〔一〕震族，指楊震家族，亦「受氏從才」爲揚氏。

衣字義

春秋緯云：「代殷者姬昌，日衣青光。」〔一〕衣之爲言被也，如人著衣。選詩「繁星衣青天」〔二〕，注者不達，改衣爲「依」，非。

【注】

〔一〕古微書卷六春秋元命包：「代殷者，爲姬昌。生於岐，立於豐，精翼日，衣精光。」文字有删節。

〔二〕見文選卷二十九傅玄雜詩。

邵文敬詩

近傳邵文敬「半江帆影落樽前」之句，以爲奇絶，遂號爲邵半江〔一〕。然唐趙嘏詩「半江帆盡見分流」之句〔二〕，宋米元章亦云「六朝山色落樽前」〔三〕，已落前人第二矣。

【注】

〔一〕邵珪，字子敬，明代宜興人。成化進士，授户部主事，官至嚴州太守。著有半江集。

〔二〕此爲趙嘏送令狐郎中赴郢州詩中句，見全唐詩卷五四九。

〔三〕山色，手書字帖、宋詩鈔卷二十七米芾望海樓作「帆影」。

畊耕字異

今字書以畊爲耕，非也。畊，上聲。唐六典論府兵之制云：「居無事時，畊於耕。」以此證之，可見畊、耕音義有別〔一〕。

【注】

〔一〕本書卷五「驛駟畊耕字訓」，可參看。唐六典未見，新唐書兵志作「府兵之置，居無事時耕於野」。

唐府兵制利弊①

「番調有時，數閱有法，説御有律，團伍有籍。兵雖有籍而府實空，將雖有名而權實去。」〔一〕此府兵之善也。諺曰：「將軍大彍騎，衛佐小郎官。」此彍騎之弊也。

【校】

①唐府兵制利弊　一作「府兵彍騎」，見升庵集卷七十二。

【注】

〔一〕見玉海卷一百三十八「唐府兵」注。數閱，作「教閱」。説御，作「統御」。升庵集卷七十二作「數閱」、「調御」。

丹鉛總録卷之十五

字學類

八分書不始于秦

水經注載晉世河決，胡公石槨上有八分書〔一〕，考其時蓋周也。故知八分不始于秦矣。又考莊子云：「丁子有尾。」〔二〕李頤注：「謂右行曲波爲尾。今丁、子二字雖左行，皆有曲波，亦是尾也。」審如李説，八分不始于秦，又一證也。

【注】

〔一〕見水經注卷十六「穀水」：「臨淄人發古冢，得桐棺，前和外隱爲隸字，言齊太公六世孫胡公之棺也。惟三字是古，餘同今書，證知隸自出古，非始於秦。」

〔二〕見莊子天下：「馬有卵，丁子有尾。」楚人呼蝦蟆爲丁子，幼蟲蝌蚪有尾。釋文李云：「在上爲首，在下爲尾。世人謂右行曲波爲尾。今丁、子二字，雖左行曲波，亦是尾也。」

英光堂帖①

余觀岳珂英光堂帖，有米元章臨智永真草千文，與今本大不同，乃知古人臨帖不論形似也。珂跋其後云：「摹臨兩法不同：摹帖如梓人作室，梁櫨榱桷，雖具準繩，而締創既成，氣象自有工拙。臨帖如雙鵠並翔，青天浮雲，浩蕩萬里，各隨所至而息，寶晉蓋進乎此者也〔一〕。」又爲之贊曰：「永之法，妍之婉；芾之體②，峭以健。馬牛其風，神合志通。彼妍我峭，惟妙惟肖。故曰：祖裼不浼，夜户不啓，善學柳下惠，莫如魯男子。」〔二〕皆名言也，特表出之。

【校】

① 英光堂帖　一作「臨帖不論形似」，見升庵書品。

② 芾之體　芾，萬曆本、四庫本作「章」，據升庵書品改。

【注】

〔一〕寶晉，米芾寶晉齋法帖簡稱。

〔二〕見岳珂寶晉齋法書贊卷二十米元章臨智永千文真草帖。「雙鵠并翔」後脱「于九霄」三字。維妙維肖，作「維神克肖」。

法帖用古字①

羲之諸帖多用古字，古山嶺之「嶺」，但作「領」，漢書梅領、隃領是也。蘭亭帖「崇山峻領」，實述用之。唐褚遂良加山作「嶺」，贅也。又書岷嶺作「汶領」。初月帖「淡悶干嘔」〔一〕，淡，古淡液之「淡」；干，古干濕之「干」。今以淡作「痰」，干作「乾」，非也。

【校】

① 法帖用古字　一作「羲之古字」，見升庵書品。

【注】

〔一〕「淡悶干嘔」，見王羲之如常帖：「足下各如常，昨還殊頓，胸中淡悶干嘔轉劇，食不可强，疾高難下治，乃甚憂之。」升庵云初月帖，記誤。

刻石難精①

字書于碑碣，比之簡牘已難得，刻手精尤爲難。古刻之存于今者，岣嶁山禹碑，是夏時刻工所成，石鼓爲周刻。夏承碑、雅州高孝廉碑、夾江縣酒官碑、新都縣王稚子石闕皆漢刻，然皆篆籀八分，筆畫齊匀，無縮牽折搭②，不見其難且工。晉獻之保母帖，自書上甎，晉工刻之，宋潛溪評以爲勝蘭亭，蓋刻工之妍也〔一〕。唐顔魯公書碑，令家僮刻之，恐俗工失其筆意。至李北海，手自刻之者數碑，碑中書黄仙鶴刻，或云伏靈芝刻，或云元省已刻，皆公自刻而詭撰此名也。元趙子昂書得茅紹之刻，手精毫髮不失。紹之在江南，以此技致富。晚有會稽李樟者出③，自云勝紹之，紹之試令刻之，於字下一磔一運而就，紹之乃服。絶藝信亦自有人哉！

【校】

①刻石難精　一作「刻石」，見升庵集卷六十二。

②無綰牽折搭　綰牽，丹鉛餘録卷十六、丹鉛摘録卷五作「綰牽」，四庫本作「牽綰」。

③晚有會稽李樟者出　李樟，丹鉛餘録卷十六、丹鉛摘録卷五作「李璋」，四庫本作「李樟」，據改。

【注】

〔一〕見明宋濂文憲集卷十四跋王獻之保母帖。宋濂，字潛溪。

虞娱同

易：「憂虞之象也。」〔一〕虞與憂對，蓋言樂也。孟子「驩虞如也」，魏相傳「君安虞而民和睦」〔二〕，匡衡傳「未有游虞弋射之宴」。字又作「豫」，易曰：「豫，樂也。」〔三〕孟子「一游一豫」〔四〕，揚雄傳「反五帝之虞」注：「虞與豫同。」或借作「譽」。左氏傳：「季氏有嘉樹，韓宣子譽之。」服虔注：「譽、豫同。游其下也。」〔五〕

【注】

〔一〕易繫辭上：「悔吝者，憂虞之象也。」

〔二〕見漢書魏相丙吉傳：「君安虞而民和睦。」師古曰：「虞與娱同。」

〔三〕易豫卦：「先王以作樂崇德，殷薦上帝，以配祖考。」

〔四〕見孟子梁惠王下。豫，義同遊。

〔五〕見左傳昭公二年：「有嘉樹焉，宣子譽之。」服虔注云：「譽，游也。宣子游其樹下。」

使者曰信

越絶糧，告糴于吴，使素忠爲信〔一〕。晉武帝炎報帖末云①：「故遣信還。」南史：「晨起出陌頭，屬與信會。」古者謂使者曰信。真誥云：「公至山下，又遣一信見告。」謝宣城傳云：「荆州信去倚待。」陶隱居帖云：「明日信還，仍過取反。」虞永興帖：「事以信人口具。」凡言信者，皆謂使者也。〔二〕今之流俗，遂以遺書餽物爲信，故謂之書信，而謂前人之語亦然，謬矣！王右軍十七帖有云：「往得其書，信遂不取答。」蓋謂昔嘗得其來書②，而信人竟不取回書耳。而世俗遂誤讀「往得其書信」爲一句,「遂不取答」爲一句,誤矣。古樂府云:「有信數寄書,無信心相憶。莫作瓶墜井,一去無消息。」〔三〕包佶詩:「去札頻逢信,回帆早挂空。」〔四〕此二詩尤可證。

【校】

① 晉武帝炎報帖末云　末,萬曆本作「永」,據丹鉛續録卷三改。

② 蓋謂昔嘗得其來書　蓋,丹鉛總録脱,據丹鉛續録寶顔堂祕笈本補。

【注】

〔一〕見越絶書卷五請糴内傳:「以素忠爲信,以請糴于吴。」使,作「以」。糴,萬曆本誤作「耀」。

〔二〕此説采自宋黄伯思法帖刊誤,文字爲升庵改寫。凡言信者皆謂使者,作「凡言信者,皆謂使人」。

〔三〕此爲釋寶月估客樂,見樂府詩集卷四十八。瓶墜井,作「瓶落井」。

〔四〕此爲包佶酬于侍郎湖南見寄十四韻中句,見全唐詩卷二〇五。

士會當作土會

左傳晉有「士會」,士當作爲「土」。土爲古杜字,如詩言桑土,而以陶唐氏、豕韋氏、御龍氏爲土氏之宅,後爲唐杜氏〔一〕。漢儒欲左傳之行,乃推漢爲陶唐氏之後,於「土會復晉」之下增六字云：「其處者爲劉氏。」〔二〕蓋士會本於唐杜氏，而劉氏又本於士會也。若作士女之「士」，上與唐杜，下與劉氏，何干涉哉〔三〕？

【注】

〔一〕見左傳襄公二十四年范宣子語。

〔二〕見左傳文公十五年。

〔三〕明陳耀文正楊卷一以爲「士」不當作「土」，駁升庵曰：「通志略云：士氏陶唐之苗裔，歷虞、夏、商、周至成王，遷之杜爲伯，宣王殺杜伯，其子隰叔奔晉，爲士師，故爲士氏。隰叔生士蔿，字子輿，故亦謂之士輿。後漢末有交趾太守士燮，宋朝有尚書郎士建中。左昭二十九年，蔡墨對魏獻子曰：陶唐氏既衰，其後有劉累，擾龍於豢龍氏，以事孔甲，夏后嘉之，賜曰御龍，以更豕韋之後。」

卦字解

孔穎達曰：「卦者掛也，掛之於壁也，蓋懸物之杙也。」〔一〕諸儒皆用其説，無有他解。予以爲非，杙則可卦於壁，易卦豈可掛於壁乎？卦者，圭也。古者造律制量，六十四黍爲一圭，則六十四象總名爲卦可也。應劭曰：「圭者，自然之形，陰陽之始。」卦者亦自然之形，陰陽之象。其爲字也，從卜爲義，從圭爲聲，亦兼義也。古文圭亦音卦。今挂字①，從手爲義，從圭爲聲，則圭即音卦，可證矣。卦，古文圭字。爻，古字象交窻形。

【校】

①今挂字　今，升庵經説卷一作「本」，丹鉛續録卷二作「今」。

【注】

〔一〕見周易注疏乾卦孔穎達疏：「謂之卦者，易緯云：卦者掛也，言懸掛物象，以示于人。」

寧馨

馨字，晉人以爲語助辭。王衍傳：「何物老嫗，生此寧馨兒！」〔一〕世説：劉真長語桓温曰：「使君如馨地，寧或鬭戰求勝。」王導與何次道語，舉手指地曰：「正自爾馨。」王朗之雪中詣王螭①，持其臂，螭撥其手曰：「冷如鬼手馨，强來捉人臂。」劉惔譏殷浩云：「田舍兒强學人作爾馨語！」〔二〕合此觀之，其爲語辭了然。唐劉禹錫詩：「幾人雄猛得寧馨。」〔三〕得晉人語意矣。

【校】

①王朗之雪中詣王螭　朗，萬曆本誤作「朝」，丹鉛續録卷三誤作「胡」，據世説新語改。

【注】

〔一〕見晉書王衍傳。

〔二〕見世説新語方正、品藻、忿狷、文學。
〔三〕此爲劉禹錫贈日本僧智藏詩中句，見全唐詩卷三五九。

六尚①

周禮司會注：「計官之長，若今尚書。」陸德明音常，今之官名亦然。但尚書音常，則尚衣、尚食、尚方，皆宜同此音②，其義同也。今皆音上，不知何以分别如是。

【校】
① 本書卷十六「尚字平音」，可參看。
② 皆宜同此音　同，丹鉛續録卷三、升庵經説卷十一作「用」。

王鍇藏書

前蜀王氏朝，僞相王鍇，字鱣祥，家藏書數千卷，一一皆親札，并寫藏經。「每趨朝，於白藤擔子内寫書，書法尤謹」〔一〕。至後蜀孟昶，又立石經於成都，宋世書傳蜀本最善以此。五代僭僞諸君，惟吴、蜀二主有文學，然李昪不過作小詞、工畫竹而已，孟昶乃表章五經，纂集本草，有功於經學矣。今之戒石銘，亦昶之所作。又作書林韻會，宋儒黄公紹①韻會舉要實祖之〔二〕，然博洽不及也。故以舉要爲名。余及見之於京師，惜未暇抄也。

【校】

① 宋儒黄公紹　宋儒，四庫本作「元儒」。

【注】

〔一〕見十國春秋王鍇傳。寫書，作「鈔書」。尤謹，作「絶工」。

〔二〕升庵謂黄公紹韻會舉要祖孟昶書林韻會，四庫全書總目古今韻會舉要提要云：「楊慎丹鉛録謂蜀孟昶有書林韻會，元黄公紹舉其大要而成書，故以爲名。然此書以禮部韻略爲主，而佐以毛晃、劉淵所增併，與孟昶書實不相關。」

季札墓

孔子題季札墓：「嗚呼！有吴延陵君子之墓。」〔一〕君字，今誤讀爲「季」，非也。其字作咼形，其義與「季」不合也①。按篆書「郡」字，有從此爲偏傍者，可證爲君字無疑。

【校】

① 形其義與季不合　其，上杭本作「與」，句作「形與義與季不合也」。

【注】

〔一〕元盛熙明法書考：延陵君子碑「在鎮江，人謂孔子書。文曰：『嗚呼至矣！延陵君子墓。』按：古帖止云『嗚呼君子』而已，篆法敦古。今此碑妄增『延陵之墓』四字，除之字外三字是漢方篆，不與前六字合，借夫子以欺後人耳，又書『君』作『季』」。

文字

王嬰古今通論見意林云：「倉頡造書，形立謂之文，聲具謂之字。」許叔重云：「獨體爲字，合體爲文。」〔一〕李登云：「物相雜故曰文；文相滋故曰字。」

【注】

〔一〕許慎説文解字叙云：「倉頡之初作書，蓋依類象形，故謂之文。其後形聲相益，即謂之字。字者，言孳乳而浸多也。」故通言「獨體爲文，合體爲字」。此言「獨體爲字，合體爲文」，當係筆誤。丹鉛續録卷十不誤。

轉注

唐王叡炙轂子云：「滑稽者，轉注之器也，若漏巵之類，以比人言語捷給，應對不窮也。」〔一〕余按：古六書轉注，亦取應物不窮之義。

【注】

〔一〕見説郛卷二十三下。若漏卮之類，作「今若以一器物底下穿孔，注之不已之類」。

雯華

字詁：「雯，雲文成章也。」中州集王子可詠石淙詩：「石裂雯華漬月秋。」〔一〕元劉文靖登龍興寺閤詩〔二〕：「雯華寶樹忽當眼。」三墳書「月雲素雯」。

【注】

〔一〕見中州集卷九。王子可，作「王先生予可」。子，作「予」。石裂，作「剥裂」。漬，作「浸」。

〔二〕見劉因静修集卷十四。詩題作「登鎮州龍興寺閣」。閤，作「閣」。劉因，字夢吉，號静修，謚文靖。

悖出悖入

並辭競譖者，是易口而自毀也；交氣力爭者，是貸手而自毆也。故曰：「言悖而出者，亦悖而入；貨悖而入者，亦悖而出。」〔一〕

【注】

〔一〕見大學。升庵經説卷十「亦悖而出」後尚有「孟獻子、孔子稱其加人一等，孟子稱其有友五人」。

劉表善書

董北苑云：「劉景升爲書家祖師，鍾繇、胡昭皆受其學，然昭肥繇瘦，各得其一體。」〔一〕景升即劉表也。表初在黨人中，俊、厨、顧、及之列〔二〕其人品之高可知。藝文志有劉表集，今雖不可見，觀三國志注載其與袁尚兄弟書，其筆力豈減崔、蔡耶〔三〕！則翰札之工，又其餘事耳。

【注】

〔一〕見宋董逌廣川書跋卷七薛稷雜碑。

〔二〕東漢士大夫以八俊、八厨、八顧、八交等取號以名當世。三國志魏書六劉表傳引漢紀云：「表與同郡人張隱、薛郁、王訪、宣靖、公褚恭、劉祇、田林爲八交，或謂八顧。」

〔三〕崔、蔡，指崔瑗、蔡邕。

【辨】

升庵誤以劉德升爲劉景升，言「劉表善書」，爲張萱疑耀諸書襲用。明陳耀文正楊卷三駁之曰：「書斷云：劉景升，字君嗣，潁川人，桓、靈之世，以造行書擅名，既以草刱，亦甚妍美，風流婉約，獨步當時。胡昭、鍾繇并師其法，世謂鍾繇善行押書是也，而胡書體肥，鍾書體瘦，亦各有君嗣之美。今以德升爲景升，大誤！」（見景印文淵閣四庫全書八五六册　臺灣商務印書館）

唐張懷瓘書斷行書云：「行書者，後漢潁川劉德升所作也。」又曰：「劉德升即行書之祖也。」四庫提要清萬斯同書學彙編云：「董逌謂劉德升即劉表，爲書家之祖。此據三國志云，表字景升，非德升。」「升庵既誤以劉德升爲劉景升，又云：『景升即表也。表初在黨人中，俊、厨、顧、及之列，其人品之高可知。』則錯上加錯矣。

皇象書帖語

皇象曰：「欲見草書漫漫落落，宜得精毫㲜筆，委曲宛轉不叛散者，紙當得滑密不沾污者，墨又須多膠紺黝者。如逸豫之餘，手調適而心佳娱，正可以小展。」〔一〕㲜，古軟字，善書者，始能用軟筆也。

【注】

〔一〕語出宋董逌廣川書跋卷七皇象論草書。欲見草書，書，萬曆本脱。

輕字義①

輕，韻會云：「牽正切，疾也。」引左傳「輕而不整」。又「輕則寡謀」〔二〕，注：「不持重也。」

唐書：「淮西賊將陳光治勇而輕，好自出戰。」又左傳昭公二十五年，「左師展將以公乘馬而歸」注：「展，魯大夫，欲與公俱輕歸。乘如字，騎馬也。輕，遣政反。」左師展欲與公單騎而歸，此騎馬之漸也〔二〕。漢書：「發輕騎夜追之」〔三〕。又「度幕輕留」，及「輕車將軍」②，輕字皆音罄，今俗語單身曰輕身，亦本孟子「輕身以先于匹夫」之語云。漢書叙傳：「景十三王，承文之慶。魯恭館室，江都訬輕。」

【校】

① 本書卷十二「六經無騎字」、卷十四「輕音罄」，可互參。

② 及輕車將軍　及，萬曆本作「反」，據上杭本、升庵經説卷七改。

【注】

〔一〕見左傳桓十二年，屈瑕曰：「絞小而輕，輕則寡謀。」

〔二〕左師展將以公乘馬而歸，杜注孔疏及陸德明釋文皆謂此爲騎馬，王應麟困學紀聞四亦云是。宋翔鳳過庭録卷九則云：「昭二十五年左傳：『師展將以公乘馬而歸。』案：乘讀去聲，言以車一乘歸魯，即後三十一年傳，子家子云，君以一乘入於魯師。」并非「單騎」。古者服牛乘馬，馬以駕車，不單騎也。至六國時，始有單騎。

〔三〕見漢書衛青霍去病傳。

楊誠齋跋法帖

誠齋跋韶州蘇黄帖云：「蘇、黄皆落南，而嶺南無二公帖，似魯人不識麟。惟韶有之，耿光異氣，上燭南斗，下貫碧海矣。」又跋米元章帖云：「萬里學書最晚，雖遍參諸方，然袖手一瓣香，五十年來未拈出。今得此帖，乃知李密未見秦王耳。」〔一〕

【注】

〔一〕見誠齋集卷一百跋米元章登峴大字帖，文字有改動。今得此帖，原作「今得見米禮部登峴大字」。

草書心經

草書心經乃唐駙馬鄭萬鈞所書，張説有序，見唐文粹〔一〕。今陝西碑林有此石刻，或以爲右軍書，非也。

【注】

〔一〕見唐文粹卷九十五，張燕公集卷二十，題作「般若心經贊序」。

元朝番書

元朝主中國日，用羊皮寫詔，謂之羊皮聖旨。其字用蒙古書，中國人亦習之。張孟浩詩云：「鴻濛再剖一天地，書契復見科斗文。」張光弼輦下曲云：「和寧沙中僕遨筆①，史臣以代鉛槧事。百司譯寫高昌書，龍蛇復見古文字。」〔一〕侏㒧犬羊之俗，而以科斗龍蛇稱之，蓋春秋多微辭之義也。

【校】

① 和寧沙中僕遨筆　僕遨，丹鉛摘録卷六作「撲遨」。升庵書品作「僕遨」。

【注】

〔一〕見張光弼詩集卷三輦下曲第四十三首。

草書百韻歌

草書百韻歌，乃宋人編成，以示初學者，托名於羲之。近有一庸中書，取以刻石，而一鉅公序之，信以爲然。有自京師來滇，持以問余曰：「此羲之草韻也？」余戲之曰：「字莫高于羲之，得羲之自作草書百韻歌①奇矣；又如詩莫高于杜子美，子美有詩學大成；經書出于孔子，孔子有四書活套②。若求得二書，與此爲三絶矣。」其人愕然曰：「孔子豈有四書活套乎？」余曰：「孔子既無四書活套，羲之豈有草書百韻乎？」其人始悟。信乎！僞物易售，信貨難市也。諺云：「若無此輩，餓殺此輩③。」

【校】

①得義之自作草書百韻歌　得義之，萬曆本脱，據丹鉛續録卷九、升庵書品補。

②孔子有四書活套　活，升庵書品、丹鉛續録卷九作「講」。

③諺云若無此輩餓殺此輩　升庵書品、升庵集卷六十二俱無此句。

荆公字説

王荆公好解字，説而不本説文，妄自杜撰。劉貢父曰：「易之觀卦，即是老鸛；詩之小雅，即是老鴉。」荆公不覺欣然，久乃悟其戲。又問東坡：「鳩字，何以從九？」東坡曰：「鳲鳩在桑，其子七兮。連娘帶爺，恰是九箇。」又字言①：「波者，水之皮。」坡公笑曰：「然則滑是水之骨也。」

【校】

①又字言　字，丹鉛續録卷十、升庵集卷六十二作「自」。據鶴林玉露卷三「字義」，作「自言」是。

轉經

唐詩：「服玩僧收爲轉經。」〔一〕今人謂寫字爲轉經，非也。西方之俗，凡薦亡以木規圓爲二輪象，一用梵篆牝書，一用梵篆牡書。牝書自内而外，牡書自外而内。牝輪在下，牡輪在上，以機而圓轉之，所謂三藐母馱也。余過雅州，見西僧説如此。其文亦有與中國同者，如國字從口從大，作者牡文也，作者牝文也。

【注】

〔一〕此爲顧非熊哭韓將軍詩中句，見全唐詩卷五〇九。爲轉經，作「與轉經」。

蠲字音義

説文：「蠲，馬蠲也，從虫。」引明堂月令：「腐草爲蠲。」明也，洗也，潔也，除也。尚書：「圖厥政不蠲烝。」馬音圭〔一〕。詩：「吉蠲爲饎。」〔二〕左傳：「蠲其明德。」〔三〕古有涓、圭二音。東坡醉翁操：「琅然清蠲誰彈。」〔四〕党懷英題黄彌守吴江新霽圖詩：「修蛾新粧翠連娟，下拂塵鏡窺明蠲。」又題採蓮圖：「紅粧秋水照明蠲。」〔五〕又轉音續。唐太宗詩：「水搖文蠲動，浪轉錦花浮。」〔六〕唐世有蠲紙，一名衍波牋，蓋紙文如水文也。

【注】

〔一〕見尚書周書多方，注：「蠲，吉玄反。馬云：明也。一音圭。」説文解字作：「从虫、罒象形，益聲。」注曰：「蠲之古音如圭。韓詩『吉圭爲饎』，毛詩作『吉蠲』。蠲乃圭之假借字。」

〔二〕見詩小雅天保。

〔三〕見左傳襄十四年，作「蠲其大德」。杜預注：「蠲，明也。」

〔四〕胡應麟藝林學山卷三「蠲字音義」云：「蘇詞今石刻載甲秀堂帖，曰『琅然清圜』，非蠲字也。」

〔五〕党懷英詩，見中州集卷三。二詩題作黄彌守畫吴江新霽圖、楚清之畫樂天小娃撐小艇偷採白蓮回不解藏踪跡浮萍一道開詩因題其後。

〔六〕此爲唐太宗賦得浮橋詩中句，見唐詩紀事卷一。浪轉錦花浮，作「纜轉錦花縈」。

真人八字義

「慮、歎、變、慹、姚、佚、啓、態」八字〔一〕，真人矢口成文。褚氏解云：「慮則預度未來，歎則咨嗟既往。變則輕躁而務作爲，慹則畏懼而不敢動。姚則悦失以自肥，佚則般樂而忘返①，啓則情開而受物，態則驕矜而長傲。」〔二〕

【校】

①佚則般樂而忘返　般，上杭本作「縱」。

【注】

〔一〕見莊子齊物論：「喜怒哀樂，慮歎變慹，姚佚啓態。」

〔二〕見宋褚伯秀南華真經義海纂微卷二。

壬字義

壬，擔也，字一作「任」。孟子：「治任將歸。」〔一〕又「負戴」注云：「負任在背，戴任在首。」〔二〕曾子曰：「任重而道遠。」〔三〕詩曰：「我任我輦。」〔四〕淮南子曰：「任動而車鳴。」〔五〕所謂任者，皆指擔也。

【注】

〔一〕見孟子滕文公上。

〔二〕見孟子梁惠王上「頒白者不負戴於道路」注。

〔三〕見論語泰伯。

〔四〕見詩小雅黍苗。

〔五〕淮南子説林：「任動者，車鳴也。」

殷子周姬

殷之德，陽德也，故以男書子；周之德，陰德也，故以女書姬〔一〕。

【注】

〔一〕見董仲舒春秋繁露三代改制質文，作「殷之德，陽德也，故以子爲姓，知周之德，陰德也，故以姬爲姓。故殷王改文，以男書子；周王以女書姬」。

英雄

草之精秀者爲英，獸之特羣者爲雄，故人之文武茂異取名於此。是故聰明秀出謂之英，膽力過人謂之雄，此其大體之名也①。聰明者，英之分也，不得雄之膽則説不行；膽力者，雄之分也，不得英之智則事不立②。是故英以其聰謀始，以其明見機，待雄之膽行之。雄以其力服衆，以其勇排難，待英之智成之。張良，英也；韓信，雄也。體分不同，以多爲目，皆偏王之才③，人臣之任也。故英可以爲相，雄可以爲將。若一人之身兼有英雄，則能長世，高祖、項羽是也。然英之分多於雄④，而英不可少也。英分少，則智者去之，故項羽氣力蓋世，明能合變，而不能聽奇采異，有一范增不用，是以陳平之徒皆亡歸；高祖英分多，故羣雄服之，英才歸之，兩得其用，故能宅有天下。故雄能得雄，不能得英。兕虎自成羣也。英能得英，不能得雄。鸞鳳自相親也。故一人之身兼有英雄，乃能役英雄；能役英雄，故能成大業也。

【校】

① 此其大體之名也　名，上杭本、譚苑醍醐卷五、升庵集卷七十作「别名」。

② 不得英之智則事不立　則，上杭本作「其」。

③ 皆偏王之才　偏王，升庵集卷七十作「偏主」。此條録自劉邵人物志，原作「偏至」。

④ 然英之分多於雄　「英之分」下，譚苑醍醐卷五有「以」，升庵集作「似」。

劉邵之邵從卩不從阝

劉邵，字孔才。宋庠曰：「邵從卩，説文『高也』，故字孔才。」揚子「周公之才之邵」〔一〕是也。三國志作「劭」，或作「邵」，從邑，皆非。不叶孔字之義①，從卩爲邵方叶②。

【校】

① 不叶孔字之義　字，譚苑醍醐卷五、升庵集卷五十作「才」。

② 從卩爲邵方叶　方，譚苑醍醐卷五、升庵集卷五十作「乃」。

【注】

〔一〕見揚子法言修身。周公之才之邵，作「公儀子、董仲舒之才之邵也」。

鍾張二王書法不同

王僧虔云：「變古制，今惟右軍、領軍爾；不爾，至今猶法鍾、張。」〔一〕書斷云：「王獻之變右軍行書，號曰破體書。」〔二〕此觀之，世稱鍾、王，不知王之書法已非鍾矣；又稱二王，不知獻之書法已非右軍矣。譬之王降而爲霸，聖傳而爲賢，必能暗中摸索辨此，書字始有進耳。

【注】

〔一〕南齊書王僧虔傳論書云：「亡曾祖領軍書，右軍云：『弟書遂不減吾。』變古制，今唯右軍、領軍；不爾，至今猶法鍾、張。」南史王曇首傳附王僧虔傳與南齊書標點不同，作「變古制，今惟右軍。領軍不爾，至今猶法鍾、張」。變古制，制，萬曆本、升庵書品作「製」，句點則爲「變古製今，惟右軍、領軍爾」。

〔二〕楊慎墨池瑣録：「徐浩云：『鍾善真書，張稱草聖，右軍行法，小王破體，皆一時之妙。』破體，謂行書小縱繩墨，破右軍之體也。」

影書

六朝人尚字學，摹臨特盛。其曰廓填者，即今之雙鈎；曰影書者，如今之嚮搨。南史云：「蕭思話書，羊欣之影，風流趨好①，殆當不減。」〔一〕北史：趙文深「少學楷隸，雅有鍾王之則」。「周明帝令至江陵影覆寺碑」〔二〕是也。又傍書釋文亦曰影，唐太宗集右軍帖，令褚遂良帖旁黄影之。

【校】

①風流趨好　趨，上杭本作「⿺走畐」，四庫本作「逼」。逼，近似真迹。

【注】

〔一〕見南齊書王僧虔傳。趨，作「趣」。

〔二〕見北史儒林下趙文深傳。影覆寺碑，作「書景福寺碑」。

謁字義有二

謁字義有二：說文：「謁，白也。」袁盎傳「上謁」注：「若今通名也。」〔一〕士相見禮聞名於將命者，故將命之人謂之謁者。古以通名爲謁，至漢猶然。晉人謂之門牋，唐人謂之投刺，今人謂之拜帖。史記：「酈生踵軍門上謁，案劍叱使者。使者懼而失謁，跪拾謁，還走，入報。」〔二〕漢徐穉傳：「弔喪，醊酒畢，留謁則去。」〔三〕注：「謁，刺也。」此謁字，於歇切，又音葉。訪也，請見也。汲黯傳「中二千石拜謁」，禮記「能典謁矣」〔四〕，皆從此音，今呼二音多與義不相叶。

【注】

〔一〕見漢書卷四十九爰盎傳「乃之丞相舍上謁」師古注。

〔二〕見史記酈生陸賈列傳。文字有刪節。

〔三〕見後漢書卷五十三徐穉傳：「醊酒畢，留謁則去，不見喪主。」

〔四〕見禮記曲禮下。

點與玷通

點與玷同①，古詩多用之。東晳補亡詩：「鮮侔晨葩，莫之點辱。」〔一〕左思唐林兄弟贊：「二唐潔己，乃點乃污。」〔二〕陸厥答内兄希叔詩：「既叨金馬署，復點銅駝門。」〔三〕杜子美詩：「幾回青瑣點朝班」〔四〕，正承諸賢用字例也。宋樓鑰表：「游點從班，叨塵宥府。」〔五〕

【校】

① 點與玷同 同，丹鉛雜録卷五作「通」。

【注】

〔一〕見文選卷十九。李善注引王逸楚辭注曰：「點，污也。點與玷古字通。」

〔二〕見左太沖集。乃點乃污，一作「乃點反污」。

〔三〕見文選卷二十六。銅駝門，作「銅龍門」。

〔四〕此爲杜甫秋興八首詩中句，見杜少陵集卷十七。

〔五〕此爲樓鑰辭免參知政事札子表中語，見攻媿集卷三十三。游點從班，作「洊點從班」。

黽音蔑

抱朴子：「舉秀才，不知書。舉孝廉，父別居。寒素清白濁如泥，高第良將怯如黽。」〔一〕泥音涅。後漢書引論語「涅而不淄」，作「泥而不滓」，可證也。黽音蔑，爾雅注引「黽勉從事」，或作「蠠没」，又作「密勿」，可證也。泥音涅，則黽當音蔑；黽或音密，則泥當音匿，古音例無定也。晉書作「怯如鷄」，蓋不得其音而改之。

【注】

〔一〕見抱朴子外篇審舉。舉孝廉，作「察孝行」。怯如黽，作「怯如鷄」。

瑟居

梁武帝詩：「瑟居超七淨。」〔一〕瑟與索同。蕭索，字一作蕭瑟，則索居亦得作瑟居也。蓋瑟、索皆借用字，正字作槭。

【注】

〔一〕見漢魏六朝百三家詩卷八十梁武帝集，瑟，作「慧」。藝文類聚卷七十六引梁遊鍾山大愛敬寺詩作「瑟」。

票姚

漢書霍去病爲票姚校尉，師古注：「票姚，勁疾貌。票，頻妙反。姚，羊召切。」荀悦漢紀作「票鷂」，音義益明。票與鷅同，鷅、鷂，皆勁疾鳥也〔一〕。杜子美律詩作平音。

【注】

〔一〕升庵外集卷九十七另有「票姚鷅鷂」一則：「票姚、鷅鷂，皆鳥名。漢書作『票姚』，漢紀作『鷅鷂』。蓋如鷅之疾、鷂之擊也，俱去聲。惟服虔作『漂摇』，唐詩人多從之。」

伍員之員音運

陸龜蒙詩：「賴得伍員騷思少，夫差剛免似荆懷。」〔一〕宋人小説云：「以龜蒙之博學，而誤呼伍員之名，豈趁韻邪？」慎按：員之音運，本無前訓。惟唐員半千傳云：半千本宋劉凝之十世孫。初，凝之因齊受禪奔元魏，自比伍員，故改姓員〔二〕。唐世謡云：「令公四俊，苗李崔員。」以後證先，知伍員之員音運也。如巢縣之巢，音勦；朴胡之朴，音浮；濡水之濡，奴官反；票姚之姚，音同鷂。古賢相傳，自有此一種音韻，今不悉見耳。

【注】

〔一〕此爲陸龜蒙和館娃宫懷古詩中句，見全唐詩卷六二五。賴得，作「賴在」。夫差，作「吴王」。剛免，作「纔免」。

〔三〕見新唐書員半千傳。文字有改動。

須臾

儀禮聘禮速賓辭曰：「寡君有不腆之酒，請吾子與寡君須臾焉。」〔一〕注：「須臾，言不敢久。」古者樂不踰辰，燕不移漏，故少頃之間，皆稱須臾。須，待也。左傳「寡君須矣」是也。臾字從申從乙。乙，屈也。如今人請客云「恭俟屈降」之義。今之所云「俟屈」，古之所云「須臾」也。解字必宜如此，方暢本原。

【注】

〔一〕見儀禮燕禮。升庵作「聘禮」，記誤。請吾子句，作「以請吾子之與寡君須臾焉」。

坡詩

東坡：「春事闌珊芳草歇」〔一〕，或疑歇字似趁韻，非也。唐劉瑶詩：「瑶草歇芳心耿耿」〔二〕，傳奇女郎王真詩：「燕折鶯離芳草歇」〔三〕，皆有出處，一字不苟如此。

【注】

〔一〕此爲蘇軾蝶戀花離別詞中句，見全宋詞東坡詞。

〔二〕此爲劉瑶暗別離詩中句，見全唐詩卷二十六。

〔三〕此爲王麗真與曾季衡冥會詩中句，見全唐詩卷八六六。折，作「拆」。

凸凹

凸凹二字，説文不載，而見于蒼頡篇。蓋象形之真，陰陽之義，其爲科斗古文無疑。予前録已著之〔一〕。近考周禮注：「珪琮之瑑，凸曰珇。」〔二〕鄭玄與許慎同世，可獨信許而疑鄭乎？凸凹二字，音或不同，凸者音垤，凹者音坳，又音窪。地理書：凸音突，凹音窟，皆通。古字最少，例得借音轉注耳。又詩「鸛鳴于垤」〔三〕，詁云：「垤者，古凸字。」

【注】

〔一〕見譚苑醍醐卷九「凹凸字」：「土窪曰凹，土高曰凸，古之象形字也。周伯温乃曰：『凹當作坳，凸當作垤，俗作凸凹。』非是，反以古字爲俗字也。東方朔神異經云：『大荒石湖，千里無凸凹，平滿無高下。』畫記云：『張僧繇畫一乘寺壁，遠望如凹凸，近視則平，名曰凹凸花，俗呼一乘寺爲凹凸寺云。』江淹青苔賦云：『悲凹險兮，惟流水而馳騖。』高僧傳云：『谷之應聲，語雄而響厲；鏡之鑒像，形曲而影凹。』此皆名人文士所用，其來夐（一作舊）矣，豈至伯温始貶爲俗字乎！」（一作「伯温貶之」。）

〔二〕見周禮考工記玉人。

〔三〕見詩豳風東山。

昝姓

晉書有昝堅，今襄陽多此姓。按說文無此字也，蕭何封於酇，其地在襄陽之光化縣，其後因以爲姓，而酇訛爲「昝」〔一〕。酇省作贊，贊訛爲昝。

【注】

〔一〕升庵云昝爲酇轉訛爲姓。吴景旭歷代詩話卷五十二「鄼侯」條駁之曰：「說文：『鄼，沛國縣，从邑虘，昨何切。』長箋云：『當必以虎而名，寓戒也。蓋蕭何封鄼侯，當從此鄼字。』人代紀要云：『蕭何受封於鄼。則史傳作酇，相似之訛，師古遂謂南陽之酇耳。觀鄧禹封酇侯，正取其在南陽，則何從帝起沛，封邑必近沛也。』李白寄譙郡元參軍詩：『鄼臺之北又離羣。』唐書地理志：『亳州譙郡有鄼縣。則非南陽屬縣愈明矣。』揚雄十八侯銘：『文昌四友，漢有蕭何，序功第一，受封於鄼。』字從鄼，與何叶。諸唐詩直寫作鄼侯，音義自當矣。余所定唐律類裁中，載楊巨源一詩，直寫此鄼字。楊升庵云：『蕭何封於酇，其後因以爲姓，而酇訛爲昝。』不意升庵誤至此。」

説文無凹字〔一〕

凹，四高而中下也，凡凹之屬皆從凹。㘝象器凹受物之形。㔾，古文曲字，象半凹之形。

[illegible]，女洽切，物可覆壓者，從反凹。[illegible]，古文匚字，從側𠙴。[illegible]，他刀切，古器名，今曰韜韇也。[illegible]，受玉器也，即韜韇之韇，今文作匵。凸，物四下而中高也，與垤同。釋文引詩「鸛鳴于凸」，周禮「圭之凸曰珇」。○説文無凹部，止有𠙴部。凹爲母而𠙴爲子。説文以子爲母，今人遂不識凹凸字，今爲補之。

【注】

〔一〕升庵外集卷四尚有「凹字三音」，可參看。

八分書夕灬字

蜀夾江縣有酒官碑，令狐世弼所書，字畫有漢魏法。其中有云：「南由市入爲闤，北抵湖出爲夕灬，爲闤中之館①。」夕灬字不知何音義，録于此，以俟博洽者問之。唐韻：夕灬即「亦」字〔一〕。

【校】

① 北抵湖出爲夕灬爲闤中之館　爲，萬曆本脱，據丹鉛雜録卷二、升庵外集卷九十補。

【注】

〔一〕夕灬即亦字，明董斯張吹景録：「亦，古掖字，通闤，即掖門也。」

張禺山戲語

張禺山晚年，好縱筆作草書，不師法帖，而殊自珍詫。嘗自書一紙寄余，且戲書其後曰：「野花艷目，不必牡丹；村酒酣人，何須蟻緑。太白詩云：『越女濯素足，行人解金裝。』漸近自然，何必金蓮玉弓乎！」亦可謂善謔矣！

古字異構

平秩，馬融本作「苹秩」。稾飫，左傳注作「犒飫」。蕭茅，書注作「茜茅」。蔓菁，周禮注作「蕒菁」。〔一〕

【注】

〔一〕「蕒菁」下，升庵集卷六十三有小字：「莤，音縮。」

櫛與櫛同

周禮考工記有櫛氏、雕氏〔一〕。注：「櫛，莊密切。」釋文引左傳「使婢子執巾櫛」，注〔二〕：「櫛、櫛是一也。櫛，梳也。」廣雅曰：「梳，櫛也。」詩「其比如櫛」，史「大禹櫛風沐雨」，則櫛之來古矣。但梳以木爲之，櫛字又從竹，複矣，當從考工記作「楖」爲是。

【注】

〔一〕楖氏雕氏，周禮考工記作「楖人、雕人」。楊子卮言卷一「氏」作「人」，不誤。

〔二〕楊子卮言卷一作「證」。

菑傳同字

周禮：「居幹之道，菑粟不迆。」〔一〕沈重讀菑爲恣四切。又考工記：「察其菑蚤不齵。」注：「菑謂幅入轂中也。」「泰山平原呼所立物爲菑，聲如胾。博立梟棊亦爲菑。」〔二〕菑蓋借字，今文作「傳」，又作「剚」。史記「不敢剚刃於公腹」〔三〕。管子：「春有以傳耕，夏有以傳耘。」注：「齊地謂物立地中爲傳。」管子又謂戰士曰「傳戰之賓」〔四〕。

【注】

〔一〕見周禮冬官考工記「弓人」、「輪人」。粟，作「栗」。

〔二〕見周禮注疏卷三十九「菑蚤不齵」鄭玄注：「菑謂輻入轂中者也。菑與爪不相佹，乃後輪敝盡，不匡刺也。鄭司農云：菑讀如雜廁之廁，謂建輻也。泰山平原所樹立物爲菑，聲如胾，博立梟棊亦爲菑。」疏：「凡植物於地中謂之菑，此輻入轂中，似植物地中，亦謂之菑。」又：「博立梟棊者，謂博戲時，立一子於中央，謂之梟棊。云爲菑，亦是樹立爲菑之義也。」

〔三〕見史記張耳陳餘列傳，作「莫敢倳刃公之腹中」。集解徐廣：「倳，音䭘。李奇曰：東方人以物插地皆爲剚。」

〔四〕見管子輕重甲。倳耕，作「倳耜」。倳戰，作「倳戟」。

𦥑古與餔通①

𦥑，古餔字。𦥑字從臼從日。餔時申時也。説文：「申字從臼，自束持之意。吏以餔時聽事，申旦政也。」〔一〕故「臼」與「申」皆從臼〔二〕。

【校】

① 𦥑古與餔通　升庵集卷六十四另有「餔字解」，可參看。

【注】

〔一〕説文「申」：「神也，七月陰氣成體自申束，从臼，自持也。吏以餔時聽事，申旦政也。」

〔二〕説文「臼部」無申字。申作「申」。

饕餮

金臺田景延得古饕餮，拱泉而垂腹，羸其面而坐，則人焉。其下有若承盤者，元裕之考定爲古器無疑也。

山谷論草書

山谷一帖云：「少時喜作草書，初不師承古人，但管中窺豹，稍稍推類爲之。方事急時，便以意成，久之或不自識也。」〔一〕余謂山谷豈杜撰者，蓋自掊擊以教人耳。

【注】

〔一〕山谷題跋卷八鍾離跋尾，見山谷别集卷十一「山谷題跋」。

土字四音

土字四音：「土爰稼穡」〔一〕，如字。詩「徹彼桑土」〔二〕。土，桑根之皮也，音杜。「自土沮漆」〔三〕，地名，亦音杜。史記引詩「宅殷土芒芒」〔四〕，社是土，亦借作社也。又字書「土苴」或作「⿱艹垚苴」，泥不熟也，是土亦通作⿱艹垚。

【注】

〔一〕見尚書周書洪範。

〔二〕詩豳風鴟鴞。土，韓詩作「杜」，桑杜，桑根皮。

〔三〕詩大雅緜：土，齊詩作「杜」，水名。

〔四〕詩商頌玄鳥「宅殷土芒芒」，史記三代世家引曰「殷社芒芒」。

方物

易大傳：「方以類聚，物以羣分。」鄭玄注：「水火也。」至解樂記則曰：「方謂行蟲也；物謂殖生也。」孔穎達曰：「二注不同，各有以也。方者，行蟲有性識道理，故稱方也。羣分稱物者，殖生無生，但一物而已。」〔一〕慎按：蟲之名方①，不見於訓詁。但字書有解瞉蟲名蚄蚄，見齊民要術〔二〕。又張有復古編：蚄蚄，古只作子方。是方爲行蟲之原也。鄭之解「方爲行蟲」，蓋緣字之音生義，頗亦僻左。

【校】

① 蟲之名方　蟲，萬曆本、四庫本作「古」，上杭本、丹鉛摘録卷十二作「蟲」，據改。

【注】

〔一〕方者，禮記正義卷三七孔穎達疏作「類聚稱方者」。殖生無生，作「殖生無心靈」。

〔二〕齊民要術收種：「氾勝之術曰：『牽馬令就穀堆食數口，以馬踐過爲種，無蚄蚄蟲也。』」

文用韻

文心雕龍聲律篇云：「異音相從謂之和，同聲相應謂之韻。韻氣一定，故餘聲易遣；和體抑揚，故遺響難契。」宋詞元曲皆於仄韻用和音以叶平韻，蓋以平聲爲一類，而上、去、入三聲附之，爲東、董是和，東、中是韻也。

秦紀

史記始皇本紀後有秪兩字一段，班固漢明帝時所得秦紀也①。其事雖略②，而其文法最古，太史公所以謹録之，欲以互證而備遺也。亦如酈生傳後又附酈生書之例。今本作平頭刻，不復秪兩字，人亦不知爲何意也。索隱注亦昧此，惟魏了翁古今考僅存其説③。

【校】

① 班固漢明帝時所得秦紀也　所得，萬曆本作「所謂」，據楊子巵言卷三改。元方回續古今考卷十八附論古秦記書初者六始者一與史記不同作「所得」。

② 其事雖略　雖，楊子巵言卷三作「最」。

③ 惟魏了翁古今考僅存其説　魏了翁，楊子巵言卷三作「魏鶴山」。

賦比興

李仲蒙曰：「叙物以言情謂之賦，情物盡也；索物以托情謂之比，情附物也；觸物以起情

謂之興，物動情也。」〔一〕

【注】

〔一〕引文見胡寅斐然集卷十八致李叔易書：「賦比興，古今論者多矣，惟河南李仲蒙之説最善。」

窋咤

俗語急疾頃刻曰窋咤，字一作咄嗟。晉書「咄嗟而辦」〔一〕，集韻作「咋唶」，古樂府作「咄唶」〔二〕，今俗書詞曲作「⿺走出⿺走耑」〔三〕。

【注】

〔一〕見晉書石苞傳作「崇爲客作豆粥，咄嗟便辦」。

〔二〕古樂府雜曲有咄唶歌：「棗下何攢攢，榮華各有時。棗欲初赤時，人從四邊來。棗適今日賜，誰當仰視之。」

〔三〕升庵外集卷六十三「俗言」，于「⿺走出⿺走耑」後尚有四例：「○孫權見呂蒙病中能小食則喜，顧左右（言笑），不然則咄唶。○光武紀：遥望見春陵城，唶曰：『氣佳哉！』○王文考魯靈光殿賦：『發榮吐秀，菡萏披敷。緑房紫菂，窋⿱穴乇垂珠。』○潘岳芙蓉賦：『押葛雲布，窋⿱穴乇星羅。』」

否泰忝帝位

尚書「否泰忝帝位」〔一〕注：「否不通。」言否之音義與「不」相通，非訓否爲「不通」也。昔年在講筵，有講官面陳云：「否，是不通的意思。」侍臣聽者多掩口，退而戲之曰「不通講官」。乃知專經守文之士其誤雖久，而驟聞不覺之流，猶得其真也。

【注】

〔一〕見尚書堯典。

囗字義

囗字，説文音圍，象四周匝之形〔一〕。六書故以爲府狼切，與方圓之方同，蓋方圓皆象形也。淮南子云：「左畫圓，右畫方。」〔二〕論衡云：「方圓畫不俱成」〔三〕，圓必作○形，方豈不作囗形乎？田從囗，會意，開方之法出焉。画又從囗，會意，画也者，畫田之四至也。唐人寫畫字，有作画形者，是其義也。囗又作國，商子書：「弱民囗强，囗强民弱，有道之囗，務在弱民。」〔四〕，國字皆作囗，蓋古文倉頡所制也。今文國從囗又從或。或、域同，戈守囗下一地也。内囗而外又囗，複矣！且鯀始造城，倉頡上世，豈有戈守囗之事。由此觀囗，一形而三音，方也，圍也，國也，皆同形借用，古文所以簡而括，不若後世之繁贅耳。

【注】

〔一〕説文：「口，回也，象回帀之形。」

〔二〕淮南子天文訓：「天道曰圓，地道曰方。」未見「左畫圓，右畫方」。

〔三〕見王充論衡書解篇。

〔四〕商君書弱民：「民弱國强，民强國弱。故有道之國，務在弱民。」弱民，作「民弱」。

軼轍字同

古字軼與轍同，莊子「夫子奔軼絶塵，而回瞠乎其後」〔一〕，今謬讀軼作「逸」，遂失其義。戰國策「主者循軼之途」，注：「軼、轍同，車迹也。」

【注】

〔一〕莊子田子方：「夫子奔逸絶塵，而回瞠若乎後矣。」

三字名①

戰國人名，有董之蘩菁。董，姓也，之蘩菁三字，其名也。複名古有之②，三字名始見此。

【校】

①三字名 一作「董之虆菁」，見升庵集卷五十，升庵外集卷五十九。

②複名古有之 有，萬曆本脱，據丹鉛餘録卷一補。

和字義①

孫子兵法：「兩軍相對曰和。」〔一〕戰國策：章子爲齊將，「與秦軍交和而舍」〔二〕。又楚策「開西和門」，注：「軍門曰和。」唐鄭愔詩：「戍壘三和夕」〔三〕，校文苑英華者不知其事，改「和」作「秋」。

【校】

①和字義 一作「軍門曰和」，見升庵集卷六十三。

【注】

〔一〕見孫子兵法軍爭篇「合軍聚衆，交和而舍」曹操注謂軍門爲和門，兩軍相對爲交和。

〔二〕見戰國策齊策。

〔三〕此爲鄭愔塞外三首詩中句，見全唐詩一〇六。戍壘三和夕，作「荒壘三秋夕」。

苻姓从草①

晉苻堅以應圖識文改姓[一]，其字從草不從竹。今多書作「符」，非也。苻音蒲，其音亦别。又左傳「萑苻之澤」[二]，杜預注，苻亦音蒲。

【校】

① 苻姓从草　升庵餘録卷二無標題，升庵集卷五十題作「苻堅」。

【注】

〔一〕晉書卷一一三苻堅上云：其母夜夢與神交，因而有孕生堅。「背有赤文，隱起成字，曰『草付臣又土王咸陽』」。

〔二〕見左傳昭公二十年。

廣莫

左傳：「狄之廣莫，於晉爲都。」[一]杜預注：「廣，音義與曠同。」廣莫，猶言曠漠也。風曰廣莫風，門曰廣莫門，音義皆如此。

【注】

〔一〕見左傳莊公二十八年「狄之廣漠」，注：「廣莫，狄地之曠絶也。」

諸賢感星

劉書新論云：「微子感牽牛星，顔淵感中台星，張良感弧星，樊噲感狼星。」〔一〕其説皆出讖緯〔二〕。

【注】

〔一〕見劉子卷五「命相」。

〔二〕見古微書卷八春秋演孔圖引：「按玉鈐經：人始受生，值賢宿則賢，值貴宿則貴。故知聖賢之生皆不偶也。相傳云：微子感牽牛星，顔淵感中台，老子感火星，張良感弧星，樊噲感狼星，子路感雷精而生。」

衍羡義同

史記封禪書注：「山阪曰衍。」周禮注：「下平曰衍。」左傳地名有昌衍、瓜衍，戰國策地名有卷衍、蒲衍，水經注有杜衍，漢書有鄜衍。又水溢曰「衍」，素問：「泉涌河衍，鱗見于陸。」或體作「羡」，漢溝洫志：「河災之羡，溢害中國也尤甚①。」易：「需于沙，衍在中也。」〔一〕地理志有「沙羡」，而音作夷，蓋方言耳。文之溢辭曰「羡文」，璧之溢瑑曰「璧羨」，義亦取此。又封禪書「沕潏曼羨」，曼羨，即曼衍也。因閲韻會，「衍」字下引證未詳，因疏記之。

【校】

① 溢害中國也尤甚　害，萬曆本脱，據丹鉛餘録卷二補。

【注】

〔一〕見易需卦。

范文正王安石書法①

宋蘇才翁筆法妙天下，不肯下一世人，惟稱范文正公書與樂毅論同法〔一〕。黄山谷謂：「才翁傲睨萬物，衆人皆側目，而文正公待之甚厚，故才翁評書，少曲董狐之筆耳。」〔二〕山谷此評，似非君子之言。文正公字法，實入書家之品，才翁非佞語也。王荆公字，本無所解，評者謂其作字似忙。世間那得許多忙事，而山谷阿私所好，謂荆公字法「出於楊虚白」，又謂「金陵定林寺壁有荆公書數百字，惜未見賞音者」〔三〕。何荆公字在當時無一人賞音，而山谷獨稱之耶？才翁曲筆於范文正公，不猶愈於山谷獻諛於王安石乎！

【校】

① 范文正王安石書法　一作「范文正書」，見升庵集卷六十二。

【注】

〔一〕樂毅論，指元趙孟頫臨王羲之書，小楷，筆法清勁，用筆至精，風格遒媚。

〔二〕山谷集卷三十跋范文正公帖：「才翁傲睨萬物，衆人皆側目，無王法必見殺也。而文正待之甚厚，愛其才而忘其短也，故才翁評書，少曲董狐之筆。」

〔三〕見山谷集卷二十九題王荆公書後。

昔昔鹽

梁樂府夜夜曲，或名昔昔鹽。昔，即夜也。列子「昔昔夢爲君」〔一〕。鹽，亦曲之别名〔二〕。

【注】

〔一〕見列子周穆王：「昔昔夢爲國君。」注：「夜夜也。」

〔二〕容齋隨筆續筆卷七「昔昔鹽」：「歌詩謂之鹽者，如吟、行、曲、引之類。」以鹽爲曲名，早有此説。唐張鷟朝野僉載（卷一）：「麟德已來，百姓飲酒唱歌，曲終而不盡者號爲『族鹽』。」宋沈括夢溪筆談（卷五）：「頃年王師南征，得黄帝炎一曲於交趾，乃杖鼓曲也。炎或作鹽。唐曲有突厥鹽，阿鵲鹽，施肩吾詩云：『顛狂楚客歌成雪，嫵媚吴娘笑是鹽。』蓋當時語也。」宋洪邁容齋續筆（卷七）：「玄怪録載：籧篨三娘工唱阿鵲鹽。又有突厥鹽、黄帝鹽、白鴿鹽、神雀鹽、疏勒鹽、滿座鹽、歸國鹽。唐詩『媚賴吴娘唱是鹽』、『更奏新聲刮骨鹽』，然則歌詩謂之鹽者，如吟、行、曲、引之類云。」「今南嶽廟獻神樂曲有黄帝鹽。」其後方以智通雅、吴景旭歷代詩話等多從升庵之説，又推而廣之。

空石舩司馬徽

空石舩之精思①，不可謂之徽；司馬徽之坐忘，衹可謂之馳。

【校】

① 空石舩之精思　石，丹鉛餘録卷五作「室」。

大字音

大字，古音戴、音垛，而無一駕切者，惟今音有之。今之韻書二十二禡，亦不收大字，豈以爲非古音乎？予考淮南子，宋康王世有雀生鸇，占曰：「小而生大，必霸天下。」〔一〕以「大」叶「下」，古亦有一駕切之音矣。惜乎作韻書者之不考也。予作古音略、古音餘二書，於字之形聲，多所發明，而刊補前人者，有一得之愚，必有後世子雲知之耳〔二〕。

【注】

〔一〕戰國策宋書：「宋康王之時，有雀生鸇於城之陬，使史占之，曰：『小而生巨，必霸天下。』」亦見賈誼新書卷七，作「小而生大，必伯於天下」。升庵云考「淮南子」，記誤。

〔三〕丹鉛續録卷六「泰春泰秋」條言大字音云：「古大字音義與泰通，大，別作『太』。自范曄作後漢書始用之，避其家諱也。案莊子有虞氏不及泰氏，泰氏謂大庭氏也。管子書有泰春、泰夏、泰秋、泰冬。董仲舒策：陽常居大夏、陰居大冬，正用管子語，則大冬大夏，皆言泰，今人多失其讀。」

澹淡不同音

漢志：「川塞谿坺，水澹池長。」〔一〕澹音潭，水溢也。文選「澹淡浮」〔二〕，澹音潭；淡音琰。澹臺滅明，亦音潭。管子、淮南子注皆音潭。今誦文選者，澹、淡作一音，雌霓謬呼久矣〔三〕！

【注】

〔一〕見漢書天文志。水澹池長，作「水澹地長」。

〔二〕文選西都賦：「靡微風，澹淡浮。」李善注：「澹淡，蓋隨風之貌也。澹，達濫切。淡，徒敢切。」

〔三〕雌霓，謂人不知音讀。宋王楙野客叢書卷十五「雌霓」條云：「沈約製郊居賦，其間曰：『駕雌霓之連蜷，泛大江之悠永。』出示王筠，筠讀雌霓爲雌鶂，約喜謂曰：『霓字惟恐人讀作平聲。』司馬温公謂非霓字不可讀爲平聲也。蓋約賦協側聲故爾。僕考之，雌霓二字，東方朔七諫中已嘗用之矣。張衡七辯亦曰：『建雌霓以爲旗。』

傛字音

賈誼鵩賦「傛若囚拘」，蘇林「音欺全反」。師古云：「蘇音是也。」〔一〕南唐張佖辯之曰：「説文：『窘音渠隕切。』李善文選注：『窘，囚拘之貌。』五臣注：『窘，困也。』其字並不從人，惟孫强新加字玉篇〔二〕及開元文字有作『傛然』者，皆音渠隕切，疑蘇音誤。今宜從説文音。」余按：此句漢書作「傛若囚拘」，史記作「攌若囚拘」。窘，當音渠隕反；攌，當音斯全反①，攌即今拴字也。史記、漢書所見異辭，當各從本文解之，所謂離之則雙美，合之則兩傷也。蘇蓋以史記之音而移之漢書，宜其誤而不通，張佖辯之是也，但不知蘇音之誤所由耳。聊爲詳説之。揚雄云：「一卷之書，必立之師。」〔三〕斯雖細事，亦誠難哉！〔四〕

【校】

① 當音斯全反　斯，上杭本作「欺」。

【注】

〔一〕見漢書賈誼傳「傛若囚拘」注。

〔二〕丹鉛雜録卷十作「惟孫新强加字玉篇」，當作「唐孫强增補玉篇」。

〔三〕見揚子法言學行篇。

〔四〕攌、儝異音，宋王觀國已辨之，其按云：「史記：『攌如囚拘。』漢書曰：『儝若囚拘。』用字不同者，蓋賈誼文當時相傳非一本，其用字固有不同處。司馬遷、班固各以其所傳賈誼文纂而作史，故其用字有不同也。攌乃擐束之意，字書窘亦作儝，然則攌、儝二字，雖不同音，而其義則皆有囚束拘繫之意，於文無嫌也。文選鵩鳥賦曰：『愚士繫俗兮，窘若囚拘。』蓋用漢書編入選也，止用窘字，而李善、五臣注皆曰：『窘，拘困也。』然則儝爲窘可知矣。李奇曰：『儝音塊。』蘇林曰：『儝音欺全反。』顔師古曰：『蘇音是。』三人之説皆非也。」

文莫解

論語：「文莫吾猶人也。」晉書欒肇論語駁曰：「燕齊謂勉强爲文莫。」陳騤雜識云：「方言：侔莫，强也。凡勞而勉，若云努力者，謂之侔①。」此説甚異，聊存之以廣多聞。

【校】

①謂之侔　侔，升庵外集卷三十六作「侔莫」。陳騤雜識原作「輒曰侔莫」。

云古員字①

今之云字，乃「員」之省文。泰誓「雖則員然」注：「員即云。」毛詩：「聊樂我員。」石鼓文：

「君子負獵，負獵負遊。」

【校】

① 云古負字　一作「云負」，見升庵集卷六十三。升庵經説卷四有「聊樂我負」，可參看。

夠字義

廣雅曰：「夠，多也，音遘。」〔一〕今人謂「多曰夠，少曰不夠」是也。文選魏都賦：「繁富夥夠，不可單究。」〔二〕五臣注誤音作平聲，不知「夠」、「究」本文自協韻也。

【注】

〔一〕見廣雅卷三釋詁「多」注。

〔二〕不，文選魏都賦作「非」。

帆颿字異①

曹真有名駃，號驚帆，言馳驟如風帆也。俗遂制「颿」字〔一〕，音義與帆同，然亦贅矣。

【校】

① 帆颿字異　一作「驚帆」，見升庵集卷六十二。

【注】

〔一〕陳耀文正楊卷四「帆颿」條云：「颿字見説文馬部，徐鉉等曰：舟船之颿，本用此颿字，今别作帆。此云俗制，豈叔重在曹真後耶？」

繇字音①

鍾繇字元常，取「咎繇陳謨〔一〕，彰厥有常」之義也。今多以繇音由，非。晉世説載：庾公謂鍾會曰：「何以久望卿，遥遥不至？」〔二〕蓋舉其父諱以嘲之，此可證矣。

【校】

①繇字音　一作「鍾元常」，見升庵外集卷五十九。

【注】

〔一〕見尚書臯陶謨。咎繇，即古臯陶。尚書作臯陶，漢武帝本紀作咎繇，他或作臯繇。

〔二〕見世説新語卷二十五排調。晉文帝與二陳共車，唤鍾會同載，會遲至，文帝嘲之曰：「與人期行，何以遲遲？望卿遥遥不至。」復問：「臯繇何如人？」蓋舊讀「繇」爲遥，皆以其父諱爲戲也。

鶤鳿字音①

揚雄賦「鶤鳿」，蘇林音殄絹，師古音弟桂。字書云：「鶤鳿，伯勞也。」蜀童謡有「陽雀叫，鸋鴂央」之語②。雄，蜀人，用方言未可知也。審若是，師古之音得矣〔一〕。

【校】

① 鸋鴂字音 一作「鸋鴂」，見升庵外集卷九十七。

② 陽雀叫鸋鴂央 央，升庵外集卷九十七作「殃」。

【注】

〔一〕見漢書揚雄傳反離騷「徒恐鸋鴂之將鳴兮」師古曰：「鴂，鴂字也。鸋鴂鳥，一名買鵤，一名子規，一名杜鵑，常以立夏鳴，鳴則衆芳皆歇。鸋，音大系反。鴂，音桂。鸋字或作鶗，亦音題。鴂又音決。鵤音詭。」韋昭曰：「鸋鴂，趣農鳥也。」

李嗣真論右軍書不同①

唐李嗣真論右軍書不同，往往以變格難儔。其書樂毅論、太史箴，其體正直，有忠臣烈士之象；告誓文、曹娥碑，其容憔悴，有孝子順孫之象；逍遥篇、孤雁賦，有抱素拔俗之象，皆見義以成字，非得以獨妍也〔一〕。嗣真所舉諸字之目，蓋皆右軍得意之筆，然傳於石刻亦鮮矣。太史箴，書譜尚有其目，逍遥篇、孤雁賦并其目亦不知。則右軍之書，蓋泰山一毫芒存于世爾。

【校】

①李嗣真論右軍書不同 一作「王右軍書」，見升庵書品、升庵集卷六十二。

【注】

〔一〕李嗣真論右軍書：見宋周越法書苑。不同，作「萬字不同」。忠臣烈士，作「忠臣列女」，多有改動。

善字義①

古書善字訓多。毛詩「女子善懷」〔一〕、前漢志「岸善崩」〔二〕、後漢紀「蠶麥善收」〔三〕、晉春秋「陸雲善笑」〔四〕，皆訓多也。

【校】

①善字義 一作「善字訓多」，見丹鉛雜録卷三。

【注】

〔一〕見詩鄘風載馳。「女子善懷」鄭箋：「善，猶多也。」

〔二〕見漢書溝洫志。師古：「善崩，言喜崩也。」

〔三〕見後漢書明帝紀。明帝十年，「蠶麥善收」，言蠶麥豐收。

〔四〕見晉書陸雲傳：「雲有笑疾」，「大笑不能自已。」

安字義

古文安爲語助，猶言抑也。或作安，或作焉。荀子：「安特將學雜識志，順詩書而已。」〔一〕禮記三年問作「焉」〔二〕。戰國策：「秦與韓爲上交，秦禍安移于梁矣。」「秦與梁爲上交，秦禍安移于趙矣。」〔三〕吕氏春秋：「吴起謂商文曰：『置質爲臣，其主安重？釋璽辭官，其主安輕？』」〔四〕蓋當時人通以安爲語助，或方言耳。又漢華嶽碑、雲臺碑，並以安爲焉字。

【注】

〔一〕見荀子勸學：「安特將學雜識志，順詩書。」雜識志，原注：「謂雜志記之書，百家之説也。」

〔二〕禮記三年問：「焉使倍之」、「焉使弗及也」、「焉能相與羣居而不亂乎。」

〔三〕見戰國策趙策一。

〔四〕見吕氏春秋審勢。

古今書體①

水經注載，齊地掘得古冢，棺前和有八分書，驗文乃太公三世孫胡公之墓②，以此知八分書不始于秦矣。余又按莊子云：「丁子有尾」〔一〕，李頤注云：「丁字書寫皆作右波，故曰有尾。」此又一證也。余又嘗考之，不止八分不始于秦，小篆亦不始于李斯，自五帝以來有之矣。書契既作，字體悉具，科斗、古文、大篆、小篆，各有所用。如禹刻岣嶁碑，則用科斗；宣王刻石鼓，則用籀書，如今之傳世文字也。至于用之民庶媒妁婚姻之約，市井交易之券，則從簡易，止用小篆。何以知其然也？唐人錢譜載太昊氏金尊、盧氏幣，其文具存，與今小篆不殊。余昔在京，得太公九府圜錢，近在滇得黄帝布刀，其文悉是小篆，乃知小篆與大篆同出并用，決不始于秦也。如今人楷書，亦有數體，有古字楷書，有今字楷書，又有一種省訛俗書，同一時也。文人奇士多用古字，官府文移通用今字，吏胥下流市井米鹽帳簿，則用省訛俗字。如錢作𥫗，聖作圣，盡作尽是也。由是例之，推千萬世以上，隆古之極，未必悉用科斗。推千萬世以下，世變之極，未必悉用俗書也。詳著愚見，以俟明哲。〇再考贊皇山中「吉日癸巳」字，乃周穆王書，其時代遠在宣王之前，然贊皇山石刻乃是小篆，而宣王石鼓却是古文籀書，此又大篆小篆并用之明證也。

【校】

① 古今書體　一作「古書俗書」，見升庵集卷六十二。

② 太公三世孫胡公之墓　三，水經注卷十六穀水作「六」。

【注】

〔一〕見莊子天下篇。

庾字義

史記「庾死獄中」〔一〕，注不明庾義。按説文，束縛捽抴爲臾。臾、庾古字通也。

【注】

〔一〕庾死獄中，見漢書宣帝紀注蘇林曰：「瘐，病也。囚徒病，律名爲瘐。」如淳曰：「律囚以飢寒而死曰瘐。」師古曰：「瘐，病是也。此言囚或以掠笞，及飢寒，及疾病而死。如説非矣。瘐，音庾，字或作瘉，其音亦同。」

丹鉛總録卷之十六

官爵類

尚字平音

劉熙釋名曰：「尚書者何也？尚，上也，言最在上，總領之也。」〔一〕韋昭辯釋名云：「尚猶奉也。百官言事，當省案平處奉之，故曰尚書也。尚衣、尚食亦然。」〔二〕慎按：春秋傳曰：「百官承事，朝而不夕。」〔三〕承事者，言事而奉其文書也。漢世官名尚書，義實取此。如淳漢書注曰：「主天子文書曰尚書，如主婿曰尚主。」〔四〕漢制娶天子女①，曰尚公主；娶諸侯女，曰承翁主。則尚猶承也，尚猶奉也。韋昭之解上合左傳，下協漢制，比於劉熙依字音杜撰遠矣。

【校】

①漢制娶天子女　制，丹鉛續録卷三作「世」。

【注】

〔一〕見釋名卷六「釋典藝」。

〔二〕見藝文類聚卷四十八「尚書」。尚衣、尚食，作「尚食、尚方」。

〔三〕見左傳成公十二年。

〔四〕見漢書惠帝紀「宦官尚食」注：應劭曰：「尚，主也。」如淳曰：「主天子物曰尚，主文書曰尚書。」

虎爪板

宋王微與江湛書云：「所以綿絡累紙，本不營尚書虎爪板也。」〔一〕古者召奏用虎爪書〔二〕，晉、宋之代，大臣皆得自辟除官屬，以板召之，謂之板官。

【注】

〔一〕見宋書卷六十二王微傳。

〔二〕虎爪書，書體之一種。唐韋續墨藪「五十六種書」：「虎爪書者，王僧虔擬（王右軍）龍爪（書）所作也。」摯虞決録注云：「尚書臺召人用虎爪書，告下用偃波書。」

小鳳小儀

唐人以中書舍人爲小鳳①，蓋以中書省有鳳池也。又謂儀部之長曰大儀，員外曰中儀，主事曰小儀。見鄭谷集。宋人猶襲其稱，「張天覺自小鳳拜右揆」是也〔一〕。

【校】

① 唐人以中書舍人爲小鳳，升庵集卷五十、升庵外集卷十其後尚有「翰林學士爲大鳳，丞相爲老鳳」二句。

【注】

〔一〕見陸游老學庵筆記卷十。

師僨敦

鍾鼎古文有師僨敦。僨，步臥切，朴也。又步候切，或云即寇字。師僨者，古司寇官也。師僨敦，考古圖、博古圖皆不載，獨見于熊朋來鍾鼎韻，其字畫一一奇古，在鍾鼎古文中，亦猶行書之蘭亭也①。

【校】

① 在鍾鼎古文中亦猶行書之蘭亭也　猶，上杭本、萬曆本作「獨」，據丹鉛續録卷十二、升庵外集卷二十改。

長流

古呼治獄參軍爲長流。帝王世紀云①：「少昊崩，其神降於長流之山，於祀主秋。秋官司寇，主刑罰也，故取秋帝所居爲嘉名也。」〔一〕亦猶今稱刑官曰白雲司也〔二〕。

【校】

① 帝王世紀云　帝王世紀，萬曆本作「帝王紀」，丹鉛續録卷十二、顔氏家訓書證篇作「帝王世紀」，據改。

【注】

〔一〕見顔氏家訓書證篇。秋官，作「周禮秋官」。「主刑罰」後，文字有删改。

〔二〕見能改齋漫録卷七「白雲司職」云：黄帝以雲紀官，「春官爲青雲、夏官爲縉雲、秋官爲白雲、冬官爲黑雲、中官爲黄雲」。稱刑部爲「白雲司」。

刺史太守不同

刺史、太守不同，今混呼爲一，非也。觀後漢郡國志，可見矣。漢制：自三輔之外分九州，九州控郡國。州部有刺史，郡國有太守。如豫州刺史部，則潁川、汝南六郡國。冀州刺史部，則魏郡而下九郡國。畿内則河南尹、京兆尹，而以司隸校尉部之，外則刺史部之，郡國則太守治之。州部則自河南、京兆兩尹，至豫、冀、兗、徐、青、荆、益、梁、并、幽、交，爲尹二，刺史十二而已；郡國則自河南至日南爲郡國，凡一百十有二，太守亦百十有二人。「嚴能鷹揚，有督察之才，刺史之職也；安靜寛仁，有愷悌之德，太守之職也」〔一〕。

【注】

〔一〕見三國志卷十五賈逵傳：「至譙，以逵爲豫州刺史。」引賈逵語，有改動。

三公①

古之三公，論道經邦。後世三公，則擇其老病不任事、依違不侵權，唐史所云「禁聲伴食」、宋代所云「斂迹縮手」者居之。張禹、孔光、李志、曹蜍，由此其選也。漢唐以來，三公濫受，莫甚於宋之宣和，所授非人，固不待言，而名體有未正者，蓋鄆王、肅王輩爲之，是以子爲師傅也；童貫爲之，是以厮役爲師傅也。近代又以「十三身襲富平侯」〔一〕，及平生不讀半行書者爲之，不知何道可師，何德可傳，何功可保乎！

【校】

①三公　升庵經説卷三另有「三公」一條，文字不同：「尚書：太師、太傅、太保曰三公。書大傳曰：『太師，天公也；太傅，地公也；太保，人公也。烟氛郊社不修，山川不祀，風雨不時，雪霜不降，責在天公。城郭不繕，溝池不修，水泉不隆，責在地公。臣多弑主，孽多殺宗，五品不訓，責在人公。』後漢張角作亂，稱天公將軍、人公將軍，蓋亦竊古義也。」

【注】

〔一〕見李商隱富平少侯詩：「七國三邊未到憂，十三身襲富平侯。」李商隱詩集卷上。

封建①

唐太宗議封建，李百藥以爲不可，魏徵以爲事雖至善，時即未遑，而有五不可之説，其度之審矣！顏師古則欲封建與郡縣并行，王侯與守令錯處，不近于古之中立兩可，今之阿意二説乎〔一〕？諺云：「房上好走馬，只怕躧破瓦。東瓜做碓嘴，只怕搗出水。」其師古之類乎？

【校】

① 封建 一作「封建郡縣」，見升庵外集卷九。

【注】

〔一〕楊子卮言卷三另有「封建」一則，内容詳實，見卷二十六「井田封建」注二。

僕射

朱文公語録引禮云：「僕人師扶左，射人師扶右，即周官太僕之職。僕射之名，蓋起於此。以其朝夕近君，後世承誤，以爲宰相之號。」〔一〕據此則射字音赦，不當作夜音也。

【注】

〔一〕漢書百官公卿表：「僕射，秦官。」朱子語類論官云：「或問僕射名義如何？曰：舊云秦時置僕射，專主射，恐不然。禮云：『僕人師扶左，射人師扶右，君薨以是舉。』僕射之名，蓋起於此。以其朝夕親近人主，後世承誤，輒失其真，遂以爲宰相之號。」

青鳥司啓

左傳：「青鳥氏，司啓者也。」注：「青鳥，鶬鴰也。鶬鴰於立春鳴，立夏止，故司啓。」〔一〕又按易通卦驗：立春，「鶬鴰鳴」，「楊柳津」〔二〕。

【注】

〔一〕左傳昭公十七年：「青鳥氏，司啓者也。」杜注：「青鳥，鶬鷃也，以立春鳴，立夏止。」鶬鴰，作「鶬鷃」。

〔二〕見易緯通卦驗。鶬鴰，作「鶬鷃」。

錢昆求外補①

宋初置通判，分知州之權，謂之監州。有錢昆者，性嗜蟹，常求外補，曰：「但得有蟹，無監州處則可。」此語風味似晉人。歸田録及捫蝨新話皆載其事。東坡詩云：「欲問君王乞符竹，但憂無蟹有監州。」〔一〕昆去東坡未遠，即用其事爲詩，良愛其語也。

【校】

①錢昆求外補　一作「監州」，見升庵集卷七十二。

【注】

〔一〕此爲東坡金門寺中見李西臺與二錢惟演、易唱和四絶句戲用其韻跋之詩中句，自注云：「皆世所傳錢氏故事。」見蘇東坡集卷五。

司馬遷誤史

史記齊世家云：「頃公朝晉，欲尊王晉景公，景公不敢當。」晉世家亦云：「齊頃公欲上尊景公爲王，景公讓不敢。」〔一〕按左傳：「齊侯朝於晉，將授玉。」〔二〕司馬遷誤讀「玉」爲「王」，故遂節爲此謬説耳，孔穎達正義云吾取之。

【注】

〔一〕見史記齊太公世家。不敢當，作「不敢受」。史記晉世家：「齊頃公如晉，欲上尊景公爲王，景公讓不敢。」

〔二〕見左傳成公三年。「齊侯朝於晉將授玉」，孔穎達正義曰：「玉謂所執之圭也。」馬遷以「授玉」爲「授王」，「遂飾成此謬辭」。

將軍

將軍官名古矣，不始于漢也。國語鄭文公以詹伯爲將軍，左傳豈將軍食之而有不足，檀弓衛將軍文子、孟子慎子爲將軍、後漢西南夷傳①帝嚳時有吴將軍，但其説虚誕②，不可信也。

【校】

① 後漢西南夷傳　後漢，四庫本、升庵集卷五十作「後漢書」。

② 但其説虚誕　説，萬曆本無，據丹鉛餘録卷四、四庫本補。

東第西第北第

漢世有東第，所謂爵爲通侯，列居東第是也〔一〕。有西第，馬融作大將軍西第頌是也。有北第，賜夏侯嬰北第第一是也〔二〕。獨無南第，蓋避南面之故歟？

【注】

〔一〕漢書司馬相如傳「居列東第」。師古曰：「東第，甲宅也，居帝城之東，故曰東第也。」

〔二〕漢書夏侯嬰傳「賜嬰北第第一」師古曰：「北第者，近北闕之第，嬰最第一也。」

伯冏與伯景同

尚書「伯冏」〔一〕，説文：「冏作臩。」〔二〕唐杜佑奏省官疏云：「伯景爲太僕，今太僕卿、駕部郎中、尚輦奉御、閑廐使，則四伯景也。」冏與景古同音，字亦相借耳。

【注】

〔一〕尚書冏命：「穆王命伯冏，爲周太僕正，作冏命。」史記周本紀作「伯臩」。

〔二〕説文解字：「臦讀若誑。臦聲之臩，爲古文冏字。」

博物類

天一生水

易傳曰：「天一生水，地六成之。」鮑景翔曰：「神爲氣主，神動則氣隨；氣爲水母，氣聚則水生。人之一身，貪心動則津生，哀心動則淚生，愧心動則汗生，欲心動則精生，可以爲天一生水之證。」〔一〕「地六成之」，如上天同雲而雨雪，至地則六出。六爲陰，地數也。凡雨露之點亦皆六出，但碎而不可見耳。太陰玄精石皆六稜，是其證也。

【注】

〔一〕見宋鮑雲龍天原發微卷二上引程頤語。貪心動，作「食心動」。引文前後有删改。

太白梁甫吟

李太白梁甫吟：「手接飛猱搏彫虎，側足焦原未言苦。」〔一〕蓋用尸子載中黃伯及莒國勇夫事。而楊子見、蕭粹可皆不能注，今録其全文於此。尸子曰：「中黃伯曰：『余左執太行之猱，而右搏彫虎。』「夫貧窮者，太行之猱也；疏賤者①，義之雕虎也。而吾日遇之，亦足以試矣。』」〔二〕又曰：「莒國有石焦原者，廣五十步，臨百仞之谿，莒國莫敢近也。有以勇見莒子者，獨却行齊踵焉，所以稱於世。夫義之爲焦原也亦高矣。賢者之於義，必且齊踵，此所以服一時也。」

【校】

① 疏賤者　者，萬曆本脱，據升庵詩話卷七補。

【注】

〔一〕見李太白集卷三。

〔二〕尸子其書，南宋時已亡佚。升庵引文見文選卷十五張衡思玄賦「執彫虎而試象兮，阽焦原而跟趾」李善注云：「尸子：中黄伯曰：『余左執太行之獶，而右搏彫虎，惟象之未與，吾心試焉。有力者則又願牛欲與象鬬以自試。今二三子以爲義矣，將惡乎試之？夫貧窮，太行之獶也；疏賤，義之彫虎也。而吾日遇之，亦足以試之。』」又曰：「莒國有石焦原者……此所以服一時也。」文字全同，僅多一「此」字。

觱發栗烈

豳風：「一之日觱發，二之日栗烈。」〔一〕毛注云：「觱發，風寒也。栗烈，氣寒也。」①後人雖誦之，不知「觱發」何以爲風寒，「栗烈」何以爲氣寒，亦是皮膚之見，隨人耳目，昔人所謂用則不差，問則不知者也。按説文：「觱，羌人吹角也。」〔二〕其聲悲栗，故名觱栗。冬日寒風驟發，其聲似之，所以風寒謂之觱發也。吴下田家志引諺云：「三九二十七，籬頭吹觱栗。」正謂風吹籬落，其聲似觱栗，與詩意合。嗚呼！田夫之諺乃可發明周公之意，信乎芻蕘當詢，而葑菲宜采也。然不獨俗諺，書、傳可互證者亦多。莊子云：「地籟則衆竅是已。」其曰「泠風則小和，飄風則大和，厲風濟則衆竅爲虚」〔三〕，是籟之實也。林肅翁云②：「萬象惟風難畫，莊子地籟一段，筆端能畫出風，掩卷而坐，猶覺翏翏之在耳。」予觀周公之詩，觱發二字，尤爲簡妙。又莊子説風之祖也。淮南子云：「風之遇簫③，清濁各異。」亦以風聲比簫聲也。字書：颼颸，風聲也。亦以風聲比瑟聲也。總言之曰：簫瑟是也。宋玉所謂「衝孔動捷」〔四〕，及殷仲文所謂「爽籟警幽律，哀壑叩虚牝」〔五〕，皆可互證。○栗烈，謂寒氣凜冽，使人戰栗也。故氣寒謂之栗烈。論語注疏云：「栗至觱發之時，將墜不墜，尤有戰栗之象。」由此觀之，觱發栗烈，初皆是實字，後人不得其解，例以連綿虚字用之。朱子答楊元發書云：「字義音韻是經中第一事，先儒多不理會。不知此等處不理會，却枉費了無限亂説，而卒不得其本義，亦甚害事也。但恨早衰，無精力整頓得耳。」〔六〕予之解經，或有異於朱子者，非敢立異也，亦補朱子所望於後學餘意之萬一也。

【校】

①「氣寒」後，升庵經説卷四與此條不同，作「今按：觱發，指風是也。凓冽，乃氣寒結而爲冰。月令：十二月水澤腹堅是也。凓冽，字從冰，其義易見，觱發之爲風，其義隱而難知」。

②林肅翁云　翁，萬曆本無，據升庵經説卷四補。宋林希逸，字肅翁，著有莊子口義。

③風之遇簫　遇，上杭本、萬曆本作「遇」，四庫本改爲「過」，據淮南子齊俗訓當作「遇」。

【注】

〔一〕見詩豳風七月。

〔二〕説文：「觱，羌人所吹角，屠觱，以驚馬也。」

〔三〕見莊子齊物論。

〔四〕見宋玉風賦。動揵，作「動楗」。

〔五〕此爲殷仲文南州桓公九井作詩中句，見文選卷二十一。

〔六〕朱子答楊元發書，亦見本書卷十四「鄭玄解經有不通處」。楊元發，作「楊元範」。字義音韻，作「字畫音韻」。經中第一事，作「經中淺事」，無限亂説，作「無限辭説」。

水性

水性不同，予於續録詳之矣〔一〕。近閲太平廣記，諸葛孔明時有蒲元者，術鑒同歐冶、風胡，常爲孔明鑄刀劍，言蜀惟江水爽烈，是天分其野，大金之元精也。漢水鈍弱，及涪水皆不任淬刀劍。或以涪水雜江水，元輒能辨之。管子論齊之水云：「其泉白青，其人堅勁，寡有疥瘙，終無痟酲。」〔二〕今之濟川伏流至東阿井，以煮膠和半夏丸，皆異常藥。水性之分，信有之矣〔三〕。

【注】

〔一〕丹鉛續録卷三有「水性」、「味別」、「三江味別」三則言水之性味，可參看。

〔二〕見管子卷十九地員。疥瘙，作「疥騷」。

〔三〕夢溪筆談卷三。東阿取井水煮膠，謂之阿膠。

豹文鼠

郭璞爾雅序：「豹鼠既辨，其業益顯。」注謂漢武帝時，孝廉郎終軍既辨豹文之鼠，人服其博物，爭相傳授爾雅之業〔一〕。又摯虞三輔決録云：「竇攸舉孝廉郎，光武大會靈臺，得鼠如豹文，以問君臣，莫有知者。攸對曰：『鼮鼠也，見爾雅。』詔案密書，如攸言，賜帛百匹。」〔二〕此事蓋兩見。

【注】

〔一〕爾雅釋獸：「豹文鼮鼠」注云：「鼠文彩如豹者，漢武帝時得此鼠，孝廉郎終軍知之，賜絹百匹。」漢書終軍傳未記此事，軍亦未嘗任孝廉郎。終軍辯豹文鼠一事，升庵採自宋王楙野客叢書卷七：「郭璞注爾雅，謂豹文鼮鼠，漢武帝時得此，孝廉郎終軍知之，賜絹百匹。其後如崔偓佺、劉士玄之徒，皆知其説，唐藝文類聚亦云，終軍知豹文鼮鼠，武帝賜絹百匹。僕考前漢諸書，不聞終軍有此事。讀後漢竇攸家傳，光武宴百僚於雲臺，得豹文之鼠，問羣臣，莫知之。惟竇攸曰：『此鼮鼠也。』詔問所出，曰：『見爾雅。』驗之果然，賜絹百匹。詔公卿子弟就攸學爾雅。是以徐陵謝啓曰：『雖賈逵之頌神爵，竇攸之對鼮鼠。』方其寵錫，獨有光前，得非即此事，而誤以爲終軍乎？摯虞三輔決録，亦謂竇攸。」

〔二〕見文選卷三十八任彦昇爲蕭楊州薦士表「豈直鼮鼠有必對之辨」李善注引三輔決録語。詔案密書，作「詔案秘書」。

梅社

白虎通引逸書云：「太社惟松，東社惟桐，南社惟梓，西社惟槐。」〔一〕陳祥道曰：「後世宋有楳社，漢有枌榆社。」〔二〕楳，古梅字也。梅社事惟見此，亦可爲梅詩事料。

【注】

〔一〕白虎通義社稷：「太社惟松，東社惟柏，南社惟梓，西社惟栗，北社惟槐。」

〔二〕陳祥道禮書卷九十二王社作「後世宋有櫟社，豐有枌榆社」。

顛當〔一〕

顛當，爾雅謂之「王蛈蜴」〔二〕，鬼谷子謂之蛈鬼〔三〕。唐劉崇遠金華子謂之鈞騀槖。兒童諺云：「顛當牢守門，蠮螉寇汝無處奔。」范石湖詩：「恐妨胡蝶驚夢，笑倩顛當守門。」〔四〕

【注】

〔一〕升庵藝林伐山卷七「顛當」，較此條詳實，可參看：「顛當，窩深如蚓穴，網絲其中，蓋與地平，大如榆筴，常仰捍其蓋，伺蠅蠖過，輒翻蓋捕之，纔入復閉，與地一色，并無絲障可尋也。爾雅謂之王蛈蜴。鬼谷子謂之蛈母。秦中兒童戲曰：『顛當顛當牢守門，蠮螉寇汝無處奔。』范成大六言詩曰：『恐妨蝴蝶同夢，笑倩顛當守門。』唐劉崇遠金華子云：『京師兒童以草臨此蟲穴呼之，謂之釣駱駝。須臾此蟲出穴，有明經劉寡辭曰：此即爾雅王蛈蜴也。時人服其博識，浙中謂之駝背蟲，其形酷似駱駝也。』蛈母，一作蛈鬼。」譚苑醍醐卷七另有「王跌踼」一則，亦可參考：「爾雅『王跌踼』郭景純注云：『即螲蟷，似蜘蛛，在穴中有蓋。』邢昺疏曰：『此蜘蛛之一種也，穴居，布網穴口。』……慎按：小兒呼顛當，即跌踼音之反也，螲蟷也，跌踼、顛當也，字不同耳。此可補爾雅疏之遺。」

〔二〕見爾雅釋蟲。

〔三〕蛈鬼，一作蛈母。鬼谷子内揵：「若蛈母之從其子也。」

〔四〕此爲范成大題請息齋六言十首詩中句，見石湖居士詩集卷二十四。驚夢，作「同夢」。

竹香

竹亦有香，人罕知之。杜詩：「風吹細細香。」〔一〕李賀詩：「竹香滿幽寂，粉節塗生翠。」〔二〕

【注】

〔一〕見杜甫嚴鄭公宅同詠竹：「雨洗娟娟淨，風吹細細香。」見杜少陵集卷十四。

〔二〕見李長吉歌詩卷三昌谷詩。幽寂，作「凄寂」。

禮樂類

周公用天子禮樂

禮記明堂位曰「成王以周公有勳勞於天下」，「命魯公世祀周公以天子之禮樂」〔一〕。漢儒魯頌閟宮傳遂緣此以解「皇皇上帝，皇祖后稷」之文〔二〕。宋儒程子曰：「周公之功固大矣，然皆臣子之分所當爲，魯安得獨用天子之禮樂哉？成王之賜，伯禽之受，皆非也。」〔三〕其論正矣，其事則未之詳考也。魯用天子禮樂，魯之末世失禮也，非始於成王、伯禽。明堂位之作，周末陋儒之失辭也，不可以誣成王、伯禽。自漢儒傅會之太過，宋儒考究之不精，使成王、伯禽受誣於千載之下，冤矣哉！昔成王命君陳拳拳以遵周公之猷訓爲言。猷訓之大，無大於上下之分，豈其命伯禽而首廢之哉！按：吕氏春秋：「魯惠公請郊廟之禮於周天子，使史角往報之。」所謂天子，蓋平王也。使成王果賜伯禽，則惠公又何復請之有？其曰天子使史角往報之，蓋亦未之許也。平王猶之不許，而謂成王賜之乎？且襄王之世，衰亦極矣，猶不許晉文公之請隧，而謂成王不如襄王乎？且伯禽之賢，雖不及周公，然賢於晉文公遠矣，豈肯受之哉？禮又曰：「成王、康王賜魯重祭。」成王既賜，康王又何加焉？此蓋不能自掩其僞矣。然則魯之僭禮，何始也？曰：著在春秋與魯頌。春秋桓公五年書「大雩」，雩之僭，始於桓也。閔二年書曰「禘於莊公」，禘之僭，始於閔也。僖三十一年書曰「四卜郊」，郊之僭，始於僖也。魯頌閟宫三章，首言「乃命魯公，俾侯于東。錫之山川，土田附庸」。無異典也。其下乃言「周公之孫，莊公之子」，以及於「饗祀不成，皇皇后帝，皇祖皇稷」〔四〕。蓋魯自伯禽而下，十有八世，自僖公始有郊祀，而詩人頌之，則其不出於成王之賜，益明矣。故論語載孔子之言曰：「禘自既灌而往者，吾不欲觀之矣。」〔五〕禮記載孔子之言曰：「杞之郊也，祀禹也；宋之郊也，祀湯也。」〔六〕魯之郊禘非禮也。當時魯之僭禮，不惟聖人非之，天下有識者，蓋亦非之。魯之君臣恐天下議己，乃借名于成王、伯禽，以掩天下之口。魯之陋儒諂佞，遂作明堂位以文其過。甚矣，其無忌憚也，孰甚焉？魯頌曰：「白牡騂剛。」白牡，周公之牲也。周公既用天子禮樂，胡爲而白其牲乎？白者，殷之色也。宋之郊用之，宜也；魯人用之，不宜也。既不宜矣，用之何義？噫！我知之矣。魯之君臣見宋之郊，必私相謂曰：「宋無功於周而且郊，可以魯而不郊乎？」於是效宋之郊，而亦白其牲，使後世有王者起，以僭分討魯，則以宋爲解。若其果受成王之賜，則遂用周之赤色矣。元儒許白雲亦嘗考魯郊廟之事不出成王之賜，然以程朱嘗引言之，終不敢議，是敢於非周公、孔子，而不敢於非宋人也。學者膏肓之病也哉！

【注】

〔一〕見禮記明堂位。世祀，作「世世祀」。

〔二〕見詩魯頌閟宫。皇皇上帝，作「皇皇后帝」。後引不誤。

〔三〕見二程全書卷十八。然皆臣子之分所當爲，作「亦是人臣所當爲爾」。文字有改易。

〔四〕見詩魯頌閟宫。皇祖皇稷，作「皇祖后稷」。

〔五〕見論語八佾。

〔六〕見禮記禮運，作「杞之郊也，禹也。宋之郊也，契也」。

高宗梁闇

尚書大傳：「子張問曰：高宗梁闇，三年不言。何也？孔子曰：古者君薨，王世子聽於冢宰三年，不敢服先王之服，履先王之位而聽焉。以臣民之義，則不可一日無君矣。不可一日無君，猶不可一日無天也。以孝子之隱乎，則孝子三年弗居矣。隱，痛也。隱或爲殷。故曰：義者，彼也；隱者，此也。遠彼而近此，則孝子之道備矣。」〔一〕「高宗梁闇」，非孔子解之；「葛伯仇餉」〔三〕，非孟子解之，後世知「諒闇」、「仇餉」爲何語哉？今之尚書，其爲「梁闇」、「仇餉」之比者，多矣。生乎千世之下，一一欲强通之，難矣哉！

【注】

〔一〕尚書大傳之語，引自文獻通考卷一二〇王禮考。

〔三〕葛伯仇餉，見尚書商書仲虺之誥：「乃葛伯仇餉，初征自葛。」孟子滕文公下：「湯居亳，與葛爲鄰，葛伯放而不祀。湯使人問之曰：『何爲不祀？』曰：『無以供犧牲也。』湯使遺之牛羊。葛伯食之，又不以祀。湯又使人問之曰：『何爲不祀？』曰：『無以供粢盛也。』湯使亳衆往爲之耕，老弱饋食。葛伯率其民，要其有酒食黍稻者奪之，不授者殺之。有童子以黍肉餉，殺而奪之。書曰：『葛伯仇餉。』此之謂也。」

宋人改樂

宋神宗元豐中，楊傑詳定大樂，「傑欲銷王朴舊鍾，意新樂成雖不善，更無舊鍾可校，詔不得銷燬。後輔臣按試，傑乃陳朴鍾已弊者，一縣樂工不平，夜易之，而傑不知。明日輔臣至，傑厲聲云：『朴鍾甚不叶美！』使樂工叩之，韻更佳，傑大沮。」〔一〕按：宋樂至此屢變，景祐之樂，李照主之，太常歌工病其太濁，私賂鑄工，使減銅劑而聲稍清，歌乃叶，而照卒不知。元豐之樂，楊傑主之，欲廢舊鍾，樂工一夕易之，而傑亦不知。崇寧之樂，魏漢津主之①欲請帝中指寸爲律徑圍，爲容盛制器不成劑量，工人但隨律調之，大率有非漢津本説，而漢津亦不知〔三〕。是樂名雖曰變，而實未嘗變也。訂正雖詳，而鏗鏘不成韻；辨析雖可聽，而考擊不成聲；既私爲工師所易，而懵不復覺。則三人者，亦豈真爲審律之士。其暗悟神解，豈足以希荀勗、阮咸、萬寶常、信都房之萬一哉②！愚謂宋人多言而妬前，倔强而無本，類如此，其説理也，解經也，評詩也，一一皆然，不獨樂律而已。

【校】

① 魏漢津主之　津，萬曆本脱，據四庫本補。宋史樂志作「魏漢津」。

② 信都房　四庫本作「信都芳」。

【注】

〔一〕見文獻通考卷一百三十歷代樂制。詔不得銷毁，作「乃詔許借朴鍾爲清聲，不得銷毁。」

〔三〕見宋史樂志一、三：「有宋之樂，自建隆訖崇寧，凡六改作。」魏漢津「破先儒累黍之非，用夏禹以身爲度之文，以帝指爲律度」。「内侍黄經臣執謂：帝指不可示外人，但引吾手略比度之」，云云。

段善本琵琶

唐貞元中，長安大旱，詔移兩地祈雨，街東有康崑崙琵琶號爲第一手，謂街西必無己敵也，遂登樓彈一曲新翻調緑腰。街西亦建一樓，東市大誚之，及崑崙度曲，西樓出一女郎，抱樂器亦彈此曲，移在楓香調中，妙絶入神。崑崙驚駭，請以爲師。女郎遂更衣出，乃莊嚴寺段師善本也①。翌日，德宗召之，加奬異常，乃令崑崙彈一曲②。段師曰：「本領何雜？兼帶邪聲。」崑崙驚曰：「段師，神人也。」德宗令授崑崙。段師奏曰：「且請崑崙不近樂器十數年③，忘其本領，然後可教。」詔許之。後果窮段師之藝矣。朱子答人論詩書曰：「來書謂漱六藝之芳潤，良是。但恐舊習不除，渣穢在胸，芳潤無由入也。」〔一〕近日有一雅謔，可證此事。有一新進欲學詩，華容孫世其戲謂之曰：「君欲學詩乎？必須先服巴豆、雷丸，下盡胸中程文策套，然後以楚辭、文選爲冷粥補之，始可語詩也。」士林相傳以爲笑。蓋亦段善僧「忘本領」、朱子「除渣穢」之意。

【校】

① 乃莊嚴寺段師善本也　莊，萬曆本誤作「裝」，據段安節樂府雜録改。

② 加奬異常乃令崑崙彈一曲　常，上杭本作「帝」。句讀作「加奬異，帝乃令崑崙彈一曲」。據樂府雜録當作「異常」。

③ 且請崑崙不近樂器十數年　請，丹鉛雜録卷二、四庫本作「待」。

【注】

〔一〕見晦庵集卷六十四答鞏仲至：「來喻所云：漱六藝之芳潤，以求真澹，此誠極至之論。……如其未然，竊恐穢濁爲主，芳潤入不得也。」

女媧配享功臣

宋政和中①，祀歷代帝王，皆以功臣配享，而女媧氏獨無之，蓋傳記闕也。予觀緯書云：「女媧氏命娀陵氏制都良管，以一天下之音；命聖氏爲班管，以合日月星辰，名曰充樂。」又令隨作笙黃，是三人皆女媧之臣也，豈云傳記闕乎？若以爲緯書不足信，則伏羲氏之鳥明、金提，軒轅氏之風后、力牧，亦緯書也。當時蔡京輩寡學，往往如此。

【校】

① 宋政和中　升庵集卷四十八、升庵外集卷三十八作「宋崇寧」。

卦名類

噬嗑解

易噬嗑：「九四，噬乾胏，得金矢。」王弼注：「金，剛也。矢，直也。」程子傳云：「金取剛，矢取直，以九四陽德也。」朱子本義乃引周禮：「古之訟者，先入鈞金束矢而後聽之。」黄東發云：「周禮出於王莽之世，未必盡皆周公之制。若先取出金而後聽其訟，周興、來俊臣之所不爲，況成周之世哉？ 蓋劉歆逢王莽之惡，爲聚財之囮，旋激天下之亂而不果施行，又可以誣聖經乎？」〔二〕其説卓而正矣。 慎按：淮南子：「齊桓公將欲征伐，甲兵不足，乃令輕罪者贖以金刀，訟不勝者出一束箭，百姓皆悦，乃矯箭爲矢，鑄金而爲刃，遂霸天下。」〔三〕歆之附會周禮，實本於此。 慎又以爲此説乃六國陰謀，托之齊桓。 今觀管仲内政，何等規模！ 決不爲此也。 嗚呼！ 歆既誣聖經以欺一時，而餘禍猶及後世，使大儒如朱子猶售其欺，學術害人①，慘於洪水猛獸，信哉！

【校】

① 學術害人　學術，升庵經説卷一、升庵集卷四十一作「邪説」。

【注】

〔二〕見黄氏日抄卷六噬嗑解作：「周禮出於王莽之世，未必盡皆周公之真。若先要取其金而後與之聽訟，雖昏亂之世不爲，況成周之治哉？ 或者劉歆輩欲假此爲惟貨張本，已而即激天下之亂，不及施行也耶？」

〔三〕見淮南子氾論訓。「甲兵不足」後刪「令有重罪者出犀甲一戟」。「鑄金而爲刃」後刪「以伐不義而征無道」。金刀，作「金分」。高誘注：「以金分出金，隨罪輕重有分兩也。」

三易

周禮太卜：「掌三易之法。」〔一〕干令升注云〔二〕：「天地定位，山澤通氣，雷風相薄，水火不相射，此小成之易也。帝出乎震，齊乎巽，相見乎離，致役乎坤，説言乎兑，戰乎乾，勞乎坎，成言乎艮，此連山之易也。初乾、初奭、初艮、初兑、初犖、初離、初釐、初巽，此歸藏之易也。小成者，伏羲之易也，而文王因之①。連山者，列山氏之書也，而夏人因之。歸藏者，軒轅氏之書也，而商人因之。夏得人統，故歲首建寅，而卦首艮；商得地統，故歲首建丑，而卦首坤；周得天統，故歲首建子，而卦首乾。伏羲之易，小成爲先天，神農之易，中成爲中天，黄帝之易，大成爲後天。」〔三〕予按：邵康節之易，「先天」、「後天」，其源出於此。今之讀易者，知有先天、後天，而不知有中天。讀尚書者，知有古文、今文，而不知有中文，可乎？中文尚書，見後漢書〔四〕。

【校】

①小成者伏羲之易也而文王因之　者、而，萬曆本脱，據丹鉛續録卷二補。下兩句「者」、「而」同。

【注】

〔一〕周禮春官：太卜「掌三易之法，一曰連山，二曰歸藏，三曰周易」。

〔二〕干令升注，經説卷一作「干寶注云」。

〔三〕見路史卷三十二論三易。

〔四〕見後漢書劉陶傳：「陶明尚書、春秋，爲之訓詁。推三家尚書（三家謂夏侯建、夏侯勝、歐陽和伯也。）及古文，是正文字七百餘事，名曰中文尚書。」

卦爻名義

易者，廬螟之名，守宫是矣。守宫，即蜥蜴也。與龍通氣，故可禱雨；與虯同形，故能嘔雹。身色無恒，日十二變，是則易者取其變也。彖者，茅犀之名，狶神是矣。彖亦曰茅犀，狀如犀而小角，善知吉凶，交廣有之，土人名曰猪神。犀形獨角，知幾知祥，是則彖者取其幾也①。象，大荒之獸也，人希見生象也。按其圖以想其形，名之曰「像」，故其爲字從人於象也。孔穎達曰：「卦者，掛也，掛之於壁也，蓋懸物之杙也。」木經云：「爻者，交疏之窗也。」其字象窗形，今之象眼窗也。一窗之孔六十四，六窗之孔凡三百八十四也。所取於爻者，義取於旁通；所取於卦者，懸有小大也。

【校】

① 取其幾也　取其，四庫本作「取於」。

龜卜

唐李華謂龜卜之法當廢〔一〕，余竊是之。蓋聖王以麟鳳龜龍爲四靈，而獨於龜刳之煮之，何其慘也。摘巢毁卵則鳳不留，刳胎剔孕則麟不游，聖王禁之，何其仁於麟鳳，而不仁於龜也？書曰：「魚鱉鳥獸咸若。」〔二〕龜卜之法盛行，則自天子以至于庶人皆用之，一歲殺龜何啻數百萬，是鼈亦咸若，而龜獨不咸若邪！古者重龜卜，亦上世習俗之故，聖人不能遽廢也。龜筮皆有書，孔子贊易而不贊龜，蓋亦欲崇此廢彼也。自孔子贊易之後，筮法盛行，卜法廢矣，亦不見後人之迷於吉凶也。且惠迪從逆，吉凶在人，龜何知焉。傳稱武王伐紂，卜龜而龜焦，以至仁伐不仁，何事於卜？卜之不吉，將遂止乎？是敗大事不細也。其後漢高帝入關，不聞其卜龜吉而始勝也。至漢文帝將入繼，乃猶龜卜，賴得吉兆，若其不吉，將遂不行，漢之大事去矣。史記龜策傳載宋元王不忍龜之死，欲貸之，反覆千百言①。愚謂元王之不忍於龜，即齊宣王之不忍於牛也，二君其有仁心者哉。宣王以羊易牛，善矣。元王聽衛平得龜可霸之説，卒殺其龜，何曾聞元王之興且霸乎！余以爲龜卜釁鐘皆可廢也。且古之釁鐘與鼓以爲除去妖災也，今世此法久不行，亦未見鼓鐘之爲人妖災也。

【校】

①反覆千百言　千百言，楊子巵言卷三作「千萬言」。

【注】

〔一〕見李遐叔文集卷二卜編。李華，字遐叔，唐代著名散文家。

〔二〕見尚書伊訓。

外字解

内外字皆會意，入門曰内，夕卜曰外。夕卜之義難解，說文注云：「卜尚平旦。夕卜，於事外矣。」〔一〕此意料之言，眯目而道黑白者也。按唐六典引古占卜法云：「内卦爲貞，朝卜用之，外卦爲悔，夕卜用之。」〔二〕此義始白。

【注】

〔一〕說文：「外，遠也。卜尚平旦也。今若夕卜，於事外矣。」

〔二〕唐六典太卜署注作「内卦爲貞，朝占用之；外卦爲悔，暮占用之」。

蔡邕協和昏賦

蔡邕協和昏賦：「乾坤和其剛柔，艮兑感其股腓。」〔一〕其說甚異，然咸恒爲夫婦，取象容有此也。

【注】

〔一〕見蔡中郎集卷三。股腓，作「脢腓」。

飲食類

酺字解

會聚飲食曰酺，酺之爲言哺也。以食曰餔，以飲曰酺。詩曰：「以開百室」〔二〕，鄭氏箋曰：「百室出必共洫而耕，入必共族而居也①。又有祭酺合醵之歡。」周禮族師「祭酺」注：「酺者，爲人物災害之神。」田有蝗螟，厩有馬瘟，皆祭之。祭畢而合飲，遂名爲酺也。校人「冬祭馬步」，杜子春云：「步即酺也。」則其音當爲步也。春秋緯云：「酒者乳也，王者法酒旗以布政，施天乳以哺人。」〔三〕後世酺祭廢而羣飲有禁，漢世有賜酺之典。丘文莊謂：「禁民飲尚不可，況導之使飲乎？」此言殊未當。終歲勤動，豈無一日之歡乎！牛飲以亡殷，虎酣以敗楚者，酒也；三爵而將德，百拜以成禮者，亦酒也，奚可因末流之亂而廢本始之治，因庸醫而廢藥，因庸將而廢兵，可乎？我太祖制不立酒禁②，不賜酺恩，但教民毋多種秫以妨民食。斯則張弛之道，同于文、武而過于漢唐矣。醐，今韻音蒲。

【校】

①入必共族而居也　入，萬曆本作「入」，四庫本作「入」，據改。

②可乎我太祖制不立酒禁　我，四庫本作「哉」。句作「可乎哉，太祖制不立酒禁」。

【注】

〔一〕見詩經周頌良耜。

〔二〕見古微書卷七春秋元命包。

麰麩

干寶周禮注曰：「祭用麰麩，晉呼爲環餅。又曰寒具，今曰饊子。」

粔籹蜜餌餦餭

楚辭：「粔籹蜜餌有餦餭。」〔一〕王逸注：「餦餭，餳也。言以蜜和米麵熬煎作粔籹，擣黍作餌，又有美餳，衆味甘美也①。」朱子注云：「以米麵煎熬作之，寒具也。」〔二〕可山林洪曰：「楚辭此句自是三品：粔籹乃蜜麵之乾者，十月開爐餅也②；蜜餌，乃蜜麵少潤者，七夕蜜

食也，餦餭，乃寒食寒具也。」〔三〕

【校】

① 粲味甘美也　美，萬曆本、四庫本作「具」，據上杭本改。

② 十月開爐餅也　開，萬曆本作「間」，據四庫本改。

【注】

〔一〕見楚辭招魂，作「粔籹蜜餌，有餦餭些」。

〔二〕朱熹注：「粔籹，環餅也，吴謂之膏環，亦謂之寒具，以蜜和米麪煎熬作之。餌，擣黍爲之，方言謂之糕者也。餦餭餳也，以蘖熬米爲之，亦謂之飴。此則其乾者也。」

〔三〕見林洪山家清供。林洪，字龍發，號可山，對園林、飲食頗有研究。

寒具

晉桓玄喜陳書畫，客有不濯手而執書帙者，偶涴之，後遂不設寒具。齊民要術并食經皆云環餅，世疑饊子也。劉禹錫寒具詩：「纖手搓來玉數尋，碧油煎出嫩黄深。夜來春睡無輕重，壓匾佳人纏臂金。」〔一〕蓋以寒具爲饊子也。宋人小説以寒具爲寒食之具，即閩人所謂煎餔，以糯粉和麵油煎，沃以糖食之，不濯手則能污物具，可留月餘①，宜禁烟用也。林和靖山中寒食詩云：「方塘波緑杜蘅青，布穀提壺已足聽。有客初嘗寒具罷，據梧慵復散幽徑。」則寒具又非饊子。并存之，以俟博古者。

【校】

① 不濯手則能污物具可留月餘　具，升庵外集卷二十三作「其」，斷句作：「不濯手則能污物，其可留月餘。」

【注】

〔一〕宋莊綽鷄肋編卷上：「食物中有饊子，又名環餅，或曰即古之寒具也。……東坡在儋耳，鄰居有老嫗業此，請詩於公甚勤，戲云：『纖手搓來玉色勻，碧油煎出嫩黄深。夜來春睡知輕重？壓匾佳人纏臂金。』」則此爲東坡詩，非劉禹錫詩。

醑醨

醑，首酒也。今曰頭酒。醨，尾酒也。

糲糳糓精

左傳「粢食不鑿」，字當作「糳」〔一〕，精細米也。詩召旻「彼疏斯粺」〔二〕，鄭玄曰：「疏，粗糲米。米之率，糲十、粺九、鑿八、侍御七。」又九章算術云①：「粟五十爲糲三十、粺二十七、鑿二十四、御二十一②，皆三之一也。」或曰：「粟一石爲糲米六斗，舂一斗爲粺九升。」又云：「爲鑿則八升，米之細者，乃窮於御，通於鑿。」楊桓六書統曰：「鑿米五升，舂爲四升曰毇，爲五減而四也。古篆作⊙⊙⊙⊙，象四⊙以見意，小篆作毇䨻。毇米減而三曰晶，古篆作⊙⊙⊙，象三⊙以見意。糲而鑿，鑿而毇，毇而晶，細之極也。」〔三〕魏校六書精蘊曰：精粹字皆從米。精者何也？「米之脱粟也，色微黄赤，人皆知其粗也，糠去而白毇矣。未也鑿矣，未也舂而近心矣。色微若青，此生意所函也」。粹者何也？「始而礱米殼也，中而舂米去膜也，卒而珵米去翳也，乃後瑩然玉粒，萬粒與一粒同，雖欲去之，無可得而去矣。學問之極功猶是」〔四〕。易曰純粹，精也。其是之謂夫。○慎按：説文：「一斛粟，舂爲九斗。」〔五〕張晏曰「七斗」，九章算術曰「六斗」。古者斛受十斗，一石粟無九斗之理，當以九章算術爲是。又按：緯書引孔子之言曰：「七變：入臼米出甲，謂磑之爲糲米也，舂之則粺米也，師之則鑿米也③，舀之則毇米也，又簟擇之，暘暵之，則爲晶米。」〔六〕即九章所謂侍御。米之細者窮于御，言其可御于君也。以字言之，則臬字，從臼從米，即古文毇字，後人加殳，複且贅矣。𦥑入臼，即古文𥻆字，𦥑，士角切，音與齪同，插筩于地也。舂粟以杵，亦象插筩于地之形，故説文云：「𥻆字從毇省。」則𥻆加米已贅，又加殳於傍益贅矣。皇象章草止用凿，而漢碑隸字變作䢘，可證之古字之始，因附著之。

【校】

① 又九章算術　算術，萬曆本作「算法」，九章算術，書名，據改。

② 粟五十爲糲三十粺二十七糳二十四御二十一　據九章算術稗米之法糲、粺、糳、御後，均省去一「米」字。

③ 昁之則糳米也　昁，升庵外集卷二十三云：「恐作昲。」

【注】

〔一〕見左傳桓公二年，注：「鑿，精米也。」九章算術糳米：「春秋左氏傳曰：粢食不糳，俗作鑿。」

〔二〕見詩經大雅召旻。

〔三〕見六書統卷十二。古篆，作「古文小篆」。文字小異。

〔四〕見六書精蘊卷五「精」、「粹」字解。珏，升庵外集卷二十三「糲糳毇精」注：「音展，多工也。」

〔五〕見説文解字「毇」：「糲米一斛，舂爲九斗曰毇。」

〔六〕見古微書卷十一春秋説題辭。

飯曰一頓

俗語飯曰一頓〔一〕，其語亦古有之〔二〕。賈充傳云：「不頓駕而自留矣。」〔三〕隋煬帝紀云：

「每之一所，輒數道置頓。」〔四〕元微之連昌宮詞：「驅令供頓不敢藏。」〔五〕文字解詁：「續食曰頓。」

【注】

〔一〕吴曾能改齋漫録卷二「一頓食」云：「食可以言一頓。世説：羅友嘗伺人祠，欲乞食。主人迎神出，曰：『何得在此？』答曰：『聞卿祠，欲乞一頓食耳。』」

〔二〕王楙野客叢書卷二十九「一頓」云：「僕謂頓字豈惟食可用。如前漢書『一頓而成』，是言事也；唐書『打汝一頓』，是言杖也；晉書『一時頓有兩玉人』，是言人也；宋明帝時王忱嗜酒，以大飲爲上頓，是言飲也，豈獨食哉！續釋常談引世説以證一頓二字出處，不知二字已見前漢書矣。」

〔三〕見晉書賈充傳。

〔四〕見隋書煬帝紀。

〔五〕元稹集卷二十四連昌宮詞：「驅令供頓不敢藏，萬姓無聲淚潛墮。」

蜜雲龍

蜜雲龍，茶名，極爲甘馨。宋廖正一，字明略，晚登蘇門，子瞻大奇之。時黄、秦、晁、張，號蘇門四學士，子瞻待之厚，每來必令侍妾朝雲取蜜雲龍，家人以此知之。一日，又命取蜜雪龍，家人謂是四學士，窺之乃明略也〔一〕。山谷有畲雲龍，亦茶名也。

【注】

〔一〕見宋王偁東都事略卷一一六。

脯腊

周禮腊人：「掌乾肉，脯、腊、膴、胖之事。」〔一〕脯之爲言晡也，晡時而成也；腊之爲言夕也，經夕而成也。周易噬嗑有乾肉之文〔二〕，古注云：「朝曝而夕乾。」又曰：「晞於陽而煬於日曰乾。」非如今人之臘肉，經臘而成也。論語「祭肉不過三日」〔三〕。又服食家謂陳臭醃藏①，皆禁不食，則古人脯腊之制，亦養生之法也〔四〕。

【校】

① 又服食家謂陳臭醃藏　謂，萬曆本無，據楊子巵言卷一「脯腊膴胖」條補。

【注】

〔一〕周禮天官腊人作「掌乾肉，凡田獸之脯、腊、膴、胖之事」。

〔二〕周易噬嗑六三：「噬腊肉。」九四：「噬乾胏。」六五：「噬乾肉。」

〔三〕見論語鄉黨。過，原作「出」。

〔四〕楊子卮言卷二「脯腊膴胖」，與此則不同，可參看。「脯，薄切，今之羓也。腊之爲言夕也，朝暴而夕乾。膴，無骨肉也，音呼。詩：周原膴膴，謂土膏如無骨肥肉也。又曰：則無膴仕，言其脂膏自潤也。胖之爲言片也，析肉意也。脯，晡時而成也。腊，經夕而成也。服食家謂陳臭醃藏皆禁不食，則古人用腊與脯，不過數日，亦養生之法也。論語祭肉不過三日。古無臘肉，臘乃祭名。」

牢丸

藝文類聚束皙餅賦有牢九之目〔一〕，蓋食具名也。東坡詩以「牢九具」對「真一酒」〔二〕，誠工矣，然不知爲何物。後見酉陽雜俎引伊尹書有「籠上牢丸」、「湯中牢丸」〔三〕。「九」字乃是「丸」字。詩人貪奇趁韻，而不知其誤，雖東坡亦不能免也。牢丸，今湯餅也〔四〕。

【注】

〔一〕藝文類聚卷七十二載束皙餅賦，唯云「湯餅」，不見「牢九」。宋袁文甕牖閒評卷六引餅賦云：「春饅頭，夏薄持，秋起溲，冬湯餅。四時皆宜，惟牢九乎！」初不知牢九是何物。後讀東坡詩云：「豈惟牢九薦古味，要使真一流天漿。」雖東坡殆亦未知牢九果爲何物耳。案：蘇軾遊博羅香積寺詩自註：「束皙餅賦：饅頭、薄持、起搜、牢九。」牢九，一作「牢丸」。

〔二〕見東坡後集卷七游博羅香積寺。

〔三〕見唐段成式酉陽雜俎卷七「酒食」。

〔四〕牢丸，究是何物？宋歐陽修歸田録卷下、袁文甕牖閒評卷六，明王世貞宛委餘編、方以智通雅等，或云饅頭，或云湯餅。清徐文靖管城碩記卷二十九讀通雅，綜論諸家之説云：「按：束晳餅賦『饅頭薄持，起搜牢丸』，字仍作『丸』。而坡詩引用『牢九』，或偶見麻沙本耳。韻府羣玉『陽九』、『用九』、『牢九』屬有韻，亦引束晳賦『終歲飽施，惟牢九乎？』蓋又以坡詩誤也。盧諶雜祭法曰：『春祠用饅頭、餳餅、髓餅、牢丸。夏秋冬亦如之。』雜祭法及餅賦皆有饅頭，又皆有牢丸，則牢丸非饅頭，可知矣。大抵籠上牢丸者，蒸米丸也。湯中牢丸者，煮米丸也。」

陸羽茶經①

陸羽茶經言茶有九難：陰采夜焙，非造也；嚼味嗅香，非別也；膏薪庖炭，非火也；飛湍壅潦，非水也；外熟内生，非炙也；碧粉縹塵，非末也；操艱攪遽，非煮也；夏興冬廢，非飲也；膩鼎腥甌，非器也。

【校】

① 陸羽茶經　一作「茶有九難」，見升庵集卷六十九、升庵外集卷三十三。陸羽茶經作：「茶有九難：一曰造，二曰別，三曰器，四曰火，五曰水，六曰炙，七曰末，八曰煮，九曰飲。」

茗艼

酩酊，醉貌。晉山簡傳及世説皆作「茗艼」，蓋假借字也。又簡文帝曰：「劉尹茗仃有實理。」茗仃，亦茗艼也。今本一作茗柯〔一〕，於義不貫。

【注】

〔一〕世説新語賞譽：「簡文云：『劉尹茗柯有實理。』柯，一作『杅』。又作『仃』。」茗杅，猶言茗艼，酩酊。

丹鉛總録卷之十七

干支類

六情

申子爲貪狼①，寅午爲廉貞，亥卯爲陰賊，己酉爲寬大，戌丑爲公正，辰未爲奸邪。六情者〔一〕，甲乙爲本情，丙丁爲合情，戊己爲刑情，庚辛爲冲情，壬癸爲鈎情。陽支後三辰，陰支前三辰。六情者，喜、怒、好、惡、哀、樂也。好行貪狼，惡行廉貞，喜行寬大，怒行陰賊，哀行公正，樂行奸邪也。此見風角書，可補翼奉傳注之遺〔二〕。

【校】

①申子爲貪狼　貪狼，萬曆本作「貪狼」。上杭本、四庫本作「貪狼」。漢書卷七十五翼奉傳作「貪狼」，如「好行貪狼」、「貪狼必待陰賊而後動」、「申主貪狼」。孟康注曰：「多好則貪而無厭，故爲貪狼也。」貪狼如狼也。

【注】

〔一〕升庵集卷四十八「五情六情」，文字稍異：「五情者，天干也。甲乙爲本情，丙丁爲合情，戊己爲刑情，庚辛爲冲情，壬癸爲鈎情。六情者，地支也。申子爲貪狼，寅午爲廉貞，亥卯爲陰賊，巳酉爲寬大，戌丑爲公正，辰未爲奸邪。」

〔三〕見漢書卷七十五翼奉傳。六情，作「北方之情，好也」、「東方之情，怒也」、「南方之情，要也」、「西方之情，喜也」、「上方之情，樂也」、「下方之情，哀也」。

男女小運

容齋隨筆載「日者卜命，以男命起寅，女命起申」，而不知其始〔一〕。余按：淮南子已載其説矣，而不得其解〔二〕。近觀太平廣記引王徑天門子云：「陽生立於寅，純木之精；陰生立於申，純金之精。夫以木投金，無往不傷，故陰能疲陽也。陰人所以著脂粉者，法金之白也。又陰人之情，有急於求陽，然而外自收抑，不肯請陽者，明金不爲木屈也。陽氣剛燥，至于遇陰，言氣和柔，辭語畏下，明木之畏於金也。」〔三〕

【注】

〔一〕洪邁容齋續筆卷十五：「今之五行家學，凡男子小運起於寅，女子小運起於申，莫知何書所載。」

〔二〕見淮南子氾論訓「三十而娶」高誘注：「三十而娶者，陰陽未分時，俱生於子，男從子數左行，三十年立於巳；女從子數右行，二十年亦立於巳，合夫婦。故聖人因是制禮，使男子三十而娶，女子二十而嫁。其男子自巳數左行十得寅，故人十月而生於寅，故男子數從寅起；女子自巳數右行得申，亦十月而生於申，故女數從申起。」又難經曰：「男立於寅，寅爲木陽；女立於申，申爲金陰。亦是。」

〔三〕見太平廣記卷五「天門子」：「天門子者，姓王名剛。」王徑，當爲「王剛」。至於遇陰，作「至於游晏」。

庚辛枋

梁元帝賦：「甲乙之帳，庚辛之枋。」〔一〕人多不知「庚辛枋」爲何語。按：後漢書注引馬融西第頌曰：「西北戌亥，玄石承輸。蝦蟇吐瀉，庚辛之域。」〔二〕即此事也。

【注】

〔一〕此爲梁元帝玄覽賦中句，見嚴可均校輯全梁文。枋，作「方」。

〔二〕見嚴可均校輯全後漢文，作大將軍西第頌。後漢書馬融傳作「大將軍西第頌篇」。南齊書禮志一引作馬融梁冀西第賦。

數目類

五勝

五行，漢書謂之五勝，言交相勝也〔一〕。淮南子謂五度，所謂「音氣不戾八風，詘伸不誤五度」是也。又謂五殺，所謂「善用兵者，持五殺以應」是也〔二〕。陰符經竊其義而變其辭曰：「天有五賊，見之者昌」〔三〕，五賊即五殺之説也。陰符經之文，李筌僞作，或信以爲黄帝者，無目者也。其文尚不能望六韜、三略之藩籬，素問、汲冢之萬一，而以軒轅之書視之，有目者如是乎？

【注】

〔一〕漢書律曆志上「亦頗推五勝」，孟康注曰：「五行相勝，秦以周爲火，用水勝之。」

〔二〕見淮南子兵略訓：「詘伸不獲五度」注：「五度，五行也。」「持五殺以應」注：「五殺，五行。」

〔三〕陰符經上篇：「天有五賊，見之者昌。」注：「太公曰：其一賊命，其次賊物，其次賊時，其次賊功，其次賊神。」

五行五聲八音次序

五行以生出次序，則曰水、火、木、金、土；以播五行於四時之序，言則曰水、木、火、土、金；而俗稱金、木、水、火、土，不知何序也。五聲，以君臣清濁言，則曰宮、商、角、徵、羽；以律吕相生言，則曰宮、徵、商、羽、角，二者皆通。惟八音無定序，俗云金、石、絲、竹、匏、土、革、木，既無意，周禮春官：金、石、土、革、絲、木、匏、竹〔一〕，亦不得其説。

【注】

〔一〕見周禮春官太師：「播之以八音：金、石、土、革、絲、木、匏、竹。」

怪異類

玄鳥銜卵①

詩緯含神霧曰：「契母有娀音松浴于玄丘之水，睇玄鳥銜卵，過而墜之，契母得而吞之，遂生契。」〔一〕此事可疑也。夫卵不出蓐，燕不徙巢，何得云銜？即使銜而誤墜，未必不碎也。即使不碎，何至銜而吞之哉②？此蓋因詩有「天命玄鳥，降而生商」之句，求其説而不得，從而爲之誣。史記云：「玄鳥翔水遺卵，簡狄取而吞之。」〔二〕蓋馬遷好奇之過。而朱子詩傳亦因之不改，何耶？或曰：然則玄鳥之詩何解也？曰：玄鳥者，請子之候鳥也。月令：「玄鳥至，是月祀高禖以祈子。」〔三〕意者簡狄以玄鳥至之月，請子有應，詩人因其事頌之，曰「天命」、曰「降」者，尊之、貴之、神之也。詩人之詞，興深意遠，若曰「仲春之月禱而生商」，斯爲言之不文矣。如黄帝之生，電虹繞樞。蓋生之時，值始電或虹見之候也。帝俊生十日，謂有十子，而以甲乙丙丁名之也。此而可誣，亦將曰「黄帝生于虹」、「帝俊之子生于十日」，可乎？詩又曰：「維嶽降神，生甫及申」〔四〕，亦本其生之地而尊且神之，便謂甫、申爲嶽神所生，可乎？傳説爲箕星，生之日直箕也；蕭何爲昴星，生之日直昴也。楚辭曰：「攝提貞于孟陬兮，惟庚寅吾以降。」屈原豈攝提之苗裔乎？漢柳敏碑言敏本柳星之後，梁江總佞張麗華，云「張星之精」，其不根，至今人皆知笑之。而不疑玄鳥之事者，殆以經故，豈知經旨本不如是乎？按：古毛詩注云：「玄鳥至日，以太牢祀高禖。」記其祈福之時，故言天命玄鳥來，而謂之降者，重之若自天來。古説猶未誤也。自今詩傳信史記之誤也③。

【校】

① 玄鳥銜卵　一作「玄鳥生商」，見升庵經説卷六，升庵集卷四十二。

② 何至銜而吞之者　丹鉛摘録卷九作「何能得而吞之」。

③ 自今詩傳信史記之誤也　誤，丹鉛餘録卷十四作「説」，升庵經説卷六作「訛」。

【注】

〔一〕見古微書卷二十四詩推度災。升庵作「詩緝含神霧」，記誤。

〔二〕史記殷本紀：「殷契母曰簡狄，有娀氏之女。……三人行浴，見玄鳥墮其卵，簡狄取而吞之。」

〔三〕禮記注疏月令：「是月也，玄鳥至。至之日，以大牢祠於高禖。」鄭玄注：「燕以施生時來，巢人堂宇而孚乳，娶嫁之象也。」

〔四〕見詩大雅崧高。

秦檜詐作瑞應

宋史長編云：「紹興中，秦檜擅朝，喜飾太平。郡國多上草木禽鳥之瑞，歲無虛月。」〔一〕胡致堂所謂：「花卉可以染植增其態，毛羽可以餵飼變其色，上之人苟欲之，則四面而至矣。」〔二〕蓋指此也。然觀小説所載，紹興七年，建康府寓旅家「盆水有文如畫，佳卉茂木，華葉敷芬，數日，易以他水①，愈出愈奇②，盡春暉乃止」〔三〕。又「秀州吕氏家冰瓦有文，樓觀、車馬、人物、并蒂芙蓉、重莢牡丹、長春萱草、藤蘿，經日不釋」〔四〕，悉以瑞聞，豈人有妖心，而造物者亦爲是以戲之乎？

【校】

① 易以他水　他，楊子卮言卷四作「池」。

② 愈出愈奇　楊子卮言卷四、四庫本作「變趣愈奇」。

【注】

〔一〕見宋史五行志三：「時秦檜擅朝，喜飾太平，郡國多上草木之妖以爲瑞。」

〔二〕文獻通考卷二九五：「致堂胡氏曰：花卉可以染植增其態，毛羽可以餵飼變其色，雖石脉木理，猶且假幻成文字。惟上之人泊然無欲於此也，苟欲之，則四面而至矣。」引文有删改。

〔三〕見宋史五行志五。盆水，作「槃冰」。敷芬，作「相敷」。引文有改易。

〔四〕見宋史五行志五。「並蒂」、「重莢」、「長春」均爲升庵所加。

女媧陵墓

舊唐書：天寶十一載六月，閿鄉縣黄河中女媧墓①，因大雨晦冥，失所在。至乾元二年六月，瀕河人聞有風雷，曉見其墓湧出，下有巨石，上有雙柳〔一〕，時號風陵堆，蓋女媧亦風姓也。事又見喬潭所撰女媧陵記，千萬年後靈異如此。補天之説，亦或不誣乎〔二〕！山西趙城縣亦有女媧墓。

【校】

①閿鄉縣黄河中女媧墓　閿，丹鉛摘録卷六、楊子卮言卷三、萬曆本俱作「閺」。舊唐書五行志作「閿」，據改。

【注】

〔一〕見舊唐書五行志，作「曉見墓涌出，上有雙柳樹，下有巨石二」。

〔二〕明胡應麟丹鉛新録卷二「女媧」駁升庵補天之説云：「補天之説，五尺童子皆知之，古聖賢遺迹自有靈異者，如孔堂絲竹之音，闕里荆棘之闢，亦可證其生前乎？案：女媧又有持雙鯉事，見酉陽雜俎，使用修憶此，將益信補天之説矣。」

水則

蜀灌縣離堆山鬬鶏臺之下，塹鑿石崖，尺爲之畫，凡十有一，謂之水則。水及其九，則民喜；盡没其畫，則民困。傍有石刻八分書「深淘灘，低則堰」六字，皆秦蜀守李冰所爲也①。見李公胤益州記〔一〕。今志改「則堰」爲「作堰」，便失其意，亦且不文，書以存古。

【校】

① 皆秦蜀守李冰所爲也　守，萬曆本誤作「字」，據升庵外集卷六改。

【注】

〔一〕李膺益州記已佚。元揭傒斯賜修蜀堰碑：「北江少東，爲虎頭山，爲鬬鷄臺，臺有水則，尺爲之畫，凡有水一及其九，其民喜，過則憂，盡没其則則民困。乃書『深淘灘，低作堰』六字，其旁爲治水之法，皆冰所爲也。」

黄龍負舟

淮南子禹南巡江中，見黄龍負舟，笑曰：「吾受命于天，竭力以勞萬民。生，寄也；死，歸也。」〔一〕尸子亦載此事，其末句：「生，性也；死，命也。」二書不同。蓋傳聞之異①，然各有理致，宜并觀之。

【校】

①蓋傳聞之異　異，丹鉛摘録卷六作「誤」。

【注】

〔一〕見淮南子精神訓。吾，作「我」；以，作「而」。

視肉

山海經：狄山有「視肉」〔一〕。郭璞注：「聚肉，形如牛肝，有兩目，食之無盡，尋復生如故。」陶弘景刀劍録：「漢章帝鑄一金劍，投於伊水中，以厭人膝之怪。按水經云：伊水有一物，如人膝頭，有爪①，人浴輒没不得出。」〔二〕宋江隣幾雜誌云：「徐積廷評監税廬州②，河次得一小兒，手無指，懼而埋之。」〔三〕按白澤圖所謂封食之多力者也。視肉蓋此類，今絶不聞。

【校】

①如人膝頭有爪　爪，萬曆本作「瓜」，據上杭本、四庫本改。

②徐積廷評　上杭本有「廷」，丹鉛摘録卷六無「廷」。

【注】

〔一〕見山海經海外南經：「狄山，帝堯葬於陽，帝嚳葬于陰。爰有熊、羆、文虎、蜼、豹、離朱、視肉。」

〔二〕見陶弘景古今刀劍録：「章帝炟在位十三年，以建初八年，鑄一金劍，以厭人膝之怪。」弘景按：「水經云：伊水有一物，如人膝，頭有爪，人浴輒没，不復出。」不得出，作「不復出」。

〔三〕宋江休復，字隣幾，撰有嘉祐雜志，引文檢未見。五雜組卷十引此小異。

吠蛤

東坡嶺南詩有云：「稻凉初吠蛤，柳老半書蟲。」〔一〕注不知蛤爲何物。近覽嶺表録異云：「唐林藹爲高州太守，有牧童牧牛，聞田中有蛤鳴，原注：「嶺南呼蝦蟇爲蛤。」〔二〕遂捕之。蛤跳入深穴，掘之乃蠻酋冢，蛤乃無蹤，而穴中得銅鼓，其旁多鑄蛙黽之狀，疑鳴蛤即鼓精也。」〔三〕東坡嶺南詩，即用嶺南事，豈淺學者可注耶！

【注】

〔一〕此爲蘇軾宿餘杭法喜寺寺後緑野亭望吳興諸山懷孫莘老學士詩中句，見蘇東坡集卷三，并非嶺南之詩。

〔二〕清徐文靖管城碩記卷二十六讀楊升庵集以爲蛤非蝦蟇云：「漢五行志：『武帝元鼎五年，秋蛙與蝦蟇羣鬬。』東方朔傳『水多鼃魚』，師古注：『鼃即蛙字也，似蝦蟇而小，長脚。』陶弘景曰：

『蛙有一種黑色者，南人名蛤子，食之至美。』周禮蟈氏注：『鄭康成曰：蟈，今御所食蛙也。』寇宗奭曰：『大聲蛙，小聲蛤。』蛙自名蛤，與蝦蟆不同。蝦蟆豈蛤乎？隋書卞彬傳：彬嘗作蝦蟆賦云：『紆青拖紫，名爲蛤魚。』韓退之食蝦蟆詩：『鄉味尤珍蛤，家神悉祀烏。』蛙自名蛤，非蝦蟆也。李時珍曰：『蛙，南人呼田鷄。』此則是矣。〔二〕「鄉味尤珍蛤，家神愛事烏」，爲元稹春分投簡明洞天作詩中句，見元稹集卷二十六，非韓愈食蝦蟆詩。

〔三〕見嶺表録異卷上。文字有改動。

身體類

養以之福

左傳：「民受天地之中以生，所謂命也，是以有動作禮義威儀之則，以定命也。能者養以之福，不能者敗以取禍。」〔一〕注謂威儀以致福也。福本自有，故曰「之」；禍自外來，故曰「取」。舊本作「養以之福」爲是，養訓作往也、致也，今本作「養之以福」，誤矣。

【注】

〔一〕見左傳成公十三年。楊子巵言卷三「左傳養以之福句誤」云：「左傳劉子之言曰：『能者養以之福，不能者敗以取禍。』師古注曰：『之，往也。能養生者，則定禮義威儀，自致於福；不能者，則喪之以取禍亂。』按今文左傳養之以福，據文義則漢書律曆志引此作『養以之福』爲長。朱文公小學亦作『養之以福』，蓋從左傳。左傳倒字之誤，自杜預始，班固先于杜預，所引當是古文。近日羅整庵困知記亦以『養以之福』爲是，而不言出于律曆志。又五行志亦引此文，師古注：『之，往也，往以就福。』以此證之，今文杜預之改謬矣。」

檀暈

東坡梅詩：「鮫綃剪碎玉簪輕，檀暈粧成雪月明。肯伴老人春一醉，懸知欲落更多情。」〔一〕王十朋集諸家注，皆不解「檀暈」之義，今爲著之。宇文氏粧臺記謂婦女畫眉有倒暈粧①，古樂府有「暈眉攏鬢」之句。元微之與白樂天書：「近昵婦人暈澹眉目，綰約頭鬟。」〔二〕畫譜有正暈牡丹、倒暈牡丹。太平廣記許老翁傳有銀泥裙、五暈羅〔三〕。畫工七十二色有檀色，與張萱所畫婦女暈眉，所謂紫沙羃酷似②，可以互證也。坡詩又云：「剩看新翻眉倒暈」〔四〕，又云：「倒暈連眉秀嶺浮。」〔五〕檀痕，猶漢世婦女之玄的也③。

【校】

① 謂婦女畫眉有倒暈粧　謂，丹鉛摘録卷五、四庫本作「紀」。

② 「所謂紫沙羃酷似」後，升庵集卷五十六「檀暈」補花間集五例：「花間集云：『燒春釀美小檀霞。』又云：『檀畫荔枝紅。』又云：『鈿昏檀粉淚縱横。』又云：『斜分八字淺檀蛾。』又云：『背留

檀印齒痕香。』」

③ 檀痕猶漢世婦之玄的也 萬曆本無,據升庵集卷五十六補。

【注】

〔一〕此爲蘇軾次韻楊公濟奉議梅花十首之九,見蘇東坡集卷十八。

〔二〕見元稹集卷三十叙詩見樂天書。近昵作「近世」。

〔三〕見太平廣記卷三十一「許老翁傳」,作「黄羅銀泥裙」、「五暈羅銀泥衫子」。

〔四〕此爲蘇軾常潤道中有懷錢塘寄述古五首之三詩中句,見蘇東坡集卷六。

〔五〕此爲蘇軾次韻答舒教授觀余所藏墨詩中句,見蘇東坡集卷九。

檀色

畫家七十二色有檀色,淺赭所合,古詩所謂「檀畫荔枝紅」也〔一〕。而婦女暈眉色似之。唐人詩詞多用之,試舉其略。徐凝宫中曲云:「檀粧惟約數條霞。」〔二〕花間詞云「背人匀檀注」〔三〕,又「鈿昏檀粉淚縱横」〔四〕,又「臂留檀印齒痕香」〔五〕,又「斜分八字淺檀蛾」是也。又云「卓女燒春,醲美小檀霞」〔六〕,則言酒色似檀色。伊孟昌黄蜀葵詩:「檀點佳人噴異香」〔七〕,杜衍雨中荷花詩:「檀粉不匀香汗濕」〔八〕,則又指花色似檀色也〔九〕。

【注】

〔一〕此爲張泌生查子詞中句，見花間詞卷四。

〔二〕此爲徐凝宮中曲二首詩中句，見全唐詩卷四七四。

〔三〕此爲顧敻應天長詞中句，見花間集卷七。

〔四〕此爲鹿虔扆虞美人詞中句，見花間集卷九。

〔五〕此爲閻選虞美人詞中句，見花間集卷九。

〔六〕此爲牛嶠女冠子詞中句，見花間集卷四。燒春，作「燒香」。

〔七〕見全唐詩卷八六二。詩題作「題黄蜀葵」。

〔八〕見兩宋名賢小集卷六十九。

〔九〕楊慎詞品卷二「檀色」，結尾引東坡梅詩後，尚有「唐宋婦女閨妝，面注檀痕，猶漢魏婦女之注玄的也」。

素足女①

太白浣紗女詩：「一雙金屐齒，兩足白如霜。」〔一〕又越女詞云：「屐上足如霜，不著鴉頭襪。」〔二〕又云：「東陽素足女，會稽素舸郎。」〔三〕予嘗戲謂：「太白何致情迴盼此素足女再三？」張愈光戲答云：「太白可謂能書不擇筆矣。」聊記以餉一笑。予嘗題浣女圖，詩純用太白語意：「紅顔素足女，兩足白如霜。不著鴉頭襪，山花屐齒香。天然去雕飾，梅岑水月粧。肯學邯鄲步，匍匐壽陵旁。」蓋竊病近日學詩者拘束蹈襲，取妍反拙，不若質任自然耳。

【校】

① 素足女　本書卷十八另有「素足女」一則，文字與此條不同。

【注】

〔一〕此爲李白浣花石上女詩中句，見李太白集卷二十三。

〔二〕此爲李白越女詞五首（之二）詩中句，見李太白集卷二十三。

〔三〕此爲李白越女詞五首（之四）詩中句，見李太白集卷二十三。

等身書

宋賈黄中幼日聰悟過人，父師取書，與其身相等，令讀之，謂之「等身書」〔一〕。張子野詞：「等身金，誰能意，買此好光景。」〔二〕

【注】

〔一〕宋史卷二六五賈黄中傳：「黄中幼聰悟，方五歲，（父）玭每旦令正立，展書卷比之，謂之『等身書』，課其誦讀。」

〔三〕此爲張先歸朝歡詞，作「等身金，誰能得意，買此好光景」。見安陸集。誰能意，當作「誰能得意」。意，丹鉛摘録卷十二誤作「竟」。

舌柔齒剛

老萊謂子思曰：「子性清剛而傲不肖，不可以事君。子不見夫齒乎？惟堅固，是以相磨；舌柔順，是以不敝。」子思曰：「吾不能爲舌，故不可事君。」〔一〕

【注】

〔一〕見邵氏聞見後録卷三，有删改。惟堅固，是以相磨，作「雖堅固，卒以相磨」。是以不敝，作「終以不敝」。

六尺之孤

學林云：論語「托六尺之孤」〔一〕。據周禮「鄉大夫之職」：「國中自七尺以及六十，野自六尺以至六十有五，皆征之。」〔二〕韓詩外傳：「國中二十行役。」則七尺者二十也。其升降皆五年，則六尺者十五也〔三〕。

【注】

〔一〕見論語泰伯。

〔二〕見周禮地官鄉大夫之職。

〔三〕王觀國學林卷二「六尺」條論及周城鄉賦役制度云：「征之者，謂給公上之賦役也。國中近而復（免除賦役）多役少，故二十歲始征之，比野晚征五年也，六十歲而免，比野早免五年也。野遠而復少役多，故十五歲則征之，比國中早征五年也，六十有五而免，比國中晚免五年也。其升降早晚皆以五年爲率，此周之成法也。」漢樂府詩云：「十五從軍征，八十始得歸。」由此可知漢世兵役之重。

質劑結信

周禮司市云：「以質劑結信而止訟。」鄭康成云：「長曰質，短曰劑。若今下手書。」賈公彦云：「漢時下手書，若今畫指券。」〔一〕黄山谷云：「豈今細民棄妻子手摹者乎？不然，則今婢券不能書者畫指節，及今江南田宅契亦用手摹也。」〔二〕

【注】

〔一〕周禮司市鄭玄注：「質劑，謂兩書一劄而别之也，若今下手書，言保物要還矣。」鄭司農云：「質劑，月平。」賈公彦疏：「釋曰：質劑謂券書，恐民失信，有所違負，故爲券書結之，使有信也。民之獄訟本由無信，既結信則無訟，故云止訟也。」下手書，指按指印作爲憑證的文書。

〔二〕見黄庭堅山谷集别集卷六「雜論」。

丹鉛總録卷之十八

詩話類

卵色天

唐詩：「殘霞蹙水魚鱗浪，薄日烘雲卵色天。」〔一〕東坡詩：「笑把鴟夷一樽酒，相逢卵色五湖天。」〔二〕正用其語。花間詞「一方卵色楚南天」〔三〕，注以卵爲泖，非也。注東坡詩者，亦改「卵色」爲「柳色」，王龜齡亦不及此耶？

【注】

〔一〕此爲陸游詩句，見劍南詩稿卷八東門外遍歷諸園及僧院觀游人之盛詩，作「微風蹙水魚鱗浪，薄日烘雲卵色天」。升庵作唐詩，誤。

〔二〕此爲蘇軾和林子中待制詩中句，作「相逢卵色五湖天」，見蘇東坡集續集卷二。鴟夷，一作「鵝兒」。卵色，一作「柳色」。

〔三〕此爲孫光憲河瀆神詞中句，見花間集卷八。卵，一作「丣」。注云：「丣，古柳字。」

解紅

曲名有解紅者，今俗傳爲吕洞賓作，見物外清音。其名未曉，近閲和凝集，有解紅歌云：「百戲罷，五音清，解紅一曲新教成。兩箇瑶池小仙子，此時奪却柘枝名。」〔一〕樂書云：「優童解紅舞，衣紫緋繡襦，銀帶花鳳冠。」〔二〕蓋五代時人也。焉有吕洞賓在唐世預填此腔耶？

【注】

〔一〕見全唐詩卷七三五。題注：「唐有兒童解紅之舞。」

〔二〕宋陳暘樂書卷一八四「兒童解紅」云：「兒童解紅舞，衣紫緋繡襦，銀帶，花鳳冠綬帶。唐和凝解紅歌曰云云。則童兒解紅、柘枝之類也，其始於唐乎？」優童，作「兒童」。

雙鯉

古樂府詩：「尺素如殘雪，結成雙鯉魚。要知心裏事，看取腹中書。」〔一〕據此詩，古人尺素結爲鯉魚形，即緘也，非如今人用蠟。文選：「客從遠方來，遺我雙鯉魚。」〔二〕即此事也。下云「烹魚得書」，亦譬況之言耳，非真烹也。五臣及劉履謂古人多于魚腹寄書，引陳涉罾魚倡禍事證之①，何異癡人説夢耶！

【校】

①引陳涉罾魚倡禍事證之　罾，丹鉛餘録卷三作「罩」、丹鉛總録作「罩」，據史記陳涉世家改。

【注】

〔一〕此爲唐吴興女道士李冶結素魚贈友人詩，見唐詩紀事卷七十八「李季蘭」。升庵作古樂府詩，誤。

〔二〕此爲古樂府飲馬長城窟行詩中句，見文選卷二十七。

百東坡

東坡泛潁詩：「散爲百東坡，頃刻復在兹。」〔一〕劉須溪謂本傳燈録。按傳燈録，良价禪師因過水睹影而悟，有偈云：「切忌從他覓①，迢迢與我疏。我今獨自往，處處得逢渠。渠今正是我，我今不是渠。」

【校】

①切忌從他覓　他，萬曆本作「地」，四庫本、升庵集卷五十八作「他」。據五燈會元卷十三洞山良价禪師改。「我今不是渠」後尚有二句：「應須恁麼會，方得契如如。」

【注】

〔一〕見蘇東坡集後集卷一。

荀子解詩

予嘗愛荀子解詩卷耳云：「卷耳，易得也。頃筐，易盈也，而不可貳以周行。」〔一〕深得詩人之心矣。小序以爲求賢審官，似戾于荀旨。朱子直以爲「文王朝會征伐，而后妃思之」是也。但「陟彼崔嵬」下三章，以爲托言亦有病。婦人思夫，而却陟岡飲酒，携僕望岨，雖托言之，亦傷于大義矣。原詩人之旨，以后妃思文王之行役而云也。「陟岡」者，文王陟之也。「馬玄黄」者，文王之馬也。「僕痡」者，文王之僕也。「金罍」、「兕觥」者，冀文王酌以消憂也。蓋身在閨門，而思在道途，若後世詩詞所謂「計程應説到梁州」〔二〕、「計程應説到常山」之意耳。曾與何仲默説及此，仲默大稱賞，以爲千古之奇。又語予曰：「宋人尚不能解唐人詩，以之解三百篇，真是枉事。不若直從毛、鄭可也。」

【注】

〔一〕見荀子解蔽：「頃筐易滿也，卷耳易得也，然而不可以貳周行。」易盈，作「易滿」。貳以周行，作「以貳周行」。

〔二〕計程應説到梁州，白居易同李十一醉憶元九詩末句作「計程今日到梁州」，見白居易集卷十四。

梁，原作「凉」，據才調集改作「梁」。

王雪山論詩

王雪山云：「詩人偶見鵲有空巢，而鳩來居，談詩者便謂鳩性拙，不能爲巢，而恒居鵲之巢。此談詩之病也。」〔一〕今按詩人興況之言，鳩居鵲巢，猶時曲云「烏鴉奪鳳巢」耳，非實事也。今便謂烏性惡，能奪鳳巢，可乎？「食我桑椹，懷我好音」〔二〕，亦美其地也。而注者便謂桑椹美味，鴞食之而變其音。鴞不食椹，試養一鴞，經年以椹食之，亦豈能變其音哉！今俗諺云「螞蟻戴籠頭」，例此言，亦可言蟻著轡可駕乎？宋人不知比興，遂謬解若此，儒生白首誦之，而不敢非，可怪也。王雪山，南宋人。

【注】

〔一〕見宋王質詩總聞卷一「鵲巢」。

〔二〕見詩經魯頌泮水。

魚若乘空

柳子厚小石潭記：「潭中魚可百許頭，皆若空游無所依。」此語本之酈道元水經注：「淥水平潭，清潔澄深，俯視游魚，類若乘空。」〔一〕沈佺期詩「魚似鏡中懸」〔二〕，亦用酈語意也。又古詩：「水真緑淨不可唾，魚若空行無所依。」〔三〕

【注】

〔一〕見水經注卷二十二「洧水」。

〔二〕此爲沈佺期釣竿篇詩中句，見全唐詩卷九十七。

〔三〕此爲樓鑰頃遊龍井得一聯王伯齊同兒輩遊因足成之詩中句，見攻媿集卷十一。樓鑰，宋人。不當言「古詩」。又古詩，丹鉛餘録卷一原無。

拋堶

宋世寒食有拋堶之戲，兒童飛瓦石之戲，若今之打瓦也。梅都官禁烟詩：「窈窕踏歌相把袂，輕浮賭勝各飛堶。」〔一〕，七禾切。或云起于堯民之擊壤。

【注】

〔一〕此爲梅聖俞依韻和禁烟近事之什詩中句，見宛陵集卷四十六。

李白詩祖樂府①

古樂府：「暫出白門前，楊柳可藏烏。歡作沉水香，儂作博山爐。」〔一〕李白用其意，衍爲楊叛兒歌：「君歌楊叛兒，妾勸新豐酒。何許最關情？烏啼白門柳。烏啼隱楊花，君醉留妾家。博山爐中沉香火，雙烟一氣凌紫霞。」〔二〕古樂府：「朝見黄牛，暮見黄牛。三朝三暮，黄牛如故。」〔三〕李白則云：「三朝見黄牛，三暮行太遲。三朝又三暮，不覺鬢成絲。」〔四〕古樂府云：「郎今欲渡畏風波。」〔五〕李白則云：「郎今欲渡緣何事？如此風波不可行。」〔六〕古樂府云：「春風復多情，吹我羅裳開。」〔七〕李反其意云：「春風復無情，吹我夢魂散。」〔八〕古人謂李詩出自樂府古選，信矣。其楊叛兒一篇，即「暫出白門前」之鄭箋也。因其拈用，而古樂府之意益顯，其妙益見。如李光弼將子儀軍，旗幟益精明。又如神僧拈佛祖語，信口無非妙道，豈生吞義山、拆洗杜詩者比乎②？

【校】

①本書卷十二「太白楊叛兒曲」條論古之詩人用前人語，有翻案法，伐材法、奪胎法，換骨法，可參看。

②「拆洗杜詩者比乎」後，升庵外集卷七十二尚有一節文字：「故其贈杜甫詩有『飯顆』之句，蓋譏其拘束也。余觀李太白七言律，絶少以此言之，未窺六甲先制七言者，視此可省矣。」

【注】

〔一〕見樂府詩集卷四十六讀曲歌八十九首，玉臺新詠卷十近代西曲歌五首。

〔二〕見李太白集卷四。楊叛兒，作「陽叛兒」。

〔三〕見水經注卷三十四江水注，作「朝發黄牛，暮宿黄牛。三朝三暮，黄牛如故」。

〔四〕見李太白集卷二十二上三峽。

〔五〕此爲梁簡文烏棲曲四首詩中句，見玉臺新詠卷九。

〔六〕見李太白集卷七横江詞六首之五。

〔七〕此爲子夜四時歌春歌詩中句，見樂府詩集卷四十四。

〔八〕見李太白集卷五大隄曲。

泔魚①

王半山文：「梁王墜馬，賈傅自傷；門人泔魚，曾子垂涕。」〔一〕又詩曰：「泔魚已悔當年事，搏虎方驚此日身。」〔二〕泔魚事出荀子，云：「曾子食魚，有餘，曰：『泔之。』門人曰：『泔之傷人，不若奥之。』曾子泣涕曰：『有異心乎哉！』傷其聞之晚也。」〔三〕左傳：「林楚怒馬，及衢而騁。」〔四〕莊子：「草木怒生。」又説：「大鵬怒而飛，其翼若垂天之雲。」林希逸曰：「莊子好用一怒字。」王介甫詩：「山木悲鳴水怒流。」〔五〕此老善用古人好字面。

【校】

①泔魚　一作「半山用字」，見丹鉛總録四庫本。

【注】

〔一〕見王文公文集卷五與劉原父書作「昔梁王墮馬，賈生悲哀；泔魚傷人，曾子涕泣」。

〔二〕見王文公文集卷六十欲往淨因寄涇州韓持國：「泔魚已悔當年事，搏虎方收末路身。」此日身，作「末路身」。

〔三〕見荀子大略。

〔四〕見左傳定公八年。

〔五〕此爲王安石寄育王大覺禪師二首詩中句，見王文公文集卷六十。

孫思邈詩

孫思邈四言詩曰：「取金之精，合石之液。列爲夫婦，結爲魂魄。一體混沌，兩精感激。河車覆載，鼎候无忒。洪鑪烈火，烘燄翕赫。煙未及黔①，燄不假碧。如畜扶桑，若藏霹靂。姹女氣索，嬰兒聲寂。透出兩儀，麗于四極。壁立幾多，馬馳一驛。宛其死矣，適然從革。惡黜善遷，情回性易。紫色内達，赤芒外射。熠若火生，乍疑血滴。號曰中還，退藏于密。霧散五内，川流百脈。骨變金植，顔駐玉澤。陽德乃敷，陰功乃積。南宫度名，北斗落籍。」此詩詞高古，類魏伯陽，而世傳者少，録于此。

【校】

① 煙未及黔　黔，丹鉛餘録卷十三、四庫本、升庵詩話卷一俱作「點」，上杭本、萬曆本作「黔」，作「黔」是。

方澤杜常

詩話云：「杜常、方澤，在唐詩人中，名姓不顯，而詩句驚人。今惟存華清宮一首。」〔一〕孫公談圃亦以爲宋人〔二〕。近注唐詩三體者，亦引談圃，而不正指其非唐人，蓋不欲顯選者之失耳。予又見范蜀公文集中有手記一卷〔三〕，記其一時交游名流，中有杜常，名姓下注曰「詩學」。又宋史有杜常傳云：「杜常，太后之姪，能詩。」以史與談圃、手記參之，爲宋人無疑矣。如唐詩鼓吹以宋胡宿詩入唐選。宿在宋史有傳，文集今行于世，所選諸詩在焉，觀者不知其誤，何耶？鼓吹之選，皆晚唐之最下者，或疑非遺山，觀此益知其爲僞也。

【注】

〔一〕升庵詩話卷十一載「杜常華清宮」詩：「行盡江南數十程，曉星殘月入華清。朝元閣上西風急，都入長楊作雨聲。」宋周弼，字伯弜，編唐詩三體。明胡應麟藝林伐山卷一云：「三體選杜常華清宮一首壓卷，而方澤自有武昌阻風一首。今云惟存一首，誤也。」

〔二〕孫公談圃卷下記杜常及第，與沈季常同榜。按季長爲宋神宗熙寧間人，則杜常爲宋人無疑。

〔三〕范蜀公文集，當爲范太史集。范景仁，名鎮，稱范蜀公；范祖禹，字淳甫，稱范太史。手記見范太史集卷五十五。

黄眉墨粧

後周靜帝令宫人黄眉墨粧，至唐猶然。觀唐人詩詞，如「蘂黄無限當山額」〔一〕，又「額黄無限夕陽山」〔二〕，又「學畫鴉黄半未成」①，又「鴉黄粉白車中出」〔三〕，又「寫月圖黄罷」〔四〕，其證也。然温飛卿詩有「豹尾車前趙飛燕，柳風吹散蛾間黄」之句〔五〕，王荆公詩亦云「漢宫嬌額半塗黄」〔六〕。事已起于漢，特未見所出耳。又幽怪録：「神女智瓊額黄。」

【校】

①學畫鴉黄半未成　畫，上杭本、四庫本作「盡」，萬曆本、虞世南應詔嘲司花女詩作「畫」。

【注】

〔一〕此爲温庭筠菩薩蠻詞中句，見花間集卷一。

〔二〕此爲温庭筠偶遊詩中句，見温飛卿詩集卷四。

〔三〕此爲盧照鄰長安古意詩中句，見全唐詩卷四十一。

〔四〕此爲駱賓王棹歌行詩中句，見全唐詩卷七十九櫂歌行。

〔五〕此爲温庭筠漢皇迎春辭，見温飛卿詩集卷一。蛾，作「眉」。升庵詩話作「額」。

〔六〕此爲王安石與微之同賦梅花得香字三首詩中句，見王文公文集卷七十七。

【辨】

明王世貞以爲「額黄」非「黄眉」。宛委餘編卷八云：「丹鉛録稱後周静帝令宮人黄眉墨妝，云引『蕊黄無限當山額』、又『額黄無限夕陽山』語爲證，謂唐尚然。又引荆公詩『漢宮嬌額半塗黄』，以爲漢已有之。詳語意乃是額間小黄靨耳，非黄眉也。若周天元帝禁天下婦人不得施粉黛，自非宮人皆黄眉墨妝，蓋眉不用黛而止用黄，不欲其飾之美上等宮掖耳，全非額黄意也，亦非静帝。麟按：介甫題梅又有『額黄映日明飛燕』之句。詩家用漢宮猶長安字面，非必謂其時有之也。智瓊事見廣記。」（見少室山房筆叢卷二〇，中華書局）

詩用數目字

「漢宮一百四十五，多下珠簾閉瑣窗。何處營巢夏將半，茅簷煙寺語雙雙。」此杜牧燕子詩也。「一百四十五」，見文選注〔一〕。大抵牧之詩，好用數目垛積，如「南朝四百八十寺」，「二十四橋明月夜」〔二〕，「故鄉七十五長亭」〔三〕是也。

【注】

〔一〕見文選卷二張衡西京賦：「郡國宮館，百四十五。」李善注云：「三輔故事曰：秦時殿觀，百四十五所。」

〔三〕此爲杜牧江南春、寄揚州韓綽判官、題齊安城樓詩中句，見樊川文集卷三、卷四。

回颿撾

語林云：王敦嘗坐武昌釣臺，聞行船打鼓，嗟稱其能。俄而一槌小異，敦以扇柄撞几曰：「可恨。」時王應侍側，曰：「不然，此是回颿撾。」使視之，云：「船人入夾口。」①應知鼓，又善于敦也〔一〕。予舊有江行詩云：「回颿移鼓摻②，策杖送拏音。」蓋用此事。下句用莊子漁父事〔二〕。

【校】

① 船人入夾口　丹鉛餘録卷十六、萬曆本作「船人入夾口」。升庵詩話卷十八、升庵集卷四十四、升庵外集卷二十一作「船入峽口」。

② 回颿移鼓摻　摻，升庵外集卷二十一作「槮」。

【注】

〔一〕世説新語識鑒引晉陽秋云：「王應，字安期，含子也。敦無子，養爲嗣，以爲武衛將軍，用爲副貳。」世云王敦善識鼓節，王應又善于敦。

〔二〕莊子雜篇漁父：漁父下船聽孔子鼓琴，孔子「乃下求之，至于澤畔，方將杖拏而引其船」。拏，通挐，船槳。

詩賦用字①

顔延年赭白馬賦：「戒出豕之敗駕，惕飛鳥之跱衡。」〔一〕「出」字不如「突」字。杜子美詩：「大家東征逐子回。」〔二〕「逐」字不如「將」字。白居易詩：「千呼萬喚始出來。」〔三〕「始」字不如「才」字。詩文有作者未工，而後人改定者勝。如此類多有之，使作者復生，亦必心服也。

【校】

① 詩賦用字　一作「古詩文宜改定字」，見升庵詩話卷五、升庵外集卷七十一。

【注】

〔一〕見文選卷十四。敗駕，作「敗御」。

〔二〕此爲杜甫送王十五判官扶侍還黔中詩中句，見杜少陵集卷十二。

〔三〕此爲白居易琵琶行中句，見白居易集卷十二。

洵美且都〔一〕

詩：「有女同車，顔如舜華。將翺將翔，佩玉瓊琚。彼美孟姜，洵美且都。」〔二〕孟姜，世族貴女也。美，質之佳麗也；都，飾之閑雅也。「顔如舜華」，可以言美矣；「佩玉瓊琚」，可以言都矣。蓋冶容艷態，多出于膏腴甲族薰醲含浸之下；彼山姬野婦，雖美而不都，縱有舜華之顔，加以瓊琚之佩，所謂婢作夫人，鼠披荷葉。故曰：「三代仕宦，方會穿衣喫飯。」苟非習慣，則舉止羞澀，烏有閑雅乎？漢宫尹夫人之見邢夫人〔三〕，賈充家郭氏之見李氏〔四〕，亦可證也。譬則士之有所卓立，必藉國家教養，父兄淵源，師友講習，三者備而後可。采薪之女，教之容止，七日而傾吴宫；釣渭之夫，立之尚父，三年而集周統，豈理之常也哉。

【注】

〔一〕本書卷二「都鄙」可參看。

〔二〕詩鄭風有美同車首章。

〔三〕見史記外戚世家。

〔四〕見晉書賈充傳。

半豹

郭頒世語云：「殷仲文讀書若半袁豹，則筆端不減陸士衡。」〔一〕蓋惜其有才而寡學也。李商隱四六啓云：「學殊半豹，藝愧全牛。」〔二〕

【注】

〔一〕晉書卷九十九殷仲文傳作「若殷仲文讀書半袁豹，則文才不減班固」。

〔二〕此乃顧雲投户部鄭員外啓中句，見文苑英華卷六六四。升庵誤作李商隱四六啓。明鄧伯羔藝彀卷下「誤標人詩文」條云：「學殊半豹，藝媿全牛，此顧雲投户部鄭員外啓也，楊用修丹鉛總録謂是李商隱四六。」

郝經論書

郝陵川論書云：「太嚴則傷意，太放則傷法。」又云：「心正則氣定，氣定則腕活，腕活則筆端，筆端則墨注，墨注則神凝，神凝則象滋。無意而皆意，不法而皆法。」〔一〕皆名言也。凡元人評書畫皆精當，遠勝宋人。

【注】

〔一〕見郝經陵川集卷二十叙書。郝經，字伯常，元澤州陵川人，工書。

季札墓碑

陶潛季札贊曰：「夫子戾止，爰詔作銘。」〔一〕謂題季子有吴延陵君碑也。此可證其爲古無疑。秦觀疑其出于唐人，未考陶集乎？

【注】

〔一〕「夫子戾止，爰詔作銘」，乃劉宋范泰吴季子札贊中句，見藝文類聚卷三十六。因與陶潛夷齊贊相鄰，升庵誤爲陶潛之作。

爲善最樂

書曰：「民訖自若，是多盤。」〔一〕注云：「民之行已，盡用善道，是多樂也。」〔二〕東平王蒼曰：「爲善最樂。」周公曰：「心逸日休。」内典云：「爲善若熟，種種快樂。」亦是此意。

【注】

〔一〕見尚書周書秦誓。

〔二〕見尚書孔疏：「昔漢明帝問東平劉蒼云：『在家何者爲樂？』對曰：『爲善最樂。』是其用順道則多樂。」善道，作「順道」。

陳同甫與朱子書

同甫與朱子書略云：「因吾眼之偶開，便以爲得不傳之絶學。三三兩兩，附耳而語，有同告密；畫界而立，一似結壇。盡絶一世之人於門外，而謂二千年之君子皆盲眼，不可點洗；二千年之天地日月，若有若無，世界皆是利欲。亦過矣。」〔一〕予喜其言有切於士病，故書之以自警。劉安世嘗云：「願士夫有此名節，不願士夫立此門户。」此元祐之士病。黄履翁云：「願士夫務道學之實，不願士夫立道學之名。」〔二〕則淳熙以後之士病也。黨籍僞學之禁，雖小人無忌憚，亦君子有以招之也。

【注】

〔一〕見陳亮龍川集卷二十答朱元晦秘書乙巳秋書。

〔二〕見宋林駉古今源流至論後集卷一道學論。黄履翁語，實爲林駉語。道學論末云：「元城、了翁：願士大夫立此名節，不願士大夫立此門户。愚亦曰：願士大夫傳道學之實，不願士大夫唱道學之名。」此書别集爲黄履翁增補，升庵記誤。

衢州斷碑詩

衢州爛柯橋斷碑詩不全，中有句云：「薄煙冪遠郊，遥峰没歸翼。」〔一〕可謂奇絶。蓋六朝人語，唐人罕及也。

【注】

〔一〕此二句乃唐太宗孫信安郡王李禕所題石橋詩中句，見全唐詩卷六。題下注云：「（石橋）在衢之爛柯山，即王質看仙人弈棋處也。詩有貞元二年嚴綬石刻記。詩内缺二十一字。」朱彝尊曝書亭集卷四十九跋唐衢州刺史嗣江王禕石橋寺詩云：「石橋寺，在衢州府西安縣南三十里，道書第八青霞洞天也。……舊唐書傳：禕少繼江王囂，後封爲嗣江王，改封信安郡王。景雲開元中，兩爲衢州刺史。詩題嗣江王，當是景云間初爲刺史作也。成都楊用修不知『薄煙冪遠郊，遥峰没歸翼』二語係王詩，疑爲仙人遺句，誤矣。」因升庵詩話卷十二「唐人罕及也」後，有「又傳爲古仙句」一句，升庵集卷七十三「仙詩」條云：「傳以爲古仙句。」

梅谿注東坡詩

王梅谿注東坡詩，世稱其博。予偶信手繙一册，除夜大雪留濰州詩云：「敢怨行役勞，助爾歌飯甕。」山東民謡云：「霜淞打霧淞，貧兒備飯甕。」淞，音宋，稷雪也[一]，蓋以有雪爲豐登之兆。坡詩正用此。而注云：「山東人以肉埋飯下，謂之飯甕。」何異小兒語耶？又祈雪霧豬泉云：「歲宴風日暖，人牛相對閑。」「人牛」字，用東方朔占書「春與歲齊，人牛並立」之語，而注亦不引。

【注】

〔一〕稷雪，即霰，説文：「霰，稷雪也。」本書卷一「霄雪」，可參看。稷，升庵詩話卷十二「梅谿注東坡詩」作「積」，誤。

張説詩

江總折楊柳云：「塞北寒膠折，江南楊柳結。不悟倡園花，遥同葱嶺雪。春心既駘蕩，春樹聊攀折。共此依依情，無奈年年別。」〔一〕唐張説詩亦云：「塞上綿應折，江南草可結。欲持梅嶺花，遠競榆關雪。」〔二〕微變數字，不妨雙美〔三〕。

【注】

〔一〕見樂府詩集卷二十二。首二句作「萬里音塵絶，千條楊柳結」。葱嶺，作「天嶺」。駘蕩，作「浩蕩」。

〔二〕此爲張説冬日見牧牛人擔青草歸詩中句。見全唐詩卷八十六。

〔三〕「不妨雙美」後，升庵詩話卷九、升庵集卷五十四增「沈滿願怨詩：『征人久離別，故國音塵絶。夢裏洛陽花，覺來葱嶺雪。』劉方平梅詩：『歳晩芳梅樹，繁苞四面同。春風吹漸落，一夜幾枝空。小婦今如此，長城恨不同。莫將遼海雪，來此後庭中。』」

明月可中

劉禹錫生公講堂詩：「高坐寂寥塵漠漠，一方明月可中庭。」〔一〕山谷、須溪皆稱其「可」字之妙。按佛祖統紀所載①：「宋文帝大會沙門，親御地筵，食至良久，衆疑日過中，僧律不當食。帝曰：『始可中耳。』生公乃曰：『白日麗天，天言可中，何得非中。』遂舉箸而食。」〔三〕禹錫用「可中」字本此。蓋即以生公事詠生公堂，非杜撰也。彼言「白日可中」，變言「明月可中」，尤見其妙。

【校】

①按佛祖統紀所載　佛祖統記，萬曆本作「佛祖統」，上杭本作佛祖統紀。佛祖統紀，宋咸淳沙門志磐撰。

【注】

〔一〕此劉禹錫金陵五題之一，見全唐詩卷三六五。詩作「生公説法鬼神聽，身後空堂夜不扃。高坐寂寥塵漠漠，一方明月可中庭」。

〔三〕見佛祖統記卷二十法師道生傳。衆疑日過中，作「衆疑過中」。天言可中，作「天言始中」。僧律不當食，原無此句。

八角磨盤

朱子語録云：人謂楊億通禪學者，「以其有八角磨盤之句耳」〔二〕云。按北澗禪師偈云：「六月一日前，萬象森羅替説禪；六月一日後，八角磨盤空裏走。今朝正當六月一，無位真人赤骨律。金毛獅子解翻身，無角鐵牛眠少室。十聖三賢總不知，笑倒寒山並拾得。」楊億因演而爲頌曰：「八角磨盤空裏走，金毛獅子變作狗。擬欲藏身北斗中，應須合掌南辰後。」〔二〕

【注】

〔一〕見性理大全書卷六十四「楊億」：「朱子曰：楊億工於纖麗浮巧之文，已非知道者所爲。然資禀清介，立朝獻替，略有可觀。而釋子特以爲知道者，以其有八角磨盤之句耳。」

〔二〕楊億詩偈，見五燈會元卷十二「廣慧璉禪師法嗣文公楊億居士」。楊億，北宋太宗雍熙時人；北磵禪師，南宋理宗嘉熙時人。楊億在前，北磵在後，何能演北磵偈爲頌？北磵，萬曆本誤作「北澗」。

杜詩步檐字

杜子美詩：「步檐倚杖看牛斗。」〔一〕檐，古簷字。楚辭大招「曲屋步櫩」，注：「曲屋，周閣也。步櫩，長砌也。」司馬相如賦：「步櫩周流，長途中宿。」〔二〕櫩，亦古簷字也。又梁陸倕鍾山寺詩：「步簷時中宿，飛階或上征。」〔三〕沈氏滿願詩：「步簷隨新月，挑燈惜落花。」杜公蓋襲用其字，後人不知，妄改作「步蟾」〔四〕。且前聯有「新月」字，而結句又云「步蟾」，複矣。況「步蟾」乃舉子坊牌字，杜公詩寧有此惡字耶①？甚矣，士俗不可不醫也。

【校】

① 杜公詩寧有惡字耶　惡字，升庵外集卷七十四作「惡字面」。

【注】

〔一〕此爲杜甫夜詩中句，見杜少陵集卷十七。櫩，作「簷」，一作「蟾」。

〔二〕此爲司馬相如上林賦中句，見文選卷一。

〔三〕此爲陸翺和昭明太子鍾山解講詩中句，見廣弘明集卷三十。陸倕當作「陸翺」。

〔四〕步櫩之意，田藝蘅留青日札卷十八引吕濟説云：「步櫚，長廊也。」故杜甫詩：「步櫩倚杖看牛斗。」「今俗本作步蟾。夫以月而爲步蟾，則又易之爲踏兔、走蜍，可乎？蓋步櫩以混成而言，如今之飛櫩、步廊也。故屋之半間亦曰一步，非言行步於櫩下也。余以爲古者六尺爲步，今之廊櫩大率廣六尺，即步櫩之明證也。」吴景旭歷代詩話卷三十八引升庵此説云：「余以升庵證『蟾』爲『櫩』，出於卓識，直令子美此詩重開生面。」

天風海濤

趙汝愚詩：「江月不隨流水去，天風常送海濤來。」〔一〕朱文公愛之，遂書「天風海濤」字於石，今人不知爲趙公詩也〔二〕。

【注】

〔二〕此爲趙汝愚同林擇之姚宏甫遊鼓山詩中句，見宋詩紀事卷八十五。常送，作「直送」。

〔三〕升庵詞品卷五亦有「天風海濤」一則，復增嚴次山水龍吟詞一闋并云：「趙詩、朱字、嚴詞，可謂三絶。」

丁屈朋斜

姜平子，天水人，仕於苻堅。堅宴羣臣賦詩，平子詩内丁字直而不屈，堅問其故，答曰：「屈下者，不正之物，未足以獻也。」〔一〕堅悦，擢上第。此與劉晏朋字未正之對相似〔二〕。

【注】

〔一〕見晉書載記苻堅下：「姜平子詩有丁字，直而不曲。堅問其故，平子曰：『臣丁至剛，不可以屈，且曲下者不正之物，未足獻也。』」

〔二〕見唐鄭處誨明皇雜録卷上：「劉晏以神童爲秘書正字，年方十歲，形狀獰劣，而聰悟過人。……玄宗問晏曰：『卿爲正字，正得幾字？』晏答曰：『天下字皆正，唯朋字未正得。』」

詩用熨字

説文：「㷉，持火申繒也。」〔一〕一曰火斗。柳文所謂鈷鉧也〔二〕。古音鬱，今轉音暈。杜工部詩：「美人細意熨帖平。」〔三〕白樂天詩：「金斗熨波刀剪文。」〔四〕温庭筠詩：「緑波如熨割愁腸。」陸魯望詩：「波平熨不如。」〔五〕又：「天如重熨縐。」〔六〕王君玉詞：「金斗熨秋江。」〔七〕晁次膺詞〔八〕：「去日玉刀封斷恨，見時金斗熨愁眉。」〔九〕

【注】

〔一〕說文：「㷉，從上案下也。從𡰥又，持火，所以申繒也。」

〔二〕柳河東集卷二十九有鈷鉧潭記。鈷鉧，熨斗也。

〔三〕此爲杜甫白絲行詩中句，見杜少陵集卷二。熨帖，作「熨貼」。

〔四〕此爲白居易繚綾詩中句，見白居易集卷四。刀剪文，作「刀剪紋」。

〔五〕陸龜蒙讀襄陽耆舊傳因作詩五百言寄皮襲美詩中有「又如曉江平，風死波不皺」之句，未見「波平熨不如」。

〔六〕此爲皮日休魯望讀襄陽耆舊傳見贈五百言詩中句，見全唐詩卷六〇九。

〔七〕此爲王琪秋日白鷺亭向夕風晦有作詩中句：「金斗熨秋江，素練横衣帶。」見宋文鑑卷十五。王琪，爲王禹玉。王君玉，誤。

〔八〕此爲晁端禮絶句詩中句，見侯鯖録卷二。見時，作「見來」。

〔九〕升庵集卷六十三「熨斗」較詳實，可參看：「隋書：李穆奉尉斗於楊堅曰：『願公執威柄以尉安天下。』史炤通鑑釋文：『尉斗，火斗。篆文從𡰥，從又從火。又，偏旁手字，持火所以申繒也，俗加火作熨。』○按：説文尉與熾本一字，昌志切，從上按下也。又，持火申繒也，字從𡰪，𡰪音，夷平也。後世軍官曰校尉，刑官曰廷尉，皆取從上按下使平之義。尉斗申繒亦使之平，加火作熨，贅矣。古音熾，轉音紆胃切。王莽傳有威斗，即尉斗也。威與尉音相近，轉音鬱，一作㷉，省文作㷉，今俗言平曰鬱帖。杜詩『美人細意熨帖平』是也。畫譜有唐宫熨帛圖。東坡詩『象床玉手熨寒衣』，白樂天詩『金斗熨波刀剪文』，陸魯望詩『波平熨不如』，温庭筠詩『緑波如熨割愁腸』，又『天如重熨皺』，王君玉詩『金斗熨秋江』，諸公非不知字學，而字皆從俗，以便於觀者耳[一]。

天闕象緯逼

杜工部龍門奉先寺詩：「天闕象緯逼」，或作「天閲」，殊爲牽强[一]。章表臣詩話據舊本作「天闚」[二]，引史記「以管闚天」之語，其見卓矣。余又按文選潘岳秋興賦「闚天文之祕奥」注引陸賈新語「楚王作乾谿之臺闚天文」[三]。杜子美精熟文選者也，其用「天闚」字，正本此。況天文即象緯也，不但用其字，亦用其義矣。子美復生，必以余爲知言也[四]。

【注】

〔一〕此爲杜甫遊龍門奉先寺詩中句：「天闕象緯逼，雲卧衣裳冷。」見杜少陵集卷一。

〔二〕章表臣，當作「張表臣」，珊瑚鈎詩話作者。天闚，珊瑚鈎詩話作「天闕」，升庵記誤。

〔三〕見文選卷十六。潘岳秋興賦，當作潘岳閒居賦，升庵記誤。注引新語，作「楚王作乾谿之臺，立百仞之高，欲登浮雲窺天文」。

〔四〕升庵詩話卷九另有「古字窺作闚」條辨「天闚」之説云：「古字窺作闚。論語：『闚見室家之好。』易：『闚觀，利女貞。』史記：『以管闚天。』莊子：『上闚青天。』陸賈新語：『楚王作乾谿之臺闚天文。』潘岳閒居賦：『闚天文之祕奧。』杜詩『天闚象緯逼』正用上數語，不識古字者，改爲『天闕』。王安石云『天閲』，黄山谷亟贊其是，東坡云：『只是怕他。』」

【辨】

王世貞藝苑卮言卷四云：「『天闕象緯逼』，當如舊字，作『天闚』、『閲』，咸失之穿鑿。」（見歷代詩話續編中　中華書局）

陳耀文正楊卷四「天闚象緯逼」條云：「『闚天文之祕奧』，閑居賦語，亦非秋興賦也。張表臣珊瑚鈎詩話云：『杜遊龍門奉先寺云：天關象緯逼，雲卧衣裳冷。予曰：星河垂地，空翠濕衣，非如所引云云也。』西清詩話云：『杜宿龍門詩天闕字，荆公云當作閲。然韋述東都記：龍門號雙闕，以與大内對峙，若天闕焉。此宿龍門詩也，用闕字何疑。』庚溪詩話云：『韋述云云，後人謂其屬對不切，改爲天關，王介甫改爲天閲，蔡興宗又謂世傳古本作天闚，用莊子以管闚天爲證，皆臆説也。且天闕云雲冷，此寺中即事耳。以彼天闕之高，則勢逼象緯，以我雲卧之幽，則冷侵衣裳，語自渾成。』」（景

印文淵閣四庫全書八五六册 臺灣商務印書館）

胡應麟藝林學山卷二「古字窺作闕」條云：「末句是張文潛語，作子瞻誤。天闕本龍門故事，珊瑚鉤之論確矣。介甫之『閱』，用修之『闕』，一而二，二而一者，天下本無事，庸人自擾之，吾末如之何也已。」（見少室山房筆叢卷二 中華書局）

元洪二子題山詩

元遺山北嶽詩〔一〕：「東州死愛華不注，向在陋邦何足數。敬亭不著謝宣城，斷岸何緣比天姥。」言山水在通都易得名也。洪震老，元人，淳安東泉山詩：「通都大邑人爭馳，一泉一石小亦奇。雲深路絶無人處，縱有佳山誰得知。」言山水在僻遠，人不知也。二詩意絶相類，亦名言也。

【注】

〔一〕北嶽詩，當爲「天涯山詩」，見元遺山詩集卷五，因相鄰而誤。

八詠

沈約八詠詩云：「登臺望秋月，會圃臨春風。歲暮愍衰草，寒來悲落桐。夕行聞夜鶴，晨征聽曉鴻。解佩去朝市，被褐守山東。」〔一〕此詩乃唐五言律之祖也。「夕」、「夜」、「晨」、「曉」四字似複非複，後人決難下也。東坡詩：「朝與烏鵲朝，夕與牛羊夕。」〔二〕二句尤妙，亦祖沈意。

【注】

〔一〕見玉臺新詠卷九。歲暮，作「秋至」。寒來，作「霜來」。解佩，作「解珮」。詩凡八首，以每首詩的首句，組成一首五律，稱五言律祖。

〔二〕此爲蘇軾和移居詩中句，見蘇東坡集續集卷十和陶詩，作「晨與烏鵲朝，暮與牛羊夕」。

【辨】

胡應麟不同意此詩爲唐五言律祖，於藝林學山卷五中駁之云：「夕、夜、晨、曉疊用，自是六朝詩病。老坡二句，是文法，尤遠於詩。八詠各爲詩題，故篇中前六句皆時令語。又『夕行』、『晨征』、『解佩』、『朝市』皆平頭也，四聲八病起於休文，此可爲律祖耶？」（見少室山房筆叢卷二十三　中華書局）

蘭廷瑞詩

滇中詩人蘭廷瑞，楊林人也。予過其家，訪其稿，僅得數十首。如夏日云：「終日憑闌對水鷗，園林長夏似深秋。槐龍細灑鵝黃雪，涼意蕭蕭風滿樓。」冬夜云：「枕上詩成喜不睡，起尋筆硯旋呼燈。銀瓶取浸梅花水，已被霜風凍作冰。」題嫦娥奔月圖曰：「竊藥私奔計已窮，藁砧應恨洞房空。當時射日弓猶在，何事無能近月中。」三詩皆可喜。

賈島佳句

賈島詩：「長江風送客，孤館雨留人。」〔一〕二句爲平生之冠，而其全集不載，僅見於坡詩注所引〔二〕。

【注】

〔一〕見全唐詩卷五七四殘句。

〔二〕蘇軾「遊寶雲寺，得唐彦猷爲杭州日送客舟中，手書一絶句云：『山雨霏微不滿空，畫船來往疾輕鴻。誰知獨卧朱簾裏，一榻無塵四面風。』明日送彦猷之子坰赴鄂州，舟中遇微雨，感歎前事，因和其韻，作兩首送之」。其一云：「出處榮枯一笑空，十年社燕與秋鴻。誰知白首長河路，還卧當時送客風。」見蘇東坡集卷十八。并非引島詩，而是用其詩意。

古詩用古韻

南平王劉鑠過歷山湛長史草堂詩云〔一〕：「兹山藴靈詭，憑覽趣亦贍。九峰相接連，五渚逆迎浸。層阿疲且引，絶嵓暢方禁。溜泉夏更寒，林交晝長蔭。伊予久淄涅，復得味苦淡。願逐安期生，於焉愜高枕。「瞻」音慎，「淡」、「枕」與「浸」、「蔭」，皆相叶爲韻，蓋用古韻也。又庾信喜晴應詔詩云：「御辯誠膺籙，維皇稱有建。柏梁驂四馬，高陵馳六傳。河堤崩故柳，秋水高新堰。王城水鬬息，洛浦河圖獻。伏泉還習坎，陰風已回巽。桐枝長舊圍，蒲節抽新寸。山藪欣藏疾，幽棲得無悶。有慶兆民同，論年天子萬。」〔二〕亦古韻也。吴才老韻補，自謂博極羣書，而不引此，何邪？〇劉鑠，字休玄，文選載其擬古二首，其别詩惟見此首耳。湛長史，名茂之，其酬休玄詩云：「閉户守玄漠，無復車馬跡，衰廢歸丘樊，歲暮見松柏。身慚淮陽老，名忝梁園客。習隱非市朝，追賞在山澤。離離插天樹，磊磊間雲石。將此怡一生①，傷載駒過隙。」六朝詩今罕傳，併紀於此。

【校】

①將此怡一生　怡，萬曆本作「恰」，千里面談卷下「湛方生酬南平王」作「怡」，據改。

【注】

〔一〕劉鑠，萬曆本、四庫本誤作「劉爍」。文選卷三十一劉休玄擬古注：「南平穆王鑠，字休玄，文帝第四子也。」據改。

〔二〕此爲庾子山喜晴應詔敕自疏詩，見庾子山集卷四。陰風，作「歸風」。「維黄稱有建」後，脱「雷澤昔經漁，負夏時從販。」「高陵馳六傳」後，脱「有序屬賓連，無私表平憲」。「秋水高新堰」後，脱「心齋泯昏墊，樂徹憐胥怨。禪河秉高論，法輪開勝辯。」

忠簡武穆詩句

宗、岳二公以忠節戰功，冠于南宋。戎馬倥偬，筆硯想無暇也。余嘗見宗忠簡〔一〕石刻華陰道二絶云：「烟遮晃白初疑雪，日映斕斑却是花。馬渡急流行小崦，柳絲如織映人家。」又云：「菅茅作屋幾家居，雲碓風簾路不紆。坡側杏花溪畔柳，分明摩詰輞川圖。」岳公湖南僧寺詩〔二〕，有「潭水寒生月，松風夜帶秋」之句。唐之名家不過如此。嗚呼，二公其可謂全才乎！

【注】

〔一〕宗忠簡，宋抗金名將宗澤，謚忠簡。有宗忠簡集。

〔二〕岳公即宋抗金名將岳飛，追謚武穆，有岳武穆遺文（一作岳忠武王文集）。湖南僧寺詩，一題作魏石山龍居寺詩。焦氏筆乘卷一：「鄱陽魏石山有龍居寺，岳武穆嘗過之，留題云：『魏石山前寺，林泉勝境幽。紫金諸佛相，白雪老僧頭。潭水寒生月，松風夜帶秋。我來屬龍語，爲雨濟民憂。』近有集武穆詩文者，不載此，因筆記之。」

評李杜

楊誠齋云：「李太白之詩，列子之御風也；杜少陵之詩，靈均之乘桂舟、駕玉車也。無待者，神於詩者與；有待而未嘗有待者，聖於詩者與？然則東坡似太白，山谷似少陵。」〔一〕徐仲車云：「太白之詩，神鷹瞥漢；少陵之詩，駿馬絶塵。」〔二〕二公之評，意同而語亦相近。余謂太白詩，仙翁劍客之語；少陵詩，雅士騷人之詞。比之文，太白則史記，少陵則漢書。

【注】

〔一〕見誠齋集卷七十九江西宗派詩序，原作：「今夫四家者流，蘇似李，黄似杜。李、蘇之詩，子列子之御風也；杜、黄之詩，靈均之乘桂舟、駕玉車也。無待者，神於詩者歟？有待而未嘗有待者，聖於詩者歟！」引文據文意改寫。

〔二〕苕溪漁隱叢話前集卷五十二「徐仲車」：「徐積，字仲車，古之獨行也。其詩文，怪而放。」蘇軾詩友，有次韻徐仲車。

【辨】

李、杜優劣，論者紛紛。明胡應麟詩藪外編卷四云：「李、杜二家，其才本無優劣，但工部體裁明密，有法可尋；青蓮興會標舉，非學可至。又唐人特長近體，青蓮缺焉，故詩流習杜者衆也。」（詩藪

上海古籍出版社）

又藝林學山卷二「評李杜」條云：「二楊（指楊誠齋、楊用修）語，皆爲李左袒者也。其説更非僕可明，大略具見詩藪。第二子所引古人擬倫俱似亡當，余當以李猶莊周、杜猶左氏，庶幾近之。」（見少室山房筆叢卷十九　中華書局）

魏文帝蒲桃詔東坡橄欖詩

魏文帝示羣臣詔曰：中國珍果甚多，蒲桃當其末夏，涉秋尚有餘暑，「醉酒宿醒，掩露而食，甘而不餇，脆而不酸，冷而不寒，味厚汁多，除煩解倦。釀以爲酒，甘于麴蘖，善醉而易醒，道之固已流羡咽嗌，況親食之耶！」「南方有橘，醋正裂人牙，時有甜耳。他方之果寧有匹者。」〔一〕東坡橄欖詩：「待得餘甘回齒頰，已輸崖蜜十分甜。」〔二〕俗諺傳南人説橄欖回味清甘，北人云：「待他回味時，我棗兒已甜了半日矣！」坡詩蓋用此意。今觀魏文帝以蒲桃壓橘亦相類，可入笑林也。

【注】

〔一〕見藝文類聚卷八十七、八十六，文字微異，如脆而不酸，作「酸而不脆」。流羡咽嗌，作「流涎咽唾」。除煩解倦，作「除煩解餇」等。

金雌詩

晉末桓玄之亂，有金雌詩讖曰：「雲出而雨漸欲舉，短如之何乃相阻。交哉亂也當何所？惟有隱巖植禾黍。西南之朋困桓父。」雨云者，玄字也；短者，祚短也。蓋桓玄滅亡之兆。又云：「大火有心水抱之，悠悠百年是其時。」火，宋之分野；水，宋之德也〔一〕。「金雌」不知何語，亦如「赤伏符」之類耳。後考隋書經籍志，郭文著金雄記、金雌詩〔二〕。

【注】

〔一〕宋書卷二十七符瑞志上：「金雌詩云：『大火有心水抱之，悠悠百年是其時。』火，宋之分野；水，宋之德也。金雌詩又曰：『云出而兩漸欲舉，短如之何乃相岨，交哉亂也當何所，唯有隱巖殖禾谷。西南之朋困桓父。』兩云，『玄』字也；短者，云胙短也。巖隱不見，唯應見谷；殖禾谷邊，則聖諱炳明也。」升庵引文，岨，作「阻」。胙，作「祚」。兩，作「雨」。

〔二〕隋書卷三十二經籍志一。

樹如薺

羅浮山記云：「望平地，樹如薺。」自是俊語。梁戴暠詩「長安樹如薺」，用其語也〔一〕。後

人翻之益工，薛道衡詩：「遥原樹若薺，遠水舟如葉。」〔二〕孟浩然詩：「天邊樹若薺，江畔洲如月。」〔三〕

【注】

〔一〕見顔氏家訓勉學篇：「羅浮山記云：『望平地，樹如薺。』故戴嵩詩云：『長安樹如薺。』又鄴下有一人詠樹詩云：『遥望長安薺。』」

〔二〕此爲薛道衡敬酬楊僕射山齋獨坐詩中句，見文苑英華卷三百十七。

〔三〕此爲孟浩然秋登蘭山寄張五詩中句，見全唐詩卷一五九。洲，亦作舟。宋吴曾能改齋漫録卷三「孟浩然得戴嵩詩意」云：「余因讀孟浩然秋登方山詩：『天邊樹若薺，江畔舟如月。』乃知孟真得嵩詩意。」

韋應物蘇州郡齋燕集詩

詩話稱：韋蘇州郡齋燕集詩首句：「兵衛森畫戟，燕寢凝清香。海上風雨至，逍遥池閣涼。」〔一〕爲一代絶倡。余讀其全篇，每恨其結句云：「吴中盛文史，羣彦今汪洋。方知大藩地，豈曰財賦强。」乃類張打油、胡釘鉸之語，雖村教督食死牛肉燒酒，亦不至是繆戾也①。後見宋人麗澤編，無後四句。又閲韋集，此詩止十六句，附顧况和篇〔二〕亦止十六句，乃知後四句乃吴中淺學所增，以美其風土，而不知釋迦佛脚下不可著糞也。三十年之疑，一旦釋之。是日中秋，與弘山楊從龍飲，讀之以爲千古之一快，幾欲如貫休之撞鐘矣。

【校】

①「乃類張打油」至「亦不至是繆戾也」四句，升庵外集卷七十五作「深爲未稱」一句。

【注】

〔一〕郡齋燕集詩，全稱爲郡齋雨中與諸文士燕集，見全唐詩卷一八六。

〔二〕奉和同郎中韋使君郡齋雨中燕集詩，見全唐詩卷二六四。

半山用王右丞詩

王維書事詩：「輕陰閣小雨，深院晝慵開。坐看蒼苔色，欲上人衣來。」〔一〕洪覺範天廚禁臠云：「此詩含不盡之意，子由所謂不帶聲色者也。王半山亦有絶句，詩意頗相類。」按半山詩云：「山中十日雨，雨晴門始開。坐看蒼苔文，莫上人衣來。」〔二〕蔡正孫編詩林廣記，乃以「若耶溪上踏莓苔」一首當之〔三〕，謬矣。

【注】

〔一〕見全唐詩卷一二八。

〔二〕此王安石春晴詩，見王文公文集卷七十二。山中，作「新春」。坐看，作「靜看」。

〔三〕見詩林廣記前集卷五附王安石絶句：「若耶溪上踏莓苔，興盡張帆載酒回。汀草岸花渾不見，青山無數逐人來。」

艷雪

韋應物答徐秀才詩云：「清詩舞艷雪，孤抱瑩玄冰。」極其工緻，而「艷雪」二字尤新。又，五弦行云：「如伴流風縈艷雪，更逐落花飄御園。」又樂燕行云：「艷雪凌空散，舞羅起徘徊。」屢用「艷雪」字〔一〕，而不厭其複也。或問予：「雪可言艷乎？」予曰：「曹子建洛神賦以流風迴雪比美人之飄摇，雪固自有艷也。然雪之艷，非韋不能道；柳花之香，非太白不能道〔二〕；竹之香，非子美不能道也〔三〕。」

【注】

〔一〕見韋蘇州集卷五、卷十。流風，作「風流」。

〔二〕李白金陵酒肆留别詩：「風吹柳花滿店香。」

〔三〕見本書卷十六「竹香」。

爾公爾侯〔一〕

宋人經義云：「以爾爲公，則夙夜在公；以爾爲侯，則謹爾侯度。勞於王事，逸無期矣；

職思其憂，豫無期矣。何如怡然處順，慎哉爾之優遊。確乎不拔，勉哉爾之遁思乎！蓋爲國家計，則深惜賢者之去；爲賢者計，則又深體其情之不容不去也。」此深得詩人之旨，可補詩傳之未備，故特録之。

【注】

〔一〕詩小雅白駒：「爾公爾侯，逸豫無期。慎爾優遊，勉爾遁思。」此條爲升庵轉述宋人解經之文。

王摩詰遺詩

王摩詰詩，今所傳僅六卷。如「輕陰閣小雨，深院晝慵開。坐看蒼苔色，欲上人衣來」一首〔一〕，見於洪覺範天厨禁臠。「人家在仙掌，雲氣欲生衣」二句①，見於董逌畫跋〔二〕，而本集不載，則知其詩遺落多矣。

【校】

①人家在仙掌雲氣欲生衣二句　二句，萬曆本、四庫本無，據上杭本補。

【注】

〔一〕見本卷「半山用王右丞詩」。

〔二〕見董逌廣川畫跋卷五題王摩詰山水後。

素足女①

李白詩：「東陽素足女，會稽素舸郎。相看月未墮，白地斷肝腸。」〔一〕按謝靈運有東陽江中贈答二首云：「可憐誰家婦，緑流洗素足。明月在雲間，迢迢不可得。」答詩云：「可憐誰家郎，緑流乘素舸。但問情若爲，月就雲中墮。」〔二〕太白蓋全祖之也，而注不知引。

【校】

① 素足女　本書卷十七「素足女」，可參看。

【注】

〔一〕李白詩題越女詞五首之四，見李太白集卷二十五。

〔二〕見玉臺新詠卷十謝靈運東陽谿中贈答二首。江中，作「谿中」。緑流，作「緣流」。

【辨】

明胡應麟丹鉛新録卷八兩引太白「素足女」，以證晉、唐婦人不纏足。素足女一則云：「謝、李之題素足，又皆本陶『願在絲而爲履，附素足以周旋』也，即此知晉、唐婦人不纏足無疑。夫足素則不纖，纖則不素，未有既纏之足濯諸淥流者也。昔題婦人足，不曰素潔則曰豐妍『豐趺皜春錦，足趺如春妍。』是也。夫今婦人纏足，美觀則可，其體質乾枯，腥穢特甚，使謝、李輩舍其弓纖而詠以潔素，一何舛哉。」浣紗女一則云：「楊兩引太白素足女詩而訝其回盼，張又有野花邨酒、金蓮玉弓之説，蓋皆未悉唐初女子不纏足故也。金蓮始六朝潘妃步生蓮花事，然非言鞋履也，後世相承皆失考。古今制度創革誠有大小同者，如書籍之雕板、婦人之纏足，皆唐末、五代始之，盛於宋，極於元而又極盛於今。二事顛末絶相類，纏足本閨幃瑣屑，故學者多忽之，因歷考其説如右。顧六代前載籍浩瀚，或他有確證可盡破羣疑者，余固不敢執以始於唐末也，博極君子幸共詳焉。」（見少室山房筆叢卷十二　中華書局）

洛陽花雪

何遜與范雲聯句詩云：「洛陽城東西，却作經年别。昔去雪如花，今來花似雪。」〔一〕李商隱送王校書分司詩云：「多少分曹掌秘文，洛陽花雪夢隨君。定知何遜緣聯句，每到城東憶范雲。」〔二〕又漫成一絶云：「不妨何范盡詩家，未解當年重物華。遠把龍山千里雪，將來擬並洛陽花。」〔三〕二詩皆用此事，若不究其原，不知爲何説也。

【注】

〔一〕此引何遜與范雲聯句詩，實爲范作，另有四句方爲何作。藝文類聚卷二十九引范雲别詩即此。却作經年别，作「長作經時别」。何水部集載此詩，題作范廣州宅聯句。

〔二〕見李商隱詩集卷中送王十二校書分司。

〔三〕見李商隱詩集卷上漫成三首。

孟浩然詩句

孟集有「到得重陽日，還來就菊花」之句〔一〕，刻本脱一「就」字。有擬補者，或作「醉」，或作「賞」，或作「泛」，或作「對」，皆不同。後得善本，是「就」字，乃知其妙。唐詩亦有之，崔顥「玉壺清酒就君家」〔二〕、李郢詩「聞説故園香稻熟，片帆歸去就鱸魚」〔三〕。杜工部詩題，有秋日泛江就黄家亭子〔四〕。而古樂府馮子都詩，有「就我求清酒，青絲系玉壺；就我求珍饈，金盤鱠鯉魚。」〔五〕則前人已道破矣。

【注】

〔一〕此爲孟浩然過故人莊詩中句，見全唐詩卷一六〇。到得，作「待到」。

〔二〕此爲崔顥渭城少年行詩中句，見全唐詩卷一三〇。君家，作「倡家」。

〔三〕此爲李郢江亭晚望詩中句，見全唐詩五九〇。

〔四〕此爲杜甫陪王使君晦日泛江就黄家亭子二首，見杜少陵集卷十三。

〔五〕此爲辛延年羽林郎詩中句，見樂府詩集卷六十三。青絲系，作「絲繩提」。

李白帖

眉州象耳山有李白留題云：「夜來月下卧醒，花影零亂，滿人襟袖，疑如濯魄於冰壺也。」

李白書，今有石刻存〔一〕。又見甲秀堂帖。

【注】

〔一〕見宋祝穆方輿勝覽卷五十三「眉州」楊祐甫十事記。李白書，原作「有石刻太白留題」，後爲丹鉛續録改補。下「又見甲秀堂帖」，丹鉛續録無。

濂溪詩

濂溪集和費令遊山詩云：「是處塵勞皆可息，時清終未忍辭官。」〔一〕此乃由衷之語，有道之言，所以不可及也。今之人，口爲懷山之言，暗行媚竈之計，良可惡也。唐僧曇秀云：「住山人少説山多。」〔二〕杜牧云：「盡道青山歸去好，青山曾有幾人歸？」〔三〕

【注】

〔一〕見周濂溪先生全集卷八遊山上一道觀三佛寺。塵勞，作「塵埃」。

〔二〕此爲沈括歸計詩中句，見宋文鑑卷二十八。詩云：「住山人少説山多，空只年年憶薜蘿。不是自心應不信，眼前歸計又蹉跎。」升庵作曇秀詩，疑係誤記。

〔三〕此杜牧懷紫閣山詩中句，見全唐詩卷五二七。盡道，作「人道」。

卿雲歌

太平御覽引卿雲歌：「卿雲爛兮，糺漫漫兮。」〔一〕「糺」，今諸書所引作「礼」。

【注】

〔一〕見尚書大傳卷一。舜將禪禹，俊乂百工相和而歌卿雲。帝乃唱之曰：「卿雲爛兮，糺縵縵兮。日月光華，旦復旦兮。」旦復旦隱寓禪代之旨。

古歌銅雀詞

古歌詞：「長安城西雙員闕，上有一雙銅雀宿。一鳴五穀生，再鳴五穀熟。」今文選注所引遺一「宿」字〔一〕，遂不可韻，難讀。

【注】

〔一〕見文選卷五十六陸佐公石闕銘李善注引作魏文帝歌云：「三輔舊事曰：未央宫東有蒼龍闕，北有玄武闕，魏文帝歌曰：『長安城西有雙圓闕，上有一雙銅爵，一鳴五穀生，再鳴五穀熟。』」「銅爵」下遺一「宿」字。員闕，原作「貝闕」，據改。

莊子解

「莊子爲書，雖恢譎佚宕於六經外，譬猶天地日月，固有常經常運，而風雲開闔，神鬼變幻，要自不可闕。古今文士每奇之。顧其字面，自是周末時語，有非後世所能悉曉。然尚有可徵者，如『正獲之問於監市履狶』，乃大射有司正、司獲。見儀禮。『解之以牛之白顙者，與豚之亢鼻者，與人之有痔病者，不可以適河』，乃古天子春有解祠，見漢郊祀志。『唐子』乃掌唐涂之子，猶周王侯之子稱門子。『義臺』乃儀臺。鄭司農云：『故書儀爲義。』『其脰肩肩』，乃見考工記『梓人爲磬文』：『數目顧脰。』『肩』即『顧』字。如此類不一，而士無古學，不足以知之。諸家解者，或敷演清談，或牽聯禪語，或强附儒家正理，多非本文指義①。漫曰：『此文字奇處妙絶。』又惡識所謂奇妙？千八百載，作者之意鬱而未伸，剽竊之用，轉而多誤。」羅勉道莊子循本序（一）。

内則「卵醬」讀作「鯤」，國語亦云「魚禁鯤鮞」，皆以鯤爲魚子。莊子乃以至小爲至大，便是滑稽之開端。南史吉翂傳：「鯤鮞螻蟻，尚貪其生。」鷽音渥。蛁蟟音刁料。鶻鵃音嘲。

西蜀范無隱云②：「未成心則真性混融，太虛同量；成心則已離乎性，有善有惡矣。人處世間，應酬之際，有不免乎成心，即當思而求之於未成之前，則善惡不萌，是非無朕，何所不齊哉？」其論精當，足以盡袪前惑。

夢而爲蝶，不知有周；覺而爲周，不知有蝶。其勢不能合，必有時而分矣。萬物之化亦如此。林疑獨③

逍遥遊，盡性也；齊物論，窮理也；養生主，修身也。碧虛陳景元注④。

聖人成焉，以身徇道而成功；聖人生焉，以道徇身而全生也。陳詳道注。

儵、忽生而渾沌死，以喻外王之功成，而内聖之道虧也⑤。陳碧虚曰：「好生者以世事爲樂，趣死者以人世爲勞，唯超生死者，可以論其大概矣。」碧虚「髑髏」注。

【校】

① 或强附儒家正理多非本文指義　正理多非本文指義，萬曆本脱，據上杭本、四庫本補。

② 西蜀范無隱云　萬曆本置於本節節末，據譚苑醍醐卷一、四庫本移前。

③ 林疑獨　林，萬曆本誤作「休」。

④ 碧虚陳景元注　元，萬曆本脱，據譚苑醍醐卷一補。

⑤ 萬曆本無此條，據四庫本補。

【注】

〔一〕見明羅勉道南華真經循本釋題。顧其字面，作「顧其句法字面」。周王侯之子，作「周王族之適子」。磬文，作「簨虡」。顛脛，作「顛脰」。千八百載，作「寥寥千八百載間」。

許渾

唐詩至許渾，淺陋極矣。而俗喜傳之，至今不廢。高棅編唐詩品彙，取至百餘首，甚矣，棅之無目也。棅不足言，而楊仲弘選唐音，自謂詳於盛唐，而略於晚唐，不知渾乃晚唐之尤下者，而取之極多，仲弘之賞鑒，亦羊質而虎皮乎！陳後山云：「近世無高學，舉俗愛許渾。」〔二〕斯卓識矣。孫光憲云：「許渾詩，李遠賦，不如不做。」〔三〕當時已有公論，惜乎伯謙輩之懵於此也。

【注】

〔二〕此爲陳後山次韻蘇公西湖觀月聽琴詩中句，近世，作「後世」。見後山居士文集卷四。

〔三〕見孫光憲北夢瑣言卷五「李遠譏曹唐」，夾注作「渾詩遠賦，不如不作，言其無才藻，鄙其無教化也」。

【辨】

明胡應麟不同意升庵之説，于藝林學山卷五「許渾」條中云：「丁卯（許渾有丁卯集）詩淺陋誠有之，而俊語亦自不減，在晚唐較錚錚。廷禮品彙博采唐詩，固不得盡廢也，至正聲則渾之近體無復一篇，意可見矣。用修不詳考，第據方回律髓之語而驟譏之，非通論也。楊載，仲弘，詩名元世。選唐音者，自是楊士弘，字伯謙，合而爲一，果有目者耶？

又按，稱渾詩、遠賦『不如不作』，乃唐人語，下復云『非謂不工，謂無益風教耳』，則唐人固非論其詩也。」（見少室山房筆叢卷二十三　中華書局）

三千歌舞

許渾凌歊臺詩曰：「宋祖凌歊樂未回，三千歌舞宿層臺。」〔一〕此宋祖乃劉裕也。南史稱宋祖清簡寡欲，儉於布素，嬪御至少。嘗得姚興從女，有盛寵，頗廢事，謝晦微諫，即時遣出，安得有三千歌舞之事也。審如此，則是石勒之鄴宫，煬帝之江都矣。渾非有意於誣前代，但胸中無學，目不觀書，徒弄聲律以僥倖一第①，機關用之既熟，不覺於懷古之作亦發之。而後之淺學如楊士弘②、高棅、郝天挺之徒，選以爲警策。而村學究又誦以教蒙童，是以流傳，至此不廢耳。

【校】

① 徒弄聲律以僥倖一第　弄，上杭本、萬曆本誤作「算」，據升庵詩話卷十改。

② 楊士弘，士，丹鉛總録、升庵詩話皆誤作「仲」，前條【辨】中已辨明。

【注】

〔一〕見全唐詩卷五三三。凌歊，一作「功高」。

【辨】

胡應麟藝林學山卷五「凌歊臺詩」條爲許渾辨之曰：「此本瀛奎律髓語，楊剽以劇罵郢州（許渾曾爲郢州刺史）耳。丁卯詩誠爲稺弱，其佳處亦何可掩？如『殘雲歸太華，疏雨過中條。樹色連關迥，河聲入海遥』……『勞歌一曲解行舟，紅葉青山水急流。日暮酒醒人已遠，滿天風雨下西樓』之類，選唐詩者可盡遺乎？高廷禮品彙以渾爲正變之首，而正聲則但録絶句數篇，此深合取舍之宜，非楊所解也。……

選唐音者楊士弘，選鼓吹者元好問，用修自以工考訂、饒問學，而仲弘、天挺屢以無辜遭劇詆，不亦冤哉？」（見少室山房筆叢卷二十三　中華書局）

胡震亨唐音癸籤卷二十三詁箋八云：「渾凌歊台詩：『湘潭雲盡暮山出，巴蜀雪消春水來。』以地里考之，湘潭當作江潭。……昔賢如用修、弇州，並不疑湘字爲譌，欲改暮山，山字從煙，那有是處？用修又襲方回之説，以宋祖裕節儉，渾『三千歌舞』句爲誣，譏渾無史學。不知宋二武皆稱祖。武帝高祖，孝武帝世祖。地志稱孝武登此臺置離宮，而本紀亦載其幸南豫州者再，校獵姑熟者一，與地志合。是嘗嗤高祖裕爲田舍翁者，三千歌舞宜有之，無史學竟屬何人耶？『百年便作萬年計』，又似約略孝武後人借南苑三百年癡想，概入之以盡宋事，要使寬展耳。古作者使事，別有深會在，未可輕議。」以爲此詩中宋祖實指孝武帝，亦非無據。（唐音癸籤　上海古籍出版社）

石蛣御亭①

唐人送元中丞江淮轉運詩一首，王維、錢起集皆有之。其云：「去問珠官俗，來經石蛣春。東南御亭上，莫問有風塵。」〔一〕用事頗隱僻。石蛣②，用荀子「紫蛣魚鹽」及文選「石蛣應節而揚葩」事也〔二〕。御亭，吴大帝駐輦所憩，後人建御亭，在晉陵③。庾信詩「御亭一回望，風塵千里昏」是也〔三〕。今刻本或改「蛣」作「右却」，「御亭」或改作「衍亭」。轉刻轉誤，漫一正之。

【校】

①石蛣御亭　御，升庵外集卷九作「石蛣卸亭」，篇末注云：「輿地記不載，郡人詢之，亦多不知，然稱吴帝駐輦。卸，當作御。」

②石蛣　萬曆本作「石砝」，據上杭本改。

③吴大帝駐輦所憩後人建御亭　丹鉛餘録卷八、四庫本作「吴大帝所建，在晉陵」。

【注】

〔一〕此爲王維送元中丞轉運江淮詩，見王右丞集卷五。石蛣，作「石劫」；御亭，作「高亭」。

〔二〕紫砝魚鹽，見荀子王制篇。石蛣應節而揚葩，見文選卷十二郭璞江賦。

〔三〕此爲庾肩吾後亂行經吴御亭詩中句，見全梁詩卷七。升庵誤記爲庾信。

古賦形容麗情

九歌：「滿堂兮美人，忽獨與予兮目成。」〔一〕宋玉招魂：「娭光眇視目曾波。」〔二〕相如賦：「色授魂與，心愉於側。」〔三〕枚乘菟園賦：「神連未結，已諾不分。」〔四〕陶淵明閑情賦：「瞬美目以流眄，含言笑而不分。」〔五〕曲盡麗情，深入冶態。裴鉶傳奇、元氏會真，又瞠乎其後矣，所謂「詞人之賦麗以淫」也〔六〕。

【注】

〔一〕此爲屈原九歌大司命詩中句，見楚辭章句卷二。

〔二〕此爲宋玉招魂中句。楚辭集注作「娭光眇視，目曾波些」。

〔三〕此爲司馬相如上林賦中語，見文選卷八。

〔四〕見古文苑卷三。

〔五〕見陶淵明集卷五。流盼，作「流眄」。

〔六〕此爲揚雄吾子篇中語：「詩人之賦麗以則，辭人之賦麗以淫。」見揚子法言卷二。

庾信詩

庾信之詩，爲梁之冠絶，啓唐之先鞭。史評其詩曰「綺艷」，杜子美稱之曰「清新」，又曰「老成」〔一〕。綺艷、清新，人皆知之，而其「老成」，獨子美能發其妙。余嘗合而衍之曰：「綺多傷質，艷多無骨，清易近薄，新易近尖。子山之詩，綺而有質，艷而有骨，清而不薄，新而不尖，所以爲老成也。」若元人之詩，非不綺麗，非不清新，而乏老成。宋人之詩則强作老成態度，而綺艷、清新概未之有。若子山者，可謂兼之矣。不然，則子美何以服之如此。

【注】

〔一〕杜甫春日憶李白：「清新庾開府。」戲爲六絶句：「庾信文章老更成。」見杜少陵集卷一、卷十一。

四言詩自然句

江淹別賦：「春草碧色，春水緑波。送君南浦，傷如之何。」取諸目前①，不雕琢而自工，可謂天然之句。他如梁元帝：「秋水文波，秋雲似羅。」〔一〕唐羅昭諫蟋蟀賦：「美人在何，夜影流波。與子佇立，徘徊思多。」〔二〕抑其次也。近世知學六朝初唐，而以餖飣生澀爲工，漸流於不通。有改鶯啼曰「鶯呼」，易猿嘯曰「猿唳」，爲士林傳笑，安知此趣邪？

【校】

① 取諸目前　諸，丹鉛總録上杭本、萬曆本、四庫本俱作「詩」，據升庵詩話卷一改。

【注】

〔一〕此爲梁元帝蕩婦思秋賦中句，見藝文類聚卷三十二。

〔二〕此爲羅隱蟋蟀詩中句，見全唐詩卷六五。

雨粟鬼哭

王充嘗辯雨粟鬼哭之妄云：「河圖、洛書，聖明之瑞應也。倉頡之制文字，天地之出圖書，何非何惡，而令天雨粟、鬼夜哭哉？使天地鬼神惡人有書，則其出圖書非也。」〔一〕此乃正論。漢書緯書又云：「兔夜哭，謂憂其毫將爲筆也。」〔二〕堪一笑。

【注】

〔一〕見王充論衡感虚篇。自「河圖洛書，聖明之瑞應也」至「鬼夜哭哉」，引文有較大删改。

〔二〕見淮南子本經訓：「昔日蒼頡作書，而天雨粟，鬼夜哭。」高誘注：「鬼或作兔，兔恐見取毫作筆，害及其軀，故夜哭。」

托物起興

昔崔延伯每臨陣，則令田僧超爲壯士歌，然後單馬入陣，所向無前。至僧超死〔一〕，則不復能戰。宋子京修唐書，然二椽燭，妾媵夾侍，望之如神仙。吴元中居翰苑，每草制誥，則使婢遠山磨墨，運筆措詞宛若畫。此所謂託物起興，仗境生法也。

【注】

〔一〕超，上杭本、四庫本、升庵詩話均作「起」。洛陽伽藍記卷四：「有田僧超者，善吹笳，能爲壯士歌、項羽吟，征西將軍崔延伯甚愛之。」據改。

稱贊文章之妙

王半山評歐文云：「其積於中者，浩如江河之停蓄；其發於外者，爛如日星之光輝。其清音幽韻，淒如飄風急雨之驟至；至其雄辭閎辯，快如輕車駿馬之奔馳。」〔一〕又稱老泉文云：「其光芒燦爛，若引星辰而上也；其逸馳奔放，若決江河而下也。」〔二〕葉水心稱李巽巖之文曰：「風霆怒而江河流，六驥調而八音和，春暉秋明而海澄嶽靜也。曾點之瑟方希，化人之酒欲清。」〔三〕

【注】

〔一〕見王安石臨川文集卷八十六祭歐陽文忠公文。至其，萬曆本誤作「至於」。

〔二〕宋曾鞏蘇明允哀辭，作「其雄壯俊偉，若決江河而下；其輝光明白，若引星辰而上也」。見元豐類稿卷四十一。

〔三〕見宋葉適水心集卷十二巽巖集序。

玉瑕錦纇

杜詩七言律，如玉臺觀第三句「遂有馮夷來擊鼓」，第七句「更有紅顔生羽翼」。寄馬巴州首句「勳業終歸馬伏波」，第五句「獨把漁竿終遠去」〔一〕，猶王右軍書帖多誤字，皆玉瑕錦纇，不可效尤也。今之臨文荒率者，動以二公爲口實，是壽陵學邯鄲之步〔二〕，良可笑哉。

【注】

〔一〕詩俱見杜少陵集卷十三。翼，作「翰」。注云：「翰作去聲。」寄馬巴州，作「奉寄别馬巴州」。

〔三〕見莊子秋水。「壽陵餘子之學行於邯鄲。未得國能，又失其故行矣，直匍匐而歸耳」。

詩小序①

朱子作詩傳，盡去小序，蓋矯呂東萊之弊，一時氣信之偏②，非公心也。馬端臨及姚牧庵諸家辨之悉矣。有一條可發一笑，併記於此。小序云：「菁莪，樂育人才也。」「子衿，學校廢也。」傳皆以爲非。及作白鹿洞賦，有曰：「廣青衿之疑問。」又曰：「樂菁莪之長育。」或舉以爲問，先生曰：「舊説亦不可廢。」此何異俗諺所謂「玉波去四點，依舊是王皮」乎？

【校】

① 本書卷二十三「詩小序」，可參看。

② 一時氣信之偏　氣信，諸本同，疑爲「氣性」。

李益詩

尤延之詩話云：會真記「隔牆花影動，疑是玉人來」，本於李益「開門風動竹，疑是故人來」。然古樂府「風吹窗簾動，疑是所歡來」〔一〕，其詞乃齊梁人語，又在益先矣。近世刻李益集，不見此詩。惟曾慥詩囿載其全篇，今録於此：「微風驚暮坐，臨牖思悠哉。開門風動竹，疑是故人來。時滴枝上露，稍沾階下苔。幸當一入幌，爲拂緑琴埃。」題云竹窗聞風寄苗發司空曙〔二〕。○今南方所刻唐詩，皆非全帙。先公在翰苑日，裒集唐詩，極爲精備，較近日所傳，大有不同。緣吴人射利，刻各家唐詩，取其卷帙齊均，厚薄如一，以便於售，極其可惡。如顧況集，其中「遠寺吐朱閣，春潮浮緑煙」，最爲警策，乃在削去之卷。張籍本十二卷，乃削減爲四卷，而弔韓昌黎一詩最奇，亦在減數。若楊炯詩不多，乃取楊巨源詩妄入之。王維集又取王涯詩妄入之。陋者驟觀，競相語，以爲新奇未見，而爭市之，是重不幸也，聊書以傳賞鑒者。

【注】

〔一〕此爲華山畿詩中句，見樂府詩集卷四十六「清商曲辭」。其前有「夜相思」三字。

〔二〕宋吴曾能改齋漫録卷八「沿襲」云：「唐李益竹窗聞風早發寄司空曙詩云：『微風驚暮坐，……爲拂緑琴埃。』異聞集霍小玉傳，作『聞簾風動竹』，改一風字，遂失詩意。然此句乃襲樂府華山幾詞耳。詞云：『夜相思，風吹竹簾動，言是所歡來。』通典云：『江南以情人爲歡。』」

崔魯華清宫詩①

崔魯華清宫詩四首，每各精練奇麗，遠出李義山、杜牧之上，而散見於唐音及品彙、漁隱叢語[一]、長安古志中，各載其一而已，今並録於此。其一曰：「門横金鎖闃無人，落日秋聲渭水濱。紅葉下山寒寂寂，濕雲如夢雨如塵。」其二曰：「銀河漾漾月輝輝，樓礙星邊織女磯。横玉叫雲天似水，滿空霜霰不停飛。」其三曰：「障掩金鷄蓄禍機，翠華西拂蜀雲飛。珠簾一閉朝元閣，不見人歸見燕歸。」其四曰：「草遮回磴絶鳴鑾，雲樹深深碧殿寒。明月自來還自去，更無人倚玉欄干。」[二]

【校】

① 崔魯華清宫詩 魯，一作「櫓」，唐僖宗大中時進士，有無機集四卷，今不存。

【注】

[一] 漁隱叢語，即宋胡仔苕溪漁隱叢話。語，當作「話」。

[二] 見唐詩紀事卷五十八。其一、闃無人，作「悄無人」。其二、天似水，作「清似水」，滿空霜霰不停飛，作「滿空霜逐一聲飛」。其三、翠華，作「翠環」。

搥碎黄鶴樓

李太白過武昌，見崔顥黄鶴樓詩，歎服之，遂不復作，去而賦金陵鳳凰臺也①。其事本如此，其後禪僧用此事作一偈云：「一拳搥碎黄鶴樓，一脚踢翻鸚鵡洲。眼前有景道不得，崔顥題詩在上頭。」〔一〕傍一遊僧，亦舉前二句而綴之曰：「有意氣時消意氣，不風流處也風流。」又一僧云：「酒逢知己，藝壓當行。」元是借此事設辭，非太白詩也。流傳之久，信以爲真。宋初有人僞作太白醉後答丁十八詩云②：「黄鶴高樓已搥碎」一首〔二〕，樂史編太白遺詩，遂收入之。近日解學士縉作弔太白詩云：「也曾搥碎黄鶴樓，也曾踢翻鸚鵡洲。」殆類優伶副淨來保之語③。噫，太白一何不幸耶！

【校】

① 去而賦金陵鳳凰臺　四庫本删「金陵」，作「鳳凰臺」與「黄鶴樓」相對。

② 宋初有人僞作太白醉後答丁十八　僞，上杭本、萬曆本作「僞」，四庫本改作「爲」。

③ 殆類優伶副淨來保之語　來保，四庫本作「太保」，升庵詩話作「滑稽」。

【注】

〔一〕見續傳燈録卷二十五彭州大隨南堂元靜禪師傳引白雲端和尚頌云：「一拳拳倒黄鶴樓，一趯趯翻鸚鵡洲。有意氣時添意氣，不風流處也風流。」

〔二〕見李太白集卷十九醉後答丁十八以詩譏予搥碎黄鶴樓：「黄鶴高樓已搥碎，黄鶴仙人無所依。黄鶴上天訴玉帝，却放黄鶴江南歸。神明太守再雕飾，新圖粉壁還芳菲。一州笑我爲狂客，少年往往來相譏。君平簾下誰家子，云是遼東丁令威。作詩掉我驚逸興，白雲繞筆窗前飛。待取明朝酒醒罷，與君爛漫尋春暉。」

李耆卿評文

李耆卿評文云：「韓如海，柳如泉，歐如瀾，蘇如潮。」〔一〕余謂此評極當。但謂「柳如泉」未允，易泉以江可也。耆卿名塗，臨川人，朱子門人之門人也。所著有古今文章精義，與陳騤文則識趣相仿佛云。

【注】

〔一〕見文章精義，凡二百八條，現存一百一條，此則爲十七條。

老子論性

文子引老子曰：「人生而靜，天之性也。感物而動，性之欲也。」漢儒取入禮記〔一〕，遂爲經矣。若知其出於老氏，宋儒必洗垢索瘢，曲爲譏評。但知其出於經，則護持交贊，此亦矮人之觀場也。文如「澹泊明志，寧靜致遠」，本出於淮南子〔二〕，而諸葛稱之。若儒者知其劉安語，將坐睡唾去也。

【注】

〔一〕今本老子未見，見禮記樂記：「人生而靜，天之性也。感於物而動，性之欲也。」

〔二〕見淮南子主術訓：「非澹薄無以明德，非寧靜無以致遠，非慈厚無以懷衆，非平正無以制斷。」

余知古論退之文

唐人余知古與歐陽生論文書云：「韓退之作原道，則崔豹答牛亨書；作諱辯，則張昭論舊名；作毛穎傳，則袁淑太蘭王九錫；作送窮文，則揚子雲逐貧賦。」

丹鉛總録卷之十九

詩話類

詩文奪胎

後漢肅宗詔曰：「父戰於前，子死於後。弱女乘於亭障，孤兒號於道路。老母寡妻，設虛祭，飲泣淚，想望歸魂於沙漠之表，豈不哀哉！」〔一〕李華弔古戰場文祖之。陳陶隴西行云：「可憐無定河邊骨，猶是春閨夢裏人。」〔二〕可謂得奪胎之妙。

【注】

〔一〕見後漢書卷八十九南匈奴傳元和二年肅宗詔。

〔二〕此爲陳陶隴西行四首之二詩中句，見全唐詩卷七百四十六。本書卷十一「陳陶隴西行」，可參看。

宋人多議論可厭

宋人議論多而成功少，元人評之當矣。且以一事言之。張君房謂藝祖受禪，歲在庚申，庚者金也，申亦金位，當爲金德。謝絳謂作京於汴，天下中樞，當爲土德，故無河患，宋爲火德，故多水患〔一〕。甚矣！宋人之饒舌也。其君之厭聽也，宜哉！

【注】

〔一〕見朱熹編二程遺書卷十九：「五德之運，却有這道理。凡事皆有此五般，自小至大，不可勝數。」「唐是土德，便少河患。」「本朝火德，多水災蓋亦有此理。」

杜詩與包佶同意

包佶詩「波影倒江楓」〔一〕，與杜詩「石出倒聽楓葉下」〔二〕同意。二句並工，未易優劣也。

【注】

〔一〕此爲包佶酬于侍郎湖南見寄十四韻詩中句，見全唐詩卷二〇五。

〔二〕此爲杜甫送李八祕書赴杜相公幕詩中句，見杜少陵集卷十九。

僞書誤人

劉子玄曰：「郭子橫洞冥記、王子年拾遺記，全構虚辭，用驚愚俗。」〔一〕卓哉！子玄之見也。余推其餘，如任昉述異記，殷芸小説，沈約梁四公子記，唐人杜陽雜編、天寶遺事，宋人雲仙散録、清異録、杜詩僞蘇注，盛行於時，殊誤學者。司馬公作通鑑，亦誤取天寶遺事，況下此者乎！

【注】

〔一〕見劉知幾史通内篇雜述。洞冥記、拾遺記，史通無「記」。全構，作「全搆」。

邵公批語

先太師戊戌試卷，出舉子蹊徑之外，考官邵公暉批云：「奇寓於純粹之中，巧藏於和易之内。」當時以爲名言。後觀龍川集，乃知是陳同甫作論法也〔一〕。先輩讀書博且精①，不似後生之束架不觀，游談無根也。因書之家乘。

【校】

①先輩讀書博且精　博且精，上杭本作「博且精」，萬曆本作「精博」，四庫本作「博精」。據楊子巵言改。

【注】

〔一〕陳亮龍川集卷十六書作論法：「大手之文，不爲詭異之體，而自然宏富；不爲險怪之辭，而自然典麗。奇寓於純粹之中，巧藏於和易之内。」

七平七仄詩

宋玉大言賦①「吐舌萬里唾四海」〔一〕，緯書「七變入臼米出甲」〔二〕，佛偈「一月普現一切水，一切水月一月攝」〔三〕，七言皆仄惟此。崔魯「梨花梅花參差開」〔四〕，七言皆平。文選有「離袿飛髾垂纖羅」〔五〕。

【校】

①宋玉大言賦　宋玉，萬曆本作「宋人」，據升庵詩話卷五、升庵外集卷十二改。

【注】

〔一〕見古文苑卷二。唾四海，作「唾一世」。

〔二〕見古微書卷十一春秋説題辭：「孔子言曰：七變入臼米出甲，謂磑之爲礪米也。」

〔三〕見五燈會元卷二十無爲守緣禪師。

〔四〕此爲崔櫓春日長安即事詩中句，見全唐詩卷五六七。崔魯，萬曆本脱，據升庵詩話卷五補。魯，一作「櫓」。

〔五〕文選句後，升庵詩話卷五尚有「杜詩：有客有客字子美」一句。

【辨】

明王世貞藝苑卮言卷二評曰：「楊用修所載：七仄，如宋玉『吐舌萬里唾四海』，緯書『七變入臼米出甲』，佛偈『一切水月一月攝』；七平，如文選『離袿飛綃垂纖羅』，俱不如老杜『梨花梅花參差開』、『有客有客字子美』。和美易讀，而楊不之及。」（見歷代詩話續編　中華書局）

明周嬰卮林卷五則稱升庵所舉非詩云：「宋玉大言賦『吐舌萬里唾一世』，此於長短句中偶出七言耳。春秋運斗樞『三變而粲謂之粟，四變入臼米出甲，五變而蒸飯可食』，此句與詞詠益不相關，不當以混風、雅。文選、古文苑舞賦乃作『華袿飛綃而雜纖羅』，不獨非七平，亦且八字矣。按：屈原大招『四酎並熟不澀嗌』，宋玉招魂『二八侍宿射遞代』，此七仄也。七平如宋玉『魂兮歸來哀江南』，古白紵曲『羅裾飄飄昭儀光』，魏鼓吹第五曲『孤魂翩翩當何依』，謝惠連燕歌行『何爲淹留無歸聲』，……皆雅馴流利，而王亦不之及。且梨花、有客二句，皆用修所引，王没其語而竊之。又『梨花』句，出於崔魯，謂之老杜，何也？」（景印文淵閣四庫全書八五八册　臺灣商務印書館）

吾猶昔人

柳子厚戲題石門長老東軒詩曰：「坐來念念非昔人，萬遍蓮花爲誰用？」〔一〕法苑珠林：「梵志出家，白首而歸，鄰人見之曰：『昔人尚存乎？』梵志曰：『吾猶昔人，非昔人也。』」〔二〕子厚正用此事，而注者不知引。

【注】

〔一〕見柳河東集卷四十三。「蓮花」注云：「誦妙法蓮花經也。」

〔二〕見後秦僧肇肇論物不遷論第一。

劉靜修跋王子端書〔一〕

「子端振衣起遼海，後學一變爭奇新。黄山驚歎竹谿泣，鐘鼎騷雅潛精神。」〔二〕默翁語也。「雪溪仙人詩骨清，畫筆尚餘詩典刑。」「聲光舊塞天壤破，議論今著兒曹輕。」〔三〕遺山語也。二公之言，必有能辨之者。東坡謂書至於顔柳，而鍾王之法益微；詩至於李杜，而魏晉以來高風絶塵亦少衰矣〔四〕。朱文公亦以爲然。默翁蓋知此者，是以不取於子端矣。子端，名庭筠，號雪溪。黄山，趙秉文也〔五〕。竹谿，党學士也〔六〕。默翁，徒單修撰也〔七〕。

【注】

〔一〕此條録自劉因靜修集卷十一書王子端草書後。

〔二〕此爲楊弘道王子端溪橋濛雨圖詩中語，見小亨集卷二。楊弘道，字叔能，號默翁。

〔三〕此爲元好問王黄華墨竹爲郭輔之賦詩中句，見元遺山集卷五。

〔四〕此爲蘇軾書吴道子畫後、書唐氏六家書後文中語，見蘇東坡集卷二十三。

〔五〕黄山，乃金代書法家趙渢的號，而非趙秉文。

〔六〕党學士，爲党懷英，字世傑，金大定十年進士。善屬文，工篆籀，當時稱第一，學者宗之。

〔七〕徒單，金國姓氏。金史卷一二〇有「徒單思忠」、「徒單繹」。默翁，爲楊弘道。升庵謂「徒單修撰」，誤。

路盈訪璽

北魏承根贈李寶詩：「世道衰陵，淳風殆緬。衢交問鼎，路盈訪璽。狗競爭馳，天機莫踐。」〔一〕「璽」，按玉篇，與「彌」同。而此詩與「緬」、「踐」同韻，又以對「問鼎」，則音義皆不同，亦不知指何也。後考他本，乃是「璽」字，古文爾從璽，見説文。

【注】

〔一〕承根，即段承根。見魏書卷五十二段承根傳。其贈李寶詩凡七首，此第一首前六句。狗，作「徇」。

角妓垂螺

張子野詞：「垂螺近額，走上紅裀初趁拍。」〔一〕晏小山詞：「雙螺未學同心綰，已占歌名。月白風清，長倚昭華笛裏聲。」又云：「紅窗碧玉新名舊，猶綰雙螺。一寸秋波，千斛明珠覺未多。」〔三〕垂螺、雙螺，蓋當時角妓未破瓜時額飾〔三〕，今搬演旦色①，猶有此制。

【校】

① 今搬演旦色　旦，萬曆本作「淡」，據楊慎詞品卷二改。

【注】

〔一〕此爲張先減字木蘭花贈伎詞中句，見安陸詞。

〔二〕此爲晏幾道採桑子詞中句，見小山詞。千斛，作「一斛」。

〔三〕明張萱疑耀卷五「女兒把子」條云：「今江南女兒未破瓜者，額前髮縛一把子，即張子野詞『垂螺近額』，晏小山詞『雙螺未學同心結』。垂螺、雙螺，即把子也。」

津陽門詩

曾子固云：「白樂天長恨歌、元微之連昌宮詞、鄭嵎津陽門詩，皆以韻語紀常事。」鄭嵎詩世多不傳，余因子固言，訪求得之。其詩長句七言，凡一千四百字，一百韻，止以門題爲名，其實叙開元陳跡也〔一〕。其叙五王遊獵云：「五王扈駕夾城路，傳聲校獵渭水湄①。彫弓繡韔不知數，翻身滅没皆蛾眉。赤鷹黄鶻雲中來，妖狐狡兔無所依。」〔二〕自注：「申王有高麗赤鷹②，岐王有北山黄鶻，逸翮奇姿特異。」〔三〕其叙賜浴云：「暖山度獵東風微，宫娃賜浴長湯池。刻成玉蓮噴香液，漱回煙浪深逶迤。犀屏象薦雜羅列，錦鳧繡雁相追隨。」注與王建「池底鋪錦」事相合。其叙三國姣淫云：「上皇寬容易承事，十家三國爭光輝。」「鳴鞭後騎何蹀躞，宮妝禁袖皆仙姿。」其叙教坊歌舞云：「瑶光樓南皆紫禁，梨園仙宴臨花枝。迎娘歌喉玉窅窱，蠻兒舞帶金葳蕤。」自注：「迎娘、蠻兒，乃梨園子弟之聞名者。」其叙離宮之盛云：「飲鹿泉邊春露晞，粉梅檀杏飄朱墀。金沙洞口長生殿，玉蕊峰頭王母祠。」「蓬萊池上望秋月，無雲萬里懸清輝。上皇夜半月中去，三十六宮愁不歸。」末四句，則世所傳遊月宮事也〔四〕。其叙幸蜀歸，復至華清云：「鑾輿却入華清宮，滿山紅實垂相思。飛霜殿前霜悄悄，迎風亭下風颸颸。雪衣女失玉籠在，長生鹿瘦銅牌垂。象床塵凝罨颯被，畫簷蟲網玻瓈碑。」「煙中劈破摩詰畫，雲間自失玄宗詩。孔雀松殘赤琥珀，鴛鴦瓦碎青瑠璃。」其叙舞馬羽裳云：「馬知舞徹下珠榻，人惜曲終更羽衣。」自注：「宮妓梳九枝仙髻③，衣孔雀翠羽，七寶纓絡，爲霓裳羽衣之舞。舞罷，珠翠可掃焉。」其事皆與雜録小説符合。然其詩，則警策清越不及元、白多矣。聊舉其略云。

【校】

① 傳聲校獵渭水湄　湄，上杭本、萬曆本作「濱」，四庫本、升庵詩話卷十作「湄」。

② 申王有高麗赤鷹　申，萬曆本作「中」，據四庫本、升庵詩話卷十改。

③宮妓梳九枝仙髻　枝，萬曆本作「妓」，據四庫本、升庵詩話卷十改。唐詩紀事卷六十二作「綺」。

【注】

〔一〕唐才子傳卷七「鄭嵎」：「嵎，字賓光，大中五年李郜榜進士，有集一卷，名津陽門詩。津陽，即華清宮之外闕。詢求父老，爲詩百韵，皆記明皇時事者也。」

〔二〕敘五王遊獵，「傳聲校獵渭水湄」後，有「羽林六軍各出射，籠山絡野張罝維」。「妖狐狡兔無所依」後，有「人煩馬殆禽獸盡，百里腥膻禾黍稀」。升庵失引。

〔三〕自注：「逸翮奇姿特異」後脱十八字：「他等。上愛之，每弋獵必置於駕前，目爲决勝兒。」

〔四〕敘遊月宫，「三十六宫愁不歸」後，有「月中秘樂天半間，丁璫玉石和塤篪。宸聰聽覽未終曲，却到人間迷是非」。升庵失引。

劉勰論文

劉勰云：「鉛黛所以飾貌，而盼倩生於淑姿；文采所以飾言，而辯麗本於情性。」〔一〕予嘗戲云：「美人未嘗不粉黛，粉黛未必皆美人；奇才未嘗不讀書，讀書未必皆奇才。」

【注】

〔一〕見文心雕龍情采。飾貌，作「飾容」。

文選生煙字

宋人小説謂劉禹錫竹枝詞「瀼西春水縠紋生」，乃生熟之「生」〔一〕，信是。文選謝朓詩「遠樹曖芊芊，生煙紛漠漠」〔二〕，亦然。小謝之句，實本靈運。靈運撰征賦云：「披宿莽以迷徑，覩生煙而知墟。」〔三〕

【注】

〔一〕宋景文筆記卷上：「晏丞相嘗問曾明仲曰『劉禹錫詩有「瀼西春水縠紋生」，「生」字作何意？』明仲曰：『作「生育」之「生」。』丞相曰：『非也，作「生熟」之「生」，語乃健。』」

〔二〕此爲謝朓遊東田詩中句，見文選卷二十二。

〔三〕謝靈運撰征賦：「敻千里而無山，緬百谷而有居。被宿莽以迷徑，覩生煙而知墟。」見宋書謝靈運傳。

酒龍

陸龜蒙詩：「花匠礙寒應束手，酒龍多病尚垂頭。」〔一〕又詠茶詩：「思量北海徐劉輩，枉向人間號酒龍。」〔二〕北海，謂孔融；徐劉者①，徐邈及劉伶也。

【校】

①徐劉者　萬曆本、四庫本脱，據上杭本補。

【注】

〔一〕此爲陸龜蒙正月十五日惜春寄襲美詩中句，見唐甫里先生文集卷八。礙，一本作「凝」。

〔二〕此爲陸龜蒙自遣詩三十首之八中句，見唐甫里先生文集卷十一。升庵云詠茶詩，記誤。

青嵐帚

陳陶詠竹詩：「青嵐帚亞思君祖，緑潤偏多憶蔡邕。」〔一〕陳張君祖竹賦：「青嵐運帚，碧空掃煙。」蔡邕竹贊云：「緑潤碧鮮，紺文紫錢。」

【注】

〔一〕此陳陶詠竹詩中句，見全唐詩卷七四六。君祖，作「吾祖」。君祖，即陳張君祖。作「吾祖」，誤。

唐詩不厭同

唐人詩句，不厭雷同，絶句尤多，試舉其略：如「忽見陌頭楊柳色，悔教夫婿覓封侯」，王昌齡春閨怨也；而李頻春閨怨亦云①：「紅粉女兒窗下羞②，畫眉夫婿隴西頭。自怨治容長照鏡，悔教征戍覓封侯。」王勃九日詩云：「九月九日望鄉臺，他席他鄉送客杯。人今已厭南中苦，鴻雁那從北地來。」〔一〕而盧照鄰九日詩亦云：「九月九日眺山川，歸心歸望積風煙。他鄉共酌金花酒，萬里同悲鴻雁天。」〔二〕杜牧邊塞上聞笳詩云：「何處吹笳薄暮天，塞垣高鳥没狼煙。游人一聽頭堪白，蘇武爭禁十九年。」胡曾詩云：「漠漠黄沙際碧天，問人云此是居延。停驂一顧猶魂斷，蘇武爭消十九年。」〔三〕戎昱湘浦曲云：「虞帝南巡不復還，翠娥幽怨水雲間。昨夜月明湘浦宿，閨中環珮度空山。」〔四〕高駢云：「帝舜南巡不復還，二妃幽怨水雲間。當時珠淚垂多少，只道而今竹尚斑。」〔五〕白樂天詩：「緑浪東西南北水，紅闌三百九十橋。」〔六〕劉禹錫云：「春城三百九十橋，夾岸朱樓隔柳條。」〔七〕杜工部詩：「新春看又過，何日是歸年。」〔八〕李太白云：「萬里關塞斷，何日是歸年？」〔九〕鶯鶯詩：「自從銷瘦減容光，萬轉千迴懶下牀。不爲旁人羞不起，因郎憔悴却羞郎。」〔一〇〕歐陽詹太原妓詩：「自從銷瘦減容光，半是思郎半恨郎。欲識舊時雲髻樣，開奴牀上鏤金箱。」〔一一〕李賀詠竹云：「無情有恨何人見，露壓煙啼千萬枝。」〔一二〕皮日休詠白蓮云：「無情有恨何人見，月曉風清欲墮時。」〔一三〕陸龜蒙送棋客詩云：「滿目山川似弈棋，況當秋雁正斜飛。金門若召羊玄保，賭取江東太守歸。」〔一四〕温庭筠觀棋云：「閑對弈秋傾一壺，黄羊枰上幾成都③。他時謁帝銅池水，便賭宣城太守無。」〔一五〕

【校】

①李頻春閨亦云　李頻，萬曆本作「李頎」，四庫本作「李頻」。詩見李頻黎嶽詩集，當作「李頻」。

②紅粉女兒窗下羞　窗下羞，四庫本作「自不羞」。窗，全唐詩卷五八七作「燈」。

③黄羊枰上幾成都　枰，上杭本、萬曆本誤作「秤」，四庫本作「枰」，據改。

【注】

〔一〕此爲王勃蜀中九日詩中句，見全唐詩卷五十六。一作蜀中九日登玄武山旅眺。

〔二〕此爲盧照鄰九月九日登玄武山詩中句，見全唐詩卷四十二。

〔三〕此爲胡曾詠史詩中之居延，見全唐詩卷六四七。黄沙，作「平沙」。爭消，作「爭禁」。

〔四〕此爲戎昱湘南曲中句。見全唐詩卷二七。環珮，作「珂珮」。

〔五〕此爲高駢湘妃廟詩，見全唐詩卷五九八。不復還，作「去不還」。而今，作「如今」。

〔六〕此爲白居易正月三日閑行詩中句，見白居易集卷二十四。紅闌，作「紅欄」。句下自注：「蘇之官橋大數。」

〔七〕此爲劉禹錫樂天寄憶舊遊因作報白君以答詩中句，見全唐詩卷三五六。三百九十橋，作「三百七十橋」。

〔八〕此爲杜甫絶句二首之二詩中句，見杜少陵集卷十三。

〔九〕此爲李白奔亡道中五首之一詩中句，見李太白集卷二十二。萬里，作「萬重」。

〔一〇〕此爲元稹鶯鶯傳中詩，見元氏長慶集補遺卷六。因郎，作「爲郎」。

〔一一〕此爲太原妓寄歐陽詹詩，見全唐詩卷八〇二。作「自從別後減容光，半是思郎半恨郎。欲識舊來雲髻樣，爲奴開取鏤金箱」。

〔一二〕此爲李賀昌谷北園新筍四首之二詩中句，見李賀詩歌集卷二。烟啼，作「烟籠」。

〔一三〕此爲陸龜蒙和襲美木蘭後池三詠之白蓮詩中句，升庵絶句衍義卷一即題作陸龜蒙詩，作「皮日休」，誤。無情有恨何人見，全唐詩卷六二八作「還應有恨無人覺」。

〔一四〕見全唐詩卷六二九。弈棋，作「勢棋」。

〔一五〕一作段成式詩，見全唐詩卷五八四。弈秋，作「弈楸」。銅池水，作「銅池曉」。

蘇李五言詩

蘇文忠公云：「蘇武、李陵之詩，乃六朝人擬作。」〔一〕宋人遂謂在長安而言江漢，「盈卮酒」之句又犯惠帝諱，疑非本作〔二〕。予考之，殆不然。班固藝文志有蘇武集、李陵集之目。摯虞，晉初人也，其文章流別志云：「李陵衆作，總雜不類，殆是假託，非盡陵制。至其善篇，有足悲者。」〔三〕以此考之，其來古矣。即使假托，亦是東漢及魏人張衡、曹植之流始能之耳。杜子美云：「李陵蘇武是吾師。」子美豈無見哉？東坡跋黄子思詩云：「蘇李之天成。」〔四〕尊之亦至矣。其曰「六朝擬作」者，一時鄙薄蕭統之偏辭耳。

【注】

〔一〕見蘇軾仇池筆記卷上「擬作」：「劉子玄辨文選所載李陵與蘇武書，並齊梁間文士擬作。予因悟陵與武五言詩亦後人擬作。」劉知幾史通卷十四：「李陵集有與蘇武書，詞采壯麗，音句流靡，觀其文體，不類西漢人。殆後來所爲，假稱陵作也。遷史缺而不載，良有以焉。編於李集中，斯爲謬矣。」

〔二〕見洪邁容齋隨筆卷十四「李陵詩」。盈巵酒，作「盈觴酒」。

〔三〕此語出自顔延之庭誥，非摯虞之言。因篇中有「摯虞文論，足稱優洽」，升庵記誤。顔延之庭誥，見太平御覽卷五百八十六「文部詩」引。

〔四〕見蘇東坡集後集卷九書黄子思詩集後。

【辨】

李陵、蘇武詩，人多疑其爲僞作。劉知幾史通雜述、蘇軾仇池筆記卷上「擬作」、洪邁容齋隨筆卷十四「李陵詩」、王楙野客叢書卷五「惠帝諱字」等多有論述，升庵之後議者益衆，周嬰巵林則别有所見，另闢新説，可資參考：

史通云：「李陵集有與蘇武書，詞采壯麗，音句流靡。觀其文體，不類西漢人，殆後來所爲，假稱陵作也。」自子玄之論行，後世談者，復攟摭合離，摘發疑殆，證其實然。按：江淹宋世上建平王書有「此少卿所以仰天搥心，泣盡而繼之以血」語，則非六朝僞撰矣。若録别之詩，展轉倣效，真僞相眩，不啻淄澠，世無易牙，誰能深辨？景盧乃以「盈觴」字定其非出李手，狹之甚也。尋西京著述，漢帝之名，往往布流，而「盈」字最多。韋孟在鄒詩曰：「祁祁我徒，戴負盈路。」枚乘詩又曰：「盈盈樓上女。」古陌上桑曰：「盈盈公府步。」……漢世不諱「盈」字，可歷言矣。高祖創業，諱尤宜嚴。而韋孟諷諫詩曰：「總齊群邦。」曰：「王赦聽譖，實絶我邦。我邦既絶，厥政斯逸。」在鄒詩曰「寢其外邦」，曰「於異邦」。……長卿之作，雖在宣、成前，然班、史操觚，亦宜稍變其字。今皆不然，固知臨文不諱，漢代所同，何獨於「盈觴」而疑之？至若「江漢流不息，浮雲去無依」，以喻良友各一方，播遷靡有歸，作者比興之詞耳。小雅「滔滔江漢，南國之紀」，豈必在荆所奏？曾子稱「江漢以濯，秋陽以暴」，何嘗居楚而言？安在長安之作必當叙涇、渭、灞、滻之流也？（景印文淵閣四庫全書八五八册　臺灣商務印書館）

篦簌

唐李郢詩：「薄雪燕蓊紫燕釵，釵垂篦簌抱香懷。一聲歌罷劉郎醉，脱取明金壓繡鞋。」〔一〕篦簌，下垂之貌。又作麗⿱罒敕。李賀春坊正字劍子歌：「挼絲團金懸麗⿱罒敕。」〔二〕其義一也。薛君采語予云。

【注】

〔一〕此爲李郢張郎中宅戲贈二首詩中句，見全唐詩五九〇。

〔二〕見李賀詩歌集卷一。

麗人行逸句

松江陸公深語予①：「杜詩麗人行，古本『珠壓腰衱穩稱身』下有『足下何所著，紅渠羅襪穿鐙銀』二句，今本亡之。」淮南蔡公昂聞之②，擊節曰：「非惟樂府鼓吹，兼是周昉美人畫譜也。」

【校】

① 松江陸公深語予　陸公深，四庫本、升庵詩話卷九作「陸三汀」。

② 淮南蔡公昂　蔡公昂，四庫本作「蔡衡仲昂」。

【辨】

麗人行逸句，明王世貞藝苑卮言卷四「杜詩善本勝者」中亦云：「麗人行『珠壓腰衱穩稱身』下有『足下何所著？紅渠羅襪穿鐙銀』，皆泓渟有妙趣。」（見丁福保編歷代詩話續編　中華書局）

清閻若璩潛邱札記卷一云：「近朱錫鬯遍考宋刻本並無，知係楊氏假託。余家有宋本，檢之亦無。因思紅渠羅襪，即用杜詩『羅襪紅蕖豔』；穿鐙銀，用韓偓馬上見詩『和裙穿玉鐙』。杜詩無一字無來處，故作杜詩者，亦須字字有本也。疑淮南擊節之言，亦是楊氏假託以自重，特爲辨之。」（景印文淵閣四庫全書　八五九册　臺灣商務印書館）

劉須溪①

廬陵劉辰翁會孟，號須溪，於唐人諸詩集及李、杜、蘇、黄大家皆有批點，又有批評三子口義及世説新語，士林服其賞鑒之精博，然不知其節行之高也。余見元人張孟浩贈須溪詩云：「首陽餓夫甘一死，叩馬何曾罪辛巳。淵明頭上漉酒巾，義熙以後爲全人。」蓋宋亡之後，劉公竟不出仕也。噫！是與伯夷、陶潛何異哉？須溪私印古篆「三代人物」四字自許，良不爲過。張孟浩蓋亦同時合志者。他如閩中之謝翱、徽州之胡餘學、慈溪之黄東發〔一〕，自以中國遺人，不屈夷狄者不知其幾。宋朝待士之厚，其效可驗矣〔二〕。

【校】

① 本書卷二十另有「劉須溪」一則，可參看。

【注】

〔一〕「黄東發」後，升庵集卷四十九尚有「峨眉之家鉉翁」七字。

〔二〕篇末，升庵集卷四十九附有須溪丁酉元夕賣鼎現詞及尹濟翁壽須溪風入松詞。

梁武帝父子詩讖

梁武帝冬日詩〔一〕：「雪花無著蒂，冰鏡不安臺。」梁簡文詠月詩：「飛輪了無轍①，明鏡不安臺。」竟成詩讖〔二〕。

【校】

①飛輪了無轍明鏡不安臺　轍，萬曆本作「輒」，四庫本作「轍」，據改。

【注】

〔一〕梁武帝冬日詩，藝文類聚卷三題作梁簡文帝玄圃寒夕詩，二詩皆簡文帝之作，題云「梁武帝父子」，誤。

〔二〕詩讖，升庵集卷五十六作「臺城之讖」。南史侯景傳：「初，簡文寒夕詩云：『雪花無有蒂，冰鏡不安臺。』又詠月云：『飛輪了無轍，明鏡不安臺。』後人以爲詩讖。謂無蒂者，是無帝；不安臺者，臺城不安；輪無轍者，以邵陵名綸，空有赴援名也。」

諺語有文理

諺語云：「三九二十七，籬頭吹觱栗。」言冬至後寒風吹籬落，有聲如觱栗也。合於莊子「萬竅怒號」之説，而可以爲豳風「一之日觱發」之解矣。賈人之鐸，可以諧黄鍾；田夫之諺，而契周公之詩。信乎六律之音出於天籟，五性之文發於天章，有不待思索勉强者。此非自然之詩乎？余嘗戲集諺語爲古人詩詞中所引者數條，今附於此。

「月如彎弓，少雨多風。月如仰瓦，不求自下。」羅景綸詩用之〔一〕。

「朝霞不出市，暮霞走千里。」范石湖詩用之〔二〕。

「乾星照濕土，來日依舊雨。」王建詩用之。「照泥星出依然濕，爛熳庭花不肯休。」〔三〕

「礮車雲」，東坡詩用之。「今日江頭風勢惡，礮車雲起雨欲作。」〔四〕

「風花雲起，下散四野，如煙霧也。」晁無咎詩用之。「明日揚帆應復駛，蒸雲散亂作風花。」〔五〕

「日没胭脂紅，無雨也有風。」梅聖俞詩用之。「日脚射空金縷直，西望千山萬山赤。野老先知雨又風，明日望此重雲黑。」〔六〕

「東鱟晴，西鱟雨。」則詩所謂「朝隮於西，崇朝其雨」〔七〕也。

「霜淞打霧淞，貧兒備飯甕。」則東坡詩所謂「敢怨行役勞，助爾歌飯甕」也。

「日暈主雨，月暈主風。」則梅聖俞所謂「月暈每多風，燈花先作喜。明日掛歸帆，春湖能幾里」〔八〕也。

「天河中有黑雲，謂之黑豬渡河，主雨。」則蕭冰崖所謂「黑豬渡河天不風，蒼龍啣燭不敢紅」也。

「秋雨甲子，禾頭生耳。」〔九〕則杜工部所謂「禾頭生耳黍穗黑」也。

他如：「雨灑上元燈，雲掩中秋月。」又：「黄梅寒，井底乾。」又云：「河射角，好夜作。犁星没，水生骨。」又云：「春寒四十五，貧兒市上舞。貧兒且莫誇，且過桐子花。」又云：「黄梅雨未過，冬青花未破。冬青花已開，黄梅再不來。」又云：「舶䑺風雲起，旱魃深歡喜。」又云：「商陸子熟，杜鵑不哭。」皆爲唐、宋詩人引用。

若陸璣詩疏引諺云①：「黄栗留，看我麥黄椹黑否。」又引「蜻蛚鳴，衣裘成」②、「蟋蟀鳴，懶婦驚」；夏小正注引「天河東西，漿洗寒衣」；國語注引古語「土長冒橛③，陳根可拔，耕者急發」；四民月令引農謡「三月昏，參星夕。杏葉盛，桑葉白」，又云「杏子開花，可耕白沙」，又「貸我東牆，償我白粱」〔一〇〕，先儒皆以解經，不但詩詞之資而已。詩詢芻蕘，舜察邇言，良有以哉。

【校】

① 若陸璣詩疏引諺云　璣，上杭本、萬曆本均誤作「機」，據四庫本改。

② 又引蜻蛚鳴衣裘成　又引，四庫本作「毛詩注疏」。萬曆本「又引」前無「黄椹黑否」。

③ 國語注引土長冒橛　土，上杭本、萬曆本作「上」，據四庫本改。

【注】

〔一〕見宋羅大經鶴林玉露丙編卷三「占雨」條，月如彎弓，作「月如懸弓」，此爲羅大經引范成大詩後增補之農諺，非自作詩。

〔二〕見石湖居士詩集卷十六:「曉發,飛鳥朝霞滿天,少頃大雨。吳諺云:朝霞不出門,暮霞行千里,驗之信然,戲記其事。」詩曰:「朝霞不出門,暮霞行千里。今晨日未出,曉氣散如綺。心疑雨再作,轉眼雲四起。我豈知天道,吳農諺云爾。……哦詩敢夸博,聊用醒午睡。」

〔三〕此爲王建聽雨詩中句,見全唐詩卷三〇一。題下注:「一作司圖空詩。」爛熳庭花,作「淹瀾庭花」。

〔四〕此爲蘇軾六月七日泊金陵阻風待鍾山泉公書寄詩爲謝詩中句,見集註分類東坡先生詩卷一。

〔五〕此爲晁補之祝家墩阻水旦起舟人云天上風花順矣作一絶詩中句,見宋晁謙之編鷄肋集卷二十一。

〔六〕此爲梅聖俞夕陽巖詩中句,見宛陵先生集卷三十六。明日,作「明朝」。

〔七〕見詩鄘風蝃蝀。

〔八〕此爲梅聖俞月暈詩,見宛陵先生集卷一。

〔九〕唐張鷟朝野僉載卷一:「諺云:春雨甲子,赤地千里。夏雨甲子,垂船入市。秋雨甲子,禾頭生耳。冬雨甲子,鵲巢下地。」禾頭,杜甫秋雨歎詩作「木頭」,誤。

〔一〇〕見賈思勰齊民要術卷十「東墻」。蘠,作「墻」。白,作「田」。

音韻之原

或問余音韻之原,余曰:「唐虞之世已有之矣。舜典曰『聲依永,律和聲』是也。『元首喜哉，股肱起哉，百工熙哉。』又：『元首明哉，股肱良哉，庶事康哉。』〔一〕熙之叶喜、起，明之叶良、康，即吴才老韻之祖也。」『日出而作，日入而息，鑿井而飲，耕田而食，帝於我有何力哉』，即沈約韻之祖也。王充論衡作「帝於我有何力哉」，力與上文息、食爲韻〔二〕。列子作「帝力於我何有哉」①，恐是傳寫之倒。大凡作古文賦頌，當用吴才老古韻；作近代詩詞，當用沈約韻。近世有倔强好異者，既不用古韻，又不屑用今韻，惟取口吻之便，鄉音之叶，而著之詩焉，良爲後人一笑資耳。

【校】

① 列子帝力於我何有哉　列子，丹鉛摘録卷十一作「別作」。

【注】

〔一〕見尚書益稷。元首喜哉，股肱起哉，作「股肱喜哉，元首起哉」。

〔二〕見論衡卷五感虚篇、卷八藝增篇均作「堯何等力」。

讀書萬卷

杜子美云：「讀書破萬卷，下筆如有神。」〔一〕此子美自言其所得也。讀書雖不爲作詩設，然胸中有萬卷書，則筆下自無一點塵矣。近日士夫爭學杜詩，不知讀書果曾破萬卷乎？

如其末也，不過拾離騷之香草，丐杜陵之殘膏而已。又嘗記宋宣、政間，文人稱翟汝文、葉夢得、汪藻、孫覿四人。孫曾自評曰：「吾之視浮溪，浮溪之視石林，各少十年書。石林視翟忠惠亦然。識者以爲確論。」〔二〕今之學文者，果有十年書乎？不過抄玉篇之難字，效紅勒之軋辭而已〔三〕，乃反峻其門牆，高自標榜，必欲晚古人而薄前輩，何異「蚍蜉撼大樹」乎！

【注】

〔一〕此爲杜甫奉贈韋左丞丈二十二韻詩中句，見杜少陵集卷一。

〔二〕宋龔明之中吴紀聞卷五「翟忠惠」條云：「翟汝文，字公巽。其先本南徐人，後徙居常熟。紹興初，爲參知政事，卒，門人謚爲忠惠先生。公文章甚古，所作制誥，皆用尚書體，天下至今稱之。自宣政以來，文人有聲者，唯公與葉石林、汪浮谿、孫蘭陵四人耳。孫嘗自評云：『某之視浮谿，浮谿之視石林，各少十年書。石林視忠惠亦然。』識者以爲確論。」

〔三〕沈括夢溪筆談卷九：「嘉祐中士人劉幾累爲國學第一人，驟爲怪嶮之語，學者翕然效之，遂成風俗。歐陽公深惡之，會公主文，决意痛懲，凡爲新文者，一切棄黜。時體爲之一變，歐陽之功也。有一舉人論曰：『天地軋，萬物茁，聖人發。』公曰：『此必劉幾也。』戲續之曰：『秀才剌，試官刷。』乃以大朱筆横抹之，自首至尾，謂之紅勒帛。」

上林賦連綿字

上林賦「垂條扶疎，落英幡纚。紛溶箾蔘，猗狔從風，瀏莅芔歙」數句，皆言草木從風之形與聲也。但其用字既古，其音又與俗音不同，今略解之。紛溶，猶丰茸也。猗狔，猶猗那也，字一作「旖旎」，又作「徛儺」。箾蔘，即蕭森。瀏莅，即流麗。芔歙，即欻吸。欻字古作「𦮙」，見石鼓文，省寫作「芔」，五臣注遂誤以爲「卉」字。按長門賦「列丰茸之遊樹」，謝靈運詩①「升長皆丰茸」〔一〕則「紛溶」、「丰茸」②，一也。杜詩「巫山巫峽氣蕭森」〔二〕則「箾蔘」、「蕭森」，一也。毛詩「猗儺其枝」〔三〕，楚辭「紛旖旎乎都房」〔四〕，阮籍詩「猗靡情歡愛」〔五〕，則「猗狔」也，「猗儺」也，「旖旎」也，「猗靡」也，一也。陶弘景詩「悽切嘹唳傷夜情」〔六〕，趙彦昭詩「流麗鳴春鳥」，則「瀏莅」與「嘹唳」及「流麗」，一也。杜詩「秋風欻吸吹南國」〔七〕，則「芔歙」與「欻吸」，一也。字有古今，音有楚夏，類如此。聊舉其略耳。

【校】

① 謝靈運詩　上杭本作「謝靈詩」，萬曆本作「靈運詩」，四庫本作「謝靈運詩」。

② 丰茸　四庫本一作「丰容」。

【注】

〔一〕此爲謝靈運於南山往北山經湖中瞻眺詩中句，見謝康樂集卷三。

〔二〕此爲杜甫秋興八首詩中句，見杜少陵集卷十七。

〔三〕詩檜風隰有萇楚：「隰有萇楚，猗儺其枝。」

〔四〕見楚辭集注卷六宋玉九辯。

〔五〕此爲阮籍詠懷詩中句，見文選卷二十三。

〔六〕此爲陶弘景寒夜怨詩中句，見樂府詩集卷七十六。

〔七〕此爲杜甫虎牙行詩中句，見杜少陵集卷二十。

勸農詩

「仕宦之身，南州北縣。商賈之人，天涯海岸。爭如農夫，六親對面。門無官府，身即强健。夏絹新衣，秋米白飯。不知金貴，惟聞粟賤。鵝鴨成羣，豬羊滿圈。官税早了，逍遥散誕。安眠穩睡，直千直萬。」〔一〕此詩詞旨平易，可以諭俗。程沙隨跋云：「不知何人作。」汪聖錫書於進賢，其門人程迥授邑得之，高季安刻於石。近蜀中亦刻之，竟不知其名氏。余按：此乃謝艮齋勸農詩也，鶴林玉露亦載之，而缺數句。今據其集録之。艮齋，新喻人，與朱子友，所著有古今孝子傳〔二〕。

【注】

〔一〕宋張世南遊宦紀聞卷八作：「德興邑廨，有石刻二詩云：『仕宦之身，天涯海畔。行商之身，南州北縣。不如田舍，長相見面。門無官府，身即康健。麻麥徧地，豬羊滿圈。不知金貴，唯聞粟賤。夏新絹衣，秋新米飯。安穩眠睡，直千直萬。』云云。宋羅大經鶴林玉露甲編卷六「十銘」，亦載其語。無「門無官府，身即强健」、「不知金貴，惟聞粟賤」四句。官税早了，作「早輸」，安眠穩睡，作「似此之人」。

〔二〕「艮齋」至「古今孝子傳」，萬曆本無，據升庵集卷五十八補。謝諤，字昌國，新喻人，紹興二十七年進士，人稱艮齋先生。

陸機詩

文選陸機詩：「感别慘舒翮，思歸樂遵渚。」〔一〕注①：「舒翮謂鵠，遵渚謂鴻，言感别之情，慘於舒翮之飛鵠；思歸之志，樂於遵渚之征鳴也。」

【校】

① 注 原無，據升庵詩話補。注，李善注。

【注】

〔一〕此爲陸機於承明作與弟士龍詩中句，見文選卷二十四。

張仲舉詞用唐詩語

張仲舉踏莎行云：「芳草平沙，斜陽遠樹，無情桃葉江頭渡。醉來扶上木蘭舟，將愁不去將人去。」〔一〕唐李端詩：「江上晴樓翠靄間，滿闌春水滿窗山。青楓緑草將愁去，遠入吴雲暝不還。」〔二〕張詞全用李詩語，若不知其出處，亦不見其工緻也。

【注】

〔一〕此爲元張翥踏莎行詞上片，見蜕岩詞下，作踏莎行江上送客。張翥，字仲舉，元史有傳。

〔二〕此爲李羣玉漢陽太白樓詩，見全唐詩卷五七〇。晴樓，作「層樓」；滿闌，作「滿簾」。升庵誤作「李端詩」。

崔道融梅詩

楊誠齋愛唐人崔道融詠梅云：「香中别有韻，清極不知寒。」方虚谷云：「惜不見全篇。」余近見雜抄唐詩册子，此首適全，今載之：「數萼初含雪，孤標畫本難。香中别有韻，清極不知寒。横笛和愁聽，斜枝倚病看。朔風如解意，容易莫摧殘。」〔一〕因思古人詩文，前代不傳，或又出於後，未可知也。如蒲城縣李邕書云麾將軍碑，已爲人擊斷。正德中，劉東皋謫居蒲城，乃爲鐵檃束之復完。饒州薦福寺碑，宋代爲雷所轟，近日商人取其三段合爲一，尚可印摹〔三〕，吁，亦奇事矣！

【注】

〔一〕宋龔明之中吴紀聞卷六云：「之彝老，外岡楊氏子，名則之，字彝老。嘗學詩於西湖順老，學禪於大覺璉禪師。詩號禪外集，禪學有十玄談參同契，俱行於世。嘗作早梅詩云：『數萼初含雪，孤清畫本難。有香終是別，雖瘦亦勝寒。横笛和愁聽，斜枝倚病看。朔風如解意，容易莫吹殘。』」宋詩紀事卷九録入「釋氏」詩中。升庵易「有香終是別，雖瘦亦勝寒」二句爲「香中別有韻，清極不知寒」，易「莫吹殘」爲「莫摧殘」，以爲崔道融詩，非是。全唐詩乃據以收入崔詩中。

〔三〕本書卷十二「古碑有神物獲持」，可參看。

詩文用字須有來歷

先輩言杜詩、韓文無一字無來歷。予謂自古名家皆然，不獨杜、韓兩公耳。劉勰云：「灼灼狀桃花之鮮，依依盡楊柳之貌，喈喈逐黄鳥之聲，喓喓學鴻雁之響，雖復思經千載，將何易奪？」〔一〕信哉其言。試以「灼灼」舍桃而移之他花，「依依」去楊柳而著之别樹，則不通矣。近日詩流，試舉其一二：不曰「鶯啼」，而曰「鶯呼」；不曰「猿嘯」，而曰「猿唳」。蛇未嘗吟，而曰蛇吟；蛩未嘗嘶，而曰蛩嘶。厭「桃葉蓁蓁」，而改云「桃葉抑抑」〔二〕，桃葉可言「抑抑」乎？厭「鴻雁嗷嗷」，而强云「鴻雁嘈嘈」，鴻雁可言「嘈嘈」乎？油然者，作雲之貌，未聞淚可言油然。薦者，祭之名，「士無田則薦」是也〔三〕，未聞送人省親而曰「好薦北堂親」也。夜郎在貴州，而今送人官廣西恒用之。孟諸在齊東，而送人之荆楚襲用之。泄瀉者，穢言也，寫懷而改曰泄懷，是口中暴痢也。館甥，女婿也，上母舅詩，而自稱館甥，是欲亂其女也。真如、諸天，禪家語也，而用之道觀。遠公、大顛，禪者也，而以贈道人。送人屢下第，而曰「批鱗書幾上」。本不用兵，而曰「戎馬」、「豺虎」；本不年邁，而曰「白髮衰遲」。未有興亡之感，而曰「麋鹿姑蘇」；寄雲南官府，而曰「百粤伏波」。試問之，曰「不如此不似杜」，是可笑也。此皆近日號爲作手，徧刻廣傳者。後生效之，益趨益下矣。謂近日詩勝國初，吾不信也。而且互相標榜，不慚大言，造作名字，掩滅前輩，是可爲世道慨，豈獨文藝之末乎？○又有以騷人墨客，而合之曰「騷墨」見雲南志詩文；以汗牛充棟，而合之曰「汗充」見雲南甲午試録序，皆文理不通，足以發後世一笑。

【注】

〔一〕見劉勰文心雕龍物色篇。文字有删改。

〔二〕抑抑，李夢陽長干行詩原作「柳柳」，升庵記誤。後所引詩例，多見李夢陽空同集。

〔三〕見禮記王制：「大夫士宗廟之祭，有田則祭，無田則薦。」

東坡梅詩

禪宗頌古：唐僧古梅詩云：「雪虐風饕水浸根，石邊尚有古苔痕。天公未肯隨寒主，又孽清香與返魂。」〔一〕東坡梅花詩：「蕙死蘭枯菊已摧，返魂香入隴頭梅。」〔二〕正用此事，而注者亦不之知也。

【注】

〔一〕見禪宗頌古聯珠通集卷五，原詩無題，爲五代後唐時虎丘開極雲禪師所作。又見全唐詩卷八五一，無名釋古梅：「火虐風饕水漬根，霜皴雪皺古苔痕。東風未有隨寒暑，又蘖清香與返魂。」寒主，作「寒暑」。孽，作「蘖」。

〔二〕此爲蘇軾岐亭道上見梅花戲贈季常詩中句，見蘇東坡集卷十二。隴頭，作「嶺頭」。

杜詩奪胎之妙

陳僧慧標詠水詩：「舟如空裏泛，人似鏡中行。」〔一〕沈佺期釣竿篇：「人如天上坐，魚似鏡中懸。」〔二〕杜詩：「春水船如天上坐，老年花似霧中看。」〔三〕雖用二句之字①，而壯麗倍之，可謂得奪胎之妙矣〔四〕。

【校】

① 雖用二句之字　二句之字，升庵詩話卷八作「二子之句」。

【注】

〔一〕此爲釋慧標詠水詩中句，見文苑英華卷一六三。

〔二〕此爲沈佺期釣竿篇詩中句，見全唐詩卷九十七。人如天上坐，作「人疑天上坐」。

〔三〕此爲杜甫小寒食舟中作詩中句，見杜少陵集卷二十三。

〔四〕宋胡仔苕溪漁隱叢話後集卷五、吴曾能改齋漫録卷八、王楙野客叢書卷七、吴幵優古堂詩話等有類似記載，野客叢書卷七之「損益前人詩語」，似爲升庵所本：「詩眼曰：沈佺期詩：『人如天上坐，魚似鏡中懸。』子美詩：『春水船如天上坐，老年花似霧中看。』不免蹈襲。……沈佺期『人如天上坐，魚似鏡中懸』，此語又有所自。觀陳釋慧標詩：『舟如空裏泛，人似鏡中行。』王逸少詩：『山陰道上行，如在鏡中遊。』得非祖此乎。杜子美詩曰：『春水船如天上坐。』李白曰：『人行明鏡中，鳥度屏風裏。』盧懷謹曰：『樓臺影就波中出，日月光疑鏡里懸。』是皆體貼此意。」

仲尼登泰山

宋景文公筆記云：「仲尼登泰山，見七十二家字各不同。」〔一〕其事甚新，但未詳其所出。

【注】

〔一〕見宋祁宋景文筆記三卷卷中。

梅聖俞詩

梅聖俞詩：「南隴鳥過北隴叫，高田水入低田流。」〔一〕山谷詩：「野水自添田水滿，晴鳩却喚雨鳩來。」〔二〕李若水詩：「近村得雨遠村同，上圳波流下圳通。」其句法皆自杜子美詩「桃花細逐楊花落，黄鳥得兼白鳥飛」〔三〕之句來。

【注】

〔一〕此爲梅堯臣春日拜壟經田家詩中句，見梅堯臣集編年箋注卷二十一。南隴鳥過北隴叫，作「南嶺禽過北嶺叫」。

〔二〕此爲黄庭堅自巴陵界平江臨湘入通城無日不雨至黄龍奉謁清禪師，繼而晚晴邂逅禪客戴道純款語作長句呈道純詩中句，見山谷内集卷十六。雨鳩來，作「雨鳩歸」。

〔三〕此爲杜甫曲江對酒詩中句，見杜少陵集卷六。

烏鹽角

曲名有烏鹽角，江鄰幾雜志云：「始，教坊家人市鹽，得一曲譜於子角中①。翻之，遂以名焉。」戴石屏有烏鹽角行〔一〕。元人月泉吟社詩：「山歌聒耳烏鹽角，村酒柔情玉練槌。」

【校】

①得一曲譜於子角中　子角，升庵詞品卷一作「角子」。子角、角子，究爲何物？王灼碧鷄漫志卷五：「鹽角兒　嘉祐雜志云：『梅聖俞説，始教坊家人市鹽，於紙角中得一曲譜，翻之，遂以名。』今雙調鹽角兒令是也。」子角，作「紙角」。

【注】

〔一〕戴復古石屏詩集卷一烏鹽角行云：「……人言此角只兒戲，孰識古人吹角意。田家作勞多怨咨，故假聲音召和氣。吹此角，起東作，吹此角，田家樂。此角上與鄒子之律同宫商，合鍾吕。形甚朴，聲甚古，一吹寒谷生禾黍。」則角似爲樂器。

唐明皇逸詩元人逸詞①

余往年過劍門關，絶壁上見有唐明皇詩云：「劍閣横空峻，鑾輿出狩回。翠屏千仞合，丹障五丁開。灌木縈旗轉，仙雲拂馬來。乘時方在德，嗟爾勒銘才。」〔二〕是詩英華及諸唐詩皆不載，故記於此。○又於臨潼驪山之温湯，見石刻元人一詞曰：「三郎年少客，風流夢、繡嶺蠱瑶環。漸浴酒發春，海棠睡暖，笑波生媚，荔子漿寒。況此際，曲江人不見，偃月事無端。羯鼓三聲，打開蜀道，霓裳一曲，舞破潼關。馬嵬西去路，愁來無會處，但淚滿關山。空有香囊遺恨，錦襪傳看。玉笛聲沉，樓頭月下，金釵信杳，天上人間。幾度秋風渭水，落葉長安。」〔三〕再過之，石已磨爲别刻矣。

【校】

① 唐明皇逸詩　一作「劍門明皇詩」，見升庵詩話卷六；「元人逸詞，原作「温泉石刻」，一作「驪山詞」，見楊慎詞品卷二。丹鉛餘録卷一原爲二則，此合爲一則。

【注】

〔一〕此詩亦見全唐詩卷三，題作幸蜀西至劍門。横空，作「横雲」。

〔二〕此詞乃金人僕散如弼作，詞牌爲風流子過華清作，見全金元詞：「三郎年少客，風流夢、繡嶺蟲瑶環。看浴酒發春，海棠睡暖，笑波生媚，荔子漿寒。況此際，曲江人不見，偃月事無端。羯鼓數聲，打開蜀道，霓裳一曲，舞破潼關。　馬嵬西去路，愁來無會處，但淚滿關山。賴有紫囊來進，錦襪傳看。歎玉笛聲沉，樓頭月下，金釵信杳，天上人間。幾度秋風渭水，落葉長安。」

【辨】

升庵云劍門明皇詩，諸唐詩皆不載。陳耀文正楊卷四駁之曰：「此詩品彙、本集等多載，横空峻，一本作『盤空度』，今云諸唐詩皆不載，何耶？　唐詩紀事云，帝至西蜀，至劍門題詩曰：『劍閣横雲峻』云云，至德二年，普安郡守賈深勒石。出開天傳信録。」（見景印文淵閣四庫全書八五六册正楊臺灣商務印書館）

升庵云驪山石刻詞爲元人逸詞，清畢沅關中金石記所載「温泉風流子」云，此則題石刻詞爲金僕散如弼作，詞後有正大三年（一二二六）承務郎主簿幕蘭爲之記。當爲金人詞，非元人詞。（見續修四庫全書八九一册王昶金石萃編卷一五八　上海古籍出版社）

金谷序爲蘭亭所祖

世説新語謂王羲之作蘭亭記，人以方金谷序，羲之甚有欣色。金谷序今不傳，其實蘭亭之所祖也。余舊得宋人石刻一本，今録於此，其辭曰：「余以元康六年，從太僕卿出爲使，持節監青徐諸軍事、征虜將軍，有别廬在河南縣界金谷澗中，或高或下，有清泉茂林，衆果竹栢藥草之屬，莫不畢備。又有水碓魚池土窟，其爲娱目歡心之物備矣。時征西大將軍祭酒王詡當還長安，余與衆賓共送往澗中，晝夜遊宴，屢遷共坐，或登高臨下，或列坐水次。時琴瑟笙筑，合載車中，道路並作。及住，令鼓吹迭奏，遂各賦詩，以叙中懷。或不能者，罰酒三斗。感性命之不永，懼凋落之無期，故列叙時人官號、姓名、年紀，又寫詩著後。後之好事者其覽之哉！」〔一〕

【注】

〔一〕見世説新語卷九品藻「金谷中蘇紹最勝」劉孝標注引金谷序全文。屢遷共坐，作「屢遷其坐」。

列坐水次，作「列坐水濱」。令鼓吹迭奏，令，原作「令與」。迭奏，作「遞奏」。

支道林不赴殷淵源

語林曰：「殷浩於佛經有所不了，故遣人迎支道林，林乃虛懷欲往。王右軍駐之曰：『深源思致淵富①，未易可當，且己所不解，上人未必能通，縱能服彼，亦名不益高；若不合，便喪十年所保。』林公乃不往。」〔一〕

【校】

① 深源思致淵富　深源，上杭本、萬曆本作「淵源」，四庫本作「深源」。晉書殷浩傳：「殷浩字深源。」

【注】

〔一〕見何良俊何氏語林卷七。文字稍異。未易可當，作「未易爲敵」。若不合，作「若佻脱不合」。乃不往，作「大以爲然」。

左思賦遺句

左思別傳云：「思作三都賦，疾中猶改作。蜀都賦云：『金馬電發於高岡，碧鷄振翼而雲拔，鬼彈飛丸以礌礮，火井騰光而赫曦。』今本無『鬼丸』句。」〔一〕水經注：「瀘水傍瘴氣特惡，氣中有物，不見其形，其作有聲，中木則折，中人則害，名曰鬼彈。」〔二〕

【注】

〔一〕見世説新語卷四文學「左太沖作三都賦初成」劉孝標注引左思別傳。碧鷄，萬曆本誤作「碧山」。

〔二〕見水經注卷三十六「若水」。

夏侯湛補亡詩

夏侯湛補亡詩曰：「既殷斯虔，仰説洪恩。名定匡省，奉朝侍昏。宵中告退，鷄鳴在門。孳孳温恭，夙夜是敦。」〔一〕

【注】

〔一〕見世説新語卷四文學「夏侯湛作周詩成」。名定匡省，作「夕定晨省」。孳孳温恭，作「孳孳恭誨」。

孫子荆除婦服詩

孫子荆除婦服詩曰：「時邁不停，日月電流。神爽登遐，忽已一周。禮制有叙，告除靈丘。臨祠感泣，中心若抽。」〔一〕

【注】

〔一〕見世説新語卷四文學「孫子荆除婦服」劉孝標注引孫楚集。臨祠感泣，作「臨祠感痛」。丹鉛餘録卷一作「痛」，不誤。

桓玄作王孝伯誄

桓玄作王孝伯誄曰：「川嶽降靈，哲人是育。既爽其靈，不貽其福。天道茫昧，孰則倚伏。犬馬反噬，豺狼翹陸。嶺摧高梧，林殘故竹。人之云亡，邦國喪牧。于以誄之，爰旌芳郁。」〔一〕

【注】

〔一〕見世説新語卷四文學「桓玄嘗登江陵城南樓云我今欲爲王孝伯作誄」劉孝標注。川嶽降靈，作「川嶽降神」。孰則倚伏，作「孰測倚伏」。

唐史稱顔柳書法

唐史稱顔真卿「筆力遒婉」，又稱柳公權「結體勁媚」，有見之言哉！今人極力倣者，但得其遒而失其婉；徒學其勁而忘其媚。米元章所以有「筆頭如蒸餅」〔一〕之誚也。

【注】

〔一〕見宋米芾海嶽名言：「老杜作薛稷慧普寺詩云：『鬱鬱三大字，蛟龍岌相纏。』今有石本得視之，乃是横勒倒收筆鋒，筆筆如蒸餅。」

陶淵明閑情賦祖張衡

張衡定情賦曰：「思在面而爲鉛華兮，恨離塵而無光。」陶淵明閑情賦祖之。

左太沖招隱詩

左太沖招隱詩：「峭蒨青葱間，竹柏得其真。」〔一〕五言詩用四連緜字，前無古，後無今。

【注】

〔一〕此爲左思招隱詩二首詩中句，見文選卷二十二。峭，六臣本作「悄」。吕延濟注曰：「悄蒨青葱，茂盛美貌。」

擣素賦非婕妤作

文選雪賦注引班婕妤擣素賦，疑非婕妤之作，蓋亦卓見也〔一〕。此賦六朝擬作無疑，然亦是徐庾之極筆。

【注】

〔一〕見文選卷十三雪賦「寒風積愁雲繁」李善注：「班婕妤擣素賦曰：『佇風軒而結睇，對愁雲之浮沉。』然疑此賦非婕妤之文，行來已久，故兼引之。」

王勃滕王閣序語有本

文選褚淵碑：「風儀與秋月齊明，音徽與春雲等潤。」庾信馬射賦：「落花與芝蓋齊飛，楊柳共春旗一色。」隋長壽寺舍利碑：「浮雲共嶺松張蓋，明月與巖桂分叢。」王勃滕王閣序語本此〔一〕。然王勃之語，何啻青出於藍，雖曰前無古人可也。

【注】

〔一〕王觀國學林卷七「滕王閣序」：「歐陽文忠公集古録跋德州長壽寺舍利碑曰：『余屢歎文章至陳隋不勝其弊，而唐家致治之盛，不能遽革其弊。』『及讀斯碑，有云「浮雲共嶺松張蓋，明月與巖桂分叢」，乃知王勃云「落霞與孤鶩齊飛，秋水共長天一色」。當時士無賢愚以爲警絶，豈非其餘習乎？』觀國按：庾子山馬射賦曰：『落花與芝蓋齊飛，楊柳共春旗一色。』王勃正仿此聯，非摹長壽寺碑句也。長壽寺碑亦仿馬射賦，而句格又弱者也。」王儉褚淵碑文，見文選卷五十八，又早於馬射賦矣。

公孫弘字次卿

漢鄒長蒨與公孫弘書：「山川阻修，加以風露，次卿足下，勉作功名，竊在下風，以俟嘉譽。」〔一〕公孫弘，字次卿，惟見此。漢書不載。

【注】

〔一〕此條録自元于欽齊乘卷六。

周諺

鄒穆公引周諺云：「囊漏貯中」〔一〕，今語則云「船裏不漏針」也。

【注】

〔一〕見漢賈誼新書卷六「春秋連語」。

王弼易略

王弼易略例①云：「隆墀永歎，遠壑必盈。」此藝圃俊語也。曰：「投戈散地，六親不能相保；同舟而濟，胡越何患乎異心。」又曰：「言者所以明象，得象而忘言；象者所以存意②，得意而忘象。猶蹄者所以在兔③，得兔而忘蹄；筌者所以在魚，得魚而忘筌。然則，言者象之蹄也，象者意之筌也。」此理窟妙解也，自宋人傳義行科舉宗之，此書殆將廢矣。

【校】

① 王弼易略例　一作「易略」、「周易略例」，見升庵經説卷一、升庵集卷四十六。

② 象者所以存意　存，升庵經説卷一作「在」。

③ 猶蹄者所以在兔　在，萬曆本、四庫本作「得」，上杭本作「在」。莊子外物作「在」。下「筌者所以在魚」同。

白樂天詩①

白樂天半開花詩：「西日憑輕照，東風莫殺吹。」自注：「殺，去聲，音厦。」〔一〕俗語太甚曰殺②。容齋隨筆序「殺有好處」〔二〕，元人傳奇「忒風流、忒殺意」。今京師語猶然，大曰「殺大」、高曰「殺高」，此假借字也。俗書作「傻」。平水韻：「傻俏不仁，亦曰不慧也。」〔三〕

【校】

① 白樂天詩　一作「殺有去音」，見升庵集卷六十四。一作「殺有上音」，見升庵外集卷九十一。

② 俗語太甚曰殺　太，萬曆本作「大」，據丹鉛餘録卷十五改。

【注】

〔一〕此爲白居易𦘛半開花贈皇甫郎中詩中句，見白居易集卷三十一。殺，自注「去聲」，一作「煞」。

〔二〕殺，亦作「𠻳」，見容齋續筆序：「上曰：𠻳有好議論。」

〔三〕「俗書作傻」至末，升庵集、升庵外集俱無。

老子文用韻

老子：「明道若昧，夷道若纇，進道若退。上德若谷，大白若辱，廣德若不足。建德若偷，質真若渝，大方無隅。大器晚成，大音希聲，大象無形。」〔一〕文皆用韻，三句一易。李斯泰山刻文，其祖此乎？

【注】

〔一〕老子四十一章作：「明道若昧，進道若退，夷道若纇。上德若谷，廣德若不足。建德若偷，質真若渝，大白若辱，大方無隅。大器晚成，大音希聲，大象無形。」語序不同。纇，萬曆本誤作「類」；真，萬曆本誤作「直」。

公劉詩①

公劉詩曰：「止旅乃密，芮鞫之即。」〔一〕鞫，韓詩作「𠜂」。班孟堅云：「弦中谷，芮水出西

北，東入涇。詩芮阸，雍州川也。師古云：阸，讀與鞫同。」〔二〕

【校】

①公劉詩　一作「芮阸」，見升庵外集卷二十八。

【注】

〔一〕見詩大雅公劉。

〔二〕見漢書地理志上：「雍州山，北有蒲谷鄉弦中谷，雍州弦蒲藪。汧水出西北入渭；芮水出西北，東入涇。詩芮（阸），雍州川也。」師古曰：「阸讀與鞫同。大雅公劉之詩曰：『止旅乃密，芮鞫之即。』韓詩作芮阸，言公劉止其軍旅，欲使安静，乃就芮阸之間耳。」

晏子語

「君子獨立不慚於影，獨寢不慚於魂。」此晏子語也〔一〕。今例知爲宋人語，不知祖於晏子。

【注】

〔一〕見晏子春秋外篇下「仲尼之齊見景公」。

詩押徊字

宋賞花釣魚和詩，徘徊無別押者，優人有「徘徊太多」之譃〔一〕。余思漢書相如傳有「安翔徐徊」，昭帝廟號「從徊」〔二〕，揚雄賦有「徊徊徨徨」〔三〕，唐松陵詩有「遲徊」〔四〕，庾信文有「徠徊」，當時諸公未之精思耳，何可謂無耶〔五〕！

【注】

〔一〕古今事文類聚續集卷十三「伶人譏和詩難」引韓魏公語録云：「仁宗賞花釣魚宴賜詩，執政諸公洎禁從館閣皆屬和，而徘徊二字無他義，諸公進和篇，皆押徘徊，再坐。教坊雜戲，爲數人尋訪税第，至一宅，觀之至前堂之後，問所以，曰：『徘徊也。』又至後堂、東西序，亦問之，皆曰：『徘徊也。』一人笑曰：『可則可矣，徘徊太多。』」

〔二〕三輔黄圖卷五「宗廟」：「昭帝廟號從徊。」從徊，當爲「徘徊」之誤。

〔三〕見文選卷七揚雄甘泉賦：「徒徊徊以徨徨。」胡應麟藝林學山卷一：「揚雄甘泉賦云『徒回回以徨徨兮』，見漢書及文選，俱非此『徊』字。其末又有『徘徊招摇』之語，楊誤無疑。」

〔四〕見松陵唱和集卷六行次野梅。遲徊，作「徘徊」。

〔五〕升庵集卷六十三另有「徘徊」一則云：「徘徊二字，始於漢人。高后紀『徘徊往來』。思玄賦『馬倚輈而徘徊』，『息夫躬辭鸞徘徊兮』，注：徘徊，不得其所也。茂陵書『屋皆徘徊重屬，行之移晷不能偏』是也。徐鉉注説文乃云，徘徊，寬衣之貌，字當作裴回，誤矣。宋賞花釣魚和詩，優人有徘徊太多之誚，當時諸公遽謂無別押，亦未之考耳。」

唐書規影字

唐書「規影徭賦」，即今律文「影射」之語〔一〕。

【注】

〔一〕明方以智通雅卷二十六：「刓隱、規隱，如今之隱射也。宇文融言：『刓隱詭脱。』唐志又云：『規隱徭賦。』如今影射，亦曰飛寄，其言給隱官息錢，即欺瞞乾没也。」

儒教禪教虚實

儒教實，以其實實天下之虚；禪教虚，以其虚虚天下之實。陳白沙詩曰：「六經皆在虚無裏」〔一〕，是欲率古今天下而入禪教也，豈儒者之學哉！

【注】

〔一〕此爲陳白沙與湛民澤詩中句，見陳白沙集卷六，作「六經盡在虚無裏，萬里都歸感應中」。

陳白沙古詩

白沙之詩，五言沖淡，有陶靖節遺意，然賞識者少。徒見其七言近體，效簡齋①、康節之渣滓。至於「筋斗」、「樣子」、「打乖」、「箇里」，如禪家呵佛罵祖之語，殆是傳燈録偈子，非詩也。若其古詩之美，何可掩哉！然謬解者篇篇皆附於心學性理，則是癡人説夢矣。

【校】

①效簡齋　齋，萬曆本作「齊」，據丹鉛餘録卷十六改。

莊定山詩

莊定山早有詩名，詩集刻於生前〔一〕。淺學者相與效其「太極圈兒大，先生帽子高」〔二〕，以爲奇絶。又有絶可笑者，如：「贈我一壺陶靖節，還他兩首邵堯夫。」〔三〕本不是佳語。有滑稽者，改作外官答京宦苞苴詩云：「贈我兩包陳福建，還他一疋好南京。」聞者捧腹。然定山晚年詩入細，有可並唐人者。古詩如題竹及養庵兩篇，七言如題玉川畫，五言律如：「野暝微孤樹，江清著數鷗。與君真自厚，不是雨相留。」〔四〕七言律如遊琅琊寺：「偶上蓬萊第一峰，道人今夜宿芙蓉。塵埋下界三千丈，月在西巖七十峰。」〔五〕羅漢寺云：「溪聲夢醒偏隨枕，山色樓高不礙牆。」〔六〕又如：「狂搔短髮孤鴻外，病卧高樓細雨中。」病眼如：「殘書漢楚燈前壘，草閣江上霧裏詩。」舟中云：「千家小聚村村暝，萬里河流岸岸同。」又：「秋燈小榻留孤艇，疎雨寒城打二更。」又：「北海風回帆腹飽，長河霜冷岸痕高。」和沈仲律原字韻云：「心無牛口干秦穆，跡繼龍頭愧邴原。」又云：「藜羹莫道無萊婦，蘭畹應誰負屈原。」寄劉東山云：「塵外有人占紫氣，鏡中疑我尚朱顏。」〔七〕次東嶠韻云：「電懸雙眼疑秋水，髻擁三花御野風。」〔八〕又：「豈無湖水甘神瀵，更有溪毛當紫芝。」書東山草堂扁云：「封題雲卧東山扁，歌詠司空表聖詩。天闕星辰遺舊履，橘洲歲月有殘棋。石横流潦潛蚪角，梅迸垂蘿屈銕枝。自笑野人閑袖手，雲煙濃淡忽交馳。」次首云：「沙苑草非騏驥秣，瀟湘竹是鳳凰枝。紫虚有約千回醉，笑指僧趺亦坐馳。」又：「招隱誰甘同寂寞，著書不獨爲窮愁。」木昌道中云：「行客自知無歲暮，賓鴻不記有家歸。」〔九〕寄鄧五羊云：「後時自許甘丘壑，前席將無問鬼神。浮世虚名非得已，出山小草却悲人。別時笑語風吹斷，會處迷離夢寫真。四十餘年一回首，乾旋坤轉有冬春。」此數首，若隱其姓名，觀者決不謂定山作。

【注】

〔一〕莊昶，明江浦孝義（今江蘇南京浦口東門鎮）人，字孔暘，未第時已有詩名。晚年卜居定山，學者稱定山先生，有莊定山集。

〔二〕見定山集卷四遊茅山詩，作「山教太極圈中闊，天放先生帽頂高」。

〔三〕見定山集卷四與王汝昌魏仲瞻雨夜小酌，作「贈我一杯陶靖節，答君幾首邵堯夫」。

〔四〕此爲次孤鶴老人觀物亭坐雨二首之二，見定山集卷三。
〔五〕見定山集卷四。第一峰，作「第一重」。
〔六〕見定山集卷四雨宿羅漢寺和蓋鄉員外。不礙牆，作「不得牆」。
〔七〕見定山集卷五聞華容劉東山先生致仕。占紫氣，作「瞻紫氣」。
〔八〕見定山集卷五謝天與改官汴臬幕東嶠兄有詩次韻並寄。疑秋水，作「欺秋水」。
〔九〕見定山集卷五木昌道中之二。賓鴻，作「飛鴻」。

蔡邕漢津賦

蔡邕漢津賦：「夫何大川之浩浩兮，洪荒淼以玄清。」〔一〕嵇康詩「浩浩洪流，帶我邦畿」〔二〕，杜子美詩「大水淼茫炎海接」〔三〕，皆本於此句。

【注】

〔一〕見蔡中郎集卷四。洪荒，作「洪流」。
〔二〕此爲嵇康贈秀才從軍詩中句，見嵇康集。
〔三〕此爲杜甫多病執熱奉懷李尚書（之芳）詩中句，見杜少陵集卷二十一。

劉孟陽碑銘

劉孟陽碑銘：「有父子，然後有君臣，理財正辭，束帛戔戔。」〔一〕戔，合韻，音津。

【注】

〔一〕金石録卷十九「酸棗城内有後漢縣令劉孟陽碑」，即漢酸棗令劉熊碑。

四言詩

劉彦和云：「四言正體，雅潤爲本。五言流調，清麗居宗。」〔一〕鍾嶸云：「四言文約義廣，取效風雅，便可多得，每苦文繁而意少，故世罕習焉。」〔二〕劉潛夫云：「四言尤難，三百篇在前故也。」〔三〕葉水心云：「五言而上，世人往往極其才之所至，而四言詩雖文辭巨伯，輒不能工。」〔四〕合數公之説論之，所謂易者，易成也；所謂難者，難工也。方元善取韋孟諷諫云：「誰謂華高？企其齊而；誰謂德難？厲其庶而。」以爲「使經聖筆，亦不能删」〔五〕，過矣，此不過步驟河廣一章耳。予獨愛公孫乘月賦「月出皎兮，君子之光」「君有禮樂，我有衣裳。」〔六〕張平子西京賦：「豈伊不虔，思於天衢；豈伊不懷，歸於枌榆。天命不滔，疇敢以渝。」〔七〕隸釋載漢碑唐扶頌：「如山如嶽，嵩如不傾；如江如河，澹如不盈。」其句法意味，真可繼三百篇矣。或曰：「唐山夫人房中樂歌，何如？」曰：「是直可以繼關雎，不當以章句摘也。」曰：「然則，曹孟德『月明星稀』①，嵇叔夜『目送歸鴻』，何如？」曰：「此直後世四言耳，工則工矣②，比之三百篇，尚隔尋丈也。」

【校】

①月明星稀　明，萬曆本作「朗」，丹鉛餘録卷十七作「明」，據改。

②工則工矣　萬曆本無，據上杭本、升庵詩話補。

【注】

〔一〕見劉勰文心雕龍明詩。

〔二〕見鍾嶸詩品總論。

〔三〕見劉克莊後村詩話卷一。

〔四〕見葉適習學記言卷四十七。

〔五〕此爲方嶽深雪偶談中語，見説郛卷二十。「誰謂華高，企其齊而；誰謂德難，厲其庶而」，乃韋玄成自劾詩中語，見漢書卷七十三韋賢傳附韋玄成傳。方嶽稱「韋氏云」指「玄成」，升庵易「韋氏」爲「韋孟諷諫」，誤。韋孟爲玄成六世祖。

〔六〕見西京雜記卷四公孫乘月賦。月出皎兮，作「月出皦兮」。

〔七〕見文選西京賦。

柳子厚句法本子雲

揚子雲青州牧箴「在丘之營」〔一〕，柳子厚「在溪之曹」〔二〕，句法本子雲。

【注】

〔一〕見揚子雲集卷六。

〔二〕見柳河東集卷六曹溪第六祖賜謚大鑒禪師碑銘。

宋人釣臺詩

宋人題釣臺詩曰：「龍衮新天子，羊裘老故人。」〔一〕陳白沙竊爲己句云：「七尺羊裘幾銖兩，千秋龍衮共低昂。」〔二〕子陵豈有意與龍衮較低昂乎？兼句法亦贅，又不及宋人矣。

【注】

〔一〕此爲吴栻嚴陵懷古詩中句，嚴陵，嚴子陵。見宋詩紀事卷二十六。老故人，作「古野人」。

〔二〕此陳白沙子陵詩中句，見陳白沙集卷七。七尺，作「三尺」。

學術筆記叢刊

丹鉛總録校證

下

〔明〕楊 慎 撰
豐家驊 校證

中華書局

丹鉛總録卷之二十

詩話類

錦城絲管①

唐人樂府，多唱詩人絶句，王少伯、李太白爲多。杜子美七言絶近百，錦城妓女獨唱其贈花卿一首，所謂②「錦城絲管日紛紛，半入江風半入雲。此曲只應天上有，人間能得幾回聞」也。蓋花卿在蜀頗僭用天子禮樂，子美作此諷之，而意在言外，最得詩人之旨〔一〕。當時妓女獨以此詩入歌，亦有見哉。杜子美詩，諸體皆有絶妙者，獨絶句本無所解。而近世乃效之而廢諸家，是其真識冥契，猶在唐世妓人之下乎？

【校】

① 錦城絲管　一作「子美贈花卿」，見升庵詩話卷八。

② 所謂　萬曆本無。據上杭本、四庫本補。

【注】

〔一〕杜子美贈花卿詩，明唐元竑、楊升庵等皆謂諷花敬定僭用天子樂，胡應麟藝林學山卷一駁之云：「花卿，蜀小將耳。雖恃功驕横，然非有韋皋、嚴武之權，王建、孟昶之力，即欲僭用天子禮樂，惡得而僭之？用修以子美贈詩爲諷，真兒童之見也。凡詞人贊嘆聲色，不曰『傾城』，則曰『絶代』，子美蓋贈歌者，偶姓氏相合亦云花卿，實何戡、薛濤輩，用修便以破段子璋者當之，然求其説不得也，故有僭用禮樂之解。匡衡解頤，阿平絶倒，斯兼之哉。李羣玉贈歌妓詩『貌態只應天上有，歌聲豈合世間聞』與杜合，豈亦有所諷耶？工部諸絶，非漫興則拗體，以入歌曲自不宜，獨此首風致翩翩，音節調美，故諸妓女習之，其爲贈歌者益明。信如楊説，則一老頭巾詠史語耳，風致音節何在？用修以後世真識在唐妓人之下，不惟誣後世，並誣妓人矣。」

落月屋梁

「落月滿屋梁，猶疑照顔色。」〔一〕言夢中見之而覺其猶在，即所謂「夢中魂魄猶言是，覺後精神尚未回」〔二〕也。詩本淺，宋人看得太深，反晦矣。傳神之説〔三〕，非是。

【注】

〔一〕此爲杜甫夢李白二首詩中句，見杜少陵集卷七。

〔二〕此爲王諲後庭怨詩中句，見全唐詩卷一四五。

〔三〕宋蔡絛西清詩話卷上稱此句云：「此與李太白傳神詩也。」

關山一點

杜詩：「關山同一點。」〔一〕「點」字絶妙。東坡亦極愛之，作洞仙歌云：「一點明月窺人。」用其語也；赤壁賦云：「山高月小。」用其意也。今書坊本改「點」作「照」，語意索然。且「關山同一照」，少兒亦能之，何必杜公也。幸草堂詩餘注可證。

【注】

〔一〕此爲杜甫翫月呈漢中王詩中句，見杜少陵集卷十一。點，作「照」。注：「海録作點。」

【辨】

明胡應麟詩藪内編卷四認爲：「關山同一照，烏鵲自多驚，『照』與『驚』偶儷相當，而用修以爲『一點』。」乃是「好尚新僻」。

田藝蘅則以爲胡應麟「妄自爲説」，留青日札卷六「詩誤二編」中爲升庵辨云：「杜工部：『關山同一點』，岑嘉州：『嚴灘一點舟中月。』又赤驃馬歌：『草頭一點疾如飛。』又：『西看一點是關樓。』朱灣白鳥翔翠微詩：『淨中雲一點。』花蕊夫人云：『冰肌玉骨清無汗，水殿風來暗香滿。繡簾一點月窺人，攲枕釵横雲鬢亂。起來庭户悄無聲，時見疏星渡河漢。屈指西風幾時來，不道流年暗中換。』宋張安國詞：『洞庭青草，近中秋、更無一點風色。玉界瓊田三萬頃，着我扁舟一葉。』夫月、雲、風也，馬也，樓也，皆謂之『一點』，甚奇。」（上海古籍出版社）吴景旭歷代詩話卷三十七云：「『點』字較勝，工詩者自知。楊何必引坡詞，即據嘯餘譜所載，洞仙歌凡四體，而前段皆同，後段小變，坡詞乃第一體也，『繡簾開一點明月窺人』九字爲一句。元瑞謂『點字句絶』，是未按本調，妄自爲説也。九字連讀，則『一點』非月而何？」（見景印文淵閣四庫全書一四八三册　臺灣商務印書館）

凝音佞

詩：「膚如凝脂。」〔一〕「凝」音佞。唐詩：「日照凝紅香。」白樂天詩：「落絮無風凝不飛。」〔二〕又：「舞繁紅袖凝，歌切翠眉愁。」〔三〕又：「舞急紅腰凝，歌遲翠黛低。」〔四〕徐幹臣詞：「重省。別時淚漬，羅巾猶凝。」〔五〕張子野詞：「蓮臺香燭殘痕凝。」〔六〕高賓王詞：「想蕁汀水雲愁凝，閑蕙帳猿鶴悲吟。」〔七〕柳耆卿詞：「愛把歌喉當筵逞。遏天邊、亂雲愁凝。」〔八〕今多作平音，失之，音律亦不協也。

【注】

〔一〕見詩衛風碩人。

〔二〕此爲白居易酬李二十侍郎詩中句，見白居易集卷三十一。

〔三〕此爲白居易想東游五十韻詩中句，見白居易集卷二十七。「凝」下注「去」。

〔四〕此爲白居易三月三日祓禊洛濱座上作詩中句，見白居易集卷三十三。「凝」下注「去聲」。

〔五〕此爲徐伸轉調二郎神詞中句，見樂府雅詞拾遺卷上。淚漬，作「淚滴」。羅巾，作「羅衣」。

〔六〕此爲張先歸朝歡詞中句，見張子野詞卷一。香燭，作「香蠟」。

〔七〕此爲高觀國玉蝴蝶秋思中句，見竹屋癡語。

〔八〕此爲柳永晝夜樂贈妓詞中句，見樂章集卷上。

羊腸熊耳

庾開府詩：「羊腸連九坂，熊耳對雙峰。」〔一〕鮑照詩：「二崤虎口」「九折羊腸」〔二〕，可謂工矣。比之杜工部「高鳳」、「聚螢」，「驥子」、「鶯歌」之句〔三〕，則杜覺偏枯矣。

【注】

〔一〕此爲庾信任洛州酬薛文學見贈别，見庾子山集卷三。

〔二〕此爲鮑照石帆銘中句，見鮑明遠集卷十二，原作「二崤虎口，周王鳳趨；九折羊腸，漢臣電驅」。

〔三〕見杜少陵集卷二贈翰林張四學士垍：「無復隨高鳳，空餘泣聚螢。」卷四憶幼子：「驥子春猶隔，鶯歌暖正繁。」

巫峽江陵

盛弘之荆州記巫峽江水之迅云：「朝發白帝，暮到江陵。其間千二百里，雖乘奔御風，不以疾也。」〔一〕杜子美詩：「朝發白帝暮江陵，頃來目擊信有徵。」〔二〕李太白：「朝辭白帝彩雲間，千里江陵一日還。兩岸猿聲啼不盡，扁舟已過萬重山。」〔三〕雖同用盛弘之語，而優劣自别〔四〕。今人謂李、杜不可以優劣論，此語亦太憒憒①。

【校】

①升庵詩話卷七「巫峽江陵」條「太憒憒」後尚有：「白帝至江陵，春江盛時行舟，朝發夕至，雲飛鳥逝，不是過也。太白述之爲韻語，驚風雨而泣鬼神矣。太白娶江陵許氏，以江陵爲還，蓋室所在。」

【注】

〔一〕見水經注卷三十四「江水」。

〔二〕此爲杜甫最能行詩中句，見杜少陵集卷十五。

〔三〕此爲李白早發白帝城詩，見李太白集卷二十二。不盡，四庫本作「不住」。扁舟，四庫本作「輕舟」。

〔四〕胡應麟反對以此定李杜優劣，詩藪外編卷下云：「古大家有齊名合德者，必欲究竟，當熟讀二家全集，洞悉根源，徹見底裏，然後虚心易氣，各舉所長，乃可定其優劣。若偏重一隅，便非篤論。況以甲所獨工，形乙所不經意，何異寸木岑樓，鈎金輿羽哉。正如朝辭白帝，乃太白絶句中之絶出者，而用修舉杜歌行中常語以當之。然則秋興八篇，求之李集，可盡得乎？他日又舉薛濤絶句，謂李白亦當叩首。則杜在李下，李又在薛下矣。甚矣，可笑也。

慧遠詩

晉釋慧遠遊廬山詩：「崇巖吐氣清，幽岫棲神跡。稀聲奏羣籟，響出山溜滴。有客獨冥遊，徑然忘所適。揮手撫雲門，靈關安足闢。留心叩玄扃，感至理弗隔。孰是騰九霄，不奮沖天翮。妙同趣自均，一悟超三益。」此詩世罕傳，弘明集亦不載，猶見於廬山古石刻耳〔一〕。「孰是騰九霄」，與陶靖節「孰是都不營」〔二〕之句同調，真晉人語也。杜子美詩：「得似廬山路，真隨慧遠遊。」〔三〕正用此事，字亦不虛。千家注杜，乃不知引此。

【注】

〔一〕楊慎千里面譚卷下載遊廬山詩，并注曰：「遠公有集，今不傳，此詩見東林寺志。」氣清，作「清氣」。響出，作「嚮出」。趣自均，作「驅自均」。

〔二〕此爲陶潛庚戌九月中於西田穫早稻詩中句，見陶淵明集卷三。

〔三〕此爲杜甫題玄武禪師屋壁詩中句，見杜少陵集卷十一。得似，作「似得」。

竹枝詞

元楊廉夫竹枝詞〔一〕，一時和者五十餘人，詩百十餘首。予獨愛徐延徽一首云：「盡説廬家好莫愁，不知天上有牽牛。賸拋萬斛胭脂水，溜向銀河一色秋①。」

【校】

①溜向銀河一色秋　溜，楊慎詞品卷二「竹枝詞」作「瀉」。

【注】

〔一〕楊維楨晚居杭州西湖，作西湖竹枝詞九首，一時從而和者百餘人，編爲西湖竹枝集一卷。

瑟瑟

白樂天琵琶行「楓葉荻花秋瑟瑟」，此句絶妙。楓葉紅，荻花白，映秋色碧也。瑟瑟，珍寶名，其色碧，故以「瑟瑟」影指碧字。讀者草草，不知其解也。今以問人，輒答曰：「瑟瑟者，蕭瑟也。」此解非是。何以證之？樂天又有暮江曲云：「一道殘陽照水中，半江瑟瑟半江紅。」〔一〕此「瑟瑟」豈蕭瑟哉？正言殘陽照江，半紅半碧耳〔二〕。樂天有靈，必驚予爲千載知音矣。

【注】

〔一〕升庵絶句衍義卷二「白樂天暮江吟」：「『一道殘陽照水中，半江瑟瑟半江紅。可憐九月初三夜，露是真珠月似弓。』詩有豐韻，言殘陽鋪水，半江之碧，如瑟瑟之色。半江紅，日所映也，可謂工致如畫。』暮江曲，一作「暮江吟」。

〔二〕升庵外集卷二十「瑟瑟」條較此詳，可參看：「白樂天琵琶行『楓葉荻花秋瑟瑟』，今解者多以爲蕭瑟，非也。瑟瑟，本是寶名，其色碧。此句言楓葉赤，荻花白，秋色碧也。或者咸怪今説之異。余曰：曷不以樂天他詩證之。其出府歸吾廬詩曰：『嵩碧伊瑟瑟。』重修香山寺排律云：『兩面蒼蒼岸，中心瑟瑟流。』薔薇云：『猩猩凝血點，瑟瑟甃金匡。』閑游即事云：『寒食青青草，春風瑟瑟波。』太湖石云：『未秋已瑟瑟，欲雨先沉沉。』又云：『隱起磷磷狀，凝成瑟瑟胚。』亦狀太湖石也。早春懷微之云：『沙頭雨染斑斑草，水面風驅瑟瑟波。』暮江曲云：『一道殘陽照水中，半江瑟瑟半江紅。』諸詩以『瑟瑟』對『斑斑』，對『蒼蒼』，對『猩猩』，豈是蕭瑟乎？唐詩惟白公用瑟瑟字多，其他則王周嘉陵詩云：『嘉陵江水色，一帶柔藍碧。天女瑟瑟衣，風梭曉來織。』亦玅。元鄧文原詩：『楚江秋瑟瑟，吴苑曉蒼蒼。』王庭筠詩：『帝遣名山護此邦，千家瑟瑟嵌西窗。山僧乞與堦前地，招客先開四十雙。』詩亦工。併此蕭遘成都詩曰：『月曉已開花市合，江平偏見竹簰多。好教載取芳菲樹，剩照岷天瑟瑟波。』魯交野果詩：『碧如瑟瑟紅鞦韆。』因解瑟瑟併及之。陳懋仁按：博雅云：瑟瑟，碧珠。杜工部石筍行云：『雨多往往得瑟瑟。』」

張繼詩

國語：「室無懸耜，野無奥草。」〔一〕尉繚子兵法：「耕有春懸耜，織有日斷機。」〔二〕言用兵妨於耕織也。唐張繼詩：「女停襄邑杼，農廢汶陽耕。」〔三〕蓋祖尉繚子之語。

【注】

〔一〕見國語卷二周語。室，作「民」。

〔二〕見尉繚子卷三治本篇。耕有春懸耜，作「耕有不終畝」。

〔三〕此爲張繼送鄒判官往陳留詩中句，見全唐詩卷二四二。杼，作「杼」。

門外猧兒

「門外猧兒吠，知是蕭郎至。刬襪下香階，冤家今夜醉。扶得入羅幃，不肯脱羅衣。醉則從他醉，猶勝獨睡時。」〔一〕此唐人小辭，前輩言觀此可知詩法。或以問子蒼〔二〕，曰「只是轉折多」，蓋八句而四轉折也。

【注】

〔一〕見宋陳模懷古録卷中。香階，作「芳階」。獨睡，作「獨眠」。亦見全唐詩卷八九九，作醉公子。猶勝，作「還勝」。

〔二〕子蒼，懷古録作「蒼山」。

三句詩

幽怪録載唐人三句詩一首，云：「楊柳裊裊隨風急，西樓美人春夢中，翠簾斜捲千條入。」〔一〕詹天臞寄友云：「桂樹蒼蒼月如霧，山中故人讀書處，白露濕衣不可去。」〔二〕亦佳。比之唐人，則恧矣〔三〕。

【注】

〔一〕太平廣記卷三二九引玄怪録「劉諷」條所録詩：「楊柳楊柳，裊裊隨風急。西樓美人春夢長，繡簾斜捲千條入。」升庵删「楊柳」二字而成三句七言之詩。幽怪録，即玄怪録。朱國楨涌幢小品卷十八云：「因世廟時重玄字，用修不敢不避。其實只一書，且非刻之誤也。」玄怪録，牛僧孺撰。

〔二〕此爲詹同秋夜吟詩，見明曹學佺石倉歷代詩選卷三百二十七。蒼蒼，作「叢叢」。詹同，字同文，婺源人，集名天衢舒嘯。天臞，當爲「天衢」之誤。

〔三〕升庵詩話卷一、升庵外集卷六十七另有「三句詩」一則，較此條爲詳：「古有三句之詩，意足詞贍，盤屈於二十一字之中，最爲難工。徧檢前賢詩，不過四、五首而已。岑之敬當壚曲云：『明月二八照花新，當壚十五晚留賓，回眸百萬横自陳。』最爲絶倡。唐傳奇無名氏春詞云：『楊柳裊裊隨風急，西樓美人春夢中，繡簾斜捲千條入。』一本作楊妃舞曲，後跋云：『三句之詩，妙絶古今。幽怪録所載同。』宋謝皋羽寄鄧牧心云：『杜鵑花開桑葉齊，戴勝芋生藥草肥，九鎖山人歸未歸？』洪武中詹天臞寄山中友人云：『桂樹蒼蒼月如霧，山中故人讀書處，白露濕衣不可去。』一本有『雖佳，比之唐人，則恧矣』。又古步虚詞云：『三十六天高太清，元君夫人蹋雲語，吟風颯颯吹玉笙。』近日雲南提學彭綱詠刺桐花云：『樹頭樹底花楚楚，風吹緑葉翠翩翻，露出幾枝紅鸚鵡。』亦風韻可愛也。刺桐花，雲南名爲鸚哥花，花開酷似之。彭公此詩本四句，命吏寫刻於匾，遺其一句，復誦之，自覺意足，乃不更改。余聞之晉寧侍御唐池南云。」

袁伯文詩

「玉墀滴清露，羅幌已依霜。逢春每先絶，爭秋欲幾芳。」袁伯文楚妃引也〔一〕。「風閨晚翻靄，月殿夜凝明。願君早流盼，無令春草生。」徐孝嗣白雪曲也〔二〕。「淚滴珠難盡，容殘玉易消。倘隨明月去，莫道夢魂遥。」張文收大酺樂也〔三〕。「羅敷初總髻，蕙芳正嬌小。月落始歸船，春眠怕著曉。」又「別前花照露，別後露垂葉。歌舞須及時，如何坐悲妾。」李暇怨詩也〔四〕。數詩，少時愛而誦之。然諸選皆不收，何見耶？

【注】

〔一〕見樂府詩集卷二十九「相和歌辭」。楚妃引，作「楚妃嘆」。清露，作「淒露」。

〔二〕見樂府詩集卷五十七「琴曲歌辭」。早流盼，作「蚤留眄」。

〔三〕見樂府詩集卷八十「近代歌辭」。大酺樂，大，萬曆本脱。

〔四〕見樂府詩集卷四十二「相和歌辭」怨詩三首。別前，作「別來」。李瑕，萬曆本誤作「李㗇」。

劉須溪

世以劉須溪爲能賞音，爲其於選詩、李、杜諸家，皆有批點也。予以爲須溪元不知詩，其批選詩，首云：「詩至文選爲一厄，五言盛於建安而勃窣爲甚。」此言大本已迷矣。須溪徒知尊李、杜，而不知選詩又李、杜之所自出。予嘗謂須溪乃開剪截羅緞鋪客人，元不曾到蘇杭、南京機坊也〔一〕。

【注】

〔一〕本書卷十九有「劉須溪」一條，贊其節行之高，本條論其賞鑒力乏善，批評劉須溪「元不曾到蘇杭南京機坊」。陳耀文正楊卷三「劉須溪」條，借升庵譏須溪之語，反譏升庵曰：「前引北堂書鈔，惜海賦不傳，公自謂開鋪客人耶，到機坊者耶？」（景印文淵閣四庫全書八五六册　臺灣商務印書館）四庫全書總目須溪集提要亦云其批點「大率破碎纖仄，無裨來學」。

幽陽

陳子昂詩：「微月生西海，幽陽始化昇。」〔一〕月本陰也，而謂之幽陽；三五陽也，而平明已缺。此語亦道家説，坎爲月而中滿，女本陰也，而爲嬰兒之理也。國語亦云：「女，陽物而

晦時。」〔二〕

【注】

〔一〕此爲陳子昂感遇三十八首第一首詩中句，見全唐詩卷八十三。

〔二〕見左傳昭元年「晉侯求醫」「節百事」中語，言國語，記誤。

佛經似詩句

佛經有云：「樂行不如苦住，富客不如貧主。」又見洞山語録：「破鏡不重照，落花難上枝。」〔一〕絶似唐人樂府也。

【注】

〔一〕見五燈會元卷十三洞山价禪師法嗣華巖休靜禪師，爲休靜禪師答莊宗語。

黄鶴樓詩

宋嚴滄浪取崔顥黄鶴樓詩爲唐人七言律第一，近日何仲默、薛君采取沈佺期「盧家少婦鬱金堂」①一首爲第一。二詩未易優劣，或以問予，予曰：「崔詩賦體多，沈詩比興多。以畫家法論之，沈詩披麻皴，崔詩大斧劈皴也。」〔一〕

【校】

①取沈佺期盧家少婦鬱金堂　堂，四庫本作「香」。

【注】

〔一〕王世貞藝苑巵言卷四評曰：「何仲默取沈雲卿『獨不見』，嚴滄浪取崔司勛黄鶴樓爲七言律壓卷。二詩固甚勝，百尺無枝，亭亭獨上，在厥體中，要不得爲第一也。沈末句是齊梁樂府語，崔起法是盛唐歌行語。如織官錦間一尺繡，錦則錦矣，如全幅何？」

凍洛

集韻：「淞，凍洛也。」三蒼解詁：「液雨也。」其字音送，俗曰霧淞。漢書五行志：「雨木冰。」亦曰「樹介」，又曰「木稼」，稼即介之訛耳。寒甚而木冰，如樹著介胄也。曾南豐集云：「齊地寒甚，夜如霧凝於木上①，日出飄滿庭階，尤爲可愛。」遂作詩云：「園林初日淨無風，霧淞花開樹樹同。記得集英深殿裏，舞人齊插玉籠鬆②。」〔一〕齊地以爲豐年之兆。諺云：「霜淞如霧淞，窮漢備飯甕。」然淞之極，則以爲樹介、木冰。諺云：「木若稼，達官怕。」蓋寒淺則爲霧淞，寒極則爲木冰。霧淞召豐，而木冰召凶也。李獻吉詩：「大寒冰雨何紛紛，曉行日臨江吐雲。」〔二〕蓋詠木冰也。又云：「今朝走白露，南枝參差開。紫宫散花女，騎龍下瑶阪。」〔三〕蓋詠霧淞也。各極體物之妙云。

【校】

①夜如霧凝於木上　木，上杭本、萬曆本作「水」，四庫本作「樹」，當作「木」。

②舞人齊插玉籠鬆　鬆，丹鉛摘録卷十、四庫本作「鬠」，一作「玉瓏鬆」。曾鞏霧淞詩作「玉籠鬆」。

【注】

〔一〕見曾鞏元豐類藁卷七冬夜即事「香消一榻氍毹暖，月澹千門霧淞寒」詩注：「齊寒甚，夜氣如霧，凝於木上。旦起視之如雪，日出飄滿階庭，尤爲可愛。齊人謂之霜淞，諺曰：『霜淞重霧淞，窮漢置飯甕。』以爲豐年之兆。」樹樹同，作「處處同」。

〔二〕此爲李夢陽發南浦贈人詩中句，見空同集卷三十。

〔三〕此爲李夢陽白霧樹纍纍作花詩中句，見空同集卷十二。

神瀵

陳希夷詩：「倐爾火輪煎地脈，愕然神瀵湧山椒。」神瀵，出列子〔一〕。即易所謂「山澤通氣」，參同契所謂「山澤氣相蒸，興雲而爲雨」是也。地理書沃焦、尾閭〔二〕，皆此理耳。

【注】

〔一〕列子卷五湯問：「當國之中有山，山名壺領，狀若甔甀。頂有口，狀若員環，名曰滋穴，有水湧出，名曰神瀵。臭過蘭椒，味過醪醴，一源分爲四埒，注於山下。」

〔二〕藝文類聚卷八引玄中記云：「天下之强者，東海之惡燋焉，水灌而不已。惡燋者，山名也。在東海南方三萬里，海水灌之而即消。」惡燋，一作「沃焦」。莊子秋水篇：「天下之水，莫大於海，萬川歸之，不知何時止而不盈；尾閭泄之，不知何時已而不虚。」

緑沈

杜少陵遊何將軍山林詩：「雨抛金鎖甲，苔卧緑沉槍。」竹坡周少隱詩話云：「甲抛於雨，爲金所鎖；槍卧於苔，爲緑所沉。有將軍不好武之意。」此瞽者之言也。薛氏補遺云：「緑沉，精鐵也。」引隋書文帝賜張奫緑沉之甲。趙德麟侯鯖録謂緑沉爲竹，引陸龜蒙詩：「一架三百竿，緑沉森杳冥。」〔一〕雖少有據，然亦非也。予考之，「緑沉」乃畫工設色之名①。鄴中記云：「石虎造象牙桃枝扇，或緑沉色，或木難色②，或紫紺色，或鬱金色。」王羲之筆精云：「有人以緑沉漆管見遺。」〔二〕南史梁武帝西園食緑沉瓜〔三〕，是緑沉即西瓜皮色也。梁簡文詩：「吴戈夏服箭，驥馬緑沉弓。」〔四〕虞世南詩：「緑沉明月弦。」〔五〕劉劭趙都賦：「弩有黄間緑沉③。」若如薛與趙之説，鐵與竹，豈可爲弓弦耶？楊巨源詩：「吟詩白羽扇，校獵緑沉槍。」〔六〕與杜少陵之句同，皆謂以緑沉色爲漆飾槍柄耳。

【校】
①緑沉乃畫工設色之名　設，萬曆本無，據升庵外集卷七十四補。
②木難色　難，上杭本、四庫本作「蘭」，升庵集卷五十七、升庵外集卷七十四作「難」。木難，南越志：「金翅鳥沫所成碧色珠也。」
③弩有黄間緑沉　黄間緑沉，上杭本、四庫本作「黄間緑」，萬曆本、升庵詩話卷八作「黄間緑沉」。劉劭趙都賦：「其用器則六弓四弩，緑沉黄間，堂嵠魚腸，丁令角端。」黄間，弓名。

【注】
〔一〕此爲皮日休新竹詩，見松陵集卷三。竿，作「本」。杳冥，作「冥冥」。升庵誤記爲「陸龜蒙詩」。
〔二〕見宋蘇易簡文房四譜卷一王羲之筆經：「近有人以緑沉漆管及鏤管見遺。」
〔三〕見南史任昉傳：武帝「方食西苑緑沉瓜」。西園，作「西苑」。
〔四〕此爲梁簡文帝旦出興業寺講詩詩中句，見全梁詩卷二。
〔五〕此爲虞世南結客少年場行詩中句，見全唐詩卷三十六。
〔六〕此爲楊巨源上劉侍中詩中句，見全唐詩卷三三三。

【辨】
「緑沉」之義，前人論者甚多。如宋趙德麟侯鯖録卷一「緑沉」、吴曾能改齋漫録卷四「辨誤」、王楙野客叢書卷五「竹坡方緑沉槍」，明焦竑焦氏筆乘卷四「緑沉」、徐應秋玉芝堂談薈卷二十八「緑沉槍」、胡應麟藝林學山卷一「緑沉」等。

王楙云：「所謂緑沉者，不可專指一物，顧所指何物耳。如梁武帝食緑沉瓜，是指瓜也；如人以緑沉漆管筆遺王逸少，是指筆也；如劉劭『六弓四弩、緑沉黄間』，古樂府『緑沉明月弦』、唐太宗詩『羽騎緑沉弓』，是指弓也。以至宋元嘉間，廣州作緑沉屏風、石季龍用緑沉扇，是亦有緑沉之説，豈可專指一物爲緑沉哉！……蓋有物色之深者，爲緑沉也。」（見野客叢書卷五「竹坡言緑沉槍」中華書局）

胡應麟云：「右王説自當，但云物色深者爲緑沉稍未安，不若言緑色深者爲緑沉也。」

清人杭世駿訂訛類編卷六「緑沉槍」條云：「愚案：沉，深也。緑沉，深緑色也。吴曾漫録亦不取精鐵之説。」（訂訛類編　中華書局）

帛道猷詩

晉世釋子帛道猷，有陵峰採藥詩曰：「連峰數千里，修林帶平津。茅茨隱不見，鷄鳴知有人。」此四句古今絶唱也。有石刻在沃州岩。按：弘明集亦載此詩〔一〕，本八句，其後四句不稱，獨刻此四句。道猷自删之耶？抑别有高人定之耶？宋秦少游詩：「菰蒲深處疑無地，忽有人家笑語聲。」〔二〕道潛詩：「隔林彷彿聞機杼，知有人家在翠微。」〔三〕雖祖道猷語意而不及。庚溪作詩話，謂少游、道潛比道猷尤爲精煉〔四〕。所謂「蘇糞壤以充幃，謂申椒其不芳」也。

【注】

〔一〕陵峰採藥，楊慎千里面譚卷下作「凌峰採藥」云：「此詩絶妙，見高僧傳。」高僧傳初集卷五竺道壹傳載此詩，凡十句，此其一二、五六句。升庵謂弘明集載此詩，記誤。

〔二〕此爲秦觀秋日三首第一首詩中句，見淮海集卷十。

〔三〕此爲釋道潛東園三首第二首詩中句，見參寥子詩集卷二。

〔四〕見宋陳巖肖庚溪詩話卷下。焦氏筆乘卷四「帛道猷」條云：二詩「皆竊其意」，「誦之更覺高妙」。

秃節

晁以道家有宋子京手書杜少陵詩一卷，「握節漢臣回」①，乃是「秃節」；「新炊間黄粱」〔一〕，乃是「聞黄粱」。以道跋云：「前輩見書自多，不似晚生，但以印本爲正也。」慎按：後漢書張衡傳云：「蘇武以秃節效貞。」〔二〕杜公正用此語，後人不知，改「秃」爲「握」。晁以道徒知宋子京之舊本，亦不知「秃節」之字所出也，況今之淺學乎〔三〕？

【校】

①握節漢臣回　回，萬曆本作「囘」，四庫本作「歸」。杜少陵集卷五鄭駙馬池臺喜遇鄭廣文同飲詩

作「回」。

【注】

〔一〕此爲杜甫贈衛八處士詩中句，見杜少陵集卷六。

〔二〕見後漢書張衡傳：「作應間以見其志。」有句云：「貫高以端辭顯義，蘇武以禿節效貞。」

〔三〕明焦竑焦氏筆乘卷一「禿節」條云：「杜『禿節漢臣歸』，今本作『握節』；右丞『節旄禿盡海西頭』，今本作『空盡』。俗士無知，妄肆改竄，每如此。」

五言律起句

五言律起句最難，六朝人稱謝朓工於發端，如「大江流日夜，客心悲未央」〔一〕，雄壓千古矣。唐人多以對偶起，雖森嚴而乏高古。宋周伯弜選唐三體詩〔二〕，取起句之工者二：「酒渴愛江清，餘酣漱晚汀」〔三〕，又「江天清更愁，風柳入江樓」是也〔四〕。語誠工，而氣衰颯。余愛柳惲「汀洲採白蘋，日落江南春」〔五〕、吴均「咸陽春草芳，秦帝捲衣裳」，又「春從何處來，拂水復驚梅」〔六〕，梁元帝「山高巫峽長，垂柳復垂楊」〔七〕，唐蘇頲「北風吹早雁，日日渡河飛」〔八〕，張柬之「淮南有小山，嬴女隱其間」〔九〕，王維「風勁角弓鳴，將軍獵渭城」〔一〇〕，杜子美「將軍膽氣雄，臂懸兩角弓」〔一一〕，孟浩然「八月湖水平，涵虚混太清」〔一二〕。雖律也，而含古意。皆起句之妙，可以爲法，何必效晚唐哉？伯弜之見，誠小兒也。

【注】

〔一〕此爲謝朓暫使下都夜發新林至京邑贈西府同僚詩中句，見謝宣城集卷三。

〔二〕周弼，字伯弜，又作伯弼，宋代詩人。

〔三〕此爲暢當軍中醉歌寄沈八劉叟詩中句，見全唐詩卷二八七。

〔四〕此爲司空曙題江陵臨沙驛樓詩中句，見全唐詩卷二九三。

〔五〕見玉臺新詠卷五柳惲江南曲。日落，一作「日暖」。

〔六〕見玉臺新詠卷六吴均秦王卷衣、春詠。秦帝，一作「秦女」。

〔七〕此爲梁元帝折楊柳詩中句，見樂府詩集卷二十二「横吹曲辭」。山高，作「巫山」。

〔八〕此爲蘇頲奉和聖制幸望春宫送朔方大總管張仁亶詩中句，見全唐詩卷七十四。日日，作「日夕」。

〔九〕此爲張昌宗太平公主山亭侍宴詩中句，見全唐詩卷八十。升庵誤記爲「張柬之」。

〔一〇〕此王維觀獵詩中句，見王右丞集卷十三。

〔一一〕此爲杜甫寄贈王十將軍承俊首二句，見杜少陵集卷九。

〔一二〕此爲孟浩然望洞庭湖贈張丞相詩中句，見全唐詩卷一六〇。

【辨】

明胡應麟以爲升庵此説未當，在詩藪外編卷二中批評説：「楊用修論發端，以玄暉『大江日夜流』爲妙絶，余謂此未足當也。千古發端之妙，無出少卿三起語：如『嘉會難再遇，三載如千秋』、『攜手上河梁，遊子暮何之』，尋常兒女，可泣鬼神。次則子建『高臺多悲風，明月照高樓』，咳唾天仙，敻絶凡俗。康樂『百川赴巨海，衆星環北辰』，雖稍遠本色，然是後來壯語之祖，不妨並拈出也。」（胡應麟詩藪　上海古籍出版社）

芳梅詩

「新歲芳梅樹，繁苞四面同。春風吹漸落，一夜幾枝空。小婦今如此，長城恨不窮。莫將遼海雪，來比後庭中。」此劉方平梅花詩也〔一〕。既不用事，又不拘對偶，而工緻天然，雖太白未易先後也。梅花詩被宋人作壞，令人見梅，枝條可憎，而香影無味。安得誦此詩及梁元帝、徐陵、陰鏗、江總諸詠〔二〕，一洗梅花之辱乎！

【注】

〔一〕見全唐詩卷二五一劉方平梅花落。繁苞，作「繁花」。小婦，作「少婦」。

〔二〕梁元帝詠梅、陰鏗詠雪裏梅，見藝文類聚卷八十六。徐陵梅花落、江總梅花落，見樂府詩集卷二十四「横吹曲辭」。

謝詩

謝朓酬王晉安詩：「南中榮橘柚，寧知鴻雁飛。」〔一〕後人不解此句之妙。晉安，即閩泉州也。「南中榮橘柚」，即諺云「樹蠻不落葉」也；「寧知鴻雁飛」，即諺云「雁飛不到處」也。樹不凋，雁不到，本是瘴鄉，乃以美言之，此是隱句之妙。

【注】

〔一〕見文選卷二十六。題下李善注曰：「五言集曰：『王晉安德元。』王隱晉書曰：『晉安郡，太康三年置，即今之泉州也。』」故此詩亦題作酬王晉安德元。

吹蠱〔一〕

鮑照苦熱行：「含沙射流影，吹蠱痛行暉。」南中畜蠱之家，蠱昏夜飛出飲水，光如曳彗，所謂「行暉」也。文選注：「行暉，行旅之暉。」〔二〕非也。

【注】

〔一〕升庵集卷七十「畜蠱」、「治蠱方」，可參看。「畜蠱」條云：「隋書志云：『江南之地多蠱，以五月五日，聚百種蟲，大者至蛇，小者至蝨，合置器中，令自相啖。因食入人腹内，食其五臟。死則其産移蠱主之家，若盈月不殺人，則畜者自踵其害。累世相傳不絶，自侯景之亂，殺戮殆盡，蠱家多絶，既無主人，故飛游道路之中則殞焉。』今此俗移於滇中，每遇亥夜，則蠱飛出飲水，其光如星，鮑照詩所謂『吹蠱痛行暉』也，予親見。」「治蠱方」云：「蠱毒在上，則服升麻吐之；在腹，則服鬱金下之。或合升麻、鬱金服之，不吐則下。宋李巽巖侍郎燾爲雷州推官，鞫獄得此方，活人甚多。見范石湖集。」

〔三〕見文選卷二十八鮑照苦熱行李善注。

韓翃詩

唐人評韓翃詩，謂「比興深於劉長卿，筋節減於皇甫冉。」〔一〕比興，景也；筋節，情也〔二〕。

【注】

〔一〕見高仲武中興間氣集卷上，作「其比興深于劉員外，筋節成于皇甫冉」。成於，當作「減於」。

〔二〕明胡應麟藝林學山卷一「韓翃詩」條評曰：「此高仲武中興間氣評語。比興，情也；筋節，骨也。楊解殊誤。然高評亦未當。余謂君平之詩，比興不深於長卿，筋節不減於皇甫也。」

王適詩

「忽見寒梅樹，開花漢水濱。不知春色早，疑是弄珠人。」〔一〕此王適梅花詩也。唐音選之，一首足傳矣。適，唐初人。陳子昂别傳云〔二〕：「幽人王適見感遇詩曰：『是必爲海内文宗矣。』」即其人也。余見蜀志載王適蜀中旅懷一首云：「有時須問影，無事則書空。棄置如天外，平生似夢中。别離同夜月，愁思隔秋風。老少悲顔駟，盈虚悟翟公。」〔三〕蓋因旅游入蜀而見子昂也。近注唐音，以王適爲韓退之銘其墓者，不知開元以後，安得此句法哉？不惟胸中無書，又且目中無珠，妄淺如此，何以注爲？

【注】

〔一〕此詩見元楊士弘編唐音卷八，題作詠江濱梅。

〔二〕陳子昂别傳，唐盧藏用撰。萬曆本作「列傳」。

〔三〕此詩題一作蜀中言懷，見唐詩紀事卷六。顔駟，作「顔叟」。引詩有删節。

張諲

王右丞贈張諲詩云：「屏風誤點惑孫郎，團扇草書輕内史。」〔一〕李頎亦贈諲云：「小王疲體閑支策〔二〕，落月梨花空滿壁。詩堪記室妬風流，畫與將軍作勍敵。」〔三〕其爲名流所重如此。記室，左思也；將軍，顧愷之也。諲之畫有神鷹圖，予猶及一見之於京肆，以索價太厚，未之購也。

【注】

〔一〕此爲王維故人張諲工詩善卜兼能丹青草隸頃以詩見贈聊獲酬之詩中句，見全唐詩卷一二五。

〔二〕小王疲體，唐詩紀事卷二十、唐才子傳卷二「張諲」條作「小王破體」。全唐詩卷一三四李頎詠張諲山水作「小山破體」。疲，當作「破」。破體，書體之一。唐張彦遠法書要録三徐浩論書：「厥後鍾（繇）善真書，張（旭）稱草聖，右軍行法，小令（獻之）破體，皆一時之妙。」獻之書，變其父行體，而行草並用，故稱破體。升庵外集卷八十七「字説」：「人皆不解『破體』爲何語？按徐浩云云」「破體，謂行書小縱繩墨，破右軍之體也。」錢鍾書不同意前人之説，認爲「破體」不必是書體，亦可言文體，在管錐編三全漢文卷一六中説：「李商隱韓碑『文成破體書在紙』，釋道源註『破當時爲文之體，或謂破書體，必謬』，是也。此『紙』乃『鋪丹墀』呈御覽者，書跡必端謹，斷不破體作行草。……『破體』，即破『今體』，猶苑咸酬王維曰：『爲文已變當時體。』歷代名畫記卷一〇張諲條引李頎詩『小王破體閑文策』，明指『文』而不指『書』，『閑』謂精擅；全唐詩輯此詩，未註來歷，又訛『文』爲『支』，遂難索解。……以爲『破體』必是行草書，見之未廣也。」可備一説。

〔三〕此爲李頎詠張諲山水詩，見全唐詩卷一三四。疲體，作「破體」。落月，作「落日」。空滿壁，作「照空壁」。

桃花詩

唐自貞觀至景龍，詩人之作，盡是應制，命題既同，體製復一，其綺繪有餘，而微乏韻度，獨蘇頲「東望望春春可憐」一篇〔一〕，迥出羣英矣。予又見中宗賞桃花，應制凡十餘人，最後一小臣一絶云：「源水叢花無數開，丹椈紅萼間青梅①。從今結子三千歲，預喜儒游復摘來。」〔二〕此詩一出，羣作皆廢。中宗令宮女唱之，號桃花行，惜不知作者名。然宋元近時選唐詩者將百家，無有選此者，未之見耶？不之識耶〔三〕？

【校】

①丹枘紅蕚間青梅　枘，丹鉛摘録卷十、四庫本作「枝」，徐彦伯侍宴桃花園詩作「跗」。

【注】

〔一〕此爲蘇頲奉和春日幸望春宫應制詩中句，見全唐詩卷七十三。

〔二〕此爲徐彦伯侍宴桃花園詩，見全唐詩卷七十六。丹枘，作「丹跗」。僊游，作「仙遊」。

〔三〕文苑英華卷一六九、萬首唐人絶句卷二十六均選有此詩，題「徐彦伯」作。

七夕曝衣

沈佺期七夕曝衣篇云：「君不見，昔日宜春太液邊，披香畫閣與天連。燈火灼爍九衢映，香氣氛氳百和然。此夜星繁河正白，人傳織女牽牛客。宫中擾擾曝衣樓，天上娥娥紅粉席。舒羅散綵雲霧開，綴玉垂珠星漢回。朝霞散彩羞衣架，晚月分光劣鏡臺。上有仙人長命綹，中看寳媛迎歡繡。琦瑁筵中别作春，琅玕窗里翻成晝。椒房金屋寵新流，意氣嬌奢不自由。漢文宜惜露臺費，晉武須焚前殿裘。」〔一〕佺期此詩，首以藻繪，終歸諷戒，深可欽玩。近刻沈集，不載此詩，蓋本類書抄合，非當日全集也。

【注】

〔一〕見全唐詩卷九十五。「天上娥娥紅粉席」後省去以下八句：「曝衣何許曛半黄，宮中綵女提玉箱。珠履奔騰上蘭砌，金梯宛轉出梅梁。絳河裏，碧煙上，雙花伏兔斂屏風，四子盤龍擎斗帳。」

文思遲速

「相如含筆而腐毫」，「枚皋應詔而奏賦」〔一〕，言文思遲速之異也。唐人云：「潘緯十年吟古鏡，何涓一夕賦瀟湘。」〔二〕畫家亦云①：「思訓經年之力，道玄一日之功。」〔三〕

【校】

① 畫家亦云　畫，上杭本作「書」，四庫本作「畫」。

【注】

〔一〕見文心雕龍神思。奏賦，作「成賦」。

〔二〕見唐摭言卷十：何涓，嘗爲瀟湘賦，天下傳寫；同時潘緯，以古鏡詩著名。

〔三〕朱勝非紺珠集卷八：「明皇令道玄往嘉陵觀山水，……乃令圖之，一日而成。是時李思訓亦善山水，帝復令貌，數月方畢。」

批頰

唐盧延遜詩：「樹上諮諏批頰鳥，窗間壁剥叩頭蟲。」〔一〕王半山詩：「翳林窺搏黍，藉草聽批頰。」〔三〕元人送春詩：「批頰穿林叫新緑。」〔三〕韓致元春恨詩云①：「殘夢依依酒力餘，城頭批頰伴啼烏。平明乍捲西樓幕，院静初聞放轆轤。」〔四〕批頰，蓋鳥名，但不詳爲何形狀耳。或曰：即鵯頰也，催明之鳥，一名夏鷄，俗名隔隥鷄。

【校】

① 韓致元春恨詩　韓致元，即韓偓，唐書本傳字致光，胡仔漁隱叢話作致元。丹鉛總録萬曆本作「致元」，四庫本作「致光」。今一作「致堯」。

【注】

〔一〕此爲盧延遜冬夜詩殘句，見唐詩紀事卷六十五「盧延讓」，亦見全唐詩卷七一五。

〔二〕此爲王安石再用前韻寄蔡天啓詩中句，見臨川文集卷二。

〔三〕此爲元杜瑛留春曲中句，見元文類卷四。穿林，作「深林」。

〔四〕此爲韓偓春恨詩。城頭批鵊，作「城頭畫角」。乍捲，作「未捲」。

柳枝詞

麗情集載：湖州妓周德華者，劉采春女也。唱劉禹錫柳枝詞云：「春江一曲柳千條，二十年前舊板橋。曾與美人橋上別，恨無消息到今朝。」〔一〕此詩甚佳，而劉集不載〔二〕。

【注】

〔一〕清王士禛香祖筆記卷五云：「余按此乃白樂天詩，詩本六句，非絶句，題乃板橋，非柳枝。蓋唐樂部所歌，多剪截四句歌之，如高達夫『開篋淚沾臆』，本古詩，止取前四句；李巨山『山川滿目淚沾衣』，本汾陰行，止取末四句是也。白詩云：『梁苑城西三十里，一渠春水柳千條。若爲此路今重過，二十年前舊板橋。曾與美人橋上别，更無消息到今朝。』板橋在今汴梁城西三十里中牟之東，唐人小説載板橋三娘子事即此。與謝玄暉之新林浦板橋異地而同名也。升庵博極羣書，豈未睹長慶集者，而亦有此誤耶？」其誤始于范攄雲溪友議，全唐詩據以誤將此詩收入劉禹錫詩中。

〔二〕「劉集不載」後，升庵詩話卷十一尚有二句：「然此詩隱括白香山古詩爲一絶，而其妙如此。」蓋知爲白樂天詩也。

金山寺詩

「靈山一峰秀，岌然殊衆山。盤根大江底，插影浮雲間。雷霆常閒作，風雨時往還。象外懸清景，千載長躋攀。」此唐人韓垂題金山寺詩也，當爲第一。張祜詩雖佳①，而結句「終日醉醺醺」〔一〕，已入張打油、胡釘鉸矣。

【校】

①張祜詩雖佳　祜，上杭本、萬曆本皆作「祐」，四庫本作「祜」。

【注】

〔一〕張祜詩，指題潤州金山寺：「一宿金山寺，微茫水國分。僧歸夜船月，龍出曉堂雲。樹色中流見，鐘聲兩岸聞。翻思在朝市，終日醉醺醺。」見全唐詩卷五一〇。瀛奎律髓卷一譽爲「金山絶唱」，與升庵之評不同。

劣唐詩

學詩者動輒言唐詩，便以爲好，不思唐人有極惡劣者。如薛逢、戎昱，乃盛唐之晚唐〔一〕，亦有數等①，如羅隱、杜荀鶴，晚唐之下者；李山甫、盧延遜又其下下者，望羅、杜又不及矣。其詩如「一箇禰衡容不得」〔二〕，又「一領青衫消不得」之句。其他如「我有心中事，不向韋三説。昨夜洛陽城，明月照張八」〔三〕；又如「餓貓窺鼠穴，飢犬舐魚砧」〔四〕；又如「莫將閑話當閑話，往往事從閑話生」〔五〕；又如「水牛浮鼻渡，沙鳥點頭行」〔六〕。此類皆下淨優人口中語，而宋人方採以爲詩法，入全唐詩話，使觀者曰：「是亦唐詩之一體也。」如今稱燕趙多佳人，其間有跛者、眇者、瓶甖者、疥且痔者，乃專房寵之，曰「是亦燕趙佳人之一種」，可乎？

【校】

① 亦有數等　升庵詩話卷十一作「晚唐亦有數等」。

【注】

〔一〕薛逢，武宗會昌元年進士，當屬晚唐；戎昱，德宗建中年間爲辰、虔二州刺史，應入中唐。升庵皆以入盛唐，誤。

〔二〕此爲羅隱詩句：「一箇禰衡容不得，思量黄祖謾英雄。」見全唐詩卷六六五。

〔三〕此爲李約贈韋况詩，見全唐詩卷三〇九。不向，作「不與」。昨夜，作「秋夜」。

〔四〕此爲盧延讓懷江上詩中句，見唐詩紀事卷六十五。

〔五〕此爲衛準詩中句，見全唐詩卷七九五，作「莫言閒話是閒話，往往事從閒話來」。

〔六〕此爲陳詠詩句，見全唐詩卷七九五，作「隔岸水牛浮鼻渡，傍溪沙鳥點頭行」。

劉駕詩

劉駕詩體近卑，無可採者。獨「馬上續殘夢」一句〔一〕，千古絶唱也。東坡改之作「瘦馬兀殘夢」〔二〕，便覺無味矣〔三〕。

【注】

〔一〕此爲劉駕早行詩中句，見全唐詩卷五八五。

〔二〕此爲蘇軾除夜大雪留濰州元日早晴遂行中途雪復作詩中句，見蘇東坡集卷八。

〔三〕王世貞藝苑卮言卷四：「劉駕『馬上續殘夢』，境頗佳。下云『馬嘶而復驚』，遂不成語矣。蘇子瞻用其語，下云『不知朝日升』，亦未是。至復改作『瘦馬兀殘夢』，愈墜惡道。」

馬戴詩

嚴羽卿云：馬戴之詩，爲晚唐之冠〔一〕。信哉！其薊門懷古云：「荆卿西去不復返，易水東流無盡時。日暮蕭條薊城北，黄沙白草任風吹。」〔二〕雅有古調。至如「猿啼洞庭樹，人在木蘭舟」〔三〕，雖柳吴興〔四〕，無以過也。

【注】

〔一〕嚴羽，字儀卿，所著滄浪詩話云：「馬戴在晚唐諸人之上。」

〔二〕此爲馬戴易水懷古詩，見全唐詩卷五五六。盡時，作「盡期」。日暮，作「落日」。

〔三〕此爲馬戴楚江懷古三首詩中句，見全唐詩卷五五五。

〔四〕柳吴興，即柳惲，南朝著名詩人，因任吴興（今浙江湖州）太守，故稱，有柳吴興集，已佚。

劉言史詩

劉言史瀟湘舟中聽夷女唱暧廼歌云：「夷女采山蕉，緝紗浸江水。野花滿髻粧粉紅，閑歌暧廼深峽裏。暧廼知從何處生？當年泣舜斷腸聲。翠華寂寞嬋娟没，緑篠空餘紅淚情。青煙冥冥覆杉桂，崖壁凌天風雨細。昔人怨恨此地遺，碧杜緗蘺含怨姿。清猿未盡鼯鼠切，汨水流到湘妃祠。北人莫作瀟湘游，九疑雲入蒼梧愁。」〔一〕暧廼，楚人歌也。元結集作「欸乃」，字不同而義一〔二〕。此詩世亦罕傳，且録之。

【注】

〔一〕此詩題一作瀟湘遊，見全唐詩卷四六八。粉紅，作「色新」。怨恨，作「幽恨」。碧杜緗蘺，作「緑芳紅豔」。

〔二〕元次山集卷三欸乃曲，題下注云：「欸，音襖；乃，音靄，棹船之聲。」宋姚寬西溪叢語卷上「欸乃」條云：「柳子厚詩云：『漁翁夜傍西巖宿，曉汲清湘燃楚竹。煙消日出不見人，欸乃一聲山水緑。』欸，音襖；乃，音靄，相應之聲也。今人誤以二字合爲一。劉言史瀟湘游云：『夷女采山蕉，緝紗浸江水。野花滿髻妝色新，閑歌暧廼深峽裏。暧廼知從何處生，當時泣舜斷腸聲。』此聲同而字異也。『暧廼』即『欸乃』字。」本書卷十四「欸乃」，可參看。

劉元濟詩①

近覽廬山舊志，見唐人劉元濟經廬嶽迴望江州想洛陽有作云：「龜山帝始營，龍門禹初鑿。出入經變化，俯仰憑寥廓。未若兹山功，連延並巫霍。東北流艮象，西南距坤絡。宏阜自鬱盤，高堙復迴薄。勢入柴桑渚，陰開彭蠡壑。九江杳無際，七澤紛相錯。雲霞散吴會，風波騰鄢鄀。跡隨造化久，利與乾坤博。眄嚮積氣通②，紛綸潛怪作。石渠忽見踐，金房安可托。地入天子都，巖有仙人藥。二門幾迢遞，三宫何儵爚。咫尺窮杳冥，跬步皆恬漠。才驚羽翰幽，居靜龍蛇蠖。明牧振雄詞，棣華殊灼爍。盛業匡西夏，深謀贊禹亳。黄雲覆鼎飛，絳氣橫川躍。佐曆符賢運，人期夢天爵。禮樂富垂髫，詩書成舞勺。清輝靖邑電，利器騰霜鍔。遊聖挹衢樽，鄰畿恭木鐸。牆仞包武侯，波瀾控文若。旋聞刈翹薪，遽覩折葵藿。稷卨序揆圖，良平公輔略。重臣資出守，英藩諒求瘼。豫章觀偉材，江州訪靈崿。陽岫曉氛氲，陰崖暮蕭索。雌伏屢鯨奔，雄飛更鷙搏。驚壘透煙霞，騰猿亂枝格。故園有歸夢，他山非行樂。他鄉徒可遊，湟澗終旋泊。景物觀淮海，雲霄望河洛。城闕紫微星，圖書玄扈閣。神功多粉繪，元氣猶斟酌。丞相下南宫，將軍趨北洛。橫簪並附蟬，別鼎俱調鶴。四野時迷路，五月先投籥。池榭宣瓊管，風花亂珠箔。舊遊勞寤寐，新知無悦樂。天寒欲贈言，歲暮期交約。夜琴清玉柱，秋灰變緹幙。風雲動翰林，宫徵調文籥。言泉激爲浪，思緒飛成繳。千里揮珠璣，五采含丹雘。鐘鼓旋驚鷃，瑾瑜俄抵鵲。竊價慚庸怠，叨聲逾寂寞。長望恨南溟，居然翳東郭。」〔一〕此詩綺繪焕發③，比興温然，雖王、楊、盧、駱，未能先也。然不甚流傳。而王周、李山甫、林寛、盧延遜、周晏〔二〕、胡曾之徒，鄙猥俚淺，優人羞道者，乃有集行世。噫！「至言不出，俗言勝也」〔三〕，文亦有幸不幸哉。

【校】

① 劉元濟詩　元濟，兩唐書作「允濟」，唐詩紀事卷十：「元濟字允濟。」

② 盻嚮積氣通　盻嚮，上杭本作「盼嚮」，四庫本作「肸蠁」。唐詩紀事作「肹蠁精氣通」，上林賦「肸蠁布寫」，「肹」乃「肸」之訛，作「肸蠁」是。

③ 此詩綺繪焕發　詩，萬曆本作「言」，據升庵詩話卷十改。

【注】

〔一〕唐詩紀事卷十「劉允濟」亦載此詩，題作經盧嶽回望江州想洛川有作，文字不同。覆鼎，作「拂鼎」。驚壘，作「驚獵」。他鄉，作「帝鄉」。別鼎，作「列鼎」。

〔二〕周晏，全唐詩卷七二八作「周曇」。

〔三〕見莊子天地。

崇山

驩兜崇山〔一〕，今以爲湖廣之慈利縣，非也。沈佺期詩集有從崇山向越裳詩，其序云：「按九真圖，崇山至越裳四十里，杉谷起古崇山，竹谿從道明國來，於崇山北二十五里合，水欹缺，藤竹明昧。有三十峰，夾水直上千餘仞，諸仙窟宅在焉。」〔二〕其詩云：「朝發崇山下，暮坐越裳陰。西從杉谷變，北上竹谿深。竹谿道明水，杉谷古崇岑。」〔三〕以此證之，崇山在交廣之域爲是〔四〕。

【注】

〔一〕閻若璩四書釋地「崇山」條云：越裳，古國名，「在秦爲象郡，兩漢爲九真郡，吴分置九德郡，梁曰德州。隋開皇十八年，改驩州。煬帝改日南郡」。「佺期又有移驩州廨詩云：『古來堯禪舜，何必罪驩兜。』是真以州得名由驩兜也者。不知漢九真郡治胥浦縣，莽曰驩成，又領有咸驩縣。開皇十八年，改州名實本此。合之唐武德曾於咸驩置驩州，則『驩』與『歡』同，乃驩喜之驩，於驩兜了不相涉。佺期文人，多不契勘」。

〔二〕見全唐詩卷九十七。全詩十六句，引詩爲前六句。至、起，丹鉛總録諸本脱，據沈佺期詩序補。

〔三〕杉谷，萬曆本原作「山谷」。閻若璩四書釋地「崇山」條作「杉谷」。變，全唐詩卷九十七作「度」。當據改。

〔四〕王鳴盛蛾術編卷四十六説地「崇山」條云：「其地與交阯、東京祇隔一水，宋、元并屬安南，明初爲七安府，後復委之安南。」

李益詩

李益集有樂府雜體一首云：「藍葉鬱重重，藍花石榴色。少女歸少年，光華自相得。」「愛如寒爐火，棄若秋風扇。山嶽起面前，相看不相見。」「春至草亦生，誰能無別情。殷勤展心素，見新莫忘故。遥望孟門山，殷勤報君子。既爲隨陽雁，勿學西流水。」〔一〕此詩比興有古樂府之風，唐人少及此者。或云非益詩，乃無名氏代霍小玉寄益之詩也〔二〕。

【注】

〔一〕見全唐詩卷二八二雜曲。石榴色，作「若榴色」。

〔二〕本書卷十八「李益詩」，可互參。

石尤風

郎士元别盧秦卿詩云①：「知有前期在，難分此夜中。無將故人酒，不及石尤風。」〔一〕石尤風，打頭逆風也，行舟遇之則不行。此詩意謂行舟遇逆風則住，故人置酒而以前期爲辭，是故人酒不及石尤風矣，語意甚工。近吴中人刻唐詩②，不解石尤風爲何語，遂改作「古淳風」，可笑，又可恨也。

【校】

①郎士元别盧秦卿詩 别，四庫本作「留」。全唐詩卷二四八作「留」。

②近吴中人刻唐詩 近吴中人，四庫本作「近人吴中」，升庵集卷五十七、升庵外集卷二作「近日吴中」。

【注】

〔一〕郎士元集無此詩，唐詩品彙卷四十二、容齋五筆卷三六作司空曙詩，亦見司空文明詩集。

【辨】

升庵此説本宋人筆記。洪邁容齋五筆卷三云：「石尤風，不知其義，意爲打頭逆風也。唐人詩好用之。陳子昂入峽苦風云：『故鄉今日友，歡會坐應同。寧知巴峽路，辛苦石尤風。』戴叔倫送裴明州云：『瀟水連湘水，千波萬浪中。知君未得去，慚愧石尤風。』司空文明留盧秦卿云：『知有前期在，難分此夜中。無將故人酒，不及石尤風。』計南朝篇詠，必多用之，未暇憶也。」（見容齋隨筆　上海古籍出版社）

王應麟困學紀聞卷二十云：「容齋五筆石尤風，引陳子昂、戴叔倫、司空文明詩，意其爲『打頭逆風』也。李義山詩作『石郵』，『來風貯石郵』。楊文公詩亦作『郵』。『石郵風惡客心愁』。」

升庵之後，議者甚衆。陳耀文正楊卷四云：「古樂府宋武帝丁督護歌云：『願作石尤風，四面斷行旅。』似非打頭風也。」（見景印文淵閣四庫全書八五六册　臺灣商務印書館）

胡應麟藝林學山卷八「石尤」條云：「據唐人諸詩，則以爲打頭風似無不可。律以晦伯所引，當是巨颶狂飈之類。今江湖間飄風驟起，揚沙折檣，則往來之舟俱系纜不行，舟人所謂大風三，小風七，余過淮、徐間往往遇之。唐人語咸出六朝，當以宋武歌爲據，其云『四面斷行旅』，正指此也，以此意解唐人詩亦無不通。若以爲打頭風，則固有可行者矣，安得尚有『四面斷行旅』之説哉？」（見少室山房筆叢卷二六　中華書局）

周嬰卮林卷四「石尤」條云：「宋孝武帝丁督護歌曰：『督護初征時，儂亦惡聞許。願作石尤風，四面斷行旅。』按此則所謂巨颶、盲飈者良是，非打頭也。但奔颶之來，自然四面。胡元瑞云『四面石尤』，則意疊詞複耳。予又讀元稹洞庭遭風詩曰：『罔象睢盱頻逞怪，石尤翻動忽成災。』以『罔象』取媲，而且云『翻動』，則石尤乃飛廉、孟老之精，奇相、馬銜之族也。義山古意詩：『去夢隨川后，來風貯石郵。』以『石郵』對『川后』，益信其爲怪族幽妖矣。元、李之解蓋同。」（見景印文淵閣四庫全書八五八册　臺灣商務印書館）

巵林補遺「石尤」條又補充説：「楊用修外集：石尤，江中水蟲名，此蟲出必有惡風。舟人目打頭風曰石尤，猶嶺南人曰颶母，黄河人曰孟婆也。用修此解似得之。但亦未見所出，且以爲水蟲，太么麽矣。」（見叢書集成初編總類考據）

蝦蟆陵

白樂天詩：「自言本是京城女，家在蝦蟆陵下住。」〔一〕蝦蟆陵在長安。謝良輔詩：「取酒蝦蟆陵下，家家守歲傳巵。」〔二〕齊己詩：「翠樓春酒蝦蟆陵，長安少年皆共矜。」〔三〕

【注】

〔一〕此爲白居易琵琶引中句，見白居易集卷十二。蝦蟆陵，陳耀文正楊卷二云乃下馬陵之訛，引李肇國史補曰：「舊説董仲舒墓，門人過皆下馬，故謂之下馬陵，諺訛爲蝦蟆陵。」復云：「常樂坊内家東有大冢，俗誤以爲仲舒墓，亦呼爲蝦蟆陵。曲中出美酒，京都稱之。韋述西京記亦以爲仲舒墓。又國史補云：昔漢武帝幸芙蓉園，即秦之宜春苑也。每至此墓下馬，時人謂之下馬陵。歲月深遠，誤爲蝦蟆陵爾。」

〔二〕此爲謝良輔憶長安十二月詩中句，見全唐詩卷三〇七。

〔三〕此爲皎然長安少年行詩中句，見全唐詩卷八二一。升庵誤記作「齊己」詩。

擣衣

字林云：「直舂曰擣。」古人擣衣，兩女子對立，執一杵如舂米然。今易作臥杵，對坐擣之，取其便也。嘗見六朝人畫擣衣圖，其制如此。圖後有行書魏瓘賦云〔一〕：「夜如何其，秋兮已半。拽魯縞，攘皓腕，始於摇揚，終於凌亂。驚飛雁之兩行①，遏彩雲而一斷。隱高樓而如動，度遥城而如散。夜有露兮秋有風，杵有聲兮衣可縫，佳人聽兮意何窮。步逍遥於涼景，暢容與於晴空。黄金釵兮碧雲髮，白綸巾兮青女月，佳人聽兮良未歇。臂長虹兮乍開，凌倒景而將越。但見餘韻未畢②，微影方流。透迤洞房，半入宵夢；窈窕閑館，方增客愁。李都尉以胡笳動泣，向子期以鄰笛增憂。古人獨感於聽，今者况兼乎秋。願君無按龍泉色，誰道明珠不可投。」〔二〕賦雖非偶，自是齊梁風流之習也。

【校】

① 驚飛雁之兩行　雁，萬曆本作「燕」，丹鉛摘録卷十作「雁」。賦云「秋兮已半」，當作「雁」。

② 但見餘韻未畢　但見，升庵集卷五十七、升庵外集卷十六、文苑英華作「是時也」。餘韻，作「餘響」。

【注】

〔一〕魏瓘，文苑英華卷一〇九此賦作者爲「魏瓘」，當據改。

〔二〕見文苑英華卷一〇九魏璀鉦練賦。

風箏詩

古人殿閣簷稜間，有風琴、風箏，皆因風動成音，自諧宮商。元微之詩：「烏啄風箏碎珠玉。」〔一〕高駢有夜聽風箏詩云：「夜靜絃聲響碧空，宮商信任往來風。依稀似曲纔堪聽，又被風吹別調中。」〔二〕僧齊己有風琴引云：「按吳絲，雕楚竹，高托天風拂爲曲。一一宮商在素空，鸞鳴鳳語翹梧桐。夜深天碧松風多，孤窗寒夢驚流波。愁魂傍枕不肯去，翻疑住處鄰湘娥。金風聲盡薰風發，冷泛虚堂韻難歇。常恐聽多耳漸煩，清音不絶知音絶。」〔三〕王半山有風琴詩云：「風鐵相敲固可鳴，朔兵行夜響行營。如何清世容高枕，翻作幽窗枕上聲。」〔四〕此乃簷下鐵馬也。今名紙鳶曰風箏，亦非也。

【注】

〔一〕此爲元稹連昌宮詞中句，見元稹集卷二十四。

〔二〕此爲高駢風箏（一作風箏寄意）詩，見全唐詩卷五九八。風吹，作「移將」。

〔三〕此爲齊己風琴引，見全唐詩卷八四七。按吳絲，作「挼吳絲」。

〔四〕此爲王安石和崔公度家風琴八首之四，見臨川文集卷三十一。固可鳴，作「固可驚」。

李太白論詩

李太白論詩云：「興寄深微，五言不如四言，七言又其靡也。況使束於聲調俳偶哉①？」故其贈杜甫詩有「飯顆」之句〔一〕，蓋譏其拘束也。余觀李太白七言律絶少，以此言之，未窺六甲，先制七言者，視此可省矣。

【校】

① 況使束於聲調俳偶哉　俳偶，四庫本作「俳優」，此語出孟棨本事詩高逸，作「俳優」。升庵詩話、升庵集、升庵外集俱作「俳優」，獨丹鉛録變其語作「俳偶」。

【注】

〔一〕此爲李白戲贈杜甫詩中句，見李太白集卷三十。

杜逸詩

合璧事類載杜工部詩云：「三月雪連夜，未應傷物華。只緣春欲盡，留著伴梨花。」〔一〕此詩舊集不載。又：「寒食少天氣，春風多柳花。」又：「小桃知客意，春盡始開花。」則今之全集遺逸多矣。

【注】

〔一〕宋蒲積中古今歲時雜詠卷四十三詩題作嘲三月十八日雪，作者爲「温庭筠」，亦收入温飛卿詩集，疑非杜工部逸詩。

簡文楓葉詩

梁簡文帝楓葉詩云：「萎緑映葭青，疏紅分浪白。落葉灑行舟，仍持送遠客。」〔一〕此詩情景婉麗，本集亦不載〔二〕。

【注】

〔一〕見藝文類聚卷八十九，詩題作賦得詠疏楓。落葉，作「花葉」。

〔二〕升庵千里面談卷下評此詩曰：「此詩二十字而用彩色四字，在宋人則以爲忌矣。以爲彩色字多，不莊重、不古雅。如此詩何嘗不莊重古雅耶？」

詠蟬詩

陸龜蒙蟬詩云：「伴貂金置影，映雀畫成圖。」〔一〕按梁書武帝賜吴興太守何戢蟬雀畫扇〔二〕，陸詩用此事也。

【注】

〔一〕此爲陸龜蒙蟬詩中句，見全唐詩六二二。置影，作「換酒」。映雀，作「并雀」。

〔二〕見南齊書何戢傳：「上（齊高帝）頗好畫扇，宋孝武賜戢蟬雀扇，善畫者顧景秀所畫。時陸探微、顧彦先皆能畫，歎其巧絶。」陸詩用此事。升庵誤作梁書，則宋孝武（蕭頤）遂誤爲梁武帝（蕭衍）。

劉文房詩

劉文房詩：「已是洞庭人，猶看灞陵月。」〔一〕孟東野詩：「長安日下影，又落江湖中。」〔二〕語意相似，皆寓戀闕之意。然總不若王仲宣云：「南登灞陵岸，回首望長安。」〔三〕涵蓄蘊藉，自然不可及也。

【注】

〔一〕此爲劉長卿初至洞庭懷灞陵別業詩中句，見全唐詩卷一四九。

〔二〕此爲孟郊失意歸吴因寄東臺劉復侍御詩中句，見全唐詩卷三七四。

〔三〕此爲王粲七哀詩中句，見文選卷三十二。

髟苽

説文：「髟苽，亦名蔣。」徐鉉曰：「髟苽，西京雜記及古詩多作『彫胡』。内則注作『雕胡』，亦作『安胡』。枚乘七發『安胡之飯』注：今所食茭苗米也。」〔一〕宋玉賦：「主人之女炊雕胡之飯。」〔二〕爾雅「蘦雕蓬」，孫炎云：「米茭也。」米可作飯，古人以爲五飯之一。周禮：「魚宜苽。」干寶云：「苽米飯，膳以魚，同水物也。其米色黑。」管子謂之雁膳。杜詩「波漂苽米沉雲黑」〔三〕，言人不收取而雁亦不啄，但爲波漂雲沉而已，見長安兵火之慘，極矣。

【注】

〔一〕見徐鍇説文解字繫傳卷二艸部「苽」字下注：「雕苽，一名蔣。從艸瓜聲。臣鍇曰：『雕苽，西京雜記及古詩多作雕胡。』枚乘云『雕胡之飯』。按即今所食茭苗米也。」升庵所引文字小異，「徐鍇」誤作「徐鉉」。

〔二〕見文選卷三十四枚乘七發「安胡之飯」李善注云：「安胡，未詳。一曰：安胡，雕胡也。宋玉諷賦曰：『爲臣炊彫胡之飯。』」「今所食茭苗米也」、「彫胡之飯」出宋玉諷賦，徐鍇誤作七發語。

〔三〕此爲杜甫秋興八首詩中句，見杜少陵集卷十七。

波漂苽米

客有見予拈「波漂苽米」之句而問曰：「杜詩此首中四句，亦有所本乎？」予曰：「有本，但變化之，極其妙耳。隋任希古昆明池應制詩曰：『回眺牽牛渚，激賞鏤鯨川。』〔一〕便見太平宴樂氣象。今一變云：『織女機絲虛夜月，石鯨鱗甲動秋風。』〔二〕讀之則荒煙野草之悲，見於言外矣。西京雜記云：『太液池中有雕菰、紫籜、緑節，鳧雛、雁子，唼喋其間。』〔三〕三輔舊圖云：『宮人泛舟採蓮，爲巴人櫂歌。』〔四〕便見人物游嬉，宮沼富貴。今一變云：『波漂菰米沉雲黑，露冷蓮房墜粉紅。』〔五〕讀之則菰米不收而任其沉，蓮房不採而任其墜，兵戈亂離之狀具見矣。」杜詩之妙在翻古語。千家注無有引此者，雖萬家注何用哉！因悟杜詩之妙，如此四句，直上與三百篇「牂羊羵首，三星在罶」〔六〕同，比之晚唐「亂殺平人不怕天」〔七〕、「抽旗亂插死人堆」〔八〕，豈但天壤之隔。

【注】

〔一〕此爲任希古和東觀羣賢七夕臨泛昆明池詩中句，見全唐詩卷四四。回眺，作「飛眺」。任希古，唐太宗時人，升庵以爲隋人，誤。

〔二〕此爲杜甫秋興八首第七首詩中句，見杜少陵集卷十七。

〔三〕西京雜記卷一：「太液池邊皆是彫胡、紫籜、緑節之類。菰之有米者，長安人謂之彫胡。……其間鳧雛、雁子，布滿充積。」文字有删節。

〔四〕見三輔黃圖卷四：「池中有龍首船，常令宮女泛舟池中，……作櫂歌。」文字有删改。三輔舊圖，當即三輔黃圖。

〔五〕見杜甫秋興八首第七首。

〔六〕見詩小雅苕之花。

〔七〕此爲杜荀鶴旅泊遇郡中叛亂示同志詩中句，見全唐詩卷六九二。

〔八〕此爲王建贈索暹將軍詩中句，見全唐詩卷三〇〇。亂插，作「旋踏」。

銀燭

穆天子傳：「天子之寶，璿珠、燭銀。」郭璞曰：「銀有精光如燭也。」〔一〕梁簡文詩：「燭銀踰漢女，寶鐸邁昆吾。」〔二〕江總貞女峽賦：「含照曜之燭銀，泝潺湲之膏玉。」〔三〕唐人詩用「銀燭」字本此。

【注】

〔一〕見穆天子傳卷一：「天子之寶：玉果、璿珠、燭銀、黄金之膏。」郭璞注：「燭銀，銀有精光如燭。」

〔二〕此爲梁簡文望同泰寺浮圖詩中句，見全梁詩卷二。

〔三〕見藝文類聚卷六。泝，作「渧」。渧，即滴。

帆字音

帆字，符咸切，舟上幔也。又扶泛切，使風也。舟幔則平聲，使風則去聲，蓋動静之異也。

劉熙釋名曰:「隨風張幔曰帆。」〔一〕注:「去聲。」廣韻曰:「張布障風曰帆。」音與梵同。左傳宣十二年注〔二〕:「拔旆投衡上,使不帆風。」謂車旆之受風,若舟帆之帆風也。舟帆之帆,平聲;帆風之帆,去聲。疏云:「帆是扇風之名。」孫綽子曰:「動不中理,若帆舟而無柁。」〔三〕南史:「因風帆上,前後連煙。」〔四〕荆州記云:「宫亭湖廟神,能使湖中分風而帆南北。」晉湛方生有帆入南湖詩,又有還都帆詩。謝靈運有游赤石進帆海詩。劉孝威有帆渡吉陽洲詩。選詩:「無因下征帆。」〔五〕徐陵詩:「南茨大麓,北帆清湘。」〔六〕劉刪詩:「迴艫乘派水,舉帆逐分風。」〔七〕張曲江詩:「征鞍税北渚,歸帆指南陲。」〔八〕張燕公詩:「離魂似征帆,常往帝鄉飛。」〔九〕趙冬曦詩:「帝城馳夢想,歸帆滿風飆。」〔一〇〕杜詩:「浦帆晨初發。」〔一一〕韓退之詩:「無因帆江水。」〔一二〕包佶詩:「錦帆乘風轉,金裝照地新。」〔一三〕孟浩然詩:「嶺北迴征帆,巴東問故人。」〔一四〕徐安貞詩:「暮雨衣猶濕,春風帆正開。」〔一五〕近蘇州刻孟詩,改「征帆」爲「征棹」,何仲默笑曰:「征帆改征棹,錦帆亦改曰錦棹,可乎?」蓋淺學妄改,非初誤也①。

【校】

① 非初誤也　初,丹鉛雜録卷五作「刻」。

【注】

〔一〕釋名釋船：「帆，泛也。隨風張幔曰帆，使舟疾汎汎然也。」

〔二〕左傳宣十二年，十二，萬曆本誤作「十三」。

〔三〕見太平御覽卷七七一引孫綽子。帆舟，作「泛舟」。

〔四〕見宋書卷四四謝晦傳，而非南史。連煙，作「連咽」。胡三省注：「連，謂沿江戰艦連接不斷；咽，謂戰艦塞江前後填咽。」

〔五〕此爲何遜贈諸遊舊詩中句，文選未載，見何水部集。無因，作「無由」。

〔六〕此見徐陵廣州刺史歐陽頠德政碑，非詩。見藝文類聚卷五十二。北帆，作「北眺」。

〔七〕此爲劉删汎宫亭湖詩中句，見藝文類聚卷九。

〔八〕此爲張九齡南還以詩代書贈京師舊僚詩中句，見全唐詩卷四十九。

〔九〕此爲張説岳州别趙國公王十一琚入朝詩中句，見全唐詩卷八十七。常往，作「恒往」。

〔一〇〕此爲王琚奉别燕公詩中句，升庵以屬「趙冬曦」，誤。

〔一一〕此爲杜甫朝二首詩中句，見杜少陵集卷二十。

〔一二〕此爲韓愈除官赴闕至江州寄鄂岳李大夫詩中句，見韓愈全集卷十二。

〔一三〕此爲包佶送日本國聘賀使晁巨卿東歸詩中句，見全唐詩卷二〇五。包佶，萬曆本誤作「包何」。

〔一四〕此爲孟浩然南還舟中寄袁太祝詩中句，見全唐詩卷一六〇。征帆，一作「征棹」。

〔三五〕見雲溪友議卷中「衡陽道」。徐安貞，萬曆本誤作「徐安身」。

江平不流

杜詩：「江平不肯流」〔一〕，意求工而語反拙，所謂鑿混沌而畫蛇足，必夭性命而失卮酒也。不若李羣玉樂府云：「人老自多愁，水深難急流」也〔二〕，又不若巴渝竹枝詞云：「大河水長漫悠悠，小河水長似箭流。」詞愈俗愈工，意愈淺愈深。

【注】

〔一〕此爲杜甫陪王使君晦日泛江就黄家亭子二首第一首詩中句，見杜少陵集卷十三。

〔二〕此爲李端古別離二首詩中句，見全唐詩卷二八四。胡應麟藝林學山卷二「李羣玉」條云：「李羣玉樂府云：『人老自多愁，水深難急流。』此李端古別離詩，見本集及英華、品彙甚明。且羣玉晚唐，亦必不辦此也。楊後引李端全篇亦載二語，此當是一時誤記。」本書卷二十一有「李端古別離詩」。

【辨】

明張萱疑耀卷三「楊用修妄改杜詩」條云：「用修又以杜詩『江平不肯流』，謂意求工而句反拙，不及李羣玉『水深難急流』、巴渝竹枝詞『大河水長漫悠悠』爲勝於杜。余謂竹枝詞此何等語，可以擬杜！即『難急流』，不亦淺而俚乎？杜之妙處，全在『不肯』二字，蓋本陶淵明『日月不肯遲』、『晨鷄不肯鳴』來。故『不肯』二字，杜嘗四用之：『秋天不肯明』、『干戈不肯休』、『王室不肯微』，而惟『江水不肯流』最佳。余家有小樓臨長江，每於夏漲時憑闌，輒思杜之『不肯流』句，乃詩中畫也。」(見景印文淵閣四庫全書八五六册　臺灣商務印書館)

陸賈素馨

陸賈南中行紀：「雲南中，百花惟素馨香特酷烈，彼中女子，以綵絲穿花心，繞髻爲飾。」梁章隱詠素馨花詩云：「細花穿弱縷，盤向緑雲鬟。」用陸語也。貫花繞髻之飾①，至今猶然。予嘗有詩云：「金碧佳人墮馬粧，鷓鴣林里採秋芳。穿花貫縷盤香雪，曾把風流惱陸郎。」〔一〕姜夢賓笑謂予曰：「不意陸賈風流之案，千年而始發耶？」

【校】

①貫花繞髻之飾　貫，萬曆本無，據升庵外集卷九十九補。

【注】

〔一〕見升庵文集卷三十四素馨花。採秋芳，作「鬬芬芳」。注云：「陸賈南中行記云：南中遊女，以采絲貫素馨爲飾，事載南方草木狀。貫花繞髻今猶然。」

洛春謡

劉須溪所選古今詩統，亡其辛集一册，諸藏書家皆然。予於滇南偶得其全集，然其所選多不愜人意，可傳者止十之一耳。辛集中皆宋人詩，無足采取。獨司馬才仲洛春謡、曹元寵夜歸曲，尚有長吉、義山之遺意。今録於此：洛春謡云：「洛陽碧水揚春風，銅駞陌上桃花紅。高樓疊柳緑相向，綃帳金鸞香霧濃。龍裘公子五陵客，拳毛赤兔雙蹄白。金鉤寶玦逐飛香，醉入花叢惱花魄。青蛾皓齒别吴倡，梅粉粧成半額黄。羅屏繡幙圍寒玉，帳裏吹笙學鳳凰。細緑圍紅曉煙濕，車馬騑騑雲櫛櫛。瓊蕊杯深琥珀濃，鴛鴦枕鏤珊瑚澀。吹龍笛，歌白紵，蘭席淋漓日將暮。君不見灞陵岸上楊柳枝，青青送别傷南浦。」〔一〕夜歸曲云：「饑烏啞啞啼暮寒，迴風急雪飄朱闌。瑣窗繡閣艷紅獸，畫幙金泥摇彩鸞。吴粧秀色攢眉緑，能唱襄陽大堤曲。酒酣横管咽孤吹，吹裂柯亭傲霜竹。遠空寒雪渾不動，老狐應渡黄河凍。暗回微暖入江梅，何處荒榛掛么鳳。歸來穩跨青連錢，貂茸擁鼻行翩翩。籠紗密炬照飛霰，十二玉樓人未眠。」〔二〕

【注】

〔一〕見宋詩紀事卷三十二「司馬槱」條。碧水，作「春水」。龍裘，作「錦裘」。枕鏤，作「枕冷」。

〔二〕見宋詩紀事卷四十「曹組」條。摇彩鸞，作「接彩鸞」。密炬，作「蜜炬」。

西施

劉長卿題西施障子曰：「窗風不舉袖，但覺羅衣輕。」〔一〕二語雖太白可頡頏也。

【注】

〔一〕此爲劉長卿觀李湊所畫美人障子詩中句，見全唐詩卷一四九。

裴迪詩

湖廣景陵縣西塔寺有陸羽茶泉，裴迪有詩云：「景陵西塔寺，蹤跡尚空虚。不獨支公住，曾經陸羽居。草堂荒産蛤，茶井冷生魚。一汲清泠水，高風味有餘。」〔一〕迪與王維同時，其詩自輞川倡和外，無傳。此詩予見之石刻云。

【注】

〔一〕見全唐詩卷一二九西塔寺陸羽茶泉，題下注云：「統籤云：此詩楊慎以爲見之石刻，然羽自在大曆後，則非迪詩矣。」升庵所見石刻作「景陵西塔寺」。據元豐九域志「建隆三年，改竟陵縣爲景陵」，疑其乃宋時之作，而非迪詩。

五字

郭頒世語曰〔一〕：司馬景王命中書郎虞松作表，再呈不可意。鍾會取草，爲定五字，松悦服，以呈景王。景王曰：「不當爾耶？」松曰：「鍾會也。」景王曰：「如此，可大用。」〔二〕

沈佺期詩「五字擢英才」〔三〕，用此事也。解者以「五字」爲詩，誤矣。

【注】

〔一〕頌，萬曆本誤作「頌」，世説新語方正劉孝標注：「郭頒，西晉人，時世相近，爲魏晉世語，事多詳覈。」隋書經籍志：「魏晉世語十卷，晉襄陽令郭頒撰。」據改。

〔二〕見三國志魏書卷二十八鍾會傳注。中書郎，作「中書令」。文字有删改。

〔三〕此爲沈佺期和韋舍人早朝詩中句，見唐詩紀事卷十一。

掘柘語①

樂苑云：「羽調有柘枝曲，商調有掘柘枝。此舞因曲爲名，用二女童，帽施金鈴，抃轉有聲。其來也，於二蓮花中藏之，花拆而後見②。對舞相呈，實舞中雅妙者也。」〔一〕段成式寄温庭筠雲藍紙詩曰：「三十六鱗充使時，數番猶得寄相思。待將袍襖重抄了，寫盡襄陽掘柘詞。」〔二〕今温集中有掘柘詞〔三〕。掘，音扭。

【校】

① 掘柘語　語，升庵詩話卷一作「詞」，當作「掘柘詞」。

② 花拆而後見　拆，萬曆本作「折」，升庵詩話卷一「掘柘詞」作「拆」，據改。

【注】

〔一〕見陳暘樂書卷一八四「柘枝舞」。

〔二〕全唐詩卷五八四作寄温飛卿牋紙。寄相思，作「裹相思」。

〔三〕見温飛卿詩集卷七。掘柘，作「屈柘」。

詩用惹字

王右丞詩：「楊花惹暮春。」〔一〕李長吉詩：「古竹老梢惹碧雲。」〔二〕温庭筠：「暖香惹夢鴛鴦錦。」〔三〕孫光憲：「六宫眉黛惹春愁。」〔四〕用「惹」字凡四，皆絶妙。

【注】

〔一〕此爲王維送丘爲往唐州詩中句，見王右丞集卷八。

〔二〕此爲李賀昌谷北園新筍四首第四首詩中句，見李長吉歌詩卷二。

〔三〕此爲温庭筠菩薩蠻（水精簾裏頗黎枕）詞中句，見花間集卷一。

〔四〕此爲温庭筠楊柳枝（金縷毿毿碧瓦溝）詞中句，見花間集卷一。升庵誤記爲「孫光憲」。

韋詩誤字

韋蘇州詩：「獨憐幽草澗邊生。」古本「生」作「行」，「行」字勝「生」字十倍〔一〕。

【注】

〔二〕宋祝穆方輿勝覽卷四十五「真州永定寺」下載此詩，「生」作「行」，題作過永定寺。明何良俊四友齋叢説卷三十六「考文」亦云：「韋蘇州滁州西澗詩，有手書刻在太清樓帖中，本作：『獨憐幽草澗邊行，尚有黄鸝深樹鳴。春潮帶雨晚來急，野渡無人舟自横。』蓋憐幽草而行於澗邊，當春深之時，黄鸝尚鳴，始於情性有關。今集本與選詩中『行』作『生』，『尚』作『上』，則於我了無與矣。其爲傳刻之訛無疑。」

右丞詩用字

王右丞詩：「暢以沙際鶴，兼之雲外山。」〔一〕孟浩然云：「重以觀魚樂，因之鼓枻歌。」〔二〕雖用助語辭，而無頭巾氣。宋人黄、陳輩效之。如：「且然聊爾耳，得也自知之。」〔三〕又如：「命也豈終否，時乎不暫留。」〔四〕殆不止學步邯鄲①、效顰西子，乃是醜婦又生瘡，雪上再加霜也。

【校】

① 殆不止學步邯鄲　殆不止，升庵詩話卷六作「豈止」。

【注】

〔一〕此爲王維泛前陂詩中句，見王右丞集卷九。

〔二〕此爲孟浩然尋梅道士詩中句，見全唐詩卷一六〇。

〔三〕此爲黄庭堅德孺五丈和之字詩韻難而愈工輒復和成可發一笑詩中句，見山谷集卷十一。

〔四〕此爲王介贈人落第詩中句，見説郛卷四十三張耒明道雜誌。全詩爲：「命也豈終否，時乎不暫留。勉哉藏素業，以待歲之秋。」

感遇詩

或請予曰①：「朱子感興詩，比子昂感遇詩有理致。」予曰：「譬之青裙白髮之節婦，乃與靚粧袨服之宫娥爭妍取憐，埒材角妙，不惟取笑旁觀，亦且自失所守。要之，不可同日而語也。彼以擬招續楚辭，感興續文選，無見於此矣。故曰：離之則雙美，合之則兩傷。要有契予言者。」

【校】

① 或請予曰　請，升庵詩話卷十二作「語」。

平楚

謝朓詩：「寒城一以眺，平楚正蒼然。」〔一〕楚，叢木也。登高望遠，見木杪如平地，故云「平楚」，猶詩所謂「平林」也。陸機詩：「安轡遵平莽。」〔二〕謝語本此。唐詩「燕掠平蕪去」〔三〕，又「遊絲蕩平緑」〔四〕，又因謝詩而衍之也。

【注】

〔一〕此爲謝朓宣城郡内登望詩中句，見謝宣城集卷三。

〔二〕此爲陸機赴洛道中作之二「振策陟崇丘，案轡遵平莽」，見文選卷二十六。

〔三〕此爲李頻秦原早望詩中句，見全唐詩卷五八八。

〔四〕此爲温庭筠故城曲詩中句，見温飛卿詩集卷二。

䀎眠〔一〕

楚辭：「遠望兮阡眠。」〔二〕陸機詩：「林薄杳阡眠。」〔三〕吕延濟曰：「阡眠，原野之色。」按説文：「䀎，山谷青䀎䀎也。」〔四〕則「阡眠」字，當作「䀎眠」。又列子云：「鬱鬱芊芊。」〔五〕注：「芊芊，茂盛之貌。」李白賦：「彩翠兮芊眠。」〔六〕「䀎眠」作「芊眠」，亦通。文選別作「盰眠」，字皆從目〔七〕。

【注】

〔一〕升庵集卷五十二另有「千眠」一則，可互參：「陸機文賦『清麗千眠』注：『光色盛貌。』一作䀎綿，『望山谷青䀎䀎』也，見説文。轉作芊綿，韋莊詩：『可憐芳草更芊綿。』」

〔二〕見楚辭章句卷十五王褒九懷匡機。阡眠，作「仟眠」，注：一作「芊瞑」，「盰瞑」。

〔三〕此爲陸機赴洛道中作詩中句，見文選卷二十六。

〔四〕説文解字注卷十一下谷部「谸」：「望山谷千千青也。」青谸谸，作「千千青」。

〔五〕見列子卷六力命篇：「美哉國乎！鬱鬱芊芊。」

〔六〕見李太白集卷一愁陽春賦：「野綵翠兮阡眠一作芊綿。」

〔七〕見文選卷四張衡南都賦：「青冥盱瞑。」注：「言林木攢羅，衆色幽昧也。」

菩薩鬘

唐詞有菩薩蠻，不知其義。按小説：開元中，南詔入貢，危髻金冠，瓔珞被體，故號菩薩鬘。因以製曲〔一〕。佛經戒律云「香油塗身，華鬘被首」是也。白樂天蠻子朝詩曰：「花鬘抖擻龍蛇動。」〔二〕是其證也。今曲名「鬘」作「蠻」，非也。

【注】

〔一〕陳耀文正楊（卷四）不同意菩薩蠻起於開元中南詔入貢之説，另引杜陽雜編云：「大中初，女蠻國貢雙龍犀、明霞錦，其國人危髻金冠，瓔珞被體，故謂之菩薩蠻。當時倡優遂製菩薩蠻曲，文士往往聲其詞。南部新書亦載。」

〔二〕此爲白居易諷諭詩之驃國樂詩中句，見白居易集卷三。因前一首爲蠻子朝，相近而誤。

玉華仙子歌

李康成玉華仙子歌：「璇階電綺閣，碧題霜羅幕。」〔一〕蔡孚打毬篇：「紅鬣錦鬉風騄驥，黄絡絲鞭雷紫騮。」〔二〕以電、霜、風、雷實字爲眼，工不可言，惟初唐有此句法。

【注】

〔一〕見全唐詩卷二〇三。璇階電綺閣，作「瑶階霓綺閣」。

〔二〕見全唐詩卷七十五。錦鬉，作「錦鬃」。絲鞭，作「青絲」。

人日梅詩

李羣玉人日梅花詩：「半落半開臨野岸，團情團思媚韶光。玉鱗寂寂飛斜月，素手亭亭對夕陽。」〔一〕亦有思致。「玉鱗寂寂飛斜月」，真奇句也，「暗香浮動」，恐未可比。

【注】

〔一〕見全唐詩卷五六九人日梅花病中作。媚韶光，作「醉韶光」。素手，作「素豔」。

杜審言詩

杜審言早春游望詩〔一〕，唐三體選爲第一首是也。首句「獨有宦遊人」，第七句「忽聞歌古調」，妙在「獨有」、「忽聞」四虚字。文選殷仲文詩：「獨有清秋日。」〔三〕審言祖之，蓋雖二字亦不苟也。詩家言子美「無一字無來處」，其祖家法也。

【注】

〔二〕見全唐詩卷六十二和晉陵陸丞早春游望題下注：「一作韋應物詩。」

〔三〕此爲殷仲文南州桓公九井作詩中句，見文選卷二十二。

白蓮詩①

陸魯望白蓮詩：「素蘤多蒙别豔欺，此花端合在瑶池。無情有恨何人見，月曉風清欲墮時。」〔一〕觀東坡與子帖，則此詩之妙可見。然陸此詩祖李長吉。長吉詠竹詩云：「斫取青光寫楚辭，膩香春粉黑離離。無情有恨何人見，露壓煙籠千萬枝。」〔二〕或疑「無情有恨」不可詠竹，非也。竹亦自嫵媚。孟東野詩云：「竹嬋娟，籠曉煙。」〔三〕左太沖吴都賦詠竹云：「嬋娟檀欒，玉潤碧鮮。」〔四〕合而觀之，始知長吉之詩之工也。

【校】

①白蓮詩　一作「陸龜蒙白蓮」，見升庵外集卷七十五。

【注】

〔一〕見全唐詩卷六二八陸龜蒙白蓮。端合，作「真合」。無情，作「還應」。見，作「覺」。升庵外集卷七十五詩後有「此詩爲白蓮傳神」七字。

〔二〕見全唐詩卷三九一李賀昌谷北園新筍四首之二。煙籠，作「煙啼」。

〔三〕此爲孟郊嬋娟篇詩中句，見全唐詩卷三七二。

〔四〕見文選卷五。嬋娟檀欒，作「檀欒嬋娟」。

李陵詩〔一〕

修文殿御覽載李陵詩云：「紅塵蔽天地，白日何冥冥。微陰盛殺氣，淒風從此興。招摇西北指，天漢東南傾。嗟爾穹廬子，獨行如履冰。短褐中無緒，帶斷續以繩。瀉水置瓶中，焉辨淄與澠。巢父不洗耳，後世有何稱。」〔二〕此詩古文苑止載首二句，注云：「下缺」①。當補入之，以傳好古者。

【校】

①「止載首二句」下，升庵詩話卷一「李陵詩」作「見於修文殿御覽。鍾嶸所謂『驚心動魄，一字千金』，信不誣也」。無「注云下缺」四字。

【注】

〔一〕本書卷十九「蘇李五言詩」，可參看。

〔二〕蘇李五言詩，文選卷二十九載七首，古文苑卷四載十首。短褐，作「裋褐」。無緒，作「無絮」。

郝仙女廟詞

博陵縣有郝仙女廟。仙女，魏青龍中山人，年及笄，姿色姝麗，採蘋水中，蒼煙白霧，俄失其所在。母哀求水濱，願言一見。良久，異香襲人，隱約於波渚間，曰：「兒以靈契，托跡綃宫，陰主是水府。世緣已斷，毋用悲悒。而今而後，使鄉梓田蠶歲宜，有感而通，乃爲吾驗。」〔一〕後人立廟焉，而有題喜遷鶯詞於壁云：「汀州蘋滿。記翠籠采采，相將鄰媛。蒼渚煙生，金支光爛，人在霧綃鮫館。小鬟頓成雲散。羅襪凌波不見。翠鸞遠，但清溪如鏡，野花留靨。情睠，驚變現。身後神功，緣就吴蠶繭。漢女菱歌，湘妃瑶瑟，春動倚雲層殿。彤車載花一色，醉盡碧桃清宴。故山晚，嘆流年一笑，人間飛電。」

【注】

〔一〕見元王惲秋澗集卷七十五喜遷鶯題聖姑廟。

滇中詩人

滇中詩人，永樂間稱平、居、陳、郭。郭名文，號舟屋，其詩有唐風，三子遠不及也。如竹枝詞云：「金馬何曾半步行，碧鷄那解五更鳴。儂家夫婿久離别，恰似兩山空得名。」〔一〕

又登碧鷄太華寺一聯云：「湖勢欲浮雙塔去，山形如擁五華來。」〔二〕一時閣筆，信佳句也，但全篇未稱耳。其全集予嘗見之，如此二詩，亦僅有也。

【注】

〔一〕見御選明詩第六卷。朱彝尊靜志居詩話卷五「郭文」條：「舟屋竹枝詞，顧仲瑛編入玉山雅集，則是詩元季已流播矣。用修稱是永樂間人，其集既不可得，無由臆決。偶閱柯暹東岡集，附録滇南別意詩，則平、居、陳、郭四人之作，皆存焉。……郭善詩文，征南將軍都督沐繼軒璘師之。……考東岡引疾去滇，在景泰二年七月，別意詩即是年之作。郭於元時撰竹枝，入明八十四年，未必尚存。用修雖稱見其全集，竊疑竹枝非集中詩。」

〔二〕此爲郭文太華寺詩中句。全詩云：「晚晴獨倚栴檀閣，煙景蒼蒼一望開。湖勢欲浮雙塔去，山形如擁五華來。仙遊應有飛空舄，僧去寧無渡水杯。不爲平生仙骨在，安能得上妙高臺。」見乾隆雲南通志卷二十九之十四。

王季友詩

王季友觀于舍人壁山水畫云：「野人宿在人家少。」〔一〕唐音「人家」誤作「山家」。既云「野人」，何得少宿「山家」耶？

【注】

〔一〕見全唐詩卷二五九，題作「觀于舍人壁畫山水」。

鏡聽

李廓、王建皆有鏡聽詞。鏡聽，今之響卜也〔一〕。

【注】

〔一〕全唐詩卷四七九李廓鏡聽詞：「匣中取鏡辭竈王，羅衣掩盡明月光。昔時長著照容色，今夜潛將聽消息。」題下注云：「古之鏡聽，猶今之瓢卦也。」全唐詩卷二九八王建鏡聽詞：「重重摩挲嫁時鏡，夫婿遠行憑鏡聽。回身不遣別人知，人意丁寧鏡神聖。」宋朱弁曲洧舊聞卷九：「王建集有鏡聽詞，謂懷鏡於通衢間，聽往來之言以卜休咎。近世人懷杓以聽，亦猶是也。又有無所懷而直以耳聽之者，謂之響卜。」

耳衣

唐人邊塞曲：「金裝腰帶重，錦縫耳衣寒。」〔一〕耳衣，今之暖耳也。

【注】

〔一〕此爲李廓送振武將軍詩中句，見全唐詩卷四十九。錦縫，作「鐵縫」。

揭調

樂府家謂揭調者，高調也。高駢詩：「公子邀歡月滿樓，佳人揭調唱伊州。便從席上西風起，直到蕭關水盡頭。」〔一〕

【注】

〔一〕此爲高駢贈歌者二首之二，見全唐詩卷五九八。佳人，作「雙成」。西風，作「風沙」。「蕭關」，作「陽關」。

魚米

唐田澄蜀城詩：「地富魚爲米，山芳桂是樵。」〔一〕俗名沃土爲魚米之地，本此。

【注】

〔一〕此爲田澄成都爲客作詩中句，見全唐詩卷二五五。

蜀詩人〔一〕

唐世蜀之詩人，陳子昂射洪、李白彰明、李餘成都、雍陶成都、裴廷裕成都、劉蜕射洪、唐球嘉州、陳詠青神、岑倫成都、符載成都、雍裕之成都、王嚴綿州布衣、劉睽綿州鄉貢進士、李渥綿州、田章綿州、柳震雙流、苑咸①成都、劉灣蜀人、張曙巴州、僧可朋丹稜、鹿虔扆②蜀人、毛文錫蜀人、朱桃椎成都、杜光庭青城。若張蠙、韋莊、牛嶠、歐陽炯，皆他方流寓而老於蜀者。嘗欲裒集其詩爲一帙，而未暇焉。

【校】

① 苑咸成都　苑，萬曆本誤作「阮」，據唐詩紀事卷十七改。

② 鹿虔扆蜀人　鹿，萬曆本誤作「扈」，據花間集改。

【注】

〔一〕「蜀詩人」，升庵集卷四十八、升庵外集卷七十皆爲兩條，另一條如下：「唐時蜀之詩人，陳子昂、於季子、閭丘均、李白、苑咸、雍陶、劉灣、何兆、李餘、劉猛，人皆知之。北夢瑣言云：『符載、楊衡、宋濟、張仁寶，皆蜀人，棲隱青城山。』符載，字厚之，文學武藝雙絶，文見唐文粹。楊衡詩，見唐音。宋濟詩，止有東陵美女歌一首。張仁寶，閬中人，見劉後村千家詩。」

南雲

詩人多用「南雲」字，不知所出。或以江總「心逐南雲去，身隨北雁來」〔一〕爲始，非也。陸機思親賦云：「指南雲以寄欽，望歸風而效誠。」〔二〕陸雲九愍云：「眷南雲以興悲，蒙東雨而涕零。」〔三〕蓋又先於江總矣。

【注】

〔一〕此爲江總長安九日詩中句，見漢魏六朝百三家集卷一〇五江總集。

〔二〕見陸士衡文集卷一。寄欽，作「寄歎」。

〔三〕此爲陸雲九愍感逝中句，見陸士龍集卷七。

探情以華

文選王仲宣詩：「探情以華，覩微知著。」〔一〕本於史記律書「情核其華，道著明矣」之語〔二〕。華者貌也。然史記之語，觀仲宣之詩而益明；仲宣之詩，得李善之解而始白，觀書所以貴乎博證也。

【注】

〔一〕見文選卷二十三王仲宣贈文淑良：「探情以華，覩著知微。」李善注：「華喻貌。越絶書：子胥曰：聖人見微知著，覩始知己。」

〔二〕陳耀文正楊卷三「探情以華」條指出升庵之誤云：「史記律書云：『雖妙必效情，核其華道，著明矣。』正義曰：『妙，謂微妙之性也；効，猶見也；核，研核也；華道，神妙之道也。言人雖有微妙之性，必須程督己之情理，然後研核神妙之道，乃能究其形體，辨其成聲，故謂明矣。』觀注，情屬效讀，道屬華讀。若情核其華爲句，則不通矣，『者明』亦不云『著名』矣。仲宣贈文叔良詩：『既慎爾主，亦迪知幾，探情以華，覩著知微。』不云覩微知著也。注云：『花喻貌，』亦不云花者貌也。」

杜詩本謝①

謝宣遠詩：「離會雖相雜」〔一〕，杜子美「忽漫相逢是別筵」〔二〕之句實祖之。顔延年詩：「春江壯風濤」〔三〕，杜子美「春江不可渡，二月已風濤」〔四〕之句實衍之。故子美諭兒詩曰：「熟讀文選理。」〔五〕

【校】

①杜詩本謝　謝，上杭本、升庵詩話卷八、升庵集卷五十七作「選」。

【注】

〔一〕此爲謝瞻王撫軍庾西陽集別時爲豫章太守庾被徵還東詩中句，見文選卷二十。相雜，作「相親」。下句作「逝川豈往復」，李善注：「言離而復會，雖有相親之理，但逝川之流，豈有往復之義。」

〔二〕此爲杜甫送路六侍御入朝詩中句，見杜少陵集卷十二。

〔三〕此爲顔延之車駕幸京口侍游蒜山作詩中句，見文選卷二十二。

〔四〕此爲杜甫渡江詩中句，見杜少陵集卷十三。

〔五〕見杜少陵集卷十七宗吾生日：「詩是吾家事」、「熟精文選理」。宗武，杜甫次子。

丹鉛總録卷之二十一

詩話類

金潾

張籍蠻中詩：「銅柱南邊毒草春，行人幾日到金潾。」〔一〕金潾，交趾地名〔二〕。水經注所謂「金潾清渚」也〔三〕。今刻本作「麟」，非。

【注】

〔一〕見全唐詩卷三八六。金潾，作「金麟」。

〔二〕文選卷五左思吴都賦：「金鄰象郡之渠。」李善注：「夫南之外有金鄰國，去夫南可二千餘里，土地出銀。」

〔三〕見水經注卷三十六「温水」：「所謂金潾清徑，象渚澄源者也。」金潾，一作金鄰。

沙海

戰國策：「暉臺之下，沙海之上。」九域志有沙海〔一〕。孟浩然和張三自穰縣還途中遇雪詩：「風吹沙海雪，來作柳園春。」〔三〕正是梁地事。

【注】

〔一〕見戰國策東周：「梁之君臣，欲得九鼎，謀之暉臺之下，沙海之上。」鮑彪注：「九域圖開封有沙海。」

〔三〕見全唐詩卷一六〇。題作「和張二自穰縣還途中遇雪」。張三，作「張二」。來作，作「漸作」。

江蒲

周禮「汧浦」作「弦浦」〔一〕。左傳「萑浦」作「萑蒲」〔二〕。杜詩「側生野岸及江蒲」〔三〕。江蒲，江浦也。

【注】

〔一〕周禮夏官職方氏：「其澤藪曰弦蒲。」注：「鄭司農云：弦或爲汧；蒲或爲浦。」

〔二〕左傳昭公二十年：「澤之萑蒲，舟鮫守之。」

〔三〕此爲杜甫解悶十二首之第十二首詩中句，見杜少陵集卷十七。

朅來

今文語辭「朅來」、「聿來」，不知所始。按楚辭：「車既駕兮朅而歸，不得見兮心傷悲。」〔一〕

舊注：「朅，去也。」又按呂氏春秋：「膠鬲見武王於鮪水，曰：『西伯朅來①，無欺我也。』武王曰：『不子欺，將伐殷也。』膠鬲曰：『朅至？』武王曰：『將以甲子日至。』」注：「朅，何也。」若然，則「朅」之爲言「盍」也。若以解楚辭，則謂車既駕矣，盍而歸乎？以不得見而心傷悲也，意尤婉至。則今文所襲用朅來者，亦謂盍來也，非是發語之辭矣。文選注劉向七言曰：「朅來歸耕永自疏」〔二〕，顏延年秋胡妻詩曰：「朅來空復辭」〔三〕，義皆謂盍來，始通。

【校】

① 西伯朅來　來，上杭本作「至」，四庫本作「去」。呂氏春秋貴因篇：「膠鬲曰：西伯將何之？無欺我也。」高誘注：「朅，何也，言以何日來至殷也。」

【注】

〔一〕見楚辭宋玉九辯。洪興祖補注：「朅，丘傑切，去也。」

〔二〕見文選卷十五張衡思玄賦「迴志朅來從玄謀」注：「朅，去也。善曰：劉向七言曰：朅來歸耕永自疏。」

〔三〕此爲顏延年秋胡妻九首第七首詩中句，見文選卷二十一。

伏毒寺詩

杜詩：「鄭南伏毒寺，瀟灑在江心。」〔一〕劉禹錫詩：「曾作關中客，頻經伏毒巖。晴煙沙苑

樹，晚日渭川帆。」〔二〕

【注】

〔一〕鄭南，丹鉛諸録、升庵詩話、升庵集俱作「鄭國」。鄭，華州縣名。宋張邦基墨莊漫録卷五：「杜子美有憶鄭南玭詩云：『鄭南伏毒守，瀟灑到江心。』殊不曉『伏毒守』之義。守，當作寺，按華州圖經有伏毒寺，劉禹錫外集有貞元中侍郎舅氏牧華州時予再忝科第前後由華覲謁陪登伏毒岩，今世行本皆作守，誤也。」

〔二〕此爲劉禹錫貞元中，侍郎舅氏牧華州，時余再忝科第，前後由華覲謁，陪登伏毒寺屢焉，亦曾賦詩題於梁棟，今典馮翊，暇日登樓，南望三峰，浩然生思，追想昔年之事，因成篇題舊寺詩中句，見全唐詩卷三五八。

儲詩

儲光羲詩：「落日燒霞明，農夫知雨止。」〔一〕耿湋詩：「向人微月在，報雨早霞生。」〔二〕此即諺所謂「朝霞不出市，暮霞走千里」也。劉禹錫武陵詩：「積陰春暗度，將霽霧先昏。」〔三〕耿湋詩：「晚雷期稔歲，重霧報晴天。」〔四〕皆用老農占驗語。予舊日秋成詩云：「草頭占月暈，米價問天河。」〔五〕亦用諺語「日暈長江水，月暈草頭空」。又七月七夕，視天河顯晦，卜米價豐歉。蓋老農有驗之占云。

【注】

〔一〕此爲儲光羲晚霽中園喜赦作詩中句，見全唐詩卷一三七。霞，萬曆本誤作「霧」。

〔二〕此爲耿湋華州客舍奉和崔端公春城曉望詩中句，見全唐詩卷二六八。

〔三〕此爲劉禹錫武陵書懷五十韻詩中句，見全唐詩卷三六二。

〔四〕此爲耿湋東郊别業詩中句，見全唐詩卷二六八。

〔五〕此爲升庵觀刈稻紀諺二首第二首詩中句，見升庵集卷十八。

杜詩天棘

杜詩：「江蓮摇白羽，天棘蔓青絲。」〔一〕鄭樵云：「天棘，柳也。」此無所據，杜撰欺人耳。且柳可言絲，只在初春。若荼瓜留客之日，江蓮白羽之辰，必是深夏，柳已老葉濃陰，不可言絲矣。若夫蔓云者，可言兔絲、王瓜，不可言柳。此俗所易知，天棘非柳明矣。按本草索隱云：「天門冬，在東嶽名淫羊藿，在南嶽名百部，在西嶽名管松，在北嶽名顛棘。」〔二〕顛與天，聲相近而互名也，此解近之。

【注】

〔一〕此爲杜甫巳上人茅齋詩中句，見杜少陵集卷一。

〔二〕宋鄭樵通志卷七五昆蟲草木略草類作「在東嶽名淫羊藿，在中嶽名天門冬，在西嶽名管松，在北嶽名無不愈，在南嶽名百部，在京陸山阜名顛棘，今曰天門冬。爾雅：『蘠蘼虋冬，葉如絲縷。』」爾雅無「葉如絲縷」，作「門冬，一名滿冬，本草云」。

韓退之詩

韓文公贈張曙詩云：「久欽江總文才妙，自嘆虞翻骨相屯。」〔一〕以忠直自比，而以姦佞待人，豈聖賢謙己恕人之意哉？考曙之爲人，亦無姦佞似江總者。若曰以文才論，何不以鮑照、何遜爲比，而必曰江總乎？此乃韓公平生之病處，而宋人多學之，謂之「占地步」。心術先壞矣，何地步之有？

【注】

〔一〕此爲韓愈韶州留別張端公使君詩中句，見韓愈全集卷十二，全唐詩卷三四四。

唐詩葳蕤

唐詩：「春樓不閉葳蕤鎖」〔一〕，又「望見葳蕤舉翠華」〔二〕。「葳蕤」，旗名，鹵簿中有之。〔三〕孫氏瑞應圖云：「葳蕤，瑞草，王者禮備至則生。」今之字書，例解爲草木之狀，未得其原也〔四〕。

【注】

〔一〕此爲韓翃江南曲詩中句，見全唐詩卷二四五。

〔二〕此爲劉禹錫阿嬌怨詩首句，見全唐詩卷三六五。

〔三〕唐封演封氏聞見記卷五「鹵簿」：「輿駕行幸，羽儀導從謂之鹵簿。」鹵簿備千騎萬騎，旌旗叢雜，故詩人以葳蕤形容之，非專有一旗名葳蕤也。

〔四〕楊慎藝林伐山卷十另有「葳蕤鎖」一條云：「録異記：萎蕤鎖，金縷相連，屈伸在人。」陳耀文正楊卷四「唐詩葳蕤」條，以爲楊慎亦「未得其原」，補釋曰：「子虚賦『錯翡翠之葳蕤』注：『羽飾貌。』封禪書『紛綸葳蕤』，胡廣曰：『萎蕤，委頓也。』張揖曰：『亂貌。』南都賦『望翠華兮葳蕤，建太常兮裶裶』注：『葳蕤，翠華貌。』」並云：「録異記，杜光庭所著，無葳蕤鎖事。」乃見於録異傳。又廣引古人詩句而後云：「先引則謂之旗，後引則謂之鎖，若引此必當謂之籥、帶與竹矣。」

行道遲遲

詩：「行道遲遲，中心有違。」〔一〕思致微婉，紫玉歌所謂「身遠心邇」〔二〕，洛神賦所謂「定往神留」，皆祖其意。

【注】

〔一〕見詩邶風谷風。

〔二〕見搜神記卷十六：「吴王夫差女小名曰紫玉，悦童子韓重，欲嫁之不得，乃氣結而死。重游學歸，知之，往弔於墓側，玉形見，顧重延頸而歌曰：『南山有烏，北山張羅。烏既高飛，羅將奈何。意欲從君，讒言孔多。』末句云：身遠心近，何曾暫忘。」

岳陽樓詩

余昔過岳陽樓，見一詩云：「樓上元龍氣不除，湖中范蠡意何如？西風萬里一黄鵠，秋水半江雙白魚。鼓瑟至今悲二女，沉沙何處弔三閭？朗吟仙子無人識，騎鶴吹簫上碧虚。」乃視其姓名，則元人張翔字雄飛，不知何地人也。雄飛在元不著詩名，然此詩實可傳。同時虞伯生、范德機皆有岳陽樓詩〔一〕，遠不及也。故特表出之。

【注】

〔一〕虞伯生，名集；范德機，名梈，二人齊名，皆元詩大家。

謝皋羽詩〔一〕

謝皋羽爲宋末詩人之冠，其學李賀歌詩，入其室而不蹈其語，比之楊鐵崖蓋十倍矣。小絶句如：「牽牛秋正中，海白夜疑曙。野風吹空巢，波濤在孤樹。」〔三〕絶妙可傳，郊、島不能過也。

【注】

〔二〕本書卷十一另有「謝皋羽詩」一則云：「……雖未足望開元、天寶之蕭牆，而可以據長慶、寶曆之上座矣。」可參看。

〔三〕此爲謝皋羽效孟郊體七首第三首，見晞髮集卷六。

劉禹錫詩

元和以後，詩人之全集可觀者數家，當以劉禹錫爲第一。其詩入選及人所膾炙，不下百首矣。其未經選，全篇如棼絲瀑云：「飛流透嵌隙，噴灑如絲棼。含暈迎初旭，翻光破夕曛。餘波繞石去，碎響隔溪聞。」〔一〕却望瓊沙際，逶迤見脈分。」樂府絶句云：「大艑高帆一百尺，新聲促柱十三弦。揚州市裏商人女，來占西江明月天。」〔一〕詠硯云：「煙嵐餘斐亹，水墨兩氤氳。好與陶貞白，松窗寫紫文。」〔二〕詠鶯雜體云：「鶯。能語，多情。春將半，天欲明。始逢南陌，復集東城。林疏時見影，花密但聞聲。營中緩催短笛，樓上欲定哀箏。千門萬户垂楊裏，百囀如簧煙景晴。」〔三〕五言摘句如：「桃花迷隱跡，楖葉慰忠魂。」〔四〕又：

「殘兵疑鶴唳，空壘辨烏聲。」〔五〕又：「路塵高出樹，山火遠連霞。」〔六〕又：「登臺吸瑞景，飛步翼神飆。」〔七〕詠花云：「香歸陶令宅，艷入孝王家。」〔八〕園景云：「傅粉琅玕節，薰香菡萏莖。榴花裙色好，桐子藥丸成。」〔九〕妓席云：「容華本南國，粧束學西京。月落方收鼓，天寒更炙笙。」〔一〇〕七言如：「中國書流讓皇象，北朝文士重徐陵。」〔一一〕又：「桂嶺雨餘多鶴跡，茗園晴望似龍鱗。」〔一二〕又：「連檣估客吹羌笛，蕩槳巴童歌竹枝。」〔一三〕又：「眼前名利同春夢，醉裏風情敵少年。」〔一四〕又：「野草芳菲紅錦地，游絲撩亂碧羅天。」〔一五〕又：「春城三百九十橋，夾岸朱樓隔柳條。」〔一六〕又：「三花秀色通春幌，十字春波繞宅牆。」〔一七〕又：「海嶠新辭永嘉守，夷門重見信陵君。」〔一八〕又：「水底遠山雲似雪，橋邊平岸草如煙。」〔一九〕又外集有觀舞一詩云：「山鷄臨清鏡，石燕赴遥津。何如上客會，長袖入華裀。體輕若無骨，觀者皆聳神。曲盡回身去，層波猶注人。」〔二〇〕宛有六朝風致，尤可喜也。劉全集今多不傳，予舊選之爲句圖，今録其尤著者於兹云。

【注】

〔一〕此爲劉禹錫夜聞商人船中箏詩，見全唐詩卷三六五。西江，作「江西」。

〔二〕此爲劉禹錫謝柳子厚寄疊石硯詩，見全唐詩卷三五八。

〔三〕此爲劉禹錫同留守王僕射各賦春中一物從一韻至七詩，見全唐詩卷三五六。

〔四〕此爲劉禹錫武陵書懷五十韻詩中句，見全唐詩卷三六二。椶，作「棟」。

〔五〕此爲劉禹錫贈澧州高大夫司馬霞寓詩中句，見全唐詩卷三五七。

〔六〕此爲劉禹錫晚歲登武陵城顧望水陸悵然有作詩中句，見全唐詩卷三六二。

〔七〕此爲劉禹錫奉送家兄歸王屋山隱居詩中句，見全唐詩卷三五七。

〔八〕此爲劉禹錫和令狐相公郡齋對紫薇花詩中句，見全唐詩卷三五八。歸，作「聞」。陶，作「萄」。

〔九〕此爲劉禹錫和樂天閑園獨賞八韻前以蜂鶴拙句寄呈今辱蝸蟻妍詞見答因成小巧以取大哈詩中句，見全唐詩卷三六二。

〔一〇〕此爲劉禹錫歷陽書事七十韻詩中句，見全唐詩卷三六三。月落，作「日落」。

〔一一〕此爲劉禹錫洛中寺北樓見賀監草書題詩詩中句，見全唐詩卷三五九。讓，作「尚」。

〔一二〕此爲劉禹錫寄楊八壽州詩中句，見全唐詩卷三五九。

〔一三〕此爲劉禹錫洞庭秋月行詩中句，見全唐詩卷三五六。「蕩槳」句在前。

〔一四〕此爲劉禹錫春日書懷寄東洛白二十二楊八二庶子詩中句，見全唐詩卷三六〇。

〔一五〕此爲劉禹錫樂天寄憶舊游因作報白君以答詩中句，見全唐詩卷三五六。

〔一六〕此爲劉禹錫酬令狐相公寄賀遷拜之什詩中句，見全唐詩卷三六〇。春波，作「清波」。

〔一七〕此爲劉禹錫酬令狐相公贈別詩中句，見全唐詩卷三六〇。

〔一八〕此爲劉禹錫和牛相公游南莊醉後寓言戲贈樂天兼見示詩中句，見全唐詩卷三六〇。

〔一九〕此爲劉禹錫觀舞柘枝二首詩中句，見全唐詩卷三五四。若，作「似」。去，作「處」。

薛濤詩

「聞説邊城苦，如今到始知。好將筵上曲，唱與隴頭兒。」〔一〕此薛濤在高駢宴上聞邊報樂府也。有諷諭而不露，得詩人之妙，使李白見之，亦當叩首，元白流紛紛停筆，不亦宜乎？濤有詩集，然不載此詩。

【注】

〔一〕見全唐詩卷八〇三罰赴邊有懷上韋令公二首之一，一作陳情上元令公。聞説，作「聞道」。如今，作「今來」。好，作「羞」。筵上，作「門下」。唐詩别裁集題作高駢席上作，文字與升庵所引同。

貫休詩

「霜月夜徘徊，樓中羌管催。晚風吹不盡，江上落殘梅。」〔一〕此貫休絶句也。休在晚唐有詩名，然無可取，獨此首有樂府聲調。雖非僧家本色，亦猶惠休之「碧雲」也〔二〕。

【注】

〔一〕見全唐詩卷八三七貫休月夕。管，作「笛」。

〔三〕惠休，湯惠休，南朝宋僧人。江淹有休上人怨別詩：「日暮碧雲合，佳人殊未來。」

端硯詩

唐李咸用端溪硯詩：「媧天補剩石，昆劍切來泥。著指痕猶濕，經旬水未低。呵雲潤柱礎，筆彩飲虹霓。鴝眼工諳謬，羊肝士乍刲。連澌光比鏡，因墨膩於䃜。」「捧受同交印，矜持過秉珪。」「宜從方袋挈，枉把短行批。淺水金爲斗，泓澄玉作堤。」〔一〕此詩不特句佳，亦具賞鑒，可補硯譜之遺。

【注】

〔一〕此爲李咸用謝友生遺端溪硯瓦詩中句，見全唐詩卷六四五。經旬，作「停旬」。因墨，作「因墨」。淺水，作「淺小」。

喻鳧詩

喻鳧詩：「雁天霞脚雨，漁夜葦條風。」〔一〕上句絶妙，下句大不稱。此所以爲晚唐也。

【注】

〔一〕此爲喻鳧得子姪書詩中句，見全唐詩卷五四三。

濾水羅詩

唐人白行簡以濾水羅賦得名，其警句云：「焦螟之生必全，有以小爲貴者；江漢之流雖大，蓋可一以貫之。」〔一〕靈一詩曰：「濾泉侵月起，掃徑避蟲行。」〔二〕濾水，蓋僧家戒律有此，欲全水蟲之命，故濾而後飲。今蜀中深山古寺，猶有此規。白居易送文暢詩：「山宿馴溪虎，江行濾水蟲。」〔三〕

【注】

〔一〕見文苑英華卷一百一十。

〔二〕此爲馬戴題興善寺英律師院詩中句，見文苑英華卷二三九。升庵作「靈一詩」，記誤。

〔三〕此爲白居易送文暢上人東遊詩中句，見白居易集卷十三。

劉綺莊詩①

續南部煙花録有劉綺莊揚州送人詩云：「桂檝木蘭舟，楓江竹箭流。故人從此去，遠望不勝愁。落日低帆影，歸風引櫂謳。思君折楊柳，淚盡武昌樓。」綺莊，不知何時人②，詳詩之聲調，必初唐也〔一〕。

【校】①劉綺莊詩　一作「劉綺莊揚州送人」，見升庵詩話卷六。

②不知何時人　何時，升庵集卷五五作「何許」。

【注】〔一〕唐詩紀事卷五十四「劉綺莊」條云：「綺莊尤善樂府，嘗守藩服，與白敏中、崔元式、韋琮相知，宣宗時人也。」時代甚明，非初唐時人。升庵詩話卷六「劉綺莊」條云：「龔明之中吳紀聞云：唐人劉綺莊爲昆山尉，研窮古今緗帙，所積甚富，嘗分類應用事注釋於下，如六帖之狀，號崑山編。」其書今存。遠望，全唐詩卷五六三作「望遠」。

蕭遇詩

蕭遇春日詩：「水堤煙報柳，山寺雪驚梅。」〔一〕唐人賞之，謂不減庾子山。

【注】〔一〕此爲蕭遇春詠詩中句，見全唐詩卷六〇〇。蕭遇，作「蕭遘」。新、舊唐書有傳，俱作「遘」，避宋高宗趙構名諱，改遘爲「遇」，後遂因之。

三羅詩

晚唐江東三羅：羅隱、羅虬、羅鄴也。皆有集行世，當以鄴爲首。如閨怨云：「夢斷南窗啼曉烏，新霜昨夜下庭梧。不知簾外如珪月，還照邊庭到曉無。」〔一〕南行云：「臘晴江暖鷫鷞飛，梅雪香沾越女衣。魚市酒村相識遍，短船歌月醉方歸。」〔二〕此二詩，隱與虬皆不及也。

【注】

〔一〕見全唐詩卷六五四，題作秋怨。

〔二〕見全唐詩卷六五四。香沾，作「香黏」。

無名氏詩

唐無名氏詩：「江上送行人，千山生暮氛。」謝安團扇上，爲畫敬亭云。」〔一〕僧皎然送邢台州云：「海上仙山屬使君，石橋琪樹古來聞。他時畫出白團扇，乞取天台一片雲。」〔二〕二詩命意用事相類。晉人重扇，題畫謂之「便面」〔三〕，又曰「方麴」〔四〕，如羊孚雪贊、右軍蒲葵是其事也。

【注】

〔一〕此爲南唐潘佑送人往宣城詩，見全唐詩卷七三八。江上，作「江畔」。

〔二〕見全唐詩卷八一八皎然送邢台州濟。一作送獨孤使君赴岳州。古來，一作「此來」。

〔三〕漢書卷七六張敞傳：「自以便面拊馬，又爲婦畫眉。」師古注：「便面，所以障面，蓋（車）扇之類也。不欲見人，以此自障面則得其便，故曰便面，亦曰屏面。今之沙門所持竹扇，上袤平而下圜，即古之便面也。」

〔四〕本書卷八「方麯」條可參看。

牽絲

謝靈運詩：「牽絲及元興，解龜在景平。」〔一〕注引應璩詩：「不悟牽朱絲，三署來相尋。」李善注云：「牽絲，初仕也；解龜，去仕也。」文苑英華康子元參軍帖子判云：「萬里牽絲，俄畢子荆之任；九流懸鏡，行披彦輔之雲。」〔二〕又似用爲孫楚事。

【注】

〔一〕此爲謝靈運初去都詩中句，見文選卷二十六。李善注：「牽絲，初仕；解龜，去官也。」元興，晉安帝年號。景平，宋少帝年號。

〔二〕見文苑英華卷五三五，作「參軍鶻子判」。子荆，爲孫楚之字；彦輔，爲樂廣之字。

夭邪

唐詩：「錢唐蘇小小，人道最夭邪。」〔一〕又：「長安女兒雙髻鴉，隨風趁蝶學夭邪。」〔二〕夭，音作歪〔三〕。

【注】

〔一〕此爲白居易和春深二十首第二十首詩中句，見白居易集卷二十六。錢塘，作「杭州」。夭，自注：「伊耶反。」夭邪，作「夭斜」。

〔二〕此爲宋陳與義清明二絶句第一首詩中句，見簡齋集卷十三。升庵作唐人詩，誤。

〔三〕宋王楙野客叢書卷十六「駊娑承明」條云：「今言不正者爲夭邪。夭，讀爲么。而樂天詩曰：『莫言蘇小小，人道最夭邪。』夭，伊邪反，非么字。東坡梅詩祖此用夭邪語，今人多讀爲么邪，而不知爲非也。」（野客叢書　中華書局）升庵云「夭音歪」，不知何據。

白頭烏

三國典略曰：「侯景簒位，令飾朱雀門，其日，有白頭烏萬計，集於門樓。童謡曰：白頭烏，拂朱雀，還與吴。」杜工部詩：「長安城頭頭白烏，夜飛延秋門上呼。」〔一〕蓋用其事，以侯景比禄山也。而千家注不知引此。

【注】

〔一〕此爲杜甫哀王孫首句，見杜少陵集卷四。

黄蝶

蝴蝶或白或黑，或五彩皆具。惟黄色一種，至秋乃多，蓋感金氣也。李白詩：「八月蝴蝶黄」〔一〕，深中物理。今本改「黄」爲「來」，何其淺也。白樂天詩亦云：「秋花紫濛濛，秋蝶黄茸茸。」〔二〕

【注】

〔一〕此爲李白長干行二首第一首詩中句，見李太白集卷四。黄，一作「來」。

〔二〕此爲白居易秋蝶詩中句，見白居易集卷八。

靈澈詩

僧靈澈有詩名於中唐。古墓詩云：「松樹有死枝，塚墓惟莓苔。石門無人入，古木花不開。」〔一〕天台山云：「天台衆山外，歲晚當寒空。有時半不見，崔嵬在雲中。」〔二〕九日云：「山僧不記重陽節，因見茱萸憶去年。」〔三〕諸篇爲劉長卿、皇甫冉所稱〔四〕。予獨取天台山一絶，真絶唱也。

【注】

〔一〕詩題一作「道邊古墳」，見全唐詩卷八一〇。塚墓，作「塚上」。

〔二〕見全唐詩卷八一〇，詩題作「天姥岑望天台山」。衆山，作「衆峰」。歲晚當寒照，作「華頂當寒空」。

〔三〕見全唐詩卷八一〇。節，作「日」。

〔四〕皇甫冉，丹鉛諸録同。皎然晝上人集卷一贈包中丞書云：「有會稽沙門靈澈，年三十有六，知其有文十餘年，而未識之。比則聞於故秘書郎嚴維、隨州劉使君長卿、前殿中皇甫侍御曾，常所稱耳。」冉，當作「曾」。

幽州臺詩

陳子昂登幽州臺歌云：「前不見古人，後不見來者。念天地之悠悠，獨愴然而涕下。」其辭簡質，有漢魏之風，而文籍不載①。

【校】

①而文籍不載　籍，四庫本作「集」。四部叢刊影印明刊本陳伯玉文集不載此詩，而見附録之盧藏用陳子昂別傳中，作「集」是。

海紅

劉長卿集有夏中崔中丞宅見海紅摇落一花獨開詩，海紅，未詳爲何花〔一〕，後見李白詩注云：「新羅國多海紅，唐人多尚之。」亦「戎王子」之類也〔二〕。又柑有名海紅者，見橘譜。

【注】

〔一〕楊慎藝林伐山卷六「海紅花」云：「菊莊劉士亨詠山茶詩云：『小院猶寒未暖時，海紅花發景遲遲。半深半淺東風裏，好是徐熙帶雪枝。』蓋海紅即山茶也。而古詩亦有『淺爲玉茗深都勝，大曰山茶，小曰海紅』。」所云古詩，即宋陶弼詠山茶二首。大曰山茶、小曰海紅，作「大曰山茶小海紅」。

〔二〕杜甫陪鄭廣文游何將軍山林：「萬里戎王子，何年別月支。異花開絶域，滋蔓匝清池。漢使徒空到，神農竟不知。」云戎王子爲自月支攜來異域之花。

胡燕

玄中記：「胡燕，斑胸，聲小；越燕，紅襟，聲大。」李賀詩：「勞勞胡燕怨酣春。」〔一〕吳越春秋：「越燕向日而熙。」〔二〕丁仙芝詩：「曉幙紅襟燕。」〔三〕

【注】

〔一〕此爲李賀河南府試十二月樂詞二月詩中句，見李賀歌詩集卷一。

〔二〕吳越春秋卷三闔閭内傳伍子胥引河上歌：「胡馬望北風而立，越燕向日而熙。」

〔三〕此爲丁仙芝餘杭醉歌贈吳山人詩中句，見全唐詩卷一一四。

桂子

劉績霏雪録載杭州靈隱寺月中墜桂子事〔一〕，似涉怪異。余按本草圖經云：「江東諸處，多於衢路間拾得桂子，破之，辛香。古老相傳，是月中下也。不知當地何意獨無焉①，寧非月路耶？餘杭靈隱寺僧云：『種得一株。』近代詩人，多所論述。」漢武洞冥記云：「有遠飛鷄，朝往夕還，常銜桂實，歸於南土，所以北方無之。南方月路，固宜有也。」月路之説尤怪異，漫志之。白樂天詩：「偃蹇月中桂，結根依青天。天風繞月起，吹子下人間。」〔二〕自注云：「杭州天竺寺有月中桂子。」〔三〕

【校】

①不知當地何意獨無焉　何意，丹鉛摘録卷八作「何獨」，無「意」，升庵詩話續補遺卷一作「何以」。

【注】

〔一〕霏雪録：「杭州天竺寺人傳，每歲秋中，嘗有月桂子墮。」升庵誤記爲「靈隱寺」。

〔二〕此爲白居易潯陽三題之一廬山桂詩中句，見白居易集卷一。

〔三〕白居易留題天竺靈隱兩寺自注：「天竺嘗有月中桂子落，靈隱多海石榴花也。」見白居易集卷二十三。

妾魚

古者一國嫁女，同姓二國媵之。儀禮有「媵爵」，謂先飲一爵，後二爵從之也[一]。楚辭：「魚鱗鱗兮媵予。」[二]江海間有魚，游必三，爲媵隨妻，先一後二，人號爲婢妾魚。唐詩：「江魚羣從稱妻妾，塞雁聯行號弟兄。」[三]

【注】

[一]見儀禮燕禮。媵爵，古代一種獻酒禮節。諸侯宴賓，主人行酒畢，命年長的大夫，給諸侯再獻，謂之媵爵。

[二]見楚辭九歌河伯。

[三]此爲白居易禽蟲十二章第三章詩中句，見白居易集卷三十七，自注曰：「江沱間有魚，每游輒三，此媵隨妻，一先二後，土人號爲婢妾魚。」

亞枝花

白居易集有「亞枝」，謂臨水低枝也。孟東野詩：「南浦桃花亞水紅，水邊柳絮颺春風。」[一]白詩又云：「亞竹亂藤多照岸。」[二]亦佳句也。

【注】

〔一〕此爲孟郊南浦篇詩中句，見全唐詩卷三七二。颺，作「由」。

〔二〕此爲白居易汎小艑二首第二首詩中句，見白居易集卷二十三。

魚魚雅雅

古樂府朱鷺曲：「朱鷺，魚以烏，鷺何食，食茄下。」〔一〕烏，古與「雅」同，叶音作雅。蓋古字烏也雅也，本一字也。「雅」與「下」相叶，始得其音。「魚以雅」者，言朱鷺之威儀，魚魚雅雅也。韓文元和聖德詩「魚魚雅雅」之語本此〔二〕。茄，古荷字。

【注】

〔一〕樂府詩集卷十六朱鷺：「朱鷺，魚以烏，鷺訾邪？鷺何食？食茄下。不之食，不以吐，將以問誅者。」

〔二〕韓愈元和聖德詩：「駕龍十二，魚魚雅雅。」見韓愈全集卷六，大抵言隊列行進整齊貌，若魚行成貫，鴉飛成陣。

香球金縷

白樂天詩：「柘枝隨畫鼓，調笑從香毬。」〔一〕又云：「香毬趁拍迴環匝，花盞拋巡取次飛。」〔三〕皆紀管弦酒席中事，但不知香毬何用。如今人詞中用「金縷」字，亦竟不知金縷於歌何關。

【注】

〔二〕此爲白居易想東游五十韻詩中句，見白居易集卷二十七。

〔三〕此爲白居易醉後贈人詩中句，見白居易集卷十八。匝，作「匼」。

殘燈詩

韋蘇州對殘燈詩云：「獨照碧窗久，欲隨寒燼滅。幽人將遽眠，解帶翻成結。」〔一〕梁沈氏滿願殘燈詩云：「殘燈猶未滅，將盡更揚輝。惟餘一兩焰，猶得解羅衣。」〔二〕韋詩實出於沈，然韋有幽意，而沈淫矣。

【注】

〔一〕見全唐詩卷一九三。

〔二〕此爲梁紀少瑜詠殘燈，見玉臺新詠卷十。猶得，作「纔得」。升庵作「梁沈氏滿願」，誤。

青精飯

杜詩：「豈無青精飯，使我顔色好。」〔一〕青精飯①，一名南天燭，又曰墨飯草，以其可染黑飯也，道家謂之青精飯。故仙經云：「服草木之正，氣與神通；食青燭之津，命不復隕。」謂此也。

【校】

①青精飯　升庵集、升庵外集作「青精」，無「飯」。

【注】

〔一〕此爲杜甫贈李白詩中句，見杜少陵集卷一。注：「陶隱居登真隱訣：太極真人青精乾石䭀飯法，用南燭草木葉雜莖皮煮取汁，浸米蒸之，令飯作青色。」名爲烏飯，又名黑飯，久食可以延年却老。

蘭草

古樂府：「蘭草自然香，生於大道傍。腰鐮八九月，俱在束薪中。」〔一〕孟郊詩：「味者理芳草，蒿蘭同一鋤。」〔二〕實本古樂府意。

【注】

〔一〕見全漢詩卷三。唐顔師古匡謬正俗卷七云：「古艷歌曰：『蘭草自生香，生於大道傍。十月鈎鐮起，並在束薪中。』中，之當反，音張，謂中央也。」

〔二〕此爲孟郊湘弦怨詩中句，見全唐詩卷三七二。

黄鸝留

諺云：「黄鸝留，看我麥黄葚黑否？」見陸璣草木疏①。今作「黄栗留」。

【校】

① 見陸璣草木疏　即陸璣毛詩草木蟲魚疏。璣，上杭本誤作「機」，丹鉛摘録卷十作「璣」。

灩澦

灩澦歌云：「灩澦大如襆，瞿塘不可觸。金沙浮轉多，桂浦忌經過。」〔一〕此舟人商估刺水行舟之歌。樂府以爲梁簡文所作，非也。蜀江有瞿塘之患，桂江有桂浦之險，故涉瞿塘者則準灩襆，涉桂浦者則準金沙。今樂府「桂浦」作「桂楫」〔二〕，非也。

【注】

〔一〕見樂府詩集卷八十六淫豫歌二首。

〔二〕梁簡文淫豫歌，見樂府詩集卷八十六，未見有「桂浦」作「桂楫」者。題注云：「淫或作灩，豫或作澦。」淫豫歌，即灩澦歌。陳耀文正楊卷四「灩澦」條云：「此引通志而誤者。水經注云：『白帝山城，水門之西，江中有孤石，名淫豫石。』『江水東逕廣谿峽，乃三峽之首也。』『峽中有瞿塘、黄龕二灘，夏水回復，沿泝所忌。』國史補曰：『蜀之三峽最號峻急，四月五月尤險，故行者歌之。』」並云：「此樂府所載，不云簡文作，桂浦亦非作桂楫也。」

石城樂

石城樂，宋臧質作。碧玉歌，一名千金意，晉孫綽作。慕容攀牆視，慕容垂作。樂府皆失其名〔一〕，當表出之〔二〕。

【注】

〔一〕石城樂，載樂府詩集吴聲歌曲四；碧玉歌，載樂府詩集吴聲歌曲二；慕容攀牆視，載樂府詩集橫吹曲辭，題作慕容垂歌辭。升庵言「樂府皆失其名」，誤。

〔二〕陳耀文正楊卷三「石城樂」條云：「唐書樂志云：『石城樂者，宋臧質所作也。』石城在竟陵，質嘗爲竟陵郡，於城上眺矚，見羣少年歌謡通暢，因作此曲。樂苑云：『碧玉歌者，宋汝南王所作也。』碧玉，汝南王妾名，以寵愛之甚，所以歌之。其二篇云：『碧玉小家女，不敢攀貴德。感郎千金意，慚無傾城色。』慕容垂歌，晉書載記云：『慕容垂，本名缺，尋以讖記，乃去夬，以垂爲名。』慕容儁僭號，封垂爲吴王，太元八年自稱燕王。其二章云：『慕容愁憒憒，燒香作佛會。願作牆裏燕，高飛出牆外。』以上俱樂府所載。」

估客樂

估客樂，齊武帝之所作也。其辭曰：「昔經樊鄧後，阻潮梅根渚。感憶追往事，意滿辭不敘。」〔一〕「阻潮」，一本作「假楫」。武帝作此曲，令釋寶月被之管弦。帝遂數乘龍舟遊江中，以紅越布爲帆①，緑絲爲帆綍，鍮石爲篙足。篙榜者②悉著鬱林布作淡黄袴，舞此曲用十六人云。按：史稱齊武帝節儉，嘗自言：「朕治天下十年，當使黄金與土同價。」〔二〕然其從流忘返之奢如此，貽厥孫謀，何怪乎金蓮布地也。

【校】

① 以紅越布爲帆　紅，萬曆本、四庫本作「紝」，升庵詩話卷二作「紅」，據樂府詩集卷四十八估客樂詩序改。

② 篙榜者　榜，萬曆本、四庫本、升庵集卷六十俱作「傍」，據樂府詩集卷四十八估客樂詩序改。

【注】

〔一〕見樂府詩集卷四十八「清商曲辭五」。昔經樊鄧後，後，作「役」。感憶追往事，作「探懷悵往事」。

〔二〕見南齊書卷二高帝紀，此爲齊高帝蕭道成語，升庵誤作齊武帝蕭賾。

金魚金龜

佩魚始於唐永徽二年，以「鯉」爲「李」也。武后天授元年改佩龜，以玄武爲龜也。杜詩「金魚换酒來」〔一〕，蓋開元中復佩魚也。李白憶賀知章詩「金龜换酒處」〔二〕，蓋白弱冠遇賀知章，尚在中宗朝，未改武后之制。

【注】

〔一〕此爲杜甫陪鄭廣文游何將軍山林十首第五首詩中句，見杜少陵集卷二。

〔二〕此爲李白對酒憶賀監二首第一首詩中句，見李太白集卷二十三。

閭丘均

成都閭丘均，在唐初與杜審言齊名。杜子美贈其孫閭丘師詩云：「鳳藏丹霄暮，龍去白水渾。」〔一〕，蓋稱均之文也。均亦曾至雲南，有刺史王仁求碑文、爨王墓碑文，皆均筆也。爨墓碑，洛陽賈餘絢書。予修雲南志，以均與餘絢入流寓志中。

【注】

〔一〕此爲杜甫贈蜀僧閭丘師兄詩中句，見杜少陵集卷九。

太白用徐陵詩

徐陵詩：「竹密山齋冷，荷開水殿香。」〔一〕太白詩「風動荷花水殿香」〔二〕，全用其語。

【注】

〔一〕此爲徐陵奉和簡文帝山齋詩中句，見全陳詩卷二。

〔二〕此爲李白口號吴王美人半醉詩中句，見李太白集卷二十五。

掛胡床

魏裴潛爲兖州太守，嘗作一胡床，及其去，留以掛柱。梁簡文帝詩：「不學胡威絹，寧掛裴潛床。」〔一〕太白詩：「去時無一物，東壁掛胡床。」〔二〕

【注】

〔一〕此爲梁元帝後臨荆州詩中句，見藝文類聚卷五十。升庵作「簡文帝」，記誤。胡威絹，見世説新語德行注引晉陽秋：「胡威，字伯虎，淮南人。父質，以忠清顯。質爲荆州，威自京師往省之。及告歸，質賜威絹一匹。威跪曰：『大人清高，於何得此？』質曰：『是吾奉禄之餘，故以爲汝糧耳。』威受命而去。」

〔二〕此爲李白寄上吴王三首第二首詩中句，見李太白集卷十四。

屏風牒

梁蕭子雲上飛白書屏風十二牒。李白詩：「屏風九疊雲錦張。」〔一〕牒，即疊也。唐詩「山屏六曲郎歸夜」〔二〕，宋詞「屏風疊疊聞紅牙」〔三〕，今改「疊」作「曲」，非。

【注】

〔一〕此爲李白廬山謡寄盧侍御虚舟詩中句，見李太白集卷十四。

〔二〕此爲宋錢惟演無題詩第二首中句，見西崑酬唱集卷上，作「山屏六曲歸來夜」。升庵誤作「唐詩」。

〔三〕此爲秦觀浣溪沙詞中句，見淮海居士長短句。疊疊，原作「曲曲」。聞，作「鬬」。

小姑無郎

古樂府清溪小姑曲云：「開門白水，側近橋梁。小姑所居，獨處無郎。」〔一〕唐李義山詩：「神女生涯元是夢，小姑居處本無郎。」〔二〕小姑，蔣子文第三妹也。楊炯少姨廟碑云：「虞帝二妃，湘水之波瀾未歇。蔣侯三妹，青溪之軌跡可尋。」〔三〕

【注】

〔一〕見樂府詩集卷四十七清商曲辭四青溪小姑曲。

〔二〕此爲李商隱無題詩中句，見李商隱詩集卷中。

〔三〕見楊炯盈川集卷五少室山少姨廟碑，作「蔣侯三妹，青溪之軌跡可尋；虞帝二妃，湘水之波瀾未歇」。

䫻䬉

沈佺期有夜泊越州詩云：「䫻䬉縈海若，霹靂耿天吴。」〔一〕䫻䬉，蓋指颶風也。字書不載此二字。

【注】

〔一〕此爲沈佺期夜泊越州逢北使詩中句，見全唐詩卷九十五。海若，海神；天吴，水神。

口脂①

杜子美臘日詩：「口脂面藥隨恩澤，翠管銀罌下九霄。」〔一〕唐制：臘日宣賜脂藥。李嶠有賜口脂表云：「青牛帳底，未輟爐香；朱鳥窗前，新調鉛粉。揉之以辛夷甲煎，然之以桂火蘭蘇。」〔二〕令狐楚表云：「雪散凝紅紫之名，香膏蘊蘭蕙之氣。合自金鼎，貯於雕奩。」②劉禹錫有代謝賜表云：「宣奉聖旨，賜臣臘日口脂面脂，紫雪紅雪，雕奩既開，珍藥斯見。膏凝雪瑩，含液騰芳。」〔三〕可補杜詩注之遺。

【校】

①口脂 一作「口脂面藥」，見升庵集卷六十。

②「令狐楚表」一節，升庵集卷六十置於劉禹錫表之後，題作謝臘日賜口脂紅雪表。凝，作「擁」。蘭蕙，作「蘭麝」。其後尚有「其子令狐綯謝紫雪表云：靈膏有瓊液之名，仙散擬雪花之狀。職當喉舌，匪效魯廟之三緘；任在燮調，請獻謝莊之六出」。當據補。

【注】

〔一〕此爲杜甫臘日詩中句，見杜少陵集卷五。

〔二〕見文苑英華卷五九六。「新調鉛粉」下删「因三冬之吉慶，造六宫之脂澤」二句。

〔三〕此爲劉禹錫代謝曆日面脂口脂等表中句，見劉賓客文集卷十六。

竹笥江魚

杜子美送人迎養詩：「青青竹笥迎船出，白白江魚入饌來。」〔一〕用孟宗、姜詩事。韋蘇州送人省覲亦云：「沃野收紅稻，長江釣白魚。」〔二〕又云：「洞庭摘朱果，松江獻白鱗。」〔三〕然杜不如韋多矣。「青青」字自好，「白白」近俗，有似兒童「白白一羣鵝，被人趕下河」之謡也。豈大家語哉？

【注】

〔一〕此爲杜甫送王十五判官扶侍還黔中詩中句，見杜少陵集卷十二。白白，作「日日」。

〔二〕此爲韋應物送張侍御祕書江左覲省詩中句，見全唐詩卷一八九。

〔三〕此爲韋應物送劉評事詩中句，見全唐詩卷一八九。朱果，作「朱實」。

鳳林

水經：「河水又東，歷鳳林北。」注：「鳳林，山名。五巒俱峙。」①杜詩：「鳳林戈不息，魚海路常難。」〔一〕張籍詩：「鳳林關裏水長流，白草黄榆六十秋。邊將皆承主恩澤，無人解道取涼州。」〔二〕

【校】

① 五巒俱峙　巒，上杭本、萬曆本作「巒」，四庫本作「巒」。據水經注卷二改。

【注】

〔一〕此爲杜甫秦州雜詩二十首第十九首詩中句，見杜少陵集卷七。

〔二〕此爲張籍涼州詞三首第三首詩中句，見全唐詩卷三八六。水長流，作「水東流」。

榔櫪

李屏山達摩贊所謂「榔櫪者，稱杖也」〔一〕。范石湖詩：「病憐榔櫪隨身慣，老覺屠蘇到手遲。」〔二〕

【注】

〔一〕見元王惲玉堂嘉話卷五。

〔二〕此爲范成大丙午新正書懷十首第二首詩中句，見石湖居士詩集卷二十六。榔櫪，作「榔栗」。

詩史誤人

宋人以杜子美能以韻語紀時事，謂之詩史。鄙哉宋人之見，不足以論詩也。夫六經各有體，易以道陰陽，書以道政事，詩以道性情，春秋以道名分。後世之所謂史者，左記言，右記事，古之尚書、春秋也。若詩者，其體其旨，與易、書、春秋判然矣。三百篇皆約情合性而歸之道德也①，然未嘗有道德字也，未嘗有道德性情句也。二南者，修身齊家其旨也，然其言「琴瑟」、「鐘鼓」，「荇菜」、「芣苡」，「夭桃」、「穠李」，「雀角」、「鼠牙」，何嘗有修身齊家字耶？皆意在言外，使人自悟。至於變風變雅，尤其含蓄，「言之者無罪，聞之者足以戒」。如刺淫亂，則曰「雝雝鳴雁，旭日始旦」〔一〕，不必曰「慎莫近前丞相嗔」〔二〕也。憫流民，則曰「鴻雁於飛，哀鳴嗷嗷」〔三〕，不必曰「千家今有百家存」〔四〕也。傷暴斂，則曰「維南有箕，載翕其舌」〔五〕，不必曰「哀哀寡婦誅求盡」〔六〕也。叙飢荒，則曰「牂羊羵首，三星在罶」〔七〕，不必曰「但有牙齒存，可堪皮骨乾」〔八〕也。杜詩之含蓄蘊藉者，蓋亦多矣。宋人不能學之。至於直陳時事，類於訐訕，乃其下乘末脚，而宋人拾以爲己寶，又撰出「詩史」二字以誤後人。如詩可兼史，則尚書、春秋可以併省。又如今俗卦氣歌、納甲歌，兼陰陽而道之，謂之「詩易」，可乎？

【校】

① 三百篇皆約情合性而歸之道德也　約，萬曆本誤作「納」，據升庵詩話卷四、升庵集卷十六改。

【注】

〔一〕見詩經邶風匏有苦葉。

〔二〕此爲杜甫麗人行詩中句，見杜少陵集卷二。

〔三〕見詩經小雅鴻雁。

〔四〕此爲杜甫白帝詩中句，見杜少陵集卷十五。

〔五〕見詩經小雅大東。

〔六〕此爲杜甫白帝詩中句，見杜少陵集卷十五。

〔七〕見詩經小雅苕之華。羵，作「墳」。

〔八〕此爲杜甫垂老别詩中句，見杜少陵集卷七，作「幸有牙齒存，所悲骨髓乾」。

【辨】升庵「詩史」之譏出，辯之者甚衆。王世貞曾倡駁議，於藝苑卮言卷四中云：「楊用修駁宋人『詩史』之説，而議少陵云云。其言甚辯而覈，然不知嚮所稱皆比興耳。詩固有賦，以述情切事爲快，不盡含蓄也。語荒而曰『周餘黎民，靡有孑遺』；勸樂而曰『宛其死矣，他人入室』；譏失儀而曰『人而無禮，胡不遄死』，怨讒而曰『豺虎不受，投畀有昊』。若使出少陵口，不知用修何如貶剥也。且『慎莫近前丞相嗔』，樂府雅語，用修烏足知之。」（見歷代詩話續編　中華書局）胡應麟藝林學山（卷一）云：「按以杜爲『詩史』，其説出孟棨本事詩話，非宋人也。若『詩史』二字所出，又本鍾嶸『直舉胸臆，非傍詩史』之言，蓋亦未嘗始於宋也。楊生平不喜宋人，但見諸説所載則以爲始於宋世，漫不更考，恐宋人有知揶揄地下矣！明人鹵莽至此。」（見少室山房筆叢卷十九　中華書局）

陳子昂詩

陳子昂送客詩云：「故人洞庭去，楊柳春風生。相送河洲晚，蒼茫别思盈。白蘋已堪把，緑芷復含榮。江南多桂樹，歸客贈生平。」〔一〕今本作「平生」，非。書所以貴舊本也。余見新本，疑其誤而思之未得，一見舊本，釋然。

【注】

〔一〕見陳子昂集卷下。生平，作「平生」。

季隨

蕭穎士蒙山詩：「子尚捐俗紛，季隨躡遐軌。」〔一〕季隨即周八士中一人也〔二〕。蒙山有季隨隱跡事，未知所出，亦奇聞也。

【注】

〔一〕此爲蕭穎士蒙山作詩中句，見全唐詩一五四。

〔二〕論語微子：「周有八士：伯達、伯适、仲突、仲忽、叔夜、叔夏、季隨、季騧。」本書卷十有「八士考」、「八士姓名」可參看。

軋軋鴉

杜牧登九峰樓詩：「白頭搔殺倚柱遍，歸棹何時軋軋鴉。」〔一〕軋軋鴉，棹聲也。

【注】

〔一〕見全唐詩卷五二四。搔殺，作「搔屑」。軋軋鴉，作「聞軋鴉」。

斑璘

何晏景福殿賦：「光明熠爚，文彩璘斑。」〔一〕皇甫士安勸志：「青紫之璘斑。」〔二〕璘斑，即「斕斑」也，「斕」字俗書。到溉餉任昉杖詩「文彩既斑爛」〔三〕。「爛」即俗「斕」字。韓文公詩「華燭光爛爛」〔四〕，注亦作平音。「斑爛」字古體，勝俗用「斕」字①。

【校】

① 勝俗用斕字　勝，萬曆本脱，據丹鉛續録卷九補。前句「字古體」，作「字古」。

【注】

〔一〕見文選卷十一。句下李善注引埤蒼曰：「璘班，文貌。」

〔二〕見晉書皇甫謐傳。勸志，作「釋勸論」。

〔三〕見藝文類聚卷六十九。到溉餉任昉杖詩，作「到溉餉任新安班竹杖因贈詩」。

〔四〕此爲韓愈江漢答孟郊詩中句，見韓愈全集卷八。

丹的

潘岳芙蓉賦：「丹輝拂紅，飛須垂的。斐披赩赫，散焕熠爚。」的，子藥切，婦人以丹注面也〔一〕。吴才老解爲「指的」〔二〕，非。

【注】

〔一〕釋名：「以丹注面曰勺。勺，灼也。此本天子諸侯羣妾當以次進御，其有月事者，止而不御，重（難）以口説，故注此於面，灼然爲識，女史見之，則不書其名於第録也。」勺，即「的」也。本書卷七「玄的」條，可參看。

〔二〕吴棫韻補卷五：「的，子藥切。指的也。潘岳芙蓉賦云云。」

子山詩用古韻①

庾子山喜晴詩：「王城水鬬息，洛浦河圖獻。伏泉還習坎，陰風已回巽。桐枝長舊圍，蒲節抽新寸。山藪欣藏疾，幽棲得無悶。有慶兆民同，論年天子萬。」〔一〕「巽」音旋，「寸」音斷，「悶」音慢，皆古韻也。韻補失引，今著之於此。

【校】

① 子山詩用古韻　古，據丹鉛續録卷九補。

【注】

〔一〕見庾子山集卷四。陰風，作「歸風」。

七經詩集句之始

晉傅咸作七經詩，其毛詩一篇略曰：「聿修厥德，令終有俶。勉爾遁思，我言維服。盜言孔甘，其何能淑。讒人罔極，有靦面目。」〔一〕此乃集句詩之始。或謂集句起於王安石〔二〕，非也。

【注】

〔一〕傅咸七經詩，今存六篇，見全晉詩卷二。其中毛詩二章，每章八句，皆集詩經之句而成。此詩「聿修其德」，見大雅文王；「令終有俶」，見大雅既醉；「勉爾遁思」，見小雅白駒；「我言維服」，見大雅板；「盜言孔甘」，見小雅巧言；「其何能淑」，見大雅柔桑；「讒人罔極」，見小雅青蠅；「有靦面目」，見小雅何人斯。明謝榛四溟詩話云：「晉傅咸集七經語爲詩，後之集句肇於此。」

〔二〕沈括夢溪筆談卷十四：「荆公始爲集句詩，多者至百韻，皆集合前人之句，語意對偶，往往親切過於本詩。後人稍稍有效而爲之者。」胡仔苕溪漁隱叢話前集卷三十五：「西清詩話云：集句自國初有之，未盛也。至石曼卿人物開敏，以文爲戲，然後大著。……至元豐間，王荆公益工於此。人言起自荆公，非也。」

盤渦

蜀江三峽中，水波圓折者，名曰盤渦①。盤音漩。杜詩：「盤渦鷺浴底心性。」〔一〕張蠙黄牛峽詩：「盤渦逆入嵌崆地，斷壁高分繚繞天。」〔二〕

【校】

① 名曰盤渦　渦，萬曆本無，據丹鉛續録卷九補。

【注】

〔一〕此爲杜甫愁詩中句，見杜少陵集卷十八。

〔二〕此爲張蠙黄牛峽詩中句，見全唐詩卷七百二。

上番

杜工部竹詩：「會須上番看成竹。」〔一〕獨孤及詩：「舊日霜毛一番新，别時芳草兩回春。不堪花落花開處，況是江南江北人。」〔二〕番，去聲。但杜公竹詩「番」字，於義不叶。韓石溪都憲家，有蔡夢弼杜詩箋：「上番，音上筤。蜀名竹叢曰林筤。」〔三〕易説卦「爲蒼筤竹」，古注音「浪」。

【注】

〔一〕此爲杜甫三絶句第三首詩中句，見杜少陵集卷十一。

〔二〕此爲李幼卿前年春與獨孤常州兄花時爲别倏已三年矣今鶯花又爾覩物增懷因之抒情聊以奉寄詩前四句，見唐詩紀事卷二十七「李幼卿」條。升庵作「獨孤及詩」，記誤。舊日，全唐詩卷三一二作「近日」。

〔三〕蔡氏注云：「番音去聲。上番，蜀人之語也。」箋無「音上筤」三字。周易説卦「爲蒼筤竹」王弼注：「筤，音郎。」或即升庵所云「古注」。

六赤打葉子

李洞集有贈龍州李郎中先夢六赤後因打葉子因以詩上，其詩云：「紅蠟香煙撲畫楹，梅花落盡庾樓清。光輝圓魄銜山冷，彩鏤方牙著腕輕。寶帖牽來獅子鎮，金盆引出鳳凰傾。徵黄喜兆莊周夢，六赤重新擲印成。」〔一〕「六赤」者，古之瓊畟，今之骰子也。葉子如今之紙牌酒令，鄭氏書目有南唐李後主妃周氏編金葉子格〔二〕，此戲今少傳。

【注】

〔一〕見全唐詩卷七二三。詩題中無「贈」字，李郎中，作「韋郎中」。詩中「徵」字作「微」。

〔二〕見鄭樵通志卷六十九藝文略載「葉子格四部四卷」，下注「僞唐李煜妃周氏撰」。

【辨】升庵以爲「六赤即今之骰子」，「葉子即今之紙牌酒令」，時賢頗有異議：

陳耀文正楊（卷四）駁之曰：「咸定録云：『唐李郃爲賀州刺史，與妓人葉茂蓮江行，因撰骰子選，謂之葉子。咸通以來，天下尚之，不知正應本朝年祚，正體書葉字，乃二十世木子，自武德至天祐，恰二十世。』

「歸田録云：『葉子格者，自唐中世後有之。說者云：因人有姓葉，號葉子青者撰此格，因以爲名。此說非也。唐人藏書，皆作卷軸，其後有葉子。其制似今策子。凡文字有備檢用者，卷軸難數卷舒，故以葉子寫之。如吴彩鸞廣韻、李郃彩選之類是也。骰子格，本備檢用，故亦以葉子寫之，因以爲名耳。唐世士人宴聚，盛行葉子格，五代、宋初猶然，後漸廢不傳。今其格，世或有之，而人無知者。昔楊大年好之，仲簡，大年門下客也，故亦能之。余少時亦有此格，後失其本，今絶無知者。』

「房千里骰子選格序云：『開成三年春，予自海上北徙，舟行次洞庭之陽，有風甚急，系船野浦下三日，遇二三子號進士者，以穴骼雙雙爲戲，更投局上，以數多少爲進身職官之差數，豐貴而約賤，卒局有爲尉掾而止者，有貴爲相臣將臣者，有連得美名而後不振者，有始甚微而歘升於上位者。大凡得失不係賢不肖，但卜其偶不偶耳。』」（景印文淵閣四庫全書八五六册　臺灣商務印書館）

胡應麟藝林學山卷七亦糾謬曰：「（李）洞詩『六赤』，即今之投子是也；『葉子』，形制或如今酒牌，然今之酒牌不用投子。唐之葉子，詳洞詩意，或以骰子行之。楊以爲即今酒牌，誤矣。歐公以爲備檢，亦非。今韻固有作葉子者，以便分拈故耳。第今韻書從帙，故便於檢閲，歐公時印册尚稀，或以爲備檢未可知也。彩選格久不傳，據房序絶類近陞官圖，與葉子全不類云。

「鄭氏經籍目：偏金葉子格一卷，新定偏金葉子格一卷，俱不題撰人。又有擊蒙小葉子格一卷，題李煜妃周氏撰。楊以『偏金』爲『編金』，又以編金格爲周氏撰，俱誤。」（見少室山房筆叢卷二十五　中華書局）

謝肇淛五雜組卷六則爲升庵辯之曰：「陳晦伯引咸定録云：『唐李郃爲賀州刺史，與妓人葉茂連江行，因撰骰子選，謂之葉子，可天下尚之。』又歸田録云：『有葉子青者，撰此格，今其式不可考。』楊用修以爲似今紙牌，而晦伯、元瑞非之，皆未有的證也。晦伯謂楊大年好之，不過因青瑣雜記有『與同輩打葉子』之語耳。」（見續修四庫全書一一三〇册　上海古籍出版社）

泉明

李太白詩：「昔日繡衣何足榮，今朝貰酒與君傾。且就東山賒月色，酣歌一夜送泉明。」〔一〕泉明即淵明，唐人避高祖諱，改「淵」爲「泉」也。今人不知，改「泉明」作「泉聲」，可笑！

【注】

〔一〕此爲李白送韓侍御之廣德詩，見李太白集卷十八。今朝，作「今宵」。且就，作「暫就」。

菼草

杜工部有除菼草詩云：「草有害於人。」〔一〕菼，音燖，蜀名菼麻〔二〕。字或作「蕁」①，非。

【校】

① 字或作蕁　字，萬曆本無，據丹鉛續録卷九補。

【注】

〔一〕此爲杜甫除草詩首句，見杜少陵集卷十四。菼，當作「蕁」。

〔二〕杜工部草堂詩箋卷二二除草詩原注：「去蕁草也。蕁，音潛。」宋張杲醫説卷三神方中有「蕁草治風」云：「杜甫詩有除蕁草詩一篇，今蜀中謂之毛蕁，毛芒可畏，觸之如蜂蠆。然治風疹擇最先者，以此草點之，一身皆失。葉背紫者入藥。此即蜀中所謂活麻也，亦稱蕁麻，山野平川，處處有之。」

解音賈

僧皎然題周昉畫毗沙天王歌：「憶昔胡兵圍未解，感得此神天上下。」〔一〕解，讀如道家「尸解」之「解」，與「下」相叶。吴氏韻補亦失此一字不收云。

【注】

〔一〕此爲皎然周長史昉畫毗沙門天王歌詩中句，見全唐詩卷八十一。

錦衣夜不襞

王子安臨高臺云：「錦衣夜不襞，羅帷晝未空。歌屏朝掩翠，粧鏡晚窺紅。」〔一〕「錦衣夜不襞」應「粧鏡晚窺紅」，「羅帷晝未空」應「歌屏朝掩翠」，形容富室豪家恣情極樂，反易晝夜，最有深意。今本爲妄人改竄作「錦衣晝不襞，羅帷夕未空」，此乃常事，不足詠也。

【注】

〔一〕此爲王勃臨高臺詩中句，見全唐詩卷五五。錦衣，作「錦衾」。

書雲

詩人冬至用書雲事，宋人小説以爲分、至、啓、閉，必書雲物，獨以爲冬至事，非也〔一〕。余按春秋感精符云：「冬至，有雲迎送日者，來歲美。」宋忠注曰：「雲迎日出，雲送日没也。」冬至獨用書雲事指此，未爲偏失也。

【注】

〔一〕左傳僖公五年：「凡分、至、啓、閉，必書雲物。」杜預注：「分，春、秋分也；至，冬、夏至也；啓，立春、立夏，閉，立秋、立冬。雲物，氣色災變也。」鄭衆、鄭玄皆謂雲物即雲色。據此四時八節皆可用書雲，昔人偶於冬至用之亦可，而援爲故實則非。

蘭亭杜詩

近有士人熟讀杜詩，余聞之曰：「此人詩必不佳，所記是棋勢殘着，元無金鵬變起手局也。」因記宋章子厚日臨蘭亭一本，東坡曰：「章七終不高。」〔一〕「從門入者非寶」也〔二〕。此可與知者道。

【注】

〔一〕見宋曾敏行獨醒雜志卷五：「客有謂東坡曰：『章子厚日臨蘭亭一本。』坡笑曰：『工臨摹者非自行，章七終不高耳。』」

〔二〕見五燈會元卷七「福州雪峰義存禪師」：「頭喝曰：『你不聞道，從門入者不是家珍。』」

王粲詩用劉歆賦語

劉歆遂初賦：「望亭隧之皦皦兮，飛旗幟之翩翩。」〔一〕王粲七哀詩：「登城望亭隧，翩翩飛羽旗。」實用劉歆語。

【注】

〔一〕見藝文類聚卷二十七。隧，作「燧」。王粲七哀詩原亦作「燧」。皦皦，作「皎皎」。

長河既已縈

古文苑王融游仙詩：「長河既已縈，曾山方可礪。」〔一〕縈，今本誤作「榮」，解者遂謬云：「榮如草木之榮華，猶言海變桑田。」可笑！不思「縈」，帶也，「帶河」「礪山」，眼前事，何必遠引。

【注】

〔一〕此爲王融游仙詩五首之第一首，見宋章樵注古文苑卷九。長河既已縈，作「長河且已榮」，注：「榮者，草木之榮華，猶言海變桑田。」

塞北江南

甘州，本月支國，漢匈奴轉得上所居。後魏爲張掖郡，改爲甘州，以甘峻山名之。山有松柏佳木，美水茂草，冬温夏涼。又有仙人樹，人行山中，飢即食之，飽不得持去，平居時亦不得見也。唐韋蟾詩云：「塞北江南舊有名。」〔一〕言其土地美沃，塞北之江南也①。〔二〕

【校】

① 塞北之江南也　北，丹鉛諸録脱，升庵詩話補遺卷一、升庵集卷五十八均作「塞北」，據補。

【注】

〔一〕此爲韋蟾送盧潘尚書之靈武詩中句，見全唐詩卷五六六。

〔二〕詩話補遺卷二「塞北江南」條，文字與此則不同：「杜氏通典論涼州云：『地勢之險，可以自保於一隅；財富之殷，可以無求於中國。故五涼相續與五胡角立，中州人士避難者，多往依之。蓋其氣土之可樂如此。』唐韋蟾詩曰：『賀蘭山下果園成，塞北江南舊有名。』稱其爲塞北之江南，以此。」

崔塗王維詩

崔塗旅中詩：「漸與骨肉遠，轉於僮僕親。」〔一〕詩話亟稱之。然王維鄭州詩：「他鄉絶儔侶，孤客親僮僕。」〔二〕已先道之矣，但王語渾含勝崔①。

【校】

① 但王語渾含勝崔　但，丹鉛續録卷十作「且」。

【注】

〔一〕崔塗旅中詩，亦作孟浩然除夜詩，見孟浩然集卷四。

〔二〕此爲王維宿鄭州詩中句，見全唐詩卷一二五。王世貞藝苑巵言卷四云：「昔人謂崔塗『漸與骨肉遠，轉於僮僕親』，遠不及王維『孤客親僮僕』，固然。然王語雖極簡切，入選尚未。崔語雖覺支離，近體差可，要在自得之。」以爲王未必勝崔。

范季隨論詩

宋范季隨云：「唐末詩人，雖格致卑淺，然謂其非詩則不可。今人作詩，雖語句軒昂，但可遠聽，其理略不可究。」〔一〕

【注】

〔一〕此爲范季隨記其師韓駒論詩之語，見説郛卷二十七陵陽室中語。魏慶之詩人玉屑卷十六「晚唐」，全引此節評語，題曰陵陽論晚唐詩格卑淺。

月黄昏

林和靖梅詩：「疏影横斜水清淺，暗香浮動月黄昏。」〔一〕葦航紀談云：「『黄昏』以對『清淺』，乃兩字，非一字也。『月黄昏』，謂夜深香動，月爲之黄而昏，非謂人定時也。」蓋晝午後陰氣用事，花房斂藏；夜半後陽氣用事①，而花敷蕊散香。凡花皆然，不獨梅也。坡詩：「只恐夜深花睡去，高燒銀燭照紅妝。」〔二〕宋人梔子花詞「惱人惟是夜深時」，亦是此理。余嘗有詩云：「小屏殘夢暖香中，花氣熏人怯曉風。」〔三〕亦與此意同。蓋物理然耳。

【校】

①花房斂藏夜半後陽氣用事　上杭本、四庫本脱落，意遂難解。丹鉛續録卷十一、萬曆本有此二句。

【注】

〔一〕此爲林和靖山園小梅詩中句，見林和靖集卷二。

〔二〕此爲蘇軾海棠詩中句，見蘇東坡集卷十三。高燒，作「更燒」。

〔三〕此爲楊慎瑞香花詩，見升庵遺集卷十九。熏人，作「撩人」。

【辨】

升庵此説出自宋蔣津葦航紀談。該書引孔天瑞西資詩話云：「疏影横斜水清淺，暗香浮動月黄昏。……其句中有『黄昏』二字，議詩者謂『月斜爲黄昏』，非也。此二字蓋亦兩字耳。若謂日斜，而詩不曰昏黄，而曰黄昏，亦有源矣。余嘗宿於月湖外家，而其家有堂植梅竹，月白雙清，余至每宿於此。而花盛開，其香發於四鼓後，起視月已西下，而月色比當午時黄而更昏，正此時已五更矣。非獨此花爲然，凡有香之花皆然。薝蔔古有賦：『惱人惟是，夜深時梔子香濃。』非云夜淺，而云夜深，亦此意也。蓋謂晝午後陰氣用事，而花斂艷藏香；夜午後陽氣用事，而花敷蕊散香耳。以此知黄昏乃夜深也。」（見宛委山堂本説郛卷二十）

胡應麟藝林伐山卷二「月黄昏」條駁之曰：「疏影横斜於水波清淺之處，暗香浮動於月色黄昏之時，二語於梅之真趣頗自曲盡，故宋人一代尚之。然其格卑，其調澀，其語苦，未足大方也。」又云：「花之香於晚者，惟梅、蓮、茉莉爲甚。若蘭、蕙之屬，則不然矣。『高燒銀燭照紅妝』，自言花色，非言香也。且海棠世謂無香，而楊引之以證花之香於夜者，尤可絶倒。」（見少室山房筆叢卷十九　中華書局）

十字平音

唐詩：「三十六所春宫殿，一一香風透管弦。」[一]又：「緑浪東西南北水，紅闌三百九十橋。」[二]又：「春城三百九十橋，夾岸朱樓隔柳條。」[三]又：「煩君一日殷勤意，示我十年感遇詩。」[四]陳郁云：「十音當爲諶也，謂之長安語音。律詩不如此，則不叶矣。」[五]

【注】

〔一〕此爲宋人宋白宋文安宫詞詩中句，非唐詩。春宫殿，作「臨春殿」。透管弦，作「送管弦」。

〔二〕此爲白居易正月三日閑行詩中句，見白居易集卷二十四。

〔三〕此爲劉禹錫樂天寄憶舊游因作報白君以答詩中句，見全唐詩卷三五六。三百九十橋，作「三百七十橋」。

〔四〕此爲晁説之詩中句，見陸游老學庵筆記卷五引「晁以道詩」，非唐詩。

〔五〕見説郛卷六十載藏一話腴：「唐人都長安，語音非東南比。於詩句考之，如緑浪東西南北路，紅欄三百九十橋。十當爲諶也。」陸游老學庵筆記卷五：「謂十爲諶，蓋語急，故以平聲呼之。」

澀浪

蔡衡仲一日舉温庭筠華清宮詩「澀浪浮瓊砌，晴陽上綵斿」之句〔一〕，問予曰：「澀浪，何語也？」予曰：「子不觀營造法式乎〔二〕？宮牆基自地上一丈餘，疊石凹入如崖隒狀①，謂之疊澀。石多作水文，謂之澀浪。」衡仲嘆曰：「不通木經〔三〕，知『澀浪』爲何等語耶！」因語予曰：「古人賦景福、靈光、含元者，一一皆通木經，以郭熙界畫樓閣知之耳。」

【校】

①疊石凹入如崖隒狀　隒，萬曆本誤作「險」，據丹鉛續録卷十一改。

【注】

〔一〕見温飛卿詩集卷六過華清宮二十二韻。澀浪浮瓊砌，作「澀浪和瓊甃」。

〔二〕營造法式是我國古代第一部營造學著作，作者宋李誡。

〔三〕木經，宋初兩浙建築工匠喻皓所撰，已佚。沈括夢溪筆談卷十八：「營舍之法，謂之木經。」

王融詩

王融巫山高：「煙華乍卷舒，行芳時繼續。」[一]今本「行芳」作「猿鳥」。「猿鳥」字遠不如「行芳」也。

【注】

〔一〕見玉臺新詠卷四王融雜詩五首。煙華，作「煙霞」。繼續，作「斷續」。

鐃歌曲

漢鐃歌曲多不可句。沈約云：「樂人以音聲相傳，訓詁不可復解。凡古樂録，皆大字是辭，細字是聲，聲辭合寫，故致然爾。」[一]此説卓矣。近有好古者效之①，殆可發笑。

【校】

① 近有好古者效之　近，丹鉛續録卷十一作「近日」。

【注】

〔一〕見樂府詩集卷十九「鼓吹歌辭四」宋鼓吹鐃歌三首題解。

【辨】

胡應麟不同意升庵之説，於藝林學山卷二中駁之曰：「漢鐃歌十八曲，自朱鷺至石留，古今樂録謂其聲辭相雜，不復可分，是也。大字是辭，細字是聲，聲辭合寫，故致然爾。……此説似是而非。鐃歌聲文相亂處誠有之，然如『妃呼豨』、『收中吾』之類，亦不多見，其他字句嶢屼，自是一時體格如此。觀繆襲、韋昭所擬，其時去漢不遠，其體格大率相同，即漢人本詞可知，詳見詩藪。」（見少室山房筆叢卷二十　中華書局）

胡應麟詩藪内編卷一云：「鐃歌曲句讀多訛，意義難繹，而音響格調，隱中自見。至其可解者，往往工絶。如巵言所稱『駕六飛龍四時和』等句是也。然以擬郊祀，則興象有餘，意致稍淺。」「鐃歌：朱鷺、思悲翁、艾如張，語甚難繹，而意尚可尋。惟石流篇名詞義，皆漫無指歸，後人臆度紛紛，終屬訛舛。翁離一章有脱簡，非全首也。」「鐃歌詞句難解，多由脱誤致然，觀其命名，皆雅致之極。……意當時製作，工不可言。今所存意義明了，僅才二三耳，而皆無完篇，殊可惜也。石流、上耶篇篇名，亦當有脱誤字，與諸題不類。」（詩藪　上海古籍出版社）

女狀元

女侍中，魏元乂妻也。女學士，孔貴嬪也。女校書，唐薛濤也。女進士，宋女郎林妙玉也〔一〕。女狀元，孟蜀黄崇嘏也。崇嘏，臨卭人。作詩上蜀相周庠，庠首薦之。屢攝府縣，吏事精敏，胥徒畏服。庠欲妻以女，嘏以詩辭之曰：「一辭拾翠碧江湄，貧守蓬茅但賦詩。自服藍衫居郡掾，永抛鸞鏡畫蛾眉。立身卓爾青松操，挺志堅然白璧姿。幕府若容爲坦腹，願天速變作男兒。」庠大驚，具述本末，乃嫁之。傳奇有女狀元春桃記，蓋黄氏也。

【注】

〔一〕宋李心傳建炎雜記乙集卷十六「女神童」條：林妙玉，作「林幼玉」，當據改。

【辨】

胡應麟詩藪雜編卷四云：「一説謂黄爲郡掾，郡守欲以女妻之。黄上詩自述，宋大驚，詢之，知本黄使君女，所居惟一老嫗，遂嫁之。蓋後人因此演繹爲傳奇，而以狀元附會。用修據爲事實，恐未然。」

後又於丹鉛新録卷四中云：「崇嘏非女狀元，余已辯於詩藪雜編中。用修之誤，蓋因元人女狀元春桃記而誤也。元人春桃記今不傳，僅輟耕録有其目，大概如琵琶等劇，幻設狀元之名耳。王卮言直作蜀司户參軍黄崇古，最得之。陳氏名疑亦仍用修之誤，似未詳考黄詩及其事始末也。卮言又云：女校書，乃稱謂之詞。妙玉，宋女童，應試封孺人。楊説未確。」（見少室山房筆叢卷八　中華書局）

王世貞宛委餘編卷九云：「女子詐爲男子而有官位者，齊揚州議曹録事婁逞，唐昭義軍兵馬使國子祭酒石氏、朔方兵馬使御使大夫孟氏、蜀司户參軍黄崇嘏，楊升庵詩話又有女校書薛濤、女進士林妙玉。濤乃稱謂之詞。妙玉，宋女童，應試封孺人。」（見景印文淵閣四庫全書一二八一册弇州四

日抱黿鼉

韓石溪廷延語余曰：「杜子美登白帝最高樓詩云：『峽坼雲霾龍虎卧，江清日抱黿鼉游。』此乃登高臨深，形容疑似之狀耳。雲霾坼峽，山木蟠拏，有似龍虎之卧；日抱清江，灘石波蕩，有若黿鼉之游。」余因悟舊注之非。其云：「雲氣陰黯，龍虎所伏；日光圍抱，黿鼉出曝。」真以爲四物矣。即以杜證杜，如：「江光隱映黿鼉窟，石勢參差烏鵲橋。」〔一〕同一句法，同一解也。蘇子赤壁賦云：「踞虎豹，登虬龍。攀棲鶻之危巢，俯馮夷之幽宫。」〔二〕亦是此意。豈真有「烏鵲」、「黿鼉」、「虬龍」、「虎豹」哉？

【注】

〔一〕此爲杜甫玉臺觀二首第一首詩中句，見杜少陵集卷十三。隱映，作「隱見原注：音現。」。

〔二〕此爲蘇軾後赤壁賦中句，見蘇東坡集卷十九。

十樣鸞牋

韓浦詩云：「十樣鸞牋出益州。」〔一〕成都古今記載其目：「曰深紅，曰粉紅，曰杏紅，曰明黄，曰深青，曰淺青，曰深緑，曰淺緑，曰銅緑，曰淺雲，凡十樣。又有松花、金沙、流沙、彩霞、金粉、桃花、冷金之別。即其異名。」又蜀志載：「王衍以霞光牋五百幅賜金堂令張蠙。霞光，即深紅牋也。又有百韻牋，以其幅長，可寫百韻詩爲名。其次學士牋，則短於百韻焉。」〔二〕

【注】

〔一〕此爲韓浦蜀箋寄弟洎詩中句，見楊億楊文公談苑「造五鳳樓手」條：「十樣蠻牋出益州，寄來新自浣溪頭。老兄得此全無用，助爾添修五鳳樓。」鸞牋，胡應麟藝林學山二：「蠻，諸書悉作『鸞』，此蓋傳録之誤，非用修意也。」

〔二〕見明何宇度益部談資卷中。則短於百韻焉，作「比百韻較短」。

朱萬初墨①

元有朱萬初善制墨，純用松煙。蓋取三百年摧朽之餘，精英之不可泯者用之，非常松也。天曆乙巳開奎章閣，揀儒臣親侍翰墨，榮公存初、康里公子山皆侍閣下，以朱萬初所制墨進，大稱旨，得禄食藝文館。虞文靖公贈之詩曰：「霜雪摧殘澗壑非，深根千歲斧斤違。寸心不逐飛煙化②，還作玄雲繞紫微。」蓋紀兹事也。又曰：「萬初之墨沉著而無留跡，輕清而有餘潤，其品在郭圯父子間。」③又跋其後曰：「近世墨以油煙易松，滋媚而不深重④。萬初既以墨顯，又得真定劉法造墨法於石刻中，以爲劉之精藝深心，盡在於此，必無誤後世，因覃思而得之。」〔一〕余嘗謂松煙墨深重而不滋媚，油煙墨滋媚而不深重，若以松脂爲炬取煙，二者兼之矣。若宋徽宗嘗以蘇合油搜煙爲墨，至金章宗購之，一兩墨價黄金一斤，欲倣爲之不能，此謂之墨妖可也。

【校】

①本書卷八有「朱萬初墨」、「古製墨法」兩則，可參看。

②寸心不逐飛煙化　逐，萬曆本作「遂」，四庫本、丹鉛續録卷十二作「逐」，據改。

③「又曰」至「其品在郭圯父子間」　萬曆本、丹鉛續録卷十二俱無，據升庵集卷六十六「朱萬初墨」補。

④滋媚而不深重　滋，萬曆本作「滋」，四庫本、丹鉛續録卷十二作「姿」。虞集贈朱萬初詩後注原作「滋」。

【注】

〔一〕見虞集道園學古録卷二十九贈朱萬初詩後注。造墨法於石刻中，作「石刻墨法」。

庭珪麢墨

「庭珪麢墨出蘇家，麝煤添澤紋烏韡。柳枝瘦龍印香字，十襲一日三摩挲。」〔一〕此山谷題庭珪贋墨詩。然其製可見，今贋者亦希見矣。

【注】

〔一〕此爲黄庭堅謝景文惠浩然所作庭珪墨詩前四句，見山谷集外集卷四。十襲，亦作「一襲」。

張飛書

涪陵有張飛刁斗，其銘文字甚工①，飛所書也。張士環詩云：「天下英雄只豫州，阿瞞不共戴天雠。山河割據三分國，宇宙威名丈八矛。江上祠堂嚴劍佩②，人間刁斗見銀鈎。空餘諸葛秦州表，左袒何人復爲劉。」〔一〕

【校】

①其銘文字甚工　可兩讀：一、「其銘，文字甚工」；二、「其銘文、字甚工」。四庫本作「涪陵有張飛刁斗銘，其文字甚工」。

②江上祠堂嚴劍佩　佩，四庫本作「珮」。

【注】

〔一〕此爲張士環張飛刁斗詩，見全蜀藝文志卷十九。

請急

杜工部偪側行：「已令請急會通籍。」〔一〕黄山谷云：「晉令：急假者五日一急，一歲則六十日〔二〕。晉書：車武子早急，出謁子敬，盡急而還是也。」〔三〕

【注】

〔一〕此爲杜甫偪側行贈畢四曜詩中句，見杜少陵集卷六。

〔二〕見初學記卷二十：「晉令：急假者，一月五急，一年之中，以六十日爲限。」

〔三〕見山谷集別集卷四。無「晉書」二字，作「書記所稱取急。急，皆謂假也」。亦曰「休急」、「請急」。出謁子敬，謁，作「詣」。

論詩畫

東坡先生詩曰：「論畫以形似，見與兒童鄰。作詩必此詩，定知非詩人。」〔一〕此言畫貴神、詩貴韻也①。然其言有偏，非至論也。晁以道和公詩云：「畫寫物外形，要物形不改。詩傳畫外意，貴有畫中態。」〔二〕其論始爲定。蓋欲以補坡公之未備也。

【校】

① 此言畫貴神詩貴韻也　此，萬曆本無，據丹鉛續録卷十二補。

【注】

〔二〕此爲蘇軾書鄢陵王主簿所畫折枝二首第一首前四句，見蘇東坡集卷十六。

〔三〕此爲晁以道和蘇翰林題李甲畫雁二首之第一首，見宋邵浩輯坡門酬唱集卷八。

曹子建遺詩

曹子建棄婦篇云：「石榴植前庭，緑葉摇縹青。丹華灼烈烈，璀彩有光榮。光好曄流離，可以處淑靈。有鳥飛來集，拊翼以悲鳴。悲鳴夫何爲，丹華實不成。拊心長嘆息，無子當歸寧。有子月經天，無子若流星。天月相終始，流星没無精。棲遲失所宜，下與瓦石并。憂懷從中來，嘆息通雞鳴。反側不能寐，逍遥於前庭。踟躕還入房，肅肅帷幙聲。褰帷更攝帶，撫弦彈鳴筝。慷慨有餘音，要妙悲且清。收淚長嘆息，何以負神靈。招摇待霜露，何必春夏成。晚獲爲良實，願君且安寧。」〔一〕此詩郭茂倩樂府不載，近刻子建集亦遺焉，幸玉臺新詠有之，遂録以傳①。

【校】

① 遂録以傳　録，萬曆本脱，據丹鉛續録卷十二補。

【注】

〔一〕見玉臺新詠卷二。處淑靈，作「戲淑靈」。褰帷，作「搴帷」。撫弦彈鳴筝，作「撫節彈素筝」。

鋃鐺

後漢書：「崔烈以鋃鐺鏁」〔一〕。上音狼，下音當。鋃鐺，大鏁也。今多訛作金銀之「銀」，至有「銀鏁三公脚，刀撞僕射頭」之句〔二〕。其傳訛習舛如此。

【注】

〔一〕見後漢書卷八十二崔駰傳附崔寔傳：董卓收崔烈「付郿獄，錮之鋃鐺鐵鎖」。

〔二〕見顔氏家訓文章篇：「鋃鐺，大鏁也；世間多誤作金銀字。」

汃月朽月

蜀西南多雨，名曰漏天。杜子美詩：「鼓角漏天東」〔一〕，又「徑欲誅雲師，疇能補天漏」〔二〕是也。自秋分後遇壬，謂之「入霑」，吴下曰「入液」。宋黄仁傑夔州苦雨詩：「九月不虚爲朽月，今年賴得是豐年。」〔三〕汃，音讀爲怕①，平聲。東方朔傳諧語云：「令壺齟，老柏塗②。」塗與汃同。注云：「丈加切。」其下解云：「塗者，漸洳徑也。」亦雨濕泥濘之義〔四〕。爾雅：「十二月爲畢塗月。」〔五〕汃月之諺雖俗，其音義字形，亦遐而尚矣。

【校】

① 汃音讀爲怕　丹鉛續録卷十二作「汃音爲帕」。

② 令壺齟老拍塗　拍，丹鉛續録卷十二作「帕」，萬曆本作「怕」。漢書東方朔傳原作「柏」。

【注】

〔一〕此爲杜甫陪章留後侍御宴南樓詩中句，見杜少陵集卷十二。

〔二〕此爲杜甫九日寄岑參詩中句，見杜少陵集卷三。徑欲，作「安得」。

〔三〕宋黄仁傑夔州苦雨詩，全蜀藝文志卷七十八作黄人傑官舍苦雨。九月，多雨，物易朽壞，故稱「朽月」。

〔四〕見漢書卷六十五東方朔傳。東方朔解「塗」字云：「塗者，漸洳徑也。」師古注云：「塗音丈加反。」「漸洳，浸濕也。」

〔五〕爾雅釋天作「十二月爲涂」，「畢」爲衍文。疏云：「十一月得甲，則曰畢辜；十二月得乙，則曰橘涂。」疑爲升庵記誤。

茸母孟婆

宋徽宗在北虜，清明日詩曰：「茸母初生認禁煙，茸母，草名。北地寒食，茸母生。無家對景倍淒然。帝城春色誰爲主，遥指鄉關涕淚連。」〔一〕又戲作小詞云：「孟婆孟婆，你做些方便，吹箇船兒倒轉。」〔二〕孟婆，宋汴京勾欄語，謂風也。茸母、孟婆，正是的對。邵桂子甕天解語引天會録。

【注】

〔一〕見説郛卷五十七引邵桂子雪舟脞語。認禁煙，作「忍禁煙」。

〔二〕見本書卷二「孟婆」。

隋末詩讖

江都迷樓宮人杭靜夜半歌云：「河南楊柳樹，江北李花營。楊柳飛綿何處去，李花結果自然成。」〔一〕又煬帝作鳳艒歌云：「三月三日到江頭，正見鯉魚波上游。意欲持鈎往撩取，恐是蛟龍還復休。」皆唐興之兆。又煬帝索酒歌云：「宮木陰濃燕子飛，興衰自古漫成悲。他日迷樓更好景，宮中吐燄奕紅輝。」其後迷樓爲唐兵所焚，竟叶詩讖。出海山記。

【注】

〔一〕見唐傳奇迷樓記：「有迷樓客人靜夜抗歌曰：『江南楊花謝，江北李花榮。楊花飛去落何處？李花結果自然成。』」江南楊花謝，誤作「河南楊柳樹」；江北李花榮，誤作「江北李花營」。靜夜抗歌，改作「杭靜夜半歌」，見魯迅校録唐宋傳奇集卷六。

侯夫人梅詩

侯夫人看梅詩云：「砌雪無消日，卷簾時自顰。庭梅對我有憐意，先露枝頭一點春。」「香清寒艷好，誰惜是天真。玉梅謝後青陽至，散與羣芳自在春。」〔二〕亦是一體①。

【校】

① 亦是一體　萬曆本無此四字，據升庵詩話卷十二補。

【注】

〔二〕見唐傳奇迷樓記。嬌意，作「憐意」。誰惜，作「誰識」。青陽，作「陽和」。

褥繡芙蓉

集韻：「縫衣曰繡。」今俗云「穿針繡綫」是也。杜詩「褥繡繡芙蓉」〔二〕，而字借「隱」。

【注】

〔二〕此爲杜甫李監宅二首第一首詩中句，見杜少陵集卷一，作「褥隱繡芙蓉」。

甘泉歌

秦始皇作驪山陵，周迴跨陰盤縣界，水背陵，障使東西流，運大石於渭北，諸民怨之，作甘泉之歌云：「運石甘泉口，渭水不敢流。千人唱，萬人謳，今陵餘石大如塸①。」此歌見三秦記〔二〕。余編風雅逸編，秦以前古歌謠，搜括無遺，而乃復遺此。刻梓已行，不容竄入，遂筆於此。信乎，纂録之難周也。

【校】

①今陵餘石大如塸　今，萬曆本作「金」。張華博物志卷六「地理考」引此歌後云：「今陵餘石大如覆土屋。」據改。

【注】

〔一〕史記秦始皇本紀引正義、宋敏求長安志卷十五等均作關中記，升庵誤記爲三秦記。

寄衣曲

唐長孫左輔寄衣曲云：「征人去年戍遼水，夜得邊書字盈紙。揮刀就燭裁紅綺，結作同心達千里。君寄邊書書莫絶，妾答同心心自結。同心再解心不離，書字頻開字愁滅。結成一夜和淚封，貯書只在懷袖中。莫如書字固難久，願學同心長可同。」〔一〕左輔，盛唐人〔二〕，詩集亡逸。此詩英華亦不載，故謹録之。

【注】

〔一〕全唐詩卷四六九題作答邊信，一作代答邊信同心結。

〔二〕升庵詩話卷九「寄衣曲」條云：「左輔，盛唐人。」卷十「山行經村徑」條云：「長孫左輔，開元以前人。唐百家詩選稱其「德宗時人」。諸説不一。左輔，諸書作「佐輔」。

高棅選唐詩正聲

「五言古詩，漢魏而下，其響絶矣。六朝至初唐，祇可謂之半格。」又曰：「近體作者本自分曉①，品者亦能區別。」高棅選唐詩正聲，首以五言古詩。而其所取，如陳子昂「故人江北去，楊柳春風生」〔一〕、李太白「去國登茲樓，懷歸傷暮秋」〔二〕、劉昚虚「滄溟千萬里，日夜一孤舟」〔三〕、崔曙「空色不映水，秋聲多在山」〔四〕，皆律也。而謂之古詩，可乎？譬之新寡之文君，屢醮之夏姬，美則美矣，謂之初笄室女，則不可。於此有盲妁，取損罐而充完璧，以白練而爲黄花，苟有孱婿，必售其欺。高棅之選，誠盲妁也。近見蘇刻本某公之序，乃謂正聲其格渾，其選嚴。噫！是其孱婿乎？

【校】

① 近體作者本自分曉　分曉，萬曆本、四庫本作「曉分」，據升庵詩話卷四、升庵集卷六十改。

【注】

〔一〕此爲陳子昂送客詩中句，見全唐詩卷八十四。江北，作「洞庭」。

〔二〕此爲李白登新平樓詩首二句，見李太白集卷二十一。

〔三〕此爲劉昚虛海上詩送薛文學歸海東詩中句，見全唐詩卷二五六。

〔四〕此爲崔曙潁陽東溪懷古詩中句，見全唐詩卷一五五。

石碣陽鐫額

東皋雜録云：「漢碑額多篆，身多隸。隸多凹，篆多凸。惟張平子碑則額與身皆篆也。」慎按：三代鐘鼎文有款識，隱起而凸曰「款」，以象陽；中陷而凹曰「識」，以象陰。刻之印章，則陽文曰「朱文」，陰文曰「白文」。蓋古今金石同一例也。劉禹錫宜城歌云：「花臺側生樹，石碣陽鐫額。」〔一〕不見漢碑，不知此句爲何説也。

【注】

〔一〕見全唐詩卷三五四。花臺，一作「荒臺」。

李端古別離詩

李端古別離詩云：「水國葉黄時，洞庭霜落夜。行舟聞商賈，宿在楓林下。此地送君還，茫茫似夢間。後期知幾日，前路轉多山。巫峽通湘浦，迢迢隔雲雨。天晴見海檣，月落聞鐘鼓。人老自多愁，水深難急流。清宵歌一曲，白首對汀洲。與君桂陽別，令君岳陽待。

後事忽差池，前期日空在。木落雁嗷嗷，洞庭波浪高。遠山雲似蓋，極浦樹如毫。朝發能幾里，暮來風又起。如何兩處愁，皆在孤舟裏。昨夜天月明，長川寒且清。菊花開欲盡，薺菜泊來生。下江帆勢速，五兩遥相逐。欲問去時人，知投何處宿？空冷猿嘯時，泣對湘潭竹。」〔一〕此詩端集不載，古樂府有之，然題曰「二首」，非也，本一首耳。其詩真景實情，婉轉怊悵，求之徐庾之間且罕，況晚唐乎？大曆已後，五言古詩可選者，惟端此篇與劉禹錫擣衣曲、陸龜蒙「茱萸匣中鏡」〔二〕、温飛卿「悠悠復悠悠」〔三〕四首耳〔四〕。

【注】

〔一〕見全唐詩卷二八四李端古别離二首。多山，作「多艱」。鐘鼓，作「津鼓」。空冷，作「空令」。

〔二〕此指陸龜蒙贈遠詩，見全唐詩卷六一九。「茱萸匣中鏡」作「芙蓉匣中鏡」。

〔三〕此指温庭筠西州詞，見温飛卿詩集卷三。

〔四〕胡應麟詩藪内篇卷二評曰：「楊用修謂中唐後無古詩，惟李端『水國葉黄時』、温庭筠『昨日下西洲』及劉禹錫、陸龜蒙四首。然温、李所得，六朝緒餘耳；劉、陸更遠。惟顧況棄婦詞末六句頗佳。」

盛小叢

樂府詩集有突厥三臺，其辭曰：「雁門山上雁初飛，馬邑欄中馬正肥。日旰山西逢驛使，殷勤南北送征衣。」〔一〕乃唐妓盛小叢詩也〔二〕，傳者失其名〔三〕。

【注】

〔一〕見樂府詩集卷七十五「雜曲歌辭十五」。日盱山西，升庵外集卷七十七作「昨夜陰山」。

〔二〕唐范攄雲溪友議卷上「餞歌序」條云：「李尚書爲浙東廉使，夜登越城樓，聞歌曰：『雁門山上雁初飛。』其聲激切，召至，曰：『在籍之妓盛小叢也。』曰：『汝歌何善乎？』曰：『小叢是梨園供奉南不嫌女甥也，所唱之音，乃不嫌之授也。今色將衰，歌當廢矣。』時察院崔侍御元範自府幕而拜，即赴闕庭。李公連夕餞崔君於鏡湖光候亭，屢命小叢歌餞。在座各爲一絶句贈送之。」據此知此詩乃樂府舊辭，非盛小叢之作。

〔三〕此則升庵外集卷七十七前有「盛小叢，雁門妓女也。此詩甚佳，樂府歌之」。後有「三臺，曲名，自漢有之，而調之長短隨時變易。韋應物有上皇三臺。元曲有鬼三臺，訛爲三臺云」。

擂鼓

岑參凱歌：「鳴笳擂鼓擁回軍。」〔一〕今本「擂」作「疊」，非。近制：啓明、定昏，鼓三通，曰發擂。當用此字。俗作「擂」，非。「擂」亦俗字，然差善於「擂」。古樂府：「官家出游雷大鼓」〔二〕，「雷」，轉作去聲用。

【注】

〔一〕此爲岑參獻封大夫破播仙凱歌六首第三首首句，見全唐詩卷二〇一。攂，一作「疊」。

〔二〕見樂府詩集卷二十五「横吹曲辭」載鉅鹿公主歌辭三曲第一曲。

寶袜腰綵

袜，女人脇衣也。隋煬帝詩：「錦袖淮南舞，寶袜楚宫腰。」〔一〕盧照鄰詩「倡家寶袜蛟龍被」〔二〕是也。或謂起自楊妃，出於小説僞書，不可信也。崔豹古今注謂之「腰綵」〔三〕，注引左傳「衵服」，謂「日日近身衣也」〔四〕，是春秋之世已有之，豈始於唐乎？沈約詩：「領上蒲桃繡，腰中合歡綺。」〔五〕謝偃詩：「細風吹寶袜，輕露濕紅紗。」〔六〕

【注】

〔一〕此爲隋煬帝喜春遊歌二首第二首詩中句，見樂府詩集卷七十七「雜曲歌辭十七」。

〔二〕此爲盧照鄰行路難詩中句，見全唐詩卷四十一。被，作「帔」。

〔三〕見馬縞中華古今注卷中「抹肚」：「蓋文王所制也，謂之腰巾，但以繒爲之。宫女以綵爲之，名曰腰綵。」崔豹古今注，未見。

〔四〕見左傳宣公九年：「陳靈公與孔寧儀行父通於夏姬，皆衷其衵服，以戲于朝。」杜預注：「衵服，近身衣。」

〔五〕此爲沈約洛陽道詩中句，見全梁詩卷四。

〔六〕此爲謝偃踏歌詞三首之三詩中句，見全唐詩卷三十八。袜，作「袂」。明顧起元説略卷二十一云：「寶袜乃在外以束裙腰者，觀圖畫古美人妝可見。故曰『楚宫腰』、曰『細風吹』者，此也。若貼身之衵，則風不能吹矣。自後而圍向前，故又名合歡襴裙。沈約詩『領上蒲桃繡，腰中合歡綺』是也。其繡帶亦名帓帶。今襴裙在内，有袖者曰主腰；領襟之緣上繡蒲桃花，言其花朵朵，圓如蒲桃也。」

曹孟德樂府

曹孟德樂府，如苦寒行、猛虎行〔一〕、短歌行，膾炙人口久矣。其希僻罕傳者，若：「不戚年往，憂世不治。存亡有命，慮之爲蚩。」又云：「壯盛智慧，殊不再來。愛時進趣，將以惠誰？」〔二〕不特句法高邁，而識趣近於有道，可謂文姦也已。

【注】

〔一〕曹操集中無猛虎行。曹丕、曹叡有猛虎行，見全魏詩卷一。升庵記誤。

〔二〕此爲曹操秋胡行第四、五解中句，見樂府詩集卷三十六「相和歌辭十一」。慧，作「惠」。

孔欣詩

南朝孔欣樂府云：「相逢狹路間，道狹正踟蹰。輟步相與言，君行欲焉如？淳樸久已散，榮利迭相驅。流落尚風波，人情多遷渝。勢集堂必滿，運去庭亦虛。競趨嘗不暇，誰肯顧桑樞。未若及初九，攜手歸田廬。躬耕東山畔，樂道讀玄書。狹路安足游，方外可寄娱。」〔一〕此詩高趣，可並淵明。欣早歲辭榮，不負其言矣。

【注】

〔一〕此爲南朝宋孔欣相逢行詩，見樂府詩集卷三十四「相和歌辭九」。「道狹正踟躕」下脱「如何不羣士，行吟戲路衢」二句。「淳樸久已散」之「散」作「凋」。「誰肯顧桑樞」之「顧」作「眷」。下脱「無爲肆獨往，只將困淪胥」二句。「樂道讀玄書」之「讀」作「詠」。

楊素詩文

楊素作柳弘誄云：「山陽王弼，風流長逝；潁川荀爽，零落無時。修竹夾池，永絶梁園之賦；長楊映沼，無復洛川之文。」〔一〕又嘗以五言詩七百字贈播州刺史薛道衡，詞氣穎拔，風韻秀出，爲一時盛作①。見文苑英華。素本以武功顯，而文藻若此。

【校】

①爲一時盛作　時，萬曆本脱，隋書卷二十二楊素傳：「風韻秀上，爲一時盛作。」升庵集卷六十未脱。

【注】

〔一〕見周書卷二十二柳慶傳附柳機傳：「楊素誄之曰：山陽王弼，風流長逝。潁川荀粲，零落無時。」荀爽，當作「荀粲」。

騗與涴同

韋莊應天長詞云：「想得此時情切，淚沾紅袖騗。」〔一〕「騗」字義與「涴」同，而字則讀如「涴」字入聲，始得其叶。然説文、玉篇俱無「騗」字，惟元詞中「馬驟騗，人語喧」，北音作平聲，四轉作入聲，正叶。

【注】

〔一〕見韋莊詞校注。騗，作「黦」。明方以智通雅卷一云：「字書並無此字，惟元詞中『馬驟騗，人語喧』，北音作平聲。韋詞意則涴而叶韻必轉入。智按：乃『黦』字耳。『黦』見唐韻，於月切。蓋以古宛有菀音，从鬱轉越。詩『菀柳』、『苑結』、荀子『宛暍』是也。此等字正無所事用之。然升庵提出又未正其源流，故及之。古以涴爲污，古今文詁云『三染絳爲黦』，亦謂其污也。污、勿、鬱，亦此一聲相轉耳。」

靺鞨

靺鞨，國名，古肅慎地也。其地産寶石，大如巨栗，中國謂之「靺鞨」。文與可朱櫻歌云：

「金衣珍禽弄深樾，禁籞朱櫻斑若纈。上幸離宮促薦新，籐籃寶籠貂璫發。凝霞作丸珠尚軟，油露成津蜜初割。君王午坐鼓猗蘭，翡翠一盤紅靺鞨。」〔一〕葛魯卿西江月詞云：「靺鞨斜紅帶柳，琉璃漲緑平橋。人間花月見新妖，不數江南蘇小。恨寄飛花蔌蔌，情隨流水迢迢。鯉魚風送木蘭橈，迴棹荒鷄報曉。」〔二〕二公詩詞，皆用靺鞨事。人罕知者，故特疏之①。

【校】

① 故特疏之　特，升庵集卷六十、升庵外集卷二十作「詳」。

【注】

〔一〕見宋高似孫緯略卷十「紅靺鞨」。

〔二〕見宋葛勝仲丹陽詞。葛勝仲，字魯卿，丹陽郡句容人。

【辨】

明陳耀文正楊卷四「靺鞨」條云：「唐代宗時，楚州尼真如李氏者，得天寶，曰紅靺鞨，大如巨栗，赤爛若朱櫻。見楚州刺史鄭輅記。唐書外國傳靺鞨附勿吉國下，亦不云出（此）寶也。瀛涯勝覽云：『靺鞨國，西瓜一枚，二人舉之。』今紅子西瓜可云靺鞨乎？」（景印文淵閣四庫全書八五六册臺灣商務印書館）

明周嬰巵林卷六「靺鞨」條引韻會云：「唐黑水靺鞨，古肅慎也。唐實記有『紅靺鞨，大如巨栗，以靺鞨地産寶石也。』用修説本取黄氏。按杜陽編曰：『尼真如得八寶，二曰紅靺鞨，大如巨栗，赤爛若朱櫻，視之可應手而碎，觸之則堅重不可破。』此有『朱櫻』字，故與可歌用之。」又引廣異記曰：「乾元中，江淮度支率商旅五分之一。有波斯胡人，率一萬五千貫，腋下小瓶如拳，問其所貯，詭不實對。揚州長史鄧景山問之，胡云：『瓶中是紫靺鞨，……非明珠雜寶能及也。』又率一萬貫，瓶中有珠十二顆。」「二書所稱，似皆類珠，而韻會謂之石。舊唐書肅宗紀曰：『上元二年，楚州刺史崔侁獻定國寶玉十三枚，七曰紅靺鞨，大如巨栗，赤如櫻桃。』則又以爲玉。然曰如栗，則爲珠類近之。」又引隋書曰：「波斯國出瑟瑟、呼洛羯、吕騰、火齊。」所謂『呼洛羯』，疑『靺鞨』之類。又：「女國王姓蘇毗，字末羯。『末羯』當與『靺鞨』同，蓋亦以異寶爲字也。晦伯譏用修言出挹婁，而不能證其産自玄圃，亦目睫之論乎？且肅宗以崔侁之獻，改元寶應。謂在代宗時，亦誤。」（見景印文淵閣四庫全書八五八册　臺灣商務印書館）

荳蔻

杜牧之詩：「娉娉嫋嫋十三餘，荳蔻梢頭二月初。」〔一〕劉孟熙謂：「本草云：『荳蔻未開者，謂之含胎花。』言少而娠也。」〔二〕其所引本草是；言「少而娠」，非也。且牧之詩本詠娼女，言其美而且少，未經事人，如荳蔻花之未開耳。此爲風情言，非爲求嗣言也。若娼而娠，人方厭之，以爲緑葉成陰矣。何事入詠乎①？

【校】

① 何事入詠乎　何事，丹鉛續録卷八作「何足」。

【注】

〔一〕此爲杜牧贈别二首之一詩中句，見全唐詩卷五二三。

〔二〕姚寬西溪叢語卷上：「閱本草，荳蔻花作穗，嫩葉卷之而生，初如芙蓉穗頭，深紅色，葉漸展，花漸出，而色微淡，亦有黄白色，似山薑花，花生葉間，南人取其未大開者謂之含胎花，言尚小於妊身也。」

木綿

唐李商隱詩：「木綿花發鷓鴣飛。」〔一〕又王叡詩：「紙錢飛出木綿花。」〔二〕南中木綿樹，大如抱①，花紅似山茶而蕊黄。花片極厚，非江南所藝者。張勃吴録云：「交趾安定縣有木綿樹，實如酒杯。口有綿，可作布。」〔三〕按此即今之斑枝花，雲南阿迷州有之，嶺南尤多。汪廣洋有斑枝花曲②。

【校】

① 大如抱　如，丹鉛續録卷八作「盈」。

② 汪廣洋有斑枝花曲　汪，萬曆本作「注」，據升庵集卷七十九、升庵外集卷九十八改。

【注】

〔一〕此爲李商隱李衛公詩中句，見李商隱詩集卷中。發，作「暖」。

〔二〕此爲王叡漁山神女祠詩中句，見樂府詩集卷四十七。

〔三〕齊民要術卷十「木綿」條引吴録地理志：「交趾定安縣有木綿樹，高丈，實如酒杯，口有綿，如蠶之綿也。又可作布。」

丹鉛總録卷之二十二

璅語類

一

心如死灰，寂滅也；心如宿火，寂感也。

二

求生以害仁，莊子所謂去義若熱乎；殺身以成仁，莊子所謂就義若渴乎〔一〕。文山云①：「惟其義盡，所以仁至。」〔二〕

【校】

① 文山云　四庫本作「文山自贊云」。

【注】

〔一〕見莊子列御寇：「故其就義若渴者，其去義若熱。」

〔二〕文天祥，號文山，有文山先生全集。臨刑，其衣帶中有贊曰：「孔曰成仁，孟曰取義，惟其義盡，所以仁至。讀聖賢書，所學何事，而今而後，庶幾無愧。」

三

坤順乾而施生，月遡日而明生。

四

諧臣也，顊官也〔一〕，弄兒也，媚子也，婦女而鬢，纓官而倡也。書戒頑童〔二〕，遠矣哉！

【注】

〔一〕見新唐書卷一四三元結傳時議之一：「諧臣顊官，怡愉天顔。」顊，同「譁」。

〔二〕見尚書商書伊訓：「敢有侮聖言，逆忠直，遠耆德，比頑童，時謂亂風。」

五

人離而聽之則愚，合而聽之則聖〔一〕。書曰：「庶言同則繹。」〔二〕疇哶同也，惰者釡之；勤者鍾之；模範同也，不善者怨之，善學者庸之。

【注】

〔一〕見管子君臣：「民别而聽之則愚，合而聽之則聖。」

〔二〕見尚書周書君陳。庶言，衆言。

六

優旃漆城，〔一〕那律瓦衣。〔二〕今曰諷諫，古云滑稽。

【注】

〔一〕見史記滑稽列傳：秦二世欲漆其城，優旃諷曰：「漆城雖於百姓愁費，……寇來不能上。」

〔二〕見新唐書卷一九八儒學傳上谷那律傳：唐太宗出獵遇雨，問油衣如何而無漏，谷那列曰：「以瓦爲之。」

七

虹食壘，軍奪帥；虹飲釜，室利主。家國之判異乎，天人之際微矣。

八

養隼而攫鸞凰，畜狸而搏鸚鵡。狄梁呂申兩公一嘆〔一〕，萬世鏡哉。

【注】

〔一〕狄梁公，即唐武則天朝名相狄仁傑；呂申公，即宋仁宗朝名相呂夷簡。

九

雲糊天，月藏明。金在礦，火收熒。

十

疾書多塗乙，疾行多健蹟①。塗乙，即塗注二字②。

【校】

① 疾行多健蹟　健蹟，升庵集卷六十五作「顛蹟」。

② 塗乙即塗注二字　萬曆本無，據上杭本、升庵集補。史記東方朔傳：「止，輒乙其處。」乙，音黈，有所絶，黈而記之，曰乙。如今士人讀書，以朱志其止處也。字一作「註」。注，即黈之訛耳。

十一

鹽泉，海目也。油井，水脂也。

十二

道者，福之極也；祥者，福之榮也；祐者，福之胥也；慶者，福之交也。叶其極，衍其榮，慎其胥，定其交。故曰：君子受福，小人徼福。

十三

辛伯曰：「並后匹敵，兩政耦國，亂之本也。」又曰：「内寵並后，外寵貳政，嬖子配適，大都耦國，亂之本也。」〔一〕葉公之顧命曰：「毋以嬖御人疾莊后，毋以嬖御士疾莊士。」〔二〕韓非子曰：「内有疑妻之妾，妾有疑適之子；外有疑相之臣，臣有疑君之權。」〔三〕范無宇曰：「大都疑國，大臣疑主，亂之媒也。都疑則交爭，臣疑則並令，禍之深者也。」〔四〕故曰：「日月暈其外，其賊在於内。謹避其所憎，而禍在其所愛。」〔五〕又曰：「尾大不掉，末大必折。」〔六〕

【注】

〔一〕見左傳桓公十八年辛伯言、閔公二年狐突言。

〔二〕禮記緇衣：「葉公之顧命曰：毋以小謀敗大作，毋以嬖御人疾莊后，毋以嬖御士疾莊士、大夫、卿士。」

〔三〕見管子君臣下：「國之所以亂者四：内有疑妻之妾，此宮亂也。庶有疑嫡之子，此家亂也。朝有疑相之臣，此國亂也。任官無能，此衆亂也。」升庵因韓非子説疑中有類似説法，誤作韓非子語。

〔四〕見賈誼新書大都范無宇語。

〔五〕見韓非子備内，文字稍異。避其所憎，原作「備其所憎」。

〔六〕見賈誼新書大都范無宇語。

十四

「天有常福，必祚明德。天有常災，必隕明忒。」〔一〕

【注】

〔一〕見賈誼新書卷九「大政上」。必祚明德，作「必與有德」。必隕明忒，作「必與奪民時」。

十五

「官有假而德無假，位有卑而義無卑。」〔一〕

【注】

〔一〕見賈誼新書卷九大政上。

十六

「弗順弗敬，天下不定；忘敬而怠，人必乘之。」〔一〕

【注】

〔一〕見賈誼新書卷十禮容語下。忘敬，萬曆本誤作「志敬」。必，誤作「心」。據新書改。

十七

「一樹一穫者，穀也；一樹十穫者，樹也。」〔一〕

【注】

〔一〕管子權修：「一年之計，莫如樹穀；十年之計，莫如樹木；終身之計，莫如樹人。一樹一穫者，穀也；一樹十穫者，木也；一樹百穫者，人也。」

十八

「明乃哲，哲乃明。苓乃奮，奮乃苓。」〔一〕奮，盛也。苓，落也。「鳥集之交，初歡而後吐」〔二〕；鳥巢之旅，先笑而後號。始龍卒蚓，化荎變茅。詩曰：「靡不有初，鮮克有終。」〔三〕

【注】

〔一〕見管子宙合，作「明乃哲，哲乃明，奮乃苓，明哲乃大行」。

〔二〕管子形勢解：「鳥集之交，初雖相驩，後必相咄。」吐，作「咄」。

〔三〕見詩大雅蕩。

十九

「握而不見於手，含而不見於口。」〔一〕「無翼而飛，無脛而走」〔二〕，其珠之利乎？照乘曬於鄰，探頷粉於津。寶者殃國，剖者災身，害亦弘矣。

【注】

〔一〕見管子輕重甲：「夫握而不見於手，含而不見於口，而避千金者，珠也。」

〔二〕見魯褒錢神論，作「無翼而飛，無足而走」。

二十

「文質不同，寬猛殊庸，循環從朔，擇善而從。」逸詩曰：「九變復貫，知言之選。」〔一〕

【注】

〔一〕漢書武帝紀引詩：「九變復貫，知言之選。」顏師古注：「文質不同，寬猛殊用。循環復舊，擇善而從之。」

二十一

性與情相表裏，形與氣相首尾。

二十二

同由謂之道，同得謂之德，同善謂之性，同靈謂之心。

二十三

天地之數，始於一，終於十。聖人虚二以畫八卦，八者偶之，方也；虚一以敘九疇，九者奇之，圓也。卦以偶爲用，故有應則吉；疇以奇爲用，故有對則凶。

二十四

平準書，譏横斂之臣也；貨殖傳，譏好貨之君也。太史公之旨，千載而下，有趙汸知之，懿哉！

二十五

「薈蔚朝隮」國風唏〔一〕，「菉葹盈室」楚騷悲〔二〕。

【注】

〔一〕見詩曹風候人：「薈兮蔚兮，南山朝隮。」

〔二〕見楚辭離騷：「薋菉葹以盈室兮，判獨離而不服。」

二十六

當遯戒尾，當集貴翔。兩夜包晝，重陰重陽。

二十七

周公不以夜行而慚影，顔回不以夜浴而改容。故曰：「不爲昭昭申節，不爲冥冥隳行。」

二十八

「非其地而樹之不生也，非其人而語之弗聽也。非其人如聚聾而鼓之，得其人如聚沙而雨之。」〔一〕微子所以歎蓬飛，仲尼所以感桑落也。

【注】

〔一〕見説苑卷十七雜言。

二十九

君子藴義生風，小人藴利生孼。

三十

榮孼卿之禄，曷其没矣；鶂驕君之餌，曷其止矣。易曰：「舍爾靈龜，觀我朵頤。」〔一〕

【注】

〔一〕見易經頤卦：「初九：舍爾靈龜，觀我朵頤，凶。」

三十一

以水濟水，吾何以知其旨也；以錦緣錦，吾何以知其綺也。是故渭以涇清①，玉以礫貞，輔以拂顯，善以否形。

【校】

① 是故渭以涇清 清，四庫本作「濁」。詩經谷風：「涇以渭濁，湜湜其沚。」

三十二

垂橐而往，稛載而歸，師學之益乎！被褐而入，衣錦而出，友問之力乎！故曰：孚化之，翼飛之。

三十三

「六欲皆得其宜，全生也；六欲分得其宜，虧生也；六欲莫得其宜，迫生也。」〔一〕

【注】

〔一〕見子華子卷上陽城胥渠問。語序不同。

三十四

慆淫之音出，則滔蕩之心感矣，感則百邪衆辟産矣。

狂魄者，形性相離也；落魄者，身世不羈也。魄，音拓。

三十五

「伯樂相馬，所見無非馬；庖丁解牛，所見無非牛。」〔一〕故曰：至誠之不盡，鳶魚之不察；精義之不致，龍蠖之不知。外典曰：子知格物矣，未知物格也。

三十六

【注】

〔一〕呂氏春秋精通：「伯樂學相馬，所見無非馬者，誠乎馬也。宋之庖丁好解牛，所見無非死牛者，三年而不見生牛。」

三十七

科雉隨兕，强惻暴憐。赤子非科雉乎，黔首非隨兕乎！

三十八

天斟萬物，聖人熙焉；天酌羣言，聖人施焉。

三十九

「舜欲旗古今而不成，足以成帝矣。禹欲帝而不成，既足以正殊俗矣。湯欲繼禹而不成，既足以服四荒矣。武王欲及湯而不成，既足以王矣。五伯欲繼三王而不成，既足以爲諸侯長矣。」〔一〕又曰：欲爲五帝而不成者，三王是也。欲爲三王而不成者，五伯是也。欲爲五伯而不成者，六國是也。欲爲六國而不成者，亡六國是也。故曰：「學乎其上，僅得其中；學乎其中，斯爲下矣。」〔二〕

【注】

〔一〕見吕氏春秋諭大。足以成帝矣，作「既足以成帝矣」。既足以王矣，作「既足以王道矣」。

〔二〕宋嚴羽滄浪詩話詩辯：「故曰：學其上僅得其中，學其中斯爲下矣。」

四十

矜莊，殊序也；肅邕，殊處也；虢啞，殊時也；嚴和，殊宜也。故逸禮曰：聖王「師至，則清朝而侍」，「友至，則清殿而侍」，「君樂燕樂，則左右侍御從」，「開北房從薰服之樂，從容澤樂則斷役從」〔一〕。故曰：「一弛一張，文武之道也。」〔二〕

【注】

〔一〕見賈誼新書卷八官人。文字有删節。左右侍御從，作「左右侍御者可以侍」。從容澤樂則斷役從，作「從容澤燕矜莊皆殊序」。

〔二〕見禮記雜記下。

四十一

見睫者不若身歷，滕口者不若目擊。

四十二

燔黍，大享之濫觴也；土鼓，雲門之拳石也。

四十三

「一人之心，即天地之心；一物之理，即萬物之理；一日之運，即一歲之運。」〔一〕故曰：「不出户知天下；不窺牖見天道。」〔二〕

【注】

〔一〕見二程遺書卷二上。

〔二〕見老子四十七章。

四十四

「因物之性，直也；成物之勢，方也。既直且方，大在其中矣。」〔一〕故曰：「直方大，大則直而不絞，方而不劌。」〔二〕

【注】

〔一〕見二程遺書卷十九：「介甫解直方大云：『因物之性而生之，直也。成物之形而不可易，方也。』」

〔二〕見張載正蒙卷下：「大則直不絞，方不劌，故不習而無不利。」

四十五

啓口容聲皆至德，步武履影皆懿則。故曰：「口無擇言，身無擇行。」〔一〕

【注】

〔一〕見孝經卿大夫。

四十六

「干霄蔽日，巨木也。求尺寸之材，必後於椽杙。」故曰「大器晚成」。「龍吟虎嘯，希聲也。尚頰舌之感，必下於蛙黽。」故曰大音希聲〔一〕。

【注】

〔一〕見舊唐書劉迺傳。稍有改動。

四十七

作器者，無良材而有良匠；治國者，無能臣而有能君。勝者所用，敗者之棋也；興國所用，亡國之臣也〔一〕。

【注】

〔一〕見舊五代史卷一二八王朴傳，王朴獻平邊策，爲世宗所用。本書卷九「敗棋有勝着」，可參看。

四十八

乾坤與六子並列於八方，冢宰與六卿並分於六職。綱固在網之中，首豈出於身之外哉！

書曰：「若網在綱。」〔一〕易曰：「元者，體之長也。」〔二〕

【注】

〔一〕尚書商書盤庚上：「若網在綱，有條而不紊。」

〔二〕易乾卦：「文言曰：元者，善之長也。」朱子五經語録卷十易云：「春秋傳記穆姜所誦之語，謂元者體之長。」

四十九

天之兩戒，地之二條，實相應也。

五十

「天效以景，地效以響，律也。」〔一〕天有五音，所以司日；地有六律，所以司辰。

【注】

〔一〕見後漢書律曆志上。

五十一

「産崑崙者難爲玉，植鄧林者難爲木。」〔一〕「觀於海者難爲水，游聖門者難爲言。」〔二〕

【注】

〔一〕此爲柳宗元祭崔君敏文中句，見柳河東集卷四十。

〔三〕見孟子盡心上。

五十二

「歐陽公之文，粹如金玉；蘇公之文，浩如江河。」〔一〕「歐之摹寫事情，使人宛然如見；蘇之開陳治道，使人惻然而動心，皆前無古人矣。」〔二〕至於老泉之文，「修能盡之約，遠能見之近，大能使之微，小能使之著，煩能不亂，肆能不流。其雄壯俊偉，若決江河而下也；其輝光明著，若引星辰而上也。」〔三〕若求其侶，在孟、荀之間，史、漢之上，不可以文人論也。

【注】

〔一〕見黄氏日抄卷四十二「讀本朝諸儒書」。

〔二〕見黄氏日抄卷六十二「讀文集三」歐公年譜。皆前無古人矣，俞弁逸老堂詩話卷上作「皆前之所無有也」。

〔三〕此爲蘇明允哀詞中語，見元豐類稿卷四十一。明著，作「明白」。

五十三

昔人謂歐陽公文曰：「其積於中者，浩如江河之停蓄；其發於外者，爛如日星之光輝。其清音幽韻，淒如飄風急雨之驟；至其雄詞閎辯，快如輕車駿馬之奔馳。」有似其人，有味其言矣。〔一〕又謂：「學之不成，必無精采。」〔二〕蓋論人欲盡學師捨短之說也。

【注】

〔一〕此爲王安石祭歐陽文忠公文中語，見臨川先生文集卷八十六。「有似其人」二句，作「世之學者無問乎識與不識，而讀其文則其人可知」。

五十四

良玉不琢，素以爲絢，質斯貴矣。玉有圭璋，素有藻繢，文可遺乎！

五十五

李翺云「滅情以復性」，不若王弼云「性其情久行其正也」。李雜乎禪，王協於易。

五十六

日與天會而有氣盈，即曆書所謂「大餘五、小餘八」也。月與日會而有朔虚，即曆書所謂「大餘五十四、小餘三百四十八」也〔一〕。大餘，日也；小餘，分也。五歲再閏而無餘日，十九歲七閏而無餘分，曆書所謂「無大餘、無小餘」也。

【注】

〔一〕見史記曆書。「大餘五、小餘八」解，見索隱、正義。

五十七

「其剖析性理之精微，則日精月明；其窮詰邪説之隱遁，則神搜霆擊。其感激忠義，發明離騷，則苦雨淒風之變態；其泛應人事，游戲翰墨，則行雲流水之自然。」〔一〕其紫陽朱子之文乎！或謂文與道爲二，學道不屑文，專守一藝而不復旁通他書，掇拾腐説而不能自遣一辭，反使記誦者嗤其陋，詞華者笑其拙，此則嘉定以後，朱門末學之蔽，未有能救者也。

【注】

〔一〕見黄氏日抄卷三十六。前二句「其」字，據黄氏日抄補。感激，作「感慨」。

五十八

荀子曰：「禹行而舜趨，是子張氏之賤儒也。」「嗛然而終日不言，是子夏氏之賤儒也。」〔一〕故曰：枝必類本，響必應聲，此善學者也；傳言失指，圖影失形，不善學者也。故曰：「善歌者使人繼其聲；善教者使人繼其志。」〔二〕

【注】

〔一〕見荀子非十二子。

〔二〕見禮記學記。

五十九

「槃水惟危，清水惟微。勿澆勿濁，乃燭鬚眉。」〔一〕

【注】

〔一〕見黄氏日抄卷四十二「論」。

六十

「情不自情，因性而情；性不自明，由情以明。」〔一〕習之復性書，此言粹矣。

【注】

〔一〕此爲唐李翱復性書上文中語，見李文公集卷二。李翶，字習之。

六十一

天下有貴人無貴族，有賢人無賢族。

六十二

材生於天，不繫乎地。禹貢紀山川而不紀風俗，風俗由乎上之教也；紀物産而不紀人才，人才由乎下之化也。

六十三

「以鄉原竊相位，胡廣也；以鄉原竊天位，王莽也。」〔一〕

【注】

〔一〕方孝孺遜志齋集卷六鄉原：「以鄉原致位者，胡廣也；以鄉原竊國者，王莽也。」

六十四

「道不苟同於人，跡不苟異於俗。」〔一〕

【注】

〔一〕見方孝孺遜志齋集卷六斥妄。

六十五

鳶肩羔膝，蠅營狗苟，小人禽態乎；煙視媚行，影附響承，小人婦態乎。

六十六

「莊周、李白，神於文者也，非工於文者所及也。文非至工，則不可爲神，然神非工之所可至也。」〔一〕

【注】

〔一〕見方孝孺遜志齋集卷十二蘇太史文集序。

六十七

人鬼者，幽明之故也；死生者，始終之説也。明乎明之故，人焉廋哉，人焉廋哉；明乎幽之故，神焉廋哉，神焉廋哉。故曰：「未能事人，焉能事鬼。」〔一〕知始之原，其生也若浮而順也；知終之反，其死也若休而安也。故曰：「未知生，焉知死。」總其所以乖，鼓之於一響；成其所以變，混之於一象，至人哉！

【注】

〔一〕見論語先進：「季路問事鬼神，子曰：『未能事人，焉能事鬼？』曰：敢問死。曰：『未知生，焉知死？』」

六十八

天形正圓如虚毬，地形正方如博骰。

六十九

君子之中庸，不偏不易以爲道也；君子而時中，隨時變易以從道也。

七十

「爲文而欲一世之人好，吾悲其爲文；爲文而欲一世之人不好①，吾悲其爲人。」〔一〕此幼清之格言，吾黨之烱戒乎！

【校】

①爲文而欲一世之人不好　不，萬曆本脱，據丹鉛餘録卷六補。

【注】

〔一〕此爲元吳澄别趙子昂序中語，見吳文正集卷二十五。吳澄，字幼清。

七十一

紛華逐欲而生，純樸從物而死。

七十二

杳冥罔象，卓爾之障也；接構心鬬，浩然之寇也。

七十三

衆流既分，其源則散；衆情既出，其性則縠。

七十四

六欲興而真靈缺矣，五綦熾而沖和喪矣。缺其能圓乎，喪其能融乎？圓融殞而夭閼至矣。

七十五

牛馬者，家畜也，縱之垧牧則悍；鷹鸇者，野鳥也，一爲縶絆而馴。此收放心之説也。

七十六

命也者，動而有生有成焉；性也者，静而無染無著焉。

七十七

心腎相去八寸四分，天地相去八萬四千里，人肖天地也。

七十八

水者，五行之首也，萬物之宗也，浮天而載地也，載形而浮氣也，始天地而終天地也。七十二候始於東風解凍，終於水澤腹堅，天地之始終，亦若是而已矣。

七十九

序卦，輪衍之義也；雜卦，反對之義也。

八十

人生四十九日而七魄全，其死四十九日而七魄散〔一〕。

【注】

〔一〕明張萱疑耀卷三「七七」條云：「里俗，人死每遇七日輒設奠，七七四十九日乃已。今國朝大臣論祭亦有七七，雖非通行古禮，但禮亦有之。人生四十九日而後七魄全，死四十九日而後七魄散也。七七之説蓋本此。」

八十一

水火交爭，鼎在其間；兩國交兵，使在其間。

八十二

火發外明者，薪之盡也；神知外見者，樸之散也。故曰：「聖人以此洗心，退藏於密。」〔一〕

【注】

〔一〕見易繫辭上。

八十三

「出則元亨，處則利貞。」貞元者，出處之則也。「默則立象，語則成爻。」爻象者，語默之檢也。〔一〕

【注】

〔一〕見徐幹中論卷上治學：「故出則元亨，處則利貞，默則立象，語則成文。」

八十四

君子立教之不隱也如影矣，受命之不諱也如響矣。

八十五

「禮以考敬，樂以敦和，射以平志，御以和心，書以綴事，數以理煩，」皆藝也〔一〕。禮中容，樂中聲，射中鵠，御中軌，書中文，數中算，皆游也。

【注】

〔一〕見徐幹中論卷上「藝紀」。敦和，作「敦愛」。

八十六

推情合性，敷落之教之説乎；滅情合性，旁行之教之説乎。觀乎彼所見則殊，異乎吾所聞則一。

八十七

水涵太一之中，精潤百物而行乎地中；風涵太玄之中，精動百物而行乎天上。

八十八

舉日章則行晝，月章則行夜，龍章行水，虎章行林，鳥章行陂，蛇章行澤，猩章行陸，狼章行山〔一〕。易曰來章，書曰平章，詩曰綏章。章，物也。

【注】

〔一〕管子兵法：「九章：一曰舉日章則晝行，二曰舉月章則夜行，三曰舉龍章則行水，四曰舉虎章則行林，五曰舉鳥章則行陂，六曰舉蛇章則行澤，七曰舉鵲章則行陸，八曰舉狼章則行山，九曰舉韓章則載食而駕。」猩章行陸，作「鵲章則行陸」。

八十九

章者，明也，總義包體，所以明情也；句者，局也，聯字分疆，所以局言也。

九十

五帝之前無傳人，五帝之中無傳政，故孔子贊易黜八索，序書汰三墳，傳信不傳疑，愛道不愛奇也。

九十一

華騮有千里之足，造父有千里之手，遇也〔一〕；小駟而獲晉惠，長纆而累東野，不遇哉。

【注】

〔一〕見韓詩外傳卷七：「使驥不得伯樂，安得千里之足，造父亦無千里之手矣。」

九十二

「至音不合衆聽，故伯牙絶弦；至寶不同衆好，故卞和泣血。」〔一〕

【注】

〔一〕見後漢書卷三十六陳元傳，陳元疏中語。

九十三

俎豆廢而楮燎盛，社樹圮而叢祠植，祝鰕置而歌舞用，後世之淫祀，其非古與？冠裳而肖貌之，幃帨而匹偶之，瀆甚矣。①

【校】

①「瀆甚矣」後，四庫本後有「不可方物，孰是愈焉」。

九十四

淡所見而甘所聞，貴其耳而賤其目，榮古陋今，黨往讎來，日進前而不御，遥聞聲而相思。

書曰：「凡人未見聖，若不克見聖；既見聖，亦不克由聖。」〔一〕

【注】

〔一〕見尚書周書君陳。

九十五

霧滃而蟹螯枯，霜下而蚊喙折。月虛而魚腦減，星實而豕膚栗。

九十六

「管子，文錦也，雖醜登廟；子産，練染也，美而不尊。」〔一〕

【注】

〔一〕見淮南子繆稱訓。

九十七

情厭性，陰乘陽，末逆本，人詭天。

九十八

綏如安裘，晏如覆杅，靜而極也；行以萊薺①，趨以肆夏，動而則也。

【校】

①行以萊薺　萊薺，丹鉛餘録卷七、四庫本作「采齊」。周禮樂師：「行以肆夏，趨以采薺。」禮記玉藻作「趨以采齊，行以肆夏」。

九十九

聖人爲天口，賢人爲聖諱。

一〇〇

道以器寓，人與天期。故「雷霆之聲，可以鼓鐘寫；風雨之變，可以音律知」〔一〕。

【注】

〔一〕見淮南子本經訓。雷霆，作「雷震」。「鼓鐘寫」、「音律知」後有「也」字。

一〇一

「榮啓期一彈，而孔子三日樂；鄒忌子一徽，而威王終日悲。」〔一〕進乎道者技已末，感在心者物已微。

【注】

〔一〕見淮南子主術訓：「榮啓期一彈，而孔子三日樂，感於和。鄒忌一徽，而威王終夕悲，感於憂。」有刪節。終日，作「終夕」。

一〇二

「厲利劍者必以鈍砥，擊堅鐘者必以濡木。書剛紙者必以弱翰，輔强轂者必以弱輻。」〔一〕

【注】

〔一〕見淮南子説山訓：「厲利劍者必以柔砥，擊鐘磬者必以濡木，轂强必以弱輻，兩堅不能相和，兩强不能相服。故梧桐斷角，馬氂截玉。」引文有刪改。

一〇三

大寶無爲而首物，太極不動而構天。瑟不鳴而二十五弦各以其聲應，軸不運而三十二幅各以其力旋。

一〇四

萬事紛紜，易之芻狗；萬物形色，神之糟粕。

一〇五

舜戒禹曰：「鄰哉臣哉。」〔一〕言慎所近也。周公戒成王曰：「其朋其朋。」〔二〕言慎所與也。

【注】

〔二〕尚書益稷：「臣哉鄰哉！　鄰哉臣哉！」

〔三〕尚書洛誥：「孺子其朋，孺子其朋。」

一〇六

設兵而後出幄，稱警而後踐墀，張弧而後登輿，清道而後奉引，遮迾而後轉轂，靜室而後息駕。故曰：「終日行不離輜重。」〔一〕

【注】

〔一〕見韓非子喻老：「君子終日行，不離輜重也。」

一〇七

物不精不爲神，數不妙不爲術。離朱不能説其目，公輸不能説其手。

一〇八

「約法設而漢隆，玄言流而晉滅。」〔一〕

【注】

〔一〕見文選卷五十五陸士衡演連珠五十首劉孝標注。約法設，作「三章設」。

一〇九

霸國無貧主，强將無弱兵。

一一〇

「庖有肥肉，厩有肥馬，民有饑色，野有餓莩。」〔一〕孟子語齊王也。「杜梁衣繡，士民無褐；侏儒有餘酒，而士無充藿。」〔二〕咎犯語晉文公也。

【注】

〔一〕見孟子梁惠王章句上。

〔二〕見劉向説苑正諫。

一一一

古人祭以肺爲重，食牲以肩爲重。

一一二

「怒則氣上，喜則氣緩，悲則氣消，恐則氣下，寒則氣收，炅則氣泄，驚則氣亂，勞則氣耗，思則氣結。」〔一〕善養氣則無是矣。

【注】

〔一〕見内經素問舉痛論，帝云「余知百病生于氣也」。

一一三

劉歆曰：「春宫秋律，百卉必凋；秋宫春律，萬物必勞。夏宫冬律，雨雹必降；冬宫夏律，雷必發聲。」〔一〕

【注】

〔一〕見漢應劭風俗通義聲音引劉歆鍾律書。萬物必勞，作「萬物必榮」。

一一四

郭忠恕曰：「小篆散而八分生，八分破而隸書出，隸書悖而行書出，行書狂而草書聖。」〔一〕

【注】

〔一〕見説郛卷七十八郭忠恕法書苑。郭忠恕，五代宋初畫家，文字學家。

一一五

「狼望未平，冠軍辭宅；馬池猶隔，雍丘遜邸。」〔一〕

【注】

〔一〕此爲梁元帝謝敕賜第啓中語，見藝文類聚卷六十四。遜邸，作「讓邸」。

一一六

嚴挺之寧不作相，不見李林甫〔一〕；崔隱甫寧不作相，不見牛仙客〔二〕。

【注】

〔一〕事見新唐書卷一二九嚴挺之傳。嚴挺之對李林甫,「陋其爲人,凡三年,非公事不造也,林甫益怨」。

〔二〕事見新唐書卷一三〇崔隱甫傳。玄宗欲相隱甫,使見牛仙客,「隱甫終不詣」。

一一七

漢劉熙作釋名,吴韋昭作辯釋。漢劉向作説苑,唐劉貺作續説苑。

一一八

「祐術開業,淳燿天光,重黎其上也。象星辰,授民事,立閏月,定四時,羲和其隆也。取象金火,革命創制,治曆明時,應天順人,湯武其盛也。」〔一〕故以曆象繫之革。

【注】

〔一〕見後漢書律曆志下。「象星辰」至「羲和其隆也」,原作「承聖帝之命若昊天,典曆象三辰,以授民事,立閏定時,以成歲功,羲和其隆也」。文字不同。應天順人,作「應天順民」。

一一九

「立秋,浚井改火;冬至,鑽燧改火。」〔一〕

【注】

〔一〕見後漢書禮儀志中：「至立秋，如故事，是日浚井改水。日冬至，鑽燧改火。」浚井改火，火，當作「水」。

一二〇

「仁義起而道德遷，禮法興而淳樸散。」〔一〕

【注】

〔一〕見後漢書卷四十三朱暉傳，朱穆崇厚論中語。

一二一

「貴清静者，以席上爲腐議；束名實者，以柱下爲誕辭。」〔一〕

【注】

〔一〕見後漢書卷四十九王充王符仲長統列傳傳論中語。

一二二

六家之旨既已異矣，三語之掾强而同之。

一二三

地將震而樞星直，井無景則日陰蝕。

一二四

醫和曰：「晝選男德以象穀明，宵靜女德以伏蠱慝。」〔一〕程伊川云：「接賢士大夫之時多，親宦官宮妾之時少。」

【注】

〔一〕見國語卷十四晉語：「故食穀者，晝選男德以象穀明，宵靜女德以伏蠱慝。」「慝」，萬曆本脱。

一二五

「一人善射，百夫决拾」；「一箇負矢，百羣皆奔」〔一〕。

【注】

〔一〕見國語卷十九吴語。百羣皆奔，原作「將百羣皆奔」。

一二六

朽瓜化爲魚，陳麥化爲蝶〔一〕。

【注】

〔一〕見初學記卷三十「魚」引莊子曰：「朽瓜化爲魚，物之變也。」引搜神記曰：「朽葦爲蛬，麥爲蝴蝶。」

一二七

犀有通，石有暈，珠有光，木有癭，皆文也〔一〕。

【注】

〔一〕見蘇東坡集卷二十九答李端叔書：「木有癭、石有暈、犀有通，以取妍於人，皆物之病也。」

一二八

髮上生，心之餘；眉傍生，肺之餘；鬚下生，腎之餘。

一二九

鐸穴由於足響，膏炧起於多明。

一三〇

漂於衆沫，惡利口之覆邦也；病於尺喙，惡巧言之傷類也。

一三一

化赤漸於鄰丹，爲黔資於邇墨。

一三二

「賈誼之過秦論，以諭漢也；陸機之辯亡，以警晉也。」〔一〕

【注】

〔一〕見宋陳師道後山集卷二十二「理究」。

一三三

「孔子修魯史，不肯增闕文；漢儒校羣經，未嘗去本字。」〔一〕宋人尚書則考訂武、成，毛詩則盡去序、説，吾未敢以爲然也。

【注】

〔一〕見元吴師道戰國策校注序：「夫子作春秋，仍夏五殘文；漢儒校經，未嘗去本字。」

一三四

律居陰則治陰，因地主氣也。故曰：三命爲律，觀情以曆。曆居陽而治陰，因天主事也。故曰：五星爲曆，觀性以律。

一三五

鍾期死而伯牙之弦絶，獿人亡而匠石之斤輟。作之難，知之難也。

一三六

烽主晝，燧主夜。

一三七

「中國人衆，大秦寶衆，月氏馬衆。」〔一〕

【注】

〔一〕見史記大宛列傳「多善馬」索隱引外國傳云：「外國稱天下有三衆：中國人衆，大秦寶衆，月氏馬衆。」

一三八

河北得水爲河，塞外得水爲海，少而多之也；滇雲稱山曰「長坡」，貴竹名雨曰「清露」，多而少之也。

一三九

「寡婦哭城，城爲之崩；亡士歎市，市爲之罷。」〔一〕積精曰誠，積誠曰精也。

【注】

〔一〕見劉向古列女傳齊威虞姬。

一四〇

有奇福者必有奇禍，有甚美者必有甚惡。

一四一

投醪飲河，旨不及吻，而士卒戰氣自五也；分囊饗糈，甘不逾嗌，而士卒戰氣自十也〔一〕。

【注】

〔一〕事見劉向古列女傳楚子發母。楚將子發母云：「越王勾踐之伐吴，客有獻醇酒一器者，王使人注江之上流，使士卒飲其下流，味不及加美而士卒戰自五也。異日，有獻一囊糗糈者，王又以賜軍士分而食之，甘不踰嗌而戰自十也。」

一四二

鳲鳩以一心養七子〔一〕，君子以一儀養萬物。

【注】

〔一〕詩曹風鳲鳩：「鳲鳩在桑，其子七兮。」

一四三

齊歌曰謳，吴歌曰歈，楚歌曰呰，巴歌曰嚁〔一〕。

【注】

〔一〕初學記卷十五「歌」引梁元帝纂要曰：「齊歌曰謳，吴歌曰歈，楚歌曰豔，淫歌曰哇。」升庵有改動。

一四四

天有八風，噫氣也；地有八聽，孔竅也。

一四五

「赤色者鳳，青色者鸞，黄色者鵷，紫色者鸑，白色者鵠。」〔一〕

【注】

〔一〕藝文類聚卷九十「鸞」引決録注曰：「凡象鳳者有五：多赤色者鳳，多青色者鸞，多黄色者鵷鶵，多紫色者鸑鷟，多白色者鵠。」升庵省去「多」、「鶵」、「鷟」三字。

一四六

寧爲玉碎，毋爲瓦全。寧爲蘭摧蕙折，不作蒲芬艾榮。寧載於義而死，不載於地而生。志士烈夫，古今一揆乎！

一四七

行川之水，無不盈之科；走盤之珠，無可留之影。故曰：神不可測，化不可爲。

一四八

明月夜光，多逢按劍；陽春白雪，難爲賞音。

一四九

冰壺不可與夏蟲饗，秋月不可與俗士賞。

一五〇

施之則雨，潛之則潤。坊之則塞，畎之則流。君子之道，譬其如水乎。

一五一

𣆶夕爲夜①，其夕惕乎；臼辰爲晨，其日乾乎。造書者深於易矣。

【校】

① 𣆶夕爲夜　夜，丹鉛餘録卷七作「夙」。

一五二

「驊騮不總轡，非造父之肆；明月不流光，非隋侯之掌。」〔一〕故曰：賢才出，國將昌。

【注】

〔一〕見晉書王接傳。驊騮，作「騂騄」。

一五三

「王省惟歲，卿士惟月，師君惟日」〔一〕，喻也。「天子如堂，羣臣如陛，衆庶如地」〔二〕，亦喻也。「京邑猶身，王畿猶臂，四方猶指」〔三〕，亦喻也。文章蹊徑，遠矣哉。

【注】

〔一〕見尚書洪範。

〔二〕見賈誼新書階級。

〔三〕見劉熙釋名。

一五四

興行墜典，整緝棼綱。

一五五

卵胎不傷，麟鳳方至；魚鱉咸若，黿龍乃遊。故戮民則士徙，養民則賢致。

一五六

玉之在璞，抵擲則瓦石，追琢則圭璋；水之發源，壅淤則污泥，疏鑿則川沼。

一五七

與日同度謂之朔，邇一遐三謂之弦，衡分中天謂之望，光盡體伏謂之晦。〔一〕同明相並，異明相消，謂之交蝕。

【注】

〔一〕後漢書律曆志下：「日月相推，日舒月速，當其同〔所〕謂之合朔。舒先速後，近一遠三謂之弦。

相與爲衡，分天之中謂之望。以速及舒，光盡體伏謂之晦。」引文删改較大。

一五八

天左舒而起牽牛，地右闢而起畢昴。

一五九

易之象有三：地上有水，地中生木，實象也。天在山中，風自火出，假象也。天下有山，可以遯矣；澤中有火，可以革矣，意象也。

一六〇

文王明夷，則主可知矣；仲尼旅人，則時可知矣。明夷之卦，内三爻，周象也；外三爻，殷象也。旅之卦，「我心不快」〔一〕，困於陳、蔡之間乎？「終以譽命」〔二〕，得於桑落之下乎？桑落事，見荀子〔三〕。

【注】

〔一〕見易旅卦：「九四：旅於處，得其資斧，我心不快。」

〔二〕見易旅卦：「象曰：終以譽命，上逮也。」

〔三〕見荀子宥坐「桑落之下」注曰：「桑落，九月時也，夫子當時蓋暴露居此樹之下。」

一六一

「古人訓詁緩而簡，雖數十字而同一訓，雖一字而兼用之。」〔一〕今之存者，爾雅、説文而已。

【注】

〔一〕見宋晁説之儒言：「古人訓詁緩而簡，故其意全，雖數十字而同一訓，雖一字而兼數用。」

一六二

「章句之病，黨枯護朽，守缺保殘，有不非服鄭之陋，無是正左班之忠。」〔一〕故曰：依義莫依語，師心不師跡，難矣哉！

【注】

〔一〕見宋魏了翁鶴山集卷五十一臨川詩注序。

一六三

周宣歌澤雁〔一〕，孟子諷餓殍〔二〕，其流民乎？韓非陳五蠹〔三〕，商君論六蝎〔四〕，其流士乎？安流民易，處流士難。

【注】

〔一〕見詩小雅鴻雁：「鴻雁於飛，集於中澤。」

〔二〕見孟子梁惠王上：「庖有肥肉，厩有肥馬，民有飢色，野有餓殍，此率獸而食人也。」

〔三〕見韓非子五蠹，指「學者」、「言談者」、「帶劍者」、「患御者」、「商工之民」。

〔四〕商君書靳令有「六虱」，而無「六蝎」。晉書庾峻傳：「秦塞斯路，利出一官。唯有處士之名，而無爵列於朝者，商君謂之六蝎，韓非謂之五蠹。」

一六四

龜取生數一三五七九，蓍取成數二四六八十。

一六五

「主法者君也①，守法者臣也，法於法者民也。」〔一〕

【校】

① 主法者君也　主，四庫本作「生」。

【注】

〔一〕見管子任法：「有生法，有守法，有法於法。夫生法者君也，守法者臣也，法於法者民也。」生法，注曰：「君始制法，故曰生法。」

一六六

律吕造夫婦之端，宫商合君臣之宜，塤篪寄伯仲之睦，琴瑟懷志義之恩。舞綴以勸勞逸，宫軒以等貴賤，故曰成於樂。

一六七

「秦箏多撮，琵琶多捘，箜篌多擘，柳琴多擊。」〔一〕

【注】

〔一〕此爲元熊朋來瑟賦中語，見元文類卷一首篇。

一六八

「玉篇起，説文棄。楷隸易，籀學廢。」〔一〕

【注】

〔一〕此爲元熊朋來鐘鼎篆韻序中語。楷隸易，作「俗書易」。見元文類卷三十三。

丹鉛總録卷之二十三

瓅語類

一

孟子曰：「性也，有命焉，君子不謂性也。」「命也，有性焉，君子不謂命也。」〔一〕不謂性者，所以盡性也；不謂命者，所以立命也。善用之，則互相發而交相養；不善用之，則互相失而交相喪。

【注】

〔一〕見孟子盡心下。

二

「魚生流水中則背鱗白，生止水中則背鱗黑。」〔一〕

【注】

〔一〕見陸佃埤雅釋魚：「魚生流水中，則背鱗白而味美；生止水中，則背鱗黑而味惡。」

三

越王金鑄范少伯，晉帝圖畫宗少文，遥聞聲而相思也。秦王未見韓非，則思與之並世不可得，既見非則殺之；武帝未見相如，則思與之並世不可得，既見相如則擯之，日近前而不御也〔一〕。

【注】

〔一〕鬼谷子内揵：「君臣上下之事，有遠而親、近而疏，就之不用，去之反求。日進前而不御，遥聞聲而相思。」

四

「魏女色艷，鄭袖鼻之；朝吴忠貞，無忌殛之。」〔一〕故曰：女無美惡，士無賢不肖。

【注】

〔一〕見論衡累害篇。鼻之，作「劓之」。殛之，作「逐之」。

五

「朱草之莖如鍼，紫芝之栽如豆。」〔一〕真玉火三日而見性，豫章生七年而辨名〔二〕。知人實難，人實難知也。故曰：「禽息之精陰慶，鮑叔之魂默舉。」〔三〕難矣哉！漆園歎當世不可莊語，揚雄謂後世必有子雲，遠矣哉！

【注】

〔一〕見論衡初稟篇。栽，幼苗。

〔二〕見淮南子修務：「橡章之生也，七年而後知。」豫章，大木。

〔三〕見論衡逢遇篇。

六

「禮之心悃愊，樂之意歡忻。悃愊以玉帛效心，歡欣以鐘鼓驗意。」〔一〕

【注】

〔一〕見論衡明雩篇。

七

不發横難，不得縱説；不發苦語，不得甘對。

八

「衆勝寡，故水勝火也；精勝堅，故火勝金也；專勝散，故木勝土也；實勝虛，故土勝水也。」〔一〕

【注】

〔一〕見白虎通義五行。

九

禹將受位，迅風靡木，有其德無其咎也；成王信讒，大風拔木，修其德免其咎也。

十

三歲一閏，天道小備；五歲再閏，天道大備。

十一

鏡以鏡影，鏡亦有影；兩鏡相鏡，影以重影。故曰：與影競走，悲夫！

十二

古禮容，磬折以爲恭，微磬以爲中。「故坐以微磬之容」，「行以微磬之容」，「趨以微磬之容」，「跪以微磬之容」，「拜以微磬之容」，「立以微磬之容」。磬之中恭也，曰硜硜然小人哉；磬之末失也，語曰恭而無禮則勞。硜，古磬字。〔一〕

【注】

〔一〕見賈誼新書卷六容經。文字有删改。坐以微磬之容，作「坐以經立之容」。

十三

「鐸以聲自穴，膏以明自鑠。虎豹之文來射，猿狖之捷來措。」〔一〕「直木先伐，甘井先竭。」〔二〕「翠以羽殃身，蚌以珠致破。」〔三〕

【注】

〔一〕見淮南子繆稱訓。自穴，作「自毁」。膏，作「膏燭」。

〔二〕見莊子山木。

〔三〕太平御覽卷九八三引蘇子曰。

十四

「以木擊木則拌，以水投水則散，以冰投冰則沈，以塗投塗則陷。」〔一〕詩曰：「載胥及溺。」〔二〕

【注】

〔一〕見呂氏春秋論威。

〔二〕見詩大雅桑柔。

十五

將飛者翼伏，將奮者足跼，將噬者爪縮，將文者且朴。

十六

孫武云：「始如處女，敵人開户；後如脱兔，敵不及拒。」〔一〕范蠡曰：「見之似好婦，奪之似懼虎。」〔二〕故曰：「時至而應，心暇者勝。」〔三〕又「抗兵相加，哀者勝矣。」〔四〕「夫惟鴻門

之不爭，故垓下莫能與之爭。」〔五〕

【注】

〔一〕見孫子九地篇。

〔二〕見吳越春秋勾踐陰謀外傳。

〔三〕見吕氏春秋任數。

〔四〕見老子六十九章。

〔五〕見晉書卷七七蔡謨傳。

十七〔一〕

「理者太虛之實義，數者太虛之定分。未形之初，因理而有數，因數而有象；既形之後，因象而推數，因數以推理。」〔二〕

【注】

〔一〕又見本書卷二十四「魏鶴山語」。

〔二〕見魏了翁鶴山集卷三十四答荆門張僉判。

十八

「擊其首則尾至，擊其尾則首至，擊其中則首尾至。」〔一〕非蛇説也，陣説也。「取君下駟，與彼上駟；取君上駟，與彼中駟；取彼中駟，與彼下駟。」〔二〕非馬説也，兵説也。

【注】

〔二〕見孫子九地篇。首尾至，作「首尾倶至」。

〔三〕見史記孫武吴起列傳：「今以君之下駟，與彼上駟；取君上駟，與彼中駟；取君中駟，與彼下駟。」

十九

曹伯好田，則公孫彊出；陳侯好色，則儀行父至；商辛淫酗，則惡來進；周厲貪虐，則榮夷公起。

二十

「成康没而頌聲寢，陳靈興而變風息。」〔一〕

【注】

〔一〕見唐孔穎達毛詩正義序。

二十一

張子曰：造化之妙，則「糟粕煨燼，無非教也」〔一〕，猶莊子云：「瓦甓秕稗，無非道也。」〔二〕例是而言，東坡，「深於文者也，故嬉笑怒駡，皆成文章」也〔三〕。張旭，「深於書者也，故歌舞戰鬬，皆草書也」。〔四〕

【注】

〔一〕見張載正蒙太和篇。

〔三〕莊子知北遊：「所謂道，惡乎在？莊子曰：無所不在。……在螻蟻，……在稊稗，……在瓦甓……」

〔三〕見黄庭堅山谷集卷十四東坡先生真贊。

〔四〕見韓愈韓昌黎文集卷十四送高閑上人序，文字有改動。

二十二

「秦有誓而書亡，魯有頌而詩絶。」〔一〕

【注】

〔一〕見王應麟困學紀聞卷八經説：「秦有誓而書亡，魯有頌而詩亡；魯郊禘，秦僭畤，而禮亡；大夫肆夏，三家雍徹，而樂亡。」

二十三

七十三歲，揚雄擬經；六十三歲，平津對策〔一〕。

【注】

〔一〕見藝文類聚卷四十八「職官部僕射」：陳徐陵讓左僕射初表：「臣聞七十之歲，揚雄擬經；六十之年，平津對策。」揚雄七十三歲，以經莫大於易，作太玄；公孫弘六十三歲，對策金馬門，封平津侯。

二十四

文，道也；詩，言也。語録出，而文與道判矣；詩話出，而詩與言離矣。

二十五

楚騷、漢賦、晉字、唐詩、宋詞、元曲〔一〕。

【注】

〔一〕此説始見于金劉祁歸潛志卷十三：「唐以前詩在詩，至宋則多在長短句，今之詩在俗間俚曲。」元孔齊至正直記卷三虞邵庵論云：「一代之興，必有一代之絶藝，足稱于後世者。漢之文章、唐之律詩，宋之道學，國朝之今樂府，亦關於氣數音律之盛。」其後明有葉子奇草木子卷四云：「傳世之盛，漢以文，晉以字，唐以詩，宋以理學。元之可傳，獨北樂府耳。」清有尤侗艮齋雜説卷三云：「或謂楚騷、漢賦、晉字、唐詩、宋詞、元曲，此後又何加焉。」至王國維遂倡爲「一代有一代文學」之説。錢鍾書談藝録四「詩樂離合文體遞變」論之甚詳，可參讀。

二十六

蛙消黽息，熊經鳥伸〔一〕。

【注】

〔一〕見莊子刻意：「吹呴呼吸、吐故納新，熊經鳥伸，爲壽而已。」指養生法。

樂以忘憂以樂慆憂〔一〕

樂以忘憂，君子也；以樂慆憂，小人也。易曰：「鼓缶而歌」〔二〕，詩曰：「我姑酌彼金罍」〔三〕，其忘憂乎？太康逸豫，漢惠淫樂，易曰：「飲酒濡首」〔四〕，詩曰：「俾晝作夜」〔五〕，其慆憂乎？

【注】

〔一〕卷二十二、二十三「瑣語類」，初刊於丹鉛餘録卷六、七、八，共一百七十餘條，後編入升庵集卷六十五，計一百七十六條，編入升庵外集卷六十二，爲一百三十四條，數目雖有出入，但絶大部分均屬瑣語。丹鉛總録匯編時，因工作粗疏，把餘録、續録中大量原非瑣語的條目，都劃歸瑣語類，編入總録卷二十四至二十七。後升庵他書匯輯時，這些條目大都加上標題。以下無標題的瑣語，均屬此類。今據升庵他書，分别補上標題。本條原無題，據升庵經説卷八補。

〔二〕易離卦：「九三：日昃之離，不鼓缶而歌。」

〔三〕見詩周南卷耳。

〔四〕見易未濟。

〔五〕見詩大雅蕩。

憎而知其善〔一〕

蚩尤五兵，李斯篆書，苟便於世，人其捨諸？鯀之城也，桀之瓦也，秦之邊防也，隋之漕河也，至今賴之。故曰：「善用人者無棄人，善用物者無棄物。」〔二〕

【注】

〔一〕原無題，據升庵經説卷九補。「蚩尤五兵」前，升庵經説有「春秋惡絶秦楚，而大學引秦誓、楚書；孟子羞稱五伯，而引晏子之言，述百里奚之功，此皆聖賢憎而知其善也」。

〔二〕見吴曾能改齋漫録卷十三「文正公願爲良醫」：「古人有云：常善救人，故無棄人；常善救物，故無棄物。」

捭闔〔一〕

鬼谷子書有捭闔篇。捭音擺，「捭之者，開也，言也，陽也」〔二〕。孟子所謂「以言餂之也」〔三〕。「闔之者，閉也，默也，陰也」。孟子所謂「以不言餂之」也。

【注】

〔一〕原無題，據升庵集卷四十六補。

〔三〕見鬼谷子捭闔。

〔三〕見孟子盡心下。

璜宮〔一〕

白虎通：「諸侯之學曰頖宮。半者象璜也。」〔二〕今或書作「黌宮」者，非，宜作璜也。

【注】

〔一〕原無題，據升庵集卷七十二補。

〔二〕白虎通義辟雍：「諸侯曰泮宮者，半於天子宮也。明尊卑有差，所化少也。半者象璜也。」文字有删改。

不入我陳〔一〕

詩：「不入我陳。」爾雅：「廟中路曰唐〔二〕。堂途謂之陳。」戰國策：「美人充下陳。」〔三〕下陳，猶下堂也。

【注】

〔一〕原無題，據升庵經説卷五、升庵集卷四十二補。

〔二〕爾雅釋宮作「廟中路謂之唐」。

〔三〕見戰國策齊策四馮諼客孟嘗君。下陳，猶陳下。陳，墀也。

辟裓〔一〕

詩「中堂有甓①」，鄭注考工記：「堦前，若今辟裓也。分其督旁之修，以一分爲峻②。」蓋今辟即甓也，裓其道也。中央爲督，峻其督所以去水。今按：督者，匠人言督綫，縫人言督縫，醫家言督脈，皆訓中者。

【校】

① 中堂有甓　堂，丹鉛餘録卷九作「唐」。詩陳風防有鵲巢，原作「唐」。

② 以一分爲峻　一，萬曆本作「二」，據周禮注疏卷四十二考工記鄭注改。

【注】

〔一〕原無題，據升庵經説卷四、升庵外集卷二十七補。

禮不下庶人〔一〕

「禮不下庶人，謂酬酢之禮也。」〔二〕白虎通德論之説勝諸家矣。

【注】

〔一〕原無題，據升庵經説卷九補。

〔三〕見白虎通義卷上五刑：「禮不及庶人者，謂酬酢之禮也。」

渴筆〔一〕

唐徐浩書張九齡司徒告身〔二〕，多渴筆。渴筆，枯無墨也，在書家爲難。

【注】

〔一〕原無題，據升庵書品、升庵集卷六十二補。

〔二〕告身，升庵書品作「誥身」，誤。告身，通典卷十五云：「各給以符而印其上，謂之告身。」告身，古授官之憑證。王世貞宛委餘編卷九云：「唐時將相告身，用金花五色綾紙，至宋則用織成花綾，以品次有差，宋敕俱草書後，用三省長官僉押尚書印，然無御寶，當時每授官則有之。」

許玄度仙去〔一〕

智永臨右軍帖末云：「玄度忽腫，至可憂慮，疾候自恐難邪。史乃稱許玄度服巨勝，莫知所終。」〔二〕意以爲仙去也，亦誣矣！自古史稱仙去者，寧非此類邪？

【注】

〔一〕原無題，條目自擬。

〔二〕見米芾書史。巨勝，胡麻的別名，可延年。

張陸奇語〔一〕

張又新煎茶水記「粉槍末旗，蘇蘭薪桂」，陸羽茶經「育華救沸」，皆奇俊語。

【注】

〔一〕原無題，據升庵集卷七十二補。

五音〔一〕

樂緯動聲儀曰：「宫爲君，君者當寬大容衆，故聲弘以舒，其和清以柔，動脾也。商爲臣，臣者當發明君之號令，其聲散以明，其和温以斷，動肺也。角爲民，民者當約儉不奢僭差，故其聲防以約，其和清以静，動肝也。徵爲事，事者君子之功①，既當急就之，其事勿久流亡，故其聲貶以疾，其和平以切②、動心也。羽爲物，物者不齊委聚，故其聲散以虚，其和斷以散，動腎也。」又曰：「宫唱而商和是謂喜，太平之樂；角從宫是謂哀③，衰國之樂；羽從宫，往而不返是謂悲，亡國之樂也。應相生應即爲和，不相生應則爲亂也。」〔二〕

【校】

① 事者君子之功　功，丹鉛餘録卷九、萬曆本作「切」，四庫本作「功」，據改。古微書原作「功」。

② 其和平以切　切，萬曆本作「功」，升庵集卷四十四、升庵外集卷二十一作「切」，據改。

③ 角從宮是謂哀　哀，萬曆本作「衰」，據四庫本改。

【注】

〔一〕原無題，據升庵集卷四十四、升庵外集卷二十一補。

〔二〕見明孫轂古微書卷二十一樂動聲儀。勿久流亡，作「當久流亡」。是謂喜，作「是謂善」。

晉人俊語〔一〕

晉世不惟士人語清標玄致，而釋子輩語亦復可聽，高僧傳所載是已。如鳩摩羅什偈云：「哀鴻孤桐上①，清音徹九天。」〔二〕慧濟謔寶淵曰：「昔謝氏青箱不至，不作文章；今卿白簏未到，判無講理。」淵曰：「殊不然，此乃打狗杖耳。」〔三〕道亘聞蟋蟀曰：「時聞此聲，是代簫管。」②薛道衡稱則公之文曰：「屢發新彩，英英獨照。」慧常聞梵唄曰：「亹亹溜溜，似伏流之吐波。」又曰：「却轉弄響，飛揚長引，聲發喉中，脣口不動。」又曰：「以哀婉爲入神，用騰擲爲清舉。」文句則如：「端夏多隙，無事忽景。」〔四〕又云：「依義莫依語〔五〕」，又云：「當爲心師，不師於心。」又云：「籠飡詎貴，釣餌難嘗。」又云：「忘懷去來者，朝市一江湖。眷情生死者，幽棲猶桎梏。」又云：「沙漠織寒，長風負雪。」又云：「莊衿老帶，彈沐斜埃。」又云：「早帳風首，春席雲阿。」又云：「雖淚至之有端，固憂來之無兆。」〔六〕使入世説，固不能辨也。

【校】

① 哀鴻孤桐上　鴻，丹鉛餘録卷九作「鸞」。哀鴻，法苑珠林卷三十四作「孤鴻」。

② 是代簫管　是，升庵集卷七十二作「足」。

【注】

〔一〕原無題，據升庵集卷七十二、升庵外集卷十三補。

〔二〕見高僧傳卷二鳩摩羅什傳。

〔三〕見何良俊語林排調第二十七「慧濟謔竇淵」事。打狗杖，作「打狗仗」。

〔四〕見弘明集卷七宋釋慧通駁顧道士夷夏論。

〔五〕見法苑珠林卷一一八「四依部」：「依義不依語。」

〔六〕「沙漠織寒」以下四句，俱見廣弘明集卷二十三若耶山敬法師誄。

太公陰符語〔一〕

「民不得有百里之譽，千里之交。」漢注引太公陰符語也〔二〕。

【注】

〔一〕原無題，條目自擬。

〔二〕漢注，見後漢書百官志五「邊縣有障塞尉」李賢注。

陽樂陰樂〔一〕

樂叶圖徵云：「日冬至成天文，日夏至成地理。作陰樂以成天文，作陽樂以成地理。陽樂黄鍾也，陰樂蕤賓也。」〔二〕

【注】

〔一〕原無題，據升庵集卷四十四、升庵外集卷二十一補。

〔二〕見明孫瑴古微書卷二十。

瑞應〔一〕

序例曰：「凡瑞應①，自和帝以上，政事多美，近於有實，故書祥瑞『見於某處』；自安帝以下，王道衰缺，容或虚飾，故書『某處上言』也。」〔二〕

【校】

①凡瑞應　瑞，上杭本、萬曆本誤作「端」，四庫本、升庵外集卷九十七作「瑞」，據後漢書注改。

【注】

〔一〕原無題，據升庵外集卷九十七補。

〔二〕見後漢書卷五安帝紀元初三年「東平陸上言木連理」李賢注。

唐庚語〔一〕

唐庚曰：「三桓諷魯作三軍，合周禮矣，其志乃欲卑公室而奪之權。曹操諷漢復九州，合禹貢矣，其志乃欲廣冀州而益其地。晉曲沃莊伯用夏正，合人統矣，其心乃欲自立。凡姦人欲濟其邪謀者①，未嘗不引經術也。」〔二〕

【校】

① 凡姦人欲濟其邪謀者　凡，萬曆本、丹鉛餘録卷八作「元」。升庵集卷七十二、升庵外集卷三十九作「凡」，據改。

【注】

〔一〕原無題，據升庵集、升庵外集補。

〔二〕見宋唐庚三國雜事卷下。「益其地」後删去「夫引經術稱古誼者，固未必皆姦人，而姦人之欲濟其邪謀者，亦未嘗不引經術而稱古誼，既不可以盡信，亦不可皆疑，要在乎察之而已」。

豎子〔一〕

阮籍登廣武而歎曰：「時無英雄，使豎子成名。」豈謂沛公爲豎子乎？傷時無劉、項也。豎子指晉、魏間人耳。〔二〕李太白詩：「沉醉呼豎子，往言非至公。」〔三〕亦誤認嗣宗語也。東坡詩：「聊興廣武歎，不待雍門彈。」〔四〕

【注】

〔一〕據升庵集卷五十八、升庵外集卷七十三補。

〔二〕見東坡志林卷一「廣武歎」：「昔先友史經臣彦輔謂余：阮籍登廣武而歎曰：『時無英雄，使豎子成其名！』豈謂沛公豎子乎？余曰：『非也，傷時無劉、項也，豎子指魏、晉間人耳。』其後余聞潤州甘露寺有孔明、孫權、梁武、李德裕之遺跡，余感之賦詩，其略曰：『四雄皆龍虎，遺跡儼未刓。方其盛壯時，爭奪肯少安？廢興屬造化，遷逝誰控摶？況彼妄庸子，而欲事所難。聊興廣武歎，不待雍門彈。』則猶此意也。今日讀李太白登廣武古戰場詩云：『沈湎呼豎子，狂言非至公。』乃知太白亦誤認嗣宗語，與先友之意無異也。嗣宗雖放蕩，本有志於世，以魏晉間多故，故一放於酒，何至以沛公爲豎子乎？」

〔三〕此爲李白登廣武古戰場懷古詩中句，見李太白集卷二十一。沉醉，作「沈湎」。往言，作「狂言」。

〔四〕此爲蘇軾甘露寺詩中句，見蘇東坡集卷三。

書解〔一〕

古書解者多失其義，遂害於理。尚書注怪石之貢，以爲奇怪之石〔二〕，若後世靈壁、太湖嵌空玲瓏，以供戲玩，是禹爲牛僧孺、米元章也。又解禹貢三江之水味别〔三〕，是以聖人爲品水鬬茶，如陸羽、張又新之流也。戰國處士爲舜塗廩浚井，遭焚坑而不死，列女傳又謂二女實教之〔四〕，是以舜爲左慈、劉根，而二女爲李全之婦、劉綱之妻也。静言思之，皆可發一笑！

【注】

〔一〕原無題，據升庵經説卷三、升庵集卷七十二補。

〔二〕見尚書禹貢：「岱畎絲、枲、鉛、松、怪石。」傳：「畎，谷也。怪異好石似玉者。岱山之谷出此五物，比日貢之。」

〔三〕見尚書禹貢：「三江既入。」升庵「三江味别」云：「蘇子瞻志林有三江味别之説，蔡傳深非之。然以禹貢本文論之，揚江（州）言三江既入，而於經言江、漢朝宗於海，則同流而自爲道可知矣。」升庵譚苑醍醐卷六有「水性」、「味别」、「三江味别」，可參看。

〔四〕見史記五帝本紀、古列女傳卷一。

垝謂之坫〔一〕

爾雅曰：「垝謂之坫。」注：「垝，在堂隅①。坫，端。」疏：「坫者，堂角也。一名垝。」又曰：「坫名見於經傳者有三：禮明堂位『反坫出尊』、『崇坫康圭』，及論語『邦君爲兩君之好，有反坫』。此三者在兩楹之間，以土爲之，非此經所謂也②。案：既夕禮云：『設棜於東堂下，南順，齊於坫③。』士冠禮云：『爵弁皮弁，緇布冠，各一匴，執以待於西坫南。』〔二〕則此經所謂也。鄭注云：『坫在堂角。』然則堂之東南角爲東坫④，西南角爲西坫。故郭云：『在堂隅，坫，端也。』」說文：「坫，屏也。垝，垣也。引詩『乘彼垝垣』。」〔三〕諸經音義：「坫，古文店字。」陳祥道禮書曰：「坫者，以土爲之。記曰：『反坫出尊。』語曰：『邦君爲兩君之好，有反坫。』此反爵之坫也。記曰：『崇坫康圭。』此奠玉之坫也。記又曰：『士於坫一。』此庋食之坫也。士冠禮：『爵弁皮弁，緇布冠，各一匴，執以待于西坫南。』〔四〕大射：『將射工遷於下，東坫之東南。』士喪禮：『牀第，夷衾，饌於西坫南。』既夕禮：『設棜于東堂下，南順，齊於坫。』此堂隅之坫也。蓋兩君相見於廟，尊於兩楹之間，而反爵之坫，出於尊南，故曰『出尊』。鄉飲酒是鄉大夫禮，尊於房户間，燕禮燕其臣，尊於東楹之西，皆無坫。特兩君相見，尊於兩楹間，有坫。管仲之反坫，故孔子譏之。又於其南爲之崇坫，以安玉焉，故曰『康圭』。庋食之坫，在房堂隅之坫，在北陳。爾雅曰：『垝謂之坫。』郭璞曰：『坫，端也。』北堂之隅之坫也。鄉飲、鄉射、燕禮，皆奠爵於篚，則反爵於坫，特兩君相好之禮也。聘禮：『公受玉於中堂與東楹之間。』『賓出公側，授宰玉。』〔五〕而不康之於坫，蓋亦兩君相見之禮也。鄭康成解『康』爲『亢』，非也。」〔六〕按：陳氏説坫義爲詳，惟失汲冢書「回阿反坫」，此外向之坫也。

【校】

①垝在堂隅　在，萬曆本脱。丹鉛餘録卷九未脱。據爾雅釋宫補。

②非此經所謂也　此，萬曆本無，據丹鉛餘録卷九、四庫本補。

③設棜於東堂下南順齊於坫　棜，萬曆本脱，據四庫本、儀禮既夕禮補。

④然則堂之東南角爲東坫　南，丹鉛餘録卷九，丹鉛總録萬曆本作「西」，四庫本作「南」，升庵外集卷三十六作「北」，檢邢昺疏當作「南」。

【注】

〔一〕原無題，據升庵經説卷十二、升庵外集卷三十六補。本書卷六「反坫」條可互參，該條已補汲冢書「回阿反坫」。

〔二〕見儀禮士冠禮。待，丹鉛總録諸本誤作「付」。

〔三〕見説文。垝，垣也，作「垝，毁垣也」。

〔四〕見儀禮士冠禮。各一匴，匴，萬曆本脱。

〔五〕見儀禮聘禮。宰，萬曆本誤作「罕」。

〔六〕見宋陳祥道禮書卷七十「坫」。略有删節。

【辨】明胡應麟於華陽博議下辨之曰：「麟謂反坫事出論語，不應其人疏漏至此。案：宋黄東發云：反坫，鄭注爲坫在兩楹之間，反爵其上。坫字從土而云在兩楹之間，豈常設耶？案郊特牲『旅樹反坫』，内則曰『士於坫』，明堂位曰『反坫出尊，崇坫康圭』，士虞禮『饌於西坫上』，則累土而爲之皆可名坫，而坫亦有高卑東西之不同，非必反爵之處也。鄭氏以坫之反，異於經文矣。汲冢書曰『回阿反坫』，注曰：『外向室也。反主坫言，非主爵言也。』據禮記反坫與臺門相連，汲冢書反坫與回阿相連，論語反坫與樹塞門相連，恐均爲宫室僭侈之事。若東發之言，蓋亦以反坫爲屏障之類。」（見少室山房筆叢卷三十九　中華書局）

重違〔一〕

孔叢子載孔子高謂平原君曰：「重違公子盛旨。」漢書孔光傳：「重違大臣正議。」東坡晁錯論：「又重違其意。」〔二〕重，難也，言難違其意而勉從之也。近世不達此語，以重爲重大之重，失之矣。

【注】

〔一〕原無題，據升庵集卷六十二、升庵外集卷六十一補。

〔二〕見蘇東坡集應詔集卷十晁錯論。又，作「而」。

稱號〔一〕

孔穎達云：「少皞以前，天下之號象其德，百官之號象其徵；顓頊以來，天下之號因其地，百官之號因其事。」〔二〕

【注】

〔一〕原無題，條目補擬。

〔二〕此爲賈公彦周禮正義序中語，作「孔穎達」，誤。

詩小序〔一〕

程伊川云：「詩小序是當時國史作，如不作，則孔子亦不能知〔二〕。如大序，則非聖人不能作。」此言可謂公矣！朱晦庵起千載之下，一以意見，必欲力戰小序而勝之，亦可謂崛强者哉〔三〕！

【注】

〔一〕原無題，據升庵集卷四十二、升庵外集卷三十七補。本書卷十八有「詩小序」一則，文字不同，可參看。

〔二〕如不作，二程遺書卷十九作「如當時不作」。「不能知」後，有「况子夏乎」。

〔三〕升庵集、升庵外集「詩小序」均爲二則，此其一，另一則爲：「去序言詩，自朱文公始，而文公因呂成公太尊小序，遂盡變其説，蓋矯枉過正，非平心折中之論也。馬端臨文獻通考辨之詳矣。予見古本韓文有議詩序一篇，其言曰：『子夏不序詩有三焉：知不及，一也；暴揚中冓之私，春秋所不道，二也；諸侯猶世，不敢以云，三也。漢之學者，欲顯其傳，因籍之子夏。』嗚呼！韓公可謂失言矣。孔子親許子夏以『可與言詩』，子夏猶云『不及』，其誰宜爲哉？且子頑宣姜中冓之私，生子五人，二爲諸侯，昭昭在人耳目，豈是春秋所不道？孔子既取之於國風，而子夏反爲之諱乎？至謂『諸侯猶世，不敢以云』，是爲史官懼人禍天刑之説也。豈齊南、晉董之筆乎？韓公而爲此言，亦非韓公矣，必贋作也。然此説也，正與朱子去序之意脗合。韓公百世山斗，朱子正可借爲左袒之助。而朱子著韓文考異，乃以爲非公作而删除之。蓋公論正議，不覺其出於一時之筆，而不顧其與己説之背馳也。韓文未删之本，世多未知，而此説又可爲馬氏復小序之證佐，故詳書之。

程明道語〔一〕

程明道云：「五運六氣，須是堯舜時；五風十雨，方有驗而可行。」〔二〕

【注】

〔一〕原無題，條目補擬。

〔二〕見二程遺書卷十九，作「除是堯舜時，十日一風、五日一雨始用得」。程顥，字伯淳，人稱明道先生，程頤兄。

王屮〔一〕

文選王屮，字簡棲，作頭陀寺碑者。說文通釋以爲「王屮」，屮音徹。朱子易傳：「屯字象屮穿地。」〔二〕

【注】

〔一〕原無題，據升庵外集卷五十九補。

〔二〕見文選卷五十九頭陀寺碑文李善引姓氏英賢録曰：「王屮，字簡棲，琅琊臨沂人也。有學業，爲頭陀寺碑，文詞巧麗，爲世所重。」「碑在鄂州，題云：齊國録事參軍琅琊王屮製。」

相如傳〔一〕

史通云：「史記相如傳具在相如集中，子長因録斯篇，即爲列傳。」〔二〕劉知幾蓋及見相如集也。然文君夜奔事，亦不自諱，何哉〔三〕？

【注】

〔一〕原無題，據升庵集卷四十七、升庵外集卷四十補。

〔二〕見史通卷九序傳：「相如自序，乃記其客游臨卭，竊妻卓氏。」

〔三〕「何哉」後，升庵外集卷四十尚有一節文字：「琴心挑之四字，古無是事，亦無此奇。徒四壁立語亦然。此女見稱文君，必能好詞賦者，意非獨琴也。所謂當鑪，蓋治酒也。今燒酒法云起自文君，唐詩『卓女燒春醴』是也。燒春，名亦佳。」

五福不言貴〔一〕

「五福不言貴而言富，蓋三代之法。貴者始富，言富則知貴，所以禄以馭其富也。貧富貴賤離而爲四，起於後世，不能制爵禄之失。」游氏禮記解云〔二〕。

【注】

〔一〕原無題，據升庵經説卷三補。

〔三〕見黄氏日抄卷五「泰誓」。

納於大麓〔一〕

孔叢子：「宰我問：書云『納於大麓，烈風雷雨弗迷』，何謂也？孔子曰：此言人言之應乎天也。堯既得舜，歷試諸難，使大録萬機之政，是故陰清陽和，五星來備，風雨各以其應，不有迷錯愆伏，明舜之行合於天也。」〔二〕此説與注疏合，意古相傳如此。今以大麓爲山麓，是堯納舜於荒險之地，而以狂風霹靂試其命，何異於茅山道士之鬬法哉〔三〕？

今按桓子新論曰：「昔堯試舜於大麓者，録天下事，如今之尚書官矣。宜得大賢智，乃使處議持平焉。」①

【校】

① 萬曆本原無此語，録自升庵經説及升庵集，或爲後增補。

【注】

〔一〕原無題，據升庵經説卷三、升庵集卷四十二補。

〔二〕見孔叢子卷上。「歷試諸難」後，脱「已而納之於尊顯之官」九字。「五星來備」，作「五星不悖」。

〔三〕清趙翼陔餘叢考卷一「納于大麓」條云：尚書「納於大麓」，孔安國訓麓作録，謂使舜大録萬幾之政，而風雨以時也。王肅注亦同。按五帝德孔子答宰予，堯使舜「大録萬幾之政，故陰陽清和，五星來備，風雨各以其應，不有迷錯愆伏」，正與「烈風雷雨弗迷」之義相合。漢書于定國傳：

「萬方之事，大録於君。」後漢書劉愷傳：「三公協和陰陽，遭烈風不迷，遇迅雨不惑，位莫重焉。」是古人皆作「大録庶政、調和陰陽」解。惟尚書大傳云：「堯推尊舜，納之大麓之野，烈風迅雨不迷。」史記亦謂：「堯使舜入山林川澤，烈風雷雨，舜行不迷。」蘇氏并謂：「洪水爲患，堯使舜相視山林，雷雨大至，衆懼失常，舜獨不迷。」今蔡傳實宗此説，然反淺矣。楊用修所以有茅山道士鬬法之戲也。鄭康成註尚書大傳，謂堯築壇於山麓，命舜陟位，大録天下之事，則又兼用山麓、大録二義，未免岐互。蘇氏又云：「或曰納於大麓，蓋納之泰山之麓，使之主祭也，會有大風雷之變，禱之而息，而謂百神享之也。」此又一説。

乾侯〔一〕

胡一桂云：「昭公乾侯之事，與夏王相殺商丘，周厲王崩于彘，皆天地間人道非常之大變。史墨乃妄引陪貳之説，而謂天生季氏，以貳魯侯。又明言社稷君臣無常奉、無常位，且妄引詩、易以對。左氏從而書之，其與春秋書『公薨乾侯』〔二〕，如青天白日不可掩蔽以誅季氏不臣之罪者異矣。嗚呼！春秋何等時耶？功利之習，壞爛人心，君臣大義，澌滅殆盡。不惟亂臣賊子如三家者，放逐其君爲不知有君，而惟季氏之服，諸侯不知有君，而惟季氏之與，史墨不知有君而放言無忌，趙簡子不知有君而聽言不辯，左氏亦不知有君而載言不擇。夫豈知陵谷遷改乃地道之變而非常，雷天大壯乃天道之常，初非志變。況易乃崇陽抑陰之書。『雷在天上』〔三〕，夫子大象，但取其成四陽壯長之卦，而曰『君子以非禮弗履』耳。未必如杜氏注所謂『君臣易位』也。史墨不求其義，妄引以對，可謂誣天矣。天但使季氏貳君，何嘗使季氏逐君哉？如墨言一歸之天道，則公僭王、卿僭侯，亂臣賊子接跡於世矣。綱常安在？然則春秋夫子作也，易象夫子翼也，道一而已。請得爲易大壯一洗史墨之惡論。」〔四〕

【注】

〔一〕原無題，據升庵經説卷八、升庵集卷四十三補。

〔二〕公薨乾侯，春秋昭公三十二年作「公薨于乾侯」。

〔三〕見易大壯：「象曰：雷在天上，大壯。君子以非禮弗履。」

〔四〕見元胡一桂周易啓蒙翼傳下篇「史墨舉易對趙簡子」按。

五雲太甲〔一〕

杜詩：「五雲高太甲，六月曠摶扶。」〔二〕注不解五雲之義。嘗觀王勃益州夫子廟碑云：「帝車南指，遁七曜於中階；華蓋西臨，藏五雲於太甲。」酉陽雜俎謂燕公讀碑，「自『帝車』至『太甲』四句，悉不解。訪之一行①，一行言：『北斗建午，七曜在南方，有是之祥，無位聖人當出。』華蓋以下，卒不可悉。」〔三〕愚謂老杜讀書破萬卷，自有所據，或入蜀見此碑而用此語也。晉天文志：「華蓋杠旁六星曰六甲，分陰陽而配節候。」太甲恐是六甲一星之名，然未有考證。以一行之邃於星曆，張燕公、段柯古之殫見洽聞，而猶未知焉，姑闕疑以俟博識〔四〕。

【校】

① 訪之一行　一行，丹鉛餘録卷九作「一公」。

【注】

〔一〕原無題，據升庵詩話卷八、升庵集卷五十八補。

〔二〕此爲杜甫大曆三年春白帝城放船出瞿塘峽久居夔府將適江陵漂泊有詩凡四十韻詩中句，見杜少陵集卷二十一。

〔三〕見段成式酉陽雜俎卷十二。北斗建午，午，萬曆本、四庫本作「五」。

〔四〕此條録自王應麟困學紀聞卷十八。「愚謂」以上，王氏節引自張邦基墨莊漫録卷四，以下則爲王氏語。自有所據，作「必自有所據」。

【辨】

宋張邦基墨莊漫録卷四「杜詩五雲太甲不知出處」條云：「杜甫大曆三年春，白帝城放船出瞿塘峽將適江陵詩四十韻其末有云：『五雲高太甲，六月曠摶扶』之句。鮑欽止、鄧睿思、范元實及世行所謂王原叔注者，諸家皆不詳『五雲』、『太甲』之義。予讀唐王勃文集，有大唐九隴縣孔子廟堂銘序云：『帝車造指，遁七曜於中階；華蓋西臨，載五雲於太甲。……』然則『五雲太甲』之義，蓋爲玄象而言矣，第未見其所出之書，當俟博洽君子請問之。」（墨莊漫録　中華書局）

明胡震亨唐音癸籤卷二十二詁箋云：「出峽詩：『五雲高太甲，六月曠摶扶。』五雲、太甲，出王勃『華蓋西臨，藏五雲於太甲』，益州夫子廟堂碑語。黄帝象五色雲作華蓋。星之有華蓋，以象華蓋名之。其杠旁六星，曰六甲。文人筆藻，尊名之爲太甲。凡雲西行不雨。言西臨，言藏者，勃以華蓋當雲，言雲之不雨，喻夫子道之不行也。杜用此，蓋即借爲蜀中故事。若云回望西蜀，五雲空高，況己之不得志於蜀而去耳。下句是言此去南徙，未有摶扶風力可借。一言蜀，一言出蜀後。用事雖實，而調故靈活，此其所以爲老杜歟！按：勃華蓋二語，段成式以爲張燕公嘗問僧一行，不能解。王伯厚雖有杠旁之解，而不敢決太甲之即六甲，皆緣從星象中生解，不悟其雖言星、實言雲也。通讀勃碑下文雷雨句，意義自明，而杜所以引用之旨，亦豁然矣。」（唐音癸籤　上海古籍出版社）

明顧起元説略卷一「五雲太甲」條云：「王勃益州夫子廟碑：『帝車南指，遁七曜於中階；華蓋西臨，藏五雲於太甲。』楊用修丹鉛總録以爲晉天文志：『華蓋杠旁六星曰六甲。』太甲恐是六甲。按：帝車，北斗也。太微垣北七星曰北斗。魁四星爲璿璣，杓三星爲玉衡。漢輿服志：『聖人觀於天，視斗周旋，魁方杓曲，以携龍、角爲帝車。』夏五月建午，斗柄指南，南方之宿曰星。七星爲賢士，明則道化行，暗則賢良不起。魁下六星曰三能，一曰三臺，爲天階，一名泰階，在太微；垣西二星曰中臺，爲中階。上一星爲公侯，下一星爲卿大夫。華蓋七星，在紫微垣；杠九星柄合十六星，在勾陳，上覆蔽大帝之座。西臨西方畢宿有五車、五星。凡此五車名以五寅，曰侯之金車庚寅，木車甲寅、火車丙寅，土車戊寅，水車壬寅，有雲各具其色者，賢人隱其下也。甲寅爲五侯之首，故曰太甲，如云太乙遁藏意，似謂孔子不得居公卿大夫之位，而終身遯藏也。」（景印文淵閣四庫全書九六四　臺灣商務印書館）

荀息〔一〕

涑水曰：「左氏書荀息之死，引詩『斯言之玷，不可爲也』，荀息有焉。杜元凱以爲荀息有此詩人重言之義，非也。元凱失左氏之意多矣。彼生言而死背之，是小人穿窬之行，君子所不譏也。晉公溺於嬖寵，廢長立少，荀息不能諫正，遽以死許之，是其言玷於獻公未没之先，而不可救於已没之後也。左氏之言，貶也，非褒也。」〔二〕

【注】

〔一〕原無題，據升庵經説卷七、升庵外集卷三十補。

〔二〕見司馬光傳家集卷六十五荀息論。引文有删改。「引詩」後删「白璧之玷，尚可磨也」。彼生言而死背之，作「彼生與君言而死背之」。

古今語言〔一〕

江芊罵商臣曰：「呼，役夫！」漢王怒酈生曰：「豎儒，幾敗乃公事。」單故謂楊康曰：「老奴，汝死自其分。」〔二〕樂廣曰：「誰家生得寧馨兒？」斯並當時侮嫚之詞，流俗鄙俚之談，而世人以爲上之二言不失清雅，下之兩句殊爲魯樸，何哉？周漢世遠，事已成古；魏晉年近，言猶類今。已古即謂之文，猶今乃驚其質。作者乃怯書今語，勇效昔言，不亦惑乎〔三〕！

【注】

〔一〕原無題，據升庵集卷七十二補。

〔二〕見三國志卷二十八王凌傳注引魏略：「太傅録楊康與固對相語。」楊康，萬曆本誤作「嵇康」。老奴，作「老庸」。

〔三〕見史通卷六言語。引文多有删節。晉書樂廣傳無「寧馨兒」語，劉知幾記誤。周漢世遠，作「楚漢世隔」。

蜀無史職〔一〕

陳壽云：「蜀無史職，故災祥靡聞。按黃氣見於秭歸，羣鳥墮於江水，成都言有景星出，益州言無宰相氣。若史官不能置，此事何由而書？蓋因父受髡辱，加茲謗議者也。」〔二〕「蜀志又稱王崇補東觀，許蓋掌禮儀。又郤正爲秘書郎，廣求益部書籍，斯則典校無缺，屬辭有人矣。」〔三〕又按後主景耀元年，史官奏景星見，大赦改元。壽自書之而自戾之，何耶？

【注】

〔一〕原無題，據升庵集卷四十八、升庵外集卷三十八補。

〔二〕見史通卷七曲筆。不能置，作「不置」。何由而書，作「從何而書」。父受髡辱，作「由父辱受髡」。

〔三〕見史通卷十一史官建置。

漢末史傳屈筆〔一〕

「漢末之董承、耿紀，晉初之諸葛、毌丘，齊興而有劉康、袁粲，周滅而有王謙、尉迥，斯皆破家殉國，視死猶生。而歷代諸史皆書之曰『逆』，將何以激揚名教，以勸事君者乎！古之書事也，令賊臣逆子懼；今之書事也，使忠臣義士羞，若使南、董有靈，必切齒於九泉之下矣！」〔二〕

【注】

〔一〕原無題，據升庵集卷四十八、升庵外集卷三十八補。

〔三〕見史通卷七曲筆。劉康，作「劉秉」。

太史公律書〔一〕

太史公之爲律書，其始不言律而言兵，不言兵之用而言兵之偃①，及言兵之偃，而於漢文帝尤加詳焉，可謂知制律之時，而達制律之意也。

【校】

①不言兵之用而言兵之偃　兵之偃，丹鉛餘録卷九作「其偃」。

【注】

〔一〕原無題，據升庵集卷四十七補。

徐淑〔一〕

予觀藝文類聚，見東漢婦人徐淑與夫秦嘉兩書〔二〕，又觀玉臺新詠，見其與夫詩〔三〕，皆麗則可誦。又考史通，稱其「動合禮儀，言成規矩。夫死毁形不嫁，哀痛傷生，可謂才德兼美者也」〔四〕。范曄後漢書作列女傳，乃舍淑而取蔡琰，何見哉？

【注】

〔一〕原無題，據升庵集卷四十九、升庵外集卷十四補。

〔二〕見藝文類聚卷三十二「閨情」徐淑答書，卷七十三秦嘉妻與嘉書。

〔三〕見玉臺新詠卷一徐淑答夫詩。

〔四〕見史通卷八人物。

蟹胥〔一〕

説文：「胥，蟹醢也。言其肉胥胥解也。」〔二〕字訓云：「蟹之美在足，故從足。」周禮庖人注①：「青州之蟹胥。」集韻作「蝑，音四夜切。」〔三〕

【校】

①周禮庖人注　庖，萬曆本、丹鉛餘録卷九均誤作「唐」，據四庫本、周禮改。

【注】

〔一〕原無題，據升庵外集卷二十三補。

〔二〕説文肉胥胥解，作「足胥胥然」。

〔三〕「音四夜切」後，升庵外集卷二十三尚有「淮南糟蟹，一器數十。蟹入皂筴半梃，則經歲不沙。稅英云：蟹以夜糟則不沙」。

王伯厚語〔一〕

王伯厚云：「嘉量之銘，祭侯之辭，皆極文章之妙。而梓人筍簴之制，文法奇古。蓋精於

道者，兼物物而後能制器。莊子謂梓慶削木爲鐻，鐻成，見者驚猶鬼神。以天合天，道與藝俱化，豈物物而雕之哉！」〔二〕

【注】

〔一〕原無題，據升庵集卷七十二補。

〔二〕見王應麟困學紀聞卷四。「文法奇古」後，脱「有飛動之狀」五字。而雕，作「刻雕」。

古易〔一〕

古歸藏易，今亡，惟存六十四卦名，而又闕其四，與周易不同，「需」作「溽」，「小畜」作「⿱山毒畜」①，「大畜」作「⿱大毒畜」②，「艮」作「狠」，「震」作「⿱𠩺黽」③，「升」作「稱」，「剥」作「僕」，「損」作「員」，「咸」作「諴」，「坎」作「犖」，「謙」作「兼」，「遯」作「逯」，「蠱」作「蜀」，「解」作「荔」，「无妄」作「毋亡」，「家人」作「散家人」，「渙」作「奂」。又有瞿、欽、規、夜、分五卦，岑⿱雨斫、林禍、馬徒三複名卦，不知當周易何卦也。

【校】

① 小畜作⿱山毒　⿱山毒，萬曆本作「毒蓄」，據丹鉛餘録卷九、升庵經説卷一改。

② 大畜作⿱大毒畜　⿱大毒畜，萬曆本作「毒蓄」，蓄，一作「畜」，據丹鉛餘録卷九、升庵經説卷一改。

③ 震作⿱𠩺黽　⿱𠩺黽，萬曆本作「⿱敄黽」，據升庵經説卷一、升庵外集卷二十四改。

【注】

〔一〕原無題，據升庵經説卷一、升庵外集卷二十四補。

𧹞𣞻〔一〕

字訓云：「𧹞，日出之色；𣞻，日入之色。」𧹞音忽字，見説文〔二〕。𣞻音柳，周禮「衣翣柳之材」〔三〕。注：「柳之爲言聚也。」諸飾之所聚。尚書：「分命和仲，宅西，曰柳谷。」①故書「翣柳」作「接𣞻」，鄭司農云：「接，讀爲歰；𣞻，讀柳。」柳者諸色新聚，日將没，其色兼有餘色，故云柳谷，引之以見柳有諸色。

【校】

①分命和仲宅西曰柳谷　宅西，萬曆本誤作「度西」，丹鉛餘録卷九作「宅西」，不誤。據尚書堯典改。柳谷，尚書堯典作「昧谷」。

【注】

〔一〕原無題，據升庵外集卷一補。

〔二〕説文赤部：「日出之赤也。从赤，𣪊聲。」

〔三〕見周禮天官縫人。

鬊字義〔一〕

說文：「巛象髮，謂之鬊。」〔二〕漢書五行志：「有雲，如焱風亂鬊。」〔三〕鬊，亂髮也。古文作巛，借作坤字，今文作鬊。

【注】

〔一〕原無題，據升庵外集卷十六補。

〔二〕見說文解字繫傳卷十七「首」：「巛象髮，謂之鬊。鬊即巛也。凡首之屬皆从首。臣鍇曰：禮謂亂髮爲鬊。」

〔三〕見漢書天文志。萬曆本作「五行志」，誤。引文原作「有黑雲，狀如焱風亂鬊」。焱，原書誤作「猋」，萬曆本又誤作「炎」。

冥火懸火〔一〕

文選「冥火」，夜火也；楚辭「懸火」，今之提燈也；六韜「雲火」，施於雲梯之上者。

【注】

〔一〕原無題，據升庵集卷七十二、升庵外集卷十八補。

王逸少經濟〔一〕

王逸少在東晉時，蓋温太真、蔡謨、謝安石一等人也，直以抗懷物外，不爲人役，故功名成就，無一可言。而其操履識見，議論閎卓，當世亦少其比，公卿愛其才器，頻召不就。殷淵源輔政〔三〕，勸使應命，遺之書曰：「足下出處，正與隆替對，豈可以一世之存亡，必從足下從容之適。」逸少報曰：「吾素志無廊廟，王丞相欲内，吾誓不許之，手跡猶存，由來尚矣！不於足下參政而方進退。自兒婚女嫁，便懷尚子平之志，數與親知言之，非一日也。」及殷侯將北伐，以爲必敗，貽書止之。殷敗後復謀再舉，又書曰：「以區區江左，所營綜如此，天下寒心久矣。自寇亂以來，處内外之任者，疲竭根本，各從所志，竟無一功可論，一事可紀。任其事者，豈得辭四海之責哉！若猶以前事爲未工①，故復求之於分外，宇宙雖廣，何所自容！」又與會稽王牋曰：「今雖有可欣之會，内求諸己，而所憂乃重於所欣。以區區吴越，經緯天下十分之九，不亡何待？願令諸軍皆還保淮，須根立勢舉，謀之未晚。」其識慮精深如是其至，恨不見於用耳。而爲書名所蓋，後世但以翰墨稱之，藝之爲累大哉②！

【校】

① 若猶以前事爲未工　猶，萬曆本作「由」，四庫本作「猶」，據丹鉛餘録卷九當作「猶」。

② 藝之爲累大哉　本條采自洪邁容齋四筆卷十「王逸少爲藝所累」，原作「一藝之工，爲累大矣」。

【注】

〔一〕原無題，據升庵集卷四十九、升庵外集卷四十二補。

〔二〕殷淵源輔政，淵源，升庵集卷四十九、升庵外集卷四十二作「深源」。殷浩，字淵源，唐人避諱作「深源」，又稱阿源、殷侯。

汪莊敏銘詩〔一〕

洪容齋作汪莊敏銘，詩凡八十句，真可與韓公會合聯句相敵，今録於此。其詞曰：「維天生材，萬彙傾竦。侯王將相，曾是有種。公家江東，世繹耕壟。桃谿之涘，是播是穮。孰丰厥培，蓺此珪珙。公羈未奮，逸駕思騻。沈酣春秋，蹈廸周孔。徑策名第，稍辭渫澒。横經湘沅，士敬如捧。蓬萊方丈，佩飾有琫。應龍天飛，薈蔚雲滃。千官在序，摩厲愳慫①。吾惟片言，借箸泉湧。正冠霜臺，過者忭悚。端顏殿陛，聲氣不動。顯仁東欑②，巫史呼洶。昌言一下，恩浹千家。獯鬻孔熾，邊戒毛氄。婞婜當位，左掣右壅。公去當今，沸渭混澒。天威震耀，誰不憤踊。遂遷中司③，西柄是董。出關啓旆，籌檄倥傯。業業荆襄，將懦日拱。投袂電赴，如尊乃勇。鄧唐蔡陳，馳捷系踵。佛狸歸骴④，民恃不恐。璽書賜朝，百揆摻揔。亞勛贊册，國勢尊鞏。督軍載西，寄責冞重⑤。方規許洛，事援秦隴。符離罔功，奇畫膠拳。鈞樞建使，宰席亢寵。還臨西州，夾道歡擁。有御未𢀡，病癖且尰。曾不慭遺，使我心慒。湘湖高丘，草木蔚蓊。維水容裔，維山巃嵸。矢其銘詩，詞費以宂。奈何乎公，萬禩毋聳。」〔二〕

【校】

① 摩厲愳慫　愳慫，丹鉛餘録卷九、丹鉛總録萬曆本作「從愳」，四庫本作「愳慫」，叶韻。原詩作「從臾」。

② 顯仁東欑　欑，萬曆本、四庫本作「攢」，據上杭本及原詩改。

③ 遂遷中司　遂，萬曆本、四庫本作「逐」，據丹鉛餘録卷九及原詩改。

④ 佛狸歸骴　骴，萬曆本、丹鉛餘録卷九作「骴骴」，據四庫本及原詩改。

⑤ 寄責冞重　冞，萬曆本作「深」，四庫本、丹鉛餘録卷九作「冞」，據改。

【注】

〔一〕原無題，據升庵外集卷五十二補。

〔二〕見宋洪邁容齋四筆卷四「會合聯句」。

何君閣道碑〔一〕

隸釋何君閣道碑，洪文惠跋，稱其字畫之妙云：「退筆如塚，未易窺其藩籬。」〔二〕蜀士袁夢麟作漢制叢録，亦稱之，云在雅州營經縣西①。今不知尚在否也？

【校】

① 云在雅州營經縣西　營，萬曆本作「榮」，升庵外集卷八十九注云：「按當作營。」

【注】

〔一〕原無題，據升庵外集卷八十九補。

〔二〕見洪适隸釋跋。退筆，用舊的筆，秃筆。

聾蟲〔一〕

淮南子云：「馬，聾蟲也，而可以通氣志，猶待教而成，况人乎？」〔二〕注曰：「聾蟲，喻無知也。」聾蟲之名，甚奇〔三〕！

【注】

〔一〕原無題，據升庵外集卷八十一，升庵外集卷九十七補。

〔二〕見淮南子修務訓。

〔三〕升庵外集卷九十七文末有「以蘿蔔根飼馬，馬肥」八字。容齋四筆卷六無此八字。

蟹圖〔一〕

吕亢守台州，命工作蟹圖，凡十二種：一曰蝤蛑，二曰撥棹，三曰擁劍，四曰蟚蜞，五曰竭朴，六曰沙狗，七曰望潮，八曰倚望，九曰石蜠，十曰蚖江，十一曰蘆虎，十二曰彭蜞。又有曰黄甲①、黿鼉、蟳蠘，在海中黿鼉島之東，此可補蟹譜之遺。然蟹譜亦甚略，首不引汲冢書「海陽巨蟹，其殼專車」，何邪？〔二〕

【校】

① 又有曰黄甲　曰，萬曆本脱，據丹鉛餘録卷九補。

【注】

〔一〕原無題，據升庵集卷八十一、升庵外集卷九十五補。容齋四筆卷六作「臨海蟹圖」。

〔二〕臨漁蟹圖原文較長，引文僅列蟹名。撥棹，作「撥棹子」。蟚蜞，作「蟚蜞」。望潮，作「招潮」。蚖江，作「蜂江」。

兵法〔一〕

尹子環龜脱兔之法，謂兵法也。孫武子：「敵人開户，後如脱兔，敵不及拒。」〔二〕環龜出司馬用衆篇，云：「歷沛歷圮，兼舍環龜。」〔三〕謂環陣如龜也。

【注】

〔一〕原無題，據升庵外集卷十一補。

〔二〕見孫子九地：「始如處女，敵人開户；後如脱兔，敵不及拒。」

〔三〕見司馬法下用衆篇。圮，作「圯」。

丹鉛總録卷之二十四

瑑語類

貝轂塢宫〔一〕

嚴助相貝經曰：「堯懸貝轂於塢宫。」〔二〕貝轂，以貝飾轂也。塢宫，他書亦未見。

【注】

〔一〕本卷多録自丹鉛餘録卷十，原無目。此條據升庵外集卷二十二補。

〔二〕見初學記卷二十四「宫」：「嚴助相貝經曰：堯懸貝轂於塢宫。」

雲府〔一〕

唐詩多用雲府，字出庾肅之山讚〔二〕，所謂雲霞之府也。

【注】

〔一〕據升庵集卷五十八、升庵外集卷四補。

〔二〕見藝文類聚卷七晉庾肅山贊：「崑閬天竦，五嶽雲停。飛峰紫蔚，辰秀太清。」

天帚〔一〕

盛弘之荆州記：「天門山角上各生一竹〔二〕，倒垂拂拭，謂之天帚。」

【注】

〔一〕原無題，條目補擬。

〔二〕盛弘之荆州記作「（石門山）門角上各生一竹，倒垂下拂，謂之天帚」。天門山，作「嵩梁山」，後改曰「石門山」。

琬液瓊蘇〔一〕

琬液、瓊蘇，皆古酒名，見醉鄉日月。

【注】

〔一〕據升庵外集卷二十三補。

複裙詩〔一〕

陳蕭驎詠複裙詩〔二〕：「皛皛金沙淨①，離離寶縫分。纖腰非學楚，寬帶爲思君。」〔三〕

【校】

① 皛皛金沙浄　皛皛，丹鉛餘録卷十作「晶晶」，升庵詩話卷三、升庵集卷五十八均作「皛皛」。皛皛，明潔貌。

【注】

〔一〕據升庵詩話卷三、升庵集卷五十八補。

〔二〕見玉臺新詠卷十蕭驎詠袙複。驎，誤作「鄰」。袙複，誤作「複裙」。

〔三〕見玉臺新詠卷十。皛皛金沙，作「的的金弦」。寶縫，作「寶襵」。

郭象注莊子〔一〕

昔人謂郭象注莊子，乃莊子注郭象耳。蓋其襟懷筆力略不相下。今觀其注，時出俊語，與鄭玄之注檀弓，亦同而異也。洪容齋嘗録檀弓注之奇者於隨筆〔二〕，予愛郭注之奇，亦復録於此。如逍遥篇注云：「大鵬之與斥鴳，宰官之與御風，同爲累物耳。」養生主注云：「向息非今息，故納養而命續；前火非後火，故爲薪而火傳。」又：「以生死爲寤寐，以形骸爲逆旅。」又云：「多賢不可以多君，無賢不可以無君。」又云：「通彼而不喪我，即所謂惠而不費也。」又云：「天性在，天竇乃開。」又云：「堯有亢龍之喻，舜有卷僂之談。周公類之走狼，仲尼比之逸狗。」又云：「律呂以聲兼形，玄黄以色兼質。」又云：「生之所無以爲者，分外物也；知之所無奈何者，命表事也。」此語尤精，可比於荀孟。又云①：「草不謝榮於春風，木不怨凋於秋天。」李太白用爲詩語〔三〕，而人不知其本於子玄也②。

【校】

①「又云」後，升庵外集卷四十六尚有四句：「暖焉若春陽之自和，故澤榮者不謝；凄乎若秋霜之自降，故凋落不怨。」

②而人不知其本於子玄也　本於子玄也，升庵集卷四十六作「本於象云耳」。「本於子玄也」後，升庵外集卷四十六尚有一節：「又云：『舍之悲者，操之不能不慄。』又云：『寄去不樂者，寄來則荒矣。』蘇東坡用其意爲詩曰：『君看厭事人，無事乃更悲。』晉人語本自拔俗，況子玄之韻致乎，宜爲李、蘇之欣賞也。」疑爲焦竑所補。

【注】

〔一〕據升庵集卷四十六、升庵外集卷四十六補。本書卷三「郭象注莊子」，可參看。

〔二〕見容齋三筆卷十四「檀弓注文」。

〔三〕見李太白集卷三日出入行。怨凋，作「怨落」。王應麟困學紀聞卷十：「郭象注曰：『聖人之在天下，煖然若春陽之自和，故蒙澤者不謝；凄乎若秋霜之自降，故凋落者不怨。』大宗師李太白云:『草不謝榮於春風,木不怨落於秋天。』其語本此。」

嚴君平注老子〔一〕

嚴君平注老子,其文奇,世多未見。如云:「肝膽爲胡越,眉目爲齊楚。」又云:「生不枉神,死不幽志。」又云:「天地億萬而道王之,衆靈赫赫而天王之,倮者穴處而聖人王之①,羽者翔虛而神鳳王之,毛者蹠實而麒麟王之,鱗者水居而神龍王之,介者澤處而靈龜王之,百川並流而江海王之。」〔二〕又云:「言爲禍匠,默爲害工。進爲妖式,退爲蔓容②。」〔三〕嘗鼎一臠,可知其味也。

【校】

① 倮者穴處而聖人王之 者,萬曆本作「有」,據丹鉛餘録卷十改。

② 退爲蔓容 蔓,萬曆本作「蘖」,丹鉛餘録卷十、升庵集卷四十六、升庵外集卷四十六作「孽」,據改。

【注】

〔一〕據升庵集卷四十六、升庵外集卷四十六補。

〔二〕見漢嚴遵道德指歸論卷二不出户篇、卷四含德之厚篇、卷五江海篇。

〔三〕今本道德經指歸論,未見。

宋人四六〔一〕

宋人四六，如：「才非一鶚，難居累百之先；智異衆狙①，遂起朝三之怒。」〔二〕水利云：「刻石立作三犀牛，重見離堆之利；復陂誰云兩黄鵠，詎煩鴻隙之謡。」〔三〕四六中古文也。

【校】

①智異衆狙 狙，萬曆本作「徂」，據丹鉛餘録卷十改。

【注】

〔一〕據升庵集卷六十五、升庵外集卷五十六補。

〔二〕見吕本中紫微詩話：「前輩有士人登科作太原職官，能文輕脱，嘲侮同官，爲衆所怨。太原帥戒之，因作啓謝云：『才非一鶚，難居累百之先，智異衆狙，遂起朝三之怒。』」

〔三〕見洪邁容齋三筆卷八「吾家四六」：「吴璘在興元，修塞兩縣決壞渠爲田，獎諭詔曰：『刻石立作三犀牛，重見離堆之利；復陂誰云兩黄鵠，詎煩鴻却之謡。』用老杜石犀行云『秦時蜀太守，刻石立作三犀牛』，及翟方進壞鴻却陂，童謡云：『反乎覆，陂當復，誰云者？兩黄鵠』等語也。」

韓詩外傳〔一〕

韓詩外傳載：孔子南入楚，見阿谷之女，而令子貢與之言。容齋已辨其妄〔二〕。予觀孔叢子載，平原君問子高曰：「子之先君南遊乎阿谷，而交辭於漂女，信有之乎？」子高曰：「阿谷之言出於近世，殆是假其類以行其心之所爲也。」〔三〕又觀王逸楚辭、東方朔七諫云：「路室女之方桑兮，孔父取以自侍。」注謂：「孔子出遊，見采桑之女，一心不視，嘉其貞信，遂取以自侍。」〔四〕亦此類矣，其妄皆不待辨。

【注】

〔一〕據升庵外集卷四十九補。

〔二〕見洪邁容齋續筆卷八「韓嬰詩」：「觀此章乃謂孔子見處女，而教子貢以微詞三挑之，以是説詩，可乎？其謬戾甚矣。」

〔三〕見孔叢子卷十三「儒服」。

〔四〕見楚辭章句東方朔七諫沈江。遂取以自侍，原注作「喜其貞信，故以自侍」。

二變聲〔一〕

樂律：五音之外，有二變聲，曰變宮、變徵〔二〕。史又謂閏宮、閏徵，閏即變也。〔三〕

【注】

〔一〕據升庵外集卷二十一補。

〔三〕見宋史卷一三一樂志。

〔三〕「閏即變也」後，升庵外集卷二十一尚有一節：「然宫、徵有變，而商、角、羽無變者何也？蓋臣有常識，民有常業，物有常形，此所以無變也。君總萬務，不可執以一方；事通萬變，不可滯於一隅，此所以有變也。」

六蝎五蠹〔一〕

晉庾峻曰：「秦塞斯路，利出一官。雖有處士之名，而無爵列於朝者，商君謂之六蝎，韓非謂五蠹。」〔二〕

【注】

〔一〕據升庵集卷七十二補。本書卷二十二已見。

〔二〕見晉書庾峻傳。

蘇公讀書法〔一〕

嘗有人問於蘇文忠公曰：「公之博洽，可學乎？」曰：「可。吾嘗讀漢書矣，蓋數過而始盡之，如治道、人物、地里、官制、兵法、貨財之類，每一過專求一事，不待數過而事事精覈矣。參伍錯綜，八面受敵，沛然應之而莫禦焉。」此言也，虞邵庵常舉以教人，誠讀書之良法也〔三〕。

【注】

〔一〕據升庵集卷七十二、升庵外集卷六十補。

〔三〕虞邵庵，元學者虞集，字伯生，人稱邵庵先生，此其杜詩纂例序中語。

香阜〔一〕

佛寺曰香界，亦曰香阜。江總詩：「息舟候香阜，悵別在寒林。」〔二〕高適詩：「香界泯羣有。」〔三〕

【注】

〔一〕據升庵外集卷九補。

〔二〕此爲江總經始興廣果寺題愷法師山房詩中句，見全陳詩。

〔三〕此爲高適同諸公登慈恩寺浮圖詩首句，見全唐詩卷二一二。

元馬河〔一〕

常璩華陽國志：「會無縣有元馬河。元馬日行千里，死於此地，遂埋焉，今元馬塚是也。

縣有元馬祠，土人牧馬山下，或産駿駒，元馬子也。」〔二〕今名元謀，土語謂馬爲謀。

【注】

〔一〕據升庵外集卷九十七補。

〔二〕見華陽國志卷三「會無縣」：「有天馬河，馬日千里，後死於蜀，葬江原小亭，今天馬塚是也。縣有天馬祠，初，民家馬牧山下，或産駿駒，云天馬子也。」是爲「天馬」，而非「元馬」，疑係升庵因「元謀」而改。

敖器之評詩〔一〕

敖陶孫器之評詩曰：「魏武帝如幽燕老將，氣韻沈雄。曹子建如三河少年，風流自賞。鮑明遠如飢鷹獨出，奇矯無前。謝康樂如東海揚帆，風日流麗。陶彭澤如絳雲在霄，舒卷自如。王右丞如秋水芙蓉，倚風自笑。韋蘇州如園客獨繭，暗合音徽。孟浩然如洞庭始波，木葉微落①。杜牧之如銅丸走坂，駿馬注坡。白樂天如山東父老課農桑，事事言言皆著實。元微之如李龜年説天寶遺事，貌悴而神不傷。劉夢得如鏤冰雕瓊，流光自照。李太白如劉安鷄犬，遺響白雲，覈其歸存，恍無定處。韓退之如囊沙背水，惟韓信獨能。李長吉如武帝食露盤，無補多欲。孟東野如埋泉斷劍，卧壑寒松。張籍如優工行鄉飲，醻獻秩如，時有詼氣。柳子厚如高秋獨眺，霽晚孤吹。李義山如百寶流蘇，千絲鐵網，綺密瓌妍②，要非適用。宋朝蘇東坡如屈注天潢，倒連滄海，變眩百怪，終歸雄渾。歐公如四瑚八璉，正可施之宗廟。荆公如鄧艾縋兵入蜀，要以險絶爲功。山谷如陶弘景入官③，析理談玄，而松風之夢故在。梅聖俞如關河放溜，瞬息無聲。秦少游如時女步春，終傷婉弱。陳後山如九臯獨唳，深林孤芳，沖寂自妍，不求識賞。韓子蒼如梨園按樂，排比得倫。吕居仁如散聖安禪，自能奇逸。其他作者，未易殫陳。獨唐杜工部如周公制作，後世莫能擬議。」〔二〕

【校】

①木葉微落　落，四庫本作「脱」。此語出謝莊月賦：「洞庭始波，木葉微脱。」

②綺密瓌妍　瓌，萬曆本誤作「懷」，升庵集卷五十四、升庵外集卷七十改作「瓌」。據宋趙與時賓退録卷二當作「瓌」。

③山谷如陶弘景入官　官，當作「宫」。見詩人玉屑卷二「臞翁詩評」：「山谷如陶弘景祇詔入宫。」

【注】

〔一〕據升庵集卷五十四、升庵外集卷七十補。升庵詩話作「孫器之評詩」。王鳴盛蛾術篇卷六十「敖陶孫」條云：「敖陶孫，字器之，崑山人。宋光宗，紹興五年進士，……著詩評，皆爲設喻之詞，王元美多傚之。近沈歸愚割敖陶爲地名，誤以爲姓孫，稱爲孫器之。」升庵詩話已誤之在前矣。

〔三〕見宋趙與時賓退録卷二。秋水芙蓉，作「秋水芙蕖」。暗合，作「時合」。事事言言，無「事事」。正可施之宗廟，正，作「止」。陳後山，作「後山」。文字微有不同。

黄棘〔一〕

薛符溪云：「楚辭悲回風云：『借光景以往來兮，施黄棘之枉策。』蓋秦楚嘗盟於黄棘，後懷王再會武關遂被執。是黄棘之盟，楚禍所始。朱子以黄塵荆棘解之，謬矣！」

【注】

〔一〕據升庵集卷五十三、升庵外集卷六十六補。

上陵磨劍〔一〕

漢武帝崩後忽見形，謂陵令薛平曰：「我雖失勢，猶爲汝君，奈何令吏卒上吾陵磨劍乎？」因不見，乃遣吏按陵旁，果有方石，可以爲礪，吏卒常盜磨刀劍。霍光欲斬之，張安世曰：「神道茫昧，不宜爲法。」故阮公詠懷詩曰：「失勢在須臾，帶劍上吾丘。」〔二〕漢武故事。

【注】

〔一〕據升庵集卷七十補。

〔二〕見水經注卷十九「渭水」引漢武帝故事，文字有删改。阮公詠懷詩，見阮籍詠懷詩六十六。

古今賦麗則不同〔一〕

抱朴子曰：「古詩今賦，麗則不同〔二〕。俱論宫室，而奚斯路寢之頌〔三〕，何如王生之賦靈光乎〔四〕？同説游獵，而叔田、盧令之詩，何如相如之言上林乎〔五〕？並美祭祀，而清廟、雲漢之辭，何如郭璞南郊之艷乎〔六〕？等稱征伐，而出車、六月，何如陳琳武庫之壯乎〔七〕？」

【注】

〔一〕據升庵集卷五十三、升庵外集卷六十六補。

〔二〕見抱朴子外篇卷三十「鈞世」作「今詩與古詩俱有義理，而盈於差美」。

〔三〕詩魯頌閟宫第九章有「路寢孔碩」、「奚斯所作」之語。

〔四〕指漢王延壽魯靈光殿賦。

〔五〕言詩鄭風叔于田、齊風盧令與司馬相如上林賦。

〔六〕言詩周頌清廟、詩大雅雲漢與郭璞南郊賦。

〔七〕出車六月，作「出車、六月之作」。言詩小雅出車、六月與陳琳武庫賦。

周禮注〔一〕

干寶周禮注曰：「言司者總其領，司會之屬。言師者訓其徒，甸師之屬。言職者主其業，職内之屬。言衡者平其政，虞衡之屬。言掌者主其事，掌舍之屬①。言氏者世其官，師氏之屬。言人者終其身，庖人之屬。不氏不人，權其材也。宫正、膳夫、内外饔飧之屬。」

【校】

① 掌舍之屬 舍，萬曆本作「合」，丹鉛餘録卷十、四庫本作「舍」，據改。

【注】

〔一〕據升庵集卷四十四、升庵外集卷十補。

副貳〔一〕

魏何昌曰〔二〕：「先王制法，建官授任，則置副佐；陳師命將，則立監貳；宣命遣使，則設介副。當難則權足相濟，隕缺則才足相代。韓信伐趙，張耳爲貳；馬援討越，劉隆副車。」〔三〕

【注】

〔一〕據升庵集卷七十二、升庵外集卷十補。

〔二〕何昌，據晉書何曾傳，當作「何曾」。

〔三〕見晉書何曾傳。文字有較大删改。當難，原作「在險當難」；隕缺，原作「隕缺不豫」等。

中興戰功不紀武穆〔一〕

宋乾道二年，定中興十三處戰功〔二〕：張俊明州，吴玠和尚原、饒風嶺、殺金平〔三〕，韓世忠大儀，劉錡順昌，張子蓋海州，李寶海道，邵宏淵正月浦橋〔四〕，虞允文采石，李道光化次湖，劉錡皂角林，王宣汲靖確山，凡十三，而不及岳武穆。蓋秦檜之黨猶存，掩之也。

【注】

〔一〕據升庵外集卷四十五補。

〔二〕見李心傳建炎以來朝野雜記卷十九「十三處戰功」。李寶海道，海道，當作「唐島」。

〔三〕見宋史吴玠傳。殺金平，位於「仙人關右」。作「殺金坪」。

〔四〕正月浦橋，作「胥浦橋」。正月，當爲「胥」字誤。

蘆笙〔一〕

宋乾德中，牂牁入貢，召見詢問地理風俗①，令作本國歌舞。一人吹瓢笙，名曰水曲，即今蘆笙也。予在大理見之，嘗作蘆笙吟五解，其辭云：「蘆笙吟，蘆笙吟，可憐一寸匏，能括四海音。」一徹「蘆笙吟，蘆笙吟，可憐一節蘆，能通四海心。」二徹「昔我聞蘆笙，乃在盤江河，河邊跳月歌，令人玄鬒皤②。」三徹「今我聞蘆笙，乃在開南橋③，短歌和長謡，從夕至清朝。」四徹「悲亦不在聲，歡亦不在聲，昔聲與今聲，不是兩蘆笙。」五徹

【校】

① 召見詢問地理風俗　丹鉛餘録卷十無此句，只作「上令作本國歌舞」。

② 令人玄鬒皤　鬒，丹鉛餘録卷十、丹鉛摘録卷四作「髩」，丹鉛總録萬曆本、四庫本，升庵遺集卷一蘆笙吟作「鬒」。

③ 乃在開南橋　開，丹鉛餘録卷十作「間」，升庵集卷四十四作「關」，蘆笙吟原作「關」。

【注】

〔一〕據升庵集卷四十四補。

堅瑕〔一〕

管子曰：「攻堅則軔，乘瑕則神。」〔二〕唐憲宗欲平藩鎮，張弘靖以爲先淮蔡而後恒冀；周世宗欲平天下，王朴以爲先江南而後河東。劉季裴曰：「自古守淮，莫難於謝玄，又莫難於楊行密。謝玄以八千人當苻堅九十萬之衆；清口之役，楊行密以三萬人當朱全忠八州之師，衆寡殊絶，而卒以勝者，扼淮以拒敵，而不延敵以入淮也。」〔三〕

【注】

〔一〕據升庵集卷四十六、升庵外集卷四十八補。「劉季裴曰」至「而不延敵以入淮也」一節，升庵集卷七十二，題作「守淮」。

〔二〕見管子制分篇。

〔三〕劉季裴語，見王應麟通鑑地理通釋卷十二。

字體相易〔一〕

六書合體爲字，上下左右可以相易。如「秋」之與「秌」，「⿱酉州」之與「酬」，相易而音義同。惟重「朿」爲「棗」，並「朿」爲「棘」，「日」乘「干」爲「旱」，「干」從「日」爲「旰」，此則不可易，又不知何說也。

【注】

〔一〕據升庵集卷六十四、升庵外集卷九十補。

八卦之象〔一〕

抱朴子曰：「八卦生鷹隼之所被，六甲出靈龜之所負。」〔二〕說者謂鷹隼之羽文亦有八卦之象，未驗，無以知其然否也。

【注】

〔一〕原無目，條目補擬。

〔二〕見抱朴子外篇尚博。外篇文行亦作「八卦生乎鷹隼之飛，六甲出於靈龜之負」。

火禁〔一〕

後漢禮儀志：「清明，騎士傳火。」〔二〕唐詩：「日暮漢宮傳臘燭。」〔三〕又：「魚鑰清晨散九門，天街一騎走紅塵。」〔四〕則其制古矣。廢之當自胡元入主中國時也。

【注】

〔一〕據升庵集卷七十二、升庵外集卷五十一補。本書卷三有「寒食火禁」，可參看。

〔二〕後漢書禮儀志：「先臘一日大儺，謂之逐疫。持炬火送疫出端門，門外騶騎傳炬出宮，司馬闕門，門外五營騎士傳火，棄雒水中。」

〔三〕此爲韓翃寒食詩中句，見全唐詩卷二四五。

〔四〕此爲歐陽修清明賜新火詩中句，見歐陽文忠集卷十三。

撫塵〔一〕

北堂書鈔載東方朔與公孫弘書云：「同類之遊，不以遠近爲故。」「士大夫相知，何必以撫麈而遊，垂髪齊年，偃伏以日數哉。」〔三〕撫麈，謂童子之戲，若佛書所謂聚沙也。

【注】

〔一〕據升庵集卷七十二，升庵外集卷六十三補。

〔三〕見初學記卷十八「交友」。士大夫，與公孫弘書作「大丈夫」。

翻著襪法〔一〕

「知梵志翻著襪法，則可以作文；知九方皋相馬法，則可以觀人文章。」〔二〕

【注】

〔一〕據升庵集卷七十二、升庵外集卷五十二補。

〔二〕見陳善捫蝨新話卷五「觀人文章」：「文章雖工，而觀人文章亦自難識。知梵志翻著襪法，則可以行文；知九方皋相馬法，則可以觀人文章。」

吹臺〔一〕

吹臺即繁臺，本師曠吹臺，梁孝王增築。班史稱平臺，唐稱吹臺。又因謝惠連嘗爲雪賦，又名雪臺。

【注】

〔一〕據升庵集卷七十二、升庵外集卷八補。

渾脱舞〔一〕

唐宋務光諫疏曰：「比見坊邑，相率爲渾脱隊，駿馬胡服，名曰蘇莫遮。」〔二〕渾脱隊，即所謂公孫大娘渾脱舞也。蘇莫遮，胡帽①，今曲名有之。

【校】

①蘇幕遮胡帽　胡帽，丹鉛餘録卷十無「胡」字，作「帽制」。慧琳一切經音義四一大乘理趣六波羅蜜經作「蘇幕遮帽」。新唐書卷一一八宋務光傳附吕元泰傳作「相率爲渾脱隊、駿馬胡服，名曰蘇幕遮」。蘇幕遮，西域一種婦人帽。

【注】

〔一〕據升庵集卷七十二、升庵外集卷三十一補。本書卷七有「菩薩蠻蘇幕遮」，可參看。

〔二〕此爲吕元泰上書言時政疏中語，見新唐書卷一一八。升庵作「宋務光諫疏」，誤。

勾欄〔一〕

段國沙州記：「吐谷渾於河上作橋，謂之河厲，長一百五十步，勾欄甚嚴飾。」〔二〕勾欄之名始見此。王建宫詞：「風簾水殿壓芙蓉，四面勾欄在水中。」〔三〕李義山詩：「簾輕幕重金勾欄。」〔四〕李長吉詩：「蟪蛄弔月鈎欄下。」〔五〕字又作「鈎」。宋世以來，名教坊曰勾欄。

【注】

〔一〕據升庵集卷五十八、升庵外集卷二十一補。

〔二〕見水經注卷二「河水」，「百五十步」下删三十四字。

〔三〕此爲王建宫詞一百首之五十八，見全唐詩卷三〇二。水殿，作「水閣」。勾欄，作「鉤欄」。

〔四〕此爲李義山河内詩二首中句，見李商隱詩集卷下。

〔五〕此爲李賀宫娃歌詩中句，見李賀詩歌集卷二。蟪蛄，作「啼蛄」。

側寒〔一〕

唐詩：「春寒側側掩重門」〔二〕，王介甫：「側側輕寒翦翦風」〔三〕，許奕小詞：「玉樓十二春寒側」〔四〕，吕聖求詞：「寒側斜雨」〔五〕。「側寒」字，詞人相承用之，不知所出。大意側不正也。「側寒」字甚新，特拈出之。

【注】

〔一〕據升庵詩話卷五、升庵集卷五十八補。升庵詞品卷一「側寒」條，較本條詳。

〔二〕此爲元趙孟頫絶句詩中句，見松雪齋集卷五。側側，作「惻惻」。升庵作「唐詩」，誤。

〔三〕此爲唐韓偓寒食夜詩中句，見全唐詩卷六八三。側側，作「惻惻」。升庵作王介甫詩，誤。升庵詞品卷一不誤，作「韓偓詩」。

〔四〕楊慎詞林萬選卷二選杜安世玉樓春詞，首句爲「玉樓十二春寒側」，陳耀文編花草粹編卷十一選王武子木蘭花詞，首句爲「紅樓十二闌干側」，下與杜安世玉樓春同。詞綜、全宋詞據花草粹編皆斷爲王武子作。王武子，一作「王子武」。升庵云「許奕詞」，待考。

〔五〕此爲吕渭老望海潮詞首句。吕渭老，一作濱老，字聖求，有聖求詞。寒側，作「側寒」。

魏鶴山語〔一〕

魏鶴山云：「吾鄉觀物張先生行成文饒，頗得易數之詳，有通變、經世、述衍、翼玄、通靈等，凡七書。而大意謂：理者太虚之實義，數者太虚之定分。未形之初，因理而有數，因數而有象；既形之後，因象以推數，因數以知理。今不可論理而遺數也。」〔二〕其書惜不傳，而世亦罕知其人矣。

【注】

〔一〕據升庵經説卷一、升庵集卷四十六補。

〔二〕見魏了翁鶴山集卷三十四答荆門張僉判。吾鄉觀物張先生行成文饒，作「吾鄉觀物先生張行成文饒」。

海賦〔一〕

文選載木玄虚海賦〔二〕，似非全文。南史稱張融海賦勝玄虚，惜今不傳。北堂書鈔載其略，如：「湍轉則日月似驚，浪動則星河如覆。」〔三〕信爲奇也。

【注】

〔一〕據升庵集卷五十三、升庵外集卷六十六補。

〔二〕木虚賦，見文選卷十二、藝文類聚卷八「水部上」。

〔三〕張融海賦，見南齊書卷四十一張融傳。賦末云：「融文辭詭激，獨與衆異。後還京師，以示鎮國將軍顧覬之，覬之曰：『卿此賦實超玄虚。』」

月令〔一〕

吕不韋月令自「東風解凍」至「水澤腹堅」①，後魏始入曆爲七十二候，其所載與夏小正、淮南時則訓、管子與汲冢書互有出入。朱文公作儀禮經傳通解②備引之。予又見王冰注素問，亦引吕令七十二候，與今世行吕氏春秋及曆中所載不同。如「桃始華」爲「小桃華」，「雷乃發聲」下有「芍藥榮」，「田鼠化爲鴽」下有「牡丹華」，「王瓜生」作「赤箭生」，「苦菜秀」作「吴葵華」，「麥秋至」作「小暑至」，「半夏生」下有「木槿榮」，「蟄蟲坯户」③下有「景天華」。惟易通卦驗亦載節候，而其書今亡，類書所引，若「條風至而楊柳津，景風至而博勞鳴，蝦蟇無聲，涼風至而鶴鳴，閶闔風至而蜻蛚吟。」「日至而泉躍」，泉躍即水泉動也，可考古今節候之異，因備録於此。

【校】

① 水澤腹堅　腹，萬曆本誤作「復」，據四庫本、升庵經説卷九改。

② 朱文公作儀禮經傳通解　通，萬曆本、升庵經説均脱，據四庫本補。

③ 蟄蟲坯户　坯，升庵外集作「坏」。禮記月令：孟秋之月，「修宫室，坏牆垣，補城郭。」坯，同坏，用泥填補坍缺。

【注】

〔一〕據升庵經説卷九、升庵集卷四十四補。

天綱〔一〕

漢書：「玉衡杓建，天之綱也；日月初躔，星之紀也。」〔二〕今名北斗爲天綱，本此。予嘗與客夜坐，客指北斗曰：「此天綱星，非北斗也。」予因笑曰：「昔人謂文選只有班孟堅文，無班固文，觀子之言，信矣。」其人亦不悟。

【注】

〔一〕據升庵集卷七十四、升庵外集卷一補。

〔二〕見漢書律曆志上。

治水〔一〕

宋太祖曰：「夏后治水，但言導河至海，隨山濬川，未聞力制湍流①，廣營高岸。自戰國專利，堙塞故道，以小妨大②以私害公，九河之制遂隳，歷代之患弗弭。」〔二〕神宗曰：「後世以事治水，故常有礙；以道治水，無違其性可也。如能順水所向，遷徙城邑以避之，復有何患？雖禹復生，不過如此。」〔三〕歐陽修曰：「開河如放火。」又曰：「避高就下，水之本性。河流已棄之道，自古難復。」〔四〕文彦博曰：「河不出於東，則出於西，利害一也。今發夫修治，徙東從西，何利之有？」〔五〕自古治河之説多矣！若宋二帝之見，二臣之言，可爲百世法。

【校】

①未聞力制湍流，湍流，丹鉛餘録卷十、丹鉛摘録卷九作「湍江」。

②以小妨大　妨，丹鉛餘録卷十、丹鉛總録作「防」，升庵集卷七十七、升庵外集卷六作「妨」。據宋史河渠志「黄河上」宋太祖詔當作「妨」。

【注】

〔一〕據升庵集卷七十七，升庵外集卷七十七補。

〔二〕見宋史河渠志一。夏后治水，作「夏后所載」。

〔三〕見宋史河渠志二。「故有常礙」後原有「夫水之趨下，乃其性也」。禹，作「神禹」。

〔四〕見宋史河渠志一。

〔五〕見宋史河渠志五。

俞文豹論諸葛〔一〕

輟耕録載俞豹論諸葛孔明忠於玄德〔二〕，而非忠於漢獻，以漢獻尚在，而玄德之立爲不當也〔三〕。此説謬矣！習鑿齒曰：「惠公朝秦，而子圉以立；更始猶存，而光武舉號。先主合議討賊，是宜速尊以奉大統，民欣反正，出覩舊物，可謂識時之卓見。」豹蓋亦未嘗見此論也，寡陋不學如此，不自知而輕議大君子，真可惡也。陶九成取之，亦輕薄子哉！

【注】

〔一〕據升庵集卷七十一、升庵外集卷四十一補。

〔二〕俞豹，當爲「俞文豹」。輟耕録卷二十五引「俞文豹吹劍録」。

〔三〕見元陶宗儀南村輟耕録卷二十五「論秦蜀」：「文豹曰：古今論孔明者，莫不以忠義許之，然余兄文龍嘗考其顛末，以爲孔明之才，謂之識時務則可，謂之明大義則未也；謂之忠於劉備則可，謂之忠於漢室則未也。」升庵外集卷四十二「俞豹論諸葛」條末胡應麟注曰：「俞文豹吹劍録乃其兄文龍所作。」

諸葛恪語〔一〕

諸葛恪與陸遜書曰：「以道望人則難，以人望人則易。」〔二〕張子厚云「以衆人望人則易從」〔三〕，其言本此。

【注】

〔一〕據升庵集卷七十五補。

〔二〕見三國志卷六十四諸葛恪傳。

〔三〕見張載張子全書大心篇。

何點〔一〕

南史：「何點不入城府，而性率到，好狎人物」，「時人重其通，號曰游俠處士。」然觀「豫章王嶷命駕造點，點從後門遁去。竟陵王子良曰：『豫章王尚望塵不及，吾當望岫息心。』」〔三〕則亦甚介矣。

【注】

〔一〕據升庵集卷七十一補。

〔二〕見南史卷三十何尚之傳附何點傳。文字有删節。

張耀華〔一〕

何恢有妓張耀華，美而有寵，阮佃夫頻求之，恢曰：「恢可得，此人不可得也。」佃夫曰：「惜指失掌邪？」遂諷有司以公事彈恢〔二〕，此亦與緑珠事相類。

【注】

〔一〕據升庵集卷七十一補。

〔二〕見南史卷七十七阮佃夫傳。

避賢〔一〕

杜詩「銜杯樂聖稱避賢」〔二〕，用李適之「避賢初罷相，樂聖且銜杯」〔三〕句也。今本作「世賢」，非〔四〕。「更取楸花媚遠天」〔五〕，今本作「椒花」，非〔六〕。椒花色緑，與葉無辨，不可言媚。

【注】

〔一〕據升庵詩話卷八、升庵集卷五十八補。

〔二〕此爲杜甫飲中八仙歌詩中句，見杜少陵集卷二。

〔三〕見全唐詩卷一〇九李適之罷相作。

〔四〕見吴曾能改齋漫録卷三「銜杯樂聖稱世賢」條、洪邁容齋三筆卷六「杜詩誤字」條。

〔五〕此爲杜甫十二月一日三首詩中句，見杜少陵集卷十四。

〔六〕見胡仔苕溪漁隱叢話前集卷七「杜少陵二」、葛立方韻語陽秋卷十七「楸花」條。

棗棘象形〔一〕

説文：「重朿爲棗，並朿爲棘。」洪邁曰：「棘與棗類。棘之字，兩朿相並；棗之字，兩朿相承。」〔二〕沈括曰：「棗棘皆有刺，棗獨生，高而少横枝；棘列生，卑而成林①，以此爲别。其文皆從朿，朿，音刺，木芒刺也。朿而相戴，立生者，棗也；朿而相比，横生者，棘也，不識二物，觀文可辨。」〔三〕古人制字之妙義如此。孔子曰：「牛羊之字，以形舉也。」又曰：「視犬之字，如畫狗也。」棗棘二字，亦何異於畫二木哉！

【校】

①卑而成林　卑，萬曆本誤作「畢」，丹鉛餘録卷十作「卑」，夢溪筆談卷十五「藝文」原作「卑」。

【注】

〔一〕據升庵集卷六十四、升庵外集卷九十補。

〔二〕見洪邁容齋五筆卷四「棘寺棘卿」。棘與棗類，作「棘於棗同」。

〔三〕見沈括夢溪筆談卷十五「藝文二」。

潭帖〔一〕

東坡跋譚帖云：「希白作字，自有江左風味，故長沙法帖比淳化爲勝，世俗不察，爭訪閣本，誤矣。」〔二〕乃知潭帖勝淳化多矣。希白，錢易也〔三〕。

【注】

〔一〕據升庵書品補。

〔二〕見東坡題跋卷四跋希白書。比淳化爲勝，作「比淳化待詔所纂爲勝」。爭訪，作「爭購」。

〔三〕此希白乃潭州僧，字寶月，號慧明大師，擅書法，有東晉人風度。宋仁宗慶曆中以淳化閣帖模刻於潭之郡齋，故名潭帖。明王世貞藝苑評云：「按希白，潭州僧希白耳。書家謂有筆意而多直率，無縈迴縹緲之勢。楊慎以希白爲錢易，其孟浪殊可笑也。」

笛篴〔一〕

「馬融笛賦云：『裁以當篴便易持。』李善注謂：『篴，馬策也，裁笛以當馬篴，故便易持。』此謬說也。笛安可爲馬策？篴，管也，古人謂樂之管爲篴。故潘岳笙賦云：『修篴內闢，餘簫外透。』裁以當篴者，餘器多裁衆篴以成音，此笛但裁一篴，五音皆具。當篴之工，不假繁猥，所以便而易持也。」〔二〕此可正選注之失，故宜表出之。

【注】

〔一〕據升庵外集卷二十一補。

〔二〕見夢溪筆談卷五「樂律一」。馬融笛賦，文選作長笛賦。故便易持，李善注作「故便而易持也」。餘簫外透，原作「餘簫外透」。裁一篴，萬曆本作「裁以篴」。當篴之工，萬曆本誤作「當篴工」。

【辨】此則出夢溪筆談卷五樂律一。宋姚寬駁之曰：「據說文：篴、撾，並音張瓜反，箠也，不聞以篴爲樂管。潘岳笙賦乃用『檛』字，云：『修檛內闢。』注云：『修長檛大闢開也。』自與『篴』字不同。言羌人裁之以當馬策，言易執持而復可吹也。牽强爲說，殊無義理。」（見姚寬西溪叢語卷下　中華書局）

明胡應麟復駁姚説云：「此沈存中説也，用修引之失言所自出耳。中頗誤數字，當是傳録之譌。」麟案，用修似未見姚説者，蓋叢語近始有刻本也。第姚所引選注亦誤。考潘笙賦『修檛内闢』，善云：『修檛，長管也。闢，開也。』則善注固以檛爲管矣。姚云『篙、檛並音張瓜反，箠也。』夫二字既曰通用，則皆可爲箠，亦皆可爲管，奚疑之有？融賦此七字，乃亂中語，今以爲馬策，則平易而近俗，以爲樂管，則繳繞而難通，即季長復生，尚費口舌也。」（見少室山房筆叢卷六丹鉛新録卷二「篙」中華書局）

胡應麟譏升庵，似亦未見程大昌之説。程大昌演繁露云：「急救篇：『吹鞭箛箹課後先。』唐韻：『箛，竹也。』説文：『箹，吹箫也。』以竹爲箫，中空可吹，故曰吹鞭。篙即馬策，可以策馬，又可以爲笛，一物兩用，軍旅之便，故曰易持。今行陣間皆有箹，殆即古吹鞭之意也。」（見景印文淵閣四庫全書八五册　臺灣商務印書館）

芧栗〔一〕

芧栗，木果也。莊子所謂「狙公賦芧」者〔二〕，今訛作茅栗。沈存中嘗辨其非〔三〕。杜詩「園收芧栗未全貧」〔四〕，正指此物。今以芧栗解作蹲鴟之芋，一何遠哉！

【注】

〔一〕據升庵集卷七十九補。升庵外集卷四十六作「賦芧」。

〔二〕見莊子内篇齊物論：「狙公賦芧，曰朝三而暮四。」司馬彪注：「芧，橡子也。」

〔三〕見沈括夢溪筆談卷三：「江南有小栗，謂之茅栗。（茅音草茅之茅。）以予觀之，此正所謂芧也。則莊子所謂狙公賦芧者。（芧，音序。）此文相近之誤也。」沈括將「茅栗」與「芧栗」混爲一談，亦誤。

〔四〕此爲杜甫南鄰詩中句，見杜少陵集卷九。芧栗，作「芋栗」。未全貧，作「不全貧」。

大顛書〔一〕

朱子語録謂：與大顛書乃昌黎平生死案。嗚呼，晦翁之言，抑何其秋霜烈日邪！愚考韓與大顛書刻石於靈山禪院，乃僧徒妄撰，假韓公重名，以尊其道，亦猶懷素假李白歌，稱其草書獨步也。懷素草書歌，人皆信其非白作，而獨以大顛書爲出於韓，何哉？李白作歌贈懷素，不足以損白之名，而韓公以道自任，一與顛書，則所損多矣。世人多不成人之美，雖心知其非，乃乘瑕蹈隙而擠之。卓哉，李漢之先見乎！序公之文曰：「無有失墜，總其目以七百。」正虞後人羼入闌增以誣韓公也①。以此證之，則死案猶可翻也。嗚呼！至公無我之心，自聖人以下，皆不能矣。古人謂：公論百年而定，若此者，雖千年猶不定也。

【校】

①正虞後人羼入闌增以誣韓公也 虞，丹鉛總録諸本作「慮」，據丹鉛餘録卷十改。

【注】

〔一〕據升庵集卷五十三、升庵外集卷四十九補。本書卷十另有「大顛書」一則，可互參。

【辨】

昌黎與大顛一案，論者甚衆。陳耀文正楊卷四曰：「韓郁外集考誤云：『潮州靈山寺所刻，末云「吏部侍郎」者，非也。退之自刑部侍郎貶潮，晚乃由兵部爲吏部，流俗但稱吏部耳。又潮本韓集不見有此，刻集時何不編入耶？』又引陳氏曰：『晦庵韓文外集皆如舊本，獨用方本益大顛三書。晦庵識高一世，而所定殆不可解。』按：前人俱已辨明，不能盡書，姑置勿論。」（見景印文淵閣四庫全書八五六册 臺灣商務印書館）

胡應麟藝林學山八「大顛書」曰：「用修謂昌黎僞書，乃外集所載三尺牘也。文公所言昌黎死款，自是與孟簡書中語，語類載之甚明，惜晦伯未及引之以摧五鹿之角，今録左方。

「語類百三十一卷云：『退之晚年所交，如靈師、惠師之徒皆飲酒無賴，及至海上見大顛，壁立萬仞，自是心服。如答孟簡書言實能外形骸以理自勝，不爲事物侵亂，此是退之死款。』楊以答孟簡書爲答大顛書，又改『死款』二字爲『死案』二字，不知前人文卷亦曾審詳耶？語類又云：『退之與大顛書歐公謂實退之語，集古録有一跋説此書甚詳，東坡蓋未見耳。』然則考亭之先議論已然，楊獨誚朱何耶？「考亭上下千古，三代以還所推僅王通、韓愈，然王之中説略加品藻而已，惟韓集參會諸家，精爲校釋。蓋六經、論、孟外獨肆力於此書，其視昌黎何等人物也。所執大顛三書，以退之遷謫寂寥，或當有此，因據孟簡書及歐陽語不没其實，且不忍没其文也。而楊以朱忌而毁之，豈以己之心度人之腹乎？……今按此事，可見公之平生謹守禮法，排斥異教，自信之篤至死不變，可以爲後世法。而譜不載，蓋不以爲然也。以上俱考亭注中語，今韓集皆有之。麟謂考亭誠欲擠韓晚惑釋教，則於皇甫此碑當據大顛書以指斥其不然，何至引皇甫碑以證洪譜之漏逸，且極稱其自信之篤至死不變，可爲後世師法也？楊别則又謂文公反覆鍛練，必使昌黎不爲全人而後已。且謂文公忌韓，必欲自留一著。諦聽斯説，皆不攻自破矣。」（見少室山房筆叢卷二十六　中華書局）

今人錢鍾書談藝録一七「昌黎與大顛」對這段公案溯源探流，評論説：「周濂溪按部至潮州，題大顛堂壁曰：『退之自謂如夫子，原道深排佛老非。不識大顛何似者，數書珍重更傳衣。』退之與大顛三書，適可與靈源與伊川二簡作對，而聚訟紛紜。東坡説以爲僞，歐公跋以爲真。陸放翁老學庵筆記卷六謂黠僧所造，以投歐公之好，故第三書引易繫辭作易大傳。朱子作韓文考異始定爲退之之筆。陳蘭甫東塾集卷二書僞韓文公與大顛書後謂責韓公不當與大顛往來則可，必欲以僞書爲真，雖則歐公、朱子不可掩後人眼目。今觀荆公送吕使君詩中語，亦見退之與大顛三書，幾如淵明之閑情一賦，被人認作白璧微瑕矣。黄東發日抄卷三十五、直齋書録解題卷十六以朱子此舉爲不可曉。楊升庵不喜朱子，而好襲東發議論，參觀少室山房筆叢卷五五行條遂推波助瀾。李穆堂服膺陸王，深惡朱子，每借申雪昌黎、荆公爲名，以攻朱子；初稿卷四十六亦有書贗作昌黎與大顛書後，氣盛詞峻，失之肊必，尚不如升庵言之成理。升庵全集卷四十六、五十三論朱子論人好在無過中求有過，稱秦檜有骨力而譏岳飛爲横，其必欲證明與大顛書真出韓公手，亦不樂成人之美也；因舉李漢韓集序『無有失墜，總其目以七百』等語，以爲此書既在集外，其僞可知。……余按朱子『退之死款』之説，見語類卷百三十七，明説因與孟簡書中『以理自勝』等語而發；升庵以爲指與大顛三書，大誤，胡元瑞少室山房筆叢卷二十六已訂正之。魏默深古微堂外集再書宋名臣言行録後至曰『升庵捏造死款之説，以誣朱子』，則升庵豈若是誕哉。默深衛護朱子，而竟不一讀語類，蓋伐異每尚細究敵説，黨同乃至浸忘師訓，理固然耳。若以岳飛爲横，乃朱子門人沈僩問語，非出朱子，見語類卷百三十一。同卷屢斥秦檜之奸，初無假借。少室山房筆叢卷十亦有辯論。升庵之妄，在此不在彼也。」（見錢鍾書談藝録（補訂本）　中華書局）

膠膠擾擾〔一〕

莊子曰：「膠膠擾擾乎。」〔二〕膠之一字，下得不苟。韓退之送高閑上人序：「雖外物至，不膠於心。」又云：「一死生，解外膠。」字正應前「不膠於心」之「膠」。膠之爲物，有粘著之意，解則有穨敗不粘之意。韓公用此二字，亦不苟也。語雖本於莊，而得韓之拈出，莊意益明，乃古今兩敵手棊也。

【注】

〔一〕據升庵集卷四十六、升庵外集卷四十六補。

〔二〕見莊子外篇天道。

襲用語意益明〔一〕

杜工部詩：「黄門飛鞚不動塵」〔二〕，蘇東坡云：「走馬來看不動塵」〔三〕，而杜公語益精神。焦氏易林云：「過時不遇，惄如旦饑。」而毛詩「惄如朝饑」〔四〕之義益明。又云：「枝葉盛茂，召伯游暑。」而毛詩甘棠之義益明〔五〕，非如後人蹈襲之比也。

【注】

〔一〕原無題，條目補擬。

〔二〕此爲杜甫麗人行詩中語，見杜少陵集卷二。

〔三〕此爲蘇軾號國夫人夜游圖詩中句，見蘇東坡集卷十六。

〔四〕見詩經周南汝墳：「未見君子，惄如調飢。」韓詩作「朝饑」。

〔五〕見詩經召南甘棠。

丹鉛總録卷之二十五

瓅語類

百姓〔一〕

唐明皇問張説曰〔二〕：「今之姓氏，皆云出自帝王後，古者無民邪？」説對曰：「古者民無姓，有姓者皆有土有爵者也。故左傳云：『天子命德，因生以賜姓，胙之土而命之氏。』黄帝之子二十五人，得姓者十四而已。其後居諸侯之國土者，其民以諸侯之姓爲姓；居大夫之采地者，以大夫之姓爲姓，莫可分辨，故云皆出自帝王也。」〔三〕説此言，考古證今，不刊之論。予因以知尚書所稱百姓，與論語所言百姓，可以類知矣。堯典曰：「百姓昭明，協和萬邦，黎民於變時雍。」蔡氏注云：「百姓者，畿内之民；黎民者，四方之民。」〔四〕此不通古今之説也。聖人之視民，遠近一也，豈分畿内與四方哉？百姓，蓋禄而有土，仕而有爵者，能自明其德，而後協和萬國；萬國諸侯協和，而後黎民於變時雍，此其序也。若以百姓爲民庶，則黎民又是何物？亦豈有民庶先於諸侯者哉？舜典曰：「百姓如喪考妣三年，四海遏密八音。」此二句，今之句讀，以「如喪考妣」爲一句，「三年四海遏密八音」爲一句，非也。「百姓如喪考妣三年」爲一句，「四海遏密八音」爲一句，乃協文義。百姓，有爵命者也，爲君斬衰三年，禮也。禮不下庶人，且有服賈力役農畝之事，豈能皆服斬衰，則但『遏密八音』而已。此當時君喪禮制，如今大行遺詔，非百姓四海，不由上令而自爲也。至周人尚文，則人皆有姓。所稱百姓則民庶也。論語曰：「修己安人。」又曰：「修己以安百姓。」書曰：「百姓有過。」又曰：「非敵百姓也。」〔五〕是時則人皆有姓矣，故指民庶亦曰百姓耳。堯典「百姓昭明」，以百姓爲有爵命者，其説出孔安國尚書古注。安國爲漢人，孔子之後，其説必有所授。蔡氏生千年之後，何據而變之邪？予每以古注語人，俗儒愕然曰：「先儒成説不可改也①。」予曰：「蔡沈爲先儒，孔安國非先儒邪？」又不悟。予曰：「吾見二事，可語以證。昔有二生：一在府學，一在縣學，相遇爭長。甲謂乙曰：『我府爾縣，我尊爾卑。』縣學生曰：『府有文宣王，縣學亦有文宣王，豈亦有異邪？』又有僧綱司觀音、僧會司觀音祈雨迎禱，相遇於路。僧綱司行者曰：『爾寺觀音當避，吾之觀音爲姑，爾之觀音爲姪女也。』聞者笑倒。如蔡氏之説，畿内爲百姓，畿外爲黎民。是府、縣學文宣王有尊卑，僧綱、僧會寺觀音有姑姪之分也。達者亦豈不大笑②。」

【校】

①先儒成説不可改也　升庵經説卷三作「先儒那又不悟」，疑有脱誤。

②達者亦豈不大笑　大笑，升庵經説卷三作「失笑」。

【注】

〔一〕本卷多録自丹鉛餘録卷十一，原無目，此條據升庵經説卷三補。

〔二〕新唐書卷一二五張説傳，乃武后問張説，非明皇。升庵記誤。

〔三〕見新唐書卷一二五張説傳。天子命德，命，萬曆本、左傳隱公八年作「建」。

〔四〕宋蔡沈書經集傳卷一堯典注作「百姓，畿内民庶也」。

〔五〕語出孟子盡心下，非尚書語，升庵記誤。

饒雙峰解孟子〔一〕

宋饒雙峰解孟子引書「百姓如喪妣三年，四海遏密八音」，云：「天子崩，畿内百姓爲之服喪三年；諸侯薨，國中百姓爲之服喪三年。」此又不通古今之言也。蓋不考孔氏注「百姓爲百官」；又不知沈氏章句「百姓如喪考妣三年」爲一句，「四海遏密八音」爲一句也。縱古禮文有「畿内百姓服喪三年」之文，亦是漢儒誤解尚書而傅會之也①。若以理論，天子天下之主，豈有畿内百姓服喪，而非畿内者不服之理乎？是天子之尊，亦何異於諸侯乎？稽之今制，國有大喪，亦止有位者斬衰，而不及庶人。蓋亦古禮之遺，可正饒氏之妄。

【校】

① 亦是漢儒誤解尚書而傅會之也　尚書，丹鉛餘録卷十一作「尚書傳」。

【注】

〔一〕據升庵經説卷十四補。

考工記〔一〕

考工記：「以脰鳴者，以注鳴者，以旁鳴者，以翼鳴者，以股鳴者，以胸鳴者。」鄭玄注：「脰鳴，鼃黽之屬；注鳴，蜻列屬①；旁鳴，蜩蟬屬；翼鳴，蟋蟀屬②；股鳴，螽斯屬③；胸鳴，榮原屬。」許氏説文：「蜩鼃、詹諸，以脰鳴者。」「虵以注鳴。」又曰：「榮蚖蛇醫，以注鳴者。」「蟬，以旁鳴者。」「蟜蟥，以翼鳴者。」「蚣蝑，以股鳴者。」「蠵，大龜，以胸鳴者。蠵，一作蠖。」二家解不同，可以參考。

【校】

① 蜻列屬　蜻，萬曆本、四庫本作「精」，據丹鉛餘録卷十一改。

② 鳴蟋蟀屬　蟋蟀，四庫本作「發皇」。

③ 螽斯屬　四庫本作「蚣蝑動股屬」。

【注】

〔一〕據升庵集卷八十一補。

古詩〔一〕

古詩:「文綵雙鴛鴦,裁爲合歡被。著以長相思,緣以結不解。」著,昌慮切。鄭玄儀禮注:「著,充之以絮也。」緣,以絹切。鄭玄禮記注:「緣,飾邊也。」長相思,謂以絲縷絡綿交互網之,使不斷,長相思之義也。結不解,按説文:「結而可解曰紐,結不解曰締。」謂以針縷交鎖連結,混合其縫,如古人結綢繆、結同心,製取結不解之義也①。既取其義以著愛而結好,又美其名曰相思,曰不解云。合歡被,宋趙德麟侯鯖録有解〔二〕。會而觀之,可見古人詠物托意之工矣。

【校】

① 如古人結綢繆結同心製取結不解之義也 「同心」上一結字,諸本皆脱,標點舊作「如古人結綢繆同心制,取不解之義也。」丹鉛餘録卷十一作「結綢繆,結同心,製取結不解之義也」。

【注】

〔一〕據升庵詩話卷一補,見古詩十九首第十八首客從遠方來。

〔三〕見本書卷二被池條「辨」。

藥欄〔一〕

説文：「妄入宫掖曰闌。」徐鉉曰：「律所謂闌入也。」通作「蘭」。漢成紀：「闌入上方掖門。」應劭曰：「無符傳妄入宫曰闌。」〔二〕西域傳「闌出不禁」，又加草作「蘭」。列子「宋有蘭子」，張湛注曰：「凡物不知生之主曰蘭。」〔三〕殷敬順曰：「史記無符傳出入謂之蘭。此蘭字亦謂以技妄游，義與闌同。或又加木作欄。」李正己曰：「園庭中藥欄。藥，音義與籞同。藥即欄，欄即藥，非花藥之欄也。」〔四〕杜子美詩：「乘興還來看藥欄」〔五〕，王維詩：「藥欄花徑衡門裏」〔六〕，皆貪新麗而理不通者也。今或加手作「攔」，官府文移曰巡攔，曰花攔票是也。以今「花攔」比古語「藥欄」，語意益明。若以藥欄爲芍藥之欄，則今之花攔乃花藥之攔，可乎？

【注】

〔一〕據升庵外集卷八補。

〔二〕見漢書成帝紀。上方，作「尚方」。符傳，作「符籍」。

〔三〕見列子卷八。宋有蘭子，宋，萬曆本誤作「牢」。凡物不知生之主曰蘭，原作「凡人物不知生出主謂之蘭也」。

〔四〕見唐李匡乂資暇集卷三。宋吴曾能改齋漫録卷三、王楙野客叢書卷十二、袁文甕牖閒評卷七等書均有藥欄條。清杭世駿訂譌類編卷六藥欄言：「僕考漢宣帝紀，是籞字，非藥字。……近見漁隱亦引籞爲證。」

〔五〕此杜甫有客詩中句，見杜工部詩集卷七。

〔六〕此王維故人張諲工詩善易卜兼能丹青草隸頃以詩見贈聊獲酬之詩中句，見王右丞集卷六。

經略〔一〕

説文：「略，經略土地也。」左傳：「天子經略，諸侯正封。」注：「聚土爲封曰略。」〔二〕經謂巡行，略謂邊界，即取土爲封之略。孟子所謂「域民不以封疆之界」是也。後世不知略之爲聚土。陸詞、黄公紹謂「巡行爲略」〔三〕，失之遠矣。巡行可以解經字，而不可以解略字。經略之云，猶云防邊也，猶云出塞也，二字相聯爲義。若以略爲巡行，則謂邊云防禦，謂塞爲征行，可乎？略也、邊也、塞也，皆實字也。邊塞字易明，人皆知之。略字義少隱，故解者不以爲實字而虚之，轉解轉謬矣。再考左傳中凡言略者，皆謂聚土爲封也。如云「侵敗王略」，又曰「與之武公之略」，又曰「吾將略地焉」，又曰「略塞垣」，其義皆同。尚書云「嵎夷既略」，謂立邊防以界嵎夷，正天子經略之事也。孔穎達不識略字本義，以爲俗稱忽略、簡略之略，乃注云『用功少曰略』，何其俗而且陋、謬而可笑哉！孟子曰：「此其大略也。」略本喻言謂得其邊而未盡其中也。亦猶莊子所謂「道無封爲是而有畛」也〔四〕。郭象注云：『道無封，故萬物得恣其分域。』妙得莊旨。孟子之言略，猶莊之言封與畛也。惜乎趙岐之注孟，不能如郭象之注莊也，乃曰大略、大要也。漢武紀「殺略」，謂入界殺人；龔遂傳「劫略」，謂入界劫人，今遂以略爲殺爲劫。史云「智略輻輳」，蓋謂其智足以周知天下之略，今遂以略爲才智之稱，假借譬喻，遠失初意，何異聾者聽車輪之聲以爲雷哉！

【注】

〔一〕經略，據升庵外集卷六補。

〔二〕左傳昭公七年「天子經略，諸侯正封」，注：「經營天下略有四海，故曰經略。」「聚土爲封」爲正義語。

〔三〕陸詞，即陸法言，隋音韻學家，著有切韻，原著已不傳，查唐寫本殘未見。黃公紹，字直翁，宋元之際音韻訓詁學家，著有古今韻會舉要，卷二十八云：「巡行曰略。」「師古曰：凡言略地，謂行而取之。」

〔四〕見莊子齊物論：「夫道未始有封，言未始有常，爲是而有界也。」

略地〔一〕

史記張良傳「略地」，謂取其地而立我封疆也。唐蒙傳「略通夜郎」〔二〕，謂通夜郎之略也。古文簡奥如此。若春秋書「城楚丘」、「疆鄆田」文法也。揚子法言云：「東溝大河，南岨高山〔三〕，西采雍梁，北鹵涇垠。」韓退之去郊操云「將士我疆」，其文法皆本於春秋。不知古人用字之法，則不得古人立言之意，人可不識字哉！或曰：「兵法有黄公三略，何義也？」曰：「略與韜對。韜，弓衣也，義取藏器；略，封畛也，義取固守，決非簡略之略也。」若依集韻謬解，因事生義，謂略，簡也，少也，行而取也，才而智也。則三略之名，又將曰：「略，書名矣。」用此以證略之爲字愈益明。趙充國傳：「圖上方略。」〔四〕圖，畫本也；方，鄉道也；略，邊界也。注謂方略爲計策，亦謬。王右軍帖：「王略始及舊都。」

【注】

〔一〕升庵外集卷十一與「經略」合爲一條。

〔二〕唐蒙事，見大宛傳。略通夜郎，語見司馬相如列傳。升庵記誤。

〔三〕岨，揚子法言卷十重黎作「阻」。

〔四〕顔師古曰：「圖其地形，並爲攻討方略，俱奏上也。」

【辨】陳耀文對楊慎略字解不以爲然，正楊卷一「嵎夷既略」條駁之曰：「此蓋剽韻會而操戈者，不自知其繆更甚也。就予所引，聊爲正之：左昭七年，芋尹無宇辭曰：『天子經略，諸侯正封，古之制也。』注云：『經營天下，略有四海，不云聚土爲封也。』成二年，晉侯使鞏朔獻齊捷於周，使單襄公辭曰：『兄弟甥舅，侵敗王略，王命伐之。』注：『略，經略法度，非云界也。夫晉之侵齊，豈周界乎？』隱五年，公矢魚於棠，臧僖伯諫公曰：『吾將略地焉。』注：『略，總攝巡行之名。』以上略地俱非聚土之意，其武功之略訓界。

「尚書禹貢：『海岱維青州，嵎夷既略，濰、淄其道。』孔安國曰：『嵎夷，地名。用功少曰略。』馬融注亦同，則注非始於孔穎達也。且嵎夷青州，何爲立邊防以界之乎？想見夷字即以爲夷狄耳。

「漢書：二世元年，陳涉遣武臣、陳餘略趙地。師古曰：『凡言略地者，皆謂行而取之，用功力少。』

「史記『略地』，不獨張良傳有之，俱無『取其地而立我封疆』之解。唐蒙事，見大宛傳。『略通夜郎』，見司馬相如傳及序傳。今曰蒙傳，豈古本史記耶？

「孟子『此其大略』，謂得其邊矣，『嘗聞其略』，亦可云得爵禄之邊乎？史項王本紀『項梁教籍兵法，籍大喜，略知其意』。自序云爲太史公書序略，以拾遺補藝，又豈邊界之云乎？

「『殺略』，謂入界殺人矣。史大宛傳：『昆明之屬無君長，善寇盜，輒殺略漢使，終莫能通。』又豈入界乎？『智略輻輳』，謂智足周天下之略矣。史記酈生曰：『吾聞沛公慢而易人，多大略，（此）

真吾所願從游。』蒯通説韓信曰：『勇略震主者身危，而功蓋天下者不賞。足下所謂功無二於天下，而略不世出者也。』此豈沛公界之大、淮陰界之猛乎？三國志吴趙咨云：吴王『聰明雄略之主』云云，『屈身於陛下，是其略也』，豈吴王止於知魏之界乎？晉載記王猛字景略，可云景界乎？黄公三略，義取固守封略矣，劉歆七略，又將何所固守乎？

「左宣十五年：『晉侯治兵於稷，以略狄土。』注：『略，（强）取也。』昭二十四年：『楚子爲舟師以略吴疆。』注：『略，行也。』史記：『楚軍夜擊坑秦卒，行略定秦地函谷關。』可謂非行而取乎？（漢書）趙充國傳『圖上方略』，謂盡邊界矣，首云『爲人有大略』，則此略又何物乎？本傳亦無注。晉書宗室傳：『高密王略，字元簡。』張華傳或謂劉卞曰：『君才簡略，堪大不堪小。』可謂簡略爲非乎？

「詩曰：『有略其耜，俶載南畝。』注：『利也。』左定四年，祝佗對萇弘曰：『吾子欲復文武之略，而不正其德，將如之何？』注：『道也。』國語叔向云：『桓子略則行志假貸居賄。』注：『犯也。』如此之類，不能盡舉。夫字有數義也，而執謬若此。故知固哉！爲詩不獨高叟强作解事，實蕃有徒矣。假令此書遂行，其墮人疑網也，豈其微哉！

「莊子齊物云：『夫道，未始有封，言未始有常，爲是而有畛也，請言其畛』云云，『此之謂八德』。注云：『略而判之，有此八德。』則略字亦大略意也。若謂妙得莊旨，是又不識略字矣，何自相繆戾也！」（見景印文淵閣四庫全書八五六册正楊　臺灣商務印書館）

謡作䜌[一]

爾雅曰：「徒歌曰謡。」[二]説文謡作「䜌」，注云：「䜌，從肉言。」[三]今按：徒歌，謂不用絲竹相和也。肉言，歌者人聲也，出自胸臆，故曰肉言。童子歌曰童䜌，以其言出自其胸臆，不由人教也。晉孟嘉云：「絲不如竹，竹不如肉。」[四]唐人謂徒歌曰肉聲，即説文「肉言」之義也。

【注】

〔一〕據升庵詩話卷一補。本書卷八「絲不如竹，竹不如肉」，可參看。

〔二〕見爾雅卷七釋樂，作「徒歌謂之謡」。

〔三〕見説文卷三上，作「䜌，徒歌，從言、肉」。

〔四〕見世説新語識鑒注引孟嘉别傳。

焦氏易林[一]

焦氏易林，西京文辭也，辭皆古韻，與毛詩、楚辭叶音相合。或似詩，或似樂府、童謡，觀者但以占卜書視之，過矣。如：「夾河爲昬，期至無船。摇心失望[二]，不見所歡。」如：「三驪負衡，南取芝香。秋蘭芬馥，利我少姜。」〔三〕如：「齟齟齧齧，貧鬼相責。無有歡怡，一日九結。」如：「三夫共妻，莫適爲雌。子無姓氏，父不可知。」〔四〕其辭古雅，魏晉以後詩人莫及。又如「憂思約帶」，即古詩「去家日以遠，衣帶日以緩」也，而以四字盡之。如「簪短帶長」，尤爲奥妙。「簪短」，即毛詩「首如飛篷」也；「帶長」，即「衣帶日以緩」也。兩詩意但以四字盡之〔五〕。「解我胸春」，即毛詩「憂心如擣」也。影略用之，最爲玄妙。且其辭古之文人亦多用之。「六目睽睽」，韓文祖之曰「萬目睽睽」；「九雁列陣」，王勃滕王閣序用之。「酒爲歡伯」、「白雲如帶」、「穴蟻封户〔六〕，天將大雨」，唐詩多用之。他如「雌鸞生雛」，又「文山鴻豹，肥腯多脂」。鴇名鴻豹，以鴇善食鴻，爲鴻之豹，猶言魚鷹也，亦僅見此，可補爾雅。其云「倆如旦饑」，即詩「惄如調饑」。據韓詩作「朝饑」，言朝饑難忍也。此云「旦饑」，蓋與韓詩合，可證「調饑」爲「朝饑」無疑也。其云：「大樹之子，百條共母。當夏六月，枝葉盛茂。鸞鳳以庇，召伯遊暑。」〔七〕遊暑，避暑也。此即用詩甘棠事，遊暑憩甘棠，蓋古説如此。今注謂召伯聽訟於甘棠之下，成周之時，制度文物備矣。豈有以召伯之貴，而坐於甘棠樹下，如老人里長斷爭鷄之訟者乎？游暑之説，蓋近於人情物理也。其曰「舜登大禹，石夷之野」，又可證禹生石紐村之事。此皆有裨於經史，又不但爲修辭之助而已。

【注】

〔一〕據升庵集卷五十三、升庵外集卷五十二補。

〔二〕揺，焦氏易林卷一作「淫」。

〔三〕見焦氏易林卷二「秋蘭芬馥」後有「盈滿筐筐」。

〔四〕父，焦氏易林卷一作「翁」。

〔五〕錢鍾書管錐編一焦氏易林取以爲説云：「皆道愁思使人消瘦。」

〔六〕穴蟻封户，焦氏易林卷四作「蟻封户穴」。

〔七〕召伯游暑，焦氏易林卷二作「召伯避暑」。

冶作野〔一〕

古冶字，或借作野。金陵有冶城，揚子江有梅根野，或作冶字而音渚。齊武帝詩：「昨經樊鄧役，阻潮梅根冶。探懷悵往事，意滿辭不叙。」〔二〕劉文房詩：「落日蕪湖色，空山梅冶煙。」〔三〕孟浩然：「水溢梅根冶，煙迷楊葉洲。」〔四〕皆以「冶」爲「野」也。〔五〕

【注】

〔一〕據升庵集卷六十四補。

〔二〕此齊武帝估客樂詩中句，見樂府詩集卷四十八。昨，作「昔」。「冶」作「渚」。

〔三〕此爲劉長卿鄂渚送池州程使君詩中句，見全唐詩卷一四七。

〔四〕此孟浩然夜泊宣域界詩中句，見全唐詩卷一六〇。「水溢」作「火熾」。

〔五〕明陳耀文正楊卷三「梅根冶」，以爲「冶」不可「借作野而音渚」云：「揚州記云：『冶城，吴時鼓鑄之所，吴平猶不廢，王茂弘所冶也。』寰宇記：『宣州有銀冶，今廢。』庾信枯樹賦云：『北陸以楊葉爲關，南陵以梅根作冶。』南畿志：『池州有梅根河，源出九華山，會於五溪，支流入於江。銅陵縣有銅官山，有泉冬夏不竭，可以陵鐵烹銅，因改爲銅官山，嘗於此置場。』」（景印文淵閣四庫全書八五六册正楊　臺灣商務印書館）

仲長統鄭泉〔一〕

世謂清談放曠起於晉，非也，漢末已有之矣。仲長統見志詩曰：「寄愁天上，埋憂地下。叛散五經，滅裂風雅。」〔二〕鄭泉嗜酒，臨卒謂同類曰：「必葬我陶家之側，庶千載之後①，化而成土，幸見取爲酒壺，實獲我心矣。」〔三〕二子蓋阮籍、劉伶之先著鞭者也。

【校】

① 庶千載之後　千載，丹鉛餘録、四庫本作「千歲」，升庵集作「百歲」。

【注】

〔一〕據升庵集卷七補。

〔二〕見後漢書卷四十九仲長統傳。滅裂風雅，作「滅弃風雅」。

〔三〕鄭泉嗜酒故事，見梁元帝金樓子卷六。千載之後，作『百年之後』。

字畫肥瘦〔一〕

方遜志云：「杜子美論書則貴瘦硬，論畫馬則鄙多肉。此自其天資所好而言耳，非通論也。」〔二〕大抵字之肥瘦各有宜，未必瘦者皆好，而肥者便非也。譬之美人然，東坡云：「妍媸肥瘦各有態，玉環飛燕誰敢輕。」〔三〕又曰：「書生老眼省見稀，畫圖但怪周昉肥。」〔四〕此言非特爲女色評，持以論書畫可也。予嘗與陸子淵論字，子淵云：「字譬如美女，清妙清妙，不清則不妙。」〔五〕予戲答曰：「豐艷豐艷，不豐則不艷。」子淵首肯者再。

【注】

〔一〕據升庵書品補。

〔二〕見方孝孺遜志齋集卷十八題韓幹馬圖。天資，作「天質」。

〔三〕此爲蘇東坡集卷三孫莘老求墨妙亭詩。原詩作「短長肥瘠各有態，玉環飛燕誰敢憎」。升庵改「短長肥瘠」作「妍蚩肥瘦」，改「憎」作「輕」，更爲貼切。

〔四〕此爲蘇東坡集卷十作書寄王晉卿忽憶前年寒食北城之游走筆爲此詩。畫圖，升庵書品作「圖畫」。

〔五〕子淵，爲明陸深之字。陸深，升庵友人，其書法妙逼鍾王，爲一代名筆。

鼎顛趾〔一〕

易鼎卦初六：「鼎顛趾，利出否。」九四：「鼎折足，覆公餗。」趾即足也。在初則顛，傾側而已，未折也。在四則折矣。沈存中曰：「古鼎中有三足，皆空所容物者，所謂鬲也。煎和之法，常欲滓在下，體在上，則易熟而不偏爛。及升鼎則濁滓皆歸足中。鼎卦初六：『鼎顛趾，利出否。』謂濁惡下，須先瀉而虚之。九二陽爻，始爲鼎有實。今京師大庖，釣懸而煮，不使著釜底，亦古人遺意也。」〔二〕今按：沈之説得象意，可補易注之缺。就是義言，則初六洗鼎也，九四升鼎也。洗鼎而顛趾則利；升鼎而折足則凶。晉石崇以飴浴釜〔三〕，賈思勰齊民要術有塗甕法〔四〕，皆古庖人之遺意。

【注】

〔一〕據升庵經説卷二補。

〔二〕見沈括夢溪筆談補筆談卷二器用，引文多誤，如皆空中可容物者，誤作「皆空所容物者」。常欲滓在下，滓，誤作「清」。濁惡，誤作「濁否」等。

〔三〕世説新語汰侈：王愷「粭糒澳釜」；石崇「用蜡燭作炊」。澳，刷洗。

〔四〕賈思勰，萬曆本作「賈勰」。塗甕法，見齊民要術卷七。

春秋孟子〔一〕

春秋惡絶秦、楚，而大學引秦誓、楚書；孟子羞稱五伯，而引晏子之言述百里奚之功，此皆聖賢憎而知其善也。

【注】

〔一〕據升庵集卷四十八補。

解字之妙〔一〕

説文解「豉」字云：「配鹽幽菽也。」三蒼解「艶」字云：「艶，冥果青色也。」蓋豉本豆也，以鹽配之，幽閉於甕盎中所成，故曰幽菽。冥果，密煎果也，以銅青浸之，加蜜而冥於缶中①，故曰冥果。幽菽、冥果，取名於幽冥，見其與生菽、生果異也。解詁之妙有如此，誰謂文章不在换字乎？

【校】

①加蜜而冥於缶中　蜜，丹鉛餘録卷十一、萬曆本作「密」。上杭本、升庵全集作「蜜」。

【注】

〔一〕據升庵集卷六十四、升庵外集卷五十三補。

孟字古音〔一〕

孟字，集韻作「莫更切」，予每疑之。嘗考之四方之音，無南北皆呼孟，與夢同聲。如依韻切，則當呼命，呼孟子爲命子，呼孟津爲命津，可乎？但未有古韻語可爲證，以改訂之。一日觀說文，云：「東方之孟，陽氣萌動。」〔二〕乃躍然曰：「孟」與「動」叶，乃是古中原之音，可正沈約缺舌之繆矣。凡字有當從古音者十之九，有當從今音者十之一，如此孟字其一也。他如朋當與蓬同音，而不當作蒲登切；薨當音烘，弘當音紅，不當音卜①；他當在麻韻，而不當在歌韻。蓋以今之方言，無南北四方，皆如今呼者多，而如韻呼者少也。今有迂士呼他必以「拖」音，至於臨下語衆，不省其語爲何等語，反自詫曰：「予所呼古音也。」予笑曰：「毛詩、楚辭、韻補，古音五千有餘，君皆不省，而獨一他字爲古音，以對俗人僕隸，何異施粉黛於足脛，綴靨子於眉目哉？」李文正先生嘗云：「古字不可不知其音義，但不可著意用之於文字中。」古音亦然。然則詩文用古字古韻者，必自然諧協，若出於己可也。

【校】

①弘當音紅不當音卜　丹鉛餘録卷十一作「弘當音紅，不當音宏」。宏，萬曆本作「卜」，是。

【注】

〔一〕原无目，補擬。本書卷十四有孟浪之言，可參看。

〔二〕本書卷十四孟浪之言云引自淮南子。説文未見此語。

麋鹿蜚鴻〔一〕

史記周紀武王曰：「維天不享殷，自發未生，於今六十年，夷羊在牧，蜚鴻滿野。」徐廣曰：「夷羊，怪物也。」「蜚鴻，蠛蠓也。」〔二〕張守節曰：「夷羊，一本作麋鹿，喻小人在朝也；飛鴻，喻君子放棄。」〔三〕鄭玄曰：「蜚鴻，鴻雁也，知避陰陽寒暑①，喻民去無道就有道。」慎按：三説皆如眯目而道黑白者。詳此文，據實事言，非喻也。紂有鹿臺以養鹿，故曰「麋鹿在牧」。蜚鴻，馬名，若白蟻、紫燕之類，蓋良馬也。養麋鹿而棄良馬〔四〕，故曰「麋鹿在牧，飛鴻滿野」，言其養無用而害有用也。此説爲近〔五〕。

【校】

①知避陰陽寒暑　避，丹鉛餘録卷十一作「順」，史記周本紀正義引鄭玄語作「避」。

【注】

〔一〕據升庵外集卷五十三補。

〔二〕「蜚鴻，蟣蠓也」，爲高誘注，非徐廣注。

〔三〕張守節注，原作「麋鹿在牧，喻讒佞小人在朝位也。飛鴻滿野，喻忠賢君子見放棄也」。有删改。

〔四〕陳耀文正楊卷一辨之，引殷本紀、周本紀，據史實以證「鹿臺非養鹿之所」，「紂非棄良馬者」。

〔五〕升庵外集卷九十七另有「麋鹿在牧蜚鴻鴻野」條云：「周書及隋巢子皆作『夷羊在牧』，注：『怪物也。』高誘曰：『蜚鴻，蟣蠓也。飛蔽田野，故爲災。』隋巢子作『飛拾，蟲也』。正義曰：『二句論讒諛在朝，君子放棄也。』」

擘窠書〔一〕

墨池編論字體，有擘窠書，今書家不解其義。按顔真卿集有云：「點畫稍細，恐不堪久①。臣今謹據石擘窠大書。」〔二〕王惲玉堂嘉話云：「東坡洗玉池銘，擘窠大字極佳。」〔三〕又云：「韓魏公書杜少陵畫鶻詩，擘窠大字。」此法宋人多用之，墨札之祖也②。

【校】

① 久，丹鉛餘録卷十一作「久玩」，下無「臣」字。

② 墨札之祖也 墨，升庵書品、升庵集作「惡」，丹鉛餘録卷十一、丹鉛總録作「墨」。

【注】

〔一〕據升庵書品補。

〔二〕語出顔魯公集卷三乞御書天下放生池碑額表。

〔三〕見玉堂嘉話卷二。大字極佳，作「真書瘦勁」。

靡草〔一〕

月令「靡草死」，注：「薺葶之屬。」按吕氏春秋任地篇云：「孟夏之昔，殺三葉而穫大麥。」注：「昔，終也。三葉，薺葶也，葶藶也，菥蓂也。見三葉之死，則大麥可穫之候也〔二〕。」月令本出自吕氏春秋，即以其書解之爲宜。

【注】

〔一〕據升庵集卷七十九補。

〔二〕吕氏春秋任地篇注：「三葉，薺葶、葶藶、菥蓂也。是月之季枯死，大麥熟而可穫。」

古文倒語〔一〕

古文語多倒：漢書中行説曰：「必我也，爲漢患者。」〔二〕若今人則云：「爲漢患者，必我也。」管子曰：「子邪，言伐莒者？」〔三〕若今人則云：「言伐莒者，子邪？」

【注】

〔一〕據升庵集卷五十二補。卷十二「古文多倒語」，係指詞義。

〔二〕見漢書匈奴列傳。

〔三〕見管子小問。

隨兒科雉〔一〕

晏子春秋：「殺科雉者，不出三月。」〔二〕呂氏春秋亦載此事〔三〕，科雉作隨兒。按：科雉，謂雉方乳也；隨兒，亦謂兒初生隨牝母者。注乃謂二兒相隨，何其謬邪！

【注】

〔一〕據升庵集卷八十一補。

〔二〕見劉向説苑卷四「立節」。晏子春秋未見。升庵記誤。

〔三〕見呂氏春秋至忠篇。升庵譚苑醍醐卷三亦載之，文字不同：「楚莊王獵於雲夢，射隨兒而獲之，申公子培劫而奪之。王欲誅之，左右諫止。不出三月，子培病死。子培之弟請曰：『臣之兄，有功於車下。臣嘗讀故記云，殺隨兒者，不出三月。』王令人發平府，視故記，果有焉，乃厚賞焉。」注：「隨兒，惡獸名也。」説苑亦載此事，而以隨兒爲科雉。何子元餘冬序録云：「隨兒科雉，不見他書，今人亦無有識之者。」余謂子元但求之書，而不求之悟也。隨兕者，隨母之兕，科雉者，甫出科之雉，豈有別物哉！

【辨】明胡應麟藝林學山卷五指出升庵「以説苑爲晏子春秋」之誤，且云：「夫子母可爲隨，則二兕亦可爲隨，且安知二兕之云，非即子母二兕也？書稱殺隨兕不出三月，既能爲人禍福，必爰居、羅刹之物，非恒有物也。此類無他注釋可考，與其鑿也，毋寧闕也。果子母相隨不可殺，則昔人射斷腸之猿，行青蚨之術者，詎無一禍福耶？「按：楊説皆臆度，未必然。果爾，則商羊即盤庚之羊、孔雀即尼父之雀耶？諸書皆秦漢人撰，必自有此獸，非若六朝、唐人造作名義，如銑溪、玉格之類也。」（見少室山房筆叢卷二十三 中華書局）

溺者必笑〔一〕

左傳：「溺人必笑。」呂氏春秋：「溺者必笑，雖笑不樂。」〔二〕蓋古有此語。

【注】

〔一〕據升庵經説卷八補。

〔二〕見呂氏春秋大樂：「溺者非不笑也」注：「傳曰：『溺人必笑。』雖笑不歡。」

孔融戲語〔一〕

曹操伐烏桓，孔融與操書云：「肅慎氏不貢楛矢，丁零盜蘇武牛羊，可並案也。」〔二〕即蘇子瞻艾子所謂科斗時事也〔三〕。

【注】

〔一〕據升庵外集卷四十一補。

〔二〕見後漢書卷七十孔融傳。

〔三〕科斗時事，見蘇軾艾子雜説蝦蟆：「艾子浮於海，夜泊島峙中，夜聞水下有人哭聲，復若人言，遂聽之。其言曰：『昨日龍王有令，一應水族有尾者斬。吾蛙也，故懼誅而哭。』『汝蝦蟆無尾，何哭？』復聞有言曰：『吾今幸無尾，但恐更理會科斗時事也。』」

天夭是椓〔一〕

詩：「天夭是椓」〔二〕，後漢張衡傳引之云〔三〕：「利害始萌，害漸亦牙。速速方穀，夭夭亦加。」①以「速速」對「夭夭」爲義，良爲有理。今本作「天夭」，安知非字之誤邪〔四〕？

【校】

① 速速方穀夭夭亦加　速速，丹鉛餘録卷十一作「蔌蔌」。亦加，後漢書卷六十（下）蔡邕傳作

「是加」。

【注】

〔一〕據升庵經説卷五補。

〔二〕見詩小雅正月，「佌佌彼有屋，蔌蔌方有穀。民今之無禄，天夭是椓」。

〔三〕張衡傳，當作「蔡邕傳」，升庵記誤。下引「利害始萌」，作「利端始萌」。

〔四〕升庵經説卷五「民今之無禄天夭是椓」條證之曰：「邕去古未遠，疑得其真。且『佌佌』、『速速』、『夭夭』，連文爲是，不應『速速』下又特出『夭夭』也。『夭夭』之義自然；『夭夭』之説强勉。王介甫詩：『栩栩幽人夢，夭夭老者居。』亦祖蔡説。」

丹書〔一〕

大戴禮武王踐阼三日，召師尚父而問曰：「黄帝、顓頊之道存乎？意亦不可得而見與？」師尚父曰：「在丹書。其言曰：『敬勝怠者吉，怠勝敬者滅，義勝欲者從，欲勝義者凶。』」注不解丹書爲何物。按左傳襄公二十三年「斐豹隸也，著於丹書」。注：「犯罪没爲官奴，以丹書其罪。」近世魏律，緣坐没配爲工樂雜户者，皆用赤紙爲籍，其卷以鉛爲軸，此亦古人丹書之遺法。據此，則丹書，古人之法律書名也。蓋戒人之怠與欲，而勉以敬義；失敬義則入怠欲，而隸於刑矣。然以法律之書，而陳敬義之訓，先王以道治天下，而不恃乎法，其亦異乎鄭書、晉鼎乎？

【注】

〔一〕據升庵集卷四十四補。

【辨】明陳耀文以爲丹書「非法律書名」。正楊卷一「丹書」條云：「尚書：帝命驗云：『季秋之月甲子，赤爵銜丹書入於酆，止於昌户。』……春秋：元命苞云：『鳳凰銜丹書於文王之都。』……是類謀云：『受赤雀丹書，注入戊午蔀。』……呂氏春秋云：『文王見火鳥銜丹書，集於周舍。』左傳云：『初，斐豹隸也，著於丹書。』……斐豹謂范宣子曰：『苟焚丹書，我殺督戎。』……據斐豹欲焚其丹書，又注謂以丹書其罪，似非法律書名，周之丹書其可焚乎？引之爲證亦不類。」又引晏子春秋云：「公游於紀，得金壺，發而視之，中有丹書。……」漢書云：「高祖定天下封功臣，申以丹書之信，重以白馬之盟。豈皆法律書耶！」（景印文淵閣四庫全書八五六册　臺灣商務印書館）

程鄭〔一〕

左傳：「晉侯嬖程鄭，使佐下軍。鄭行人公孫揮如晉聘，程鄭問焉，曰：『敢問降階何由？』子羽不能對，歸以語然明。然明曰：『是將死矣。不然，將亡。』」〔二〕孔穎達曰：「趙文子，賢人也，將死，其語偷。程鄭，小人也，將死，其言善。皆爲失常。」

【注】

〔一〕據升庵經説卷八補。

〔二〕見左傳襄公二十四年。公孫蠆，作「公孫揮」，字子羽。不能對，萬曆本脱「能」，作「不對」。

弓足〔一〕

墨莊漫録載：婦女弓足始於五代李後主①，非也。予觀六朝樂府有雙行纏，其辭云：「新羅繡行纏，足趺如春妍。他人不言好，獨我知可憐。」唐杜牧詩云：「鈿尺裁量減四分②，碧琉璃滑裏春雲。五陵少年欺他醉，笑把花前出畫裙。」〔二〕段成式詩云：『醉袂幾侵魚子纈，彯纓長戛鳳凰釵。知君欲作閒情賦，應願將身作錦鞋。』〔三〕花間集詞云：『慢移弓底繡羅鞋。』〔四〕則此飾不始於五代也③。或謂起於妲己，乃瞽史以欺閭巷者，士夫或信以爲真，亦可笑也。

【校】

① 婦女弓足始於五代李後主　墨莊漫録卷八云：「婦女之纏足，起於近世。」「五代李後主」，爲升庵所改。

②鈿尺裁量減四分　量，丹鉛餘録卷十一、丹鉛總録萬曆本作「良」，丹鉛摘録卷三、升庵集、升庵外集作「量」，據改。

③「五代也」後，丹鉛摘録卷三有「明矣」二字。

【注】

〔一〕據譚苑醍醐卷三補。

〔二〕此爲杜牧詠襪詩，碧琉璃滑，一作「纖纖玉筍」，見樊川文集外集。

〔三〕此爲段成式嘲飛卿七首之二，見全唐詩卷五八四。

〔四〕見花間集卷九毛熙震浣溪沙。慢移，作「緩移」。

【辨】

升庵譚苑醍醐卷三亦有『弓足』一條，文字不同，附録於後：

墨莊漫録考婦女弓足，起於李後主。予按樂府雙行纏，知其起於六朝。張禺山云：「史記云：『臨淄女子，彈弦躧屣。』又云：『搖修袖，躡利屣。』意古已有之。」再考襄陽耆舊傳云：「盜發楚王家，得宫人玉屐。」張平子賦云：「金華之舄，動趾遺光。」又云：「履躡華英。」又云：「羅襪躡蹀而容與。」曹子建賦：「羅襪生塵。」焦仲卿妻詩：「足躡花文履。」繁欽詩：「何以釋憂愁，足下雙遠游。」梁武帝莫愁歌：「足下絲履五文章。」卞蘭美人賦：「金蕖承華足。」陶潛賦：「願在絲而爲履，附素足以周旋。」崔豹古今注：「晉世履有鳳頭、重臺、分捎之制。」（注：見中華古今注卷中）唐詩：「便脱鸞靴出翠幃。」又麗情集載，章仇公鎮成都，有真珠之惑，或上詩以諷云：「神女初離碧玉階，彤雲猶擁牡丹鞋。應知子建憐羅襪，顧步裹衣拾墜釵。」李義山詩：「浣花牋紙桃花色，好好題詩詠玉鈎。」陶南村謂唐人題詠略不及之，蓋亦未之博考也。

明胡應麟丹鉛新録（卷八）對纏足考訂甚詳，計有「周禮屨人」、「雙行纏」、「素足女」、「浣紗女」、「禹山戲語」、「弓足」、「履考」七則。其「雙行纏」條云：「『樂府雙行纏』，蓋婦人以襯襪中者，即今俗談裹脚也。唐以前婦人未知紥足，勢必用此，與男子同。男子以帛，婦人則羅爲之，加文繡爲美觀，以蔽於襪中，故他人不言好，獨所歡知之，語意明甚。考御覽屨詩云：『足躡承雲履，豐趺皜春錦。』夫足趺不言小而言豐，則古婦人不纏紥可決千載之疑矣。

「杜牧之詩『纖纖玉筍裹春雲』，見合璧事類。楊作『碧琉璃滑』，誤也。婦人纏足實當起於此時，並楊所引花間詞、商隱詩絶可證。然合璧引杜詩乃入襪類，恐唐人自以足爲玉筍，非必以弓纖也。牧之集亦作詠襪詩，楊誤。

「自墨莊漫録以纏足始五代，諸小説所見皆同。余舊頗疑之，因考古昔詩詞……婦人之妍極矣，而不云其足之纖。又史傳所載古今美婦人必有大異於衆者，果六代前知纏足，則積習之久，其創意出奇，豈無一二殊絶，而史傳杳不聞？又楚宫之腰，漢宫之髻，皆以風俗崇尚，昭灼簡書，至足之弓小，今五尺童子咸知艷羨，當時寧無一酷好者？而靈運、太白沾沾素足之女，俾千載風流之案迨老鐵而發耶？觀木蘭歌始終改服，足其變革之大者而俱置之，餘可概見矣。

「唐以前婦人足與男子無異，則足之服制可知。子建所稱羅襪，成式所賦錦鞋，大概與男子同，或加文繡耳。今世纏足已久，不爾則衆揶揄之，當六代前不以爲人妖乎？……

「道山新聞云：『李後主宮嬪窅娘纖麗善舞，以帛繞脚屈上如新月狀，由是人皆效之，以此知紮脚五代以來方有之。如熙寧、元豐前人猶爲者少，近年則人人相效，以不爲者爲耻也。』右墨莊漫録所引，據此則宋初婦人尚多不纏足者。」

其「弓足」條云：「雙行纏之説已詳辯於前矣，即楊此條所引，益知唐以前婦人無紮足者也。履也、屣也、舄也、屐也，四者小異而大同。古男子、婦人共之，蓋其形制不甚懸絶。自唐、宋、五代纏足，遂專以弓鞋屬之婦人，而履、屣、屐、舄皆歸之男子。考用修所引秦、漢、六朝語：躧屣、利履、玉屐、鸞靴、金華、遠游、花文、重臺諸制，並男子同，無一及於弓纖者，當時婦人足可概見。雖鳳頭、牡丹等號，類今女子所爲，然率是履上加以文繡花鳥作此名耳，惟義山詩較似近之，實温、杜一時事也。」

其「禺山戲語」云：「古今制度創革誠有大小同者，如書籍之雕板、婦人之纏足，皆唐末、五代始之，盛於宋，極於元，而又極盛於今。二事顛末絶相類，纏足本閨幃瑣屑，故學者多忽之，因歷考其説如右。顧六朝前載籍浩瀚，或他有確證可盡破羣疑者，餘固不敢執以始於唐末也，博極君子幸共詳焉。」（見少室山房筆叢卷十二　中華書局）

周后稷世〔一〕

史記、世本、國語載后稷至文王凡十五世。愚按：后稷始封至文王即位，凡一千九十餘年，而止十五世，可疑也。或曰：上古人多壽考。然而父子相繼，三十年爲一世，常理也。以十五世而衍爲一千九十餘年，即使人皆百歲，亦必六十而娶，八十始生子，而後可叶其數，豈有此理邪？稷與契同封，契至成湯四百二十餘年，凡十有四世①。而稷至文王，年倍而世半之，何稷之子皆長年，而契之子孫皆短世乎？此又可證也。夫以周家帝王之世，國史載之猶難明，若此，近世家譜，可盡信乎！

【校】

① 凡十有四世　升庵集、升庵外集作「凡九十四世」。

【注】

〔一〕據升庵集卷四十七補。升庵外集卷三十八題注云：「與前吕梁碑少異。」

黨籍碑〔二〕

宋元祐黨籍碑，成於蔡氏父子，其意則王安石啓之也。安石嘗作曹社詩以寓意，謂神姦變化，自古難知，辨之而不疑者，惟禹鼎焉。魑魅合謀，蓋非一日，太丘之社，其亡也晚，蓋以喻新法異意之人，將爲宋室之禍也。其後門生子婿，相繼得政，果鑄寶鼎，列元祐諸賢司馬光而下姓名於其上，以安石比禹績，而以司馬諸公爲魑魅。呂惠卿載諸謝章曰：「九金聚粹，畫圖魑魅之形，自此黨論大興，賢才消伏，卒致戎馬南騖①，赤縣丘墟，一言喪邦，安石之謂也。」慎按：安石之惡，流禍後世有如此。宋之南遷，安石爲罪之魁，求之前古姦臣，未有其比。雖後漢晚唐黨禍，不若是其烈。然彼乃宦者閹奴，身爲惡而顯遭戮，國史明著爲奸臣矣。安石以文濟姦，黨惡又衆，至於後世，是非猶舛。朱晦庵作宋名臣言録。以王安石爲名臣，與司馬光並列。夫司馬光與安石所爭者，新法也。新法之行是，則諫沮新法者非，安石爲名臣，則司馬光不得爲名臣矣。今著名臣録，自擬於春秋，而光與安石並列，則是石碏與州吁皆爲忠臣，崔杼與晏嬰皆爲義士，而孔子可與少正卯同列，孟子可與儀、秦齊班乎？其微意不可知，豈暗用紹聖調停之法於史册之間乎？朱子平生功業不可見，而去取如此，可疑也。且司馬作通鑑，書諸葛亮入寇，公作綱目正之，當矣！

然通鑑所書，因乎陳壽名臣録；公之進安石，則未有因也。公之特筆，而天下後世，雖兒童走卒，未有一人之見同焉者也。或曰：公之取安石，憎而知其善也。爲其護細行，有經學與文章也。噫，是又不通之甚矣。憎而知其善者，小惡而可改者也。若夫引羣邪，害衆正，誤人主，亡社稷，此元惡大憝，雖有小善，不足言矣。王夷甫、諸彦回未嘗不護細行，孔光、張禹未嘗無經學，李斯、曹操豈不能文章，史、固未嘗假借之也。予又見他書載：金兵入汴，見鑄鼎之象而嘆曰：『宋之君臣，用舍如此，焉得久長！』遂怒而擊碎之。夷狄猶知惡安石，而大儒朱子反尊崇之，何故？安得起公於九原而一問之邪！

【校】

① 卒致戎馬南騖　騖，丹鉛餘録卷十一作「牧」。

【注】

〔一〕據升庵集卷四十九補。集中論王安石的文字，尚有議論不公不明、鄖山正論、洪平齋挽荆公詩等，可參看。

辟雍泮宫〔一〕

辟雍、泮宫，非學名，予於魯頌引戴埴之説而申之既詳矣〔二〕。近又思之，説文「辟雍」作

「辟廱」，解云：「辟，牆也。廱，天子享宴辟廱也。」魯詩解云：「騶虞，文王囿名也。辟雍，文王宫名也。」以説文、魯詩之解觀之，則與詩「鎬京辟雍」、「於樂辟雍」之義皆合矣。辟雍爲天子學名，泮宫爲諸侯學名，自王制始有此説〔三〕。王制者，漢文帝時曲儒之筆也，而可信乎？孟子曰：『夏曰校，殷曰序，周曰庠，學則三代共之。』〔四〕使天子之學曰辟雍，爲周之制，則孟子固言之矣。既曰『辟雍』，而頌云『於彼西雍』，考古圖又有『胥雍』，則辟雍也，西雍也，胥雍也，皆爲宫名無疑也。魯頌既曰「泮宫」，又曰「泮水」，又曰「泮林」，則泮宫者，泮水傍之宫；泮林者，泮水傍之林無疑也。魯有泮水，故因水名以名宫。即使魯之學在水傍而名泮宫，如王制之説，當時天下百二十國之學，豈皆在泮水之傍乎？而皆名泮宫邪？予又觀宋胡致堂云：「靈臺詩所謂『於樂辟雍』，言鳥獸昆蟲各得其所，鼓鐘簴業莫不均調於此①。所論之事，惟鼓鐘而已。於此所樂之德，惟辟雍而已。辟，君也。雍，和也。文王有聲所謂『鎬京辟雍』，義亦若此而已。且靈臺之詩，叙臺池苑囿，與民同樂，故以『矇瞍奏公』終之。胡爲勸入學校之可樂，與鐘鼓諧韻而成文哉？文王有聲止於繼武功②、作豐邑、築城池、建垣翰，以成京師，亦無緣遽及學校之役。上章曰『皇王維辟』，下章曰『鎬京辟雍』，則知辟之爲君無疑也。泮水詩言『魯侯戾止』，且曰『於邁』，固疑非在國都之中。且終篇意旨，主於服淮夷，故獻馘獻囚，出師征伐，皆於泮宫，烏知泮宫之爲學校也。特取其中『匪怒伊教』一句，爲一篇之證則末矣。王制起於漢文時，其失已久，後世既立太學，又建辟雍，若有兩太學者，尤可笑也。」〔五〕按致堂之言，與予見合。而説文、魯詩解、戴埴之論，皆可迎刃，特俗見膠滯已久，可與知道者道耳。

【校】

① 鐘鼓簴業莫不均調於此　於此，四庫本作「如此」。下文「於此」，同。

② 文王有聲止於繼武功　武，上杭本、萬曆本作「伐」，據四庫本、經説改。

【注】

〔一〕據升庵經説卷六、升庵集卷四十二補。

〔二〕戴埴之説，見鼠璞卷上「泮宫」。

〔三〕禮記王制云：「天子命之教，然後爲學。小學在公宫南之左，大學在郊。天子曰辟雍，諸侯曰頖宫。」

〔四〕見孟子滕文公上。

〔五〕見宋胡寅讀史管見。胡寅，字明仲，人稱致堂先生，著有論語詳説、斐然集。

【辨】

泮宫、辟雍，漢儒以爲學宫。升庵據説文、魯詩解、合而駁之而作新解，持之有故，言之成理，可備一説。戴埴之論，附録於後：

戴埴曰：魯泮宮，漢儒以爲學宮。予觀泮水序，止曰「頌僖公能修泮宮」，而詩言「無小無大，從公於邁」，則征伐之事；言「順彼長道，屈此羣醜」，則克敵之功；言「淮夷攸服」，「既克淮夷」，「淮夷卒獲」，則頌淮夷之服。借曰受成於學，獻馘獻囚，可也；於此受琛，「元龜象齒，大賂南金」之畢集，何也？曰「濟濟多士，克廣德心」，似矣。而繼以「桓桓於征，逖彼東南」，不過從邁之多賢，何也？又曰「載色載笑，匪怒伊教」，似矣。而先以「其馬蹻蹻，其音昭昭」，不過宴享之和樂，何也？合序與詩，皆無養才之説，其可疑一也。春秋所書莫大於復古，僖公登臺望氣，小事也，左氏猶詳書之。學校久廢而乍復，蓋關吾道之盛衰，何經傳略不一書？其可疑二也。駉序言史克作頌，以修伯禽之法，足用、愛民、務農、重穀數事。使果能興崇學校，何不表而出之，以侈君之盛美？其可疑三也。上庠，虞制也；東序、西序，夏制也；左學、右學，東膠、虞庠，商周之制也。孟子言庠、校、序，皆古之學。使諸侯之學，果名泮宮，何他國略無聞焉？其可疑四也。禮記多出於漢儒，其言頖宮，蓋因詩而訛。鄭玄解詩「言泮，半也」，解禮記「頖，言班也」，以此班政教。使鄭氏確信有據，以泮爲學。何故隨字致穿鑿之辭？其可疑五也。予意僖公作宮於泮池，落成之際，詩人善禱，欲公戾止，於此永錫難老而服戎狄，於此昭格孝享而致伊祜，於此獻馘獻囚而受琛貢。此篇與宣王考室之詩相表裏也。又按：通典言魯國有泗水縣，泮水出焉。然後知泮乃魯水名。僖公建宮於上，因水以名宮。如楚之渚宮，晉之虒祁也。泮水、泮宮、泮林，一也。以泮水爲半水，泮林亦爲半林乎？又求之莊子，言歷代樂名，黄帝有咸池，堯有大章，禹有夏，湯有濩。文王有辟雍，爲天子學，亦非也。詩言「於倫鼓鐘，於樂辟雍」，亦無養才之意。莊子去古未遠，當得其真。漢儒因解泮水，求之義不可得，故轉辟爲璧，解以圓水。予謂戴氏之見卓矣，其辨博矣！按左氏「晉侯濟自泮」。泮果水名，足證矣。

又按辟雍、泮宫爲學名，始於王制之傅會，吴澄禮纂言曰「詩言鎬京辟雍」，又言「在泮飲酒」，未有以見其必爲學宫之名也。禮器云：「魯人將有事於上帝，必先有事於頖宫。」注謂「頖宫，告后稷也」。此又頖宫非學之一證。（見丹鉛續録卷一「魯頌泮宫」、升庵經説卷六「泮宫」、戴埴鼠璞卷上「泮宫」，文字小異。）

錢鏐〔一〕

司馬温公通鑑載：吴越王錢弘佐，年十四即位，温恭好書禮士，問倉吏：「今蓄積幾何？」曰：「十年。」王曰：「軍食足矣，可以寬吾民。」乃命復其境内税三年。歐陽永叔五代史乃云：「錢氏自武穆王鏐，常重斂以事奢侈，下至魚鷄卵鷇，必家至日取。每笞一人以責其負，則諸案吏各持簿於庭，凡一簿所負，唱其多少，量爲笞數，笞已則以次唱而笞之，少者猶積數十，多者百餘，人不堪其苦。」〔二〕歐陽史、司馬鑑所載不同，可疑也。胡致堂曰：「司馬氏記弘佐復税之事，五代史不載；歐陽修記錢氏重斂之虐①，通鑑不取，其虚實有證矣！」予按宋代別記載歐陽永叔爲推官時，昵一妓，爲錢惟演所持，永叔恨之，後作五代史，乃誣其祖以重斂民怒之事。若然，則挾私怨於褒貶之間，何異於魏收輩耶〔三〕！

【校】

①歐陽修記錢氏重斂之虐 虐，萬曆本作「虛」，據丹鉛餘録卷十二改。

【注】

〔一〕據升庵集卷五十七補。

〔二〕見新五代史卷六十七錢鏐傳。引文有删改。重斂，作「重斂其民」。案吏，作「案史」。人不堪其苦，作「人尤不勝其苦」等。

〔三〕明陳絳金罍子卷二十八云：「要之史通叙錢氏立國耳，通鑑顧獨載其一王一時事宜，不足相揜。至於美惡畢記，則五代史不害其爲疎略，而至詆以爲報復，恐亦不然也。近世楊升庵氏好詆斥六一，作丹鉛録，遂亦捃摭以爲公罪案云。」

五代史〔一〕

歐陽氏五代史，譽之太過其實，至云勝於史記。此宋人自尊其本朝人物之言，要其實，未也。史記自左氏而下，未有其比，其所謂獨冠諸史，非特太史公父子筆力，亦由其書會輯左氏、國語、戰國策、世本，及漢代司馬相如、東方朔輩諸名人文章，以爲楨幹也。五代史所載，有是文章乎？况其筆力亦萎靡不振，不足爲司馬遷家奴①，而云勝之，非欺天罔人而何②？〔二〕

【校】

①不足爲司馬遷家奴　升庵集、升庵外集作「不足窺司馬遷藩籬」。

②非欺天罔人而何　丹鉛摘録卷一作「非公言也」。

【注】

〔一〕據升庵集卷四十七補。

〔二〕明陳耀文正楊卷四駁之曰：「『罔人』可爾，乃云『欺天』，豈天亦讀書耶！子瞻問歐陽公曰：『五代史可傳後也乎？』公曰：『修於此竊有善善惡惡之志。』蘇公曰：『韓通無傳，惡得有善善惡惡。』公默然。野客叢書。他如介甫嗚呼之誚，一一等文字之譏，在宋固自有後言矣。獨舉一隅，詎爲定論耶？嘉祐中進士吴鎮爲五代史纂誤刊行之。」

丹鉛總録卷之二十六

璅語類

漢書列於紀年〔一〕

漢書律曆志：「上元至伐桀之歲，十四萬一千四百八十年。」〔二〕列子楊朱云：「伏羲至今，三十餘萬歲。」〔三〕二説既參差，而路史及外紀其年代復與二家參差。邵堯夫皇極數斷以天地始終止十二萬八千年，以邵子之言，參之漢書、列子，則天地之始終又兩番矣，是孰爲是邪？善乎莊子之言曰：「六合之外，聖人存而不論。」〔四〕漢書、列子之言誠荒唐矣，邵子之言亦安知其的然耶？存而不論可也。

【注】

〔一〕本卷多録自丹鉛餘録卷十二，原無目。此條條目據升庵集卷四十七、升庵外集卷三十八補。

〔二〕見漢書律曆志下。年，作「歲」。

〔三〕見列子卷七楊朱。伏羲至今，作「伏羲已來」。

〔四〕見莊子齊物論。

女巫〔一〕

吕覽：「楚之衰也，作爲巫音。」〔二〕注：「女曰巫。」楚辭九歌：「巫以事神。」其女妓之始乎？漢曰「總章」，曰「黄門倡」。然齊人歸魯而孔子行，秦穆遺戎而由余去，又不始於楚矣。漢郊祀志祭郊時宗廟，用僞飾女妓，今之裝旦也，其褻神甚矣。

【注】

〔一〕據升庵集卷七十一、升庵外集卷二十一補。

〔二〕見吕氏春秋侈樂。

尋斧〔一〕

左傳：「庇焉而縱尋斧焉。」〔二〕一本「焉」下有「斯之」二字。唐人文集引此云：「蔭其樹者，不折其枝，庇焉而縱尋斧焉以斯之，可乎？」

【注】

〔一〕據升庵經説卷七、升庵外集卷三十補。

〔二〕見左傳文公七年。

韋叡〔一〕

六朝人才，韋叡爲冠。司馬温公曰：「其臨陣也勇，其執事也敬，其律己也廉，其與人也惠，其居官也明，功成身退，明哲保身。」齊梁之世，乃有若人耶？「是時，武帝方鋭意釋氏，天下從風而靡，而叡獨不與，嗚呼，叡亦豪傑之士哉！」〔二〕

【注】

〔一〕據升庵集卷四十九，升庵外集卷四十二補。

〔二〕此非温公語，見宋黄震黄氏日抄卷四十八「南史齊梁」。「功成身退」後删「日課諸兒」等語。

王朴〔一〕

五代人才，王朴爲冠。其平邊策，攻取先後，宋興之初先平江南，晚定河東，次第不能易也。外事征伐，内修文治。其論星曆，宋定欽天曆不能易也；其論樂律，宋作大晟樂不能易也。其言有曰：「彼民與此民之心同，是與天意同契。天人意同，則無不成之功。」〔二〕近於知道矣，五季之世而有若人邪！

【注】

〔一〕據升庵集卷四十九、升庵外集卷四十四補。

〔二〕此爲秦觀王朴論中語，見淮海集卷二十二：「方世宗之時，外事征伐，内修法度。而朴至於陰陽律曆之學，無所不通，所定欽天曆，當世莫能易。而其所作樂，至今用之而不可改。其五策之意，彼民與此民之心同，是與天意同契。天人意同，則無不成之功。」引文有較大删改。

辟雍非太學〔一〕

魏書鍾繇傳：「明堂所以祀上帝，靈臺所以觀天文，辟雍所以修禮樂，太學所以集儒林，高禖所以祈休祥。」〔二〕既稱太學，又稱辟雍，可證辟雍非太學也，明矣。

【注】

〔一〕據升庵集卷四十八、升庵外集卷八補。本書卷二十五「辟雍泮宫」，可參看。

〔二〕魏書鍾繇傳，未見此語。見三國志魏書王朗傳注引魏名臣奏載「朗節省奏曰」中語。

麗驂〔一〕

王肅曰：「古者一轅之車，夏后氏駕兩馬謂之麗，殷益以一騑謂之驂，周人又益以一謂之

駟。」〔二〕今按：周人實兼用之，故曰「騧驪是驂」〔三〕。又曰：「城門之軌，兩馬之力與？」〔四〕

【注】

〔一〕據升庵集卷七十二、升庵外集卷二十補。

〔二〕見詩毛氏傳疏卷二鄘風干旄疏引王肅云：「古者一轅之車，駕三馬……夏后氏駕兩謂之麗，殷益以一騑謂之驂，周人又益一騑謂之駟。」

〔三〕見詩經秦風小戎：「騏駵是中，騧驪是驂。」

〔四〕見孟子盡心下。

雁賦〔一〕

劉向賦雁云：「順風而飛以助氣力，銜蘆而翔以避矰繳。」羊祜雁賦云：「鳴則相和，行則接武，前不絕貫，後不越序。」〔二〕辭旨超遠，出於辭人一等矣。

【注】

〔一〕據升庵集卷五十二、升庵外集卷六十六補。

〔二〕見藝文類聚卷九十一「雁」。升庵集、升庵外集所引前，有「排雲墟以頡頏，汰弱波以容與。進凌萬乎太清，退嬉遊於玄渚」四句；後有「齊力不期而並至，同趣不要而自聚。當其赴節，則萬里不能足其路；苟泛一壑，則衆物不能易其所。臨空不能頓其翼，揚波不能濺其羽。浮若飄舟乎江之濤，色若委雪乎崖之阿」十句。

葦交螺首〔一〕

「夏后氏金行，初作葦交，言氣交也。殷人水德，以螺首慎其閉塞，使如螺也。周人木德，以桃爲梗，言氣相更也。」〔二〕莊子曰：「插葦於户，布灰其下，童子入不畏而鬼畏之，是鬼之智不如童子也。」〔三〕今人元日以葦插户，螺則今之門鐶也。桃梗，今之桃符也。

【注】

〔一〕據升庵集卷七十一、升庵外集卷八補。

〔二〕見後漢書禮儀志中。初作葦交，作「作葦茭」。梗，作「更」。

〔三〕見藝文類聚卷八十六「桃」引莊子佚文：「插桃枝於户，連灰其下，童子入不畏而鬼畏之，是鬼智不如童子也。」插葦，作「插桃枝」。布灰，作「連灰」。

花深深詞〔一〕

草堂詩餘：「花深深」詩①，鄭文妻孫夫人作〔二〕。

【校】

① 花深深詩　詩，上杭本、萬曆本、丹鉛餘録卷十二作詩，四庫本作「詞」。

【注】

〔一〕據升庵詞品卷二、升庵外集卷八十二補。

〔二〕升庵詞品卷二：「草堂詞花深深，按玉林詞選，乃李嬰之作。今以爲孫夫人，非也。」玉林詞選，即花庵詞選，無此詞，升庵誤記。

古醫諺〔一〕

「枇杷黄，醫者忙；橘子黄，醫者藏。」〔二〕「蘿葡上場，醫者回鄉。」言夏多疾①，冬自平也。古諺云云。

【校】

①言夏多疾　疾，丹鉛餘録卷十二作「疾病」。

【注】

〔一〕原無目，條目補擬。

〔二〕見宋陳郁藏一話諛上。卷九「橘黄」可參看。

蘇子由語〔一〕

蘇子由云：「區以别矣，如瓜疇芋區之區。自反而縮，如王祭不供，無以縮酒之縮。」〔二〕

【注】

〔一〕原無目，條目補擬。

〔二〕此語見宋蘇籀記欒城遺言。瓜疇芋區之區，作「瓜芋之區」。

逍遥遊〔一〕

黄幾復解莊子消揺遊名義云：「消者如陽動而冰消，雖耗也不竭其本；揺者如舟行而水揺，雖動也而不傷其内。游於世者若是，唯體道者能之。」〔二〕

【注】

〔一〕據升庵集卷四十六、升庵外集卷四十六補。

〔二〕見山谷集卷二十三黄幾復墓誌銘。

興王良佐〔一〕

陸宣公云：「興王之良佐，皆季代之棄才。」〔二〕歐陽公云：「勝棊所用，敗棊之著也；興國所用，亡國之臣也。」〔三〕

【注】

〔一〕據升庵外集卷五十三補。

〔二〕見陸贄陸宣公翰苑集卷二十一論朝官闕員及刺史等改轉倫序狀。

〔三〕見新五代史卷三十一周臣傳論，作「勝者所用，敗者之棊也；興國所用，亡國之臣也」。

不即丕〔一〕

古地名多有「不」字，如春秋之「不羹」、「華不注」，史之「不周」、「不美」、「不耐」，山海經之「不津」、「不庭」、「不其」。或曰：不讀作丕，古無丕字，不即丕也。詩曰「不顯惟德」、「不戢不難」〔二〕，皆讀作「丕」，亦一説也。

【注】

〔一〕據升庵集卷七十一補。

〔二〕見詩經周頌烈文、小雅桑扈。

皇帝王伯〔一〕

劉歆云①：「三皇象春，五帝象夏，三王象秋，五伯象冬。」〔二〕邵子皇極全用之〔三〕。孝經緯引孔子曰：「春秋屬商，孝經屬參。」皇極經世以易、書、詩、春秋配春、夏、秋、冬，亦有所祖述也〔四〕。

【校】

①劉歆云　升庵集卷四十六、升庵外集卷三十八作「前漢書王莽傳」。

【注】

〔一〕據升庵集卷四十六、升庵外集卷三十八補。

〔二〕見漢書卷九十九下王莽傳下。

〔三〕見邵雍皇極經世書觀物篇。

〔四〕升庵集、升庵外集之「皇帝王伯」，與此條文字不同。前漢書王莽傳：「三皇象春，五帝象夏，三王象秋，五伯象冬。」後漢書：「易載羲農而皇德著，書著唐虞而帝道崇。」邵堯夫以皇、帝、王、伯配春、夏、秋、冬，而易配皇，書配帝，詩配王，春秋配伯，亦有所祖也。

【辨】

明何良俊以爲升庵此説「好奇穿鑿」。四友齋叢説卷三十六「考文」曰：「楊升庵丹鉛餘録云，劉歆言三皇象春，五帝象夏，三王象秋，五伯象冬。邵子皇極經世全用之。孝經緯引孔子曰：『吾志在春秋，行在孝經。以春秋屬商，孝經屬參。』皇極經世以易、詩、書、春秋配春、夏、秋、冬，亦有所祖述也。余謂升庵精博，近世罕見其儷。然亦有好奇過於穿鑿處。夫孔子以春秋屬商（子夏，名卜商）、孝經屬參（曾參，字子輿）者，蓋以子夏有文學，故以春秋屬之；曾子純孝，故以孝經屬之耳。苟如升庵之論，則是以參、商爲二星，而以春秋、孝經分屬之，失之遠矣。」（四友齋叢説　中華書局

古史考〔一〕

譙周古史考以炎帝與神農各爲一人，羅泌路史以軒轅與黄帝非是一帝，史皇與蒼頡乃一君一臣。共工氏或以爲帝，或以爲伯而不王，祝融氏或以爲臣，或以爲火德之主〔二〕。楊朱云：「三皇之事若存若亡，五帝之事若覺若夢，三王之事或隱或顯，億不識一；當身之事，或見或聞，萬不識一；目前之事，或存或廢，千不識一。」〔三〕至哉言乎！予觀近日刻國朝登科録，洪武庚戌至甲子，不知取士之科幾開，張顯、花倫、金璹不知爲何科大魁，況考論洪荒之世乎！

【注】

〔一〕據升庵集卷四十七、升庵外集卷三十八補。

〔二〕見古緯書卷十七禮緯：「譙周古史考則云：燧人次有三姓，乃至伏羲；伏羲次有三姓，始至女媧。鄭玄以大庭氏是神農之别號，而譙周以神農、炎帝非一人，自神農至炎帝一百三十三姓。羅泌路史至以爲軒轅之前别有軒轅，而有巢之上更有一有巢，何上古之多眇冥也。」

〔三〕見列子卷七楊朱篇。

袁裒論書〔一〕

袁裒云：「右軍用筆，内擫而收斂，故森嚴而有法；大令用筆，外拓而開擴，故散朗而

多姿。」〔三〕

【注】

〔一〕據升庵書品卷二、升庵外集卷八十八補。

〔二〕見元文類卷三十九袁裒題書學纂要後。法，作「法度」。開擴，作「開廓」。

四子侍坐〔一〕

「以吾一日長乎爾。」長，老也。「無吾以也。」以，用也。孔子言已老矣，不能用也，而付用世於四子也。故三子皆言用世也。晳之言亦用世，而非大用也。「冠者」、「童子」，雩祭人也。「浴乎沂」，涉沂水也，象龍從水中出也。「風乎舞雩」，風，歌也。「詠而饋」，詠，歌；饋，祭也。職既輕於抱關擊柝，事更邇於鄉俗里閈①，不必居夷之遠，浮海之險也。偶一爲之，時適其適也；自適其適，而不適人之適也。「夫子與之」者，意在言外。「喟然」者，所感深矣。此王符之説，古必有授。韓退之以浴爲沿，非。宋人堯舜氣象，天地同流之説，又過矣〔二〕。曾晳，狂者也，本有用世大志，而知世之不我以也，故爲此言，以銷壯心而耗餘年。此風一降則爲莊、列，再降則爲嵇、阮矣。豈可鼓之舞之，推波助瀾哉！

【校】

① 事更邇於鄉俗里閈　更，萬曆本作「文」，四庫本、升庵經説卷十三、升庵外集卷三十六作「又」，丹

鉛餘録卷十二原作「更」，據改。

【注】

〔一〕據升庵經説卷十三補。

〔二〕見朱熹論語精義卷六。

蟾蜍〔一〕

「月中獸，蟾蜍也。其類在地，螺與蚄也。月毁於天，螺蚄臽缺。」〔二〕

【注】

〔一〕據升庵集卷七十四補。

〔二〕王充論衡卷十五順鼓篇作「月中之獸，兔、蟾蜍也」。「螺蚄臽缺」後脱「同類明矣」。臽，同「陷」。

三公〔一〕

尚書：太師、太傅、太保，曰三公〔二〕。書大傳曰：「太師，天公也；太傅，地公也；太保，人公也。煙氛郊社不修，山川不祀，風雨不時，雪霜不降，責在天公；臣多弑主，孽多殺宗，五品不訓，責在人公。城郭不繕，溝池不修，水泉不隆，責在地公。」〔三〕後漢張角作亂，稱天公將軍，人公將軍，蓋亦竊古義也。

【注】

〔一〕據升庵經説卷三、升庵集卷四十二補。本書卷十六「三公」條與此條不同，可參看。

〔二〕見尚書周書周官：「立太師、太傅、太保，兹惟三公。」

〔三〕此節引文見論衡順鼓篇。烟氛郊社不修，尚書大傳卷三作「烟氛不修」。山川不祀，作「山川不祝」。

鐘鼓鈴⿱竹狄〔一〕

「事大而急者用鐘鼓，小而緩者用鈴⿱竹狄。」〔二〕⿱竹狄與笛同。按穆天子傳注：「⿱竹狄，戟吏所吹。」亦猶急就章注云「漢時亭長吹鞭」也〔三〕。

【注】

〔一〕據升庵集卷四十四、升庵外集卷二十一補。卷二十四「笛⿱竹適」，可參看。

〔二〕見王充論衡卷十五順鼓篇。

〔三〕見程大昌演繁露卷八「吹鞭」：「以竹爲鞭，中空可吹，故曰吹鞭也。今行陣間皆有笛，即古吹鞭之制。」

尸位〔一〕

書云「尸位」〔二〕，詩云「素湌」〔三〕，商君謂之「荒飽」〔四〕，吴起謂「枝官」〔五〕，史云「冗食」〔六〕，又曰「游手」〔七〕。蝝蝗、蝨賊，下不在田矣。

【注】

〔一〕據升庵集卷七十一補。

〔二〕見尚書虞夏書五子之歌：「太康尸位，以逸豫滅厥德。」

〔三〕見詩經魏風伐檀：「彼君子兮，不素餐兮。」

〔四〕見商君書墾令：「大臣不爲荒飽。」

〔五〕見韓非子和氏吴氏教楚悼王曰：「損不急之枝官，以奉選練之士。」

〔六〕見後漢書卷五七劉瑜傳：「冗食空宫，勞散精神。」

〔七〕見後漢書章帝紀：元和三年詔：「務盡地力，勿令游手。」

强弱堅瑕〔一〕

商君曰：「以强去强者弱，以强去弱者强。」〔二〕管子云：「乘瑕則堅者瑕，攻堅則瑕者堅。」〔三〕此用兵之法也。爲學之説亦然，喜問者，如攻堅木，後其節目是也〔四〕。

【注】

〔一〕據升庵集卷七十一、升庵外集卷六十補。

〔二〕見商君書去强、弱民。

〔三〕見管子制分：「凡用兵者，攻堅則軔，乘瑕則神。攻堅則瑕者堅，乘瑕則堅者瑕。」

〔四〕升庵外集卷四十八「堅瑕」條，與此則文字不同：「管子曰：攻堅則軔，乘瑕則神。唐憲宗欲平藩鎮，張弘靖以爲先淮、蔡，而後恒、冀；周世宗欲平天下，王朴以爲先江南，而後河東。」可參讀。

流離〔一〕

尹子曰：「詩詠流離，史書梟鏡①。」流離，鳥名，少好長醜。蓋毛鄭舊説也〔二〕。

【校】

①史書梟鏡　梟鏡，升庵集卷八十一作「梟獍」。梟獍，又名破鏡，惡獸名。史記武帝紀「祠黄帝用一梟破鏡」，集解引孟康曰：「梟，鳥名，食母。破鏡，獸名，食父。黄帝欲絶其類，使百姓祠皆用之。」

【注】

〔一〕據升庵經説卷四、升庵集卷八十一補。

〔二〕見詩邶風旄丘「流離之子」，陸璣毛詩草木鳥獸蟲魚疏下：「流離，梟也。自關而西謂梟爲流離。」

關尹子妙語[一]

關尹子曰：「狡勝賊，能捕賊；勇勝虎，能捕虎。能克己乃能成己，能勝物乃能成物。」[二]

【注】

〔一〕據升庵集卷四十六、升庵外集卷四十八補。

〔二〕見關尹子九藥篇。捕賊，作「勝賊」。捕虎，作「勝虎」。

文公著書[一]

朱文公談道著書，百世宗之。愚詳觀其評論古今人品，誠有違公是而遠人情者。王安石引用姦邪，傾覆宗社，元惡大憝也，乃列之名臣録，稱其文章道德。文章則有矣，焉有引用姦邪，而可名爲道德邪？蘇文忠公文章忠義，古今所同仰也。乃力詆之，謂得行其志，其禍甚於安石。孔子曰：「吾之於人也，誰毁誰譽？如有所譽，其有所試。」[二]文公解之曰：「善善速，而惡惡則已緩矣。」[三]又曰：「但有先褒之善，而無預詆之惡。」信斯言也。文公於此惡，惡得爲緩乎？無乃自蹈於預詆人之惡也。夫以安石之姦，則未減其已著之罪，以蘇子之賢，則巧索其未形之瘢，此心何心哉？或曰不惟此也。「秦檜之姦，人欲食其肉者也，文公稱其有骨力；岳飛之死，天下垂涕者也，文公譏其横，又譏其直向前厮殺。漢儒如董、賈之流，皆一一議其言之疵；匡衡之言頗純粹無瑕，文公則曰匡衡有好懷挾。其不成人之美，例如此。諸葛亮則名之爲盆①。又譏其爲申、韓，陶淵明則譏其爲莊、老，韓文公則文致其大顛往來之書，亹亹千餘言力詆之，必使之不爲全人而後已。」〔四〕蓋自周、孔以下，無一人逃其議。古人謂君子當於有過中求無過，不當於無過中求有過。文公語録論人，皆無過中求有過者也。觀其與同時二三同道私地評論之説，直似村漢罵街，詞訟訐單，豈有道者氣象耶？或者門人記録之過，朱子無忠臣，遂至此歟？

【校】

①諸葛亮則名之爲盆　盆，四庫本作「笨」，升庵外集作「盜」，丹鉛餘録作「諸葛亮則名之爲盆成括」。盆成括，戰國時人，「其爲人也小有才，未聞君子之大道」。仕於齊被殺。朱子語類卷一三一原作「盆」，因音近誤作「笨」，因形近誤作「盜」。本書卷十四「笨字義」可參看。

【注】

〔一〕據升庵集卷四十六、升庵外集卷四十九補。

〔二〕見論語衛靈公，作「如有所譽者，其有所試矣」。

〔三〕見朱熹四書章句集注，作「聖人善善之速，而無所苟如此；若其惡惡，則已緩矣」。

〔四〕見朱子語類卷一百三十一、卷一百三十六，文字有删改。

駭鼓〔一〕

王粲英雄記「整兵駭鼓」，韓文公鄆州谿堂詩「其鼓駭駭」〔二〕，襲用其字。先輩謂韓文無一字無來歷，若此類甚多，注者十不能一二耳。

【注】

〔一〕據升庵集卷五十八、升庵外集卷二十一補。

〔二〕見韓愈詩集卷十二鄆州溪堂詩并序：「公以賓燕，其鼓駭駭。」

虎斑絹〔一〕

後漢志：「襄邑歲獻虎文衣」〔二〕，即今彰德府虎斑絹也。不爲珍綺，而古人重之，何邪？

【注】

〔一〕據升庵集卷七十一、升庵外集卷十六補。

〔二〕見後漢書輿服志：「襄邑歲獻，絹成虎紋。」

鞔鼓〔一〕

吕氏春秋：宋子罕之鄰爲鞔工〔二〕。鞔音蠻，冒鼓也。又曰：「味衆珍則胃充，胃充則中大鞔，而氣不達。」〔三〕鞔又作懣音，氣懣如鼓之鞔也。古人用字無定，義音亦隨轉云〔四〕。

【注】

〔一〕據升庵外集卷二十一補。

〔二〕見吕氏春秋召類：「宋司城子罕曰：南家工人也，爲鞔者也。」

〔三〕見吕氏春秋重己：「味衆珍則胃充，胃充則中大鞔；中大鞔而氣不達。」引文脱後一「中大鞔」。

〔四〕「亦隨轉云」後，升庵外集卷二十一尚有一節：「一步一鼓，步鼓也；十步一鼓，趍鼓也；音不絶，鶩鼓也。」

被褐衣錦〔一〕

吕覽云：「辨議而不可爲，是被褐而入，衣錦而出。」〔二〕孔明云：「違覆而得中，猶棄敝屩而獲珠玉。」〔三〕蓋出古語，美改過也①。

【校】

① 丹鉛餘録卷十二作「盖古有此語，善改過也」。

【注】

〔一〕據升庵集卷七十一補。

〔二〕見吕氏春秋用衆，作「辨議而不可爲，是被褐而出，衣錦而入」。

〔三〕見三國志卷三十九董和傳。敝屣，作「敝蹻」。

筮短龜長〔一〕

「筮短龜長」，杜預注曰：「筮數龜象，象長數短。」此瞽説也。孔穎達云：「神以知來，智以藏往，是以極妙。雖龜之長無以加，此以至理而言，卜筮實無長短。」蓋亦知杜之謬而不敢規之。今按：獻公卜驪姬，卜吉而筮凶，卜人曰：「筮之辭所言理短，龜之辭所言理長。」故下文遂引龜辭，蓋即立驪姬一事，而非謂筮龜有長短也。杜之紕繆類多如此①。

【校】

① 杜之紕繆類多如此　多，萬曆本無，據丹鉛餘録卷十三、升庵經説卷七補。

【注】

〔一〕據升庵經説卷七、升庵集卷七十一補。

【辨】

升庵少受章句於其叔父，嘗以左氏「筮短龜長」之説爲問，叔父云：「杜預之説非也。象與數豈分短與長乎！但以占卜驪姬事，筮從之吉其説短，龜違之凶其説長也。……叔父平日凡説古書，妙解類是。嘗語慎曰：人各有見，果以先儒説後，再無別義，亦固而已矣。」（升庵詩文補遺卷二四書五經餘録義序）

明陳耀文正楊卷一「筮龜」條爲杜注辨之曰：「左僖公四年，初，晉獻公欲以驪姬爲夫人，卜之，不吉；筮之，吉。公曰：『從筮。』卜人曰：『筮短龜長，不如從長。且其繇曰：「專之渝，攘公之羭。一薰一蕕，十年尚猶有臭。」必不可！』弗聽，立之，生奚齊。」注云：「物生而後有象，象而後有滋，滋而後有數。龜象筮數，故象長數短，羭美也。

「僖公十五年，傳云：初，晉獻公筮嫁伯姬於秦，史蘇占之，曰：『不吉。』及惠公在秦，曰：『先君若從史蘇之言，吾不及此夫！』韓簡侍，曰：『龜，象也；筮，數也。物生而後有象，象而後有滋，滋而後有數，先君之敗德，及可數乎？史蘇是占，勿從何益？

「杜注云：『言龜以象示，筮以數告，象數相因而生，然後有占。占所以知吉凶，不能辨吉凶。』觀此則杜之紕謬，不如所云云也。」（見景印文淵閣四庫全書八五六册　臺灣商務印書館）

前茅慮無〔二〕

「前茅慮無，中權後勁」注：「慮無，如今軍行前有斥候、蹹伏，皆持絳及白幡，見騎賊舉絳旛，見步賊舉白旛。中權，中軍制謀。後勁，後以精兵爲殿也。」〔三〕蹲伏，今之裝塘伏路也。中權，今曰中軍。後勁，今曰合後。

【注】

〔一〕據升庵經説卷八、升庵外集卷三十一補。

〔三〕見春秋左傳注疏宣公十二年。

穆姜特謚〔一〕

婦人皆從夫謚，而穆姜乃特謚。觀其致女論詩之言，蓋有才智之哲婦也。文姜亦特謚。

【注】

〔一〕據升庵集卷四十九、升庵外集卷十四補。

不能如辭〔一〕

定公六年〔二〕，子西曰：「不能如辭。」昭十三年，朝吴曰：「二三子若能死亡，則如違之，以待所濟；若求安定，則如與之，以濟所欲。」僖二十一年：「若愛重傷，則如無傷；愛其二毛，則如服焉。」〔三〕正義曰：「敢爲『不敢』，如爲不如。」經傳之文，此類多矣。

【注】

〔一〕據升庵經説卷八、升庵集卷四十二補。

〔二〕定公六年，左傳作「定五年」。

〔三〕僖二十一年，左傳作「僖二十二年」。則如無傷，作「則如勿傷」。

老泉公論〔一〕

蘇老泉云：「唐三百年文章，非兩漢無敵，而史之才，宜有如丘明、遷、固，而卒無一人可與范曄、陳壽比肩。」〔二〕公矣乎，其論乎！蓋雖韓愈順宗實録，亦在所不取也。而宋之瑣儒乃以五代史並遷，此不足以欺兒童，而可誣後世乎！

【注】

〔一〕據升庵集卷四十七補。

〔二〕見蘇洵嘉祐集卷九史論序。兩漢無敵，作「三代兩漢無敵」。

老泉評史通〔一〕

老泉評劉子玄史通云：「世稱其詳且博，然多俚辭俳狀，史之紀事，將復甚乎！其所譏誚者，唯子餗爲差愈，吁其難而然哉！」〔二〕楊萬里云：「知幾史通，毛舉前史，一字必呵。嘗得其所撰高宗武后實録而讀之，意其可拳石班、馬而臧獲陳、范也。及觀其永徽三年事，則曰『發遣薛延陀』，此何等語邪？天授二年事，則言『傳游藝死矣』，至長壽三年遣使流人①，則曰『傳游藝言之也』。游藝之死，至是三年，豈有白骨復肉而游魂再返乎？古人目睫之論，誠有味也。」〔三〕二公之論當矣。然子玄史通妙處，實中前人之膏肓，取節焉可也。黄山谷嘗云：「論文則文心雕龍，評史則史通，二書不可不觀，實有益於後學焉。」〔四〕劉子玄子餗，作史例三卷。

【校】

① 至長壽三年遣使流人　三年，丹鉛餘録卷十三作「二年」。遣使，作「遣殺」。

【注】

〔一〕據升庵集卷四十七、升庵外集卷三十八補。

〔二〕此爲蘇洵嘉祐集卷九史論序中語，見嘉祐集卷九。史之紀事，作「使之紀事」。

〔三〕楊萬里評史通語，檢誠齋集，未見。

〔四〕黄庭堅山谷外集卷十與王立之四帖：「劉勰文心雕龍，劉子玄史通，此兩書曾讀否？所論雖未極高，然譏彈古人，大中文病，不可不知也。」

寵辱若驚〔一〕

「寵辱若驚」〔二〕，言寵即辱也，驚寵是驚辱也。「貴大患若身」〔三〕，言身即大患也，貴身是貴患也。驚寵與辱同，則無辱矣；貴身與患同，則無患矣。何謂寵辱？寵非寵也，實乃辱也。分寵與辱，妄見也；以寵爲辱，真見也。寵爲下，言「福兮禍所伏」也。辱爲下，世人孰不知之；寵爲下，真人然後知之。得之若驚，驚而喜也，喜其無故一朝而得也，而不知天降之辱也。失之若驚，驚而悲也，悲其忽然胡爲而去也，不知天去其辱矣。是爲寵辱若驚，驚者易動而無形者也，過則虚矣。「何謂貴大患若身？吾所以有大患，爲吾有身。」〔四〕心是惡源，生與憂俱生；形爲罪藪，養形實養患也。「及吾無身，吾有何患？」〔五〕槁木死灰，吾喪我矣焉攸患？故貴以身爲天下，則可寄於天下。推而廣之，亦曰貴身之人，不可以寄天下也；「愛以身爲天下，乃可以托天下」〔六〕。引而申之，亦曰驚寵之人，不可以托天下也。河上公、李軌、蘇子由、林希逸、劉會孟諸家解此，不特失老子之旨，並其文法而昧之。昨晤張汝玉夜宿，汝玉，深於老氏之書者也，其言犂然有當於予心。予曰：「是言也，苦縣之沉魄首肯，而柱下之浮魂擊抃乎！」爲衍韓非解老一篇，附之老子疏，並書一通詒張子焉。

【注】

〔一〕據升庵外集卷四十六補。

〔二〕〔三〕〔四〕〔五〕〔六〕俱見老子十三章。

文字之衰〔一〕

蘇子瞻云：「文字之衰，未有如今日者也，其源出於王氏。王氏之文未必不善也，而患在於好使人同己。自孔子不能使人同，顔淵之仁，子路之勇，不能以相移。而王氏欲以其學同天下。地之美者，同於生物而不同於所生，惟荒瘠斥鹵之地，彌望皆黄茅白葦，此則王氏之同也。」〔二〕然是時學者不敢異王氏者，畏其勢也，南渡以後人人攻之矣。今之學者，黄茅白葦甚矣。予嘗言：宋世儒者失之專，今世學者失之陋。失之專者，一騁意見，掃滅前賢；失之陋者，惟從宋人，不知有漢唐前説也。宋人曰是，今人亦曰是；宋人曰非，今人亦曰非。高者談性命，祖宋人之語録；卑者習舉業，抄宋人之策論。其間學爲古文歌詩，雖知效韓文杜詩，而未始真知韓文杜詩也，不過見宋人嘗稱此二人而已。文之古者，左氏、國語，宋人以爲衰世之文，今之科舉以爲禁約；詩之高者，漢魏六朝，而宋人之盲儒，謂詩至選爲一厄，而學詩者但知李、杜而已。高棅，不知詩者，反謂由漢魏而入盛唐，是由周、孔而入顔、孟也。如此皆宋人之説誤之也。吁，異哉！宋人不難於非漢唐，而今人不敢非宋儒。宋人評漢唐曰：「漢大綱正，唐萬目舉。」而自尊其宋曰：「本朝家法與三代同，過前代者五事。」今人亦云：「本朝家法與三代同。」宋人云：「漢有七制，唐有三宗，本朝有四聖。」成化中，有殿試策襲用「本朝」及「四聖」字，稱前代爲「本朝」，稱前君爲「四聖」，與三家村中學生稱人父爲家父何異，而人莫之非也。已無特見，一一隨人之聲而和之，譬之應聲蟲焉。昔人有病，腹有蟲名應聲，人呼亦呼，人語亦語。今之陋者，宋人之應聲蟲也。使病者而覺焉，亦自厭之，思以青黛而藥殺之矣！

【注】

〔一〕據升庵集卷五十二、升庵外集卷五十三補。

〔二〕見蘇東坡集卷三十答張文潛書。其源出於王氏，作「其源實出於王氏」。

笮酒〔一〕

蹴瀝出酒曰笮，字或作醡，雖集韻有之，亦俗字也。嵇康聲無哀樂論云：「聲無主於哀樂，猶簁酒之囊漉，雖笮具不同，而酒味不變也。」〔二〕古書中「笮酒」字，僅見此耳。

【注】

〔一〕據升庵外集卷十八補。

〔三〕見嵇中散集卷六。簁，同「篩」。

繞朝贈策〔一〕

左傳：士會自秦歸晉，「繞朝贈之以策云：『子勿謂秦無人，吾謀適不用也。』」〔二〕策如「布在方策」之「策」，蓋書也。其下云云，即策文也。蓋士會將歸，繞朝諫止之，而秦君不聽。及其行也，又難顯言，故贈以策書云云。見秦之有人，使歸晉而不敢謀秦也。今以爲鞭策，非也。劉勰文心雕龍曰：「繞朝贈士會以策，子家與趙宣以書，巫臣之遺子反，子產之諫范宣。詳觀四書，辭若對面。」〔三〕據此則豈鞭策乎？李白詩「臨行將贈繞朝鞭」〔四〕，詩人趁韻之誤耳。

【注】

〔一〕據升庵經説卷八、升庵集卷四十三補。

〔二〕見春秋左傳文公十三年。勿，作「無」。

〔三〕見文心雕龍書記篇。巫臣之遺子反，遺，作「責」。

〔四〕見李太白集卷十七送羽林陶將軍。

【辨】

「繞朝贈之以策」，策有二義，一爲策書，即簡策之策；一爲馬檛，即鞭策之策。服虔主前一義，杜預主後一義。劉勰文心雕龍書記篇云：「春秋聘繁，書介彌盛：繞朝贈士會以策，子家與趙宣以書。」用服虔説，升庵亦主服虔之説。

清人盧文弨則主杜預説云：「贈行以策，其爲鞭策無疑。其言曰：『子無謂秦無人，吾謀適不用也。』示以知其情。傅氏謂『蓋朝曾言於秦伯，請留之』，亦未見其必然。要之，朝固未嘗與晉合謀明甚。乃韓非説難云：『繞朝之言當矣。其爲聖人於晉，而爲戮於秦也。』元何犿作注，遂實之云：『後秦竟以言戮之。』此事未見出何書，豈非憑空傅會乎？士會使魏，秦伯實遣之。朝縱不請留，亦斷不爲之畫去計，秦伯胡爲而戮之？失一賢臣，又戮一智士，有以知秦之必不爲也。」（見清盧文弨鍾山札記卷二「繞朝贈策」，中華書局）

近人范文瀾文心雕龍注亦采此説，駁劉勰云：「竊疑彦和此文有二：士會倉卒歸晉，繞朝何暇書策爲辭？（此説本正義。）其誤一也。下文云：『詳觀四書，辭若對面。』案左傳既不載其文，彦和從何詳觀？其誤二也。杜預訓策爲馬檛，義優於服虔。」（見劉勰文心雕龍注　人民文學出版社）

擊缶〔一〕

古者西戎用缶以爲樂，即古之土音也。党項國亦擊缶焉，然則缶本中國之樂，夷人竊而用之耳。李斯曰：「擊甕叩缶，真秦之聲。」〔二〕澠池之會，藺相如請秦王擊缶。淮南子云：「君子有酒，小人鼓缶。」〔三〕是其證也。後世水盞之樂，亦源於擊缶焉。

【注】

〔一〕原無目，據升庵集卷四十四、升庵外集卷二十一補。

〔二〕見李斯諫逐客書。真秦之聲，作「真秦聲也」。

〔三〕見淮南子説林訓：「君子有酒，鄙人鼓缶。」

於越〔一〕

越曰「於越」，吴曰「勾吴」，邾曰「邾婁」，本一字而爲二字，古聲雙疊也。莊子云：「離朱之目。」孟子云：「離婁之明。」婁、朱本二字而二聲，足以爲證。或以「勾吴」、「於越」爲方言夷音，謬矣。

【注】

〔一〕據升庵經説卷八、升庵外集卷二十一補。

辦護〔一〕

書緯中侯握河紀〔二〕，説帝堯受河圖之禮云「稷辦護」①，注云：「辦護者，供時用，相禮儀。」是監典之謂。護，後世史册有卧護、監護之文。官名有都護，蓋本此義云。

【校】

①稷辨護　升庵外集卷六「護堰」條引古緯書作「洪水之後，后稷辨護」。注云：「辨，治也；護，助也。晉書羊祜卧護諸軍，漢官名有都護。」辨，丹鉛餘録卷十三、萬曆本均誤作「辦」。

【注】

〔一〕據升庵外集卷十一補。

〔二〕見明孫瑴古微書卷五：「堯即政七十年，受河圖，帝立壇，磬折西向。禹進迎舜，契陪位，稷辨護。」注：「辨護者，供時用相禮儀也。」

諺喭唁〔一〕

論語曰：「由也諺。」諺，俗論也。或作喭，見文選注。又作唁，劉勰曰：「諺、喭、唁同一字。」「諺者，直語也。」「廛路淺言，有質無華。」「喪言不文，故弔亦稱唁。」〔二〕劉子新論：「子游裼裘而諺，曾子指揮而哂。」〔三〕是諺與唁同也。

【注】

〔一〕據升庵經説卷十三、升庵集卷六十四補。

〔二〕見文心雕龍書記篇：「諺者，直語也。喪言亦不及文，故弔亦稱諺。廛路淺言，有實無華。」喪言不文，作「喪言亦不及文」。有質無華，作「有實無華」。

〔三〕見劉晝劉子新論卷十正賞，作「子游裼裘而弔，曾參揮指而哂」。

衙衕〔一〕

今之巷道，名爲胡洞，字書不載，或作衚衕，又作衙衕，皆無據也。南齊書蕭鸞弑其君昭於西弄〔二〕。注：「弄，巷也。南方曰弄，北曰衙衕。」弄之反切，爲衙衕也，蓋方言耳。〔三〕

【注】

〔一〕據升庵集卷六十四、升庵外集卷八補。

〔二〕明陳耀文正楊卷三「弄」條云：「南齊書云：鬱林王昭業，字元尚，蕭鸞使蕭諶引兵入壽昌閣，帝行至西弄殺之。鬱林，名昭業；海陵，名昭文。餘録、總録俱無『業』字，大誤。」

〔三〕升庵外集卷八「西弄」：「南史：『東昏侯遇弑於西弄。』(弄)，宫中别道，如永巷之類。楚辭：『五子用失乎家衖。』衖，音閧。所云弄者，蓋衖字之轉音耳。元經世大典所云火衖，注即音弄。」

毌丘〔一〕

複姓有毌丘氏，諸姓氏書音毋作無，非也。漢書有曼丘臣，顔師古曰：「曼丘、毌丘本一姓。」〔二〕此説近之，亦未考其原也。史記田齊世家：「伐衛，取毌丘。」索隱曰：「毌音貫。

貫丘，古國名，衛之邑也①。今作毌丘，字殘缺耳。」〔三〕索隱之説，得其原矣。然以毌字爲殘缺，亦非。蓋古字從省，不用「貝」耳。漢有毌丘興、毌丘長、毌丘毅，魏有毌丘儉，皆同族也。今分爲二姓，曰毌曰丘，而「毋」爲父母之「母」，不惟士人不知，而毌氏子孫亦不自知，則譜牒不明之弊久矣②！嘗有友人毌姓者，屬予篆私印，予爲寫作「毌」，且語之原，其人退謂人曰：「楊用修亦太横，乃欲改人姓音邪！」予聞而一笑。

【校】

① 貫丘古國名衛之邑也　貫丘，萬曆本脱，據丹鉛餘録卷十三補。

② 則譜牒不明之弊久矣　牒，萬曆本、丹鉛餘録卷十三作「諜」，上杭本作「牒」，據改。

【注】

〔一〕據升庵集卷五十、升庵外集卷五十九補。

〔二〕見漢書高帝紀下「曼丘臣」注：「師古曰：姓曼丘，名臣也。曼丘、毌丘本一姓也，語有緩急耳。曼，音萬。」

〔三〕見史記田敬仲完世家。今作毋丘，作「今作毌者」。

逐子〔一〕

杜詩：「大家東征逐子回。」〔二〕劉須溪云：「逐字不佳。」予思之，杜詩無一字無來處，所以佳，此逐字無來處，所以不佳也。今稱人之母隨子就養曰「逐子」，可乎？然亦未有他好字易之。近有語予以「將」字易之，詩云「不遑將母」〔三〕，蓋反言見義。若春秋杞伯姬以其子來朝，而書「杞伯姬來朝其子」之例也〔四〕。爲文富於萬篇，貧於一字，其難如此。古樂府有「一母將九雛」之句〔五〕，則「將」字甚愜，當試與知音訂之。〔六〕

【注】

〔一〕據升庵詩話卷五、升庵集卷五十八補。

〔二〕此爲杜甫送王十五判官扶侍還黔中得開字詩中句，見杜少陵集卷十二。

〔三〕見詩經小雅四牡。

〔四〕見左傳僖公五年。

〔五〕此古樂府隴西行中句，見玉臺新詠卷一。

〔六〕明張萱疑耀卷三「楊用修妄改杜詩」條非之曰：「楊用修謂顔延年赭白馬賦『驌出家之敗駕』，後人改『出』爲『突』乃佳；杜子美『大家東征逐子回』，後人改『逐』爲『將』乃佳；白居易詩『千呼萬唤始出來』，後人改『始』爲『才』乃佳，此癡筝人前説風流也。『突』字拙，『出』字巧；『才』字俚，『始』字文，惟作者自知之耳。獨以『逐』爲『將』，雖詩有『不遑將母』及古樂府『一母將九雛』，杜豈不知者？其用『逐』字原有深意，婦人三從，其一從子，『逐』即從義也。意不在『將』而在『從』，語不以『從』而以『逐』，此正詩家三昧，以『將』字易之，不亦淺乎！」

爾雅〔一〕

爾雅疏云：「爾，近也；雅，正也，謂其近於正也。」〔二〕此妄説也。「雅」可以訓正，「爾」不可以訓近，「邇」可訓近，而「爾」非近也。按説文：「爾，從㸚爲義，從尒爲聲，麗爾也。麗爾之爲言，猶靡麗也。」〔三〕漢人有此語。三蒼解詁云：「爾，華繁也。」詩曰：『彼爾維何？維常之華。』本草：『紫萁，一名月爾。』即今紫蕨也，其芽拳曲繁盛，故名月爾。」雅之爲言，取義於烏。烏有善德曰雅也。古人以嗚呼爲歎辭，則雅爲正音可知。然則爾雅之云，猶麗則之云也。漢書：「文章爾雅，訓辭深厚。」〔四〕以「爾雅」與「深厚」爲對，固知當解爲「麗則」，而不可訓爲「近正」也。若如「近正」之舊説，則但近正而已，猶未得爲正也。爾雅一書所載，皆六經之言，有何不正，而云「近正」乎？

【注】

〔一〕據升庵經説卷十四、升庵集卷六十四補。

〔二〕爾雅序邢昺疏：「爾，近也；雅，正也，言可近而取正也。」

〔三〕見説文解字：「爾，麗爾，猶靡麗也。从冂㸚，其孔㸚㸚。从尒聲。」㸚，萬曆本誤作「炏」。

〔四〕見漢書儒林傳「文章爾雅，訓辭深厚」師古注：「爾雅，近正也，言詔辭雅正而深厚也。」

宋人譏荀卿〔一〕

宋人譏荀卿云：「卿之學不醇，故一傳於李斯，而有坑焚之禍。」〔二〕此言過矣。孔子曰：「與其進也，不與其退也。」〔三〕弟子爲惡而罪及師，有是理乎？若李斯可以累荀卿，則吴起亦可以累曾子矣。劉向别録云：「吴起始事曾子，而受春秋於曾申。」鹽鐵論曰：「李斯與苞丘子同事荀卿」〔四〕，苞丘子「修道白屋之下」。二事人皆引用，而罕知其原，故及之。

【注】

〔一〕據升庵集卷四十六、升庵外集卷四十八補。

〔二〕見朱熹楚辭後語卷一成相序：「卿學要爲不醇粹，其言精神相反爲聖人，意乃近於黄老；而復後王、君論五者，或頗出入申商間，此其所以傳不壹再，而爲督責坑焚之禍也。」

〔三〕見論語述而。

〔四〕見鹽鐵論卷五「毁學」。同，作「俱」。

葵丘之會〔一〕

孟子載齊桓公葵丘五禁，曰：「無曲防，無遏糴。」〔二〕公羊曰：「無障穀，無貯粟。」穀梁曰

：「無雍泉，無訖糴。」左傳「遏糴」作「蘊年」。修辭各不同。韓文所謂「惟古於辭必己出」，信矣〔三〕！公羊傳云：「葵丘之會，桓公震而矜之，叛者九國。」九國，謂叛者多耳，非實有九國也。宋儒趙鵬飛云：「葵丘之會，惟六國；會鹹牡丘，皆七國；會淮八國，寧有九國乎？」公羊本意，謂一震矜而九國叛，猶漢紀云「叛者九起」云爾。趙氏如數求之，真癡人説夢也〔四〕。古人言數之多止於九。逸周書云：「左儒九諫於王。」孫武子：「善攻者，動於九天之上；善守者，伏於九地之下。」〔五〕此豈實數邪？楚辭九歌乃十一篇，九辯亦十篇。宋人不曉古人虛用九字之義，强合九辯二章爲一章，以協九數，兹又可笑。宋儒讀古文亦似説夢，此類甚多，不能悉著也〔六〕。

【注】

〔一〕據升庵經説卷十四、升庵外集卷十四補。一作「九國」。本書卷二二「九縣」，可互參。

〔二〕見孟子告子下：「五命曰：無曲防，無遏糴。」五命，指第五條禁令。

〔三〕以上一節，萬曆本無，據丹鉛餘録卷十二補。

〔四〕趙鵬飛，字企溟，號木訥，綿州巴西人。宋徽宗宣和六年進士，博通經籍，著有春秋經筌。

〔五〕見孫子兵法形篇，作「善守者，藏於九地之下；善攻者，動於九天之上」。

〔六〕升庵此説曾爲明卓爾康春秋辯義、張自烈正字通、清文廷式純常子枝語等引述。文廷式并云：「近人汪容甫述學中有釋三九二篇，深通古文義例，據此則升庵已見及之。」

隕石〔一〕

穀梁傳：「春秋戊申朔〔二〕，隕石于宋，五。是月，六鷁退飛，過宋都。」云：「石，無知之物，故日之；鷁，微有知之物，故月之。」此言之誣，本不待辯。宋萬孝恭辨之云：「梁山沙麓①，亦無知之物，胡爲而不日；麋與蜮，亦微有知之物，胡爲而不月？」此殆可作一笑。穀梁乃癡人作夢，孝恭又癡人解夢也。

【校】

① 梁山沙麓　麓，升庵經説卷七、升庵集卷四十三作「簏」。

【注】

〔一〕據升庵經説卷七、升庵集卷四十三補。

〔二〕穀梁傳作「春王正月戊申朔」。

井田封建〔一〕

或問：柳子厚言封建之非，而胡寅仲以爲封建不可非；區博言井田難行，而張子厚以爲必可行，其説孰是？曰：孔子論繼代，曰損益可知；孟子論爲國，曰潤澤在子。使孔、孟生於三代之後，其損益、潤澤可知已。言治而必曰井田、封建，是謂生今反古也亦宜〔二〕。

【注】

〔一〕據楊子卮言卷三、升庵外集卷九補。本書卷十二「井田」、卷十六「封建」，可參看。

〔二〕升庵集卷四另有「封建」一條，升庵外集卷九併入「井田」，可供參考，附録於後：昔之論封建者，曹冏、陸機、劉頌、魏徵、李百藥、顔師古、劉秩、杜佑，自柳宗元之論一出，而諸子之論皆廢，蘇子瞻志林一出，而柳子之論益明。余得拾其遺而裨之曰：封建始於黄帝，不得其利，已受其害矣。蚩尤亦諸侯也，上干天紀，下肆民殘，以帝之神聖，七十戰而僅勝之，亦殆哉岌岌乎矣。其餘畫野之君，分城之主，雖有蚩尤之心，而未露蚩尤之跡，帝固不得而廢之也。嗣是九黎亂德矣，防風不朝矣，有扈叛逆矣，夷羿篡弑矣，昆吾雄伯矣，皆諸侯之不靖者。其餘尚多有之，而載籍散亡，不可以悉。至周則其事又可睹矣，大封同姓以及異姓，謂之萬國。其初建之意，亦曰藩屏京師也，夾輔王室也，使民親於諸侯，而諸侯自相親也。成康繼世未百年間，昭王南巡而膠州溺死矣，穆王西巡而徐偃煽亂矣。藩屏焉在乎？夾輔焉在乎？至於春秋戰國，干戈日尋，迄無寧歲，肝腦塗地，民如草菅，烏在其爲親也？其立之政典，防其僭竊，爲述職制曰：「一不朝則貶其爵，二不朝則削其地。」爲建國之典曰：「負固不服則伐之，内外亂，鳥獸行則滅之。」其法似嚴矣。周之世，諸侯之不朝多矣，貶誰之爵乎？削誰之地乎？矧敢曰六師移之乎？負固不服，先莫如秦、楚，後莫如吴、越，天王方且遷避之不暇，敢言伐之一字乎？

内外亂，鳥獸行，莫如晉之齊姜，衛之宣姜，魯之文姜、哀姜，二嬖之子，非類之孽，方爲太子而世其君，天王册命之不暇，敢言滅之一字乎？三朝之制，殆爲虚設，九伐之典，亦是彌文，則封建非聖人意明矣。腐儒曲士之流，是古非今之輩，猶言封建當復，予折之曰：欲目睹封建之利害，何必反古？今日有之矣，川廣雲貴之土官是也。夫封建起於黄帝，而封建非黄帝意也；土官起於孔明，而土官非孔明意也，勢也。封建數千萬年，至秦而廢，土官歷千百年，川之馬湖安氏，弘治中以罪除，廣之田州岑氏，正德中以罪除，而二郡至今利之，有復言復二氏者，人必羣唾而衆咻之矣。封建之説，何以異此？然欲復土官，則人知非之，而復封建人不之非，是知一方之利害，而不知天下之利害；知今之勢，而不知古之勢也，非腐儒而何哉？曰：如此則三代聖人猶有弊法邪？曰：易曰：「窮則變，變則通。」禮曰：「禮時爲大，順次之。」三代之上，封建時也，封建順也。秦而下，郡縣時也，郡縣順也。總括之曰：封建非聖人意也，勢也；郡縣非秦意也，亦勢也。窮而變，變而通也。雖然，是説也，非柳子、蘇子之説也，孔孟有是説矣。孔子繫易曰：「陽一君則二民，君子之道也；陰二君而一民，小人之道也。」孟子曰：「天子惡乎定，定於一。」夫封建之制，國各有君，君各紀元，是非二君，將千百其君矣，惡能定於一？不定於一，惡能不亂？使孟子生於秦漢之後，必取柳、蘇識時之説，而兩胡腐儒將麾之門牆之外矣！

秀羸多能〔一〕

北史稱崔浩「尪纖懦弱，胸中所懷，乃過甲兵。」〔二〕不如説苑稱孫叔敖「秀羸多能」四字，文而不贅。先秦文人造語，如商彝周鼎，因物賦形，文質得中，後世不朴則雕矣。

【注】

〔一〕據升庵集卷四十七、升庵外集卷四十二補。

〔二〕見北史卷二十一崔浩傳：「纖尪懦弱，手不能彎弓持矛，其胸中所懷，乃踰於甲兵。」文字有删改。

白頭而新〔一〕

漢書：「白頭如新，傾蓋如故。」〔二〕説苑作「白頭而新，傾蓋而故」。「而」、「如」古字通用。「白頭而新」，雖至老而交猶新；「傾蓋而故」，謂一見而交已故也。作「而」字解，尤有意味。

【注】

〔一〕據升庵集卷七十一、升庵外集卷五十三補。

〔二〕見漢書卷五十一鄒陽傳。

丹鉛總録卷之二十七

璅語類

日星〔一〕

春秋説題辭曰：「星，陽精之榮也。陽精爲日，日分爲星，故其字從日從下生也。」按字書，星字上作三圈象形，非從日也。春秋題辭出漢人僞筆，未可深信〔二〕。

【注】

〔一〕本卷多録自丹鉛餘録卷十四，原無目，此條據升庵集卷六十四、升庵外集卷一補。

〔二〕升庵外集卷一「未可深信」下有陳懋仁按云：「説文：星，曐萬物之精，上爲列星，從晶，生聲。一曰象形，從○，古○復注中，故與日同。」

説文引孔子〔一〕

説文引孔子之言甚多，如：「狗，叩也。叩，氣吠以守。」又曰：「視犬之字，如畫狗也。」又曰：「牛羊之字，以形舉也。」又曰：「黍可爲酒，禾入于水也。」又「一貫三爲王」〔二〕。此類恐未必孔子之言，班固所謂宗師仲尼以重其言也。

【注】

〔一〕據升庵集卷六十四、升庵外集卷九十補。

〔二〕見説文「狗」、「犬」、「羊」、「黍」、「王」釋文。

瓊字訓〔一〕

瓊，赤玉也①。謝惠連雪賦「林挺瓊樹」②，世豈有赤雪耶？李義山「已隨江令誇瓊樹」〔二〕，李長吉詩「白天碎碎墮瓊芳」〔三〕，相承誤用，皆不考之過也。

【校】

① 瓊赤玉也　丹鉛雜録卷五、升庵集卷六十三作：「許氏説文：『瓊，赤玉也。』此訓恐非。按詩『尚之以瓊華』、『尚之以瓊英』、『尚之以瓊瑩』，則瓊爲玉之光彩，非赤玉也。」皆用毛詩之訓，不以説文爲然。

② 謝惠連雪賦　謝惠連，萬曆本誤作「謝希逸」。謝莊，字希逸，作月賦。雪賦作者爲謝惠連，四庫本已改。

【注】

〔一〕據升庵集卷六十三、升庵外集卷九十一補。

〔二〕此爲李商隱對雪二首第二首詩中句，見李商隱詩集卷上。

〔三〕此爲李賀河南府試十二月樂詞十一月詩中句，見李賀詩歌集卷一。

弭仲叔〔一〕

張伯英稱弭仲叔曰：「仲叔高德美名，命世之才，非弭氏小族所當有，新豐瘠土所當産。」〔二〕時以爲名言。愚謂稱人之賢，必本其家世，推其鄉里厚也。伯英之言，不足以重仲叔，而祇以自薄也夫。

【注】

〔一〕據升庵集卷七十二、升庵外集卷五十三補。

〔二〕見藝文類聚卷二十二「品藻」：「三輔決録曰：弭生字仲叔，其父賊，故張伯英與李幼才書：弭仲叔高德美名，命世之才也。非弭氏小族所當有，新豐瘠土所當出也。」

鼓角〔一〕

鼓三百三十三槌爲一通，鼓止角動，吹十二聲爲一疊。故唐詩有「叠鼓鳴笳」〔二〕之句。出衛公兵法。

【注】

〔一〕據升庵集卷四十四、升庵外集卷二十二補。

〔二〕岑參獻封大夫破播仙歌六首之三：「鳴笳疊鼓擁四軍，破國平蕃昔未聞。」見全唐詩二百一。

老泉詩〔一〕

蘇老泉詩：「佳節每從愁裏過，壯心偶傍醉中來。」〔二〕白樂天詩有「百年愁裏過，萬感醉中來」之句〔三〕，老泉未必祖襲，蓋偶同耳。

【注】

〔一〕據升庵詩話卷十二補。

〔二〕此爲蘇洵九日和韓魏公詩中句，見兩宋名賢小集卷七十一。

〔三〕此爲白居易別韋蘇州詩中句，見白居易集卷十三。

車渠鸜鵒〔一〕

梁簡文帝集云：「車渠屢酌，鸜鵒驟傾。」〔二〕車渠、鸜鵒，皆指酒杯〔三〕。俗傳車渠爲杯，注酒滿過一分不溢。嘗試之，信然！

【注】

〔一〕據升庵集卷七十二、升庵外集卷十八補。

〔二〕見漢魏六朝百三家集卷八十二梁簡文帝集答張纘謝示集書。

〔三〕夢溪筆談卷二十二「謬誤」云：「海物有車渠，蛤屬也，大者如箕，背有渠壟，如蚶殼，攻以爲器，緻如白玉，生南海。……鄭康成乃解之曰：『渠，車罔也。』蓋康成不識車渠，謬解之耳。」

蓬字〔一〕

京師里語，目形容短矮曰蓬。文選有「蓬脆」之語〔二〕。唐書王伾傳形容「蓬陋」，通鑑音義作七禾切〔三〕。

【注】

〔一〕據升庵集卷六十四、升庵外集卷六十三補。

〔二〕見文選卷六左思魏都賦：「宵貌蕞陋，禀質蓬脆。」

〔三〕見新唐書卷一六八王伾傳：「伾本闒茸，貌蓬陋，楚語，無它大志。」唐書釋音卷十八：「蓬，七禾切。」

文武露〔一〕

春秋緯曰：「武露布，文露沉。」注曰：「甘露降其國，布散者人尚武，沈重者人尚文。」文露之説，他書所罕聞，文人亦罕引用。

【注】

〔一〕據升庵集卷七十四、升庵外集卷二補。

孔北海〔一〕

孔北海大志直節，東漢名流，而與建安七子並稱；駱賓王勁辭忠憤，唐之義士，而與垂拱四傑爲列。以文章之末技，而掩其立身之大閑，可惜也。君子當表而出之。

【注】

〔一〕據升庵外集卷四十一補。

裴頠王坦之〔一〕

晉世人士皆尚虚無，而裴頠作崇有論；皆尚莊學，而王坦之作廢莊論。二子之言，可謂卓然自立，不隨俗尚矣。然夷考其所爲，則裴之欲而無厭，自取伊戚，徒能言之耳〔二〕；坦之風格忠鯁，始終不易，殆不愧其言云〔三〕。

【注】

〔一〕據升庵集卷四十九、升庵外集卷四十二補。

〔二〕見晉書卷三十五裴頠傳，與趙王倫忤，爲倫所誅。

〔三〕見晉書卷七十五王坦之傳，云「坦之有風格，尤非時俗放蕩，不敦儒教，頗尚刑名學」。

審己〔一〕

晉陸玩拜侍中①，謂賓客曰：「以我爲三公，是天下爲無人。」唐鄭綮聞拜相曰：「鄭五作相，天下無人矣。」〔二〕二子審己量力，其視力小任重，折足覆餗而猶不知止者，有異矣！

【校】

①晉陸玩拜侍中　陸玩，萬曆本、丹鉛餘録卷十四作「陸抗」，四庫本、升庵集卷四十九審己作「陸玩」。正楊卷三云：「抗，三國吴人，今以玩爲抗，誤。」「以我爲三公，是天下爲無人」，爲陸玩對賓客語，見晉書卷七十七陸玩傳，據改。

【注】

〔一〕據升庵集卷四十九、升庵外集卷四十三補。

〔二〕舊唐書卷一七九鄭綮傳，作「俾天下人并不識字，宰相不及鄭五也」。此爲歇後語，取自通鑑總類卷七歇後鄭五作相：「乾寧元年，以右散騎常侍鄭綮爲平章事。綮好詼諧，多爲歇後語，譏嘲時事。昭宗以爲有所藴，手注班簿，命以爲相，聞者大驚。堂吏往告之，綮笑曰：諸君大誤，使天下無人，未至鄭綮。」

史記夷祖〔一〕

晉載記書夷狄之祖，多誇大不實，此蓋依其本國爲史之文，不審之過也。若李特、廩君、赤穴、土船、鹽神之事，怪誕之極，至於可鄙可笑，甚於齊東野人之語〔二〕，而近於今之所謂白蓮教矣。以流民妖語以惑衆者①，乃取而載之信史，何哉？

【校】

①以流民妖語以惑衆者　妖語，丹鉛餘録卷十五作「妖人傳語」。

【注】

〔一〕據升庵外集卷四十二補。

〔二〕見晉書卷一百二十載記李特傳。廩君，作「其先廩君之苗裔」。赤穴，作「有人出于赤穴者」。

土船，作「又以土爲船，雕畫之而浮水中」。鹽神，作「鹽神夜從廩君宿」。删節過多，令人費解。

落星遠戍〔一〕

「落星依遠戍，斜月半平林。」梁元帝句也。「故鄉一水隔，風煙兩岸通。」陳後主句也。唐人高處始能及之。見五代新説〔二〕。

【注】

〔一〕據升庵詩話卷二、升庵集卷五十八補。

〔二〕徐鉉五代新説載有梁元帝、陳後主全詩，見説郛卷五十五。

僞書〔一〕

省心録乃沈道原作，非林和靖也〔二〕。指掌圖，非東坡所作〔三〕。李衛公問對，阮逸僞作；文中子元經、關子明易，皆逸僞作〔四〕。龍城録，王性之僞作〔五〕。子厚叙事，何等筆力，此記衰弱之甚，皆寓古人詩文中不可曉者於其中。凡僞書皆然，予聞之朱子云。

【注】

〔一〕據升庵集卷七十二、升庵外集卷四十九補。

〔二〕見朱子語類卷一三八「雜類」。

〔三〕見費袞梁谿漫志卷六「地里指掌圖」：「今世所傳地里指掌圖，不知何人所作。其考究精詳，詮次有法，上下數千百年，一覽而盡，非博學洽聞者不能爲，自足以傳遠。然必託之東坡，其序亦云東坡所爲。觀其文淺陋，乃舉子綴輯對策手段，東坡安有此語？最後有本朝陞改廢置州郡一圖，乃有崇寧以後迄於建炎、紹興所廢置者，此豈出於東坡之手哉？」

〔四〕見邵博聞見後録卷五：「世傳王氏元經、薛氏傳、關子明易、李衛公問對，皆阮逸擬作。」

〔五〕見張邦基墨莊漫録卷二：「近時傳一書，曰龍城録，云柳子厚所作，非也。王銍性之僞爲之。」

古人文法有祖〔一〕

古人文法皆有祖。韓非内儲説曰：「門人求水而夷射誅，濟陽自矯而二人罪，鄭袖言鼻惡而新人劓。費無忌教郄宛而令尹誅，陳需殺張壽而犀首走，燒芻廥而中山罪，殺老儒而濟陽賞。」〔二〕班固漢書曰：「子翬謀桓而魯隱危，欒書構郤而晉厲弑。豎牛奔走，叔孫卒；郈伯毁季，昭公逐；費忌納女，楚建走；宰嚭譖胥，夫差喪；李園進妹，春申斃；上官譖屈，懷王執；趙高敗斯，二世縊；伊戾坎盟，宋痤死；江充造蠱，太子殺；息夫作姦，東平誅。」〔三〕宋景文唐書效之爲姦臣贊曰：「三宰嘯凶牝奪辰，林甫將藩黄屋奔，鬼質敗謀興元蹙，崔、柳倒持李宗覆。」〔四〕東坡贈朱壽昌詩用此法①，又奇矣！

【校】

① 東坡贈朱壽昌詩用此法　朱壽昌，萬曆本作「宋壽昌」，四庫本作「朱壽昌」。蘇東坡集卷四有賀朱壽昌得母所在詩，據改。

【注】

〔一〕據升庵集卷五十二、升庵外集卷五十三補。

〔二〕見韓非子内儲説下。引文係升庵摘録重組。求水，作「捐水」。鼻惡，作「惡臭」。芻膾，作「芻厩」。

〔三〕見漢書卷四十五蒯、伍、江、息夫傳贊。竪牛奔走，作「竪牛奔仲」。譖，作「讒」。

〔四〕見新唐書卷二百二十三姦臣傳下。將藩，作「將蕃」。

離字義〔一〕

字義之多者莫如離：離，别，通訓也，卦見易〔二〕；黄離，倉庚，見説文；大琴曰離，見爾雅〔三〕；流離，鳥名，見毛詩注〔四〕；「前長離而後矞黄」注：長離，鳳也，見相如賦〔五〕；纖離，馬名，見李斯書〔六〕；侏離，夷語也，見史記〔七〕；陸離，散亂參差也，見文選〔八〕。木名，見孔子世家〔九〕；水名，見地理志〔一〇〕；人名，見氏族志。江離，草名；接離，冠名，此皆字書已引者。予又見公羊傳：「二人會曰離會，謂各是所是，各非所非，不能定也。」〔一一〕此離義與

「二鳥離立」之離同。

【注】

〔一〕據丹鉛雜録卷三、升庵集卷六十四補。

〔二〕見易離卦。

〔三〕爾雅釋樂：「大琴謂之離。」

〔四〕詩經邶風旄丘「瑣兮尾兮，流離之子」毛傳：「流離，鳥也，少好長醜。」

〔五〕見司馬相如大人賦：「左玄冥而右黔雷兮，前長離而裔皇。」裔，萬曆本誤作「喬」。

〔六〕李斯諫逐客書：「乘纖離之馬，建翠鳳之旗。」

〔七〕見後漢書南蠻傳：「衣裳班蘭，語言侏離。」升庵云「史記」，記誤。

〔八〕見文選左思蜀都賦：「毛羣陸離，羽族紛泊。」

〔九〕檢孔子世家，未見。

〔一〇〕見漢書地理志上「零陵郡」：「離水。」

〔一一〕見穀梁傳定公十年。升庵記誤。穀梁傳定十年「離會」注：「二國會曰離。各是其所是，非其所非……是非不同，故曰離。」二國，升庵誤爲「二人」。

疎麻〔一〕

楚辭「采疎麻兮瑶華」〔二〕，注以疎麻即麻也。近見南越志載：「疎麻，大二圍，高數丈，四時結實無衰落。」則自有此一種木也。

【注】

〔一〕據升庵外集卷六十六補。

〔二〕楚辭九歌大司命：「折疏麻兮瑶華，將以遺兮離居。」采，作「折」。

石楠花〔一〕

李白詩「風掃石楠花」〔二〕。魏玉花木狀言：「石楠，野生，二月著花，實如燕子。」〔三〕曲阜古城顔回墓上，有石楠二株，大三、四十圍，土人云顔子手植之木。

【注】

〔一〕據升庵集卷七十九、升庵外集卷九十九補。

〔二〕此爲李白送内尋廬山女道士李騰空二首之一詩中句，見李太白集卷二十五。

〔三〕魏玉花木志，見説郛一〇五。實如燕子，作「實如燕覆子」。

盧橘〔一〕

上林賦「盧橘夏熟」，注不言何物。近注唐詩三體者，指爲枇杷，世皆宗其説。然予觀上林賦，又有「枇杷橪柹」之文①，不應重出也。偶閲吴録云：「朱光禄爲建安郡，中庭有橘，冬月樹上覆裹之，至明年夏，色變青黑，味絶美。」此即盧橘。盧，黑也〔二〕。此説近是。

【校】

① 又有枇杷橪柹之文　橪，萬曆本作「撚」，丹鉛餘録卷十作「橪」，上林賦原作「橪」，據改。橪，酸棗。

【注】

〔一〕據升庵集卷八十、升庵外集卷一〇〇補。

〔二〕見文選上林賦「盧橘夏熟」李善注。

吴越春秋〔一〕

漢書趙曄撰吴越春秋〔二〕，晉書楊方亦撰吴越春秋〔三〕，今世所行，曄耶，方耶〔四〕？

【注】

〔一〕據升庵集卷四十七、升庵外集卷四十九補。

〔二〕見後漢書趙曄傳。

〔三〕見晉書楊方傳：「在郡積年著五經鈎沉，更撰吴越春秋。」

〔四〕升庵外集卷四十九。「方耶」下按云：「楊方撰吴越春秋削繁，見通考。」而非吴越春秋。隋書經籍志：「吴越春秋十二卷，趙曄撰。吴越春秋削繁十卷，楊方撰。吴越春秋十卷，皇甫遵撰。」

吟唫異字〔一〕

唫，今多作吟字用，非也。揚雄太玄有「唫首」〔二〕，音欽。唫，閉也。素問「呿唫之徵」〔三〕。

【注】

〔一〕據升庵外集卷四十九補。

〔二〕揚雄太玄玄攡：「唫則凝形。」唫首，未見。

〔三〕黄帝内經素問寶命全形論：「呿唫至微，秋毫在目。」之徵，原爲「至微」。

封堠之始〔一〕

拾遺記曰：「禹治水所穿鑿處，皆有泥封記，使玄龜升其上。」〔二〕此封堠之始。又山海經〔三〕：黄帝遊幸天下，有記里鼓，道路記以里堆，則堠起軒轅時也〔四〕。

【注】

〔一〕據升庵集卷七十二補。

〔二〕見拾遺記卷二。升其上，作「印其上」。

〔三〕山海經，未見其文，見崔豹古今注卷上。升庵外集卷九作「按北堂書鈔引山海經」。

〔四〕升庵外集卷九作「則堠起黄帝，非始於禹」。

鑑銘〔一〕

漢有鑑銘二，見博古圖。其一云：「漢有善銅出丹陽，和以銀錫精且明〔二〕。左龍右虎尚三光，朱雀玄武順陰陽。」其二云：「尚方作鑑真大好，上有仙人不知老，渴飲玉泉飢食棗①。」又二首，其一云：「有玉辭夏，惟金去秦。俱隨革故，共集鼎新。儀天寫質，象日開輪。率舞鸞鳳，奔走鬼神。長懸仁壽，天子萬春。」其二云：「練形神冶，瑩質良工②。如珠出匣，似月停空。當眉寫翠，對臉傅紅。綺窗繡幌，俱照秦宫。」蓋唐人作也〔三〕。

【校】

①丹鉛續録卷十一「鏡銘」：「渴飲玉泉飢食棗」後，尚有一句「壽如金石嘉且好。」首句「真大好」，作「真大巧」。

②瑩質良工 瑩，萬曆本作「瑩」，據丹鉛餘録卷十四、升庵集卷五十三改。

【注】

〔一〕據升庵集卷五十三、升庵外集卷十六補。本書卷八「古鏡銘」，文字畧異，可互參。

〔二〕精且明，丹鉛續録卷十一云東坡引作「清如明」，曰：「如者，而也，若左傳『星隕如雨』之例。」

〔三〕王世貞弇州四部稿卷一百六十三宛委餘編八：「丹鉛餘録載古鑑銘二，以爲唐人作。按：銘辭有『長懸仁壽，天子萬春』語，疑隋仁壽宮成，於此鑄鏡也。又『如珠出匣，似月停空。當眉寫翠，對臉傳紅』。亦似煬帝語。」而非漢鑑銘。

山谷詩〔一〕

黄山谷詩，可嗤鄙處極多，其尤無義理者，莫如「雙鬟女弟如桃李，早年歸我第二雛」之句〔二〕，稱子婦之顏色於詩句以贈其兄，何哉？朱文公謂其詩多信筆亂道〔三〕，信矣！

【注】

〔一〕據升庵詩話卷十二補。

〔二〕此爲黄庭堅送薛樂道知郿鄉詩中句，見山谷集外集卷一。早年歸我第二雛，作「早許歸我舍中雛」。

〔三〕見朱子語類卷一百四十：「東坡晚年詩固好，只文字也多是信筆胡説。」卷一百三十：「山谷使事多錯本旨。」二者相混。

宿於田更〔一〕

列子云：「禾生、子伯人姓名。出行經坰外，宿於田更。」〔二〕「更」訓老，老而更事也。漢立三老五更，更義取此。張湛注列子乃云「更當作叟」，誤矣〔三〕。

【注】

〔一〕據升庵外集卷四十八補。

〔二〕見列子卷二黄帝篇：「禾生、子伯，范氏之上客，出行經坰外，宿於田更。」

〔三〕楊伯峻列子集釋：「秦恩復曰：三老五更，老人之通稱，作更於義亦通。」「王重民曰：『蔡（邕）説見獨斷，且謂俗書嫂作㛐，證更與叟相通。』更作叟，不誤。……蔡氏五更之説姑且不論，而張湛所見已作『更』，則釋文作『叟』者乃後人所改。」

裋褐〔一〕

杜少陵冬日懷李白詩「裋褐風霜入」，惟宋元本仍作「裋」，今本皆作「短褐」。裋，音豎，二字見列子〔二〕。

【注】

〔一〕據升庵詩話卷九、升庵集卷五十八補。

〔二〕見列子卷六「力命」：「衣則裋褐，食則粢糲。」

【辨】裋褐短褐，解者紛紛。史記秦始皇本紀：「夫寒者利裋褐，而飢者甘糟糠。」集解徐廣曰：「一作『短』，小襦也。音豎。」索隱趙岐曰：「褐以毛毳織之，若馬衣。或以褐編衣也。」裋，一音豎，謂褐布

豎裁，爲勞役之衣，短而且狹，故謂之短褐，亦曰豎褐。（見史記秦始皇本紀　中華書局）

宋吳曾能改齋漫録卷七「短褐裋褕」引洪興祖語辨之曰：「按列子云：『衣則裋褐，食則粢糲。』音義引方言：『裋，複襦。』許慎注淮南子云：『楚人謂袍爲裋。』説文云：『粗衣。』又『敝布襦也。』又襜褕，短者，謂之裋褕。荀子作『豎褐』，注云：『童豎之褐。』漢書云：『裋褐不全。』注云：『裋，童豎所著布長襦也。褐，毛布之衣也。』杜子美云：『賜浴皆長纓，與宴非短褐。』及『短褐風霜入，還丹日月遲。』皆作長短之『短』。蓋襜褕短者，謂之裋褕，則短義亦通，抑古書自有作短褐者，余未之見也。」吳曾以爲洪興祖「偶忘文選」，又引文選例補曰：「余按：文選班彪王命論曰：『思有短褐之褻，擔石之蓄。』張銑注曰：『短褐，麤衣也。』韋昭曰：『短爲裋，裋襦也。毛布曰褐。』李善注曰：『短，丁管切。』退之與子美皆熟文選，李善既以『短』爲丁管切，而韋昭又以『短』爲『裋』，則短褐之爲長短之『短』，自有明據。」（吳曾能改齋漫録　上海古籍出版社）

明陳耀文正楊卷四「裋褐」譏升庵曰：「杜詩注引漢書『貢禹裋褐不完』，玆云宋元本，豈今所傳古本耶？列力命篇：『衣則裋褐，食則粢糲。』注：『楚人謂袍爲裋，有作短褐者，誤。』公『今本』之説，豈假此以愚衆耶？」（景印文淵閣四庫全書八五六册　臺灣商務印書館）漢書貢禹傳「裋褐不完」注，師古曰：「裋者，謂僮豎所著布長襦也。」又非「短褐」者。（見漢書卷七十二　中華書局）

清杭世駿訂訛類編卷六「短褐裋褐俱有典」云：「金壺字考云：史記始皇紀：『寒者利裋褐。』注：『一作短，一作豎，謂褐衣豎裁，爲勞役之衣，短而且狹，故謂之短褐，亦曰豎褐。』荀子大略篇『衣則豎褐不完』注：『僮豎之褐，亦短褐也。』劉向新序：『隆冬列寒，士裋褐不全。』晉書：『劉驎之拂短褐，與桓充言話。』唐書車服志：『士服短褐，庶人以白。』是裋褐、短褐並見子史。或以裋褐爲典，短褐爲俗，並謂裋字訛作短者，皆夏蟲之見也。杜工部詩俱參用。」（見杭世駿訂訛類編 中華書局）

古人賦〔一〕

説苑曰：「師經鼓琴，魏文侯起儛，賦曰：『使我言而無見違。』」〔三〕知古人一話一言皆曰「賦」。彼所謂登高能賦者，豈必盡如後世之麗淫者哉！

【注】

〔一〕據升庵集卷五十八、升庵外集卷六十六補。

〔三〕見説苑君道。

羅泌路史〔一〕

太平總類載：龍逢諫桀之言曰：「臣嘗觀君冕非其冕也，而冕危石；君之屨非其屨也，而履春冰。未有冕危石而不壓，蹈春冰而不陷者也。」〔二〕此爲六朝文士擬作無疑。羅泌路史收之，蓋亦貪博而忘精者〔三〕。

【注】

〔一〕據升庵集卷七十二、升庵外集卷三十八補。

〔二〕見太平御覽卷八十二引符子語，及路史卷三十七發揮六「關龍逢」。

〔三〕明陳耀文正楊卷二「關龍逢」條曰：「此路史之辨也，而公以爲收之，則公之云云，豈亦收之耶？」並辨其誤紂爲桀云：「路史發揮關龍逢辨云：符子曰：桀觀炮烙於瑶臺，顧龍逢曰：『樂乎』云云，逢曰：『觀君冠危石而履春冰也，未有冠危石而不壓，履春冰而不陷者。』桀曰：『汝知我亡而不自知其亡，請就炮烙。』夫危石、春冰，言之不倫，顧豈逢之語？而炮烙之事，考之書則紂之行，不聞其爲桀也云云。吾不敢盡信。」

日而月之〔一〕

唐文粹：「日而月之，星而辰之。」〔二〕本莊子「尸而祝之，社而稷之」語〔三〕。然日月星辰語，若出今人之口，其不見笑也幾希。

【注】

〔一〕據升庵集卷五十二、升庵外集卷五十三補。

〔三〕見唐文粹卷六十六獨孤及仙掌銘。

〔三〕見莊子庚桑楚：「子胡不相與尸而祝之，社而稷之乎？」

牛耕〔一〕

困學紀聞論牛耕不始於趙過，引冉耕字伯牛是也，但未有明證〔二〕。按山海經曰：「稷之孫曰叔均，是始作牛耕。」〔三〕王伯厚豈亦未考及此耶？

【注】

〔一〕據升庵集卷七十二、升庵外集卷十一補。

〔二〕見王應麟困學紀聞卷四：「人耦、牛耦，鄭氏注『合耦』，並言之。疏謂『周時未有牛耦耕，至漢趙過始教民牛耕』。今考山海經：『后稷之孫叔均，始作牛耕。』周益公云：孔子有犁牛之言，冉耕亦字伯牛，賈誼書春秋篇、新序刺奢篇載鄒穆公曰：『百姓飽牛而耕。』月令：季冬『出土牛』，示農耕早晚，何待趙過？過特教人耦犁，費省而功倍爾。」翁元圻按曰：「古者牛惟服車，書『肇牽車牛』，易『服牛乘馬』。漢趙過始教牛耕，蓋本賈勰齊民要術。考之古史，疑牛耕起於春秋之間，故孔子有犁牛之言，而弟子冉耕亦字伯牛，禮記月令季冬『出土牛』，示農耕早晚。賈誼新書、劉向新序俱載鄒穆公曰：『百姓飽牛而耕，暴背而耘。』大率在秦、漢之際，何待趙過之時。」

〔三〕見山海經海内經：「稷之孫曰叔均，始作牛耕。」山海經大荒西經：「叔均始作耕。」

政月〔一〕

王羲之先諱正〔二〕，法帖中以正月作「一月」，或作「初月」。其他正字，悉以「政」代之。今人正月，或作「政月」，過矣。

【注】

〔一〕據升庵外集卷五十一補。

〔二〕晉書王羲之傳：「王羲之字逸少，……祖正，尚書郎。」故作書「正」字皆以「政」代。後人相承效之，則非也。

朱文公學曹操書〔一〕

朱文公書，人皆謂出於曹操。操書傳世絶少，惟賀捷表，元時尚有本，文公所學必此也。劉恭父學顏公鹿脯帖①，文公以時代久近誚之〔二〕。劉云：「我所學者，唐之忠臣；公所學者，漢之篡賊耳。」〔三〕此又見文公之書出於操無疑也。

【校】

① 劉恭父學顏魯公鹿脯帖　劉恭父，父，丹鉛餘録卷十四、萬曆本誤作「文」。升庵書品作「劉貢

父」，據改。

【注】

〔一〕據升庵書品、升庵集卷六十二補。

〔二〕久近，距今不遠。

〔三〕劉攽（一〇二三—一〇八九），字貢父（一作共父），朱熹（一一三〇—一二〇〇），號文公。劉攽逝後四十年，朱熹始出生，二人生不同時，何能當面「誚之」？當爲升庵誤記。

文章似歇後〔一〕

文章有似歇後語處，如淵明詩「再喜見友于」〔二〕，杜詩「友于皆挺拔」、「野鳥山花吾友于」〔三〕。南史到藎從武帝登樓賦詩，受詔即成。帝謂其祖漑曰：「藎實才子，却恐卿文章得無假手於貽厥乎？」〔四〕又稱兄弟爲「在原天屬」，稱故鄉爲「維桑之里」，稱師曰「在三之義」，稱子曰「則百之祥」，皆是類也。

【注】

〔一〕據升庵集卷七十二、升庵外集卷五十三補。

〔二〕此爲陶潛庚子歲五月中從都還阻風於規林二首第一首詩中句，見陶淵明集卷三。

〔三〕此爲杜甫奉贈太常張卿垍二十韻和岳麓山道林二寺行詩中句，分别見杜少陵集卷三、卷二十二。野鳥山花，作「山鳥山花」。

〔四〕南史到彦之傳到蓋嘗從武帝幸京口，登北固樓賦詩，受詔便就，上以示溉曰：「蓋定是才子，翻恐卿從來文章假手於蓋。」「後溉每和御待，上輒手詔戲溉曰：得無貽厥之力乎？」溉，萬曆本誤作「蔇」。「貽厥（子孫）」歇後，升庵用以代蓋。

漢辭深厚〔一〕

貢禹乞骸骨，元帝詔答之，引傳曰：「亡懷土。」所稱傳者，即論語「小人懷土」之文〔二〕，易「小人」二字作「亡」，蓋嫌於以「小人」稱其臣。漢世訓辭深厚，皆此類也。後世平交間辯難之文，即如怒駡①，況君臣之間乎？

【校】

①即如怒駡　如，萬曆本、四庫本作「加」，丹鉛餘録卷十四、升庵集卷四十八、升庵外集卷五十三作「如」，據改。

【注】

〔一〕據升庵集卷四十八、升庵外集卷五十三補。

〔二〕見漢書卷七十二貢禹傳：貢禹「乞骸骨」，「生歸鄉里」，「天子報曰『傳曰亡懷土』，何必思故鄉！」論語里仁：「君子懷德，小人懷土。」

滕王亭詩〔一〕

杜子美滕王亭詩：「春日鶯啼修竹裏，仙家犬吠白雲間。」〔二〕「修竹」，用梁孝王事；「犬吠雲中」，用淮南王事，人皆知之矣。予嘗怪「修竹」本無「鶯啼」字也，後見孫綽蘭亭詩：「啼鶯吟修竹，游鱗戲瀾濤。」〔三〕乃知杜老用此也。讀書不多，未可輕議古人。

【注】

〔一〕據升庵詩話卷九、升庵集卷五十八補，一題「鶯啼修竹」。本書卷十「滕王」條可參看。

〔二〕杜少陵集卷十三作滕王亭子詩。

〔三〕見全晉詩卷五孫綽蘭亭。啼鶯，作「鶯語」。

書句〔一〕

古書句讀多不同，朱子語録載方馬二解點禮記「君賜衣服服以拜賜」句，「辟之命銘爲烝彝鼎」〔二〕句，舊點以「辟之」爲一句，極無義。「辟」乃君也，以君之命銘彝鼎最是。又載陸農師點「人生十歲曰幼」作一句，「學」作一句〔三〕。漢書「與父老約①」句，「法三章耳：殺人者死，傷人及盜抵罪。」〔四〕今皆讀作「約法三章」，是何理也。孟子「馮婦暴虎」章，一本作

「晉人有馮婦者，善搏虎，卒爲善」句，「士則之」句，「野有衆搏虎，虎負嵎，莫之敢攖」云云②，前「士則之」，後乃爲「士者笑之」，文義相屬，而於章旨亦合〔五〕，特難與迂滯者語耳。

【校】

① 與父老約　萬曆本作「與老父約」，據升庵集卷七十二改。

② 云云　萬曆本無，據丹鉛餘録卷十四補。

【注】

〔一〕據升庵集卷七十二、升庵外集卷六十補。

〔二〕見禮記玉藻、祭統。

〔三〕見禮記曲禮：「人生十年曰幼，學；二十曰弱，冠；三十曰壯，有室；四十曰强，而仕；……八十、九十曰耄，……百年曰期，頤。」十歲，作「十年」。

〔四〕見漢書高帝紀。宋劉昌詩蘆浦筆記卷一云：「約法三章，自班氏作刑法志，謂『高祖初入關約法三章』，至今以爲省約之約，皆作一句讀。予觀紀所書云：『吾與諸侯約，先入關者王之，吾當王關中。與父老約，法三章耳。』若以『與父老約法三章耳』八字作一句，恐不成文理。合於約字句斷，則先與諸侯約，今與父老約，不惟上下貫穿，而法三章耳，方在句語。」

〔五〕見孟子盡心下。宋周密志雅堂雜抄云：「一本以『善』字『之』字點句，（見蘆浦筆記「馮婦」

條：以余味其言，則恐合以「卒爲善」爲一句，「士則之」爲一句，「野有衆逐虎」爲一句。）前云『士則之』，後云『其爲士者笑之』，文義相屬。」清閻若璩四書釋地又續則云：「古人文字叙事未有無根者，惟馮婦之野，然後衆得望見馮婦。若如宋周密斷『士則之』爲句，『野』字遂屬下，『野』但『有衆』耳，何由有馮婦來？此爲無根。」楊樹達古書句讀釋例，則云兩讀皆可通。

孔明淵明〔一〕

朱子謂孔明之學本申韓，淵明之學本老莊〔二〕。此語末學不敢議，亦不敢從。

【注】

〔一〕據升庵集卷四十八、升庵外集卷四十一補。

〔二〕朱子語類卷一百三十六：「子房之學出於黄老，孔明出於申韓。」卷一百二十五：「陶淵明亦只是老莊。」

欸字音〔一〕

離騷九章云：「乘鄂渚而反顧兮，欸秋冬之緒風。」尸子：「禹有進善之鼓，備訊唉也。」漢韋孟詩：「勤唉厥生。」〔二〕説文：「欸，譍也，亞改切，又焉開切。」〔三〕史記：范增撞破玉斗曰「唉」〔四〕！方言云：「南楚謂然曰唉。」〔五〕説文：「唉，譍也，烏開切。」二字音義並同，如嘆與歎，咳與欬，嘯與歗，實一字耳，其語則皆楚語也，故元次山有欸乃曲，而柳詩亦用此二字，皆湘楚間語。柳文舊本作「靄襖」音，上字正協亞改之聲。韻書亦於皆韻收唉字，海韻收欸、唉二字，其説與説文不異。但「乃」字讀如襖者，未有考耳。近世乃有倒讀之者，又皆寫「欵」，則誤亦甚矣。「欵」字從欠，與「欸」字不同①，然點畫甚相似，故多誤也。楚辭注及朱文公文集互發此義，今詳筆之。

【校】

① 欵字從欠與欸字不同　欸，萬曆本作「唉」。丹鉛餘録卷十四、升庵外集卷六十八作「欸字從欠與欵字不同」。

【注】

〔一〕據升庵集卷六十四、升庵外集卷六十六補。本書卷十四「欵乃」，可參讀。

〔二〕見漢書卷七十三韋孟傳，韋孟諷諫詩作「勤誒厥生」。誒，師古注：「歎聲，音許其反。」

〔三〕説文：「唉，譍也。从口，矣聲，讀若埃，烏開切。」

〔四〕見史記項羽本紀：「亞父受玉斗，置之地，拔劍撞而破之，曰：唉。」

〔五〕方言：「南楚謂然爲欸。」

譙樓〔一〕

郡縣更鼓樓多名譙樓，出莊子。本魏城門名麗譙，壯麗而譙嶢也。近見王子充作某府譙樓記，首引陳涉傳，誤矣〔二〕！

【注】

〔一〕據升庵外集卷八補。

〔二〕升庵集卷六十七、升庵外集卷八「麗譙」可互參：「莊子：『盛鶴列於麗醮之間。』注：『魏城門名譙，亦作嶕，壯麗而嶕嶢也。』前漢書陳勝傳：『戰譙門中。』注：『門上爲高樓以望，故曰譙樓。』慎按：漢書五行志下：『故公車大誰卒。』注：『大誰者，主問非常之人，云姓名是誰何也？』誰何，一作譙呵。城門名麗譙者，麗如魚麗之麗，力支切；譙即譙呵之譙。今都門出入者，守門人成列而呼喝之，亦是古制，不必改譙作嶕也。」王禕，字子充，所引陳涉傳，當係史記陳涉世家「獨守丞與戰譙門中」。

十二月水〔一〕

「正月解凍水，二月白蘋水，三月桃花水，四月瓜蔓水，五月麥黄水，六月山礬水，七月豆花水，八月荻苗水，九月霜降水，十月復槽水，十一月走凌水，十二月蹙凌水。」〔二〕見九州記。

【注】

〔一〕據升庵集卷七十六、升庵外集卷六補。

〔二〕見宋史卷九十一河渠志一黄河上「信水」，無「解凍水」、「走凌水」。

梧桐〔一〕

古云：「梧桐不生則九州異，一葉爲一月，閏十三葉。」宋人閏月表，梧桐之葉十三，黄楊之厄一寸〔二〕。

【注】

〔一〕據升庵外集卷九十八補。

〔二〕見陸佃埤雅卷十四「桐」：「有閏則生十三葉，視葉小者則知閏何月。」蘇軾退圃詩「獨有黄楊厄閏年」自注：「俗説黄楊木無火，歲長一寸，遇閏退一寸，故宋人閏月表云云。」

天門地户〔一〕

河圖括地象曰：「西北爲天門，東南爲地户。」注：「天不足西北，是天門；地不滿東南，是地户。」〔二〕

【注】

〔二〕據升庵集卷七十二、升庵外集卷一補。

〔三〕見明孫瑴古微書卷三十二。

荼茶〔一〕

荼即古茶字也。周詩記荼苦，春秋書齊荼，漢志書荼陵，顔師古、陸德明雖已轉入茶音，而未易字文也。至陸羽茶經、玉川茶歌、趙贊茶禁以後，遂以「茶」易「荼」。

【注】

〔一〕據升庵集卷六十四、升庵外集卷九十補。

宋史〔一〕

宋史表首稱相阿魯圖，其實歐陽玄之筆也。其爲卷六百，文百萬言。自有史册以來，未有若是多者也。其自謂辭之煩簡以事，文之今古以時，蓋欲自成一代書，而不强附昔人是也。其可憾者，有紀一事而先後不同，一人而彼此不同，由修之者非一手也。愚觀自古史籍①，至宋而憾焉。非憾乎人也，所憾於上之人壞古修史之法也。史始於尚書、春秋，大抵皆一人之筆。尚書雖雜出，然而紀一事自一篇，一篇自一人。春秋則孔子特筆，而門人一辭不能贊者矣。春秋三傳各以其意釋經，而其事傳焉。若國語、若世本、若戰國策，皆一家言。自史記下，十七代之書，亦皆一人成之。唐書雖文忠與景文共之，然而卷帙互分，兩美相合。至元修宋、遼、金三史，此法壞矣。原其所以，由胡人在位，大臣寡學，不欲中國之人得擅其所長。故不惟其人惟其官，不惟其實惟其名，其長不知所美，其短不知所委，其先後矛盾，復何怪哉！雖然，豈始於宋哉？「後漢東觀，大集羣儒，著述無主，條章靡立，由是伯度譏其不實，公理以爲可焚。張、蔡二子糾之於當代，傅、范兩家嗤之於後葉。」〔二〕其傳卒亦不廣。唐中宗世，「史司取士，每記一事、載一言，皆閣筆相視，含毫不斷」，義稟監修，辭從指授，由是劉知幾謂「頭白可期，汗青無日」〔三〕，卒不能成其書也。原宋史一書，其實類此。蓋漢、唐皆文人相聚，元則羯胡相參，其形跡之拘忌，義例之蒙昧，豈特如漢唐人所譏而已。嗚呼！元所壞者，宋一代史猶之可也，而其法遂使嗣代襲用之。今曰一代之史，可以一人成，不以爲駭，則以爲狂矣。其貽害於中國，禍於斯文者，可重爲慨也夫！

【校】

①愚觀自古史籍　史籍，萬曆本作「文籍」，據丹鉛餘録卷十四、四庫本改。

【注】

〔一〕據升庵集卷四十七、升庵外集卷四十四補。

〔三〕見劉知幾史通卷二十「忤時」。李法，字伯度，博覽群書，譏史官記事不實。仲長統，字公理，其見志詩云：「百家雜碎，請用從火。」張、蔡二子，指張衡、蔡邕糾正東觀漢紀的缺失。傅、范兩家，指傅玄、范曄繼加譏評。

〔三〕見劉知幾史通卷二十忤時，有删改。

劍門〔一〕

王全斌伐蜀，自益光江趨來蘇，徑不由劍門入，是劍門外又别有一路也〔二〕。

【注】

〔一〕據升庵集卷七十八、升庵外集卷三補。劍門，一作「益光江」。

〔二〕宋史王全斌傳：「益光江東，越大山數重，有狹徑名來蘇，蜀人於江西置砦，對岸有渡。自此出劍關南二十里，至清强店，與大路合，可於此進兵，即劍門不足恃也。」

饐瓜亭〔一〕

吕蒙正父龜圖多内寵，與其母劉氏不協，並蒙正出之，頗淪躓窘乏。劉誓不嫁，及蒙正登仕，乃迎二親，同堂異室奉養之〔二〕。近世傳奇饐瓜亭亦緣此附會也。

【注】

〔二〕據升庵集卷七十二、升庵外集卷四十四補。

〔三〕見宋史卷二六五吕蒙正傳，文字小異。

劉錡善射〔一〕

劉錡善射，「水斛滿，以箭射，拔箭水注，隨以一矢窒之，人服其精」〔二〕。或言此即古剡注法也〔三〕。

【注】

〔一〕據升庵集卷七十二、升庵外集卷十八補。

〔二〕見宋史卷三六六劉錡傳。水斛滿，作「牙門水斛滿」。以箭射，作「以箭射之」。

〔三〕剡注法，五射之一。見周禮地官保氏「五射」注：「白矢、參連、剡注、襄尺、井儀。」

白翎雀〔一〕

札木言於汪罕曰：「我於君是白翎雀，他人是鴻雁耳。白翎雀寒暑常在北方，鴻雁則南飛就暖耳。」〔二〕言己心堅而他人心不可保也。

【注】

〔一〕據升庵外集卷五十二補。

〔二〕見元史太祖本紀。札木，作「札木合」。鴻雁則南飛，作「鴻雁遇寒則南飛」。

星橋〔一〕

蘇味道詩：「星橋鐵鎖開」〔二〕，本陳張正見詩：「天路橫秋水，星橋轉夜流」之句〔三〕。

【注】

〔一〕據升庵詩話卷六。

〔二〕此爲蘇味道正月十五日夜（一作望月夜游觀燈）詩中句，見全唐詩卷六五。

〔三〕此爲張正見秋河曙耿耿詩中句，見全陳詩卷二。

杜牧詩〔一〕

杜牧詩：「盡道青山歸去好，青山能有幾人歸？」〔二〕比之「林下何曾見一人」之句〔三〕，殊有含蓄。

【注】

〔一〕據升庵詩話卷、升庵外集卷七十六補。

〔二〕此爲杜牧懷紫閣山詩中句，見全唐詩卷五二七。盡道，作「人道」。能有，作「曾有」。

〔三〕唐范攄雲溪友議卷中「思歸隱」：作僧靈徹東林寺酬韋丹刺史詩中句。宋五燈會元卷十六「蔣山法泉禪師」作佛慧禪師語：「相逢盡道休官去，林下何曾見一人。」

權德輿奇語〔一〕

「舟有溺，騎有墜，寢有魘，飲有醉，食有饐，行有蹶，其甚則皆可以致斃。無非危機，其可如土偶木寓耶！」〔二〕此權德輿文中奇語也。木寓，見漢書注：「木寓龍，木寓馬」是也〔三〕。

【注】

〔一〕據升庵集卷七十二、升庵外集卷五十二補。

〔二〕此爲權德輿釋疑文中語，見全唐文卷四九五。其可如土偶木寓耶，作「其可以盡廢此，而如土偶木寓耶」。史記孟嘗君傳作「木禺人與土禺人」。寓，與「偶」通。

〔三〕見漢書郊祀志上：「木寓龍一駟，木寓車馬一駟。」

百川〔一〕

吕温地志圖序：「粉散百川，黛凝羣山。」亦如今地理圖，黄爲川，紅爲路，青爲山也〔二〕。

【注】

〔一〕據升庵集卷七十六、升庵外集卷九補。

〔二〕升庵外集卷九「青爲山也」後，有「今府治廳事多畫此」。

文弊〔一〕

裴子野雕蟲論力言晉宋以降之文弊，其略曰：「悱惻芳芬，靡曼容與」，「蔡應等之俳優，揚雄悔爲童子」，「深心主卉木，遠致極風雲，其興浮，其志弱。」「荀卿有言：亂代之徵，文章匿采。斯豈亦近之乎？」〔二〕

【注】

〔一〕據升庵集卷五十三。

〔二〕見文苑英華卷七四二。悱惻芳芬，靡曼容與，作「悱惻芳芬，楚騷爲之祖；靡曼容與，相如扣其音」。

梓澤〔一〕

滕王閣序：「蘭亭已矣，梓澤丘墟。」梓澤，石季倫別墅也〔二〕。又山亭序云：「茂林修竹，王右軍山陰之蘭亭；流水長堤，石季倫河陽之梓澤。」〔三〕

【注】

〔一〕據升庵集卷五十二補。

〔二〕晉書石崇傳：「崇有别館，在河陽之金谷，一名梓澤。」

〔三〕見王子安集卷四山亭興序。

陳愧齋〔一〕

隋劉臻爲儀同，與劉訥同官，退朝欲謁訥，謂前騶曰：「識劉儀同家乎？」〔二〕從者以爲臻欲引歸〔三〕。至家，坐堂中，呼曰：「劉儀同可出矣。」其子出，臻曰：「汝亦來此乎！」今人傳以爲陳愧齋事，亦好事者取此，而易其名耳。

【注】

〔一〕據升庵集卷七十二、升庵外集卷四十二補。

〔二〕見隋書劉臻傳：「汝知劉儀同家乎？」劉訥亦任儀同。

〔三〕隋書劉臻傳作「從者不知尋訥，謂臻還家」。

桔槹烽〔一〕

邊方備警急，作高土臺，臺上作桔槹，桔槹頭有兜零，以薪葦置其中，常低之，有寇即然火

舉之以相告，曰烽望，其煙曰燧〔二〕。唐詩：「桔槔烽上暮煙飛。」〔三〕

【注】

〔一〕據升庵集卷五十八、升庵外集卷四補。

〔二〕升庵外集卷四按語云：「今按經史真音云：夜曰烽，晝曰燧。」

〔三〕此爲張仲素塞下曲五首之五詩中句，見全唐詩卷三六七。

曹吴〔一〕

北齊曹仲達畫，人物衣服緊窄；唐吴道子畫，衣服飄舉。時人語曰：「吴帶當風，曹衣出水。」〔二〕

【注】

〔一〕升庵集卷六十六題作「曹吴」，畫品作「人物」。

〔二〕見宋郭若虚圖畫見聞志卷一「論曹吴體法」：「吴之筆，其勢圜轉而衣服飄舉；曹之筆，其體稠疊而衣服緊窄。故後輩稱之曰：吴帶當風，曹衣出水。」

崧嵩〔一〕

詩：「崧高維嶽。」〔二〕嶽，四嶽也①。孔云：「堯時止有四嶽，不主中嶽，故曰：『崧，高貌。』山高大者自名『崧』，不主中嶽。」〔三〕而今或以爲崧、嵩通用，誤矣。

【校】

①嶽四嶽也　四，升庵經説卷六作「西」，丹鉛餘録卷十四作「四」。嵩高，即嵩山。五嶽之一。爾雅釋山：「泰山爲東嶽，華山爲西嶽，霍山爲南嶽，恒山爲北嶽，嵩高爲中嶽。」當作「四」。

【注】

〔一〕據升庵經説卷六、升庵集卷六十四補。

〔二〕見詩經大雅崧高：「崧高維嶽，駿極於天。」

〔三〕孔穎達疏：「經典群書多云五嶽，此傳唯言四嶽者，以堯之建官而立四伯，主四時四方之嶽而已，不主中嶽。」

陽皋〔一〕

周禮疏又有「陽皋陰皋」之説，亦罕見者。陽陰，蓋以深淺向背言也。

【注】

〔一〕據升庵外集卷五補。

山帶〔一〕

張野廬山記：「天將雨，則有白雲，或冠峰岩，或亘中嶺，俗謂之山帶，不出三日必雨。」唐

詩：「風吹山帶遥知雨。」〔二〕

【注】

〔一〕與本書卷二「山帶」同。

〔二〕此爲唐韓翃送客歸江州詩中句，見全唐詩卷二四五。

底當〔一〕

韓子：「玉巵無當。」〔二〕廣韻云：「當，底當也。」徐鉉云：「今俗猶有匡當之言。」〔三〕

【注】

〔一〕據升庵外集卷六十三補。

〔二〕見韓非子外儲説右上：「爲人主而漏泄其羣臣之語，譬猶玉巵之無當。」當，底部。

〔三〕見説文解字繫傳卷十一：「臣鍇曰：『當者，底也。』韓子曰：『玉巵無當天下足，以水無當無底也。今俗猶有匡當之言。』」徐鉉爲「徐鍇」之誤。徐鍇爲徐鉉之弟。

龍鍾〔一〕

龍鍾，竹名。年老曰龍鍾，言如竹之枝葉摇曳①，不能自禁持也②。

【校】①言如竹之枝葉摇曳　枝葉，萬曆本、四庫本脱，據上杭本、丹鉛餘録卷十四補。

②不能自禁持也　禁，萬曆本、四庫本脱，據上杭本、丹鉛餘録卷十四補。

【注】〔一〕據升庵集卷七十九、升庵外集卷一〇〇補。

【辨】龍鍾，疊韻字，亦作龍種、龍鐘，不止一義，前人多辨之。明陳耀文正楊卷四「龍鍾」條云：「南越志云：『羅浮山第三十一嶺，半是巨竹，皆七、八圍，長一、二丈，葉若芭蕉，謂之龍鍾竹。』「魏杜弼爲侯景檄梁文：『委慈母如脱屣，棄寵弟如遺芥。龍鍾稚子，痛哭成行。』「周王褒與周弘正書云：『援筆攬紙，龍鍾横集。』「裴度云：『見我龍鍾，故相戲耳。微時在天津橋言也。』劇談録元載游秦別妻詩：『年來誰不厭龍鍾。』杜陽編昌黎詩：『白首誇龍鍾。』董彦遠注：『潦倒意。』胡曾謝賜錢啓：『自嘆龍鍾，誰識牛鐸。』」（景印文淵閣四庫全書八五六册　臺灣商務印書館）

清人徐文靖管城碩記卷二十八楊升庵集辨之云：「楊氏曰：『龍鍾，竹名。年老曰龍鍾，言如竹之枝葉摇曳不能自禁持也。』按：琴操：『卞和退怨之歌曰：紫之亂朱粉墨同，空山歔欷涕龍鍾。』究未知龍鍾何義？據星傳：『參三星，直者爲衡石，一曰龍鍾。』是龍鍾，大石之謂。郭憲洞冥記：『大秦國貢花蹄牛，跡在石上，皆如花形。時得異石長十丈，高三丈，立於望仙宫，因名龍鍾石。』和蓋以良玉見棄，灑涕於龍鍾巨石爲可悲耳。老杜詩：『何大龍鍾極，於今出處妨。』賈島詩：『身事龍鍾應是分。』劇談録引裴度曰：『見我龍鍾，故相戲耳。』此皆遲重難行，一如龍鍾之巨石，有妨出處。蓋用洞冥之説也。王褒與周弘謨（讓）書：『援筆攬紙，龍鍾横集。』岑參詩：『雙袖龍鍾淚不乾。』則用琴操之説也。若謂如竹枝摇曳，韓昌黎詩『白首夸龍鍾』，夸字已費解矣。杜弢爲侯景檄梁文：『龍鍾稚子』，東坡贈段田詩：『龍鍾三十九』，亦可謂年老者不自禁持乎？南越志：『龍鍾大竹徑七八圍，節長一丈二尺。』庾子山邛竹杖賦：『每與龍鍾之族，幽翳沉沉。』嵇含筆銘：『採管龍鍾，拔毫秋兔。』蕭子顯詩：『横吹龍鍾管，奏鼓象牙笙。』皆引用之。若以爲竹枝摇曳，豈獨龍鍾爲然哉？」（管城碩記　中華書局）

此外唐蘇鶚蘇氏演義卷上釋龍鍾爲「藍鬖、拉颯、繿縷」，明田藝蘅留青日札卷十五釋龍鍾爲「年老行動不便」，清杭世駿訂訛類編卷一謂龍鍾爲「人之癃老」等，可參看。

孔子無所不佩〔一〕

「行清潔者佩芳，德明光者佩玉，能解結者佩觿，能決疑者佩玦，故孔子無所不佩也。」見王叔師楚騷注〔二〕。

【注】

〔一〕據升庵外集卷三十六補。

〔二〕即王逸離騷經章句。德明光者佩玉，王逸離騷經章句「紉秋蘭以爲佩」注，作「德仁明者佩玉」。

桂〔一〕

尸子曰：「春華秋英曰桂。」王維詩：「人閑桂花落，夜靜春山空。」〔二〕秋花者，乃木犀、巖桂耳。

【注】

〔一〕據升庵集卷八十、升庵外集卷九十八補。

〔二〕此爲王維鳥鳴澗詩中句，見王右丞集卷十三。

連山歸藏〔一〕

「連山藏於蘭臺，歸藏藏於太卜。」此語見於桓譚新論，則後漢時連山、歸藏猶存，不可以藝文志不列其目而疑之。至隋世之連山、歸藏則僞作，上官求賞者耳〔二〕。

【注】

〔一〕據升庵集卷四十一、升庵外集卷二十四補。

〔三〕「上官求賞者耳」後，升庵外集卷二十四有小字：「隋劉炫嘗僞作連山以取賞。」按隋書經籍志首載「歸藏十三卷」，不載連山。

少伯〔一〕

「范蠡，楚三户人〔二〕，字少伯；大夫種，姓文氏，字禽，楚之鄒人。」出吕覽高誘注〔三〕。

【注】

〔一〕據升庵集卷五十、升庵外集卷五十九補。

〔二〕三户，有三解：一爲楚地名，杜預注爲丹水縣北三户亭，服虔注爲三户津。二爲三户人家，或虚指人數少，「楚雖三户、亡秦必楚」。三爲楚之屈、昭、景三族。此三户爲地名。

〔三〕見吕氏春秋當染「越王勾踐染於范蠡大夫種」高誘注。

金海玉海千萬字文〔一〕

梁武帝撰金海，王應麟撰玉海；周興嗣撰千字文，隋潘徽撰萬字文〔二〕。

【注】

〔一〕據升庵集卷七十二、升庵外集卷四十九補。

〔二〕「萬字文」後，升庵外集卷四十九有焦竑補小字：「胡應麟曰：齊張融集金海，王伯厚祖之，同爲類書。」

欵冬花〔一〕

欵冬花，即爾雅所稱「菟奚顆凍」者，「紫赤華生水中」〔二〕，十二月雪中出花。郭緣生述征記云：「洛水至冬凝厲，則欵冬生曾冰之中①。」傅咸欵冬賦序曰：「余曾逐禽，登於此山。于時仲冬，冰凌盈谷，積雪被崖，顧見欵冬，曄然始敷。」佛經云：「朱炎鑠石，不靡蕭丘之木；凝冰慘慄，不凋欵冬之花。」〔三〕乃知唐詩「僧房逢著欵冬花」，正「十二街頭春雪時」也〔四〕。詩人之興於時物如此。

【校】

① 則欵冬生曾冰之中　生，丹鉛餘録卷十四作「茂悦」。太平御覽卷九九二引述征記作「洛水至歲末凝厲，則欵冬生層冰之中」。藝文類聚卷八十一引述征記則作「洛水至歲凝厲，則欵冬茂悦曾冰之中」。引文出處不同。

【注】

〔一〕據升庵集卷七十九、升庵外集卷九十九補。

〔二〕見爾雅釋草：「顆凍，欵凍也。紫赤花，生水中。」

〔三〕見抱朴子廣譬：「凝冰慘栗，而不能凋欵冬之華；朱飆鑠石，而不能靡蕭近之木。」升庵稱「佛經云」，誤。

〔四〕此二句爲唐張籍逢賈島詩中句，見全唐詩卷三八六：「僧房逢著欵冬花，出寺行吟日已斜。十二街中春雪遍，馬蹄今去入誰家。」街頭，作「街中」。春雪時，作「春雪遍」，張司業集卷七作「春雪滿」。

支干〔一〕

星書云：「古之支干，只用書日，不以紀年。紀年用歲陽歲陰名。」故温公通鑑紀年以攝提格、閼逢之名，蓋有存古之義。不知者議之，以爲不若直用甲子，乃不學之過也〔二〕。

【注】

〔一〕據升庵集卷七十五補。

〔二〕升庵集卷七十五條末有小字：「觀歲陽名一條，此或是前時未定之見。」歲陽名載卷七十五之首，録以備考：「歲陽名，始見於爾雅，攝提格以下二十四名是也。後世相傳以爲古甲子，余疑其非，何也？簡册之古，莫如典、謨，其次易卦爻辭，其次毛詩，其次諸子。尚書辛壬癸甲，易先甲後庚，詩吉日庚午，又朔日辛卯。殷人以生日名子，十干備至。春秋紀年則昭然不紊，不聞有一字及於爾雅十干之異名也。獨史記曆書，紀漢武帝以來見之，意當漢世術家創爲此名，藏用隱字，以神其術，而後人竄入爾雅。堯、舜、三代，恐無是稱謂也。司馬公取以紀通鑑，亦信而好古之意。慎初以爲是，今疑其非，願與有定見君子商榷之。楚辭『攝提貞於孟陬兮』，分明用曆家之言，稍變其字，以別於寅庚之文，非必謂以是紀歲也。」

隑曲〔一〕

隑曲，岸頭也，音巨依切。隑、碕、埼、圻、磯，五字同音。哀二世賦「曲江之隑」〔二〕，越絶「蘆之碕」〔三〕，地理志「鮚埼」〔四〕，水經「赭圻」，又作「磯」是也〔五〕。

【注】

〔一〕原無目，條目補擬。

〔二〕見史記司馬相如列傳：「臨曲江之隑州兮，望南山之參差。」索隱曰：「隑音祈，隑即碕字，謂曲岸頭也。」

〔三〕見越絶書越絶荆平王内傳：「與子期甫蘆之碕。」

〔四〕見漢書地理志上：會稽郡「鄞有鎮亭，有鮚埼亭」。

〔五〕水經注卷三十五「江水」磯、圻互用者甚多，如南陽磯，亦作「南陽圻」；積布磯，亦作「積布圻」；蒲磯，亦作「蒲圻」等。未見「赭圻」。

井田〔一〕

中郎區博諫莽曰：「井田雖聖王法，其廢久矣。周道既衰而民不從，秦知順民之心，可以獲大利也，故滅廬井而置阡陌，遂王諸夏，迄今海内未厭其敝。今欲違民心，追復千載絶迹，雖堯舜復起，而無百年之漸，弗能行也。天下初定，萬民新附，誠未可施行。」〔二〕區博之言，特告王莽非其人耳，其實至論也。後世儒者必欲行井田，何哉〔三〕？

【注】

〔一〕據升庵集卷七十八、升庵外集卷七補。本書卷十二「井田」條，可參看。

〔二〕見漢書王莽傳。

〔三〕升庵集卷七十八另有「壞井田」一條：「世儒罪秦廢井田，不知井田之廢，始於管仲作内政，已漸壞矣，至秦乃盡壞耳。元陳孚題管仲井詩：『畫野分民亂井田，百王禮樂散寒煙。平生一勺潢汙水，不信東溟浪沃天。』可謂闡幽之論。又九河之壞，亦自管仲始，詩緯所謂『移河爲界在齊莒』，是也。」

天馬歌〔一〕

天馬歌：「天馬徠，歷無草。」草即皁字，從艸從早，艸字可染皁也①。後借爲皁隸之皁。歷解爲槽櫪之歷〔二〕，言其性安馴，不煩控制也。師古解爲水草之「草」〔三〕，失之。

【校】

① 艸字可染皁也　艸字，升庵集卷五十八作「草子」，升庵詩話一本作「草汁」。作「字」，誤。

【注】

〔一〕據升庵詩話卷一、升庵集卷五十八補。

〔二〕明陳耀文正楊卷二云此文意殊不可曉：「據歌中上下文意，馬尚未至，安得即説槽櫪？且染皂何施？又云皂隸之皂，將用以控此馬乎？殊不可曉。」

〔三〕漢書禮樂志載天馬歌凡二首，此爲第二首，太初四年李廣利斬大宛王獲宛馬時所作。顔師古注曰：「言馬從西來，經行磧鹵之地無草者，凡千里而至東道。」

青陽宮〔一〕

成都青羊宮〔二〕，後周爲至真觀。見道經。蜀有錦浦坊、三井橋、小鑾橋。見佛經。江橋、頭關、下市。見十六國春秋。

【注】

〔一〕原無目，條目補擬。

〔二〕今成都有青羊宮，在城西百花潭側。

烏燕〔一〕

禽經云：「烏向啼背棲，燕背飛向宿。」毛詩「燕燕于飛」〔二〕，莊姜送歸妾，義取諸此，故曰

「上下其音」、「差池其羽」，皆背飛之義，送別之情也〔三〕。

【注】

〔一〕據升庵集卷八十一、升庵外集卷九十七補。

〔二〕見詩邶風燕燕序：「衛莊姜送歸妾也。」

〔三〕升庵經説卷四「燕燕于飛」條云：「師曠禽經曰：『烏向飛背宿，燕向宿背飛。』此物理也。故莊姜以爲送歸妾之比，取其背飛之義，送別之情也。」可發明詩義。

江烏海燕〔一〕

余最愛樂府「桂殿江烏對，彫屏海燕重」〔二〕之句，不知何人作也。

【注】

〔一〕據升庵集卷五十八補。

〔二〕此爲伊州歌第五曲中句，見樂府詩集卷七十九。

司馬法〔一〕

周禮注引司馬法云：「昏鼓四通爲大鼜，夜半三通爲晨戒，旦明三通爲發昫。」又引司馬法云：「鼓聲不過閶，柝聲不過閬，鐲聲不過闟。」〔二〕漢書李廣傳引：「登車不式，遭喪不服。振旅撫師，以征不服；率三軍之心，同戰士之力，故怒形則千里悚，威振則萬物伏。是以名聲暴於夷貉，威稜憺乎鄰國。」〔三〕文選注引「聖人不貴咫尺之玉，而重寸陰之旬」〔四〕，史記注引「血於鼙鼓，神戎器也」〔五〕，說文引：「一舉足曰跬，跬三尺；兩舉足曰步，步六尺。」又「晨夜納鈀車」〔六〕。今文皆無之，知非全書也。

【注】

〔一〕據升庵集卷四十四、升庵外集卷二十一補。

〔二〕見周禮注疏卷十二「地官」鼓人、卷二十九「夏官」大司馬注引司馬法語。且明三通，作「旦明五通」。「鼓聲不過閶」後二句，作「鼙聲不過闒，鐸聲不過琅」。上杭本不誤。

〔三〕見漢書卷五十四李廣傳引司馬法語。

〔四〕見文選卷六左思魏都賦李善注引司馬法云：「明不寶咫尺之玉，而愛寸陰之旬。」

〔五〕見史記高祖本紀：「祠黄帝，祭蚩尤於沛庭而釁鼓。」索隱引司馬法云：「血於鼙鼓者，神戎器也。」

〔六〕見說文卷十四上「鈀，兵車也。司馬法云云」。

巖郎〔一〕

漢書「游於巖郎」，魏鍾繇表「廟郎」。郎，當作「廊」，而皆省作郎者，上廕下，下承上也。

如鳳凰同書，省下作皇；鸚鵡聯文，省下作武。若單書，則不可也。石鼓文「旭日杲杲」，但於「旭」下作二點，借旭之日爲下字也。秦刻亦有此例。

【注】

〔一〕據升庵集卷六十四、升庵外集卷五十三補。

漢世武技〔一〕

漢書王尊傳「迹射士千人」。注：「迹射，言能尋跡而射取之也。」〔二〕又有射聲校尉，言聞聲而能射之〔三〕。合二條觀之①，見漢世武事選練之精如此。

【校】

① 合二條觀之　之，萬曆本，丹鉛餘録卷十四無，據上杭本、升庵外集卷四十七補。

【注】

〔一〕據升庵集卷四十七、升庵外集卷十一補。

〔二〕見漢書卷七十六王尊傳顔師古注。

〔三〕見漢書卷十九上百官公卿表「射聲校尉」注：「服虔曰：工射者也。冥冥中聞聲則中之，因以名也。」

舞弄〔一〕

列子鄧析顧其徒曰：「爲若舞，彼來者奚若？」注云：「世或謂相嘲調爲舞弄。」〔二〕漢書宣元六王傳：「我危得之。」注云：「危，殆也，我殆得爲天子。猶今之言險不得之也。」〔三〕「舞弄」、「險不」，俗語皆有本也①。

【校】

① 舞弄險不俗語皆有本也　此句萬曆本無，據丹鉛餘録卷十四、四庫本補。

【注】

〔一〕據升庵外集卷六十三補。

〔二〕見列子卷四仲尼張湛注。鄧析顧其徒曰，作「鄧析顧其徒而笑曰」。

〔三〕見漢書卷八十宣元六王傳「我危得之」注：「孟康曰：『危，殆也，我殆得爲天子也。』師古曰：『危者，猶今之言險不得之也。』」

央瀆〔一〕

荀子「入其央瀆」注：「中瀆也，今人家出水溝。」〔二〕則如今稱出水竇曰央溝，亦有本也。太平御覽引莊子逸篇「羊溝之鷄」，稱羊溝不知何解。俗作陽溝，云對陰溝之稱，但未見所出耳〔三〕。

【注】

〔一〕據升庵集卷七十二、升庵外集卷八補。

〔二〕見荀子正論篇楊倞注，作「如今人家出水溝」。

〔三〕「但未見所出耳」後，升庵外集卷八有焦竑按語：「今按：古今注：『長安御溝謂之楊溝，謂植高楊于其上也。』又曰『羊溝，謂羊喜抵觸牆垣，故爲溝以隔之』。」

文中子〔一〕

文中子一書，格言至論甚多，若其中拆洗論語之文，描畫孔門之像；若吳楚僭王者名號，兒童學長者拜揖，皆其門人之罪也。試舉一條，如云陳叔達行令郡縣而盜不止，聞文中子門人心化之言，「退而靜居三月，而盜賊出境」〔二〕。此段明是粧點，使盜賊三月入境，餔、資、饒、牽亦竭矣，不出何待？又以爲功，不亦迂耶〔三〕！

【注】

〔一〕據升庵集卷四十六、升庵外集卷四十八補。

〔二〕見王通中説卷四「周公」：「陳守謂薛生曰：『吾行令於郡縣而盜賊不止，夫子居於鄉里而争者息，何也？』薛生曰：『此以言化，彼以心化。』陳守曰：『吾過矣。』退而静居三月，盜賊出境。」陳守，叔達也。

〔三〕文中子之説，升庵外集卷四十八尚有「文中子句」、「文中子心迹」。

裝潢〔一〕

唐六典有裝潢匠，注音光，上聲，謂裝成而以蠟潢紙也。今制牋法猶有潢漿之説〔二〕。人多不解，作平音讀，又改爲裝池，自謂奇語，其謬甚矣。

【注】

〔一〕據升庵畫品、升庵集卷六十四補。

〔二〕潢漿，客退紀談作「潢裝」，見説郛卷三十一。

角制〔一〕

今制吹角，以爲起於曹子建，其説出於近世胡公儼集中，然不知其所引何書也。按杜氏通典、文獻通考、陳氏樂書引證極爲博洽且精詳。但引晉大司馬桓温屯中堂，夜吹角，爲司馬恬所彈；又引陸機爲大都督，聞衆軍警角，謂孫極曰：「我聞此，殊不如華亭鶴鳴。」〔二〕衛公兵法：「吹角十二聲爲一疊」〔三〕，並不及子建事。三公博及羣書者，豈有遺耶？角事果始自子建，何諸書不言，自胡公始發之耶？恐出臆説，未可據耳。

【注】

〔一〕據升庵集卷四十四、升庵外集卷二十一補。本書卷八「角制所始」，可互參。

〔二〕見陳暘樂書卷一三〇「警角」。夜吹角，作「夜吹警角」。我聞此，作「我今聞此」。

〔三〕衛公兵法作「鼓止角動，吹十二聲爲一疊」。

郡朝〔一〕

郡守廳事，古亦稱朝。後漢劉寵傳「山谷鄙生，未嘗識郡朝」是也〔二〕。吏民謁郡守，亦曰朝。任延臨龍丘萇殯，「不朝三日」是也〔三〕。

【注】

〔一〕據升庵集卷七十二、升庵外集卷九補。

〔二〕見後漢書卷七十六循吏列傳劉寵傳。

〔三〕見後漢書卷七十六循吏列傳任延傳：「萇尋病卒，延自臨殯，不朝三日。」

附近〔一〕

俗語「附近」，古作「傅近」。仲長統昌言：「宦豎傅近房卧之内，交錯婦人之間。」〔二〕

【注】

〔一〕據升庵集卷七十二、升庵外集卷六十三補。

〔二〕文選卷五十宦者傳論李善注引仲長統昌言曰：「宦豎傅近房卧之内，交錯婦人之間。」

丹鉛總録後序

趙文同

盈天地間皆道也，夫人於是有靈明通蔽，淵博寡昧，異致者曷居。蓋道無古今上下，聖愚賢否，而或屏智却慮，則塵芥六合，其過焉者，潛虚賦玄，又求知於天地萬物之外矣，如斯道何哉！太史升庵先生既穎冠藝苑，聲稱龍頭，適我聖皇，誕膺以純佑之命，多賢昌國，足稱任使。遷寓滇雲，乃思以康濟之業，尚交千古。凡天地間浮沉升降，聚散流布，雖無常形，實各有定理。於是旁稽遠取，搜幽剔抉，匪徒物格事察也；又必爲之窮究歸要，或爲之闡發綱維，出今入古，合異致同，漸次成帙，名曰丹鉛摘録。更數年，復類曰閏録、餘録，浩瀚渟彙，而天地萬物之理備矣。憲伯心泉公，于先生門稱高弟，爰悉授之。當其釋褐南宫，佐戎政，縉紳大夫從心泉公索是録者，日翰盈几。洎憲閩，即捐俸廣梓，而又親爲校閲，章分類析，卷凡二十有七，乃合之曰總録，囑余董斯役焉。嗚呼，一何幸哉！先生道德聞譽，遐暨海宇，而論著述録，備在南中。孰不仰止興思，欲得芳懿，以爲益助，而苦於無自者多矣。今以心泉公謬領是編，天地萬物之理，事物異同之辨，前賢哲未發之旨，未盡之疑，洞析於前，炳若星日。譬之烈其聲而聞無弗聰，灼其影而見無弗明者。昔聖人之作易也，繫之曰廣大悉備，美西銘者，曰晬盤示几。愚謂於兹録，義兼之矣。先生開啓來學，心泉公表章羽翼之功，顧不偉哉！余生也晚，猶獲睹兹奥，非幸耶！録成以啓心泉公，謂與勷兹力者盍記諸？余艴然曰：是録也，萃精擷華，雖極天地萬物之大，而實不逾於天地萬物之外。真若丹鉛百煉，淵含冥蓄，融溢貫注，莫非天地之精，萬物之靈，爲之會合焉者，余曷敢辱。雖然，竊聞之君子之教，私淑一也。先生以得之獨得者，授之心泉公，弗以自秘；公以受之先生者，授之鋟刻，弗以自私。而不肖亦因之以自淑，不終於無聞焉，先生於是乎垂教成物之功大矣，況又未必止於不肖哉。是敢附之，用以志所自與？

嘉靖甲寅春三月吉、賜進士文林郎知上杭縣事、後學豫章郡靖安趙文同拜撰。

附録

楊升庵太史年譜序

陳文燭

楊用修先生殁十八年矣，余過新都收其遺書，十才一二也。偶得先生年譜於友人朱秉器家，乃簡子紹芳所次，年譜例編年，而此直書。往簡子布衣游滇，先生見其詩，結交驩甚，大都實録云。先生從子行人以義刻傳，而屬余敘。嗟乎！士生不百年耳，欲成名於千百年之後，豈不難哉！先生兒時，過目成誦，每一搦管，萬言立就。文忠公奇之，見者呼爲神童，即少擬過秦論，真賈長沙之匹也。甫弱冠，對大廷第一，時正德辛未。吾鄉李文正在内閣有重名，手先生策歎曰：「海涵地負，大放厥辭。」擊節賞之。嘉靖初年，上疏議大禮，謫戍永昌四十餘年而卒於滇。余覽兹譜，蓋不知涕霑襟云。先生敏慧天授，又世掌中秘，假之歲月，廣廈細氈，從容啓沃，無論勳業，式穀厥考，即國家典章之盛，當潤色而還之古。乃使延搜窮探（原作操）之志，極於深山斷碑之間，揚榷往邃，彈射諸家，得其著作四百餘種，斯足蓋代（原作伐）矣。噫！公家子雲，多識奇字，先生風節，不啻過之。彼賞玄（一作爲）絶倫者，桓譚一人耳。今宇内聞先生名，願爲之執鞭，片言隻字，類皆珍之，先生之名雖百世可知也。昔蘇子瞻以不識范文正公爲平生恨，而得序其集，幸託名於文字間；余思匯先生之言，共爲全書，未能也。（據萬曆本補續全蜀藝文志卷二十三）

贈光禄卿前翰林修撰升庵楊慎年譜

〔明〕簡紹芳編

公姓楊氏，諱慎，字用修，别號升庵。其先廬陵人，六世祖諱世賢者，元末避歐祥之亂，徙楚麻城；再避紅軍亂，乃入蜀，居新都。

世賢生壽山，隱德弗仕，樂善行誼，鄉閭化之，有李佛子之稱。蓋世賢贅李氏，子孫冒其姓也。壽山生玫，字美玉，習春秋，善歐書。元配郭氏，生子二，曰遠，曰政，卒。娶羊氏，無子，卒。娶熊氏，生子三，曰春，曰惠，曰哲。以貢生仕爲貴州永寧吏目，却土官之賂金，正州民之地界，貴陽人傳誦之。卒於官。遠、政亦相繼殁。熊夫人擕二孀婦併三幼子，負遺骼歸新都，葬之城西。春即公大父留耕公也，性穎敏，日記數千言，家舊藏周易一部，昕夕研究，日漸有得。乃入縣學爲諸生，復姓楊氏。成化元年乙酉舉於鄉，十七年辛丑舉進士，移疾歸養。弘治元年，以熊夫人命北上，授行人司司正，時王端毅公爲太宰，擬授之際，顧謂少宰張莊簡公曰：「老成人任此官固宜。」八年陞湖廣提學僉事，逾年乞歸。

留耕公配葉氏，子七人，長廷和，即公父少師石齋；次廷平，號龍山，戊午舉人，終養不仕；廷儀，號瑞虹，己未進士，兵部左侍郎；廷簡，早卒；廷宣，號龍崖，辛酉舉人，獨擅古學，爲李文正公所稱，嘗著連雲棧賦，載蜀志，皆葉夫人出。廷歷，以石齋考滿，蔭國子生；廷中，縣學弟子，側室王氏出。

石齋公生於天順己卯，甫四歲知聲律，日記書數卷。年十三舉於鄉，二十舉進士，由翰林庶吉士歷官少師，兼太子太師，首相兩朝，有除難定策之功焉。子四，長即升庵公，太師元配一品夫人眉山黄公明善之女所出。繼室喻氏，内江人，無出（以上九字，據四川通志卷二百四十九引譜補）。次惇，號叙庵，癸未進士，兵部職方主事；恒，號貞庵，承蔭中書舍人，陞大理右寺副；忱，號孚庵，丙子舉人，皆太孺人蔣氏出。若龍山公之子，癸酉舉人愷、縣學生悌；瑞虹公之子，丙戌進士恂、姚安知府慥、盧溪知縣性；龍崖公之子，荆州長史悦、縣學生惟，則公之從弟也。先是，石齋與黄夫人以艱嗣爲憂，嘗禱於神，後夢神語曰：「當以聰明奇慧子畀君。」又夢送五代忠臣夏魯奇至，曰：「武臣也。」復以中庸十八章輔之。

孝宗弘治元年（一四八八）戊申　十一月初六日，生公於京師之孝順衚衕，岐嶷穎達。

弘治七年（一四九四）甲寅 七歲（原作「十歲」，據續藏書卷二十六及尹守衡明史竊卷七十三改），母夫人教之句讀，併授以唐絶句，輒成誦。又以筆管印紙作圈，令公書字於中曰：「吾雖不知書，然即此則楷正自可觀矣。」公奮志誦讀，不出外户。

弘治十一年（一四九八）戊午 年十一，作近體詩，有「一盞孤燈照玉堂」之句。石齋公曰：「句佳矣，但恨太孤寂耳！」不悦。

弘治十二年（一四九九）己未 果罹母黄夫人憂。極其悲號，廢食骨立。未幾，祖母葉太夫人訃聞，隨石齋公回蜀守制。留耕公授以易，兩旬而浹，不遺一字。擬作古戰場文，有「青樓斷紅粉之魂，白日照翠苔之骨」數語，瑞虹公極稱賞。復命擬過秦論，留耕公奇之曰：「吾家賈誼也。」一日，石齋公與瑞虹、龍崖二公觀畫，問曰：「景之美者，人曰似畫；畫之佳者，人曰似真，孰爲正？」公舉元微之詩以對。龍崖曰：「詩亦未見佳，汝可更作。」公輒呈稿云：「會心山水真如畫，好手丹青畫似真。夢覺難分列禦寇，影形相贈晉詩人。」二公曰：「只此四句，大勝前人矣。」時公年一十二。

弘治十四年（一五〇一）辛酉 石齋公服闋，公亦入京師，有過渭城送别詩、霜葉賦。詠馬嵬坡詩云：「鳳輦匆匆下九天，馬嵬西去路三千。漁陽鼙鼓煙塵裏，蜀棧鈴聲夜雨邊。方士游魂招不返，詞人長恨曲空傳。蛾眉尚有高丘在，戰骨潼關更可憐。」師福建鄉進士雪溪魏先生浚，習舉子業。偶作黄葉詩，李文正公見之曰：「此非尋常子所能，吾小友也。」乃進之門下，命擬出師表及傳奕請沙汰僧尼表。文正覽之，謂不減唐宋詞人。

弘治十八年（一五〇五）乙丑　侍石齋公於禮闈。時崔公銑試卷在分考劉武臣簾下，疑其刻深，未録。公見之，愛其奇雋，以呈石齋公，遂擢詩經魁。崔知，而以小座主稱焉，竟爲平生知己。時公年一十八歲。

武宗正德元年（一五〇六）丙寅　與同鄉士馮馴、石天柱、夏邦謨、劉景宇、程啓充爲麗澤會；即墨藍田、永昌張含結社倡和。

正德二年（一五〇七）丁卯　歸應四川鄉試，督學南峰劉公丙試而奇之，曰：「吾不能如歐陽公，乃得子如蘇軾。」是秋，果擢易魁。九月，安人王氏來嬪，清素僅如田家禮。十一月，上禮部。

正德三年（一五〇八）戊辰　春試，主試王公鏊、梁公儲得公文，已置首選，卷偶失燭，遂下第。有「空吟故國三千里，悔讀南華第二篇」之句。入國學，祭酒周公玉類試之曰：「天下士也。」

正德四年（一五〇九）己巳　歷事禮部，周旋朝夕不倦。尚書劉公宇一日見公，問曰：「子爲誰？」對曰：「楊慎。」劉曰：「本部天下人，豈必一大臣子弟耶！」乃稱歎不置。

正德六年（一五一一）辛未　禮部費公宏知貢舉，入總文衡則靳公貴，擢公第二。殿試則及第第一，制策援史融經，敷陳宏剴。讀卷官李公東陽、劉公忠、楊公一清相與稱曰：「海涵地負，大放厥詞。」共慶朝廷得人。授翰林修撰，公時年二十四。

正德八年（一五一三）癸酉　丁繼母喻夫人憂，居家讀禮，賻儀一無所受。學憲劉公節稱之曰：「禮不忘於口誦，義每絶乎幣交。」

正德九年（一五一四）甲戌　藍、鄢諸寇作。公在邑城中，日夕戒嚴。有賊數百，詐稱官軍，以紿門者。公令守雉堞者詰之，散去。

正德十年（一五一五）乙亥　服闋，冬十二月北上。舟至嘉定黄閣扁，幾危而得濟，遂（原誤作「送」，形近之訛，逕改）與布政伍公符鄰舟唱和，下江陵。

正德十一年（一五一六）丙子　入翰林，爲經筵展書官，及校文獻通考。同館則鄒公守益、王公思、尹公襄、劉公泉、孫公紹祖、張公潮也。

正德十二年（一五一七）丁丑　爲殿試掌卷官，得舒公芬策以陳。閣老梁公儲不置鼎魁，公力爭，乃得首第。時武皇游幸宣大、榆林諸邊，返而復往。公疏切諫，不報，乃以養疾乞歸。

正德十三年（一五一八）戊寅　明年，王安人卒。

正德十四年（一五一九）己卯　繼室得遂寧黄簡肅公珂女。時江西寧藩之變，值石齋公當國。公經廣漢詩曰：「游子戀所生，不獲常懷安。大哉宇宙内，吾道何盤桓。」

正德十五年（一五二〇）庚辰　九月，公北上，仍舊官。

正德十六年（一五二一）辛巳　四月，世宗皇帝即位。五月，公爲殿試受卷官。八月，開經筵，公首作講官。進尚書「金作贖刑」之章，言「聖人贖刑之制，用於小過者，冀民自新之意；若大奸元惡，無可贖之理」。時大閹張鋭、于經等皆犯先朝事，罪當死，以進金銀得免，故及之。

世宗嘉靖元年（一五二二）壬午　二月，命公代祀江瀆及蜀藩諸陵寢，作江祀記。與給事熊公浹、御史簡公霄遊浣花溪，載酒賦詩，有「煙霞誰作主，魚鳥自相親」。斗酒千金會，扁舟兩玉人」之句。十二月，北上復命。

嘉靖二年（一五二三）癸未　纂修武廟實録，公練習朝典，事必直書。總裁蔣公冕、費公宏曰：「官階雖未及，實堪副總裁者。」乃盡以草録付校（續藏書所録，此上四字作「稿草付之刊定」）。時六年考滿，吏部侍郎羅公欽順考公語曰：「文章克稱乎科名，慎修允協乎名字。」

嘉靖三年（一五二四）甲申　七月，兩上議大禮疏，嗣復跪門哭諫。中元日下獄，十七日，廷杖之，二十七日，復杖之。斃而復甦，謫戍雲南永昌衛。時同事死者、配者、黜者、左遷者一百八人（續藏書作「二百八人」）。挽舟由潞河而南，值先年被革挾怨諸人，募惡少隨以伺害，公知而備之，至臨清，始散去。時公年三十七。

嘉靖四年（一五二五）乙酉　正月，至雲南，病馳萬里，羸憊特甚。棲棲旅中，方就醫藥，而巡撫台州黄公衷促且甚，公力疾冒險抵永昌，幾不起。巡按郭公楠、清戎江公良材極爲存護，卜館雲峰居之，且上疏乞宥議禮諸臣，而郭亦被詔下獄爲民。

嘉靖五年（一五二六）丙戌　六月（原誤九月，據楊文忠公年譜改），聞石齋公寢疾，匹馬間道十九日至家，石齋公悦而疾愈。七月，攜家就戍所。十一月，尋甸府土舍安銓變起。十二月，武定土舍鳳朝文（原誤作「交」，據明史改）亦起，攻掠城堡，爲患孔棘。公歎曰：「此吾效國之日也。」乃戎服率旅僮及步騎百餘，往援木密所守禦，入城與副使張峨謀固守。明日賊來攻城，寧州土舍陸紹先率兵戰城下，公促城中兵鼓噪開門出戰，以助外兵。賊散去，公復歸會城。

嘉靖七年（一五二八）戊子　春，疫殍大作，乃徙居洱海城。疫息，仍居雲峰。尚書伍公文定、黔國沐公紹勳、鎮守太監杜唐同來問疾。時公一足病，有「半人嘲鑿齒，一足笑虞夔」之句。

嘉靖八年（一五二九）己丑　八月，寓趙州，聞石齋公訃，奔告巡撫歐陽公子重，疏上得歸襄事。十一月還滇。（按：嘉靖九年（一五三〇）庚寅、十年（一五三一）辛卯寓大理寫韻樓，游石寶山，見楊慎及李元陽游記。）

嘉靖十一年（一五三二）壬辰　正月，布政高公公韶聘修雲南通志，館於滇之武侯祠。時鄉大夫有欲冒嗣潁川侯傅友德以覬世爵者，公不可。乃乘張羅峰復相，流言欲中害，公遂去。有「中宵風雨太多情，留住行人不放行。借問小西門外柳，爲誰相送爲誰迎」之句。

嘉靖十二年（一五三三）癸巳　西遊大理諸處，會禺山張公含於霽虹橋，刻詩崖崿以志別。

嘉靖十三年（一五三四）甲午　阿密州僉事王公廷表迎往館之，經臨安，納少室新喻人周氏。

嘉靖十四年（一五三五）乙未　六月，子同仁生。

嘉靖十五年（一五三六）丙申　至喜州訪給事楊弘山士雲，復寓點蒼山感通寺之寫韻樓。（按：升庵文集卷八姨母黄淑人墓誌銘：「葬以丙戌」，「後十年乃以戎役過瀘」。如字無誤，則本年三次返蜀；如十年爲約數，則奉檄去瀘在十九年。）

嘉靖十六年（一五三七）丁酉　與御史李中溪元陽遊石寶山。七月，還戍所。

嘉靖十七年（一五三八）戊戌　奉戎檄歸蜀，便道獲拜阡梓，事畢還滇。

嘉靖十八年（一五三九）己亥　十一月，再領戎役於重慶道。

嘉靖十九年（一五四〇）庚子　役事竣，至遂寧。七月，歸新都。八月，巡撫東阜劉公大謨聘公及玉壘王公元正、方洲楊公名，纂修蜀志（按：各本皆接本年，四川總志序屬之辛丑）。

嘉靖二十年（一五四一）辛丑　還滇，至東瀘疾作。巡撫龍山戴公金留之，返成都。（明春）與梓谷黄公華、洱江劉公大昌遊青城、丹景、雲臺諸山。

嘉靖二十一年（一五四二）壬寅　七月，還戍所。八月，納少室北京人曹氏。

嘉靖二十二年（一五四三）癸卯　十二月，子寧仁生，公大喜。時當道與黔國沐公交游士夫，俱詩章宴賀。有「天上麒麟輝蜀水，海中龍馬過滇池」之句。是年，公復領戎役於蜀。

嘉靖二十三年（一五四四）甲辰　至瀘州，與少岷曾公嶼游九十九峰山。四月，還戍所。

嘉靖二十四年（一五四五）乙巳　二月，公屬紹芳隸漢王褒移金馬碧鷄文於羅漢寺之崖（按：「公屬紹芳」二十字，據慎摩崖題記，自丁未下移此）。徙居大理，與門生董難尋罷谷山，經喜賧會弘山諸公倡和。九月，還戍所。

嘉靖二十五年（一五四六）丙午　冬，大理推官吴宗徽署安寧州，奸規州利，欲榷民鹽牛，公言於當路，得免（按：簡譜原本丙午紀年無事，據續藏書補）。

嘉靖二十六年（一五四七）丁未　居滇之高嶢水莊，有十二景，日與士大夫交遊（按此下原有「二月公屬紹芳隸」等二十二字，文氣不接，已移乙巳）。凡招提佳勝會意處，便操觚留題。冬十月，公復適臨安，訪臬憲樊公景麟暨桐岡葉公，遊諸巖洞勝境。

嘉靖二十七年（一五四八）戊申　春，至晉寧，與侍御池南唐公錡遊海寶、蟠龍、生佛諸山陀。

嘉靖二十八年（一五四九）己酉　居高嶢。夏秋每與滇之鄉大夫兩湖葉公、在軒胡公（按：此下原有錯簡一頁，各本皆同，據續藏書移後。見下文）、廷祿王公、偕紹芳數遊昆明池，有池賞詩社集。

嘉靖二十九年（一五五〇）庚戌　四月，海口疏，雲南臺司顧箬溪諸公請公記其事於石。

嘉靖三十一年（一五五二）壬子　二月，時在逸武弁得委祭龍海口，歸肆狂惑，復丁夫六千，督往駐濬，剥衆利，州人苦之。有言於公者，公歎曰：「海已涸矣，田已出矣，民已疲矣！」致書巡按趙公炳然，罷之。三月，劉蓉峰明刑持先廷尉執齋王公（原作「公王」，據列朝詩集丙三改）詩文集，請公批選於太華寺。

嘉靖三十二年（一五五三）癸丑　公復領戍役於蜀，僑寓瀘州。

嘉靖三十六年（一五五七）丁巳　六月，長子同仁卒，無嗣。八月，歸新都，叙庵弟卒，公痛悼倍於尋常。其誄詞有曰：「我生與弟，先後之年。呱呱而泣，形分氣連。夏炎合簞，冬寒並氈。母攜父抱，偎濕就乾。八歲就傅，雙筆一研。嬉戲偕止，出入隨肩。飲啖讓果，跬步共磚。」又曰：「七衮將躋，我歸自滇。兄酬弟勸，翕樂罔愆。觴我於庭，羣從孚攣。劇談飛屑，倡和珠蠙。笑語亟斷，頃刻復延。豈意宴席，化爲几筵。遽爾凋喪，門祚中顛。又弱一人，何忍餘捐。余生則先，弟亡則前。前後存亡，誰質諸天？」其友愛至情，見於詞者如此。至若保誨遺孤，紀綱家政，既乃心力。從子有仁以髫年失怙，而卒免於顛覆者，皆公惠之及也。

嘉靖三十七年（一五五八）戊午　子寧仁娶瀘州滕恩官女爲室。公僑寓江陽者十數年，交遊日衆，與曾岷野、章後齋諸公友善。

嘉靖三十八年（一五五九）己未　春，還戍所。六月，遘疾，感懷詩曰：「七十餘生已白頭，明明律例許歸休。歸休已作巴江叟，重到翻爲滇海囚。遷謫本非明主意，網羅巧中細人謀。故園先隴癡兒女，泉下傷心也淚流！」又訣李張唐三公詩云：「魑魅禦客八千里，羲皇上人四十年。怨誹不學離騷侣，正葩仍爲風雅仙。知我罪我春秋筆，今吾故吾逍遥篇。中溪半谷池南叟，此意非公誰與傳。」卒於七月六日，得年七十有二。時巡撫雲南游公居敬命殯歸新都。

嘉靖三十九年（一五六〇）庚申　冬，祔葬石齋公墓側。

穆宗隆慶元年（一五六七）丁卯　穆宗皇帝即位，奉遺詔追贈光禄寺少卿。

長子同仁先卒。次子寧仁時寓瀘州，公卒之年，夫人黄至瀘迎歸，撫教則夫人任之也。

公孝友性直，穎敏過人，家學相承，益以該博。凡宇宙名物之廣，經史百家之奥，下至稗官小説之微，醫卜技能、草木蟲魚之細，靡不究心多識，闡其理，博其趣，而訂其訛謬焉。正德間（此下自「武廟」至「劉公繪貽公」，爲前文錯簡一頁共三百五十四字，移此），武廟閲文獻通考天文，星名有「注張」，命内閣取祕書通考，又作「汪張」，中使下問欽天監及翰館中，皆莫知其爲何星也。公曰：「注張，柳星也。」歷引周禮、史記、漢書以復。又湖廣土官水盡源通塔平長官司進貢，同官疑爲三地名，於「長官司」上添一「三」字。公曰：「此六字地名也。」取大明官制證之。嘉靖初，給事中張翀上言時政，「論學術不正」一條，有「喬宇嵬瑣」之語，上問之内閣。公適在館中，即取荀子非十二子篇以復。敬所蔣公喜曰（此上六字，玉堂叢話作「梁文康歎曰」）：「用修之博，何減古之蘇頌乎！」其該洽精辨類如此。乃若論王導之賊晉室，辨太王之非翦商，魯之重祭不始於成王、周公，春秋五伯深斥乎楚、宋、秦繆，引墨子及修文御覽以辨范蠡無載西施之事，引黄東發、蘇東坡之言及李漢韓文序以辨文公與大顛書之僞，駁歐陽氏「非非堂」之説，辨陳白沙「六經皆虚」之語，斥戴石屏之無行，傳唐貴梅之死節，此又證據古今，闡揚幽隱，謂其有功世教也非乎！至若陶情乎艷詞，寄意於聲伎，落魄不羈，又公所以用晦行權，匪恒情所易測者也。昔重慶守劉公繪貽公書曰：「夫人情有所寄則有所忘，有所譏則有所棄。寄之不縱，則忘之不遠；譏之不深，則棄之不篤。忘之遠則我無所貪，棄之篤則人無所忌。無所忌而後能安，無所貪而後能適。足下所爲，蓋求其適與安也。古人買田宅，擁聲伎，皆豪傑蓋世之才，豈獨無抱尺寸者之見也。僕觀足下，自蒙難以來，嘔心苦志，摹文續經，延搜百氏，窮探古蹟，鑿石辨剥泐，破塚出遺忘，有僻儒苦士白首蓬藋、日自纂索所不能盡，而謂竭精蕩神於逸欲聲色者能之乎？」斯言也，可謂諒公之深者矣。公嘗語人曰：「資性不足恃，日新德業，當自心力中來。」故好學窮理，老而不倦。又嘗自贊曰：「臨利不敢先人，見義不敢後身。雖無補於事業，要不負乎君親。遭逢太平，以處安邊；歌詠擊壤，以終餘年。天之顧畀，厚矣篤矣；吾之涯分，止矣足矣。蓋困而亨，沖而盈，寵爲辱，平爲福者耶！」此公自狀實録也。至其平生著述四百餘種，散逸者多，學者恨未睹其全。兹聊記其知名之目於簡末，俟有所考云。（見補續全蜀藝文志卷三十六）

原文連篇直書，王文才先生爲之分年排列，并補注公元與年號于歲首。譜後原有書目百一十七種，續全蜀藝文志略去。據李贄續藏書卷二十六修撰楊公慎傳後書目，補録于後：

轉注古音略	古音叢目	古音獵要	古音複字	古音駢字
古音附録	古音餘録	六書索隱	六書練證	古篆要略
説文先訓	韻林原訓	奇字韻	雜字韻寶	丹鉛餘録
丹鉛摘録	丹鉛續録	丹鉛別録	丹鉛閏録	丹鉛贅録
選詩拾遺	選詩外編	風雅逸編	唐音精絶	唐音百絶
絶句辨體	蘇黄詩髓	五言律祖	宛陵六一詩選	五言三韻詩選
五言別選	六言詩選	古韻詩略	李詩選	杜詩選
宋詩選	元詩選	瀛奎律髓選	詩林振秀	皇明詩抄
填詞選格	詞林萬選	古今詞英	填詞玉屑	百琲明珠

書品　詞品　草堂詩餘補遺　升庵詩話　詩話補遺
藝林伐山　文海釣鰲　謝華啓秀　病榻手吷　楊子巵言
巵言閏集　譚苑醍醐　敝帚　墐户録　清暑録
墨池瑣録　逸古編　引書晶鈺　檀弓叢訓　金石古文
叙管子録　莊子刊誤　夏小正録　名奏菁英　羣公四六節文
古文韻要　古文韻語別録　經書指要　經義模範　升庵經説
山海經補註　禪藻集　禪林鈎玄　銘心神品　千里面談
希籛瓻録　洞天玄記　赤牘清裁　赤牘拾遺　滇載記
滇候記　蜀藝文志　交遊詩録　江花品藻　升庵文集
升庵詩集　長短句　長短句續　玉堂集　南中集
南中續集　南中集鈔　月節詞　羣書麗句　寰中秀句
哲匠金桴　異魚圖贊　素問糾略　脈位圖説　空侯新咏
古今風謡　韻藻　古諺　古雋　瀑布泉行
崔氏志銘　洛神賦　梅花賦　樂志論　陶情樂府
續陶情樂府　七十行戍稿　右一百十七種

翰林修撰升庵楊公墓誌銘

〔明〕游居敬

余涖之滇彌月，前太史升庵先生楊公以書至，并惠所著海口碑并晏公廟碑刻。余讀所爲文，古雅奥麗，燦然若珠璧，鉥目劌心，作而曰：「兹秦漢之軌也。」余垂髫時聆公名，及宦游四方，搢紳學士談先生博雅而奇，若不容口，今驗之，信然。然詢先生起居容貌異往昔，心憂之。又逾月，先生復貽書，并惠製便民纂叙一篇，文之奇博猶夫前也，而光燄覺稍減。余心語曰：「先生得毋有恙乎？」無何，先生走僕告余以病，余數遣醫診視之，醫復曰：「病不可爲也。」乃七月六日乙亥丑時，先生卒于昆明高嶢之寓舍，爲嘉靖己未歲也。距生弘治戊申十一月六日乙丑，年七十有二。余聞之曰：「哲人隕矣！」爲之悲而悼者數日，食不飴。九月，先生之門人安寧庠士丘生文舉輩，述先生素履之概，就正於池南唐君錡，謁余而請曰：「願爲之誌，先生將屬纊時所托也。」余惟先生爲海内賢碩，余曷足以辱命。然余聞先生爲有道士，表賢樹聲，係余責也，又曷可辭，乃按狀而擬其大者：

先生諱慎，字用修，升庵其號也。四川新都人，前太師大學士石（齋）翁某之子，督學留耕翁某之孫。母夫人黄氏，家世淵源，儲祥穎發，非一日矣。先生生而聰明異常兒，孩童時所讀書，過目輒成誦。年未總角著詩名，與李獻吉、何仲默諸名公並稱，乃祖留耕翁每奇之。於諸經古書，無所不通，子史百家樂律之言，一閲輒不忘，至於奇辭隱義，人所難曉者，益究心精詣焉。作爲文數千百言，援筆立就，悉出經入史，不蹈襲他人語。正德丁卯四川鄉試第三，辛未會試第二，廷試賜進士及第。一人三試俱首雋，名實稱也。官翰林院修撰，秩承德郎。益專文事，三載考績，同官韙之。爲經筵講官，著大學「正心」、論語「君使臣臣事君」講章。丁丑，武廟聖駕北巡，有疏請還宫。副總裁兩朝國史，文詞以爾雅爲流輩所稱讓。辛巳，校文禮典，受卷祕閣，所取多知名士，官至館閣臺省者若干人。修撰楊公維聰、中丞陳公講，其著也。今上嘉靖改元，壬午代祀南瀆，有江祀編詩記，學士玉溪張公潮、秩官棠陵方公豪評之。甲申，以議禮迕上意，謫戍雲南之永昌衛。遂安於義命，以天王聖明，悔艾自新焉。

居常誦詠古人書，日探索三代以來舊所覯經史子集百氏之言，博而能約，粹而弗泥，或發摘隱潛，或裒采菁華，長歌短篇，鏗然中金石。攄爲記頌序論銘書賦贊雜著，無慮百千萬言，用是以治其身。人有叩者，無貴賤靡不應，時出緒言，以誨掖羣髦。滇之東西，地以數千里計，及門而受業恒千百人，脱穎而登科甲、居魁選者，藹藹然吉士也。先生又不以文學驕人，藏智若愚，斂辯若訥，言質而信，貌古而樸，與人相接，慨而率真，評論古昔，靡有倦怠。以故士大夫乘車輿就訪者無虚日，好賢者攜酒肴往問難，門下屨常滿。滇之人士鄉大夫談先生者無不斂容，重其行誼博物云。前巡撫黄鐵橋公、巡按郭公爲擇安寧州雲峰書院以居先生，黔國沐敏靖公處以別墅，巡撫白泉汪公題其碑亭，巡撫擢司寇箬溪顧公爲創廣心樓于高嶢，歌以紀之，皆好德之心所表見也。先生居滇，泛昆池，登泰華，游點蒼並洱水，探奇挹勝，所在有述，人爭寶之。又工書法，片紙隻字，相傳摹搨，殆遍宇内。名碩諭德任君少海、方伯孔君文谷輩，率千里神交，郵書相訊。述古好文，至於臨殁無雜思焉。其庶幾古之所謂豪傑者乎！卒之日，巡撫侍御吴公右泉、黔國沐公雲樓暨藩臬諸大夫，咸有奠賻。余嘗博稽衆聞，而爲之論曰：

位有崇庳，惟德不朽；名有污隆，惟實斯符。自洙泗振鐸，素王世祀，惟時德行、文學、政事、言語列爲四科，並獲依歸，永垂令聞。至仲尼作春秋，記者曰：「筆則筆，削則削，游、夏不能贊一辭。」言游、夏之以文學擅長也。余聞諸：升庵先生，考賾鈎玄，進於邃古，搜冥發隱，網羅舊聞；摛辭達情，彪炳溢采，叙事辨疑，貫穿典墳，而又蔚成一家。凝神沖澹，晉之聖門，其不將爲游、夏之匹乎？子游爲宰，弦歌教行；子夏篤信，序詩淑世，皆不外言辭以傳聖翊經也。先生禹碑有釋，檀弓有訓，經疑有録，古史有評。論述往古，提覺來今，擬之往哲，抑又何疑！有言於余者曰：「先生蜀人也。蜀之先，文士彬彬，著于詩傳。若王褒著得賢之頌，揚雄述太玄之經，左太沖之賦三都，司馬相如之賦子虛，皆製作富蔚，轇轕造化，與楚之屈、宋爭鳴。宋而後，道學有張南軒氏，文章有三蘇氏，世之所亟稱其人而樂誦其書者也。先生其誦習上古，遠觀近稽，萃爲文辭，麗而辨，弘而奥，非是之流演而淵涵者乎？譬之河而委于海、山而宗于岳者乎？不然，何先生之文肆而大畜，篤而光輝，包括宇宙，曲盡事變，若鐘鏞之叩，聲徹蒼玄；大韶之舞，時問雲門，使人玩之而神怡，覩之而目眩，莫測其端倪，有若此乎？故嘗評先生之古詩歌行若魏晉初唐，文若兩漢，詞賦比之長卿、子雲云。」余曰：「固然。先生殆采華而茹實，溯流而得源者與？故華藻雖泛濫于百家，而道誼則統宗乎六經。奇博雖上掇乎班、揚，而理趣實沈潛乎伊、洛。幽居之久，時寄諧戲，以抒興洩思，亦皆若古之思美人、思公子然，而卒不詭于道。非養之深，而能然與？非有得聖人之教，而能然與？」故嘗觀先生之作禹碑歌，其叙述甚羨慕唐韓愈之爲工，而隱若自附焉。唐三百年見道莫如韓愈，先生私心儗之，其自負豈尋常所可闚哉！舊嘗聞國朝狀元著稱者，博學若曾棨氏，節概若羅倫氏，好古若吕涇野氏，藻麗若康對山氏，皆世之所稱，卓然名垂後先者也。以今先生觀之，其著作之富，褆躬之勤，是與數君子並茂而同傳，無惑也。吁！可謂難矣。先生所著，有經説、丹鉛餘録、滇候記、韻林原訓、風雅逸編、巵言、文集、詩集、詩話、南中集、行成稿諸書若干卷，多梓行于世。配黄氏，封安人。子男四：同仁，安人出，娶歐氏，新都庠生，早卒。寧仁，娶滕氏，瀘州庠士；右仁、資仁，尚幼；女一，許適韓參將孫某：皆側室某氏出。兹將歸櫬于蜀，以某年某月日葬于某縣某山之原，安人之弟松江郡守黄君梓谷于余爲同年進士，緘書來速余言，遂爲之銘曰：

先生之生，岷蜀之精；先生之出，朝廟之英。文擬班揚，學侔游夏；首選大廷，無雙聲價。擢君禁中，實才之雄；主上曰咨，汝毗朕躬。未幾落魄，出戍滇僰；聖德如天，臣罪莫測。乃安義命，述作自娱；揮毫對客，落筆瓊珠。人言天才，天實賦汝；俾列史官，佚相之侶。竟老碧雞，光射斗奎；金蓮莫返，昆池草凄。吁嗟已矣，有書盈屋；石室副藏，永讐天禄。惟忠惟義，遠近誦之；不亡者存，尚俟穹碑。（《明文海》卷四百三十四）

明史竊·楊慎列傳　〔明〕尹守衡

楊慎字用修，少師廷和子也。少師初艱於嗣，禱於神，夢神語曰：「當以聰明奇慧子畀君。」已而夢送五代忠臣夏魯奇至，曰：「武臣也。」復以中庸十八章輔之。遂生慎。七歲，母教之書，一過輒成誦，大父授之易，兩旬而洽。年十八舉於鄉，舉正德六年進士第一。時年二十四，授翰林院修撰。世宗繼大統，少師以大禮議不合，罷免。慎率同官與上爭，不能得，倡百官撼門大哭。上大怒，杖朝堂幾死，謫戍永昌。詳見明倫紀。戍居三十五年，終慎之世，不得召還。初戍之明年，聞父病，匹馬間道歸省，即還戍。又三年奔父喪，撫臣爲疏請，乃得歸襄事，僅數月。晚年借領戎役，攜子還蜀，僑寓瀘州，自還永昌。嘗一日歸瀘，滇有士讒之撫臣昺，俗戾人也，使四指揮以鋃鐺鎖來。慎不得已，至滇，則昺已墨敗。繇是不復歸，病寓禪寺以没，年七十二。而戍居者，半世也。慎性既穎敏，而又好學；又以父居内閣，中祕所有書，慎無不該覽。故我朝稱博學者，咸推慎一人。所著述有百種，其於經史，有所證解，或與評擊，皆有功於世教。至謫滇中，自以當聖世不復用，壯心不堪牢落，每欲耗磨之。故自污放，有安石東山之癖。諸夷酋欲得其詩翰不可，爭以白綾裓遺諸妓服之，使酒間乞書。慎欣然命筆，醉墨淋漓裙袖，酋重賞妓女購歸。瀘州嘗醉，胡粉傅面，作雙丫髻插花，門生舁之，諸妓捧觴，遊行城市，不爲怍。其不羈若此。重慶太守劉繪貽之書曰云云。慎得書歎曰：「劉公知我！」滇中與李中溪元陽、張半谷含、唐池南錡三人皆以詩文相友善。慎終遺詩與訣，其詩曰：「魑魅禦客八千里，羲皇上人四十年。怨誹不學離騷侶，正葩仍爲風雅仙。知我罪我春秋筆，今吾故吾逍遥篇。中溪半谷池南叟，此意非公誰與傳。」卒後八年，穆宗即位，贈光禄寺少卿。元陽，大理人，以進士起家爲荊州太守。慎嘗語人曰：「見其貌如臨水月，令人鄙吝自消；聆其語如聞洪鐘，令

人矇迷頓醒。」含爲永昌人，與元陽同舉於鄉，爲第一人。不得第，遂不復仕，以書史吟弄終其身。（《明史竊》卷九十五）

明史·楊慎列傳

〔清〕張廷玉等

楊慎，字用修，新都人，少師廷和子也。年二十四，舉正德六年殿試第一，授翰林修撰。丁繼母憂，服闋起故官。十二年八月，武宗微行，始出居庸關，慎抗疏切諫，尋移疾歸。

世宗嗣位，起充經筵講官。常講舜典，言：「聖人設贖刑，乃施於小過，俾民自新。若元惡大奸，無可贖之理。」時大璫張鋭、于經論死，或言進金銀獲宥，故及之。

嘉靖三年，帝納桂蕚、張璁言，召爲翰林學士。慎偕同列三十六人上言：「臣等與蕚輩學術不同，議論亦異。臣等所執者，程頤、朱熹之説也。蕚等所執者，冷褒、段猶之餘也。今陛下既超擢蕚輩，不以臣等言爲是，臣等不能與同列，願賜罷斥。」帝怒，切責，停俸有差。踰月，又偕學士豐熙等疏諫。不得命，偕廷臣伏左順門力諫。帝震怒，命執首事八人下詔獄。於是慎及檢討王元正等撼門大哭，聲徹殿庭。帝益怒，悉下詔獄，廷杖之。閱十日，有言前此朝罷，羣臣已散，慎、元正及給事中劉濟、安磐、張漢卿、張原、御史王時柯實糾衆伏哭。乃再杖七人於廷。慎、元正、濟並謫戍，餘削籍。慎得雲南永昌衛。先是，廷和當國，盡斥錦衣冒濫官。及是伺諸途，將害慎。慎知而謹備之。至臨清始散去。扶病馳萬里，憊甚。抵戍所，幾不起。

五年，聞廷和疾，馳至家。廷和喜，疾愈。還永昌，聞尋甸安銓、武定鳳朝文作亂，率僮奴及步卒百餘，馳赴木密所與守臣擊敗賊。八年，聞廷和訃，奔告巡撫歐陽重請於朝，獲歸葬，葬訖復還。自是，或歸蜀，或居雲南會城，或留戍所，大吏咸善視之。及年七十，還蜀，巡撫遣四指揮逮之還。嘉靖三十八年七月卒，年七十有二。

慎幼警敏，十一歲能詩。十二擬作古戰場文、過秦論，長老驚異。入京，賦黄葉詩，李東陽見而嗟賞，令受業門下。在翰林時，武宗問欽天監及翰林：「星有注張，又作汪張，是何星也？」衆不能對。慎曰：「柳星也。」歷舉周禮、史記、漢書以復。預修武宗實録，事必直書。總裁蔣冕、費宏盡付稾草，俾削定。嘗奉使過鎮江，謁楊一清，閲所藏書。叩以疑義，一清皆成誦。慎驚異，益肆力古學。既投荒多暇，書無所不覽。嘗語人曰：「資性不足恃。日新德業，當自學問中來。」故好學窮理，老而彌篤。

世宗以議禮故，惡其父子特甚，每問慎作何狀。閣臣以老病對，乃稍解。慎聞之，益縱酒自放。明世記誦之博，著作之富，推慎爲第一。詩文外，雜著至一百餘種，並行於世。

隆慶初，贈光禄少卿。天啓中，追謚文憲。（明史卷一百九十二）

升庵經説序

楊慎

余罪謫滇陰之暇，以敷文自娱，析理獨處，有疑輒著，有見必録。輯之成廿卷，曰丹鉛餘録，續録、三録、四録，别録、贅録、附録、新録，以歲月爲先後，凡七八種。安寧丘生文舉又摘其關於六藝者，爲升庵經説，間以示余，俾余序其首。

噫，自漢逮今，説經之書，汗牛充棟矣，奚容駢拇贅疣焉。然聖言悠遠，義理無窮，或晦於古而始開於今，或誤於前而獲正於後，或先儒之成説而隱僻未彰，或末學之獨見而有道可正，彙之以存疑，不亦可乎？程子言讀書有三：有讀之全然無事者，有讀之其中一兩句解者，有讀之不覺手舞足蹈者。上焉者吾不敢企，讀之一兩句解者，或庶幾云爾已矣！（嘉靖本楊升庵文集卷二）

丹鉛餘録序

張素

鄭玄博而不精，賈逵精而不博，博而精，難矣哉！以兹高論古人，有讀論惟取一篇，披莊不過盈尺者，病乎其不博也。亦有誤解「柤、梨」於禮經，不識「蟛蜞」於爾雅者，病乎其不精也。語曰：「博學而詳説之」；易曰：「非天下之至精，其孰能與於此。」博而精，誠難矣哉！自有書契，以至今日，何啻惠子之五車，張華之十乘，欲一一而通之，固已鮮矣。其間註釋之所未及，改竄之所訛謬，又一一能正之，非博而精者不能。故揚子雲有言：「一卷之書，必立之師。」先輩謂校書如塵埃風葉，隨掃隨有，好古者所以丹鉛不去手也。乃今知君子所以貴博且精者，非以掩衆譁譽，欲以翊道而正辭也。太史氏楊子用修，昔居（一作「夙昔」）館閣時，凡六經三史，諸子百家中，有疑於辭，悖於理者，皆精察而明辨之。居滇日暇，尤以敷文析理自娱，彙爲一帙，曰丹鉛餘録。丹鉛，點勘之具也，小學事也，何取於此哉？走竊聞之，禍天下之書者存乎誤，斷天下之誤者存乎辨，辨豈易哉！考究未精，穿鑿附會，紀録之實語難明，潤色之雅詞易惑，貴耳賤目，徒借聽於前人；承誤踵訛，竟吠聲於末學，遂失古人立言之意，兼貽後人尊聞之誤，弊也甚矣。先生以穎敏之資，宏博之學，固已搜抉無隱矣。觀兹録也，如辨四時改火爲應五行，東北陽西南陰爲應卦氣，皆卓然超詣，不泥舊説。辨易大貞小貞，引漢書注貞不訓正；辨詩玄鳥，引毛萇注，契不生于燕卵，皆有裨經典，不惑迂怪。辨范蠡未嘗載西施去，引墨子以證之；宰我未嘗從亂，引李斯獄辭證之，皆有裨于史，而不令賢者受厚誣于千載也。其餘若老子之盜竽，文選之趙李，戰國策之「千秋萬歲夜」，唐詩之「越甲鳴吾君」，古名儒如蘇轍、顔延年、姚宏、劉會孟注釋意解，所迷誤挂漏于此者，先生一一考證而昭著之。青衿錦帶之士，白首之疑，一旦犂然而豁，亦一快也。然皆引古書以證古人，未嘗用意説決焉。語曰「多聞」，「擇其善者而從之」，是其可傳者，將不在兹乎？先生纂述甚多，選詩外編、選詩拾遺、已行于世，在滇者有滇程記、滇載記、六書博證、轉注古音略諸書，走皆得而觀之。王充稱揚雄曰「子雲河漢也」，識者不以古今易視，誰謂今無子雲哉！嘉靖庚寅冬十有一月吉，賜進士奉直大夫南京户部員外郎碧泉張素書。

丹鉛續録原序

楊　慎

「信信，信也；疑疑，亦信也。」古之學者，成于善疑；今之學者，畫于不疑。談經者曰：「吾知有朱而已，朱之類義，可精義也。」言詩者曰：「吾知有杜而已，杜之窳句，亦秀句也。」寧爲佞，不肯爲忠；寧爲僻，不肯爲通。聞有訾二氏者，輒欲苦之，甚則鄙之如異域，而仇之如不同戴天，此近日學之竺癃沈痼也。是何異史誦言，而豎傳令也，焉用學爲哉！慎少于藝林，喙硬而力譩，有疑意未之能以蓄也，有狂言未之能以藏也。天假我以暮齡，逸我以投荒，洛誦之與居，而副墨之爲使，丹鉛之研，點勘之餘，既録之，又續之，蘄以解俗懸而逃疑網耳。拘方者既駭驚而徑庭之，學步大方者復拾腐語以嘵嘵曰：「是玩物喪志！」則斯録也，奚翅覆瓿棄哉。噫，頂門之竅露，堂堂無藏；脚根之機活，鱍鱍無滯，佛氏尚有斯人之徒，而吾徒寧無斯人乎？嘉靖丁酉冬十一月朔日，升庵楊慎書于高嶢别業之朝暉軒。

丹鉛摘録序

葉　泰

升庵楊子謫居滇湄，洎百四十餘甲子矣。所著有古音略、風雅逸編、文海釣鰲、五言律祖、詩林振秀、古雋、六書探賾、譚苑醍醐、赤牘清裁、異魚圖贊、禪藻集、詞林萬選、滇載記諸書。然猶無但已，又著丹鉛餘録，是固稽古論今，有見即書。書以成録，又摘其尤者録之，題曰摘録，乃玉而無石，龍而非魚者也。都閫南溪石君，重逾彝鼎，遂鍥以行。凡道德性命，禮樂文章，乾坤人物，時好方言，言無不具，具無不文。展者足以擴聰明，發神識，如入大官，食炰羞，物物皆可人意。夫楊子舊以史氏禪家，嘗修武廟實録，據質而不浮，撮要而不遺，辨而不亂，嚴而有比，不觸情以矯，不隨物以阿，固良史也。今雖遠而不違，困而不阻，不見是而不悔，老而不倦，猶夫史也。於乎！古史守業，如董狐司馬氏，不以死生榮辱而少變其宅心，恐文獻之或亡也。此殆若而人之徒與！君子誠嘉樂爾，不可專以博學目。嘉靖丁未季春三月望日，耽文山人葉泰道亨。（嘉靖重刻本）

丹鉛雜録序

李調元

吴郡顧其志作攬茝微言，具載升庵以「丹鉛」名録之義。謂中古犯罪者，以丹書其罪。魏律緣坐爲工樂雜户者，皆用赤紙爲籍，以鉛爲卷軸。升庵名在赤籍，故寄意於此。然則是書之作，其在先生入滇以後乎？觀其名，可想其志矣。考先生著書目録中，以「丹鉛」命名者凡十種，有丹鉛録、總録、要録、摘録、閏録、餘録、續録、别録、贅録等名，而丹鉛雜録人多未之見，所見説郛則寥寥數頁而已。余家舊有雜録十卷，其書不名一體，大率皆記注文字，筆之於篇，故曰雜也。獨恨焦竑升庵外集之刻，意在表章升庵，而擇之不精，遂至以雜録之半，闌入字學中。不知所謂字學者，皆升庵韻書，如轉注古音之類，非可以雜録混之也。余故取家藏本急刊之，以正焦氏之訛，而並摭「丹鉛」命名之意於簡端。童山李調元序（函海本）

丹鉛總録跋

楊　袓

升庵楊先生，一代才人，富於著作。明世宗時，謫戍滇南，放情歌詠，流布於蠻煙瘴雨間，婦人孺子羣呼爲楊狀元。噫，先生可謂瘁其遇而榮其名者矣！予五世祖觀察玄蔭公，成萬曆進士，去先生時未遠，生平雅慕餘風，家藏撰述頗多。自升庵文集而外，有所謂丹鉛總録者，蓋先生及門梁佐應台薈萃成編者也。始先生著餘録，摘録，藝苑如獲珍珠船，繼又盡出三録、四録、别録、附録、閏録諸稿，授之應臺。乃删同校異，名曰總録，爰梓以行，信先生功臣哉。夫書鈔、海録，徒尚博聞；括異、夷堅，只稱説部。有纂述者無考訂，供麈談者昧源流。詎若先生是編，上自天地造化，下至草木鳥獸，博引互證，探討精詳，迥殊於類函、語林等書也耶。惜舊板流傳日久，多魚魯亥豕之訛，因取家藏善本，偕猶子步瀛，復加校正，重鍥棗梨，非敢謂百無一誤，庶幾於是編竊有微勞云爾！乾隆乙酉之秋七月既望虎林楊昶書（乾隆巾箱本）

正楊原序

陳耀文

余觀升庵氏書，而深嘆立言之難也。夫世之稱升庵者，不曰「正平一覽」，則云「管綜百氏」，即其自視也，固已前無古人，後無來者。今兹所見才數種耳，迺謬盭自相違伐若此，豈率爾師心在大方之家爾邪？抑葠菁並蓄傳載者無藎臣耶？故知舛駁無事於五車，麟角取裁於四百矣。余明興傳疑者衆，間爲是正數條，持布鼓以過雷門，不覺失笑；葉生梨之，更爲博笑也。夫隆慶己巳孟冬望　天中筆山山人陳耀文書於敦悦堂。

正楊序

李蓘

近世推博辨多蓄，曰成都楊用修。用修著丹鉛餘録等書，至數十百種，搜奇抉譎，擷采鈎隱，皆世所驟聞，而學士大夫所望而駭歎者，以是聲譽籍甚，從同無異詞。顧余時時闚其謬盭，或事非幽邈而揜爲祕藏，或異本殊途而牽爲同致，以是不了其故，豈大觀者定小有遺耶？抑簡册浩窅，獨智難周耶？韓退之稱張巡抽架上書皆成口誦，初不見其讀書；而張安世、劉貢父之在當時，雖以歐蘇之名，猶不許以博古，固知學之道難矣！而用修者所謂未見其止也乎！今朗陵陳君晦伯間取其誤謬，分疏其下，得一百五十條，悉撮原本，無假辨説，開卷瞭然，固譚藝者之一快也。孟子輿云：「不直則道不見。」吕伯恭云：「待人欲恕，論人欲盡。」君鋭情紬索，多所校讐，聊相與直之盡之耳，亦楚人亡弓之遺意也。隆慶三年歲在己巳夏四月廿五日，順陽李蓘子田甫謹纂。

丹鉛新録引

胡應麟

楊子用修拮据墳典，摘抉隱微，白首丹鉛，厥功偉矣。今所撰諸書，盛行海内，大而穹宇，細入肖翹，耳目八埏，靡不該綜，即惠施、黄繚之辯，未足侈也。然而世之學士，咸有異同，若以得失瑜瑕，僅足相補，何以故哉？余嘗竊窺楊子之癖，大概有二：一曰命意太高，一曰持論太果。太高則迂怪之情合，故有於前人之説，淺也鑿而深之，明也汩而晦之；太果則滅裂之衅開，故有於前人之説，疑也驟而信之，是也驟而非之。至剽敚陳言，盾矛故帙，世人率以訾楊子，則又非也。楊子早歲戍滇，罕攜載籍，紬諸腹笥，千慮而一，勢則宜然。以余讀楊子遺文，即前修往哲隻字中窾，咸極表章而屑屑是也。晦伯曰：「楊子之言，間多蕪翳，當由傳録，偶乏蓋臣。」鄙人於楊子，業忻慕爲執鞭，輒於佔嗶之暇，稍爲是正，甕天蠡海，亡當大方。異日者求忠臣於楊子之門，或爲余屈其一指也夫。庚寅人日識。（《少室山房筆叢》卷五）

藝林學山引

胡應麟

用修生平纂述亡慮數十百種，丹鉛諸録其一耳。余少癖用修書，求之未盡獲，已稍稍獲，又病未能悉窺。其盛行於世而人尤誦習，無若藝林伐山等十數篇，則不佞録丹鉛外以次卒業焉。其特見罔弗厭余衷，而微辭眇論亦間有未易懸解者，因更掇拾異同，續爲録，命之曰藝林學山。客規不佞：「子之説則誠辯矣，獨不聞之蒙莊之言乎，『天地一指也，萬物一馬也』。昔河東氏非國語而非非國語傳；成都氏反離騷而反反離騷作。用修之言，世方社而稷之，而且嘵嘵焉數以辯譁其後，後起者藉焉，子其窮矣。夫丘陵學山而弗至於山，幾子之謂也。」余曰唯唯。竊聞之，孔魚詰墨，司馬疑孟，方之削荀，晦伯正楊，古今共然，亡取苟合。不佞於用修，盡心焉耳矣。千慮而得，間有異同，即就正大方，方茲藉手而奚容目睫諉也。夫用修之可，柳下也；不佞之不可，繄魯人也。師魯人以師柳下，世或以不佞善學用修，用修無亦逌然聽哉！庚寅七夕麟識。（《少室山房筆叢》卷五）

四庫全書總目提要　丹鉛餘録條

紀昀

慎博覽羣書，喜爲雜著，計其平生所敘録，不下二百餘種，其考證諸書異同者，則皆以丹鉛爲名。……凡餘録十七卷、續録十二卷、閏録九卷，慎又自爲删薙，名曰摘録，刻於嘉靖丁未，後其門人梁佐裒合諸録爲一編，删除重複，定爲二十八類（按：實爲二十六類），名曰總録，刻之上杭，是編出而諸録遂微。然書帕之本，校讎草率，譌字如林。又守土者多印以充餽遺，紙墨裝潢，皆取給於民，民以爲困，乃檄毁之。今所行者，皆未毁前所印也。又萬曆中四川巡撫張士佩重刊慎集，以諸録及談苑醍醐等書删併爲四十一卷附於集後，今亦與總録並行。此本惟有餘録、續録、摘録，而闕閏録，然有梁佐之總録，則閏録亦在其中。四本相輔而行，以總録補三録之遺，以三録正總録之誤，仍然慎之完書也。慎以博洽冠一時，使其覃精研思，網羅百代，竭平生之力，以成一書，雖未必追蹤馬、鄭，亦未必遽在王應麟、馬端臨下。而取名太急，稍成卷帙，即付棗梨，飣餖爲編，祗成雜學。王世貞謂其「工於證經而疏於解經，詳於稗史而忽於正史，詳於詩事而略於詩旨，求之宇宙之外而失之耳目之内」，亦確論也。又好僞撰古書，以證成己説，睥睨一世，謂無足以發其覆，而不知陳耀文正楊之作，已隨其後。雖有意求瑕，詆諆太過，毋亦木腐蟲生，有所以召之之道歟！然漁獵既富，根柢終深，故疎舛雖多，而精華亦復不少，求之於古，可以位置鄭樵、羅泌之間，其在有明，固鐵中錚錚者矣。

同書　正楊條

是書凡一百五十條，皆糾楊慎之譌，成於隆慶己巳。……慎於正德、嘉靖之間，以博學稱，而所作丹鉛録諸書，不免瑕瑜並見，真僞互陳。又晚謫永昌，無書可檢，惟憑記憶，未免多疏。耀文考正其非，不使轉滋疑誤，於學者不爲無功。然釁起爭名，語多攻訐，醜詞惡謔，無所不加。雖古人挾怨構爭，如吴縝之糾新唐書者，亦不至是，殊乖著作之體。又書成之後，王世貞頗有違言，耀文復增益之，反脣辨難，喧同詬詈，憤若寇讎。觀是書者，取其博贍，亦不可不戒其浮囂也。朱國楨湧幢小品曰：「自有丹鉛録諸書，便有正楊，又有正正楊，然古人、古事、古字，此書如彼，彼書如此，原散見雜出，各不相同，見其一未見其二，鬨然糾駁，不免爲前人所笑。」是亦善於解紛之説，然博辨者固戒游詞，精核者終歸定論。國楨之病是書，竟欲取考證而廢之，則又矯枉過正矣。

同書　通雅條

是書皆考證名物、象數、訓詁、音聲。……明之中葉，以博洽著者稱楊慎，而陳耀文起而與爭。然慎好僞説以售欺，耀文好蔓引以求勝，次則焦竑，亦喜考證，而習與李贄游，動輒牽綴佛書，傷於蕪雜。惟以智崛起崇禎中，考據精核，迥出其上。風氣既開，國朝顧炎武、閻若璩、朱彝尊等沿波而起，始一掃懸揣之空談。雖其中千慮一失，或所不免。而窮源遡委，詞必有徵，在明代考證家中，可謂卓然獨立矣。

續修四庫全書總目提要　升庵經説條

慎才雄學富，爲有明一代之冠。雖譏評者衆，然其博洽終不可掩也。篇中如「帝乙歸妹」一條，謂：「帝乙，殷之賢君。尚書所謂『自成湯至于帝乙，罔不明德慎罰』是也。史記云：『帝乙時，殷道益衰。』此背經之説也。後世注易者，因史記之言，遂以帝乙爲成湯，則易與尚書又相矛盾矣。信史而疑經，其蔽有如此者。」是説極爲正大。……「愛而不見」一條，謂：「楊雄方言注引作『薆』，其説曰：『薆，掩，翳也。』謂蔽薆也。」則陳奐詩毛氏傳疏説同。「往迒王舅」一條，謂迒與近相似而誤。「毛萇曰：『迒，已也。』鄭玄曰：『迒，辭也。』慎按：迒音記，毛注曰已。已亦音記也。鄭曰辭者，謂語助辭也」。則段玉裁詩小箋説同。「箌昄晊將業席大也」一條，謂：「郭璞云：『箌，義未聞。』慎按：詩『倬彼甫田』，韓詩：『倬作箌。』郭璞偶遺之。」則郝懿行爾雅義疏説同。皆不知慎已先言之。又「文莫解」引晉書欒肇論語駁曰：「燕齊謂勉强爲文莫。陳騤雜識云：『方言：侔莫，强也。』凡勞而勉苦云努力者，謂之侔莫。」則劉台拱采入所著論語駢枝中。今以此編爲明人經説之翹楚，夫何疑焉。

鄭堂讀書記　丹鉛總録條　周中孚

按餘録、續録、摘録皆升庵所自編，隨得隨記，本無倫次。是録則其門人梁佐取三録而合編之，去其前後相複者，分爲二十六類，……以其爲三録之總匯，故曰總録。其書頗有端緒可尋，故是編出而三録遂微。及萬曆中，四川巡撫張士佩所訂升庵文集八十卷始出，内有雜記四十卷，又以諸録合録譚苑醍醐、藝林伐山、卮言各種雜著而刊定之，則較此編爲完書矣。明代諸儒博洽者推升庵，故目空一世，往往膺托古書，以自欺而欺人。究難以一手而掩天下之目。於是陳晦伯作正楊四卷、胡元瑞作丹鉛新録八卷、藝林學山八卷，相繼而議其後。然二家所駁，亦互有得失，由所學在升庵之下，故未能平心考核，以折其角也。

同書　升庵經説條

蓋升庵隨時劄記，既成經説八卷，後復以續説散見於丹鉛諸録之内，焦氏刊外集，併入經説，故卷數倍之也。……升庵精於考證，故説經之書，俱能引據確切，獨申己見，殊勝於株守傳注，曲爲附會者。王弇州謂其工於證經，而疏於解經。夫證經即所以解經，其致一也。弇州離而二之，豈知升庵者哉！

同書　正楊條

楊升庵撰丹鉛諸録，極爲廣博，而所引證，時有疎舛。蓋升庵著書在謫戍時，邊地無書，大半腹笥所陳，或忘其出處，任意指説。甚至以卷帙極多及極僻之書搪塞，而謁爲古書以欺人者，亦所不免。當時讋震其名，莫敢指摘，獨晦伯起而爲是編，以正其失，得百五十條，精確者甚多。而過於吹索，又不知其出自記憶，語多不恕，故未免有爭名之譏焉。

越縵堂讀書記　升庵集

李慈銘

有明博雅之士，首推升庵，所著丹鉛録、譚苑醍醐諸書，證引賅博，洵近世所罕有。惟議論多僻，又喜杜撰附會，以英雄欺人。其論理學，則極詆陸王；論經學，則極詆鄭康成。論文則雖喜左氏，而亦文致其失；論詩則極詆許渾，謂無異張打油、胡釘鉸，而於少陵亦有微詞。卒多逞其臆説舌鋒，不可爲據，如以左氏傳「禆諶謀於野則獲」，謂以論語草創一言而附會之；「孔父之妻美而豔」，謂以孔父正色而立朝一語誣之，此皆全無情理。……升庵讀書博而不精，即此可見。升庵以力諫大禮，廷杖謫戍，生平風節，本有足觀。而其後居滇時，嚴介甫以詩屬點定，遂與酬和定交，因痛詆夏文愍爲小人，而以河套之議爲不度時勢。夫桂洲誠有可議，然其與曾襄愍謀復河套，則社稷至計也。嵩文致之，而升庵亦巧詆之，可知其徇私隱而違公是矣。即其父子俱以大禮議忤世宗，放棄以死，直聲震一時。然當時張桂之議，以犯盈廷衆怒，天下爭詬之，迄今是非論定，張桂所言實爲允協，楊文襄早有「張生此言聖人不易」之語。升庵父子力持濮議，亦由讀儀禮不細故也。勝國考據之學，遠不能望昭代，惟文憲與陸文裕爲一朝弁冕。文裕儼山外集，余亦摘記，雖博奥不及升庵，而議論較正。余又感二公生同時，又相爲友，亦一時盛事。而文裕在朝，恩眷最厚，蹤跡亦與介甫尤密，卒後介甫爲作神道碑，而生平自守畦然不爲所污，是其遇固優於升庵，而人品亦勝之也。然以二公之才之學，而皆爲嵩所結納，姦雄之牢籠賢智，又何如哉！

藝苑巵言　王世貞

明興，稱博學饒著述者，蓋無如用修。其所撰，有升庵詩集、升庵文集、升庵玉堂集、南中集、南中續集、七十行戍稿、升庵長短句、陶情樂府、續陶情樂府、洞天玄記、滇載記、轉注古音略、古音叢目、古音獵要、古音複字、古音駢字、古音附録、異魚圖贊、丹鉛餘録、丹鉛續録、丹鉛摘録、丹鉛閏録、丹鉛别録、丹鉛總録、墨池瑣録、書品、詞品、升庵詩話、詩話補遺、箜篌新詠、月節詞、檀弓叢訓、墐户録、瀑布泉行、滇候記、夏小正録、升庵經説、楊子巵言、巵言閏集、敝帚、病榻手欥、晞簽瓻録、六書索隱、六書練證、經書指要。其所編纂，有詞林萬選、禪藻集、風雅逸編、藝林伐山、五言律祖、蜀藝文志、唐絶精選、唐音百絶、皇明詩鈔、赤牘清裁、赤牘拾遺、經義模範、古文韻語、叙管子録、引書晶釓、選詩外編、交游詩録、絶句辨體、蘇黄詩體、宛陵六一詩選、五言三韻詩選、五言别選、李詩選、杜詩選、宋詩選、元詩選、羣書麗句、名奏菁英、羣公四六節文、古今風謡、古韻詩略、説文先訓、文海釣鰲、禪林鈎玄、填詞選格、百琲明珠、古今詞英、填詞玉屑、韻藻、古諺、古雋、寰中秀句、六書索隱、六書練證、逸古編、經書指要、詩林振秀。楊工於證經而疏於解經，博於稗史而忽於正史，詳於詩事而不得詩旨，精於字學而拙於字法，求之宇宙之外而失之耳目之前，凡有援據，不妨墨守，稍涉評擊，未盡輸攻。（卷六）

因樹屋書影　　周亮工

甬東薛千仞岡曰：「走九州而後知天地之大，亦知天地之小；走兩都而後見人才之多，亦見人才之少。」又云：「誘人子弟入飲博之門，其罪小；誘人子弟入詩文邪路者，當服上刑。」語皆有意味。楊用修先生丹鉛諸録出，而陳晦伯正楊繼之，胡元瑞筆叢又繼之，時人顔曰「正正楊」。當時如周方叔、謝在杭、畢湖目諸君子集中，與用修爲難者，不止一人。然其中雖極辨難，有究竟是一義者，亦有互相發明者。予已彙爲一書，顔曰「翼楊」，書已成，尚未之鐫耳。薛千仞云：「用修過目成誦，故實皆在其胸中，下筆不考，誤亦有之，然無傷於用修。好事者尋章摘句，作意辯駁，得其一誤，如得一盜贓，沾沾自喜，此其人何心，良可笑也。」（卷八）

湧幢小品　　朱國楨

楊用修博學，有丹鉛録諸書，便有正楊，又有「正正楊」，辯則辯矣，然古人古事古字，此書如彼，彼書如此，原散見雜出，各不相同，見其一未見其二，鬨然相駁，不免被前人暗笑。（名論，可靖考訂家之口舌。）（卷十八「正楊」）

池北偶談　　王士禎

周嬰，字方叔，莆田人，撰巵林十卷，援據該博。……此類數十條，皆足解頤。胡元瑞、陳晦伯作正楊、筆叢等書，以駁用修。方叔作廣陳、諗胡，尤爲楊氏功臣。（卷十八「周嬰巵言」）

居易録　　王士禎

前輩大家，各有本末，非後生小子一知半解，所得擅議。近代如陳晦伯、胡元瑞之正楊是也。

胡元瑞應麟作丹鉛新録、藝林學山，以駁升庵之誤，然其所記，誤者正復不少。

平書　秦篤輝

簡明書目謂：明人首推楊升庵爲博洽，今按之信然。且其持論允，心術正，其詆謬皆無心之失，鮮亦鮮矣，顧炎武、閻若璩輩皆不及也。閻氏四書釋地、潛邱札記竊升庵説而掩其名，如百姓謂百官、四海有二説之類，不一而足。至陳耀文等之攻楊，尤蚍蜉撼大樹矣。近李雨村刊函海叢書，收升庵遺著最多。（卷七）

讀楊升庵先生丹鉛録　馮鎮巒

蜀鵑花外滇雲西，新都公子醉玻璃。老戍蠻荒歸不得，一代文章孰攀躋。山川峻發負奇氣，家學正軌無旁谿。五百種刻爛雲錦，一一牙籤歸品題。高嶢圃中精鋭出，詩源溯流刮金篦。別出一解訂同異，味張直辨天文迷。烏乎先生學有本，鉛槧日事輝丹緹。卻笑天傭强解事，譏評大肆多排擠。萎蕤不能師百萬，寒儉翻欲嗤金閨。如公眼底無七子，三百年間星聚奎。脱角摘翠老彌篤，當以其鄰賓主齊。有明門户判水火，有如黄小相訶詆。何況當日議大禮，程朱正論衆所睽。至今璁萼餘邪説，尚欲附會噪寒蜆。牢騷素抱消未得，簪花傅粉歌銅鞮。僰兒峒獠豔潑墨，都盧吹倒風淒淒。吾蜀典型稱前宋，眉山一老堪追提。海外飄泊六詔繫，今古巧合同端倪。兩朝光芒炳日月，一卷丹鉛手獨携。江流不改詞壇在，側身西望徒酸嘶。（新修合川縣志六十三）

觀丹鉛録偶作　黄承吉

拈是帙，值二則：一以坡詩芳草歇爲本於劉瑶瑱，不及楚辭、謝句；一以吠蛤，謂即嶺表録異鼓精之蝦蟆，不審爲蛤蚧，目恒近爲傀遠，且致繆戾，不覺發句嘅之，俾學者無溷焉。

從來固不異，詎謂轉成歧。洽雅如君者，而何若是爲？風光北户録，情味謝家詩。總覺無端異，千秋意可思。（夢陔堂詩集卷二十四）